2021 年度

全国监理工程师职业资格考试类图书

资 讯

一、官方考试教材

序号	书 名	书 号	定价	对应考试科目
1	交通运输工程目标控制(基础知识篇)	17138	140.00	工程目标控制
2	交通运输工程目标控制(公路工程专业知识篇)	17139	120.00	
3	交通运输工程目标控制(水运工程专业知识篇)	17140	70.00	
4	交通运输工程监理案例分析(公路工程专业篇)	17141	70.00	工程监理案例分析
5	交通运输工程监理相关法规文件汇编(公路工程专业篇)	17142	120.00	工程目标控制 工程监理案例分析

二、考试辅导用书

职业资格考试辅导用书(监理工程师)系列:

序号	书 名	书 号	定价	对应考试科目
1	建设工程监理基本理论和相关法规复习与习题	17175	68.00	建设工程监理 基础科目
2	建设工程合同管理复习与习题	17176	65.00	
3	交通运输工程目标控制(公路篇)复习与习题	17177	90.00	交通运输工程监理 专业科目
4	交通运输工程监理案例分析(公路篇)复习与习题	17178	60.00	

人民交通出版社天猫旗舰店二维码

三、相关参考用书

序号	书 名	书号	定价
1	公路工程施工监理规范(JTG G10—2016)	13275	40.00
2	《公路工程施工监理规范》实施手册	13288	50.00
3	公路路基施工技术规范(JTG/T 3610—2019)	15769	80.00
4	公路路面基层施工技术细则(JTG/T F20—2015)	12367	45.00
5	公路沥青路面施工技术规范(JTG F40—2004)	05328	50.00
5	公路桥涵施工技术规范(JTG/T 3650—2020)	16434	125.00
6	公路隧道施工技术规范(JTG/T 3660—2020)	16488	100.00
7	公路工程质量检验评定标准 第一册 土建工程(JTG F80/1—2017)	14472	90.00
8	公路工程质量检验评定标准 第二册 机电工程(JTG 2182—2020)	16987	60.00
9	公路工程施工安全技术规范(JTG F90—2015)	12138	68.00
10	公路工程标准施工招标文件(2018年版·第一册)	14492	120.00
11	公路工程标准施工招标文件(2018年版·第二册)	14493	150.00
12	公路工程标准施工招标文件(2018年版·第三册)	14495	50.00
13	公路工程标准施工招标资格预审文件(2018年版)	14491	40.00
14	公路工程标准施工监理招标文件(2018年版)	14588	80.00
15	公路工程监理工程师职业标准	3749	25.00

各位考生可通过当地交通书店购买,也可通过各大网上书店购买。
咨询电话:(发行部)010-59757973。

监理工程师考试交流QQ群792338373。

2021年交通运输职业资格考试辅导丛书

（监理工程师）

交通运输工程目标控制
（公路篇）
复习与习题

李治平　主编

人民交通出版社股份有限公司

北京

内 容 提 要

本书为2021年全国监理工程师(交通运输工程专业)职业资格考试辅导用书之一,适用于监理工程师职业资格考试《建设工程目标控制》(交通运输工程)专业科目。内容包括公路工程目标控制概述、公路工程质量目标控制、公路工程进度目标控制、公路工程费用目标控制、公路工程安全生产管理目标控制、公路工程环境保护监理目标控制、公路工程涉及法律法规和部门规章的习题精练及答案解析,以及3套工程目标控制模拟试卷及答案解析。

本书主要供全国监理工程师职业资格考试应考人员复习使用。

图书在版编目(CIP)数据

交通运输工程目标控制. 公路篇:复习与习题 / 李治平主编. — 北京:人民交通出版社股份有限公司,2021.3
ISBN 978-7-114-17177-2

Ⅰ. ①交… Ⅱ. ①李… Ⅲ. ①公路运输—运输工程—目标管理—资格考试—自学参考资料 Ⅳ. ①U②U49

中国版本图书馆CIP数据核字(2021)第051514号

书　　名：交通运输工程目标控制(公路篇) 复习与习题
著　作　者：李治平
责任编辑：牛家鸣　石　遥
责任校对：刘　芹
责任印制：张　凯
出版发行：人民交通出版社股份有限公司
地　　址：(100011)北京市朝阳区安定门外外馆斜街3号
网　　址：http://www.ccpcl.com.cn
销售电话：(010)59757973
总　经　销：人民交通出版社股份有限公司发行部
经　　销：各地新华书店
印　　刷：北京市密东印刷有限公司
开　　本：787×1092　1/16
印　　张：27
字　　数：644千
版　　次：2021年4月　第1版
印　　次：2021年4月　第1次印刷
书　　号：ISBN 978-7-114-17177-2
定　　价：90.00元

(有印刷、装订质量问题的图书,由本公司负责调换)

前　言

2020年，住房和城乡建设部、交通运输部、水利部、人力资源社会保障部联合印发的《监理工程师职业资格制度规定》及《监理工程师职业资格考试实施办法》中明确规定，国家设置监理工程师准入类职业资格，纳入国家职业资格目录。

按照监理工程师职业资格制度规定，相关专业人员要获取监理工程师职业资格并注册执业，必须参加全国统一大纲、统一命题、统一组织的监理工程师职业资格考试。

监理工程师职业资格考试设《建设工程监理基本理论和相关法规》《建设工程合同管理》《建设工程目标控制》《建设工程监理案例分析》4个科目。《建设工程监理基本理论和相关法规》《建设工程合同管理》为基础科目，《建设工程目标控制》《建设工程监理案例分析》为专业科目。其中，专业科目分为土木建筑工程、交通运输工程、水利工程3个专业类别，考生在报名时可根据实际工作需要选择。

编者在多年参与监理工程师职业资格考试考前辅导和公路工程监理业务培训的过程中，深深体会到对于边工作、边复习应考的广大专业人员来说，能顺利通过考试并非易事。监理工程师职业资格考试不仅要求应考人员掌握广泛的知识内容，而且还要在充分理解工程监理的基本原理、基本概念、基本技术和基本方法的基础上，对所掌握的知识融会贯通，能灵活处理各类实际问题。

为了帮助广大应考人员系统地复习工程监理理论知识，在较短时间内掌握考试内容，顺利地通过职业资格考试，我们依据《全国监理工程师职业资格考试大纲》(2020年)、相关法律法规、施工技术规范、标准和规程，并紧密围绕2021年全国监理工程师(交通运输工程专业)职业资格考试用书内容，结合监理工程师的工作实际，新编了《建设工程监理基本理论和相关法规　复习与习题》《建设工程合同管理　复习与习题》《交通运输工程目标控制(公路篇)　复习与习题》和《交通运输工程监理案例分析(公路篇)　复习与习题》，作为全国监理工程师职业资格考试辅导用书。前两本适用于监理工程师职业资格考试的基础科目，后两本适用于交通运输工程专业科目。

本考试辅导用书紧扣考试大纲，覆盖了考试大纲所要求的全部知识点，并力求突出重点。同时，本考试辅导用书还编制了大量有针对性的复习题和模拟练习题，并附答案及解析，可帮助应考人员在有限的时间内进行系统复习。借助于本考试辅导用书进行复习后，能够使应考人员达到建立完整监理知识体系、准确理解记忆重点内容、熟练运用答题技巧、正确解答监理考试所涉及的问题。

本书由长安大学公路学院李治平主编，参加编写的还有伏晓东、李翔宇、贺文文等。在本书的编写过程中曾多次听取长安大学公路学院、经管学院、环工学院等多位专家、教授的有益建议和意见,在此表示衷心的感谢。

由于编者水平有限,加之编写时间仓促,书中难免有疏漏和不当之处,敬请广大读者批评指正。

编者
2021 年 3 月

目　录

第一章　公路工程目标控制概述 ··· 1
　　习题精练 ··· 1
　　习题答案及解析 ··· 5
第二章　公路工程质量目标控制 ·· 11
　　习题精练 ··· 11
　　习题答案及解析 ··· 58
第三章　公路工程进度目标控制 ·· 108
　　习题精练 ··· 108
　　习题答案及解析 ··· 122
第四章　公路工程费用目标控制 ·· 135
　　习题精练 ··· 135
　　习题答案及解析 ··· 186
第五章　公路工程安全生产管理目标控制 ································ 237
　　习题精练 ··· 237
　　习题答案及解析 ··· 251
第六章　公路工程环境保护监理目标控制 ································ 266
　　习题精练 ··· 266
　　习题答案及解析 ··· 270
第七章　公路工程涉及法律法规和部门规章 ···························· 275
　　习题精练 ··· 275
　　习题答案及解析 ··· 306

模拟试卷及参考答案 ··· 339
　　模拟试卷(一) ·· 339
　　模拟试卷(一)参考答案 ·· 353
　　模拟试卷(二) ·· 369
　　模拟试卷(二)参考答案 ·· 383
　　模拟试卷(三) ·· 397
　　模拟试卷(三)参考答案 ·· 411

第一章 公路工程目标控制概述

习题精练

一、单项选择题

1. 项目最重要和最需要被项目管理者注意的特性是( )。
   A. 不确定性   B. 目标性   C. 时限性   D. 单件性
2. 决定一个项目成功与失败的关键特性是( )。
   A. 目标性   B. 一次性   C. 制约性   D. 独特性
3. 项目作为一次性任务,其成果具有明显的( )。
   A. 独特性   B. 约束性   C. 目标性   D. 单件性
4. 项目的不确定性主要是由项目的( )造成的。
   A. 制约性   B. 目标性   C. 独特性   D. 一次性
5. 工程项目管理的核心任务是( )。
   A. 制定计划   B. 控制目标   C. 组建管理机构   D. 配备管理人员
6. 工程项目管理必须实施( )。
   A. 以建设单位为核心的管理体制   B. 以监理单位为核心的管理体制
   C. 以施工单位为核心的管理体制   D. 以项目经理为核心的管理体制
7. 工程项目管理目标主要取决于( )。
   A. 环境条件   B. 项目目标
   C. 建设单位的要求   D. 合同规定
8. 按照建设程序,编制工程项目初步设计文件之前的工作是( )。
   A. 编制项目建议书   B. 编制项目可行性研究报告
   C. 进行征地拆迁   D. 组织项目招标
9. 初步设计提出的总概算不能超过工程可行性研究报告确定的总投资估算( ),否则,需要重新报批工程可行性研究报告。
   A. 5%   B. 10%   C. 15%   D. 20%
10. 公路工程项目施工前,( )的职责之一就是申请领取施工许可证。
    A. 设计单位   B. 建设单位   C. 施工单位   D. 监理单位
11. 根据三大目标的关系可知,提高工程质量标准,可能会造成( )。
    A. 费用增加、工期缩短   B. 费用增加、工期延长
    C. 费用减少、工期缩短   D. 费用减少、工期延长

12. 公路工程交工验收合格且交通运输主管部门在15天内未对备案的项目交工验收报告提出异议,建设单位可开放交通进入试运营期。试运营期不得超过( )年。
    A. 1   B. 2   C. 3   D. 5
13. 按照有关规定,公路工程通车试运营( )年后,符合竣工验收条件时,建设单位即可申请竣工验收。
    A. 1   B. 2   C. 2.5   D. 3
14. 目标控制的前提工作,一是目标规划和计划,二是( )。
    A. 组织   B. 协调   C. 领导   D. 检查
15. 由于工程项目系统本身的状态和外部环境是不断变化的,相应地就要求控制工作也随之变化,目标控制的能力和水平也要不断提高,这表明目标控制是一种( )过程。
    A. 主动控制   B. 反馈控制   C. 动态控制   D. 循环控制
16. 工程项目目标动态控制过程的形成依赖于( )。
    A. 协调   B. 组织   C. 反馈   D. 决策
17. 下列活动中,( )属于被动控制。
    A. 建议撤换不合格分包单位   B. 确认分包单位资质
    C. 建立目标控制的组织   D. 做好目标规划
18. 目标控制是一个有限的循环过程,其过程可划分为五个基本环节,处在投入和反馈之间的环节是( )。
    A. 对比   B. 纠正   C. 转换   D. 分析
19. 对因业主所导致的目标偏差,在可采用的措施中,可能成为首选措施的是( )。
    A. 技术措施   B. 组织措施   C. 经济措施   D. 合同措施
20. 按照纠偏措施或控制信息的来源,目标控制可分为( )。
    A. 前馈控制和反馈控制   B. 事前控制和事后控制
    C. 主动控制和被动控制   D. 整体控制和局部控制
21. 在质量控制中,当检查发现偏差超过允许范围,决定采取纠偏措施时,首选的措施是( )。
    A. 合同措施   B. 经济措施   C. 组织措施   D. 技术措施
22. 下列工作中,属于被动控制的是( )。
    A. 根据实际情况,制订备用方案   B. 进行风险分析,制订防控措施
    C. 对施工人员进行教育培训   D. 对巡视检查中发现的问题,立即整改
23. 施工单位对于已经出现的工程质量问题,主动采取措施处理,这属于( )。
    A. 主动控制   B. 被动控制   C. 前馈控制   D. 反馈控制
24. 目标动态控制过程中,( )组成一个连续不断的"循环链"。
    A. 控制与信息 B. 控制与计划 C. 控制与决策 D. 控制与组织

二、多项选择题

1. 任何一个项目都必须有明确的特定目标。通常项目目标包括( )。
    A. 项目工作本身的目标   B. 项目质量目标
    C. 项目工期目标   D. 项目费用目标

E. 项目产出物的目标
2. 项目的主要特征包括( )。
   A. 一次性　　　　B. 安全性　　　　C. 目标性　　　　D. 周期性
   E. 不确定性
3. 工程项目管理的主要特征包括( )。
   A. 目标明确　　　　　　　　B. 系统管理
   C. 实施过程的重复性　　　　D. 实施动态控制
   E. 项目经理负责制
4. 工程项目三大目标包括( )。
   A. 安全　　　　B. 质量　　　　C. 进度　　　　D. 费用
   E. 环保
5. 下列有关工程项目建设程序的表述中,不正确的是( )。
   A. 建设程序反映了项目建设所固有的客观规律和经济规律
   B. 建设程序体现了现行建设管理体制的特点
   C. 按照建设程序,各阶段的工作不能省略,但先后顺序可以颠倒
   D. 工程项目具有一次性和独特性的特点,因此不同工程项目的建设程序也不同
   E. 严格遵循和坚持按建设程序办事是每一位建设工作者的职责
6. 编制工程项目可行性研究报告的依据不包括( )。
   A. 初步设计文件　　　　　　B. 建设单位的要求
   C. 施工图设计文件　　　　　D. 工程施工合同
   E. 项目建议书
7. 下列有关项目建议书的表述中,不正确的是( )。
   A. 项目建议书是对工程项目建设的轮廓设想
   B. 项目建议书可供有关部门选择并确定是否进行下一步的工作
   C. 项目建议书被批准后,即可进行可行性研究工作
   D. 批准的项目建议书是项目的最终决策
   E. 项目建议书的作用是论述拟建项目建设的必要性、建设条件的可行性和获利的可能性
8. 按照有关规定,项目工程可行性研究报告批准后即可( )。
   A. 编制项目设计文件　　　　B. 成立项目法人
   C. 组建施工招标机构　　　　D. 签订施工合同
9. 工程项目可行性研究主要解决工程建设的( )等问题。
   A. 必要性　　B. 技术可行性　　C. 项目安全性　　D. 经济合理性
   E. 环境影响性
10. 公路工程设计一般划分为两个阶段,即( )。
    A. 工程勘察　　B. 初步设计　　C. 技术设计　　D. 施工图设计
    E. 详细设计
11. 公路工程三阶段设计是指( )。

A. 初步设计　　　　B. 技术设计　　　　C. 详细设计　　　　D. 施工图设计
E. 可靠性设计

12. 施工图设计文件审查的主要内容包括(　　)。
   A. 是否采纳工程可行性研究报告、初步设计批复意见
   B. 是否符合公路工程强制性标准、有关技术规范和规程要求
   C. 施工图设计文件是否齐全,是否达到规定的技术深度要求
   D. 工程结构设计是否符合安全和稳定性要求
   E. 是否符合建设单位的要求和施工合同的约定

13. 下来关于公路工程项目施工应当具备条件的表述中,正确的是(　　)。
   A. 项目已列入公路建设年度计划
   B. 施工图设计文件已经完成并经审批同意
   C. 建设资金已经落实,并经交通运输主管部门审计
   D. 征地、拆迁手续已办理,征地、拆迁工作已全部完成
   E. 已办理质量监督手续,已落实保证质量和安全的措施

14. 按照有关规定,公路工程验收可分为两个阶段,即(　　)。
   A. 中间交工验收　　B. 交工验收　　C. 交接验收　　D. 竣工验收
   E. 交工预验收

15. 公路工程项目后评价的主要内容包括(　　)。
   A. 影响评价　　　B. 经济效益评价　　C. 安全环保评价　　D. 过程评价
   E. 持续运营评价

16. 公路工程项目后评价实施的层次包括(　　)。
   A. 建设单位自我评价　　　　　　B. 施工单位自我评价
   C. 监理单位自我评价　　　　　　D. 项目行业评价
   E. 主要投资方评价

17. 目标控制的前提工作是(　　)。
   A. 目标规划和计划　　　　　　　B. 项目实施的检查
   C. 目标控制的组织　　　　　　　D. 目标的动态控制
   E. 目标控制计划的调整

18. 目标控制的基本环节包括(　　)。
   A. 投入　　　　B. 转换　　　　C. 反馈　　　　D. 对比
   E. 验收

19. 目标控制的措施包括(　　)。
   A. 组织措施　　B. 技术措施　　C. 经济措施　　D. 合同措施
   E. 协调措施

20. 动态控制按照控制措施制定的出发点可分为(　　)。
   A. 前馈控制　　B. 主动控制　　C. 反馈控制　　D. 被动控制
   E. 跟踪控制

21. 按动态控制的观点,要实现最优化控制,必须首先满足两个条件,即(　　)。

A. 合格的控制主体　　　　　　　B. 明确的系统目标
C. 先进的技术设备　　　　　　　D. 严明的组织纪律
E. 称职的管理人员

22. 动态控制过程的三个基本步骤是(　　)。
    A. 确定目标　　B. 加强管理　　C. 检查成效　　D. 纠正偏差
    E. 总结提高

23. 下列有关工程项目质量、进度和费用三大目标关系的表述中,正确的是(　　)。
    A. 加快施工进度,可能会导致费用增加
    B. 只要增加费用,就能提高工程质量
    C. 加快施工进度提前交工,可以提高投资效益
    D. 严格控制质量避免返工,进度则会加快
    E. 放慢进度,可以有效地保证工程质量

24. 下列有关工程项目质量、进度和费用三大目标关系的表述中,不正确的是(　　)。
    A. 不同的工程项目三大目标可具有不同的优先等级
    B. 对于工程项目的三大目标而言,一般来说质量目标最重要
    C. 在确定三大目标值时,应分别考虑各自的目标值
    D. 三大目标之间是对立的关系,不能相互兼顾
    E. 在追求工程项目三大目标最佳匹配关系时,应确保工程项目质量目标符合工程建设强制性标准

◀ 习题答案及解析 ▶

一、单项选择题

1. B

【解析】每个项目都具有特定的目标,没有目标就没有项目。目标是项目活动的出发点和落脚点,是项目活动的动因。项目管理始终是为了实现项目目标而开展的。因此,项目的目标性是最重要和最需要被项目管理者注意的特性。

2. C

【解析】制约性(或约束性)是指每个项目都在一定程度上受到内在和外在条件的制约。任何项目都受到一定条件的约束,项目只有在满足约束条件下获得成功才有意义。因此,项目的制约性是决定一个项目成功与失败的关键特性。

3. D

【解析】不同项目的使用功能、质量要求、工期与费用、实施地点等都有所不同,其成果当然也不同。

4. D

【解析】每个项目都有一些以前没有做过的、独特的内容,要实现项目目标需要创造与创新,而在创造与创新的过程中就存在大量不确定因素。当然项目的单件性、管理过程的一次

性,也都会为管理带来了较大的风险。

5. B

【解析】 项目是因目标而产生的,因此项目管理的核心任务是控制项目的目标。工程项目管理是以建设项目目标控制为核心的管理活动。

6. D

【解析】 由于工程项目管理具有较大的责任和风险,其管理涉及人力、技术、设备、资金、设计、施工、验收等多方面因素和多元化关系,为更好地进行计划、组织、协调和控制,必须实施以项目经理为核心的管理体制,实行项目经理负责制。

7. B

【解析】 工程项目管理的主要对象是工程项目目标,因此工程项目管理目标主要取决于工程项目目标。工程项目管理的根本任务,就是在一定的限定条件下,确保高效率地实现建设项目目标。

8. B

【解析】 按照建设程序,各阶段工作的先后顺序为:编制项目建议书—编制可行性研究报告—编制初步设计文件—编制施工图设计文件—组织项目招标投标—进行征地拆迁等施工前准备工作—组织项目实施—组织交工验收—组织竣工验收—组织项目后评价。

9. B

【解析】 按照有关规定,如果初步设计提出的总概算超过工程可行性研究报告确定的总投资估算10%以上或其他主要指标需要变更时,应说明原因和计算依据,并重新向原审批单位报批工程可行性研究报告。

10. B

【解析】 公路建设项目依法实行施工许可制度。建设单位在工程项目开工前应当向有关交通运输主管部门申请领取施工许可证。建设单位在申请施工许可时应当向相关的交通运输主管部门提交所规定的申请材料。交通运输主管部门应当自收到完整齐备的申请材料之日起20日内作出行政许可决定。予以许可的,应当将许可决定及时通知申请人;不予许可的,应当书面通知申请人并说明理由。

11. B

【解析】 提高质量标准,则意味着需要重新制订施工计划、重新安排施工作业活动,需要使用更好的材料、设备,采取更为严格的措施,增加更多的控制环节和工作,一般会导致费用增加、工期延长。

12. C

【解析】《公路工程竣(交)工验收办法》规定,公路工程各合同段验收合格后,项目法人应按交通运输部规定的要求及时完成项目交工验收报告,并向交通运输主管部门备案。交通运输主管部门在15天内未对备案的项目交工验收报告提出异议,项目法人可开放交通进入试运营期。试运营期不得超过3年。

13. B

【解析】 通车试运营2年后,符合竣工验收条件时,建设单位应按照项目管理权限及时向交通运输主管部门申请竣工验收。对于符合验收条件的,应自收到申请文件之日起3个月内组织竣工验收。

14. A

【解析】目标控制的前提工作包括两个方面：一是目标的规划和计划；二是目标控制组织，包括设置目标控制机构、配备目标控制人员、落实目标控制任务和职能分工、组织目标控制工作流程。

15. C

【解析】目标控制要随工程项目系统本身的状态和外部环境的不断变化相应地变化，因此目标控制是一种动态控制过程。

16. C

【解析】在控制过程中通过信息反馈得到目标实际控制情况，通过对比发现偏差，采取纠偏措施，纠正偏差，如此循环，可见控制过程依赖于反馈。

17. A

【解析】所谓被动控制就是在目标控制过程中，发现问题解决问题。答案A即在目标控制过程中已发现分包单位不符合要求，才采取措施纠偏。

18. C

【解析】目标控制的五个基本环节依次是：投入—转换—反馈—对比—纠正(纠偏)。在目标控制过程中，每一个环节都不能缺少，前后顺序也不能颠倒。

19. B

【解析】目标控制采取的措施主要有组织措施、技术措施、经济措施、合同措施、信息措施，但组织措施是其他各类措施发挥作用的前提和保障，没有组织措施，其他的措施无法真正地落实。

20. A

【解析】由于控制的方式和方法的不同，控制可分为多种类型。例如，按照控制措施作用于控制对象的时间(或按事物发展过程)，控制可分为事前控制、事中控制、事后控制；按照纠偏措施或控制信息的来源，控制可分为前馈控制和反馈控制；按照控制过程是否形成闭合回路，控制可分为开环控制和闭环控制；按照控制措施制定的出发点，控制可分为主动控制和被动控制。

21. C

【解析】当检查发现偏差超过允许范围时，应首先检查是否配备了控制人员，控制人员的职责、任务是否明确，控制人员是否遵守了有关制度、是否按按规程和程序进行控制等，这些都是组织措施。

22. D

【解析】被动控制是事中控制和事后控制，是针对已经出现的问题的处理；而主动控制是事前控制，是预防问题的出现，是防患于未然。

23. B

【解析】对于已经出现的质量问题，无论是否主动处理，都属于被动控制。因为主动控制的着眼点在于预防，而被动控制则是对已经出现问题的处理。

24. B

【解析】动态控制是按事先拟订的计划(目标值)进行的。控制活动就是检查实际发生的情况与计划(目标值)是否存在偏差,若有偏差,则采取措施进行控制,或修改计划(目标值),以此往复循环。

二、多项选择题

1. AE

【解析】任何一个项目都必须有明确的特定目标。项目目标包括两个方面,一是项目工作本身的目标(质量、工期、投资等),是项目实施的过程;二是项目产出物的目标(功能、特性、寿命、安全性等),是项目实施的结果。

2. ACDE

【解析】项目的主要特征包括一次性和单件性、目标性、制约性、时限性(周期性)、独特性、不确定性等。

3. ABDE

【解析】工程项目管理的主要特征包括目标明确、系统管理、项目经理负责制和权责统一原则、应用现代化的管理方法和技术手段、在管理过程中实施动态控制等。

4. BCD

【解析】任何一个项目都必须有明确的特定目标。项目目标包括两个方面,一是项目工作本身的目标(质量、工期、投资等),是项目实施的过程;二是项目产出物的目标(功能、特性、寿命、安全性等),是项目实施的结果。项目本身的目标决定了项目产出物的目标。我们通常所说的项目目标即为项目本身的目标:质量、进度和费用。

5. CD

【解析】按照建设项目发展的内在联系和发展过程,把工程项目建设过程划分为若干个阶段,这些阶段相互衔接,循序渐进,有严格的先后顺序,不能任意颠倒,也不能随意省略。工程建设项目虽然具有一次性和独特性的特点,但它们都客观地遵循着一个共同的规律,即建设程序。

6. ABCD

【解析】按照建设程序,各阶段的设计工作都在工程可行性研究报告批准后才可以进行。工程施工合同是在设计工作完成且施工招标结束后才签订的。

7. D

【解析】项目建议书是要求建设某一工程项目的建议文件,是对工程项目建设的轮廓设想。项目建议书的主要作用是推荐一个拟建项目,论述其建设的必要性、建设条件的可行性和获利的可能性,供有关部门选择并确定是否进行下一步的工作。项目建议书批准后,可进行可行性研究阶段的工作,但并不表明项目非上不可,批准的项目建议书不是项目的最终决策。

8. AB

【解析】施工招标是在有关设计文件编制完成后进行的,施工合同则是在施工招标结束后签订的。

9. ABD

【解析】工程可行性研究主要是进行市场研究、以解决工程建设的必要性问题;进行工艺技术方案研究,以解决工程建设的技术可行性问题;进行财务和经济分析,以解决工程建设的经济合理性问题。

10. BD

【解析】按照有关规定,公路基本建设项目一般进行两阶段设计即初步设计和施工图设计;对于技术上复杂而又缺乏设计经验的项目或建设项目中的个别路段、特殊大桥、互通式立体交叉、隧道等,必要时可进行三阶段设计,即初步设计、技术设计和施工图设计。

11. ABD

【解析】公路工程设计一般划分为两个阶段,即初步设计和施工图设计。重大工程和技术复杂工程,可根据需要增加技术设计阶段。所谓三阶段设计是指初步设计、技术设计和施工图设计。

12. ABCD

【解析】《公路建设市场管理办法》规定,建设单位负责组织有关专家或者委托有相应工程咨询或者设计资质的单位,对施工图设计文件进行审查。施工图设计文件审查的主要内容包括:①是否采纳工程可行性研究报告、初步设计批复意见;②是否符合公路工程强制性标准、有关技术规范和规程要求;③施工图设计文件是否齐全,是否达到规定的技术深度要求;④工程结构设计是否符合安全和稳定性要求。施工合同是在工程设计完成且通过施工招标投标签订的。

13. ABCE

【解析】《公路建设市场管理办法》规定,项目施工应当具备以下条件:①项目已列入公路建设年度计划;②施工图设计文件已经完成并经审批同意;③建设资金已经落实,并经交通运输主管部门审计;④征地手续已办理,拆迁基本完成;⑤施工、监理单位已依法确定;⑥已办理质量监督手续,已落实保证质量和安全的措施。

14. BD

【解析】按照《公路工程竣(交)工验收办法》的规定,公路工程验收分为交工验收和竣工验收两个阶段。

15. ABDE

【解析】项目后评价的主要内容包括:①影响评价,即项目投产后对各方面的影响进行评价;②经济效益评价,即对项目投资、国民经济效益、财务效益、技术进步和规模效益、可行性研究深度等进行评价;③过程评价,即对项目的立项、设计施工、建设管理、竣工投产、生产运营等全过程进行评价;④持续运营评价,即对项目持续运营的预期效果进行评价。

16. ADE

【解析】项目后评价一般按三个层次组织实施:①项目法人的自我评价;②项目行业的评价;③计划部门(或主要投资方)的评价。

17. AC

【解析】为了进行有效的目标控制,必须做好以下两项重要的前提工作:一是目标规划和计划。因为若没有目标,就无所谓控制;而没有计划,就无法实施控制。二是目标控制的组织。合理而有效的组织是目标控制的重要保障。

18. ABCD

【解析】目标控制是一个有限的循环过程,它可划分为投入、转换、反馈、对比、纠正(纠偏)五个基本环节。对于每一个控制循环来说,若缺少某一环节或某一环节出现问题,都会导致循环障碍,降低控制的有效性,甚至不能发挥循环控制的整体作用。

19. ABCD

【解析】为了取得目标控制的理想成果,应当从多方面采取措施实施控制。这些措施主要包括:①组织措施;②技术措施;③经济措施;④合同措施;⑤信息措施。

20. BD

【解析】拟订和采取有针对性的预防措施,从而减少或避免目标偏离,就是主动控制;而针对已出现的偏差,拟订纠偏措施,以使偏差得以纠正就是被动措施。

21. AB

【解析】控制是一定的主体为实现一定的目标而采取的一种组织行为。因此,要实现最优化控制,必须首先满足两个条件:一是要有合格的主体;二是要有明确的目标。

22. ACD

【解析】控制就是按照事先拟订的计划目标值进行的(确定目标);控制就是检查实际发生的情况与计划目标值是否存在偏差(检查成效);控制就是当实现发生的情况与计划目标值之间存在偏差且超出允许范围时,就应分析原因,制定纠偏措施,及时纠正偏差(纠正偏差)。

23. ACD

【解析】加快进度,意味着需要增加施工资源的投入;增加费用,不一定能提高质量;提前交工可能意味着节省大量施工资源;放慢进度,不一定能保证质量。

24. BCD

【解析】三大目标之间是对立统一的关系。三大目标构成项目目标系统,是一个有机的整体。同一项目在不同的时期、不同条件下,目标的重要程度是不同的。在确定和控制建设工程三大目标时,需要统筹兼顾三大目标之间的密切联系,防止发生盲目追求单一目标而冲击或干扰其他目标的情况。不同工程项目三大目标可具有不同的优先等级。三大目标的优先顺序并非固定不变。要正确把握在各种条件下、在不同时期中三大目标的重要性顺序,抓住主要矛盾,达到目标系统的整体优化;在追求工程项目的质量、费用、进度三大目标的最佳匹配关系时,应确保工程项目质量目标符合工程建设强制性标准。

第二章 公路工程质量目标控制

习 题 精 练

一、单项选择题

1. 从全面质量管理的角度来看,工程质量主要取决于( )。
   A. 企业管理水平　　　　　　　　B. 企业的素质
   C. 企业人员的工作质量　　　　　D. 工序控制情况

2. 全面质量管理方法中的第一个阶段计划的工作内容不包括( )。
   A. 分析现状,找出存在的质量问题
   B. 分析产生质量问题的各种原因或影响因素
   C. 针对出现的质量问题,制定处理技术方案
   D. 从各种原因中找出影响质量的主要原因

3. 在全面质量管理的 PDCA 循环中,推动循环转动的关键是( )。
   A. P 阶段　　　　B. D 阶段　　　　C. C 阶段　　　　D. A 阶段

4. 全面质量管理的四个阶段的顺序为( )。
   A. 计划—检查—执行—处理　　　　B. 计划—执行—检查—处理
   C. 检查—计划—执行—处理　　　　D. 执行—检查—计划—处理

5. 根据公路工程质量保证体系,( )对工程质量负现场管理责任。
   A. 建设单位　　　　　　　　　　B. 监理单位
   C. 施工单位　　　　　　　　　　D. 设计单位

6. 按照有关规定,一个合同段内的工程应按( )进行划分。
   A. 单项工程、单位工程、分部工程、分项工程
   B. 单项工程、单位工程、分部工程
   C. 单位工程、分部工程、分项工程
   D. 单项工程、分部工程、分项工程

7. 在合同段中,具有独立施工条件和结构功能的工程为( )。
   A. 单项工程　　　　B. 分部工程　　　　C. 单位工程　　　　D. 分项工程

8. 一个合同段范围内的路基工程为( )。
   A. 单项工程　　　　B. 分部工程　　　　C. 单位工程　　　　D. 分项工程

9. 一个合同段内的路基土石方工程(1～3km 路段)为( )。
   A. 单项工程　　　　B. 分部工程　　　　C. 单位工程　　　　D. 分项工程

10. 一个合同段内路基土石方工程(1～3km 路段)中的土方路基为( )。
   A. 单项工程   B. 分部工程   C. 单位工程   D. 分项工程

11. 施工过程中,监理人员通过巡视检查发现某一质量隐患处于萌芽状态时,监理工程师应( )。
   A. 指令施工单位立即处置
   B. 指令施工单位立即停工处置
   C. 指令施工单位立即停工处置,并报告建设单位
   D. 指令施工单位立即查明缺陷产生的原因,根据原因酌情处理

12. 施工过程中,监理人员在巡视检查时发现某工程部位已出现了质量隐患,监理工程师应( )。
   A. 指令施工单位立即修复处理
   B. 指令施工单位立即停工修复处理
   C. 指令施工单位立即停工处理,并报告建设单位
   D. 指令施工单位立即查明缺陷产生的原因,根据原因酌情处理

13. 工程质量缺陷的处理方案通常应由( )提出。
   A. 设计单位   B. 建设单位   C. 施工单位   D. 监理单位

14. 某公路工程在施工过程中,发生一起质量事故,该质量事故造成直接经济损失6500万元,则该质量事故等级应为( )。
   A. 特别重大质量事故   B. 重大质量事故
   C. 较大质量事故   D. 一般质量事故

15. 某高速公路工程在施工过程中,发生一起质量事故,该质量事故造成项目一座大桥主体结构垮塌,则该质量事故等级应为( )。
   A. 特别重大质量事故   B. 重大质量事故
   C. 较大质量事故   D. 一般质量事故

16. 某一级公路工程在施工过程中,发生一起质量事故,该质量事故造成项目一座大桥主体结构垮塌,则该质量事故等级应为( )。
   A. 特别重大质量事故   B. 重大质量事故
   C. 较大质量事故   D. 一般质量事故

17. 工程质量事故发生后,监理工程师首先应做的是( )。
   A. 签发工程暂停令,要求施工单位立即暂停质量事故部位和与其有关联部位的施工
   B. 要求施工单位采取必要措施,抢救人员和财产,防止事故扩大并保护好事故现场
   C. 要求施工单位进行质量事故调查、分析质量事故产生的原因
   D. 要求施工单位尽快提交质量事故调查报告

18. 对工程质量事故的处理,监理机构最主要的工作就是( )。
   A. 组织质量事故的调查处理
   B. 参与质量事故的调查处理
   C. 回避质量事故的调查处理
   D. 配合事故调查组进行事故调查,客观地提供相应证据

19. 工程质量事故的技术处理方案,一般应由( )提出。
    A. 建设单位　　　B. 设计单位　　　C. 施工单位　　　D. 监理单位
20. 施工过程中,用钻取芯样法测定得出水泥混凝土路面板厚度的一组数据(单位:cm):25.1、24.8、24.6、24.7、25.4……这些质量数据可称为( )。
    A. 计数值数据　　B. 计量值数据　　C. 离散值数据　　D. 集中值数据
21. 某路段沥青混凝土面层抗滑性能检测,摩擦系数的检测值(共10个测点)分别为:58、56、60、53、48、54、50、61、57、55(摆值),则摩擦系数的算术平均值为( )。
    A. 54.2　　　　　B. 55.2　　　　　C. 55.8　　　　　D. 56.4
22. 某路段沥青混凝土面层抗滑性能检测,摩擦系数的检测值(共10个测点)分别为:58、56、60、53、48、54、50、61、57、55(摆值),则摩擦系数的中位数为( )。
    A. 56　　　　　　B. 55.6　　　　　C. 55.5　　　　　D. 55
23. 某路段沥青混凝土面层抗滑性能检测,摩擦系数的检测值(共10个测点)分别为:58、56、60、53、48、54、50、61、57、55(摆值),则摩擦系数的极差为( )。
    A. 12　　　　　　B. 13　　　　　　C. 11　　　　　　D. 14
24. 某路段沥青混凝土面层抗滑性能检测,摩擦系数的检测值(共10个测点)分别为:58、56、60、53、48、54、50、61、57、55(摆值),则摩擦系数的标准偏差为( )。
    A. 4.11　　　　　B. 4.42　　　　　C. 4.13　　　　　D. 4.04
25. 反映样本数据的绝对波动状况的统计特征值为( )。
    A. 中位数　　　　B. 极差　　　　　C. 变异系数　　　D. 标准偏差
26. 若甲路段沥青混凝土面层的摩擦系数算术平均值为55.2(摆值),标准偏差为4.13(摆值);乙路段的摩擦系数算术平均值为60.8(摆值),标准偏差为4.27(摆值)。则这两个路段面层抗滑稳定性比较结果,正确的是( )。
    A. 甲路段面层抗滑稳定性比乙路段好
    B. 甲路段面层抗滑稳定性比乙路段差
    C. 甲路段面层抗滑稳定性与乙路段相同
    D. 无法比较这两路段面层抗滑稳定性的优劣
27. 从批量为 N 的交验产品中随机抽取 n 件样本进行检验,若预先规定合格判定数为 C。如果发现 n 中有 d 件不合格品,当 $d \leq C$ 时,则判定该批产品为( )。
    A. 不合格　　　　B. 合格　　　　　C. 合格或不合格　D. 无法判断是否合格
28. 由施工人员工操作的微小变化,或原材料成分的微小变化造成的质量波动为( )。
    A. 环境性波动　　B. 正常波动　　　C. 工艺性波动　　D. 异常波动
29. 施工过程中,由于施工人员不遵守操作规程所造成的质量波动为( )。
    A. 环境性波动　　B. 正常波动　　　C. 工艺性波动　　D. 异常波动
30. 水泥混凝土的抗压强度,应以标准养生( )龄期的试件在标准试验条件下测得的极限强度为准。
    A. 7d　　　　　　B. 14d　　　　　 C. 28d　　　　　 D. 35d
31. 检测路基纵断高程和横坡的方法为( )。
    A. 拉线尺量法　　B. 全站仪法　　　C. 水准仪法　　　D. 目测法

32. 关键项目的合格率应不低于( ),否则该检查项目为不合格。
    A.90%　　　　　B.93%　　　　　C.95%　　　　　D.98%

33. 一般项目的合格率应不低于( ),否则该检查项目为不合格。
    A.75%　　　　　B.80%　　　　　C.85%　　　　　D.90%

34. 有规定极值的检查项目,( )不应突破规定极值,否则该检查项目为不合格。
    A.任一单个检测值　B.10%的检测值　C.20%的检测值　D.25%的检测值

35. 下列文件不属于公路工程竣(交)工验收依据的是( )。
    A.批准的工程初步设计、施工图设计及变更设计文件
    B.批准的招标文件及合同文本
    C.公路工程施工合同及监理合同文件
    D.公路工程技术标准、规范、规程及国家有关部门的相关规定

36. 按照有关规定,公路工程交工验收由( )负责。
    A.交通运输主管部门　　　　　　　B.建设单位
    C.监理机构　　　　　　　　　　　D.公路运营管理单位

37. 下列有关公路工程(合同段)交工验收应具备条件的表述中,不正确的是( )。
    A.合同约定的各项内容已全部完成
    B.监理单位对工程质量评定合格
    C.施工单位、监理单位已完成本合同段的工作总结报告
    D.档案、环保等单项验收合格,土地使用手续已办理

38. 下列关于公路工程交工验收主要工作内容的表述中,不正确的是( )。
    A.检查合同执行情况
    B.检查施工自检报告、施工总结报告及施工资料
    C.检查监理单位独立抽检资料、监理工作报告及质量评定资料
    D.对工程质量进行评分,确定工程质量等级,并综合评价建设项目

39. 公路工程交工验收合格,建设单位按规定已向交通运输主管部门提交交工验收报告。交通运输主管部门在15天内未对备案的项目交工验收报告提出异议,项目法人可开放交通进入试运营期。试运营期不得超过( )年。
    A.1　　　　　　B.2　　　　　　C.3　　　　　　D.2.5

40. 公路工程符合竣工验收条件后,建设单位已向交通运输主管部门提交竣工验收申请。交通运输主管部门对申请人递交的材料进行审查,对于符合验收条件的,应自收到申请文件之日起( )个月内组织竣工验收。
    A.1　　　　　　B.2　　　　　　C.3　　　　　　D.6

41. 竣工验收的工程质量评定得分大于等于( )为优良。
    A.95　　　　　　B.90　　　　　　C.85　　　　　　D.80

42. 工程质量控制的基础是( )。
    A.质量检验评定标准　　　　　　　B.设计文件和图纸
    C.质量数据资料　　　　　　　　　D.施工合同文件

43. 工程质量控制是指致力于满足工程质量要求,也就是为了保证工程质量满足( )

和规范标准,所采取的一系列措施、手段和方法。

A.政府规定　　B.工程合同　　C.监理工程师规定　　D.业主规定

44.施工组织设计审查,由(　　)审核签认。

A.业主　　B.总监理工程师　　C.质监站　　D.驻地监理工程师

45.工程质量控制的目的,就是要查找并消除(　　)因素的影响,以免发生质量问题。

A.系统性　　B.偶然性　　C.随机性　　D.无法控制

46.某混凝土预制厂生产的预制构件中存在着蜂窝麻面、局部露筋、表面裂缝和强度不足等质量问题,为了提高产品的合格率,需进行质量分析,经分析计算,上述质量问题的累计频率分别为41.5%、73.5%、90.5%和100%,则该预制构件的主要质量问题是(　　)。

A.强度不足
B.表面裂缝
C.强度不足和表面裂缝
D.蜂窝麻面和局部露筋

47.监理工程师在现场发现不合格的施工材料时,应(　　)。

A.折价使用,降低支付单价
B.原地封存、停止使用
C.停止使用,并责令承包人运离现场
D.就地销毁

48.对施工过程及质量进行动态控制分析的方法是(　　)。

A.控制图法　　B.排列图法　　C.直方图法　　D.因果分析图法

49.施工过程中由于偶然性因素引起的质量波动,一般属于(　　)。

A.偶然波动　　B.正常波动　　C.系统波动　　D.非正常波动

50.工程质量事故处理应解决的关键问题是(　　)。

A.界定责任　　B.确定事故性质　　C.落实措施　　D.查明原因

51.在进行工程质量控制时,直方图可以用来(　　)。

A.寻找引起质量问题的主要因素
B.分析产生质量问题的原因
C.判断生产过程的质量状况
D.分析质量特性与影响因素之间的关系

52.施工前监理工程师应审查施工单位申报的原材料、混合料试验资料,对主要原材料应独立取样进行(　　)。

A.标准试验　　B.平行试验　　C.工艺试验　　D.验收试验

53.施工前,监理工程师应对施工单位申请使用的商品混凝土或商品混合料配合比进行审查,并进行(　　)。

A.目测检查　　B.标准试验　　C.试验验证　　D.验收试验

54.施工前,监理工程师应审查施工单位提交的分部分项工程的施工方案及主要工艺,对技术复杂或采用新技术、新工艺、新材料、新设备的工程,应根据(　　)进行审批。

A.施工单位的要求
B.业主的指示
C.设计单位的通知
D.试验工程结果

55.工程监理制度最大的特点就是工程质量监理与工程的(　　)相挂钩,质量好坏直接影响到承包人的经济利益。

A.进度　　B.费用　　C.支付　　D.安全

56. 要保证工程质量,就要求有关部门和人员精心工作,对决定和影响工程质量的所有因素严加控制,即通过( )来保证和提高工程质量。
    A. 产品质量　　　B. 服务质量　　　C. 工作质量　　　D. 工序质量
57. 质量缺陷的技术处理方案一般应由( )提出。
    A. 建设单位　　　B. 设计单位　　　C. 监理单位　　　D. 施工单位
58. 现有一批波形梁钢板护栏构件运到施工现场,共有 100 箱,每箱 20 片。拟采用以下方法从中抽取 200 片样本进行质量检验:把整批先分为 10 组,每组为 10 箱,然后分别从各组中任意抽取 20 片。此抽样方法称之为( )。
    A. 单纯随机抽样　B. 系统抽样　　　C. 分层抽样　　　D. 密集群抽样
59. 下列选项中,不是影响工程质量主要因素的是( )。
    A. 材料　　　　　B. 工序检查　　　C. 机械设备　　　D. 方法及环境
60. 下列选项中,不是工程质量检验方法的是( )。
    A. 目测法　　　　B. 量测法　　　　C. 分层法　　　　D. 试验法
61. 下列选项中,属于工程质量监理方法的是( )。
    A. 暂停施工　　　B. 返工处理　　　C. 指令文件　　　D. 停止计量
62. 从统计性规律的观点出发,反映工程质量稳定性的是( )。
    A. 算术平均值　　B. 中位数　　　　C. 标准偏差　　　D. 极差
63. 所谓质量,一是必须符合规定要求,二是满足( )期望。
    A. 社会　　　　　B. 安全　　　　　C. 用户　　　　　D. 投资
64. 从公路工程施工全过程出发,质量控制的基础是控制( )的质量。
    A. 单项工程　　　B. 单位工程　　　C. 分部工程　　　D. 分项工程
65. 分项工程质量评定中,机电工程合格率必须达到( )%,否则该检查项目为不合格。
    A. 75　　　　　　B. 90　　　　　　C. 95　　　　　　D. 100
66. 在分项工程质量评定中,对结构安全、耐久性和主要使用功能起决定性作用的关键项目合格率应不低于( )%,否则该检查项目为不合格。
    A. 75　　　　　　B. 80　　　　　　C. 95　　　　　　D. 100
67. 在分项工程质量评定中,一般项目的合格率应不低于( )%,否则该检查项目为不合格。
    A. 75　　　　　　B. 80　　　　　　C. 85　　　　　　D. 90
68. 监理单位质量控制的目标是( )。
    A. 保证竣工项目达到投资决策所确定的质量标准
    B. 保证竣工项目的各项施工结果与设计文件所规定的标准一致
    C. 保证交付满足施工合同及设计文件所规定的质量标准(含工程质量的创优要求)的建设工程产品
    D. 保证工程质量达到施工合同和设计文件所规定的质量标准,满足建设单位对工程质量的要求
69. 下列有关监理计划的编制与审核的表述中,不正确的是( )。

A. 监理计划应由总监主持编制　　　B. 监理计划应经监理单位技术部门审核
C. 监理计划应报经建设单位批准　　D. 监理计划一经批准就不得修改

70. 下列有关监理细则编制与审批的表述中,不正确的是(　　)。
A. 监理细则应由驻地监理工程师主持编制
B. 监理细则应报总监理工程师批准
C. 所有分部分项工程都应编制监理细则
D. 对技术复杂、专业性较强的分部分项工程,应编制监理细则

71. 监理工程师应采取以巡视为主的方式进行施工现场监理,按计划定期或不定期巡视施工现场,对施工的主要工程每天不少于(　　)次,并填写巡视记录。
A. 1　　　　　B. 2　　　　　C. 3　　　　　D. 4

72. 施工过程中,监理工程师对从基准点引出的工程控制桩的重点桩位应复测不少于(　　)。
A. 10%　　　　B. 20%　　　　C. 30%　　　　D. 50%

73. 施工过程中,监理机构应对主要原材料独立取样进行(　　)。
A. 抽检试验　　B. 验收试验　　C. 平行试验　　D. 工艺试验

74. 施工中监理机构应对主要混合料的配合比和路基填料的击实试验结果进行(　　)。
A. 抽检试验　　B. 验证试验　　C. 平行试验　　D. 验收试验

75. 公路工程施工过程中所使用的主要混合料不包括(　　)。
A. 水泥混凝土　　B. 沥青混合料　　C. 砂浆　　D. 无机结合料稳定材料

76. 施工过程中,监理机构对主要原材料及混合料的抽检频率不应低于施工检验频率的(　　)。
A. 10%　　　　B. 20%　　　　C. 30%　　　　D. 50%

77. 施工过程中,监理机构对分项工程中的关键项目和结构主要尺寸的抽检频率应不低于施工检验频率的(　　)。
A. 10%　　　　B. 20%　　　　C. 30%　　　　D. 40%

78. 施工过程中,分项工程的质量评定应由(　　)。
A. 建设单位组织监理单位进行　　B. 施工单位独立进行
C. 监理单位独立进行　　　　　　D. 监理单位组织施工单位进行

79. 施工过程中,负责对已完分部工程、单位工程和合同段质量评定的是(　　)。
A. 建设单位　　B. 施工单位　　C. 监理机构　　D. 政府质量监督机构

80. 监理机构应审查施工单位提出的合同段交工验收申请,审查的重点不包括(　　)。
A. 合同约定的各项内容完成情况　　B. 施工自检结果、各项资料的完整性
C. 工程数量核对情况　　　　　　　D. 竣工文件是否已按规定编制完成

81. 高路堤是指路基填土最大边坡高度大于(　　)的路堤。
A. 18m　　　　B. 20m　　　　C. 25m　　　　D. 30m

82. 路床是指路面结构层以下(　　)范围内的路基部分。
A. 0.5m　　　B. 0.8m　　　C. 1.2m　　　D. 0.8m 或 1.2m

83. 路面结构层以下 0~0.30m 范围内的路基称为(　　)。

A. 上路堤　　　　B. 下路堤　　　　C. 上路床　　　　D. 下路床

84. 路床以下0.70m厚度范围内的填方部分称为(　　)。
　　A. 上路堤　　　　B. 下路堤　　　　C. 上路床　　　　D. 下路床

85. 陡坡路堤是指地面斜坡陡于(　　)的路堤。
　　A. 1:1.5　　　　B. 1:2.0　　　　C. 1:2.5　　　　D. 1:3.0

86. 用粒径大于40mm且含量超过总质量70%的石料填筑的路堤称为(　　)。
　　A. 土石路堤　　B. 混合料路基　　C. 填石路堤　　D. 特殊路堤

87. 用石料含量占总质量30%~70%的土石混合材料填筑的路堤称为(　　)。
　　A. 填石路堤　　B. 混填路基　　　C. 土石路堤　　D. 特殊路堤

88. 边坡高度超过20m的土质路堑或边坡高度超过30m的岩石路堑称为(　　)。
　　A. 一般深挖路堑　B. 中深挖路堑　C. 深挖路堑　　D. 超深挖路堑

89. 位于特殊土地段、不良地质地段,受水、气候等自然因素影响强烈的路基称为(　　)。
　　A. 特殊路基　　B. 不良路基　　　C. 复杂路基　　D. 异常路基

90. 对路基的基本要求不包括(　　)。
　　A. 具有足够的整体稳定性　　　　B. 具有足够的强度和刚度
　　C. 具有足够的平整性　　　　　　D. 具有良好的水温稳定性

91. 下列有关路基放样的表述中,不正确的是(　　)。
　　A. 施工前应对原地面进行复测,核对或补充横断面
　　B. 施工前应设置标识桩,将路基用地界、路堤坡脚、路堑坡顶等具体位置标识清楚
　　C. 施工过程中,应保护好所有控制桩点,并及时恢复被破坏的桩点
　　D. 深挖高填路段,每挖填一个边坡平台或者10~15m,应复测中线和横断面

92. 二级及二级以上公路一般土质地基表层碾压处理压实度应不小于(　　)。
　　A. 95%　　　　B. 90%　　　　　C. 85%　　　　D. 80%

93. 路基填筑前,应对路基基底原状土进行取样试验。每公里应至少取(　　)个点,并应根据土质变化增加取样点数。
　　A. 1　　　　　B. 2　　　　　　C. 3　　　　　D. 4

94. 路基试验路段应选择地质条件、路基断面形式等具有代表性的地段,长度宜不小于(　　)。
　　A. 100m　　　　B. 200m　　　　C. 300m　　　　D. 400m

95. 一般情况下,路床部分填料的最大粒径应为(　　)。
　　A. 250mm　　　B. 200mm　　　C. 150mm　　　D. 100mm

96. 下列有关路床填料的表述中,不正确的是(　　)。
　　A. 高速、一级公路路床宜采用砂砾、碎石等水稳性好的粗粒料
　　B. 高速、一级公路路床也可采用级配好的碎石土、砾石土等
　　C. 当粗粒料缺乏时,可采用无机结合料改良细粒土作为高速、一级公路路床的填料
　　D. 砂性土、粉质土可用作高速和一级公路路床的填料

97. 零填、挖方路段路床为过湿土时应进行换填处理,设计未规定换填厚度时,高速公路、一级公路换填厚度宜为(　　)。

A.0.3~0.5m　　　B.0.5~0.8m　　　C.0.8~1.2m　　　D.1.0~1.5m

98.零填、挖方路段路床过湿土的总厚度小于(　　)，则宜全部换填。
　　A.1.5m　　　　B.2.0m　　　　C.2.5m　　　　D.3.0m

99.高速公路、一级公路零填、挖方路段的路床为崩解性岩石或强风化软岩时应进行换填处理，设计未规定换填时，换填厚度宜为(　　)。
　　A.0.2~0.5m　　　B.0.3~0.5m　　　C.0.5~0.8m　　　D.0.5~1.0m

100.零填、挖方路段的路床填筑，每层最大压实厚度宜不大于(　　)。
　　A.200mm　　　　B.250mm　　　　C.300mm　　　　D.350mm

101.零填、挖方路段的路床其顶面最后一层压实厚度应不小于(　　)。
　　A.100mm　　　　B.150mm　　　　C.200mm　　　　D.250mm

102.挖方路基开挖至零填、路堑路床部分后，如不能及时进行路床施工时，宜在设计路床顶高程以上预留至少(　　)厚的保护层。
　　A.100mm　　　　B.200mm　　　　C.300mm　　　　D.350mm

103.下列有关石质路床清理的表述中，不正确的是(　　)。
　　A.路床的边坡应与路床同步施工
　　B.欠挖部分应予凿除
　　C.超挖部分应采用细粒土找平
　　D.路床底面有地下水时，可设置渗沟进行排导，渗沟应采用硬质碎石回填

104.深挖路堑施工过程中，每挖深(　　)应复测一次边坡。
　　A.3~5m　　　　B.5~8m　　　　C.8~12m　　　　D.10~15m

105.在透水性差的压实层上填筑透水性好的填料前，应在其表面设(　　)的双向横坡，并采取相应的防水措施。
　　A.1.5%~2%　　　B.2%~3%　　　C.2%~4%　　　D.3%~5%

106.填土路堤填筑分几个作业段施工时，接头部位如不能交替填筑，先填路段应按(　　)坡度分层留台阶。
　　A.1:0~1:2　　　B.1:1~1:2　　　C.1:2~1:2.5　　　D.1:2~1:5

107.填土路堤填筑分几个作业段施工时，接头部位如能交替填筑时，应分层相互交替搭接，搭接长度应不小于(　　)。
　　A.1m　　　　B.1.5m　　　　C.2m　　　　D.2.5m

108.高速、一级公路土质填方路基上路床的压实度标准为(　　)。
　　A.≥95%　　　B.≥96%　　　C.≥97%　　　D.≥98%

109.高速、一级公路土质填方路基下路床的压实度标准为(　　)。
　　A.≥93%　　　B.≥94%　　　C.≥95%　　　D.≥96%

110.高速、一级公路土质填方路基上路堤的压实度标准为(　　)。
　　A.≥90%　　　B.≥92%　　　C.≥94%　　　D.≥96%

111.零填及土质挖方路基上路床的压实度标准为(　　)。
　　A.≥92%　　　B.≥94%　　　C.≥96%　　　D.≥98%

112.填土路堤施工过程中，每一压实层均应进行压实度检测，检测频率为每1000m²不少于

( )。

    A.1点　　　　　B.2点　　　　　C.3点　　　　　D.4点

113.填石路堤施工过程中每一压实层,应采用试验路段确定的工艺流程、工艺参数控制,压实质量可采用( )指标进行检测。

    A.压实度　　　　B.孔隙率　　　　C.沉降差　　　　D.弯沉值

114.土石路堤填筑时,填料由土石混合材料变化为其他填料时,土石混合料最后一层的压实厚度应小于( )。

    A.200mm　　　　B.250mm　　　　C.300mm　　　　D.350mm

115.填石路堤和土石路堤在施工过程中,每填高( )应检测路基中线和宽度。

    A.3m　　　　　B.5m　　　　　C.8m　　　　　D.10m

116.下列有关土石路堤施工过程质量控制的表述中,不正确的是( )。

    A.施工过程中,每填筑3m高宜检测路线中线和宽度
    B.软质石料的土石路堤填筑压实质量标准应符合土质路基压实度的规定
    C.施工过程中,每一压实层均应进行压实度检测,压实度可用灌砂法检测
    D.中硬及硬质岩石的土石路堤填筑施工过程中每一压实层,应采用试验路段确定的工艺流程、工艺参数,压实质量可采用沉降差指标进行进行检测

117.在台背与墙背填土施工时,只有在台身或墙身强度达到设计强度的( )以上时方可开始填土。

    A.70%　　　　　B.75%　　　　　C.80%　　　　　D.85%

118.高速公路、一级公路沥青混合料配合比设计三个阶段不包含( )。

    A.目标配合比设计　　　　　　　B.生产配合比设计
    C.生产配合比验证　　　　　　　D.工地摊铺配合比

119.高速公路、一级公路稳定粒料基层(底基层)压实度的代表值为( )。

    A.≥98%　　　　B.≥96%　　　　C.≥95%　　　　D.≥93%

120.热拌沥青混合料的碾压过程可分为( )。

    A.初压—详压两个阶段　　　　　B.轻压—中压—重压三个阶段
    C.慢压—快压两个阶段　　　　　D.初压—复压—终压三个阶段

121.通常情况下,热拌沥青混合料摊铺时的温度应不低于( )。

    A.160℃　　　　B.125℃　　　　C.140℃　　　　D.130℃

122.通常情况下,热拌沥青混合料碾压时的温度应不低于( )。

    A.150℃　　　　B.120℃　　　　C.130℃　　　　D.120℃

123.热拌沥青混合料路面应待摊铺层完全自然冷却,混合料表面温度低于( )后,方可开放交通。

    A.90℃　　　　　B.70℃　　　　　C.50℃　　　　　D.30℃

124.某一级公路沥青混凝土面层施工完成后,对甲路段进行压实度检测,当采用试验室标准密度检测时其合格率为96%,而采用试验段密度标准时其合格率为98%,则该路段压实度合格率为( )。

    A.96%　　　　　B.98%　　　　　C.97%　　　　　D.无法判断

125. 路基、路面压实度应以( )长的路段为检验评定单元,按规定的检测频率进行现场压实度抽样检测,求算出每一测点的压实度。
    A. 1~3km   B. 1~5km   C. 2~5km   D. 5~10km

126. 某新建一级公路路基施工中,对其中的一段路基压实度进行检查,每个测点压实度(%)检测结果如下:96.4、95.4、93.5、97.3、96.3、95.8、95.9、96.7、95.3、95.6、97.6、95.8、96.8、95.7、96.1、96.3、95.1、95.5、97.0、95.3,压实度标准值 $K_0 = 96\%$,采用的保证率为95%,则该评定路段压实度代表值为( )。
    A. 95.82%   B. 95.32%   C. 95.62%   D. 95%

127. 某路段水泥混凝土路面板厚度(cm)检测数据如下:25.1、24.8、25.1、24.6、24.7、25.4、25.2、24.7、24.9、24.9、25.3、25.3、25.2、25.0、25.1、24.8、25.0、25.1、24.7、24.9、25.0、25.4、25.2、25.1、25.0、25.0、25.5、25.4,保证率为95%,设计厚度 $h_d = 25cm$,代表值允许偏差 $\Delta h = 5mm$,请评定该路段面板厚度是否合格:( )。
    A. 不合格   B. 合格   C. 不一定合格   D. 数据不足无法判断

128. 某二级公路粒料类基层施工完成后,对一评定段基层顶面的弯沉进行检测,各测点检测结果(0.01mm)如下:30、29、31、28、27、26、33、32、30、30、31、29、27、26、32、31、33、31、30、29、28、28,基层设计弯沉值 L_d 为40(0.01mm),请评定该路段基层弯沉是否合格:( )。
    A. 合格   B. 不合格
    C. 数据不足无法评定   D. 不一定合格

129. 某桥梁多孔跨径总长800m,单孔跨径100m,按跨径大小分类,则该桥梁为( )。
    A. 特大桥   B. 大桥   C. 中桥   D. 小桥

130. 桥梁用钢筋分批检验时,可由同一牌号、同一炉罐号、同一尺寸的钢筋进行组批,每批的质量不宜大于60t,超过60t的部分,每增加( )应增加一个拉伸和一个弯曲试验试样。
    A. 10t   B. 20t   C. 30t   D. 40t

131. 在工地存放时,应按不同品种、规格,分批分别堆置整齐,不得乱杂,并应设立识别标志,存放的时间不宜超过( )个月。
    A. 2   B. 4   C. 6   D. 8

132. 桥梁预制构件的吊环,必须采用未经冷拉的热轧光圆钢筋制作,且其使用时的计算拉应力应不大于( )MPa。
    A. 30   B. 40   C. 65   D. 60

133. 公路桥涵钢筋的连接(接头)方式中不包含( )。
    A. 胶结连接   B. 焊接连接   C. 机械连接   D. 绑扎连接

134. 下列钢筋焊接方法中,不得用作公路桥涵水平钢筋和斜筋连接的是( )。
    A. 闪光对焊   B. 电弧焊   C. 电渣压力焊   D. 气压焊

135. 进行水泥混凝土抗压强度检测时,试件应以同龄期者3个为一组,每组试件的抗压强度以3个试件测值的算术平均值(计算精确至0.1MPa)为测定值,当有1个测值与中间值的差值超过中间值的15%时,则测定值为( )。
    A. 最小的测值   B. 最大的测值   C. 中间值   D. 该组试件无效

136. 水泥进场时,应按批次对同一生产厂、同一品种、同一强度等级及同一出厂日期的水泥进行强度等性能的检验,散装水泥应以每( )为一批。
  A.300t   B.400t   C.500t   D.600t

137.公路桥涵通常不宜采用的细集料是( )。
  A.河砂   B.人工砂   C.海砂   D.其他天然砂

138.公路桥涵所用粗集料的最大粒径通常不得超过结构最小边尺寸的( )。
  A.1/2   B.1/3   C.1/4   D.1/5

139.公路桥涵所用粗集料的检验内容通常不包含( )。
  A.外观   B.颗粒级配   C.压碎值   D.含水率

140.公路桥涵泵送水泥混凝土的最小水泥用量宜为( )kg/m³。
  A.240~260 B.260~280 C.280~300 D.300~320

141.水泥混凝土浇筑时应防止混凝土离析,自高处向模板内直接倾卸混凝土时,其自由倾落高度不宜超过( )。
  A.1m   B.2m   C.3m   D.4m

142.浇筑混凝土时应按一定的厚度、顺序和方向分层浇筑。当采用插入式振动器时,混凝土分层浇筑的厚度不宜超过( )。
  A.100mm B.200mm C.300mm D.400mm

143.水泥混凝土浇筑完成后,应及时予以覆盖并洒水保湿养护。通常情况下,混凝土的洒水保湿养护时间应不少于( )天。
  A.7   B.14   C.21   D.28

144.在施加预应力之前,应检查张拉用的千斤顶与压力表是否应进行标定。千斤顶与压力表应重新进行标定的情况不包括( )。
  A.使用时间超过6个月
  B.张拉次数超过100次
  C.千斤顶检修或更换配件后
  D.使用过程中千斤顶或压力表出现异常情况

145.预应力筋采用应力控制方法张拉时,应以伸长值进行校核。实际伸长值与理论伸长值的差值应符合设计规定;设计未规定时,其偏差应控制在( )以内,否则应暂停张拉。
  A.±2%   B.±4%   C.±6%   D.±8%

146.预应力筋张拉时,应先调整到初应力,该初应力宜为张拉控制应力的( ),伸长值应从初应力时开始量测。
  A.5%~20% B.10%~25% C.15%~30% D.20%~35%

147.先张法预应力螺纹钢筋张拉至1.05倍控制应力值时应持荷的时间为( ),然后再放至0.9倍控制应力值。
  A.3min   B.5min   C.7min   D.10min

148.先张法预应力筋张拉完毕后,其位置偏差符合规定时,宜在( )内浇筑混凝土。
  A.2h   B.3h   C.4h   D.5h

149.先张法预应力筋放张时,构件混凝土强度应符合设计规定;设计未规定时,混凝土的强度应不低于设计强度等级值的( )。

A. 70% B. 75% C. 80% D. 85%

150. 钻孔灌注桩护筒的埋置深度在旱地或筑岛处宜为( )。
A. 1~2m B. 1~3m C. 2~4m D. 2~5m

151. 钻孔灌注桩护筒顶宜高于水面( )。
A. 0.5~1.5m B. 1.0~2.0m C. 1.5~2.5m D. 2.0~3.0m

152. 钻孔灌注桩采用冲击钻机冲击成孔时,冲击钻进过程中,孔内水位应高于护筒底口( )以上。
A. 300mm B. 400mm C. 500mm D. 600mm

153. 钻孔灌注桩采用旋挖钻机钻孔时,钻进过程中应保证泥浆面始终不低于护筒底部( )以上。
A. 300mm B. 400mm C. 500mm D. 600mm

154. 钻孔灌注桩在灌注首批混凝土时,导管底部至孔底的距离应为( )。
A. 10~20cm B. 20~30cm C. 30~40cm D. 40~50cm

155. 钻孔灌注桩首批灌注混凝土的数量应能满足导管首次埋置深度( )以上的需要和填充导管底部间隙的需要。
A. 0.5m B. 1.0m C. 1.5m D. 2.0m

156. 钻孔灌注桩在灌注过程中,应保持孔内的水头高度;导管的埋置深度宜控制在( )。
A. 1~5m B. 2~6m C. 3~7m D. 4~8m

157. 钻孔灌注桩在灌注混凝土时,应采取措施防止钢筋骨架上浮。当灌注的混凝土顶面距钢筋骨架底部( )左右时,宜降低混凝土的灌注速度。
A. 1m B. 1.5m C. 2.0m D. 2.5m

158. 挖孔灌注桩人工挖孔作业时,应始终保持孔内空气质量符合国家标准的要求。孔深大于( )时,必须采取机械强制通风措施。
A. 5m B. 10m C. 15m D. 20m

159. 挖孔灌注孔口处应设置高出地面不小于( )的护圈,并应设置临时排水沟,防止地表水流入孔内。
A. 100mm B. 200mm C. 300mm D. 400mm

160. 桥梁预制构件在脱底模、移运、存放和吊装时,混凝土的强度应不低于设计规定的吊装强度;设计未规定时,应不低于设计强度的( )。
A. 70% B. 75% C. 80% D. 85%

161. 对分层、分段安装的构件,应在先安装的构件可靠固定且受力较大的接头混凝土达到设计要求的强度后,方可继续安装;设计未规定时,应达到设计强度的( )后,方可继续安装。
A. 70% B. 75% C. 80% D. 85%

162. 后张预应力混凝土梁、板在孔道压浆后进行移运的,其压浆浆体强度应不低于设计强度的( )。
A. 85% B. 80% C. 75% D. 70%

163. 安装在同一孔跨的梁、板,其预制施工的龄期差不宜超过( )。
    A. 4d   B. 6d   C. 8d   D. 10d
164. 悬臂浇筑施工应对称、平衡地进行,两端悬臂上荷载的实际不平衡偏差不得超过设计规定值;设计未规定时,不宜超过梁段重的( )。
    A. 1/2   B. 1/3   C. 1/4   D. 1/5
165. 某公路隧道总长度 2000m,则该隧道为( )。
    A. 特长隧道   B. 长隧道   C. 中隧道   D. 短隧道
166. 公路隧道洞身开挖方法不包括( )。
    A. 台阶开挖法 B. 导坑超前开挖法 C. 横向开挖法 D. 全断面开挖法
167. 隧道洞内注浆堵水施工,在中、细、粉砂层及细小裂隙岩层、断层泥段堵水压浆宜选用( )。
    A. 单液水泥浆 B. 水泥-水玻璃浆液 C. 聚氨酯类浆液 D. 水玻璃类浆液
168. 隧道注浆堵水采用地表预注浆方法时,钻孔一般距离隧道中线( )两侧交错排列梅花形布置。
    A. 3~5m   B. 5~8m   C. 7~10m   D. 10~20m
169. 隧道注浆堵水采用掌子面预注浆方法时,掌子面预注浆的绝大多数钻孔的终止位置在隧道外轮廓线处( )以上,以达到沿隧道轮廓形成封闭帷幕。
    A. 1m   B. 2m   C. 3m   D. 5m
170. 隧道衬砌变形缝防水处理方法中不包括( )。
    A. 灌注混凝土 B. 填塞沥青木丝板 C. 填塞塑料止水带 D. 填塞橡胶止水带
171. 交通安全设施中的路基护栏不包括( )。
    A. 缆索护栏   B. 砌石护栏   C. 波形梁护栏   D. 混凝土护栏
172. 交通安全设施中的隔离设施不包括( )。
    A. 金属网隔离栅 B. 混凝土隔离栅 C. 刺钢丝网隔离栅 D. 常青绿篱
173. 交通安全设施中的防眩设施不包括( )。
    A. 防眩屏   B. 防眩板   C. 防眩网   D. 植物防眩
174. 根据现行《公路沥青路面施工技术规范》(JTG F40),高速公路和一级公路沥青路面不得在气温低于( )℃的情况下施工。
    A. 3   B. 5   C. 8   D. 10
175. 沥青混合料按材料组成及结构可分为( )。
    A. 密级配、开级配
    B. 连续级配、间断级配
    C. 粗粒式、细粒式
    D. 砂粒式、粉粒式
176. 矿料级配主要由粗集料嵌挤组成,细集料及填料较少,设计空隙率为 18% 的沥青混合料为( )。
    A. 密级配   B. 连续级配   C. 开级配   D. 特粗式
177. 为加强路面沥青层与沥青层之间、沥青层与水泥混凝土路面之间的黏结而洒布的沥青材料薄层为( )。
    A. 透层   B. 封层   C. 微表处   D. 黏层

178. 下列公路路面基层属于半刚性基层的是( )。
    A. 沥青稳定碎石　　　　　　　　B. 级配砂砾
    C. 水泥稳定粒料　　　　　　　　D. 贫混凝土

179. 改性沥青可在拌和厂现场边制造边使用。改性沥青的加工温度不宜超过( )℃。
    A. 120　　　　B. 140　　　　C. 160　　　　D. 180

180. 根据《公路沥青路面施工技术规范》(JTG F40—2004)，当单一规格集料的质量指标达不到规范要求，而按照集料配合比计算的质量指标符合要求时，工程上( )。
    A. 不允许使用　　　　　　　　　B. 由建设单位和施工单位协商能否使用
    C. 允许使用　　　　　　　　　　D. 由建设单位决定能否使用

181. 用作高速公路表面层的沥青混合料用粗集料其压碎值应不大于( )%。
    A. 30　　　　B. 28　　　　C. 26　　　　D. 24

182. 用作一级公路表面层的沥青混合料用粗集料其针片状颗粒含量应不大于( )%。
    A. 20　　　　B. 18　　　　C. 15　　　　D. 12

183. 当粉煤灰作为填料使用时，用量不得超过填料总量的( )%。
    A. 25　　　　B. 30　　　　C. 40　　　　D. 50

184. 高速公路和一级公路沥青混合料的配合比设计步骤是( )。
    A. 生产配合比设计—目标配合比设计—生产配合比验证—确定施工级配允许波动范围
    B. 目标配合比设计—生产配合比设计—生产配合比验证—确定施工级配允许波动范围
    C. 生产配合比验证—生产配合比设计—目标配合比设计—确定施工级配允许波动范围
    D. 确定施工级配允许波动范围—生产配合比设计—目标配合比设计—生产配合比验证

185. 高速公路沥青混合料配合比设计过程中的生产配合比设计阶段通过一系列试验，最终确定( )。
    A. 最合理的矿料级配　　　　　　B. 目标配合比
    C. 生产用的标准配合比　　　　　D. 生产配合比的最佳沥青用量

186. 连续式拌和机拌制的沥青混合料不宜用于( )。
    A. 高速公路和一级公路　　　　　B. 一级公路和二级公路
    C. 二级公路和三级公路　　　　　D. 二级及以下等级公路

187. 铺筑高速公路和一级公路沥青混合料时，通常宜采用两台或更多台数的摊铺机前后错开( )m，呈梯队同步摊铺。
    A. 10～20　　　B. 15～25　　　C. 20～30　　　D. 25～35

188. 沥青混凝土的压实层最大厚度不宜大于( )mm，否则压实质量难以保证。
    A. 5　　　　B. 10　　　　C. 15　　　　D. 20

189. 一般情况下，沥青路面的碾压步骤是( )。
    A. 低速压—中速压—高速压

B. 轻压—重压—轻压

C. 初压—复压—终压

D. 静压—振动压—静压

190. 热拌沥青混合料的碾压可分为初压、复压和终压三个步骤。其中初压通常宜采用（   ）碾压1~2遍。

  A. 轮胎压路机   B. 振动压路机

  C. 钢轮压路机   D. 羊足压路机

191. 下列关于沥青混合料压实过程中初压的说法，不正确的是（   ）。

  A. 初压通常宜采用钢轮压路机静压1~2遍

  B. 碾压时应从中心向外侧碾压

  C. 在超高路段应由低向高碾压

  D. 在坡道上应将驱动轮从低处向高处碾压

192. 通常情况下，沥青混合料的终压可选用（   ）压路机碾压不宜少于2遍，至无明显轮迹为止。

  A. 重型轮胎式   B. 双轮钢筒式

  C. 打开振动的振动压路机   D. 轻型轮胎式

193. 沥青路面的施工必须接缝紧密、连接平顺。对于热接缝，上、下层的纵缝应错开（   ）mm以上。

  A. 50   B. 100   C. 150   D. 200

194. 按照规范的要求，沥青路面相邻两幅及上、下层的横向接缝均应错位（   ）m以上。

  A. 0.3   B. 0.5   C. 1.0   D. 1.2

195. 根据《公路沥青路面施工技术规范》（JTG F40—2004），高速公路和一级公路的表面层横向接缝应采用（   ）。

  A. 平接缝   B. 斜接缝

  C. 阶梯形接缝   D. 平接缝或者斜接缝

196. 根据《公路沥青路面施工技术规范》（JTG F40—2004），高速公路和一级公路的中面层和下面层均可采用自然碾压的斜接缝。斜接缝的搭接长度与层厚有关，宜为（   ）m。

  A. 0.2~0.4 B. 0.3~0.6 C. 0.4~0.8 D. 0.5~1.0

197. 按照规范规定，沥青表面处治适用于（   ）的沥青面层。

  A. 高速公路和一级公路   B. 一级公路和二级公路

  C. 二级公路和三级公路   D. 三级及以下等级公路

198. （   ）指通过使用各种量测仪器和工具，在隧道内或地表，对围岩地层的变形和支护结构的变形与受力进行观察、测量、分析与评价的活动。

  A. 检测检验 B. 施工测量 C. 测量控制 D. 监控量测

199. （   ）是指用钢筋或型钢等制成的拱形骨架结构。

  A. 护拱   B. 管棚   C. 钢架   D. 棚架

200. （   ）是指将设计开挖断面分成左、右两个断面，先按台阶法开挖隧道一侧，施工中隔壁竖向支撑和横隔板；再按台阶法开挖隧道另一侧，并施工横隔板的开挖方法。

A. 环形开挖留核心土法 B. 中隔壁法
C. 交叉中隔壁法 D. 双侧壁导坑法

201. 下列关于隧道洞门墙施工的说法,不正确的是( )。
   A. 洞门墙宜在洞口衬砌施工完成前施作
   B. 洞门墙基底虚渣、杂物、泥、水等应清除干净,地基承载力应符合设计规定
   C. 洞口衬砌两侧端墙砌筑和墙背回填应对称进行
   D. 洞门墙背排水设施应与洞门墙同步施工

202. 为保证公路隧道控制测量精度,每个洞口和井口平面控制测量点应不少于( )个,高程控制测量点应不少于( )个。
   A. 2;2 B. 3;2 C. 3;3 D. 4;3

203. 洞内施工用的水准点,应根据洞外、洞内已设定的水准点,按施工需要加设。为使施工方便,在导坑内拱部、边墙施工地段宜每( )m设立一个临时水准点,并定期复核。
   A. 50 B. 100 C. 150 D. 200

204. 明洞拱背回填应在外模拆除、防水层和排水盲管施工完成后进行。机械回填时,拱圈混凝土强度应( )。
   A. 不小于设计强度的75% B. 不小于设计强度的85%
   C. 不小于设计强度 D. 不小于设计强度的80%

205. 明洞两侧回填水平宽度小于( )m的范围应采用浆砌片石或同级混凝土回填。
   A. 0.5 B. 1.2 C. 1.5 D. 2.0

206. 明洞两侧回填应对称分层夯实,回填到拱顶以上( )m后,方可采用机械碾压。回填土压实度应符合设计规定。
   A. 0.3 B. 0.5 C. 0.8 D. 1.0

207. 某双车道公路隧道,其围岩级别为Ⅰ~Ⅲ。根据该隧道围岩条件,可选择开挖断面适宜的开挖方法为( )。
   A. 全断面法 B. 长台阶法
   C. 中隔壁法 D. 环形开挖留核心土法

208. 隧道洞身采用全断面法开挖施工时,应根据掌子面围岩稳定情况、爆破振动、钻孔和出渣效率、超挖控制等确定循环进尺,Ⅲ级围岩宜控制在( )m左右。
   A. 2 B. 3 C. 4 D. 5

209. 公路隧道采用台阶法施工时,应综合考虑隧道断面高度、机械设备及围岩稳定性等因素确定台阶数量和台阶高度。台阶开挖高度宜为( )m。台阶数量可采用二台阶或者三台阶,不宜大于三个台阶。
   A. 1.5~2.5 B. 2.5~3.5
   C. 2.0~3.0 D. 3.0~4.0

210. 公路隧道采用台阶法开挖施工时,上台阶开挖每循环进尺,Ⅳ级围岩宜不大于( )。
   A. 3m B. 2榀钢架间距 C. 4m D. 1榀钢架间距

211. 隧道采用环形开挖留核心土法施工时,中下台阶每循环进尺,不得大于( )。核

心土面积宜不小于断面面积的(　　)。

  A.1 榀钢架间距;60%　　　　　　　　B.2 榀钢架间距;40%

  C.2 榀钢架间距;50%　　　　　　　　D.1 榀钢架间距;40%

212. 隧道采用环形开挖留核心土法施工时,拱部超前支护完成后,方可开挖上台阶环形导坑;留核心土长度宜为(　　)m,宽度宜为隧道开挖宽度的(　　)。

  A.3~5;1/3~1/2　　　　　　　　B.2~4;1/4~1/3

  C.5~7;1/3~1/2　　　　　　　　D.4~6;1/4~1/3

213. 隧道采用环形开挖留核心土法施工时,核心土与下台阶开挖应在上台阶支护完成且喷射混凝土强度达到设计强度的(　　)后进行。下台阶左、右侧开挖应错开(　　)m,同一榀钢架两侧不得同时悬空。

  A.80%;4~6　　　　　　　　B.75%;3~5

  C.85%;4~6　　　　　　　　D.70%;3~5

214. 公路隧道采用双侧壁导坑法施工,导坑与中间土体同时施工时,导坑应超前(　　)m。

  A.10~30　　B.20~40　　C.30~50　　D.40~60

215. 公路隧道仰拱开挖长度,对于土和软岩应不大于(　　)m。

  A.1　　B.2　　C.3　　D.4

216. 隧道洞身开挖时,应严格控制欠挖。当岩层完整、岩石抗压强度大于30MPa 并确认不影响衬砌结构稳定和强度时,每 $1m^2$ 内欠挖面积不宜大于(　　)m^2,欠挖隆起量不得大于(　　)mm。

  A.0.1;30　　B.0.2;60　　C.0.1;50　　D.0.2;70

217. 下列关于喷射混凝土材料的说法,不正确的是(　　)。

  A. 应选用硅酸盐水泥或普通硅酸盐水泥

  B. 粗集料应采用坚硬耐久的碎石或卵石,粒径不宜大于12mm。细集料应采用坚硬耐久的中砂或粗砂,细度模数宜大于2.5

  C. 集料级配宜采用间断级配

  D. 应选择速凝效果好,对喷射混凝土强度和收缩影响小的速凝剂,其初凝时间应不大于3min,终凝时间应不大于12min

218. 下列关于喷射混凝土作业的说法,不正确的是(　　)。

  A. 喷射混凝土作业应按初喷混凝土和复喷混凝土分别进行。喷射混凝土不得挂模喷射

  B. 初喷混凝土厚度宜控制在20~50mm,岩面有较大凹洼时,可结合初喷找平

  C. 复喷可采用一次作业或分层作业。拱顶每次复喷厚度不宜大于100mm。边墙每次复喷厚度不宜大于150mm。复喷最小厚度不宜小于50mm

  D. 喷射混凝土回弹物可重新用作喷射混凝土材料

219. 下列关于砂浆锚杆安装施工的说法,不正确的是(　　)。

  A. 锚杆外露端应加工120~150mm 的螺纹,锚杆前端应削尖

  B. 锚杆孔灌浆时,灌浆管应插至距孔底50~100mm 处,并随砂浆的灌入缓慢匀速

拔出

C. 灌浆前应插入锚杆杆体,锚杆杆体插到设计深度

D. 砂浆终凝后应及时安装垫板、螺母,垫板应紧贴岩面,垫板与岩面不平整接触时,应用砂浆填实。螺母应拧紧

220. 下列关于模筑混凝土衬砌的说法,不正确的是( )。

A. 隧道主洞拱墙衬砌混凝土浇筑应采用全断面衬砌模板台车,车行横洞、人行横洞、紧急停车带、地下风机房等其他洞室拱墙衬砌混凝土浇筑可采用拼装式模板

B. 拱、墙混凝土可分几次浇筑,也可采用先拱后墙浇筑。可以先浇矮边墙

C. 模筑混凝土衬砌应按设计要求设置沉降缝和伸缩缝

D. 衬砌施工缝应结合沉降缝、伸缩缝调整设置,拱墙衬砌沉降缝、伸缩缝应与仰拱混凝土衬砌沉降缝、伸缩缝竖向对齐

221. 隧道衬砌混凝土施工时,混凝土出料口距浇筑面的垂直距离不应大于( )m。

A. 1.2　　　　B. 1.5　　　　C. 2.2　　　　D. 2.5

222. 浇筑衬砌混凝土时,混凝土应从两侧边墙向拱顶、由下向上依次分层对称浇筑,两侧混凝土浇筑面高差不应大于( )m,同一侧混凝土浇筑面高差不应大于( )m。

A. 0.5;0.2　　B. 0.7;0.3　　C. 0.9;0.4　　D. 1.0;0.5

223. 当采用地面砂浆锚杆对围岩进行加固时,锚杆孔内应灌满砂浆。锚固砂浆强度达到( )后方可进行隧道开挖。

A. 设计强度70%　　　　　　B. 设计强度75%

C. 设计强度80%　　　　　　D. 设计强度

224. 根据《公路工程质量检验评定标准　第二册　机电工程》(JTG 2182—2020),公路机电工程关键项目的质量检验评定合格率为( ),一般项目的合格率不低于( )。

A. 90%;80%　　　　　　　B. 100%;100%

C. 100%;90%　　　　　　　D. 95%;90%

225. 公路机电工程施工质量控制的主要内容不包括( )。

A. 软件开发质量控制　　　　B. 系统检验测试质量控制

C. 试运行期质量控制　　　　D. 产品及设备监造质量控制

226. 在公路机电工程试运行期,监理工程师应巡视检查各系统的试运行情况,重点检查( ),对发现的问题要求施工单位及时整改。

A. 操作人员使用情况

B. 系统质量保证体系运行情况

C. 系统工作状况及试运行人员的值班记录

D. 系统工作状况是否符合系统测试大纲的要求

二、多项选择题

1. 全面质量管理的方法包括( )。

A. 计划　　　B. 执行　　　C. 控制

D. 检查　　　E. 处理

2. 按有关规定,施工前应对所有参与工程建设活动的人员进行教育与培训,这体现了全面质量管理的( )的要求。
   A. 全过程的管理　　B. 全员参与的管理　C. 全方位的管理　　D. 一切为用户着想
   E. 全面运用管理技术、专业技术的管理

3. 下列关于全面质量管理中的处理阶段含义的表述中,不正确的是( )。
   A. 把成功的经验加以肯定,纳入标准、规程或形成制度
   B. 对失败的教训也要吸取,以防止再发生
   C. 对查出的问题,立即采取措施全部解决,不遗留问题
   D. 对影响质量的因素全面控制
   E. 对查出的问题,一时不能解决的,作为遗留问题,转入下一个管理循环

4. 公路工程质量责任体系的构成包括( )。
   A. 政府质量监督责任体系　　　　　B. 建设单位质量管理责任体系
   C. 监理单位质量监理责任体系　　　D. 施工单位质量管理责任体系
   E. 社会公众质量监督体系

5. 公路工程质量保证体系包括( )。
   A. 政府监督　　　B. 法人管理　　　C. 公众监督　　　D. 社会监理
   E. 企业自检

6. 建设单位的质量责任和义务包括( )。
   A. 向有关的设计、施工、工程监理等单位提供与建设工程有关的原始资料
   B. 不得明示或暗示施工单位违反工程建设强制性标准,降低工程质量
   C. 不得明示或暗示施工单位使用不合格的建筑材料、构配件和设备
   D. 应当建立质量责任制,确定工程项目负责人、技术负责人和施工管理负责人
   E. 在开工前,应当按照有关规定办理工程质量监督手续,申请领取施工许可证

7. 设计单位的质量责任和义务包括( )。
   A. 应当根据勘察成果文件进行建设工程设计
   B. 设计文件应当符合国家规定的设计深度要求,注明工程合理使用年限
   C. 应当就审查合格的施工图设计文件向施工单位作出详细说明
   D. 在设计文件中选用的建筑材料、设备,应当注明规格、型号、性能等技术指标和生产厂、供应商
   E. 设计单位必须按照工程建设强制性标准进行设计,并对设计的质量负责

8. 施工单位的质量责任和义务包括( )。
   A. 隐蔽工程在隐蔽前,应当通知建设单位和工程质量监督机构
   B. 必须按照工程设计图纸和施工技术标准施工,不得擅自修改工程设计
   C. 必须建立、健全施工质量的检验制度,严格工序管理
   D. 采取旁站、巡视和平行检验等形式,对建设工程实施监理
   E. 对施工出现质量问题的工程或者交工验收不合格的工程,应当负责返修

9. 工程监理单位的质量责任和义务包括( )。
   A. 应依照有关法律法规、标准规范、设计文件和施工合同,对施工质量实施监理

B. 未经总监理工程师签字,建设单位不得拨付工程款,不得进行交工验收
C. 未经监理工程师签字,建筑材料、建筑构配件和设备不得在工程上使用或者安装
D. 应依法取得相应等级的资质证书,并在其资质等级许可范围内承担工程监理业务
E. 建立健全施工质量责任制度,选派具有相应资格的监理人员进驻施工现场

10. 公路工程质量事故根据直接经济损失或工程结构损毁情况,可划分为( )。
   A. 特别重大质量事故　　　　　B. 重大质量事故
   C. 较大质量事故　　　　　　　D. 一般质量事故
   E. 质量问题

11. 工程质量事故处理的依据包括( )。
   A. 相关法律法规、技术标准及规范　　B. 具有法律效力的有关合同文件
   C. 质量事故的实况资料　　　　　　　D. 有关的工程技术文件、资料、档案
   E. 监理日志和监理日记

12. 针对某工程质量事故的发生,监理工程师在签发工程暂停令后,还应立即做的工作包括( )。
   A. 要求施工单位采取必要的措施,抢救人员和财产
   B. 要求施工单位采取必要的措施,防止事故扩大并保护好事故现场
   C. 要求施工单位做好质量事故现场的相应记录
   D. 要求施工单位提交质量事故调查报告,并提出质量事故技术处理方案
   E. 要求施工单位迅速按事故类别和等级向相应的主管部门上报

13. 工程质量事故处理完毕后,项目监理机构应向建设单位提交质量事故书面报告。质量事故书面报告的主要内容包括( )。
   A. 质量事故发生的时间、地点、工程部位
   B. 事故发生原因的初步判断
   C. 事故责任的划分及处理建议
   D. 事故发生后采取的措施及处理方案
   E. 造成工程损伤状况、伤亡人数和直接经济损失的初步估计

14. 工程质量数据的主要特性是( )。
   A. 稳定性　　　B. 波动性　　　C. 规律性　　　D. 随意性
   E. 不可测量性

15. 工程质量数据的统计特征量主要有( )。
   A. 算术平均值　　B. 中位数　　C. 极差　　D. 偏差系数
   E. 极值

16. 反映数据分布集中趋势的统计特征量包括( )。
   A. 算术平均值　　B. 中位数　　C. 极差　　D. 偏差系数
   E. 标准偏差

17. 描述数据分布离中趋势的统计特征量主要有( )。
   A. 算术平均值　　B. 极差　　C. 偏差系数　　D. 中位数
   E. 标准偏差

18. 工程质量检验可分为两大类,即( )。
    A. 全数检验　　　　B. 极值检验　　　　C. 抽样检验　　　　D. 随机检验
    E. 极差检验

19. 随机抽样的方法主要包括( )。
    A. 单纯随机抽样　　B. 系统随机抽样　　C. 分层抽样　　　　D. 密集群抽样
    E. 非系统随机抽样

20. 工程质量控制中常用的统计分析方法主要有( )。
    A. 直方图法　　　　B. 排列图法　　　　C. 控制图法　　　　D. S 曲线法
    E. 相关图法

21. 在工程质量控制中,频数分布直方图法的作用主要有( )。
    A. 估算可能出现的不合格率　　　　B. 考察工序能力
    C. 判断质量分布状态　　　　　　　D. 对产品进行质量评定
    E. 判断施工能力

22. 某工程质量应用直方图法进行分析,若直方图的形状为孤岛型,则说明( )。
    A. 原材料发生变化或质量不合格　　B. 短时间内工人操作不熟练
    C. 测试时使用的方法和读数有问题　D. 在检测过程中存在某种人为因素干扰
    E. 施工中对上控制界限(或下控制界限)控制太严

23. 工程质量波动通常可分为两种,即( )。
    A. 正常波动　　　　B. 异常波动　　　　C. 技术性波动　　　D. 环境性波动
    E. 组织性波动

24. 在工程质量控制中,控制图的主要作用包括( )。
    A. 分析判断生产过程是否稳定　　　B. 对产品进行质量评定
    C. 发现异常情况,预防不合格品产生　D. 判断质量分布状态
    E. 检查设备精度是否满足要求

25. 利用排列图法进行工程质量控制时,其主要作用或用途包括( )。
    A. 估算可能出现的不合格率
    B. 按不合格点的内容分类,可以分析出造成质量问题的薄弱环节
    C. 按生产作业分类,可以找出生产不合格品最多的关键过程
    D. 将采取提高质量措施前后的排列图对比,可以分析措施是否有效
    E. 可以用于成本费用分析、安全问题分析等

26. 当路基为细粒土填筑而成时,路基填筑现场的压实度检测通常可采用的方法为( )。
    A. 环刀法　　　　　B. 水袋法　　　　　C. 灌砂法　　　　　D. 钻孔取样蜡封法
    E. 核子密度仪法

27. 路面结构层现场压实度检测通常可采用的方法为( )。
    A. 环刀法　　　　　B. 水袋法　　　　　C. 灌砂法　　　　　D. 钻孔取样蜡封法
    E. 核子密度仪法

28. 路基顶面弯沉值可采用的检测方法包括( )。

A. 落锤式弯沉仪法 B. 自动弯沉仪法
C. 车载重压法 D. 贝克曼梁法
E. 加载试验法

29. 施工过程中,填石路堤的压实质量可用( )来控制。
A. 压实度 B. 孔隙率 C. 弯沉值 D. 压路机轮迹
E. 沉降差

30. 水泥混凝土路面板厚度的检测方法通常为( )。
A. 钻取芯样法 B. 检查施工记录法 C. 超声波法 D. 目测法
E. 挖验法

31. 分项工程的质量检验项目包括( )。
A. 基本要求 B. 实测项目 C. 外观质量 D. 质量鉴定
E. 质量保证资料

32. 分项工程进行质量检验评定的基本条件为( )。
A. 无外观质量限制缺陷 B. 质量保证资料真实齐全
C. 所有实测项目符合规定 D. 经监理机构审查,不报建设单位同意
E. 所使用的原材料、半成品、成品及施工控制要点等符合基本要求的规定

33. 下列有关分项工程基本要求检查的表述中,正确的是( )。
A. 可通过检查施工记录的方式进行
B. 可采用施工记录检查和施工现场实际检查相结合的方法进行
C. 施工过程中未发现存在质量问题的,基本要求检查可予以免除
D. 对所列基本要求逐项检查,经检查不符合规定时,不得进行工程质量检验评定
E. 所用的各种原材料的品种、规格、质量及混合料配合比和半成品、成品应符合有关技术标准规定并满足设计要求

34. 下列关于分项工程实测项目检验的表述中,正确的是( )。
A. 对检查项目按规定的检查方法和频率进行随机抽样检验并计算合格率
B. 对检查项目按规定的检查方法和频率进行随机抽样检验并计算得分值
C. 《公路工程质量检验评定标准 第一册 土建工程》(JTG F80/1—2017)规定的检查方法为标准方法,采用其他高效检测方法应经比对确认
D. 《公路工程质量检验评定标准 第一册 土建工程》(JTG F80/1—2017)中以路段长度规定的检查频率为双车道路段的最低检查频率,对多车道应按车道数与双车道之比相应增加检查数量
E. 用合格率乘以相应项目的权重计算各分项工程得分值

35. 质量保证资料包括( )。
A. 所用原材料、半成品和成品质量检验结果
B. 材料配合比、拌和加工控制检验和试验数据
C. 监理机构审批单施工组织设计及质量保证体系
D. 质量控制指标的试验记录和质量检验汇总图表
E. 施工过程中遇到的非正常情况记录及其对工程质量影响分析评价资料

36. 工程质量评定等级分为( )。
    A. 优秀　　　　B. 良好　　　　C. 中等　　　　D. 合格
    E. 不合格

37. 分项工程质量评定为合格的条件包括( )。
    A. 检验记录应完整　　　　　　B. 实测项目应合格
    C. 外观质量应满足要求　　　　D. 施工过程中未出现质量问题
    E. 所有质量缺陷已修复

38. 分部工程质量评定为合格的条件包括( )。
    A. 评定资料应完整　　　　　　B. 外观质量应满足要求
    C. 所含分项工程及实测项目应合格　　D. 施工过程中未出现质量缺陷
    E. 施工记录完整

39. 单位工程质量评定为合格的条件包括( )。
    A. 评定资料应完整　　　　　　B. 所含分部工程应合格
    C. 外观质量应满足要求　　　　D. 基本要求符合规定
    E. 施工中出现的质量缺陷已修复

40. 下列关于公路工程交工验收目的的表述中,正确的有( )。
    A. 检查施工合同的执行情况
    B. 评价工程质量是否符合技术标准及设计要求
    C. 综合评价工程建设成果
    D. 对工程质量、参建单位和建设项目进行综合评价
    E. 评价是否可以移交下一阶段施工或是否满足通车要求

41. 监理单位在交工验收中的主要职责包括( )。
    A. 负责完成监理资料的汇总、整理
    B. 协助项目法人检查施工单位的合同执行情况
    C. 负责提交竣工资料,完成交工验收准备工作
    D. 核对工程数量,科学公正地对工程质量进行评定
    E. 负责检查已完成的工程是否与设计相符,是否满足设计要求

42. 公路工程进行竣工验收应具备条件包括( )。
    A. 通车试运营 2 年后
    B. 档案、环保等单项验收的项目,已经有关部门验收合格
    C. 工程决算编制完成,竣工决算已经审计
    D. 合同约定的各项内容已完成,监理机构对工程质量的评定为合格
    E. 交工验收提出的工程质量缺陷等遗留问题已处理完毕,并经项目法人验收合格

43. 下列有关监理单位在竣工验收工作中主要职责的表述中,正确的是( )。
    A. 负责提交监理工作报告　　　B. 提供工程监理资料
    C. 配合竣工验收检查工作　　　D. 对各参建单位进行综合评价
    E. 确定工程质量和建设项目等级

44. 竣工验收建设项目评定为优良的条件包括( )。

A. 评定得分大于等于 95 分　　　　B. 评定得分大于等于 90 分
C. 评定得分大于等于 85 分　　　　D. 工程质量等级为优良
E. 工程质量等级为合格

45. 品质工程建设的基本原则包括(　　)。
　　A. 目标导向,创新驱动　　　　B. 功能提升,注重效益
　　C. 政府引导,企业创建　　　　D. 示范带动,统筹推进
　　E. 大众参与,社会监督

46. 判断生产过程是否正常,可采用(　　)。
　　A. 因果分析图法　　B. 相关图法　　C. 直方图法　　D. 控制图法
　　E. 排列图法

47. 施工阶段质量监理的工作包括(　　)等。
　　A. 审查承包人的施工方案及主要工艺是否符合要求
　　B. 审查承包人的施工机械设备是否符合合同要求
　　C. 检查承包人申报的原材料、混合料是否符合要求
　　D. 对关键工序签认
　　E. 审批工程划分

48. 监理工程师用于工程质量监理的具体方法和手段有(　　)。
　　A. 旁站、巡视　　B. 测量、试验　　C. 工序控制　　D. 计量支付
　　E. 对比分析

49. 质量数据就其本身的特性来说,可以分为(　　)。
　　A. 计量值数据　　B. 抽样数据　　C. 计数值数据　　D. 总体数据
　　E. 统计数据

50. 按照国际标准 ISO 9000 和国家标准 GB/T 19000 建立一个新的质量体系或更新、完善现行的质量体系,一般要经历的步骤包括(　　)。
　　A. 确定质量环　　B. 领导决策　　C. 编制工作计划　　D. 定期质量审核
　　E. 分析企业特点

51. 质量是反映产品或服务满足明确或隐含需要能力的特征和特性的总和。质量有两个基本要求,它们是(　　)。
　　A. 必须适应环境　　　　B. 必须符合规定要求
　　C. 要满足用户期望　　　D. 必须安全可靠
　　E. 必须符合环保要求

52. 公路工程施工质量监理的依据包括(　　)等。
　　A. 合同文件　　B. 施工图纸　　C. 技术规范　　D. 质量标准
　　E. 监理计划

53. 在数理统计中,判别可疑数据真伪并决定取舍的方法有(　　)。
　　A. 依拉达法　　　　B. 约翰逊-贝尔曼法
　　C. 肖维纳特法　　　D. 格拉布斯法

54. 在公路工程质量检验评定中,分项工程质量检验内容包括(　　)。

A. 基本要求　　　　B. 实测项目　　　　C. 外观质量　　　　D. 质量保证资料
E. 施工自检资料

55. 工程项目质量的内涵包括(　　)。
A. 工程项目实体质量　　　　　　B. 工程项目功能和使用价值的质量
C. 工程项目的工作质量　　　　　D. 分部分项工程质量
E. 施工过程的安全质量

56. 用频数分布直方图表示质量分布情况主要应用在(　　)。
A. 估算可能出现的不合格率　　　B. 判断质量分布状态
C. 判断施工能力　　　　　　　　D. 考察工序能力
E. 判断影响质量的主要因素

57. 表示质量数据离散程度的指标有(　　)。
A. 中位数　　　　B. 标准偏差　　　　C. 变异系数　　　　D. 极差
E. 算术平均值

58. 根据建设任务、施工管理和质量检验评定的需要,应在施工准备阶段按照《公路工程质量检验评定标准　第一册　土建工程》(JTG F80/1—2017)附录 A 将建设项目划分为(　　)。
A. 单项工程　　　B. 单位工程　　　　C. 分项工程　　　　D. 分部工程
E. 合同段工程

59. 公路工程质量监理的基本方法包括(　　)等。
A. 工地会议　　　B. 检查核实　　　　C. 旁站　　　　　　D. 指令文件
E. 测量计量

60. 工程质量常用的数理统计分析方法和工具包括(　　)。
A. 直方图　　　　B. 控制图　　　　　C. 相关图　　　　　D. 斜道图
E. 横道图

61. 适用于公路工程质量检验的随机抽样方式一般有(　　)。
A. 单纯随机抽样　B. 系统抽样　　　　C. 非随机抽样　　　D. 密集群抽样
E. 分层抽样

62. 工程项目质量包括两类特殊产品的质量,即(　　)。
A. 工程产品实体质量　　　　　　B. 服务质量
C. 工作质量　　　　　　　　　　D. 工序质量
E. 环境质量

63. 在工程施工过程中,工程质量的波动分为正常波动和异常波动。以下原因中,可造成工程质量产生异常波动的有(　　)。
A. 原材料质量的显著变化　　　　B. 工人操作的微小变化
C. 周围环境的微小变化　　　　　D. 工人不遵守操作规程
E. 施工机械设备的调整不当

64. 以下各项工作中,属于公路工程施工阶段质量监理内容的是(　　)。
A. 审查工程分包　　　　　　　　B. 召开监理交底会
C. 审批分项工程施工方案　　　　D. 审批施工组织设计

E.审批施工进度计划

65.在对公路工程质量事故进行处理时应坚持的原则主要包括( )等。
  A.预防为主、动态管理   B.四不放过
  C.统一领导、分级负责   D.实行报告制度
  E.信息公开

66.下列选项中,评价项目施工质量尺度的是( )。
  A.设计文件   B.质量检验评定标准
  C.质量数据   D.合同文件
  E.质量评定资料

67.监理试验室的主要职责包括( )。
  A.协助施工单位工地试验室补充自检试验数据
  B.协助施工单位工地试验室完成部分试验工作
  C.定期或不定期地对施工单位的试验仪器进行检验
  D.独立完成合同和规范规定进行的监理抽检项目
  E.按合同规定的,或正式颁布的国家标准及行业标准进行各种试验工作

68.根据监理试验室的职责,监理试验室的基本试验工作包括( )。
  A.验证试验   B.标准试验   C.工艺试验   D.抽样试验
  E.材料试验

69.以下选项中,属于标准试验的是( )。
  A.填料击实试验   B.集料的筛分试验
  C.混合料的配合比试验   D.结构的强度试验
  E.路基填料承载比试验

70.下列选项中,属于质量控制常用的统计分析方法的有( )。
  A.控制图法   B.排列图法   C.直方图法   D.因果分析图法
  E.S曲线图法

71.以下文件中,属于工程质量事故处理依据的有( )。
  A.质量事故的实况资料   B.有关合同文件
  C.有关设计文件   D.相关的工程建设法律法规
  E.建设单位和监理单位的意见

72.下列资料中,属于质量保证资料的是( )。
  A.质量保证体系资料
  B.所用原材料、半成品和成品质量检验结果
  C.材料配合比、拌和加工控制检验和试验数据
  D.施工过程中遇到非正常情况记录及其对工程质量影响分析评价资料
  E.施工过程中如发生质量事故,经处理补救后达到设计要求的认可证明文件等

73.工程质量监理的依据包括( )。
  A.有关质量管理方面的法律法规、部门规章与规范性文件
  B.国家和行业、地方有关质量标准、技术规范、规程

C. 工程设计文件和图纸

D. 施工合同和监理合同文件

E. 施工过程中建设单位提出的有关质量要求

74. 工程质量监理的特点包括( )。

 A. 监理工程师对工程质量的监理权受法律保护

 B. 工程质量监理强调事先监理和主动监理

 C. 工程质量监理具有一票否决权

 D. 工程质量监理是全过程、全方位和全天候的全面质量管理

 E. 工程质量监理与计量支付挂钩,质量好坏直接关系到施工单位经济利益

75. 下列有关工程质量监理任务的表述中,正确的是( )。

 A. 审批施工进度计划

 B. 对工程施工全过程进行控制

 C. 对施工人员、工程材料与设备等进行控制

 D. 对施工机械与机具、施工方案与方法等进行控制

 E. 对施工工艺与操作过程进行控制

76. 根据工程管理过程,公路工程施工监理工作阶段可划分为( )。

 A. 施工准备阶段 B. 施工阶段 C. 交工验收阶段 D. 缺陷责任期阶段

 E. 验收与缺陷责任期阶段

77. 施工准备阶段监理准备工作的主要内容包括( )。

 A. 编制监理计划和监理细则 B. 熟悉工程设计文件和合同文件

 C. 现场了解、核查施工环境和条件 D. 填写工程质量责任登记表

 E. 审批施工组织设计

78. 施工准备阶段质量监理工作的主要内容包括( )。

 A. 审批施工组织设计 B. 审核工程划分

 C. 初审质量责任登记表,检查保证体系 D. 核查施工单位工地试验室

 E. 现场了解、核查施工环境和条件

79. 监理机构对施工组织设计审查的内容包括( )。

 A. 施工组织设计的编审程序

 B. 质量、安全、环保、进度和费用等目标

 C. 技术、质量、安全和环保等保证体系

 D. 安全技术措施、专项施工方案和施工现场临时用电方案

 E. 使用的原材料或混合料、构配件和主要施工机械设备是否与批准的一致

80. 下列关于监理交底会的表述中,正确的是( )。

 A. 监理交底会应在合同段开工前召开

 B. 监理交底会应由总监理工程师主持召开

 C. 监理交底会主要介绍监理计划的相关内容

 D. 建设单位主要人员应参加监理交底会

 E. 施工单位项目经理和技术、质量、安全负责人,工地试验室负责人应参加

81. 下列关于施工阶段质量监理内容的表述中,正确的是( )。
    A. 审批分部工程及主要分项工程开工申请
    B. 审批专项施工方案
    C. 巡视检查施工现场,对规定的旁站项目的施工过程进行旁站
    D. 按规定对主要原材料、混合料、关键项目和结构主要尺寸等进行抽检
    E. 审查施工单位提交的施工测量放线数据和成果

82. 在施工过程中,监理机构对施工单位提交的分部工程及主要分项工程开工申请进行审查的主要内容包括( )。
    A. 主要施工项目的施工组织是否符合要求
    B. 临时工程与临时设施是否满足施工要求
    C. 施工方案及主要施工工艺控制要点等是否符合有关技术标准
    D. 主要材料、工程设备的供应是否满足施工需要
    E. 技术、质量和安全管理人员及主要操作人员等的配备是否满足施工合同要求和施工需要

83. 监理工程师应采取以巡视为主的方式进行施工现场监理,巡视的主要内容包括( )。
    A. 是否按技术标准、工程设计文件、批准的施工组织设计和方案施工
    B. 使用的原材料或混合料、构配件和主要施工机械设备是否与批准的一致
    C. 质量、安全、环保和施工标准化等措施是否落实,施工自检和工序交接是否符合规定
    D. 主要原材料及混合料是否已抽检、质量是否符合合同规定
    E. 施工现场管理人员特别是质量、安全管理人员是否到位,特种作业人员是否持证上岗

84. 公路工程施工过程中所使用的主要原材料包括( )。
    A. 钢筋 B. 水泥、沥青 C. 黏土 D. 石灰
    E. 碎石

85. 下列有关质量隐患及质量问题处理的表述中,正确的是( )。
    A. 质量不合格的材料、构配件不得在工程上使用
    B. 对工程质量缺陷,监理机构应签发监理指令单,要求施工单位整改
    C. 对质量不合格的工程,监理机构应签发监理指令单,要求施工单位返工处理
    D. 对于已发现的工程质量缺陷,监理机构应指令施工单位停工整改
    E. 对可能危及结构安全或存在重大隐患的质量问题,监理机构应签发停工令,并向建设单位报告

86. 在合同段工程交工验收中,监理单位应负责的工作主要包括( )。
    A. 完成监理资料的汇总
    B. 评定合同段的工程质量
    C. 检查已完工程是否与设计文件相符,是否满足设计要求
    D. 协助建设单位检查施工合同执行情况,核对工程数量

E. 接受对监理抽检资料,监理工作报告,质量评定资料以及合同执行情况的检查

87. 缺陷责任期内,监理机构质量监理的工作内容包括( )。
A. 检查施工单位剩余工程的实施及遗留问题整改情况
B. 巡视检查工程质量,记录发生的质量缺陷
C. 对工程质量缺陷指令施工单位修复
D. 调查缺陷产生的原因,确认责任和修复费用
E. 签发缺陷责任终止证书

88. 公路工程施工质量监理的基本方法包括( )。
A. 旁站、巡视　　B. 测量、试验　　C. 比较分析　　D. 检查核实
E. 指令文件

89. 一般而言,公路路基主体应包括( )。
A. 路基体　　B. 路基排水设施　　C. 路基支挡工程　　D. 路基护坡道
E. 路基防护设施

90. 公路路基横断面形式可划分为( )。
A. 路堤　　B. 路堑　　C. 半填半挖　　D. 零填路基
E. 高架路基

91. 一般情况下,影响土的压实效果的主要因素包括( )。
A. 土的含水量　　B. 土质　　C. 压实功　　D. 碾压层的厚度
E. 碾压的时间

92. 下列关于路基填土压实工艺的表述中,正确的是( )。
A. 压实机具应先轻后重,以适应逐渐增长的土基强度
B. 碾压速度应先慢后快,以免引起疏松土推挤拥起
C. 压实机具的运行路线,一般直线段应从路缘向中心,以便形成路拱
D. 先振动碾压,后静压;先轮胎压,再钢筒压
E. 弯道设有超高段,由低的一侧边缘向高的一侧边缘碾压,以便形成单向超高坡度

93. 路基用土通常可分为四类,即( )。
A. 巨粒土　　B. 粗粒土　　C. 中粒土　　D. 细粒土
E. 特殊土

94. 公路(路基)的平面控制测量应采用方法包括( )。
A. 卫星定位测量　　B. 导线测量　　C. 三角测量　　D. 三边测量
E. 水准测量

95. 公路高程控制测量应采用的方法主要有( )。
A. 水准测量　　B. 三边测量　　C. 导线测量　　D. 三角高程测量
E. 三角测量

96. 下列有关导线复测的表述中,正确的是( )。
A. 导线测量精度应符合规范的规定
B. 同一建设项目内相邻施工段的导线应闭合,并满足同等级精度要求
C. 对可能受施工影响的导线点,施工前应加以固定或改移,并应保证其精度

D. 原有导线点不能满足施工需要时,应增设满足相应精度要求的附合导线点

E. 导线桩点应进行不定期检查和定期复测,复测周期应不超过 1 年

97. 下列关于水准点复测与加密的表述中,正确的是(　　)。

A. 水准点精度应符合规范的规定

B. 同一建设项目应采用同一高程系统,并与相邻项目高程系统衔接

C. 水准点应进行不定期检查和定期复测,复测周期应不超过 6 个月

D. 沿路线每 800m 宜有一个水准点,高速、一级公路宜加密,每 200m 有一个水准点

E. 结构物附近、高填深挖路段、工程量集中及地形复杂路段,宜增设水准点

98. 施工前应对拟作为路堤填料的材料进行取样试验。一般土的试验项目应包括(　　)。

A. 天然含水率　　B. 液限、塑限　　C. 颗粒分析　　D. 有机质含量

E. 击实、CBR

99. 按照规定,需要进行路基试验路段施工的项目包括(　　)。

A. 二级及二级以上公路路堤　　　　B. 填石路堤、土石路堤

C. 特殊填料路堤、特殊路基　　　　D. 三级公路施工里程超过 10km 的路堤

E. 拟采用新技术、新工艺、新材料、新设备的路基

100. 路基试验路段施工结束后,施工单位应提交试验路段施工总结。试验路段施工总结的内容应包括(　　)。

A. 填料试验、检测报告等

B. 压实工艺参数、过程工艺控制方法、质量控制标准

C. 施工组织方案及工艺的优化

D. 原始记录、过程记录、对施工图的修改建议等

E. 建设单位、监理机构对试验段的有关要求

101. 下列关于路基填料的表述中,正确的是(　　)。

A. 宜选用级配好的砾类土、砂类土等粗粒土作为填料

B. 含草皮、生活垃圾、树根、腐殖质的土严禁作为填料

C. 泥炭土、淤泥、冻土、强膨胀土、有机质土及易溶盐超过允许含量的土等,不得直接用于填筑路基

D. 粉质土不宜直接用于填筑二级及二级以上公路的路床

E. 粉质土可用于填筑冰冻地区的路床及浸水部分的路堤

102. 下列关于零填、挖方路段路床施工的表述中,正确的是(　　)。

A. 路床原状土符合要求的,可直接进行成形施工

B. 路床为过湿土时应进行换填处理,设计未规定换填厚度时,高速公路、一级公路换填厚度宜为 0.8～1.2m

C. 路床过湿土的总厚度小于 2.0m,则宜全部换填

D. 高速公路、一级公路路床为崩解性岩石或强风化软岩时应进行换填处理

E. 路床填筑,每层最大压实厚度宜不大于 300mm,顶面最后一层压实厚度应不小于 100mm

103. 下列有关路基石方开挖施工的表述中,正确的是( )。
    A. 应逐级开挖,逐级按设计要求进行防护
    B. 施工过程中,每挖深 5~10m 应进行边坡线和坡率的复测
    C. 严禁采用硐室爆破,靠近边坡部位的硬质岩应采用光面爆破或预裂爆破
    D. 对不能满足安全距离的石方宜采用化学静态爆破或机械开挖
    E. 边坡应逐级进行整修,同时清除危岩及松动石块

104. 下列有关填土路堤填筑的表述中,正确的是( )。
    A. 性质不同的填料,应水平分层、分段填筑,分层压实
    B. 同一层路基应采用同一种填料,不得混合填筑
    C. 每种填料的填筑层压实后的连续厚度宜不小于 1000mm
    D. 有地下水的路段或浸水路堤,应填筑水稳性好的填料
    E. 路基上部宜采用水稳性好或冻胀敏感性小的材料

105. 下列有关湿黏土路堤施工的表述中,正确的是( )。
    A. 湿黏土填料宜采用石灰进行改良,石灰宜采用消石灰或磨细生石灰粉
    B. 石灰粒径应不大于 20mm,质量宜符合三级及三级以上标准
    C. 施工前应取现场有代表性的土做石灰掺配试验,确定石灰用量
    D. 灰土拌和采用路拌法,翻拌后填料的块状粒径超过 15mm 的含量宜小于 15%,填筑层厚度宜不超过 300mm
    E. 改良后的湿黏土路堤质量应采用灰剂量与压实度两个指标控制

106. 下列土方路基实测项目中,属于关键项目的是( )。
    A. 压实度   B. 弯沉值   C. 纵断高程   D. 中线偏位
    E. 宽度

107. 下列有关填石路堤填料的表述中,正确的是( )。
    A. 硬质岩石、中硬岩石可用于路堤和路床填筑
    B. 软质岩石可用于路堤填筑,不得用于路床填筑
    C. 膨胀岩石、易溶性岩石和盐化岩石不得用于路床填筑
    D. 路堤填料粒径应不大于 500mm,并宜不超过层厚的 2/3
    E. 路床底面以下 400mm 范围内,填料最大粒径不得大于 150mm,其中小于 5mm 的细料应不小于 30%

108. 下列关于填石路堤填筑施工的表述中,正确的是( )。
    A. 填石路堤应分层填筑压实。在陡峻山坡地段施工时,可采用倾填方式填筑
    B. 岩性相差大的填料应分层或分段填筑,软质石料与硬质石料不得混合使用
    C. 填石路堤顶面与细粒土填土层之间应填筑过渡层或铺设无纺土工布隔离层
    D. 压实机械宜选用自重不小于 18t 的振动压路机
    E. 填石路堤采用强夯、冲击压路机进行补压时,应避免对附近构造物造成影响

109. 下列有关土石路堤填料的表述中,正确的是( )。
    A. 膨胀岩石、易溶性岩石等不宜直接用于路基填筑
    B. 崩解性岩石和盐化岩石等不宜用于路基填筑

C. 天然土石混合填料中,中硬、硬质石料的最大粒径不得大于压实层厚的 2/3

D. 石料为强风化石料或软质石料时,其 CBR 值应符合规范的要求

E. 石料最大粒径不得大于压实层厚

110. 下列关于土石路堤填筑的表述中,正确的是(　　)。

    A. 应分层填筑压实,但地表坡度大填筑困难的地段可以倾填
    B. 压实机械宜选用自重不小于 18t 的振动压路机
    C. 应使大粒径石料均匀分散在填料中,石料间孔隙应填充小粒径石料和土
    D. 土石混合料来自不同料场,其岩性或土石比例相差大时,宜分层或分段填筑
    E. 中硬、硬质石料填筑土石路堤时,宜进行边坡码砌,码砌与路堤填筑同步进行

111. 下列有关高路堤施工的表述中,正确的是(　　)。

    A. 应优先安排施工,宜预留 1 个雨季或 6 个月以上的沉降期
    B. 宜采用强度高、水稳性好的材料。路堤浸水部分应采用水稳性和透水性好的材料
    C. 施工中应按设计要求预留高度与宽度,并进行动态监控
    D. 宜每填筑 2m 冲击补压一次,或每填筑 4～6m 强夯补压一次
    E. 填筑过程中应进行沉降、稳定性观测和地下土体分层水平位移监测

112. 下列材料可用于台背与墙背填筑填料的有(　　)。

    A. 透水性材料　　B. 轻质材料　　C. 崩解性岩石　　D. 膨胀土
    E. 无机结合料稳定材料

113. 下列有关台背与墙背填土施工的表述中,正确的是(　　)。

    A. 台背与墙背 1.0m 范围内回填宜采用小型夯实机具压实
    B. 分层压实厚度宜不大于 150mm,填料粒径宜小于 100mm
    C. 涵洞两侧回填填料粒径宜小于 50mm,压实度应不小于 92%
    D. 二级及二级以上公路应按设计做好过渡段,过渡段路堤压实度应不小于 96%
    E. 二级以下公路的路堤与回填的连接部,应预留台阶

114. 下列关于粉煤灰路堤的表述在,正确的是(　　)。

    A. 可用于高速公路、一级公路的路床和二级公路的上路床
    B. 粉煤灰的烧失量应不大于 20%,SO_3 含量宜不大于 3%
    C. 路堤高度超过 4m 时,可在路堤中部设置土质夹层
    D. 应进行包边防护,包边土应与粉煤灰同步进行施工,宽度宜不小于 2m
    E. 粉煤灰路堤压实度可采用填上层检下层的方式进行检测

115. 下列有关雨期路基施工的表述中,正确的是(　　)。

    A. 填料应选用透水性好的碎(卵)石土、砂砾、石方碎渣和砂类土等
    B. 路堤填筑的每一层表面应设 2%～4% 的双向排水横坡以利于排水
    C. 挖方边坡不宜一次挖到设计坡面,应预留一定厚度的覆盖层
    D. 雨季开挖路堑,当挖至路床顶面以上 100～200mm 时应停止开挖
    E. 路堤应分层填筑,当天填筑的土层应当天或雨天前完成压实

116. 下列有关冬季路基施工的表述中,正确的是(　　)。

    A. 高速公路、一级公路的土质路堤不宜进行冬季施工

B. 土质路堤路床以下 2m 范围内,不得进行冬季施工
C. 路堤填料应选用未冻结的砂类土、碎石、卵石土、石渣等透水性良好的材料
D. 当填筑高程距路床底面 1m 时,碾压密实后应停止填筑,在顶面覆盖防冻保温层
E. 路基挖至路床顶面以上 1m 时,完成临时排水沟后,应停止开挖

117. 下列有关软土地基处置的表述中,正确的是( )。
　　A. 当泥沼及软土厚度小于 3.0m 时宜采用浅层置换
　　B. 对非饱和黏性土的软弱表层,可添加适量石灰、水泥进行改良处置
　　C. 砂砾、碎石垫层宜采用级配好的中、粗砂、砂砾或碎石
　　D. 垫层宽度应宽出路基坡脚 500~1000mm,两侧宜用片石护砌或采用其他方式防护
　　E. 泥沼及软土厚度小于 5.0m,且其软层位于水下时可采用抛石挤淤处置

118. 下列关于膨胀土用作路基填料的表述中,正确的是( )。
　　A. 强膨胀土不得作为路堤填料
　　B. 路基浸水部分不得用膨胀土填筑
　　C. 高填方、陡坡路基不宜采用膨胀土填筑
　　D. 桥台背、挡土墙背、涵洞背等部位严禁采用膨胀土填筑
　　E. 掺灰处置后的膨胀土可用于高速公路、一级公路的路床和二级公路的上路床

119. 路面的结构层次包括( )。
　　A. 面层　　　　B. 基层　　　　C. 垫层　　　　D. 联结层
　　E. 土基

120. 一般而言,高级路面所适用的公路等级包括( )。
　　A. 高速公路　　B. 一级公路　　C. 二级公路　　D. 三级公路

121. 对公路路面的基本要求包括( )。
　　A. 足够的强度和刚度　　　　　　B. 足够的稳定性
　　C. 足够的耐久性　　　　　　　　D. 良好的表面性能
　　E. 足够的保温性

122. 下列关于沥青路面试验段的表述中,正确的是( )。
　　A. 高速公路和一级公路的沥青路面在施工前应铺筑试验段
　　B. 沥青路面试验段的长度,通常宜为 300~500m,宜选在正线上铺筑
　　C. 热拌热铺沥青混合料路面试验段铺筑分试拌及试铺两个阶段
　　D. 通过试验段检验各种施工机械的类型、数量及组合方式是否匹配
　　E. 验证沥青混合料生产配合比设计,提出生产用的标准配合比和最佳沥青用量

123. 公路路面基层(底基层)常见的主要有两类,即( )。
　　A. 无机结合料稳定类　　　　　　B. 有机结合料稳定类
　　C. 粒料类　　　　　　　　　　　D. 工业废渣稳定类
　　E. 特殊材料稳定类

124. 下列公路基层(底基层)属于无机结合料稳定类的是( )。
　　A. 级配碎石　　B. 石灰稳定土　　C. 泥灰结碎石　　D. 石灰粉煤灰碎石
　　E. 水泥稳定砂砾

125. 下列粒料类基层,属于嵌锁型的有( )。
    A. 泥结碎石　　　B. 级配砾石　　　C. 填隙碎石　　　D. 级配碎石
    E. 泥灰结碎石

126. 下列有关无机结合料稳定类基层(底基层)的适用条件的表述中,正确的是( )。
    A. 水泥稳定类、石灰粉煤灰稳定类材料适用于各级公路的基层和底基层
    B. 石灰稳定类材料适用于各级公路的底基层,也可做二级和二级以下公路的基层
    C. 水泥或石灰、粉煤灰稳定细粒土可用做二级和二级以上公路高级路面的基层
    D. 石灰稳定细粒土不能用作高级路面的基层
    E. 在冰冻地区潮湿路段以及其他地区过湿路段,不宜采用石灰土做基层和底基层

127. 下列有关粒料类基层(底基层)适用条件的表述中,正确的是( )。
    A. 级配碎石适用于各级公路的基层和底基层
    B. 泥灰结碎石适用于各级公路的基层和底基层
    C. 级配砾石、级配碎砾石可用做二级和二级以下公路的基层
    D. 级配砾石、级配碎砾石可用做各级公路的底基层
    E. 填隙碎石适用于各级公路的底基层和三、四级公路的基层

128. 下列稳定土基层(底基层)检测项目中,属于关键项目的是( )。
    A. 压实度　　　B. 平整度　　　C. 厚度　　　D. 强度
    E. 宽度

129. 下列有关透层沥青的表述中,正确的是( )。
    A. 沥青路面各类基层上都必须喷洒透层沥青
    B. 宜采用慢裂的喷洒型乳化沥青,也可采用稀释的中、慢凝液体石油沥青、煤沥青
    C. 沥青的稠度宜通过透入深度及试洒确定
    D. 透层油渗透基层的深度宜不小于 5~10mm
    E. 气温低于 3℃时,不宜喷洒透层沥青

130. 下列关于黏层沥青适用条件的表述中,正确的是( )。
    A. 双层式或三层式热拌热铺沥青混合料路面的沥青层之间
    B. 水泥混凝土路面、沥青稳定碎石基层或旧沥青路面层上加铺沥青面层
    C. 路缘石、雨水口、检查井等构造物与新铺沥青混合料接触的侧面
    D. 沥青路面各类基层上都必须喷洒黏层沥青
    E. 填石路基和土石路基表面必须喷洒黏层沥青

131. 下列沥青混凝土面层实测项目中,属于关键项目的是( )。
    A. 压实度　　　B. 厚度　　　C. 沥青含量　　　D. 弯沉值
    E. 矿料级配

132. 下列有关水泥混凝土路面纵向接缝的表述中,正确的是( )。
    A. 纵向接缝包括缩缝、胀缝、施工缝
    B. 纵向缩缝采用假缝拉杆型时,拉杆应采用螺纹钢筋
    C. 纵向施工缝一般采用平缝加拉杆形式
    D. 当一次铺筑宽度大于 4.5m 时,应设纵向缩缝

E. 当所摊铺的面板厚度≥260mm时,也可采用插拉杆的企口形纵向施工缝

133. 下列关于水泥混凝土面板横向接缝的表述中,正确的是(   )。
    A. 横向接缝分为横向施工缝、横向缩缝和横向胀缝
    B. 横向施工缝,其位置通常应避开横向胀缝或横向缩缝
    C. 横向缩缝一般采用不设传力杆的假缝形式,即只在面板的上部设缝隙
    D. 横向胀缝应采用滑动传力杆,并设置支架或其他方法予以固定
    E. 设置在横向缩缝处的横向施工缝应采用平缝加传力杆型

134. 一般情况下,粗粒土路基和路面结构层压实度检测可采用的方法主要有(   )。
    A. 灌砂法   B. 环刀法   C. 水袋法   D. 钻孔取样蜡封法
    E. 核子密度仪法

135. 公路桥梁的组成包括(   )。
    A. 上部结构   B. 下部结构   C. 基础   D. 栏杆扶手
    E. 调治构造物

136. 根据结构形式分类,桥梁通常可分为(   )。
    A. 梁式桥、拱式桥   B. 斜拉桥   C. 刚架桥   D. 悬索桥
    E. 组合体系桥

137. 水泥混凝土施工前检验项目应包括的内容有(   )。
    A. 施工设备和场地   B. 混凝土组成材料的质量
    C. 混凝土配合比及其拌和物的工作性能   D. 基础、钢筋、预埋件
    E. 钢筋、预应力管道等的安装位置和稳固性

138. 混凝土施工过程的检验项目应包括的内容有(   )。
    A. 混凝土组成材料的外观及配料、拌制
    B. 混凝土的和易性、坍落度及扩展度等工作性能
    C. 砂石材料的含水率
    D. 钢筋、预应力管道、模板、支架等的安装位置和稳固性
    E. 混凝土强度,拆模时间

139. 下列有关悬臂浇筑施工的表述中,正确的是(   )。
    A. 悬臂梁段应全断面一次浇筑完成,并从悬臂端开始,向已完成梁段推进分层浇筑
    B. 悬臂浇筑的施工过程控制宜遵循变形和内力双控的原则,且宜以内力控制为主
    C. 悬臂浇筑过程中梁体的中轴线允许偏差应控制在5mm以内,高程允许偏差为±10mm
    D. 挂篮前移时,宜在其后方设置控制其滑动的装置或在滑道上设置止动装置
    E. 挂篮前移就位后,应立即将后锚固点锁定,防止倾覆

140. 下列有关悬臂浇筑预应力混凝土梁的合龙和体系转换的表述中,正确的是(   )。
    A. 合龙施工前应根据实际观测值进行合龙的施工计算,确定准确的合龙温度、合龙时间及合龙程序
    B. 对两端的悬臂梁段采取施加水平推力的方式调整梁体的应力时,千斤顶的施力应对称、均衡

C. 合龙时,宜采取措施将合龙口两侧的悬臂端予以临时刚性连接,再浇筑合龙段混凝土

D. 合龙段的混凝土宜在一天中气温最高且稳定的时段内浇筑,浇筑后应及时覆盖洒水养护

E. 对预应力混凝土连续梁,合龙后应在规定的时间内尽快拆除墩梁临时固结装置,按设计规定的程序完成体系转换和支座反力调整

141. 下列有关涵洞两侧回填的表述中,正确的是(　　)。
    A. 砌体砂浆或混凝土强度达到设计强度的75%时,方可进行涵洞洞身两侧的回填
    B. 涵洞两侧紧靠涵台部分的回填土,宜采用人工配合小型机械的方法夯填密实
    C. 填土的每侧长度,当设计未规定时,应不小于洞身填土高度的1倍
    D. 填筑应在两侧同时对称、均衡地分层进行,填筑的压实度应不小于96%
    E. 涵洞顶部的填土厚度必须大于0.5m后,方可通行车辆和筑路机械

142. 下列有关桥台背填土施工的表述中,正确都是(　　)。
    A. 当设计未规定时,台身强度达到设计强度的75%以上时,方可进行台背回填
    B. 台背填土应顺路线方向,自台身起,其填土的长度在顶面应不小于台高
    C. 拱桥台背填土的长度不应小于台高的3~4倍
    D. 台背填土须和路基有效搭架,横向接缝必须挖设台阶,台阶面宽度不小于1m
    E. 桥涵台背填土的压实度不应小于96%

143. 下列有关隧道喷射混凝土支护的表述中,正确的是(　　)。
    A. 喷射混凝土的方式大体分为干式喷射与湿式喷射两种
    B. 所拌料应及时喷射,放置时间不应超过30min,喷射回弹料可再次使用
    C. 喷射作业应分段、分层由下而上顺序进行。喷射移动采用螺旋形或S形移动前进
    D. 初喷厚度不得小于4~6cm,岩面有较大凹洼时,应结合初喷填平
    E. 喷射混凝土回弹率在拱部不超过40%,边墙不超过30%

144. 隧道洞内注浆堵水施工,在断层破碎带和砂卵石地层,当裂隙宽度(或粒径)大于1mm时,注浆材料可选用(　　)。
    A. 单液水泥浆　　B. 水泥-水玻璃浆液　C. 木质素类浆液　　D. 聚氨酯类浆液
    E. 水玻璃类浆液

145. 下列有关隧道洞身注浆堵水注浆顺序的表述中,正确的是(　　)。
    A. 先压注内圈孔,后压注外圈孔　　　　B. 先压注无水孔,后压注有水孔
    C. 按先边墙后拱顶的顺序从下向上压注　D. 如遇串浆跑浆,则间隔一孔或几孔灌压
    E. 先压注有水孔,后压注无水孔

146. 下列有关隧道衬砌背后排水的表述中,正确的是(　　)。
    A. 衬砌背后排水设施主要有暗沟、暗管、盲沟等
    B. 排水设施设置的基本原则是,出水点多的地段应多设置,否则就少设置
    C. 拱部出水段应做环形沟管
    D. 纵向多处渗漏水可设多条横向沟管,最终都引流到排水沟中
    E. 边墙出水应从上向下引流到竖向沟管

147. 下列有关隧道塑料防水板铺设的表述中,正确的是(　　)。
   A. 铺设塑料防水板应在初期支护变形基本稳定后,二次衬砌施作前进行
   B. 铺设塑料板时应环向进行,一般应按实测洞壁周长增加40cm剪裁下料
   C. 塑料板固定应采用无钉铺设施工工艺。塑料板焊接应以手工焊为主
   D. 洞内环向塑料板搭接宽度不小于10cm,焊缝不小于1.5cm
   E. 对断面内坑洼、坍塌回填较困难部位,可用单幅塑料板贴在坑洼处进行铺焊,后与隧道塑料板焊接在一起,不可悬空铺挂

148. 交通安全设施包括(　　)。
   A. 护栏 B. 避险设施 C. 防眩设施 D. 视线诱导设施
   E. 交通标志和路面标线

149. 交通安全设施中的护栏通常可分为(　　)。
   A. 路基护栏 B. 路面护栏 C. 桥梁护栏 D. 活动护栏
   E. 边坡护栏

150. 下列有关波形梁护栏立柱安装的表述中,正确的是(　　)。
   A. 位于土基中的立柱,可采用打入法、挖埋法或钻孔法施工
   B. 立柱无法打入到要求深度时,可将立柱地面以上部分焊割、钻孔
   C. 位于石方区的立柱,应根据设计文件的要求设置混凝土基础
   D. 填石路基中的柱坑,应用粒料回填并夯实
   E. 沥青路面段设置立柱时,柱坑从路基至面层以下5cm处应采用与路基相同的材料回填并分层夯实,余下部分应采用与路面相同的材料回填并压实

151. 下列有关波形梁护栏安装的表述中,正确的是(　　)。
   A. 防阻块、托架应通过连接螺栓固定于护栏板和立柱之间
   B. 防撞等级为SA、SAm和SS的波形梁护栏在安装防阻块时,应同时安装上层立柱
   C. 设有横隔梁的中央分隔带护栏,应在立柱准确定位后安装横隔梁
   D. 立柱间距不规则时,可采用现场切割护栏板的方法
   E. 所有的连接螺栓及拼接螺栓应在护栏的线形达到规定要求时才能拧紧

152. 下列有关交通标志施工的表述中,正确的是(　　)。
   A. 浇筑基础混凝土时,应注意准确设置地脚螺栓和底座法兰盘
   B. 标志基础的地基承载力,设计文件未规定时,不得小于150kPa
   C. 立柱必须在基础混凝土强度达到设计强度的60%以上时,才可安装
   D. 吊装悬臂、门架式标志的横梁时,应使预拱度达到设计文件的要求
   E. 标志板安装到位后,应进行板面平整度和安装角度的调整

153. 不同等级的沥青有不同的适用范围,B级沥青的适用范围包括(　　)。
   A. 高速公路沥青下面层 B. 一级公路沥青上面层
   C. 二级公路沥青上面层 D. 一级公路沥青下面层
   E. 三级公路路面的各个层次

154. 沥青路面采用何种沥青标号要受很多因素的影响,这些因素包括(　　)。
   A. 公路等级 B. 气候条件

C. 交通条件　　　　　　　　D. 施工条件

E. 路面类型

155. 乳化沥青的适用范围包括(　　)。

A. 沥青表面处治路面　　　　B. 热拌沥青混合料路面

C. 沥青贯入式路面　　　　　D. 冷拌沥青混合料路面

E. 喷洒黏层与封层

156. 沥青层用粗集料包括碎石、破碎砾石、筛选砾石、钢渣、矿渣等,但高速公路和一级公路不得使用(　　)。

A. 碎石　　　　　　　　　　B. 筛选砾石

C. 破碎砾石　　　　　　　　D. 钢渣

E. 矿渣

157. 根据《公路沥青路面施工技术规范》(JTG F40—2004),当粗集料和沥青的黏附性不符合规范要求时,应采取的措施包括(　　)。

A. 掺加消石灰　　　　　　　B. 掺加水泥

C. 用饱和石灰水处理　　　　D. 掺加粉煤灰

E. 掺加抗剥落剂

158. 沥青路面用的细集料包括(　　)。

A. 天然砂　　　　　　　　　B. 矿粉

C. 石屑　　　　　　　　　　D. 机制砂

E. 粉煤灰

159. 可用作沥青混合料的填料包括(　　)。

A. 矿粉　　　　　　　　　　B. 拌和机的粉尘

C. 粉煤灰　　　　　　　　　D. 水泥

E. 生石灰粉

160. 对用于高速公路和一级公路的公称最大粒径等于或小于19mm 的密级配沥青混合料(AC),需在配合比设计的基础上进行各种使用性能试验,其中包括(　　)。

A. 车辙试验　　　　　　　　B. 浸水马歇尔试验

C. 弯曲试验　　　　　　　　D. 标准击实试验

E. 渗水试验

161. 下列关于沥青混合料拌制的说法,正确的有(　　)。

A. 沥青混合料必须在沥青拌和厂(场、站)采用拌和机械拌制

B. 高速公路和一级公路宜采用连续式拌和机拌和混合料

C. 从沥青混合料运料车上取样时必须在设置取样台分几处采集一定深度下的样品

D. 沥青混合料拌和时间根据具体情况经试拌确定。间歇式拌和机每盘的生产周期不宜少于45s(其中干拌时间不少于5~10s)

E. 普通沥青混合料的储存时间不得超过72h

162. 下列关于沥青混合料运输的说法,正确的有(　　)。

A. 运料车的运力应稍有富余,施工过程中摊铺机前方应有运料车等候。对高速公路

和一级公路,宜等候的运料车多于5辆后开始摊铺
B.从拌和机向运料车上装料时,应保持汽车位置不动
C.运料车运输混合料宜用苫布覆盖
D.若运抵摊铺现场的混合料已经结成团块或已遭雨淋,不得摊铺
E.摊铺过程中运料车应在摊铺机前100~300mm处停住,空挡等候,由摊铺机推动前进开始缓缓卸料

163.下列关于沥青混合料摊铺的说法,正确的有(　　)。
A.热拌沥青混合料应采用沥青摊铺机摊铺
B.铺筑高速公路和一级公路沥青混合料时,一台摊铺机的铺筑宽度不宜超过6~7.5m。两幅之间应有30~60mm宽度的搭接,躲开车道轮迹带,上、下层的搭接位置宜错开200mm以上
C.摊铺机必须缓慢、均匀、连续不间断地摊铺,不得随意变换速度或中途停顿
D.摊铺过程中应随时检查摊铺层厚度及路拱、横坡,并按规范规定的方法由使用的混合料总量与面积校验平均厚度
E.用机械摊铺的混合料应用人工反复修整找平

164.下列关于沥青混合料路面压实的说法,正确的有(　　)。
A.沥青路面压实施工应配备足够数量的压路机。高速公路铺筑双车道沥青路面的压路机数量不宜少于5台
B.压路机的碾压温度应符合规范的要求。在不产生严重推移和裂缝的前提下,初压、复压、终压都应在尽可能低的温度下进行
C.初压应在紧跟摊铺机后碾压,并保持较短的初压区长度,以尽快使表面压实,减少热量散失
D.复压应紧跟在初压后进行,压路机碾压段的总长度应尽量缩短,通常不超过60~80m
E.终压应紧跟在复压后进行,如经复压后已无明显轮迹时可免去终压

165.下列关于沥青混合料压实过程中复压的说法,正确的是(　　)。
A.采用不同型号的压路机组合碾压时宜安排每一台压路机作半幅碾压,以提高碾压效率
B.密级配沥青混凝土的复压宜优先采用重型的轮胎压路机进行揉搓碾压,以增加密水性,相邻碾压带应重叠1/3~1/2碾压轮宽度
C.对粗集料为主的较大粒径的混合料,宜优先采用振动压路机复压。厚度小于30mm的薄沥青层不宜采用振动压路机。相邻碾压带重叠宽度为100~200mm
D.当采用三轮钢筒式压路机时,总质量不宜小于12t,相邻碾压带宜重叠后轮的1/2宽度,并不应少于200mm
E.对路面边缘、加宽及港湾式停车带等部位,宜采用小型振动压路机或振动夯板作补充碾压

166.下列关于沥青路面铺筑试验路段的说法,正确的有(　　)。
A.高速公路和一级公路的沥青路面在施工前应铺筑试验段

B. 二级公路的沥青路面在施工前应铺筑试验段
C. 三级及以下等级公路在缺乏施工经验或初次使用重大设备时,也应铺筑试验段
D. 试验段的长度应根据试验目的确定,通常宜为 100～200m,宜选在正线上铺筑
E. 热拌热铺沥青混合料路面试验段铺筑分试拌及试铺两个阶段

167. 下列关于热拌热铺沥青混合料路面试验段试验内容的说法,正确的有(　　)。
    A. 检验各种施工机械的类型、数量及组合方式是否匹配
    B. 确定拌和机的操作工艺,考察计算机打印装置的可信度
    C. 确定透层油喷洒方式和效果、摊铺、压实工艺,确定松铺系数
    D. 验证质量保证体系是否运转正常
    E. 验证沥青混合料生产配合比设计,提出生产用的标准配备和最佳沥青用量

168. 公路隧道洞身施工开挖方法包括(　　)。
    A. 全断面法　　　　　　　　B. 台阶法
    C. 环形开挖留核心土法　　　D. 横挖法
    E. 中隔壁法

169. 喷锚支护是由(　　)等单独或组合使用的隧道围岩支护结构。
    A. 喷射混凝土　　　　　　　B. 锚杆
    C. 钢筋网　　　　　　　　　D. 钢管
    E. 钢架

170. 下列关于隧道施工地质工作规定的说法,正确的有(　　)。
    A. 应分析和解读勘察设计阶段地质资料
    B. 应进行跟踪地质调查,对揭露的围岩地质条件应进行描述和分析
    C. 超前地质预报应纳入施工工序管理
    D. 应复核确认围岩级别
    E. 进行必要的地质勘察

171. 下列关于隧道洞内平面控制测量的说法,正确的有(　　)。
    A. 洞内平面控制测量宜采用卫星定位测量或三角测量
    B. 洞内导线,应布置成多边形导线环;应根据贯通精度的要求布点,宜选择在施工干扰小、稳固可靠、通视良好的地方。导线边长在直线地段不宜小于200m,在曲线地段不宜小于70m
    C. 掘进长度超过2倍导线边长时,应进行一次洞内导线延伸测量。导线测量视线与障碍物距离不应小于0.2m
    D. 联系洞外和洞内的控制测量,宜选在洞外和洞内观测条件接近的时段进行观测
    E. 平面控制测量的竖井联系测量可采用光学垂准仪投点、陀螺仪辅助定向。应根据竖井长度和贯通精度要求选择测量仪器和测量方法,估算贯通误差,确定测量方案

172. 下列关于公路隧道交(竣)工测量的说法,正确的有(　　)。
    A. 应在中线复测的基础上埋设永久中线点,永久中线点应用混凝土包埋金属标志。永久中线点设立后,应在隧道边墙上画出标志

B. 直线上的永久中线点,每 200~250m 设一个,曲线上应在缓和曲线的起终点各设一个;曲线中部,可根据通视条件适当增加

C. 应在直线地段每 50m、曲线地段每 20m 及需要加测断面处,测绘以路线中线为准的隧道实际净空,标出拱顶高程、起拱线宽度、路面水平宽度

D. 洞内水准点每 2km 应埋设一个,短于 1km 的隧道应至少设一个,并应在隧道边墙上画出标志

E. 隧道偏位采用全站仪检测,每 20m(曲线)或 40m(直线)检测一处,隧道偏位允许偏差为 20mm

173. 公路隧道洞口工程包括( )。
   A. 洞口土石方　　　　　　　　B. 边仰坡防护
   C. 洞门及其相邻的翼墙、挡土墙　　D. 边仰坡绿化
   E. 洞口排水系统

174. 下列关于洞口开挖与防护的说法,正确的有( )。
   A. 洞口边坡及仰坡一般情况下应自上而下开挖,但为了加快施工进度,可以掏底开挖或上下重叠开挖
   B. 宜采用人工配合机械开挖,或者采用控制爆破措施减少对边仰坡及围岩的扰动
   C. 边仰坡防护应及时施作
   D. 应随时检查监测边坡和仰坡的变形状态
   E. 洞口边坡及仰坡应自上而下开挖,不得掏底开挖或上下重叠开挖

175. 下列关于隧道洞口截排水设施的说法,正确的是( )。
   A. 应结合地形条件设置,具备有效拦截、排水顺畅的能力
   B. 不应冲刷路基坡面及桥涵锥坡等设施
   C. 洞口截、排水设施应在雨季和融雪期之后完成
   D. 截水沟迎水面不得高于原地面,回填应密实不易被水掏空
   E. 截水沟应采取防止渗漏和变形的措施

176. 公路隧道按开挖跨度并结合其特点可划分为( )。
   A. 小跨度隧道　　　　　　　　B. 一般跨度隧道
   C. 中等跨度隧道　　　　　　　D. 大跨度隧道
   E. 超大跨度隧道

177. 下列关于明洞回填施工的说法,正确的有( )。
   A. 回填料不宜采用膨胀岩土。回填顶面 0.2m 可用耕植土回填
   B. 明洞土石回填应对称分层夯实,分层厚度不宜大于 0.3m,两侧回填高差不应大于 0.5m,回填到拱顶以上 1.0m 后,方可采用机械碾压。回填土压实度应符合设计规定
   C. 单侧设有反压墙的明洞回填应在反压墙施工完成后进行
   D. 回填时不得倾填作业。明洞回填时,应采取防止损伤防水层的措施
   E. 洞门顶排水沟砌筑在填土上时,应先砌筑排水沟,后回填

178. 下列关于隧道洞身开挖作业的说法,正确的有( )。

A. 开挖断面尺寸应符合设计规定
B. 应根据开挖方法、断面大小、地质条件因素确定合理循环进尺
C. 开挖作业不得危及人员、设备及支护结构的安全
D. 开挖后应清除危石,并及时进行初期支护作业
E. 危石清除工作应采用人工作业的方式

179. 某公路隧道设计为三车道,地质勘察确定围岩级别为Ⅲ~Ⅳ。根据该隧道围岩条件,可选择的开挖断面适宜的开挖方法为( )。
    A. 全断面法   B. 长台阶法
    C. 中隔壁法   D. 环形开挖留核心土法
    E. 短台阶法

180. 下列关于台阶法施工的说法,正确的有( )。
    A. 台阶开挖高度宜为2.5~3.5m,台阶数量不宜大于三个台阶
    B. 上台阶开挖每循环进尺,Ⅲ级围岩宜不大于3m;Ⅴ级围岩宜不大于1榀钢架间距
    C. Ⅳ、Ⅴ级围岩下台阶每循环进尺宜不大于2榀钢架间距
    D. 下台阶左、右侧开挖宜前后错开3~5m,同一榀钢架两侧不得同时悬空
    E. 下台阶应在上台阶喷射混凝土强度达到设计强度的80%以后开挖

181. 下列关于中隔壁法施工的说法,正确都有( )。
    A. 各分部开挖时,周边轮廓应圆顺。开挖进尺不得大于1榀钢架间距
    B. 初期支护完成、强度达到设计强度80%后方可进行下一分部开挖
    C. 当开挖形成全断面时,应及时完成全断面初期支护闭合
    D. 临时支护拆除宜在仰拱施工前进行,一次拆除长度应与仰拱浇筑长度相适用。临时支护拆除后,应及时浇筑仰拱和仰拱填充、施作拱墙二次衬砌
    E. 临时支护拆除前后,应进行变形量测

182. 隧道衬砌结构包括( )。
    A. 喷锚支护   B. 钢架支撑
    C. 护拱支护   D. 片石支护
    E. 模筑混凝土

183. 下列关于喷射混凝土作业的说法,正确的有( )。
    A. 喷射混凝土施工宜采用干喷工艺
    B. 喷射混凝土配合比应满足设计强度和喷射工艺的要求。喷射混凝土1d龄期的抗压强度不应低于8MPa
    C. 喷射混凝土混合料应采用机械搅拌,并拌和均匀,搅拌时间不应少于2min
    D. 喷射混凝土作业应按初喷混凝土和复喷混凝土分别进行,复喷混凝土可分层多次施作
    E. 喷射混凝土应分段、分片、分层由下而上顺序进行,拱部喷射混凝土应对称作业

184. 下列关于钢筋网铺设的说法,正确的有( )。
    A. 应在初喷混凝土后再进行钢筋网铺设
    B. 钢筋网应随受喷岩面起伏铺设,与初喷混凝土面的最大间隙不宜大于50mm,不宜

将钢筋预焊成片后铺挂

C. 采用双层钢筋网时,两层钢筋网间距应满足设计要求,第二层钢筋网应在第一层钢筋网被喷射混凝土全部覆盖后铺挂

D. 钢筋网钢筋每节长度不宜小于1.0m,钢筋搭接长度不应小于20倍钢筋直径

E. 钢筋网每个交点和搭接段均应绑扎或焊接。钢筋网应与锚杆或其他固定装置联结牢固,在喷射混凝土时不晃动

185. 下列关于衬砌背后空洞回填的说法,正确的有( )。

A. 衬砌背后空洞回填作业应在衬砌混凝土厚度达到设计厚度的条件下进行,并应在下一环衬砌浇筑混凝土前完成

B. 边墙背后空洞深度小于或等于1.0m、拱部背后空洞深度小于或等于0.5m时,应采用衬砌同级混凝土回填密实,应与衬砌混凝土同时浇筑

C. 边墙背后空洞深度大于1.0m、拱部背后空洞深度大于0.5m时,应按设计要求处理

D. 当采用浆砌片石或片石混凝土回填时,片石不得侵入二次衬砌内

E. 当衬砌混凝土厚度不足时,应采用注浆回填,或采用其他方式处理

186. 隧道围岩的地面加固措施包括( )。
   A. 地面砂浆锚杆   B. 地表注浆
   C. 地面旋喷桩   D. 超前水平旋喷桩
   E. 长锚杆

187. 下列关于公路机电工程分项工程抽样检查频率说法,正确的有( )。
   A. 施工单位自检为100%
   B. 监理单位抽检不低于30%
   C. 检测单位交工质量检测不低于30%
   D. 竣工质量鉴定不低于10%
   E. 测点数应不少于5个,当测点数少于5个时,应全部检查

188. 公路机电工程质量保证资料的内容有( )。
   A. 设备和材料报验资料
   B. 所用主要原材料、设备的现场抽查质量检验结果
   C. 设备和软件安装调试记录
   D. 隐蔽工程验收记录及施工影像资料
   E. 施工组织设计和专项施工方案

189. 公路机电工程的内容组成包括( )。
   A. 公路监控设施   B. 公路通信设施
   C. 公路收费设施   D. 公路隧道机电设施
   E. 公路指挥系统设施

190. 公路监控设施的系统组成包括( )。
   A. 信息采集系统   B. 信息处理系统
   C. 信息发布系统   D. 信息控制系统

E. 信息存储系统

191. 公路通信设施的主要传输介质构成有（　　）。
    A. 光纤维数字传输系统　　　　　B. 程控数字交换系统
    C. 专用通信电源系统　　　　　　D. 紧急电话系统
    E. 通信信息存储系统

192. 公路隧道机电设施的组成包括（　　）。
    A. 信息采集系统　　　　　　　　B. 通风系统
    C. 照明系统　　　　　　　　　　D. 交通控制系统
    E. 紧急报警系统

193. 下列关于公路监控工程车辆检测器技术要求的说法，正确的有（　　）。
    A. 交通量计数精度：允许误差为±2%
    B. 平均车速精度：允许误差为±5%（km/h）
    C. 传输性能：24h 观察时间内失步现象不大于 1 次或 BER≤10^{-8}
    D. 强电端子对机壳绝缘电阻：≤50MΩ
    E. 安全保护接地电阻：≤4Ω

194. 下列关于公路监控工程中气象检测器技术要求的说法，正确的有（　　）。
    A. 能见度误差：±10% 或符合设计要求
    B. 风速误差：±5% 或符合设计要求
    C. 温度误差：±2.0℃
    D. 安全接地电阻：≤4Ω
    E. 防雷接地电阻：≤10Ω

195. 下列关于公路监控工程中大屏幕投影系统的技术要求的说法，正确的有（　　）。
    A. 拼接缝：≤2mm 或符合设计要求
    B. 亮度：≤150cd/m^2
    C. 亮度不均匀度：≤10%
    D. 多视窗显示：同时显示 2 个监视断面的窗口
    E. 图像显示：正确显示监控中心 CCTV 系统监视器的切换图像及图形计算机输出信息

196. 公路机电工程系统检验测试通常包括（　　）。
    A. 施工单位自测　　　　　　　　B. 监理签证测试
    C. 功能测试　　　　　　　　　　D. 技术指标测试
    E. 实际运行测试

197. 公路"品质工程"的基本内涵包括（　　）。
    A. 建设践行新理念　　　　　　　B. 管理采取新举措
    C. 技术得到新提升　　　　　　　D. 质量达到新水平
    E. 科学持续发展新观念

198. 创建"品质工程"，公路工程建设要践行的"四个理念"是指（　　）。
    A. 以人为本　　　　　　　　　　B. 本质安全

C. 全寿命周期管理 D. 五大发展理念
E. 质量环保统一

199. 创建"品质工程",公路工程建设管理要推进的"五化管理"是指(　　)。
A. 人本化 B. 标准化
C. 信息化 D. 社会化
E. 精细化

200. 通过创建"品质工程",公路工程建设要实现的"五个提升"是指在推广先进适用的(　　)等方面。
A. 新技术 B. 新工艺
C. 新材料 D. 新装备
E. 新智能

201. 通过创建"品质工程",公路工程建设要全面提升的"四个质量"是指(　　)。
A. 工程实体质量 B. 功能质量
C. 外观质量 D. 环境质量
E. 服务质量

202. 通过创建"品质工程",公路工程建设生产要实现的"三个安全"是指(　　)。
A. 施工安全 B. 功能安全
C. 结构安全 D. 环境安全
E. 使用安全

203. 通过创建"品质工程",公路工程建设要在环保方面取得"三个成效"是指(　　)。
A. 生态环保 B. 资源节约
C. 节能减排 D. 环境友好
E. 天人统一

204. 创建"品质工程"的措施之一是提升工程管理水平,具体内容包括(　　)。
A. 推进工程建设管理专业化
B. 推进工程施工标准化
C. 推进工程管理信息化
D. 推进班组管理规范化
E. 推进工程管理智能化

205. 提升工程质量水平是建设"品质工程"的重要措施,提升工程质量水平的具体内容包括(　　)。
A. 落实工程质量责任
B. 推进质量风险预防管理
C. 加强过程质量控制
D. 加强过程程序化管理
E. 强化工程耐久性保障措施

206. 提升安全保障水平是创建"品质工程"的重要措施,提升安全保障水平的具体内容包括(　　)。

A. 加强工程安全风险管理基础体系建设
B. 提升工程结构安全
C. 深化"平安工地"建设
D. 追求工程本质安全
E. 提升工程安全服务水平

207. 提升绿色环保水平是建设"品质工程"的迫切需要,提升绿色环保水平的具体内容包括( )。

A. 注重生态环保
B. 建设生态工程
C. 注重资源节约
D. 注重节能减排
E. 控制废气排放

208. 设计是工程的灵魂,创建"品质工程"必须提升工程设计水平,提升工程设计水平的具体内容包括( )。

A. 强化系统设计　　　　　　B. 注重统筹设计
C. 重视细节设计　　　　　　D. 倡导设计创作
E. 推进设计标准化

209. 创建"品质工程"就是要提升"品质工程"软实力,提升"品质工程"软实力具体是指( )。

A. 加强管理人员素质建设
B. 实施"标准"出国战略
C. 提升一线工人队伍素质
D. 培育品质工程文化
E. 实施品牌战略

210. 路基沉降是指路基在垂直方向产生的较大沉落,产生路基沉降的主要原因包括( )。

A. 路基填料不当　　　　　　B. 路基填筑方法不合理
C. 路基压实不足　　　　　　D. 路基断面不合理
E. 原地面以下岩层比较软弱

211. 路基边坡塌方是最常见的路基病害,造成路基边坡塌方的原因主要包括( )。

A. 岩性软弱,易风化
B. 边坡高陡
C. 边坡岩体中构造面发育
D. 气候、环境变化明显
E. 坡面植被稀少

212. 隧道洞口坍塌导致洞口堵塞,影响洞内正常施工,轻者延误工期,重者造成人员伤亡。隧道洞口坍塌的原因包括( )。

A. 洞口部位地质条件不良

B. 地层破碎松散、风化强烈

C. 岩土稳定性差

D. 开挖隧道破坏原有的岩土平衡状态

E. 边坡仰坡植被稀少

213. 隧道坍方及冒顶常常导致超挖、增大出渣量和填塞量，造成人员伤亡、机械设备损坏、影响工期、增大投资。造成隧道坍方及冒顶常见的原因有(　　)。

A. 围岩性质及地质条件发生明显变化

B. 开挖方法、支护方式不合理

C. 未严格执行爆破设计、爆破方法不符合要求

D. 施工机械、运输车辆产生振动的影响

E. 施工组织管理不善、工序衔接不当

习题答案及解析

一、单项选择题

1. C

【解析】工程质量是在施工全过程中形成的，它涉及施工企业各部门、各环节的工作质量。企业中的每一个人都应从自己的工作中去发现与工程质量有关的因素，主动加强协作配合，互相服务，保证施工过程中的工作质量，工程质量必然会得到控制和提高。工作质量提高了，企业的管理水平，企业素质及工序控制都有保证。因此，可以说工程质量的好坏是由人的工作质量决定的，要管好工程质量首先必须管好人的工作质量。

2. C

【解析】计划阶段主要包括以下工作内容：①分析现状，找出存在的质量问题；②分析产生质量问题的各种原因或影响因素；③从各种原因中找出影响质量的主要原因；④针对影响质量的主要原因，提出技术组织措施方案，制订实施计划，并具体落实到执行者、时间进度、地点、部门和完成方法等。

3. D

【解析】在全面质量管理 PDCA 每一循环中的 A 阶段(处理阶段)对检查出的问题能够解决的。立即采取措施加以解决，一时不能解决的，作为遗留问题，反馈到下一循环的 P 阶段，作为下一阶段的计划目标，从而推动循环转动。因此，A 阶段是推动循环转动的关键。

4. B

【解析】全面质量管理的工作方法是按照"计划—执行—检查—处理"的管理循环周而复始地运转。它反映了质量保证体系活动所应遵循的科学程序。这四个阶段不是完全割裂、截然分开的，而是紧密衔接、连成一体的，各阶段之间存在着一定的交叉，但对每一个具体循环而言，先后次序不可颠倒。

5. B

【解析】交通运输主管部门及其所属的质量监督机构对工程质量负监督责任，项目法

人对工程质量负管理责任,勘察设计单位对勘察设计质量负责,施工单位对施工质量负责,监理单位对工程质量负现场管理责任,试验检测单位对试验检测结果负责,其他从业单位和从业人员按照有关规定对其产品或者服务质量负相应责任。

6. C

【解析】按有关规定,在实际工程建设中,公路工程项目应按单位工程、分部工程、分项工程进行划分。

7. C

【解析】在合同段中,具有独立施工条件和结构功能的工程为单位工程。单位工程具有单独设计,可以独立组织施工,并可单独作为成本计算对象,但在竣工后不能独立发挥设计规定的生产能力和效益。

8. C

【解析】一个合同段范围内的下列工程为单位工程:路基工程、路面工程、桥梁工程、隧道工程、绿化工程、声屏障工程、交通安全设施、交通机电工程、附属设施(管理中心、服务区、房屋建筑、收费站、养护工区等设施)等。

9. B

【解析】在单位工程中,按路段长度、结构部位及施工特点等划分的工程为分部工程。一个合同段内的下列工程即为分部工程:路基土石方工程(1~3km 路段)、排水工程(1~3km 路段)、路面工程(1~3km 路段)、桥梁基础及下部构造(1~3 墩台)、桥梁上部构造预制和安装(1~3 跨)、桥梁上部构造现场浇筑(1~3 跨)、桥面系及附属工程和桥梁总体、桥梁防护工程、桥梁引道工程;隧道洞口工程(每个洞口)、洞身开挖(100 延米)、洞身衬砌(100 延米)、隧道防排水(100 延米)、洞内路面(1~3km 路段)。

10. D

【解析】在分部工程中,根据施工工序、工艺或材料等划分的工程为分项工程。一个合同段内路基土石方工程(1~3km 路段)中的土方路基、填石路基、软土地基处置等即为分项工程。

11. A

【解析】当因施工而引起的质量缺陷处于萌芽状态时,监理工程师应及时制止,要求承包人立即更换不合格的材料、工程设备;或要求立即改变不正确的施工方法及操作工艺。也就是说应将质量隐患消灭在萌芽状态,防患于未然。

12. A

【解析】发生工程质量缺陷后,监理机构应安排监理人员进行检查和记录,并签发监理指令,要求施工单位进行修复处理。质量缺陷的处理一般不需要停工。

13. C

【解析】发生工程质量缺陷后,监理机构应安排监理人员进行检查和记录,并签发监理指令,要求施工单位进行修复处理;施工单位应进行质量缺陷调查,分析质量缺陷产生的原因,并提出经设计等相关单位认可的处理方案;监理机构审查施工单位报送的质量缺陷处理方案,并签署意见。

14. B

【解析】特别重大质量事故是指造成直接经济损失1亿元以上的事故；重大质量事故是指造成直接经济损失5000万元以上、1亿元以下，或者特大桥主体结构垮塌、特长隧道结构坍塌的事故。

15. C

【解析】较大质量事故是指造成直接经济损失1000万元以上、5000万元以下，或者高速公路项目中桥或大桥主体结构垮塌、中隧道或长隧道结构坍塌、路基(行车道宽度)整体滑移的事故。

16. D

【解析】一般质量事故是指造成直接经济损失100万元以上、1000万元以下，或者除高速公路以外的公路项目中桥或大桥主体结构垮塌、中隧道或长隧道结构坍塌的事故。

17. A

【解析】工程质量事故发生后，监理工程师首先应做的就是签发工程暂停令，要求暂停质量事故部位和与其有关联部位的施工，否则，事故还会进一步的扩大，损害也会进一步的加重。

18. D

【解析】根据现行法律、法规的规定，由相关政府组建事故调查组负责相关质量事故的调查处理，监理机构已无权组织处理质量事故。对于已发生的质量事故，监理机构的主要责任就是积极配合事故调查组进行事故调查，客观地提供相应证据。因此，工程质量事故发生后，监理机构的主要职责是组织施工单位查明质量事故产生的原因，审查事故处理的技术方案，组织施工单位对事故进行技术处理。

19. C

【解析】质量事故技术处理方案一般由施工单位提出，经原设计单位同意签认，监理机构审核签认并报建设单位批准。对于涉及结构安全和加固处理等的重大技术处理方案，一般由原设计单位提出，并报建设单位批准。必要时，应要求建设单位组织专家论证，以确保处理方案可靠、可行，保证工程结构安全和具有使用功能。

20. B

【解析】质量数据通常可分为两类分：①计量值数据：是可以连续取值的数据，表现形式是连续型的，如长度、厚度、直径、强度、化学成分等质量特征，通常都是可以用检测工具或仪器等测量，一般都带有小数，如长度为1.15mm、1.118mm等。②计数值数据：是指不能连续取值，只能计算个数的数值，这些反映质量状况的数据是不能用测量器具来度量的，如不合格的点数、停工次数。它们的每次取值只可能是零或自然数，不可能有小数。

21. B

【解析】用质量数据的算术平均值计算公式计算即可得到正确的结果。

22. C

【解析】检测数据按大小次序排列为：61、60、58、57、56、55、54、53、50、48，由中位数计算公式计算即可得到答案，即：$f = [f_{(5)} + f_{(6)}]/2 = (55+56)/2 = 55.5$。

23. B

【解析】由极差计算公式 $R = f_{max} - f_{min} = 61 - 48 = 13$。

第二章 公路工程质量目标控制

24. C

【解析】由标准偏差的计算公式即可算得正确答案。

25. D

【解析】反映统计数据(样本数据)波动性的指标有极差、标准偏差和变异系数。其中,标准偏差是衡量样本数据波动性(离散程度)的主要指标,它反映样本数据的绝对波动状况。当测量较大的量值时,绝对误差一般较大;而测量较小的量值时,绝对误差一般较小。变异系数也是衡量样本数据波动性的主要指标,但它反映样本数据的相对波动状况。因此,变异系数更能反映样本数据的波动性。

26. B

【解析】用相对波动的大小,即变异系数更能反映样本数据的波动性。通过计算得知甲路段面层摩擦系数的变异系数 $C_{v甲}=4.14/55.2=7.48\%$,乙路段的变异系数 $C_{v乙}=4.27/60.8=7.02\%$,从标准偏差看 $S_甲<S_乙$,但从变异系数分析,$C_{v甲}>C_{v乙}$,说明甲路段的摩擦系数相对波动比乙路段的大,面层抗滑稳定性较差。

27. B

【解析】从批量为 N 的交验产品中随机抽取 n 件样本进行检验,若预先规定合格判定数为 C。如果发现 n 中有 d 件不合格品,当 $d \leq C$ 时,则判定该批产品合格;当 $d>C$ 时,则判定该批产品不合格

28. B

【解析】质量波动可分为两种,即正常波动和异常波动。正常波动是由偶然性因素造成的,如发生原材料成分和性能的微小变化、工人操作的微小变化、周围环境的微小变化等。这些因素在生产中大量存在,对产品质量影响程度很小,而且不容易识别和消除,甚至消除这些因素在经济上也不合算,所以又称这类因素为不可避免的因素(或原因)。由这类因素造成的质量波动是正常的波动,不需加以控制,即认为生产过程处于稳定状态,即质量特征值分布服从正态分布。

29. D

【解析】异常波动是由系统性因素造成的,如原材料质量规格的显著变化,工人不遵守操作规程,施工机械的调整不当,检测仪器的使用不合理,周围环境的显著变化等。这类因素一般比较容易识别,能够采取措施避免和消除,并且一经消除,其作用和影响就不复存在,所以这类因素是可以避免的。异常波动在生产过程中不允许存在,一旦出现,必须立即查明原因,并予以消除。质量控制的目的就是要防止、发现、排除这些异常波动,保证生产过程在正常波动状态(即稳态)下进行。

30. C

【解析】水泥混凝土的抗压强度,应以标准养生 28d 龄期的试件在标准试验条件下测得的极限强度为准。

31. C

【解析】检测路基、路面纵断高程和横坡通常采用水准仪法;路基、路面中线偏位通常采用全站仪法;路基表面平整度检测则采用 3m 直尺检测法;用尺量法检测路基宽度和边坡坡度。

32. C

【解析】《公路工程质量检验评定标准 第一册 土建工程》(JTG F80/1—2017)规定,关键项目的合格率应不低于95%(机电工程为100%),否则该检查项目为不合格。

33. B

【解析】《公路工程质量检验评定标准 第一册 土建工程》(JTG F80/1—2017)规定,一般项目的合格率应不低于80%,否则该检查项目为不合格。

34. A

【解析】《公路工程质量检验评定标准 第一册 土建工程》(JTG F80/1—2017)规定,有规定极值的检查项目,任一单个检测值不应突破规定极值,否则该检查项目为不合格。

35. C

【解析】公路工程竣(交)工验收的依据是:①批准的工程可行性研究报告;②批准的工程初步设计、施工图设计及变更设计文件;③批准的招标文件及合同文本;④行政主管部门的有关批复、批示文件;⑤交通运输部颁布的公路工程技术标准、规范、规程及国家有关部门的相关规定。

36. B

【解析】《公路工程竣(交)工验收办法》规定,交工验收由项目法人负责。竣工验收由交通运输主管部门按项目管理权限负责。

37. D

【解析】公路工程(合同段)进行交工验收应具备以下条件:①合同约定的各项内容已完成;②施工单位按交通运输部制定的《公路工程质量检验评定标准 第一册 土建工程》(JTG F80/1—2017)及相关规定的要求对工程质量自检合格;③监理工程师对工程质量的评定合格;④质量监督机构按交通运输部规定的公路工程质量鉴定办法对工程质量进行检测(必要时可委托有相应资质的检测机构承担检测任务),并出具检测意见;⑤竣工文件已按交通运输部规定的内容编制完成;⑥施工单位、监理单位已完成本合同段的工作总结。

38. D

【解析】交工验收的主要工作内容包括:①检查合同执行情况;②检查施工自检报告、施工总结报告及施工资料;③检查监理单位独立抽检资料、监理工作报告及质量评定资料;④检查工程实体,审查有关资料,包括主要产品质量的抽(检)测报告;⑤核查工程完工数量是否与批准的设计文件相符,是否与工程计量数量一致;⑥对合同是否全面执行、工程质量是否合格作出结论,按交通运输主管部门规定的格式签署合同段交工验收证书;⑦按交通运输部规定的办法对设计单位、监理单位、施工单位的工作进行初步评价。

39. C

【解析】公路工程交工验收合格,建设单位按规定已向交通运输主管部门提交交工验收报告。交通运输主管部门在15天内未对备案的项目交工验收报告提出异议,项目法人可开放交通进入试运营期。试运营期不得超过3年。

40. C

【解析】公路工程符合竣工验收条件后,项目法人应按照项目管理权限及时向交通运输主管部门申请验收。交通运输主管部门应当自收到申请之日起30日内,对申请人递交的材料进行审查,对于不符合竣工验收条件的,应当及时退回并告知理由;对于符合验收条件的,应自收到申请文件之日起3个月内组织竣工验收。

41. B

【解析】竣工验收工程质量等级为优良、合格、不合格。其中,工程质量评定得分大于等于90分为优良,小于90分且大于等于75分为合格,小于75分为不合格。

42. D

【解析】合同是建设单位与施工单位签订的具有法律约束力的文件,它是双方进行各项管理的基础,当然也是质量控制的基础。

43. B

【解析】合同是建设单位和施工单位进行工程管理的依据,也是工程质量的要求。

44. B

【解析】总监理工程师在合同规定或合理时间内,组织有关监理工程师审查承包人提交的施工组织设计,并由总监理工程师审核签认。

45. A

【解析】偶然性因素引起的是正常波动,一般不会造成废品,生产过程正常稳定。而系统性因素表现为异常波动、产生次品、废品,是质量控制需要消除的因素。

46. D

【解析】累计频率是各种问题频率的累加。根据给出的质量问题累计频率,可以计算出,蜂窝麻面、局部露筋、表面裂缝、强度不足的质量问题频率分别是41.5%、32%、17%、9.5%,因此就单个问题而言,蜂窝麻面和局部露筋出现的频率最高。

47. C

【解析】监理工程师根据合同规定对材料检查或检验,确定材料有缺陷或不符合合同要求,监理工程师可以拒收材料(即不得用于工程),并就此立即通知承包人,说明拒收的理由。监理工程师有权发出指令要求承包人在规定的时间内,一次或分次将不符合合同规定的任何材料从现场运走,并用合格的材料取代。

48. A

【解析】施工过程质量控制分析有很多方法,常见的有直方图法、排列图法、因果分析图法、控制图法、分层法、相关图法等。其中只有控制图法是一种动态分析法,其他都属于静态分析法。

49. B

【解析】造成质量波动的因素可分为两类:偶然性因素和系统性因素。偶然性因素是经常对产品质量起作用的因素,但其出现带有随机性的特点,而且在生产中大量存在。但就其个别因素来说,对产品质量影响程度很小,不容易识别和消除。由这类因素造成的质量波动属于正常波动,具有一定规律,可认为生产过程处于稳定状态,即质量特征值分布服从正态分布。

50. D

【解析】很显然,只有查明质量事故发生的原因,才能界定责任、制定与落实措施、确定事故性质,才能吸取教训、加强管理、防止类似事故以后重发生。这才是解决问题的根本所在。

51. C

【解析】直方图的作用主要有以下几个方面:①估算可能出现的不合格率;②考察工序能力;③判断质量分布状态;④判断施工能力。

52. B

【解析】《公路工程施工监理规范》(JTG G10—2016)规定,监理工程师在分项分部工程施工前,应审查施工单位申报的原材料、混合料试验资料,对主要原材料应独立取样进行平行试验。

53. C

【解析】《公路工程施工监理规范》(JTG G10—2016)规定,监理工程师应对施工单位申请使用的商品混凝土或商品混合料配合比进行审查,并进行试验验证。

54. D

【解析】监理工程师应审查施工单位提交的分部分项工程的施工方案及主要工艺,对技术复杂或采用新技术、新工艺、新材料、新设备的工程,应根据试验工程结果进行审批。

55. C

【解析】工程监理制度最大的特点就是工程质量监理与工程的支付相挂钩,质量好坏直接影响到承包人的经济利益。

56. C

【解析】要保证工程质量,就要求有关部门和人员精心工作,对决定和影响工程质量的所有因素严加控制,即通过工作质量来保证和提高工程质量。

57. D

【解析】质量缺陷的技术处理方案一般应由施工单位提出,经监理单位审核后报建设单位批准。

58. B

【解析】系统抽样是指有系统地将总体分成若干部分,然后从每一个部分抽取一个或若干个个体组成样本。

59. B

【解析】影响工程质量的主要因素包括:人员、材料、施工机械设备、工艺方法、施工环境条件。工序检查是质量控制的一种方法。

60. C

【解析】工程质量检验的方法主要包括:试验法、量测(测量)法、目测(直观)法等。

61. C

【解析】工程质量监理的方法主要有:检查核实、试验与抽检、测量、旁站、巡视、监理指令文件、工序控制、执行程序等。

62. B

【解析】质量数据的统计特征值包括:算术平均值、中位数、极差、标准偏差、变异系数等。其中,算术平均值、中位数反映数据的集中程度,即质量的稳定性。极差、标准偏差、变异系数则反映数据的分散程度,即质量偏离程度。

63. C

第二章 公路工程质量目标控制

【解析】质量是指产品或服务满足有关要求及用户需要的程度。

64. D

【解析】分项工程是工程项目最基本的组成单元,也是施工组织管理的最基本单元,同样也是质量控制的基础。

65. D

【解析】《公路工程质量检验评定标准 第一册 土建工程》(JTG F80/1—2017)规定,机电工程合格率必须达到100%,否则该检查项目为不合格。

66. C

【解析】《公路工程质量检验评定标准 第一册 土建工程》(JTG F80/1—2017)规定,关键项目合格率应不低于95%,否则该检查项目为不合格。

67. B

【解析】《公路工程质量检验评定标准 第一册 土建工程》(JTG F80/1—2017)规定,一般项目的合格率应不低于80%,否则该检查项目为不合格。

68. D

【解析】公路工程质量监理的目标是以合同为依据,采取技术、组织、经济、合同等措施,对施工全过程和影响工程质量的因素进行控制,从而确保工程质量目标的实现,使其达到设计文件和施工合同规定的标准,满足建设单位对工程质量的要求。事实上,施工阶段各参建单位质量控制目标是不同的:①建设单位的质量控制目标是保证竣工项目达到投资决策所确定的质量标准。②设计单位的质量控制目标是保证竣工项目的各项施工结果与设计文件所规定的标准一致。③施工单位的质量控制目标是保证交付满足施工合同及设计文件所规定的质量标准(含工程质量的创优要求)的建设工程产品。④监理单位的质量控制目标是保证工程质量达到施工合同和设计文件所规定的质量标准。

69. D

【解析】监理计划应由总监主持编制,并经监理单位审核后报建设单位批准。当工程监理实施情况发生重大变化时,监理计划应及时修订。

70. C

【解析】对技术复杂、专业性较强的分部分项工程,应编制监理细则,并报总监理工程师审批。监理细则应由驻地监理工程师主持编制。监理过程中,监理细则应根据工程实际变化情况进行补充、修改。

71. A

【解析】《公路工程施工监理规范》(JTG G10—2016)规定,监理工程师应采取以巡视为主的方式进行施工现场监理,按计划定期或不定期巡视施工现场,对施工的主要工程每天不少于1次,并填写巡视记录。

72. C

【解析】监理工程师应审查施工单位提交的施工测量放线数据和成果,对从基准点引出的工程控制桩的重点桩位(如道路工程的路线平面控制点和各种结构物定位的轴线控制桩位等以及各高程控制点)应复测不少于30%,经复测不符合规定时应要求其重新测设。

73. C

【解析】《公路工程施工监理规范》(JTG G10—2016)规定,监理机构应审查施工单位报审的原材料与混合料试验资料,对主要原材料独立取样进行平行试验。

74. B

【解析】《公路工程施工监理规范》(JTG G10—2016)规定,对主要混合料的配合比和路基填料的击实试验结果进行验证,审验合格并经批复后方可在工程上使用。

75. C

【解析】《公路工程施工监理规范》(JTG G10—2016)规定,公路工程施工过程中所使用的主要混合料包括水泥混凝土、沥青混合料和无机结合料稳定材料等。

76. A

【解析】《公路工程施工监理规范》(JTG G10—2016)规定,监理机构对钢筋、水泥、沥青、石灰和碎石等原材料及水泥混凝土、沥青混合料和无机结合料稳定材料等混合料的抽检频率不应低于施工检验频率的10%。

77. B

【解析】《公路工程施工监理规范》(JTG G10—2016)规定,对分项工程中的关键项目和结构主要尺寸的抽检频率应不低于施工检验频率的20%。

78. D

【解析】监理机构(驻地办)在收到分项工程交工或中间交工验收申请后,应对施工单位的检验评定资料进行检查,组织施工单位在监理抽检、检测见证和隐蔽工程验收基础上进行质量评定,对评定合格的签发《分项工程(中间)交工证书》。同一个分项工程中间验收不宜超过2次。

79. C

【解析】《公路工程施工监理规范》(JTG G10—2016)规定,监理驻地办应及时对已完分部工程进行质量检验评定,总监办应及时组织对单位工程和合同段的质量评定。

80. D

【解析】监理机构应按有关规定审查施工单位提出的合同段交工验收申请,审核施工单位编制的竣工图,根据监理工作情况及工程质量评定结果,对是否同意交工验收进行审查并签署意见。对合同段交工验收申请应重点审查:①合同约定的各项内容完成情况;②施工自检结果、各项资料的完整性;③工程数量核对情况;④工程现场清理情况等。

81. B

【解析】路堤按填土高度不同,划分为以下几类:①矮路堤:填土高度小于1.0~1.5m的路堤,属于矮路堤;②高路堤:填土高度大于20m的路堤属于高路堤;③一般路堤:填土高度在1.5~20m范围内的路堤为一般路堤。

82. D

【解析】路床是指路面结构层以下0.8m或1.20m范围内的路基部分。路床可分为上路床及下路床两层。上路床厚度0.3m;下路床厚度在轻、中及重交通公路为0.5m,在特重、极重交通公路为0.9m。

83. C

【解析】上路床,指路面结构层以下0~0.30m范围内的路基叫上路床;下路床,指路面底面以下 0.30~0.80m(轻、中及重交通公路)或 0.30~1.20m(特重、极重交通公路)范围内的路基叫下路床。

84. A

【解析】路堤在结构上分为上路堤和下路堤:①上路堤,是指路床以下0.70m厚度范围内的填方部分;②下路堤,是指上路堤以下的填方部分。

85. C

【解析】《公路路基施工技术规范》(JTG/T 3610—2019)规定,陡坡路堤是指地面斜坡陡于1:2.5的路堤。

86. C

【解析】《公路路基施工技术规范》(JTG/T 3610—2019)规定,填石路堤是指用粒径大于40mm且含量超过总质量70%的石料填筑的路堤。

87. C

【解析】《公路路基施工技术规范》(JTG/T 3610—2019)规定,土石路堤是指用石料含量占总质量30%~70%的土石混合材料填筑的路堤。

88. C

【解析】《公路路基施工技术规范》(JTG/T 3610—2019)规定,深挖路堑是指边坡高度超过20m的土质路堑或边坡高度超过30m的岩石路堑。深挖路堑边坡称为路堑高边坡。

89. A

【解析】《公路路基施工技术规范》(JTG/T 3610—2019)规定,特殊路基是指位于特殊土地段、不良地质地段,受水、气候等自然因素影响强烈的路基。

90. C

【解析】除要求路基断面尺寸符合设计要求外,应满足以下基本要求:①具有足够的强度和刚度;②具有足够的整体稳定性;③具有良好的水温稳定性;④具有良好的耐久性。

91. D

【解析】《公路路基施工技术规范》(JTG/T 3610—2019)规定,深挖高填路段,每挖填一个边坡平台或者3~5m,应复测中线和横断面。

92. B

【解析】地基表层碾压处理压实度控制标准为:二级及二级以上公路一般土质应不小于90%;三、四级公路应不小于85%,低路堤应对地基表层土进行超挖、分层回填压实,其处理深度应不小于路床厚度。

93. B

【解析】《公路路基施工技术规范》(JTG/T 3610—2019)规定,路基填筑前,应对路基基底原状土进行取样试验。每公里应至少取2个点,并根据土质变化增加取样点数。

94. B

【解析】路基试验路段应选择地质条件、路基断面形式等具有代表性的地段,长度宜不小于200m。

95. D

【解析】按照公路路基施工技术规范的规定,填土路堤路床部分填料的最大粒径为

100mm;上路堤和下路堤部分填料的最大粒径为150mm。

96. D

【解析】粉质土不宜直接用于二级及二级以上公路的路床。

97. C

【解析】零填、挖方路段路床为过湿土时应进行换填处理,设计有规定时按设计厚度换填,设计未规定时按以下要求换填:高速公路、一级公路换填厚度宜为0.8～1.2m,若过湿土的总厚度小于1.5m,则宜全部换填;二级公路的换填厚度宜为0.5～0.8m。

98. A

【解析】零填、挖方路段路床为过湿土时应进行换填处理,若过湿土的总厚度小于1.5m,则宜全部换填。

99. B

【解析】《公路路基施工技术规范》(JTG/T 3610—2019)规定,高速公路和一级公路的零填、挖方路段的路床为崩解性岩石或强风化软岩时应进行换填处理,设计有规定时按设计厚度换填,设计未规定换填时换填厚度宜为0.3～0.5m。

100. C

【解析】《公路路基施工技术规范》(JTG/T 3610—2019)规定,零填、挖方路段的路床填筑,每层最大压实厚度宜不大于300mm。

101. A

【解析】《公路路基施工技术规范》(JTG/T 3610—2019)规定,零填、挖方路段的路床填筑,顶面最后一层压实厚度应不小于100mm。

102. C

【解析】开挖至零填、路堑路床部分后,应及时进行路床施工;如不能及时进行,宜在设计路床顶高程以上预留至少300mm厚的保护层。

103. C

【解析】石质路床清理应符合下列规定:①欠挖部分应予凿除,超挖部分应采用强度高的砂砾、碎石进行找平处理,不得采用细粒土找平;②路床底面有地下水时,可设置渗沟进行排导,渗沟应采用硬质碎石回填;③路床的边坡应与路床同步施工。

104. A

【解析】深挖路堑施工应符合下列规定:①应根据地形特征设置边坡观测点,施工过程中应对深挖路堑的稳定性进行监测;②施工过程中,应检查地质情况,如与设计不符应及时反馈处理;③每挖深3～5m应复测一次边坡。

105. C

【解析】在透水性差的压实层上填筑透水性好的填料前,应在其表面设2%～4%的双向横坡,并采取相应的防水措施。不得在透水性好的填料所填筑的路堤边坡上覆盖透水性差的填料。

106. B

【解析】填方分几个作业段施工时,接头部位如不能交替填筑,先填路段应按1:1～1:2坡度分层留台阶。

107. C

【解析】填土路堤填筑分几个作业段施工时,接头部位如能交替填筑时,应分层相互交替搭接,搭接长度应不小于2m。

108. B

【解析】高速、一级公路土质填方路基上路床的压实度标准为不小于96%;二级公路则不小于95%。

109. D

【解析】高速、一级公路土质填方路基下路床的压实度标准为不小于96%;二级公路不小于95%。高速、一级公路土质填方路基上、下路床的压实度标准相同均为不小于96%。二级公路土质填方路基上、下路床的压实度标准也相同均为不小于95%。

110. C

【解析】高速、一级公路土质填方路基上路堤的压实度标准为不小于94%,下路堤的压实度标准为不小于93%。

111. C

【解析】高速、一级公路零填及土质挖方路基上路床、下路床的压实度标准相同,均为不小于96%;二级公路零填及土质挖方路基上路床、下路床的压实度标准也相同,均为不小于95%。

112. B

【解析】填土路堤施工过中,每一压实层均应进行压实度检测,检测频率为每1000m²不少于2点。压实度检测可采用灌砂法、环刀法等方法,检测应符合《公路路基路面现场测试规程》(JTG 3450—2019)的有关规定。

113. C

【解析】填石路堤施工过程质量应符合下列规定:①施工过程中每一压实层,应采用试验路段确定的工艺流程、工艺参数控制,压实质量可采用沉降差指标进行检测;②施工过程中,每填高3m宜检测路基中线和宽度。填石路堤质量检验评定时,其压实质量可采用检测石料孔隙率和路堤沉降差的方法来评定。

114. C

【解析】土石路堤填筑时,填料由土石混合材料变化为其他填料时,土石混合料最后一层的压实厚度应小于300mm,该层填料最大粒径宜小于150mm,压实后表面应无孔洞。

115. A

【解析】《公路路基施工技术规范》(JTG/T 3610—2019)规定,填石路堤和土石路堤在施工过程中,每填高3m应检测路基中线和宽度。而填土路堤施工过程中,每填高2m宜检测路基中线和宽度。

116. C

【解析】土石路堤施工过程质量控制应符合下列规定:①中硬及硬质岩石的土石路堤填筑施工过程中每一压实层,应采用试验路段确定的工艺流程、工艺参数,压实质量可采用沉降差指标进行检测;②软质石料的土石路堤填筑压实质量标准应符合土质路基压实度的规定;③施工过程中,每填筑3m高宜检测路线中线和宽度。

117. B

【解析】桥台与挡土墙施工完成后,在台身或墙身强度达到设计强度的75%以上时方可开始进行台背或墙背填土作业。涵洞施工完成后,砌体砂浆或混凝土强度达到设计强度的85%以上时,方可进行涵洞洞身两侧的回填。

118. D

【解析】高速公路、一级公路沥青混合料配合比设计可分为三个阶段:目标配合比设计阶段、生产配合比设计阶段、生产配合比验证阶段。

119. A

【解析】按照《公路工程质量检验评定标准 第一册 土建工程》(JTG F80/1—2017),高速公路、一级公路稳定粒料基层(底基层)压实度的代表值≥98%,极值≥94%。

120. D

【解析】热拌沥青混合料的压实可分为初压、复压、终压三个阶段。

121. B

【解析】沥青混合料的摊铺温度应随沥青的标号及气温的不同通过试验确定。正常施工时摊铺温度不低于125℃,但不得超过160℃。

122. B

【解析】正常施工时沥青混合料碾压(初压)时的温度不低于120℃,碾压终了温度因使用不同类型的压路机而有所不同:钢轮压路机不低于60℃,轮胎压路机不低于70℃,振动压路机不低于55℃。

123. C

【解析】热拌沥青混合料路面应待摊铺层完全自然冷却,混合料表面温度低于50℃后,方可开放交通。若需要提早开放交通时,可洒水降低混合料温度。

124. A

【解析】高速公路、一级公路沥青混凝土面层压实度检测应在试验室标准密度、最大理论密度和试验段密度三个标准中选用两个标准评定,以合格率低的作为评定结果。

125. A

【解析】《公路工程质量检验评定标准 第一册 土建工程》(JTG F80/1—2017)规定,路基、路面压实度应以1~3km长的路段为检验评定单元,按规定的检测频率进行现场压实度抽样检测,求算出每一测点的压实度。

126. C

【解析】根据相关的计算公式,经计算该路段压实度算术平均值为95.97%,检测值的标准差$S=0.91\%$,则该评定段压实度代表值为$K=95.97-0.91\times0.387=95.62\%$,由于压实度代表值$K<$压实度标准值$K_0$,所以该评定段的压实质量不合格。

127. B

【解析】根据相关的计算公式,经计算可得该路段面板厚度的算术平均值为25.05(mm),标准差为$S=0.24$(mm)。根据$n=30,a=95\%$,查表得相关数据为0.31,计算可得厚度代表值$h=25.05-0.24\times0.31=24.98$(cm),由于厚度代表值$h>h_d-\Delta h=24.5$cm,所以该路段的板厚满足要求。

128. A

【解析】根据相关的计算公式,经计算可得该路段基层弯沉的算术平均值为 29.6 (0.01mm),标准差 $S = 2.09(0.01\text{mm})$,则弯沉代表值 $L = 29.6 + 1.645 \times 2.09 = 33.0$ (0.01mm),由于弯沉代表值 $L <$ 设计弯沉值 L_d,所以该路段基层的弯沉值满足要求。

129. B

【解析】大桥多孔跨径总长 $L(\text{m})$ 为:$100 \leq L \leq 1000$,单孔跨径 $L_K(\text{m})$ 为:$40 \leq L_K \leq 150$。

130. D

【解析】公路桥涵施工技术规范规定,桥梁用钢筋分批检验时,可由同一牌号、同一炉罐号、同一尺寸的钢筋进行组批,每批的质量不宜大于60t,超过60t的部分,每增加40t(或不足40t的余数)应增加一个拉伸和一个弯曲试验试样。

131. C

【解析】钢筋在工地存放时,应按不同品种、规格,分批分别堆置整齐,不得乱杂,并应设立识别标志,存放的时间不宜超过6个月。存放场地应有防、排水设施,且钢筋不得直接置于地面,应垫高或堆置在台座上,顶部应采用合适的材料予以覆盖,防止水浸和雨淋。

132. C

【解析】《公路桥涵施工技术规范》(JTG/T 3650—2011)规定,桥梁预制构件的吊环,必须采用未经冷拉的热轧光圆钢筋制作,且其使用时的计算拉应力应不大于65MPa。

133. A

【解析】钢筋的连接宜采用焊接接头或机械连接接头。绑扎接头仅当钢筋构造复杂、施工困难时方可采用,轴心受拉和小偏心受拉构件不应采用绑扎接头。

134. C

【解析】钢筋的焊接接头宜采用闪光对焊,或采用电弧焊、电渣压力焊或气压焊,但电渣压力焊仅可用于竖向钢筋的连接,不得用作水平钢筋和斜筋的连接。

135. C

【解析】在进行试配和质量检测时,混凝土的抗压强度应以边长为150mm的立方体尺寸标准试件测定,且应取其保证率为95%;试件应以同龄期者3个为一组,每组试件的抗压强度以3个试件测值的算术平均值(计算精确至0.1MPa)为测定值,当有1个测值与中间值的差值超过中间值的15%时,取中间值为测定值;当有2个测值与中间值的差值均超过15%时,则该组试件无效。混凝土的抗压强度应以标准方式成型的试件,置于标准养护条件下(温度20℃±2℃,相对湿度不低于95%)养护28d所测得的抗压强度值(MPa)进行评定。

136. C

【解析】水泥进场时,应按批次对同一生产厂、同一品种、同一强度等级及同一出厂日期的水泥进行强度、细度、安定性和凝结时间等性能的检验,散装水泥应以每500t为一批,袋装水泥应以每200t为一批,不足500t或200t时,亦按一批计。当对水泥质量有疑问,或受潮或存放时间超过3个月时,应重新取样复验,并应按其复验结果使用。

137. C

【解析】公路桥涵细集料宜采用级配良好、质地坚硬、颗粒洁净且粒径小于5mm的河砂;当河砂不易得到时,可采用符合规定的其他天然砂或人工砂;细集料不宜采用海砂,不得不采用时,应经冲洗处理。

138. C

【解析】粗集料最大粒径宜按混凝土结构情况及施工方法选取,但最大粒径不得超过结构最小边尺寸的1/4和钢筋最小净距的3/4;在两层或多层密布钢筋结构中,最大粒径不得超过钢筋最小净距的1/2,同时不得超过75.0mm。混凝土实心板的粗集料最大粒径不宜超过板厚的1/3且不得超过37.5mm。泵送混凝土时的粗集料最大粒径,除应符合上述规定外,对碎石不宜超过输送管径的1/3;对卵石不宜超过输送管径的1/2.5。

139. D

【解析】粗集料的检验内容应包括外观、颗粒级配、针片状颗粒含量、含泥量、泥块含量、压碎值指标等。

140. C

【解析】泵送混凝土的配合比宜符合下列规定:①最小水泥用量宜为280~300kg/m³(输送管径100~150mm)。通过0.3mm筛孔的砂不宜少于15%,砂率宜控制在35%~45%范围内。②混凝土拌合物的出机坍落度宜为100~200mm,泵送入模时的坍落度宜控制在80~180mm之间。

141. B

【解析】自高处向模板内倾卸混凝土时,应防止混凝土离析。直接倾卸时,其自由倾落高度不宜超过2m;超过2m时,应通过串筒、溜管(槽)或振动溜管(槽)等设施下落;倾落高度超过10m时,应设置减速装置。

142. C

【解析】混凝土应按一定的厚度、顺序和方向分层浇筑,且应在下层混凝土初凝或能重塑前浇筑完成上层混凝土;上下层同时浇筑时,上层与下层的前后浇筑距离应保持1.5m以上;在倾斜面上浇筑混凝土时,应从低处开始逐层扩展升高,并保持水平分层。混凝土分层浇筑的厚度h应符合下列规定:采用插入式振动器$h\leqslant 300$mm;采用附着式振动器:$h\leqslant 300$mm;采用表面振动器:$h\leqslant 250$mm(无筋或配筋稀疏时)或$h\leqslant 150$mm(配筋较密时)。

143. A

【解析】混凝土的养护不得采用海水或含有害物质的水。混凝土的洒水保湿养护时间应不少于7d,对重要工程或有特殊要求的混凝土,应根据环境湿度、温度、水泥品种,以及掺用的外加剂和掺合料等情况,酌情延长养护时间,并应使混凝土表面始终保持湿润状态。当气温低于5℃时,应采取保温养护的措施,不得向混凝土表面洒水。

144. B

【解析】张拉用的千斤顶与压力表应配套标定、配套使用。当处于下列情况之一时,应重新进行标定:①使用时间超过6个月;②张拉次数超过300次;③使用过程中千斤顶或压力表出现异常情况;④千斤顶检修或更换配件后。

145. C

【解析】预应力筋采用应力控制方法张拉时,应以伸长值进行校核。实际伸长值与理论伸长值的差值应符合设计规定;设计未规定时,其偏差应控制在±6%以内,否则应暂停张拉,待查明原因并采取措施予以调整后,方可继续张拉。

146. B

【解析】预应力筋张拉时,应先调整到初应力,该初应力宜为张拉控制应力的10%~25%,伸长值应从初应力时开始量测。

147. B

【解析】当预应力筋为螺纹钢筋时其张拉程序为:0→初应力→$1.05\sigma_{con}$(持荷5min)→$0.9\sigma_{con}$→σ_{con}(锚固)。即:张拉螺纹钢筋时,应在超张拉并持荷5min后放张至$0.9\sigma_{con}$时再安装模板、普通钢筋及预埋件等。

148. C

【解析】预应力筋张拉完毕后,其位置与设计位置的偏差不得大于5mm,同时不应大于构件最短边长的4%,且宜在4h内浇筑混凝土。

149. C

【解析】预应力筋放张时构件混凝土强度和弹性模量(或龄期)应符合设计规定;设计未规定时,混凝土的强度应不低于设计强度等级值的80%,弹性模量应不低于混凝土28d弹性模量的80%。后张法预应力筋张拉时,结构或构件混凝土的强度、弹性模量(或龄期)的要求与先张法相同,也是不低于80%。

150. C

【解析】护筒的埋置深度:在旱地或筑岛处宜为2~4m;在水中应根据设计要求经计算确定。有冲刷影响的河床,护筒宜沉入局部冲刷线以下1.0~1.5m。

151. B

【解析】护筒顶端高程:护筒顶宜高于地面0.3m或水面1.0~2.0m;在有潮汐影响的水域,护筒顶应高出施工期最高潮水位1.5~2.0m;当桩孔内有承压水时,护筒顶应高于稳定后的承压水位2.0m以上。

152. C

【解析】采用冲击钻机冲击成孔时,应小冲程开孔,并应使初成孔的孔壁坚实、竖直、圆顺,能起到导向作用,待钻进深度超过钻头全高加冲程后,方可进行正常的冲击。冲击钻进过程中,孔内水位应高于护筒底口500mm以上。

153. C

【解析】采用旋挖钻机钻孔时,应根据不同的地质条件选用钻斗,钻进过程中应保证泥浆面始终不低于护筒底部500mm以上,并严格控制钻进速度,避免钻进过快造成坍孔埋钻事故。

154. C

【解析】在钻孔内灌注水下混凝土,宜采用钢导管进行,导管内径宜为200~350mm。导管使用前应进行水密承压和接头抗拉试验,严禁采用压气试压。在灌注首批混凝土时,导管底部至孔底的距离应为30~40cm。

155. B

【解析】首批灌注混凝土的数量应能满足导管首次埋置深度1.0m以上的需要和填充导管底部间隙的需要。首批混凝土入孔后,混凝土应连续灌注,不得中断。

156. B

【解析】在灌注过程中,应保持孔内的水头高度;导管的埋置深度宜控制在 2~6m,即出料口应伸入先前灌注的混凝土内至少 2m,以防止泥浆及水冲入管内,且不得大于 6m。在灌注过程中,应随时测探桩孔内混凝土面的位置,及时调整导管埋深。

157. A

【解析】灌注时应采取措施防止钢筋骨架上浮。当灌注的混凝土顶面距钢筋骨架底部 1m 左右时,宜降低混凝土的灌注速度;当混凝土顶面上升到骨架底部 4m 以上时,宜提升导管,使导管底口高于骨架底部 2m 以上后,再恢复正常灌注速度。

158. B

【解析】人工挖孔作业时,应始终保持孔内空气质量符合国家标准的要求。孔深大于 10m 时,必须采取机械强制通风措施。

159. C

【解析】孔口处应设置高出地面不小于 300mm 的护圈,并应设置临时排水沟,防止地表水流入孔内。

160. C

【解析】预制构件在脱底模、移运、存放和吊装时,混凝土的强度应不低于设计规定的吊装强度;设计未规定时,应不低于设计强度的 80%。

161. C

【解析】对分层、分段安装的构件,应在先安装的构件可靠固定且受力较大的接头混凝土达到设计要求的强度后,方可继续安装;设计未规定时,应达到设计强度的 80% 后,方可继续安装。

162. B

【解析】从预制台座移出梁、板仅限一次,不得在孔道压浆前多次倒运;后张预应力混凝土梁、板在孔道压浆后进行移运的,其压浆浆体强度应不低于设计强度的 80%。

163. D

【解析】安装在同一孔跨的梁、板,其预制施工的龄期差不宜超过 10d。梁、板上有预留孔道的,其中心应在同一轴线上,偏差应不大于 4mm。梁、板之间的横向湿接缝,应在一孔梁、板全部安装完毕完成后方可进行施工。

164. C

【解析】悬臂浇筑施工应对称、平衡地进行,两端悬臂上荷载的实际不平衡偏差不得超过设计规定值;设计未规定时,不宜超过梁段重的 1/4。悬臂梁段应全断面一次浇筑完成,并应从悬臂端开始,向已完成梁段推进分层浇筑。

165. B

【解析】公路隧道按长度可分为四类,即特长隧道、长隧道、中隧道和短隧道。其中,长隧道长度 $L(m)$ 为:$1000 < L \leqslant 3000$。

166. C

【解析】隧道开挖方法应根据断面尺寸及形式、围岩条件、工区长度、合同工期、当地条件等因素综合确定。通常采用的开挖方法大体可按全断面法、台阶法、导坑超前法划分。

第二章 公路工程质量目标控制

167. C

【解析】①在中、细、粉砂层及细小裂隙岩层、断层泥段堵水压浆宜选用渗透性好、低毒、遇水膨胀的化学浆液,如聚氨酯类。②对于颗粒更小的黏土层,采用水泥浆、水泥-水玻璃类注浆材料。

168. C

【解析】在隧道两侧地表钻孔注浆,以形成隔水帷幕。此法一般适用于覆盖层较薄的地段。全部作业在地面上进行,钻孔一般距离隧道中线 7~10m 两侧交错排列梅花形布置,或根据涌水方向确定,钻孔间距由浆液扩散半径确定,孔深超过隧道底约 2m。可垂直钻孔也可钻斜孔,以增加揭露裂隙的概率。

169. B

【解析】在隧道工作面朝掘进方向钻孔注浆,其注浆孔长短结合,并呈伞形辐射状,以形成隔水帷幕。此法适用于深埋隧道或采用地表钻孔工作量过大,且钻孔不易钻到突水地层处。掌子面预注浆的绝大多数钻孔的终止位置在隧道外轮廓线处 2m 以上,终孔间距 5m 左右,以达到沿隧道轮廓形成封闭帷幕。洞内工作面预注浆应分段进行,一次注浆段长度,在极破碎岩层中为 5~10m,破碎岩层中为 10~15m,在裂隙岩层中为 15~30m,重复注浆时可取 30~50m。掘进长度为注浆的 70%~80%,每段预留 20%~30% 作为下段注浆的止浆盘。

170. A

【解析】衬砌变形缝防水处理方法:在变形缝内填塞沥青木丝板(沥青木板)、塑料止水带、橡胶止水带或遇水膨胀橡胶止水带。灌注混凝土是施工缝防水处理的方法。

171. D

【解析】交通安全设施中的路基护栏主要包括缆索护栏、波形梁护栏、混凝土护栏等。

172. B

【解析】隔离设施主要是隔离栅。隔离栅主要有金属网隔离栅、刺钢丝网隔离栅和常青绿篱三大类。金属网隔离栅按网面材料的不同又可进一步分为电焊网、钢板网、编织网等形式。编织网型比较适宜于地势起伏不平的路段,而钢板网和电焊网型适用于地势平坦路段。常青绿篱在南方地区与刺钢丝隔离栅配合作用,具有降噪、美化路容和节约投资的功效。

173. A

【解析】防眩设施主要有防眩板、防眩网和植物防眩等。

174. D

【解析】《公路沥青路面施工技术规范》(JTG F40—2004)第 1.0.4 条规定,沥青路面施工必须有施工组织设计,并保证合理的施工工期。沥青路面不得在气温低于 10℃(高速公路和一级公路)或 5℃(其他等级公路),以及雨天、路面潮湿的情况下施工。

175. B

【解析】根据《公路沥青路面施工技术规范》(JTG F40—2004)第 2.1.12 条,沥青混合料按材料组成及结构分为连续级配、间断级配混合料。按矿料级配组成及空隙率大小分为密级配、半开级配、开级配混合料。按公称最大粒径的大小可分为特粗式、粗粒式、中粒式、细粒式、砂粒式沥青混合料。按制造工艺分为热拌沥青混合料、冷拌沥青混合料、再生沥青混合料。

176. C

【解析】根据《公路沥青路面施工技术规范》(JTG F40—2004)第2.1.14条,矿料级配主要由粗集料嵌挤组成,细集料及填料较少,设计空隙率为18%的沥青混合料为开级配沥青混合料。

177. D

【解析】根据《公路沥青路面施工技术规范》(JTG F40—2004)第2.1.8条,为加强路面沥青层与沥青层之间、沥青层与水泥混凝土路面之间的黏结而洒布的沥青材料薄层为黏层。

178. C

【解析】常见的半刚性基层包括:水泥稳定土或粒料、石灰与粉煤灰稳定土或粒料。沥青稳定碎石、级配砂砾都是柔性基层。贫混凝土则为刚性基层。

179. D

【解析】《公路沥青路面施工技术规范》(JTG F40—2004)第4.3.1条规定,改性沥青宜在固定式工厂或在现场设厂集中制作,也可在拌和厂现场边制造边使用,改性沥青的加工温度不宜超过180℃。

180. C

【解析】《公路沥青路面施工技术规范》(JTG F40—2004)第4.8.2条规定,粗集料应该洁净、干燥、表面粗糙。质量应符合表4.8.2的规定。当单一规格集料的质量指标达不到表中要求,而按照集料配合比计算的质量指标符合要求时,工程上允许使用。

181. C

【解析】《公路沥青路面施工技术规范》(JTG F40—2004)表4.8.2中规定,用作高速公路和一级公路表面层的沥青混合料用粗集料其压碎值不大于26%,其他层次不大于28%。

182. C

【解析】《公路沥青路面施工技术规范》(JTG F40—2004)表4.8.2中规定,用作高速公路及一级公路表面层的沥青混合料用粗集料其针片状颗粒含量不大于15%,其他层次不大于18%。

183. D

【解析】《公路沥青路面施工技术规范》(JTG F40—2004)第4.10.3条规定,粉煤灰作为填料使用时,用量不得超过填料总量的50%,粉煤灰的烧失量应小于12%,与矿粉混合后的塑性指数应小于4%,其余质量要求与矿粉相同。高速公路和一级公路的沥青面层不宜采用粉煤灰做填料。

184. B

【解析】《公路沥青路面施工技术规范》(JTG F40—2004)第5.3.4条规定,高速公路和一级公路沥青混合料的配合比设计步骤是:①目标配合比设计阶段;②生产配合比设计阶段;③生产配合比验证阶段;④确定施工级配允许波动范围。

185. D

【解析】生产配合比设计主要是按规定方法取样测试各热料仓的材料级配,确定各热料仓的配合比,取目标配合比设计确定的最佳沥青用量进行马歇尔试验和试拌,通过室内试验及从拌和机取样试验最终确定生产配合比的最佳沥青用量。

186. A

【解析】《公路沥青路面施工技术规范》(JTG F40—2004)第5.4.2条规定,沥青混合料可采用间歇式拌和机或连续式拌和机拌制。高速公路和一级公路宜采用间歇式拌和机拌和。连续式拌和机使用的集料必须稳定不变,一个工程从多处进料、料源或质量不稳定时,不得采用连续式拌和机。

187. A

【解析】铺筑高速公路和一级公路沥青混合料时,一台摊铺机的铺筑宽度不宜超过6m(双车道)~7.5m(3车道以上),通常宜采用两台或更多台数的摊铺机前后错开10~20m,呈梯队同步摊铺,两幅之间应有30~60mm左右宽度的搭接。

188. B

【解析】《公路沥青路面施工技术规范》(JTG F40—2004)第5.7.2条规定,沥青混凝土的压实层最大厚度不宜大于10mm,沥青稳定碎石混合料的压实层最大厚度不宜大于120mm,但当采用大功率压路机且经试验证明能达到压实度时允许增大到150mm。

189. C

【解析】沥青路面碾压施工应配备足够数量的压路机,选择合理的压路机组合方式及初压、复压、终压(包括成型)的碾压步骤,以达到最佳碾压效果。

190. C

【解析】《公路沥青路面施工技术规范》(JTG F40—2004)第5.7.6条规定,初压应紧跟在摊铺机后进行,并保持较短的初压区长度。初压通常宜采用钢轮压路机静压1~2遍。

191. B

【解析】碾压时应将压路机的驱动轮面向摊铺机,从外侧向中心碾压,在超高路段应由低向高碾压,在坡道上应将驱动轮从低处向高处碾压。

192. B

【解析】终压应紧接在复压后进行。终压可选用双轮钢筒式压路机或关闭振动的振动压路机碾压不宜少于2遍,至无明显轮迹为止。

193. C

【解析】《公路沥青路面施工技术规范》(JTG F40—2004)第5.8.1条规定,沥青路面的施工必须接缝紧密、连接平顺,不得产生明显的接缝离析。对于热接缝,上、下层的纵缝应错开150mm以上;对于冷接缝应为300~400mm以上。

194. C

【解析】《公路沥青路面施工技术规范》(JTG F40—2004)第5.8.1条规定,沥青路面相邻两幅及上、下层的横向接缝均应错位1m以上。

195. A

【解析】沥青路面的横向接缝常见的形式包括垂直的平接缝、自然碾压的斜接缝和阶梯形接缝。《公路沥青路面施工技术规范》(JTG F40—2004)第5.8.3条规定,高速公路和一级公路的表面层横向接缝应采用垂直的平接缝,以下各层可采用自然碾压的斜接缝,沥青层较厚时也可作阶梯形接缝。其他等级公路的各层均可采用斜接缝。

196. C

【解析】《公路沥青路面施工技术规范》(JTG F40—2004)第5.8.4条规定,斜接缝的搭接长度与层厚有关,宜为0.4~0.8m。搭接处应洒少量沥青,混合料中的粗集料应予以剔除,并补上细料,搭接平整,充分压实。

197. D

【解析】《公路沥青路面施工技术规范》(JTG F40—2004)第6.1.1条规定,沥青表面处治适用于三级及三级以下公路的沥青面层。

198. D

【解析】《公路隧道施工技术规范》(JTG/T 3660—2020)第2.0.1条规定,监控量测是指通过使用各种量测仪器和工具,在隧道内或地表,对围岩地层的变形和支护结构的变形与受力进行观察、测量、分析与评价的活动。

199. C

【解析】《公路隧道施工技术规范》(JTG/T 3660—2020)第2.0.3条指出,钢架是用钢筋或型钢等制成的拱形骨架结构。第2.0.5条定义护拱为用于加强或者保护隧道支护或衬砌的拱形结构。护拱通常采用混凝土或浆砌片石等施作。

200. C

【解析】《公路隧道施工技术规范》(JTG/T 3660—2020)第2.0.11条规定,交叉中隔壁法(CRD法)是指将设计开挖断面分成左、右两个断面,先按台阶法开挖隧道一侧,施工中隔壁竖向支撑和横隔板;再按台阶法开挖隧道另一侧,并施工横隔板的开挖方法。

201. A

【解析】根据《公路隧道施工技术规范》(JTG/T 3660—2020)6.1.12条,洞门墙施工应符合下列规定:①洞门墙宜在洞口衬砌施工完成后及时施作。②洞门墙基底虚渣、杂物、泥、水等应清除干净,地基承载力应符合设计规定。③洞口衬砌两侧端墙砌筑和墙背回填应对称进行。④洞门墙背排水设施应与洞门墙同步施工。

202. B

【解析】《公路隧道施工技术规范》(JTG/T 3660—2020)第5.2.3条规定,每个洞口和井口平面控制测量点应不少于3个,高程控制测量点应不少于2个。

203. B

【解析】《公路隧道施工技术规范》(JTG/T 3660—2020)第5.3.6条规定,洞内施工用的水准点,应根据洞外、洞内已设定的水准点,按施工需要加设。为使施工方便,在导坑内拱部、边墙施工地段宜每100m设立一个临时水准点,并定期复核。

204. C

【解析】《公路隧道施工技术规范》(JTG/T 3660—2020)第6.2.4条规定,明洞拱背回填应在外模拆除、防水层和排水盲管施工完成后进行。人工回填时,拱圈混凝土强度应不小于设计强度的75%。机械回填时,拱圈混凝土强度应不小于设计强度。

205. B

【解析】《公路隧道施工技术规范》(JTG/T 3660—2020)第6.2.4条规定,明洞两侧回填水平宽度小于1.2m的范围应采用浆砌片石或同级混凝土回填。

206. D

【解析】《公路隧道施工技术规范》(JTG/T 3660—2020)第6.2.4条规定,明洞土石回填应对称分层夯实,分层厚度不宜大于0.3m,两侧回填高差不应大于0.5m,回填到拱顶以上1.0m后,方可采用机械碾压。回填土压实度应符合设计规定。

207. A

【解析】对于双车道隧道:(1)当围岩级别为Ⅰ~Ⅲ时,可选择全断面法。(2)当围岩级别为Ⅲ~Ⅳ时,可选择长台阶法。(2)当围岩级别为Ⅳ~Ⅴ时,可选择短台阶法。(3)当围岩级别为Ⅴ时,可选择超短台阶法。(4)当围岩级别为Ⅴ~Ⅵ时,可选择环形开挖留核心土法、中隔壁法、交叉中隔壁法。

208. B

【解析】根据《公路隧道施工技术规范》(JTG/T 3660—2020)第7.2.2条规定,采用全断面法开挖施工时,应根据掌子面围岩稳定情况、爆破振动、钻孔和出渣效率、超挖控制等确定循环进尺:Ⅲ级围岩宜控制在3m左右;Ⅰ、Ⅱ级围岩,使用气腿式凿岩机时可控制在4m左右,使用凿岩台车时可根据围岩稳定情况适当调整。采用特殊设计的其他情况,每循环进尺应符合设计规定。

209. B

【解析】采用台阶法施工时,台阶数量和台阶高度应综合考虑隧道断面高度、机械设备及围岩稳定性等因素确定。台阶开挖高度宜为2.5~3.5m。台阶数量可采用二台阶或者三台阶,不宜大于三个台阶。

210. B

【解析】采用台阶法施工时,上台阶开挖每循环进尺,Ⅲ级围岩宜不大于3m;Ⅳ级围岩宜不大于2榀钢架间距;Ⅴ级围岩宜不大于1榀钢架间距。Ⅳ、Ⅴ级围岩下台阶每循环进尺宜不大于2榀钢架间距。下台阶单侧拉槽长度宜不超过15m。

211. C

【解析】采用环形开挖留核心土法施工时,环形开挖每循环进尺,Ⅴ级围岩宜不大于1榀钢架间距,Ⅳ级围岩宜不大于2榀钢架间距。中下台阶每循环进尺,不得大于2榀钢架间距。核心土面积宜不小于断面面积的50%。

212. A

【解析】采用环形开挖留核心土法施工时,拱部超前支护完成后,方可开挖上台阶环形导坑;留核心土长度宜为3~5m,宽度宜为隧道开挖宽度的1/3~1/2。

213. D

【解析】采用环形开挖留核心土法施工时,各台阶留核心土开挖每循环进尺宜与其他分部循环进尺相一致。核心土与下台阶开挖应在上台阶支护完成且喷射混凝土强度达到设计强度的70%后进行。下台阶左、右侧开挖应错开3~5m,同一榀钢架两侧不得同时悬空。仰拱施作应紧跟下台阶,以及时闭合成稳固的支护体系。

214. C

【解析】双侧壁导坑法施工应符合下列规定:(1)侧壁导坑开挖时,周边轮廓应圆顺。导坑跨度宜为整个隧道开挖宽度的三分之一。(2)导坑与中间土体同时施工时,导坑应超前

30~50m。(3)侧壁导坑开挖后,应及时施工初期支护并尽早形成封闭环。(4)临时支护拆除宜在仰拱施工前进行,一次拆除长度宜与仰拱浇筑长度相适用,临时支护拆除后,应及时浇筑仰拱和仰拱填充、施作拱墙二次衬砌。(5)临时支护拆除前后,应进行变形量测。

215. C

【解析】隧道仰拱部位开挖应符合下列规定:(1)应控制仰拱到掌子面的距离。必要时,仰拱应紧跟掌子面。(2)仰拱开挖时,应采取交通安全措施。(3)仰拱开挖长度:土和软岩应不大于3m,硬岩应不大于5m。开挖后应及时施作仰拱初期支护、二次衬砌及填充。(4)应做好排水设施,清除底面积水和松渣,严禁松渣回填。

216. C

【解析】隧道洞身开挖时,应严格控制欠挖。当岩层完整、岩石抗压强度大于30MPa并确认不影响衬砌结构稳定和强度时,每1m²内欠挖面积不宜大于0.1m²,欠挖隆起量不得大于50mm。拱脚、墙脚以上1m范围内及净空图折角对应位置严禁欠挖。

217. C

【解析】喷射混凝土的材料应符合下列规定:(1)应选用硅酸盐水泥或普通硅酸盐水泥。有特殊要求时,可采用特种水泥。采用特种水泥时应进行现场试验,强度指标应满足设计要求。(2)粗集料应采用坚硬耐久的碎石或卵石,粒径不宜大于12mm。细集料应采用坚硬耐久的中砂或粗砂,细度模数宜大于2.5,集料级配宜采用连续级配。(3)应选择速凝效果好,对喷射混凝土强度和收缩影响小的速凝剂,其初凝时间应不大于3min,终凝时间应不大于12min,并应符合现行《混凝土外加剂应用技术规范》(GB 50119)的相关规定。应根据水泥品种、水灰比等通过试验确定速凝剂掺量。(4)拌和用水应符合规范的规定。

218. D

【解析】根据《公路隧道施工技术规范》(JTG/T 3660—2020)第9.2.7条,喷射混凝土作业应符合下列规定:(1)喷射混凝土应直接喷在围岩面上,与围岩密贴,受喷面不得填塞杂物。(2)喷射混凝土作业应按初喷混凝土和复喷混凝土分别进行。(3)喷射混凝土应分段、分片、分层由下而上顺序进行,拱部喷射混凝土应对称作业。(4)初喷混凝土厚度宜控制在20~50mm,岩面有较大凹洼时,可结合初喷找平。(5)根据喷射混凝土设计厚度、喷射部位和钢架、钢筋网设置情况,复喷可采用一次作业或分层作业。拱顶每次复喷厚度不宜大于100mm。边墙每次复喷厚度不宜大于150mm。复喷最小厚度不宜小于50mm。(6)后一层喷射混凝土应在前一层喷射混凝土终凝后进行,若终凝后初喷混凝土表面已蒙上粉尘时,后一层喷射混凝土作业前,受喷面应吹洗干净。(7)未掺入速凝剂的混合料存放时间不宜大于2h。(7)喷射混凝土作业时喷嘴宜垂直岩面,喷枪头到受喷面的距离宜为0.6~1.5m。(8)喷射机工作压力宜根据混凝土坍落度、喷射距离、喷射机械、喷射部位确定,可先在0.2~0.7MPa之间选择,并根据现场试喷效果调整。(9)喷射混凝土不得挂模喷射。(10)喷射混凝土回弹物不得重新用作喷射混凝土材料。

219. C

【解析】砂浆锚杆安装施工应符合下列规定:(1)锚杆外露端应加工120~150mm的螺纹,锚杆前端应削尖。(2)应配有止浆塞、垫板和螺母等配件。(3)锚杆砂浆应拌和均匀、随拌随用,已初凝的砂浆不得使用。(4)锚杆孔灌浆时,灌浆管应插至距孔底50~100mm处,并随砂浆的灌入缓慢匀速拔出。(5)灌浆后应及时插入锚杆杆体,锚杆杆体插到设计深度时,孔口应有砂浆流出,孔口无砂浆流出或杆体插不到设计深度时,应将杆体拔出,清孔,重新安装。(6)应及时安装止浆塞。(7)砂浆终凝后应及时安装垫板、螺母,垫板应紧贴岩面,垫板与岩面不平整接触时,应用砂浆填实。螺母应拧紧。

220. B

【解析】为保证衬砌的整体性,拱、墙混凝土应一次浇筑。先拱后墙浇筑混凝土工艺,在拱墙交界处混凝土不易浇筑密实,拱圈容易产生不均匀沉降,导致拱圈开裂,边墙开挖会损伤拱圈混凝土和防水层、欠挖处理困难,不予采用。

221. C

【解析】混凝土出料口距浇筑面的垂直距离不应大于2.2m,否则将会造成混凝土离析,从而影响混凝土质量。

222. D

【解析】混凝土应从两侧边墙向拱顶、由下向上依次分层对称浇筑,两侧混凝土浇筑面高差不应大于1.0m,同一侧混凝土浇筑面高差不应大于0.5m。混凝土浇筑至振捣窗下0.2m时,应关闭振捣窗。

223. A

【解析】地面砂浆锚杆适用于浅埋隧道的Ⅴ级围岩地段。为了保证加固效果,锚固砂浆强度达到设计强度70%后方可进行隧道开挖。

224. C

【解析】根据《公路工程质量检验评定标准 第二册 机电工程》(JTG 2182—2020)的规定,公路机电工程关键项目的合格率为100%,一般项目的合格率不低于90%。

225. D

【解析】公路机电工程施工质量控制内容很多,但从监理的角度出发其最主要的内容包括三个方面:(1)软件开发质量控制;(2)系统检验测试质量控制;(3)试运行期质量控制。

226. C

【解析】公路机电工程试运行主要考查系统设备、应用软件的运行稳定性、可靠性。在试运行期间,监理工程师按巡视要求检查系统设备的运行情况。对发现的功能、设备故障等问题进行详细记录后,由施工单位及时排除故障、调整系统参数等,保证投入试运行的系统设备工作正常、运行稳定、性能良好。

二、多项选择题

1. ABDE

【解析】全面质量管理的工作方法是按照"计划—执行—检查—处理"的管理循环不停顿地周而复始地运转。它反映了质量保证体系活动所应遵循的科学程序。

2. BCE

【解析】工程质量与施工企业所有人员都有直接或间接的关系,要求全员参与质量管理活动;施工作业人员不正确的行为是影响质量的重要因素,通过教育培训来加强质量意识、提高操作技能等以消除这一因素。通过教育培训使施工人员能掌握新技能、新方法、新工艺等来保证质量。

3. CD

【解析】处理,就是把成功的经验加以肯定,纳入标准、规程或形成制度,以便今后照办;对失败的教训也要吸取,以防止再发生;对查出的问题能够解决的,立即采取措施解决,一时不能解决的,作为遗留问题,转入下一个管理循环,作为下一阶段的计划目标。

4. ABCD

【解析】工程质量责任体系是由政府质量监督责任体系、项目法人(建设单位)质量管理责任体系、工程监理单位质量监理责任体系、企业(勘察设计单位、施工单位、材料设备供应单位、试验检测单位等)质量管理责任体系构成。

5. ABDE

【解析】公路工程实行"政府监督、法人管理、社会监理、企业自检"的质量保证体系。交通运输主管部门及其所属的质量监督机构对工程质量负监督责任,项目法人对工程质量负管理责任,勘察设计单位对勘察设计质量负责,施工单位对施工质量负责,监理单位对工程质量负现场管理责任,试验检测单位对试验检测结果负责,其他从业单位和从业人员按照有关规定对其产品或者服务质量负相应责任。

6. ABCE

【解析】施工单位应当建立质量责任制,确定工程项目的项目负责人、技术负责人和施工管理负责人。

7. ABCE

【解析】设计单位在设计文件中选用的建筑材料、建筑构配件和设备,应当注明规格、型号、性能等技术指标,其质量要求必须符合国家规定的标准。除有特殊要求的建筑材料、专用设备、工艺生产线等外,设计单位不得指定生产厂、供应商。

8. ABCE

【解析】监理工程师应当按照工程监理规范的要求,采取旁站、巡视和平行检验等形式,对建设工程实施监理。

9. ABCD

【解析】施工单位应对施工质量负责,建立健全施工质量责任制度。

10. ABCD

【解析】公路工程质量事故是指公路建设工程项目在缺陷责任期结束前,由于施工或勘察设计等原因使工程不满足技术标准及设计要求,并造成结构损毁或一定直接经济损失的事故。根据直接经济损失或工程结构损毁情况(自然灾害所致除外),公路建设工程质量事故可划分为以下四个等级:特别重大质量事故、重大质量事故、较大质量事故和一般质量事故。

11. ABCD

【解析】工程质量事故处理的主要依据有以下四个方面:一是相关法律法规、技术标准及规范;二是具有法律效力的工程施工承包合同、设计委托合同、材料或设备购销合同以及监理合同或分包合同;三是质量事故的实况资料;四是有关的工程技术文件、资料、档案。

12. ABCE

【解析】工程质量事故发生后,总监理工程师应签发工程暂停令,要求暂停质量事故部位和与其有关联部位的施工,要求施工单位采取必要的措施,抢救人员和财产,防止事故扩大并保护好事故现场,做好相应记录。同时,要求施工单位迅速按事故类别和等级向相应的主管部门上报。

13. ABDE

【解析】质量事故书面报告的主要内容包括:①工程及各参建单位名称;②质量事故发生的时间、地点、工程部位;③事故发生的简要经过、造成工程损伤状况、伤亡人数和直接经济损失的初步估计;④事故发生原因的初步判断;⑤事故发生后采取的措施及处理方案;⑥事故处理的过程及结果。

14. BC

【解析】质量数据具有个体数据的波动性或差异性和总体(样本)分布的规律性。质量数据的集中趋势和离中趋势反映了总体(样本)质量变化的内在规律。所以质量数据的特性主要表现为波动性和规律性。

15. ABCD

【解析】质量数据的统计特征量主要有算术平均值、中位数(中值)、极差、标准偏差(标准离差、标准差、均方差)和变异系数(偏差系数)。

16. AB

【解析】描述数据分布集中趋势(或反映集中位置和平均水平)的统计特征量主要有算数平均值、中位数。

17. BCE

【解析】描述数据分布离中趋势的统计特征量主要有极差、标准偏差和变异系数。

18. AC

【解析】检验可分为两大类:①全数检验:是对总体中的全部个体逐一观测、测量、计数、登记,从而获得对总体质量水平评价的方法。②抽样检验:是按照随机抽样的原则,从总体中抽取部分个体组成样本,根据对样本进行检测的结果,推断总体质量水平的方法。其中抽样检验可分为非随机抽样与随机抽样两大类。

19. ABCD

【解析】随机抽样的方法有多种,主要包括单纯(简单)随机抽样、系统随机抽样、分层随机抽样和密集群抽样等。

20. ABCE

【解析】质量控制中比较常用的数理统计分析方法有频数分布直方图法(简称直方图法)、排列图法、因果分析图法、控制图法、分层法、相关图法、统计调查表法等。

21. ABCE

【解析】频数分布直方图法的用途或作用如下:①估算可能出现的不合格率;②考察工序能力;③判断质量分布状态;④判断施工能力。

22. AB

【解析】观察直方图的形状,可判断质量分布状态。当生产条件正常、质量稳定时,直方图应该是中间高、两侧低,左右接近对称的正常型图形。出现非正常型直方图时,表明生产过程或收集数据作图有问题。这就要求进一步分析判断,找出原因,从而采取纠正措施。若直方图的形状为孤岛型,则表明原材料发生变化或质量不合格,或者短时间内工人操作不熟练;折齿型(锯齿型),说明由于绘图时分组组数不当或者组距确定不当,或测试时使用的方法和读数有问题;左(或右)缓坡型,说明是由于施工中对上控制界限(或下控制界限)控制太严;双峰型,是由于用两种不同方法或两台设备或两组工人进行生产,然后把两方面数据混在一起;绝壁型,是由于数据收集不正常,可能有意识地去掉下限以下的数据,或是在检测过程中存在某种人为因素干扰。

23. AB

【解析】质量波动的原因或因素主要是由人、施工机具设备、材料、工艺方法、环境等因素的波动所致。质量波动可分为两种:①正常波动:是由偶然性因素造成的,即偶然性因素造成的质量波动是正常的波动,它具有一定规律,即认为生产过程处于稳定状态,即质量特征值分布服从正态分布。②异常波动:是由系统性因素造成的,如原材料质量规格的显著变化,工人不遵守操作规程,施工机械的调整不当,检测仪器的使用不合理,周围环境的显著变化等。异常波动在生产过程中不允许存在,一旦出现,必须立即查明原因,消除异常波动。

24. ABCE

【解析】控制图的用途或作用如下:①分析生产过程是否稳定;②控制生产过程质量状态;③发现异常情况,预防不合格品产生;④检查设备精度是否满足要求;⑤对产品进行质量评定。

25. BCDE

【解析】排列图可以形象、直观地反映主次因素。其主要作用或用途包括:①按不合格点的内容分类,可以分析出造成质量问题的薄弱环节。②按生产作业分类,可以找出生产不合格品最多的关键过程。③按生产班组或单位分类,可以分析比较各单位技术水平和质量管理水平。④将采取提高质量措施前后的排列图对比,可以分析措施是否有效。⑤可以用于成本费用分析、安全问题分析等。

26. AC

【解析】细粒土现场压实度检测可采用灌砂法或环刀法;粗粒土现场压实度检测可采用灌砂法、水袋法或钻孔取样蜡封法。应用核子密度仪时,应经对比试验检验,确认其可靠性。

27. BCD

【解析】路面结构层的压实度检测可采用灌砂法、水袋法或钻孔取样蜡封法。应用核子密度仪时,应经对比试验检验,确认其可靠性。

28. ABD

【解析】通常可采用落锤式弯沉仪、自动弯沉仪或贝克曼梁来检测路基顶面弯沉值。

29. BE

【解析】填石路堤一般无法直接进行压实度检测。因此,施工技术规范规定,填石路堤可采用孔隙率和沉降差双控方法来控制填石路堤的压实质量。

30. AE

【解析】《公路工程质量检验评定标准 第一册 土建工程》(JTG F80/1—2017)规定,应按规定频率,采用挖验法或钻取芯样法检测路面结构层的厚度。

31. ABCE

【解析】《公路工程质量检验评定标准 第一册 土建工程》(JTG F80/1—2017)规定,分项工程应按基本要求、实测项目、外观质量和质量保证资料等检验项目分别检查。

32. ABE

【解析】《公路工程质量检验评定标准 第一册 土建工程》(JTG F80/1—2017)规定,分项工程质量应在所使用的原材料、半成品、成品及施工控制要点等符合基本要求的规定,无外观质量限制缺陷且质量保证资料真实齐全时,方可进行检验评定。

33. DE

【解析】《公路工程质量检验评定标准 第一册 土建工程》(JTG F80/1—2017)规定,基本要求检查应符合以下规定:①分项工程应对所列基本要求逐项检查,经检查不符合规定时,不得进行工程质量的检验评定。②分项工程所用的各种原材料的品种、规格、质量及混合料配合比和半成品、成品应符合有关技术标准规定并满足设计要求。

34. ACD

【解析】现行《公路工程质量检验评定标准 第一册 土建工程》(JTG F80/1—2017)(简称《检验评定标准》)规定,实测项目检验应符合下列规定:①对检查项目按规定的检查方法和频率进行随机抽样检验并计算合格率。②《检验评定标准》规定的检查方法为标准方法,采用其他高效检测方法应经比对确认。③《检验评定标准》中以路段长度规定的检查频率为双车道路段的最低检查频率,对多车道应按车道数与双车道之比相应增加检查数量。④应按下式计算检查项目合格率:

$$合格率 = [合格的点(组)数/该检查项目的全部检查点(组)数] \times 100\%$$

35. ABDE

【解析】质量保证资料应包括下列内容:①所用原材料、半成品和成品质量检验结果;②材料配合比、拌和加工控制检验和试验数据;③地基处理、隐蔽工程施工原始记录和桥梁、隧道施工监控资料;④质量控制指标的试验记录和质量检验汇总图表;⑤施工过程中遇到的非正常情况记录及其对工程质量影响分析评价资料;⑥施工过程中如发生质量事故,经处理补救后达到设计要求的认可证明文件等。

36. DE

【解析】《公路工程质量检验评定标准 第一册 土建工程》(JTG F80/1—2017)规定,工程质量等级分为合格与不合格。

37. ABC

【解析】分项工程质量评定为合格应符合下列规定:①检验记录应完整;②实测项目应合格;③外观质量应满足要求。

38. ABC

【解析】分部工程质量评定为合格应符合下列规定:①评定资料应完整;②所含分项工程及实测项目应合格;③外观质量应满足要求。

39. ABC

【解析】单位工程质量评定为合格应符合下列规定:①评定资料应完整;②所含分部工程应合格;③外观质量应满足要求。

40. ABE

【解析】 交工验收是检查施工合同的执行情况,评价工程质量是否符合技术标准及设计要求,是否可以移交下一阶段施工或是否满足通车要求,对各参建单位工作进行初步评价。

41. ABD

【解析】 参加交工验收单位的主要职责是:①项目法人:负责组织各合同段参建单位完成交工验收工作的各项内容,总结合同执行过程中的经验,对工程质量是否合格作出结论;②设计单位:负责检查已完成的工程是否与设计相符,是否满足设计要求;③监理单位:负责完成监理资料的汇总、整理,协助项目法人检查施工单位的合同执行情况,核对工程数量,科学公正地对工程质量进行评定;④施工单位:负责提交竣工资料,完成交工验收准备工作。

42. ABCE

【解析】 公路工程进行竣工验收应具备以下条件:①通车试运营2年后;②交工验收提出的工程质量缺陷等遗留问题已处理完毕,并经项目法人验收合格;③工程决算已按交通运输部规定的办法编制完成,竣工决算已经审计,并经交通运输主管部门或其授权单位认定;④竣工文件已按交通运输部规定的内容完成;⑤对需进行档案、环保等单项验收的项目,已经有关部门验收合格;⑥各参建单位已按交通运输部规定的内容完成各自的工作报告;⑦质量监督机构已按交通运输部规定的公路工程质量鉴定办法对工程质量检测鉴定合格,并形成工程质量鉴定报告。

43. ABC

【解析】 参加竣工验收工作各方的主要职责是:①竣工验收委员会负责对工程实体质量及建设情况进行全面检查。按交通运输部规定的办法对工程质量进行评分,对各参建单位进行综合评价,对建设项目进行综合评价,确定工程质量和建设项目等级,形成工程竣工验收鉴定书。②项目法人负责提交项目执行报告及验收所需资料,协助竣工验收委员会开展工作。③设计单位负责提交设计工作报告,配合竣工验收检查工作。④监理单位负责提交监理工作报告,提供工程监理资料,配合竣工验收检查工作。⑤施工单位负责提交施工总结报告,提供各种资料,配合竣工验收检查工作。

44. BD

【解析】 竣工验收建设项目评定等级分为优良、合格和不合格。其中,评定得分大于等于90分且工程质量等级优良的为优良,大于等于75分为合格,小于75分为不合格。

45. ABCD

【解析】 品质工程建设的基本原则包括:①目标导向,创新驱动;②功能提升,注重效益;③政府引导,企业创建;④示范带动,统筹推进。

46. CD

【解析】 将直方图与质量标准比较,可以判断实际生产过程的情况。控制图法是利用控制图区分质量波动原因,判明生产过程是否处于稳定状态。

47. ABCD

【解析】 施工阶段质量监理主要是检查施工方案及工艺、施工材料、施工机具,工序控制,质量缺陷或质量事故的处理等。审批工程划分属施工准备阶段的工作。

48. ABCD

【解析】质量监理的方法和手段有多种,常见的方法有旁站、巡视、测量、试验、工序控制、指令文件、计量支付等。对比分析是进度监理常用的方法。

49. AC

【解析】质量数据就其本身特性来说,可分为两种:①计量值数据,就是可以连续取值的数据,表现形式是连续型的。②计数值数据,就是不能用测量器具来度量的数据。

50. BCE

【解析】建立和完善质量体系程序包括:①企业领导决策;②编制工作计划;③分层次教育培训;④分析企业特点;⑤落实各项要素;⑥编制质量体系文件。

51. BC

【解析】质量是反映产品或服务满足明确或隐含需要能力的特征和特性的总和。质量有两个基本要求,一是必须符合规定要求,二是要满足用户期望。

52. ABCD

【解析】根据质量监理的任务与目标,质量监理的依据主要有:①合同文件;②施工图纸;③技术规范;④质量标准。

53. ACD

【解析】根据数理统计的原理,对可疑数据取舍的方法常见的有拉依达法(3S法)、肖维纳特法、格拉布斯法。

54. ABCD

【解析】《公路工程质量检验评定标准 第一册 土建工程》(JTG F80/1—2017)规定,分项工程质量检验内容包括基本要求、实测项目、外观质量和质量保证资料四个部分。

55. ABC

【解析】工程项目的质量是指通过工程建设过程所形成的工程符合有关标准、规范、法规的程度和满足业主要求的程度。工程项目质量的内涵表现在三个方面,即工程项目实体质量、工程项目功能和使用价值、工程项目的工作质量。

56. ABCD

【解析】应用频率分布直方图表示质量分布情况时其应用主要表现在以下几方面:①估算可能出现的不合格率;②考察工序能力;③判断质量分布状态;④判断施工能力。

57. BCD

【解析】数据的统计特征指标主要有算术平均值、中位数、极差、标准偏差、变异系数,其中算术平均值、中位数是反映数据集中位置的特征量,而极差、标准偏差、变异系数则是反映数据离散程度的特征量。

58. BCD

【解析】根据建设任务、施工管理和质量检验评定的需要,应在施工准备阶段按照《公路工程质量检验评定标准 第一册 土建工程》(JTG F80/1—2017)附录A将建设项目划分为单位工程、分部工程和分项工程。

59. BCD

【解析】公路工程质量监理的基本方法包括检查核实、抽样试验、测量、旁站、巡视、指令文件等。测量计量是费用监理工程计量的一种方法。

60. ABC

【解析】质量控制中常用的数理统计方法有：频数分布直方图、排列图、控制图、因果分析图、分层图、相关图、统计调查分析法等。

61. ABE

【解析】公路工程质量检验的随机抽样大多选用公路工程质量评价最适宜三种方法：①单纯随机抽样；②系统抽样；③分层抽样。

62. AB

【解析】工程项目质量包括两类特殊产品的质量，即工程产品实体质量和服务质量。

63. ADE

【解析】①正常波动是偶然性原因造成的，其出现带有随机性质的特点，如原材料成分和性能发生微小变化，工人操作的微小变化，周围环境的微小变化等。由这类原因造成的质量波动是正常的波动，不需要加以控制，即认为生产过程处于稳定状态。②异常波动是由系统原因造成的，它对产品质量影响很大，如原材料质量的显著变化，工人不遵守操作规程，机械设备的调整不当，检测仪器的使用不合理，周围环境的显著变化等。这类原因一般容易识别，能够采取措施避免和消除。异常波动在生产过程中不允许存在。

64. AC

【解析】AC 为施工阶段质量监理的工作内容。BD 为施工准备阶段监理工作的内容。E 为施工阶段进度监理的工作内容。

65. BCD

【解析】在对公路工程质量事故进行处理时应坚持的原则主要有：①质量事故的调查处理实行统一领导、分级负责的原则。②质量事故发生后，应坚持"四不放过"的原则。③质量事故实行报告制度。

66. ABD

【解析】评价项目施工质量的尺度就是施工质量控制的依据和质量检验评定标准。

67. CDE

【解析】监理试验室的职责主要包括：①完成合同规定的监理抽检项目；②对施工单位试验室建设及试验工作进行监督；③定期或不定期地对施工单位的试验仪器进行检验；④按合同及有关标准开展试验工作；⑤对于合同中未规定的，或无现成标准可循的有关试验项目，拟定出符合工程实际的暂行标准或规程，经审查后执行。

68. ABCD

【解析】监理试验室应完成的试验工作包括：①验证试验；②标准试验；③工艺试验；④抽样试验；⑤验收试验。

69. ABCD

【解析】标准试验是在开工前，对试验工程（试验段）或材料的内在品质进行施工前的数据采集。它是控制和指导施工的科学依据。包括各种击实试验、集料筛分试验、混合料配合比试验、结构的强度试验等。

70. ABCD

【解析】质量控制中常用的统计分析方法有直方图、排列图、控制图、因果分析图、相关图、统计调查分析等。S曲线是用于进度控制和费用控制的方法。

71. ABCD

【解析】 工程质量事故处理依据包括：①质量事故的实况资料；②有关合同文件(设计合同、施工合同、监理合同)；③有关设计文件；④相关的工程建设法律法规、标准、规范等。

72. BCDE

【解析】 质量保证资料组成有6个方面，包括：①所用原材料、半成品和成品质量检验结果；②材料配合比、拌和加工控制检验和试验数据；③地基处理、隐蔽工程施工记录和桥梁、隧道施工监控资料；④质量控制指标的试验记录和质量检验汇总图表；⑤施工过程中遇到非正常情况记录及其对工程质量影响分析评价资料；⑥施工过程中如发生质量事故，经处理补救后达到设计要求的认可证明文件等。

73. ABCD

【解析】 质量监理的依据主要包括：①有关质量管理方面的法律法规、部门规章与规范性文件；②国家和行业、地方有关质量标准、技术规范、规程；③监理合同；④施工合同；⑤工程前期有关文件；⑥工程设计文件和图纸；⑦工程实施过程中有关的函件。

74. ABDE

【解析】 工程质量监理与传统的质量管理相比具有以下特点：①监理工程师对工程质量的监理权受法律保护；②工程质量监理强调事先监理和主动监理；③工程质量监理是全过程、全方位和全天候的全面质量管理；④工程质量监理与工程计量支付挂钩，质量好坏直接关系到施工单位的经济利益；⑤工程质量监理与进度、费用监理统筹规划，优化实现。工程监理制度管理模式清楚地表明，工程质量监理不是单一的技术管理，而是集技术、经济及法律于一体的一种综合性管理，是技术、经济与法律在公路工程质量上的统一体现。

75. BCDE

【解析】 施工阶段质量监理的主要任务，就是通过对施工投入、施工过程、施工产出品(分项工程、分部工程、单位工程等)进行全过程控制以及对施工单位及其人员的资格、材料和设备、施工机械和机具、施工方案和方法、施工环境实施全面控制，以期按标准实现预定的施工质量目标。

76. ABE

【解析】 公路工程监理应根据工程管理过程划分为施工准备阶段、施工阶段、验收与缺陷责任期阶段三个阶段：①监理合同签订之日至工程开工令确定的开工之日为施工准备阶段；②工程开工之日至工程交工验收申请受理之日为施工阶段；③工程交工验收申请受理之日至缺陷责任终止证书签发之日为验收与缺陷责任期阶段。

77. ABCD

【解析】 施工准备阶段监理准备工作的内容包括：①编制监理计划；②编制监理细则；③熟悉工程设计文件和合同文件；④现场了解、核查施工环境和条件；⑤填写工程质量责任登记表；⑥建立工地试验室。

78. ABCD

【解析】 施工准备阶段质量监理工作的主要内容包括：①审批施工组织设计；②审核工程划分；③初审质量责任登记表，检查保证体系；④核查施工单位工地试验室；⑤参加设计交底;⑥参加工程交桩,核查复测结果,抽测地面线测定结果,核查工程量清单复核结果;⑦召开监理交底会;⑧召开第一次工地会议;⑨签发合同工程开工令。

79. ABCD

【解析】总监应对施工单位申报的施工组织设计进行审查,并在规定期限内批复。审查内容包括:①施工组织设计的编审程序;②质量、安全、环保、进度和费用等目标;③技术、质量、安全和环保等保证体系;④安全技术措施、专项施工方案和施工现场临时用电方案;⑤桥梁和隧道施工安全风险评估的工程项目清单;⑥施工人员、资金、主要材料和机械设备等资源供应计划;⑦施工总平面布置、交通导改方案、事故应急救援预案。

80. ABCE

【解析】总监理工程师应在合同段开工前主持召开由施工单位项目经理和技术、质量、安全负责人,工地试验室负责人,其他主要管理人员及主要监理人员等参加的监理交底会,介绍监理计划的相关内容。

81. ACDE

【解析】施工阶段质量监理的主要内容包括:①审批分部工程及主要分项工程开工申请;②监督检查施工合同执行、保证体系运行以及主体责任落实情况;③巡视检查施工现场;④对规定的旁站项目的施工过程进行旁站;⑤审查施工单位提交的施工测量放线数据和成果;⑥审验施工单位申报的原材料与混合料试验资料;⑦按规定对主要原材料、混合料、关键项目和结构主要尺寸等进行抽检;⑧核查、验收外购构配件或设备;⑨对施工单位报验的隐蔽工程进行检查验收;⑩组织施工单位对分项工程进行评定;⑪对已完分部工程、单位工程和合同段进行质量检验评定;⑫对质量隐患及质量问题的处理。审批专项施工方案是安全监理的工作内容。

82. CE

【解析】监理机构应对施工单位提交的分部工程及主要分项工程开工申请进行审查,并在规定期限内批复。审查应包括下列基本内容:①施工方案及主要施工工艺控制要点等是否符合有关技术标准;②技术、质量和安全管理人员及主要操作人员等的配备是否满足施工合同要求和施工需要。

83. ABCE

【解析】巡视的主要内容包括:①施工现场管理人员特别是质量、安全管理人员是否到位,特种作业人员是否持证上岗。②使用的原材料或混合料、构配件和主要施工机械设备是否与批准的一致。③是否按技术标准、工程设计文件、批准的施工组织设计和方案施工。④质量、安全、环保和施工标准化等措施是否落实,施工自检和工序交接是否符合规定。

84. ABDE

【解析】《公路工程施工监理规范》(JTG G10—2016)规定,施工过程中所使用的主要原材料包括钢筋、水泥、沥青、石灰和碎石等。黏土、粉煤灰、矿粉等则不属于主要原材料。

85. ABCE

【解析】《公路工程施工监理规范》(JTG G10—2016)规定,监理机构在监理过程中发现施工不符合法律法规、技术标准及施工合同约定的,应要求施工单位改正,并应符合下列规定:①质量不合格的材料、构配件不得在工程上使用;②对工程质量缺陷,监理机构应签发监理指令单,要求施工单位整改;③对质量不合格的工程,监理机构应签发监理指令单,要求施工单位返工处理;④对可能危及结构安全或存在重大隐患的质量问题,监理机构应签发停工令,并向建设单位报告。⑤当发生质量事故时,监理机构应依法按有关规定报告和处理。⑥监理机构应建立质量问题处理台账。

86. ABDE

【解析】《公路工程施工监理规范》(JTG G10—2016)规定,监理机构应参加建设单位组织的交工验收工作,协助建设单位检查施工合同执行情况,核对工程数量,评定合同段的工程质量;接受对监理抽检资料、监理工作报告、质量评定资料以及合同执行情况的检查。

87. ABCD

【解析】缺陷责任期内监理工作主要包括:检查施工单位剩余工程的实施及遗留问题整改情况;巡视检查工程质量,记录发生的质量缺陷,对工程质量缺陷要求施工单位修复,并调查缺陷产生的原因,确认责任和修复费用;督促施工单位按合同规定完成竣工资料。

88. ABDE

【解析】质量监理的基本方法包括:①旁站;②巡视;③测量;④试验与抽检;⑤指令文件;⑥随机抽;⑦工序控制;⑧检查核实;⑨计量支付控制。

89. ABCE

【解析】公路路基包括路基主体与附属设施。路基主体包括路基体、排水设施、防护设施、加固与支挡工程等;路基附属设施包括护坡道、碎落台、取土坑与弃土坑等。

90. ABCD

【解析】路基横断面形式主要有:路堤(填方路基)、路堑(挖方路基)、半填半挖(填挖结合)、零填路基四种类型。

91. ABCD

【解析】在施工现场碾压细粒土路基时,影响土的压实效果的因素有很多,但主要因素有土的含水量、土质(土的性质)、压实功和碾压层的厚度等。

92. ABCE

【解析】压实工艺包括:①填土层在压实前应先整平,可自路中线向路堤两侧作2%～4%的横坡。②压实机具应先轻后重,以适应逐渐增长的土基强度。③碾压速度应先慢后快,以免引起疏松土推挤拥起。④压实机具的运行路线,一般直线段应从路缘向中心,以便形成路拱。弯道设有超高段,由低的一侧边缘向高的一侧边缘碾压,以便形成单向超高坡度。碾压时,相邻轮迹应重叠1/3左右(15～20cm),对振动压路机一般重叠40～50cm,以使各点都得到压实,避免土基产生不均匀沉降。⑤经常检查土的含水量,并视需要采取相应措施,使填土在接近最佳含水量状态下压实。

93. ABDE

【解析】路基土可分巨粒土、粗粒土、细粒土和特殊土四类。

94. ABCD

【解析】各级公路的平面控制测量应采用卫星定位测量、导线测量、三角测量或三边测量方法进行,其平面控制测量等级与技术要求应符合规范的规定。

95. AD

【解析】公路高程控制测量应采用水准测量或三角高程测量的方法进行。在水准测量有困难的地段,四、五等水准测量可以采用三角高程测量。采用三角高程测量时,起讫点应为高一个等级的控制点。

96. ABCD

【解析】导线桩点应进行不定期检查和定期复测,复测周期应不超过6个月。

97. ABCE

【解析】沿路线每500m宜有一个水准点,高速公路、一级公路宜加密,每200m有一个水准点。在结构物附近、高填深挖路段、工程量集中及地形复杂路段,宜增设水准点。临时水准点应符合相应等级的精度要求,并与相邻水准点闭合。

98. ABCE

【解析】施工前应及时对拟作为路堤填料的材料进行取样试验。一般土的试验项目应包括天然含水率、液限、塑限、颗粒分析、击实、CBR等。必要时还应做相对密度、有机质含量、易溶盐含量、冻胀和膨胀量等试验。

99. ABCE

【解析】下列情况应进行路基试验路段施工:①二级及二级以上公路路堤;②填石路堤、土石路堤;③特殊填料(如煤矸石、泡沫轻质土等)路堤;④特殊路基;⑤拟采用新技术、新工艺、新材料、新设备的路基。

100. ABCD

【解析】试验路段施工结束后,施工单位应提交试验路段施工总结。试验路段施工总结的内容一般应包括以下几个方面:①填料试验、检测报告等;②压实工艺参数,包括机械组合、压实机械规格、松铺厚度、碾压遍数、碾压速度、最佳含水率及碾压时含水率范围等;③过程工艺控制方法;④质量控制标准;⑤施工组织方案及工艺的优化;⑥原始记录、过程记录;⑦对施工图的修改建议等;⑧安全保证措施;⑨环保措施。

101. ABCD

【解析】粉质土毛细作用明显,其力学性能受含水率影响明显,因此不宜直接用于二级及二级以上公路的路床,也不得直接用于填筑冰冻地区的路床及浸水部分的路堤;泥炭土、淤泥、冻土、强膨胀土、有机质土及易溶盐超过允许含量的土等,不得直接用于填筑路基;确需使用时,应采取技术措施进行处理,经检验满足要求后方可使用。

102. ABDE

【解析】零填、挖方路段的路床施工应符合下列标准:①路床原状土符合要求的,可直接进行成形施工。②路床为过湿土时应进行换填处理,设计有规定时按设计厚度换填,设计未规定时按以下要求换填:高速公路、一级公路换填厚度宜为0.8~1.2m,若过湿土的总厚度小于1.5m,则宜全部换填;二级公路的换填厚度宜为0.5~0.8m。

103. ACDE

【解析】路基石方开挖施工过程中,每挖深3~5m应进行边坡线和坡率的复测;严禁采用峒室爆破,靠近边坡部位的硬质岩应采用光面爆破或预裂爆破;爆破法开挖石方,应先查明空中缆线、地下管线的位置,开挖边界线外可能受爆破影响的建筑物结构类型、居民居住情况等,对不能满足安全距离的石方宜采用化学静态爆破或机械开挖;边坡应逐级进行整修,同时清除危岩及松动石块。

104. ABDE

【解析】填土路堤填筑时,性质不同的填料,应水平分层、分段填筑,分层压实。同一层路基应采用同一种填料,不得混合填筑。每种填料的填筑层压实后的连续厚度宜不小于500mm。路基上部宜采用水稳性好或冻胀敏感性小的材料。有地下水的路段或浸水路堤,应填筑水稳性好的填料。

105. ABCE

【解析】湿黏土路堤施工应符合下列规定:①应按设计要求对基底湿黏土进行处理;②湿黏土填料宜采用石灰进行改良,石灰宜采用消石灰或磨细生石灰粉。石灰粒径应不大于20mm,质量宜符合三级及三级以上标准;③施工前应取现场有代表性的土做石灰掺配试验,确定石灰用量;④灰土拌和采用路拌法,翻拌后填料的块状粒径超过15mm的含量宜小于15%,填筑层厚度宜不超过200mm;⑤改良后的湿黏土路堤质量应采用灰剂量与压实度两个指标控制,灰剂量应不低于设计掺量,压实度应符合规范的规定。

106. AB

【解析】根据《公路工程质量检验评定标准 第一册 土建工程》(JTG F80/1—2017),土方路基实测项目中,属于关键项目的是压实度和弯沉值。所谓关键项目是指分项工程中对结构安全、耐久性和主要使用功能起决定性作用的检查项目。

107. ABDE

【解析】填石路堤填料应符合下列规定:①硬质岩石、中硬岩石可用于路堤和路床填筑;软质岩石可用于路堤填筑,不得用于路床填筑;膨胀岩石、易溶性岩石和盐化岩石不得用于路基填筑。②路基的浸水部位,应采用稳定性好、不易膨胀崩解的石料填筑。③路堤填料粒径应不大于500mm,并宜不超过层厚的2/3。路床底面以下400mm范围内,填料最大粒径不得大于150mm,其中小于5mm的细料应不小于30%。

108. BCDE

【解析】填石路堤填筑应符合下列规定:①填石路堤应分层填筑压实。在陡峻山坡地段施工特别困难时,三级及三级以下砂石路面公路的下路堤可采用倾填方式填筑。②岩性相差大的填料应分层或分段填筑,软质石料与硬质石料不得混合使用。③填石路堤顶面与细粒土填土层之间应填筑过渡层或铺设无纺土工布隔离层。④压实机械宜选用自重不小于18t的振动压路机。⑤填石路堤采用强夯、冲击压路机进行补压时,应避免对附近构造物造成影响。

109. ACDE

【解析】土石路堤填料应符合下列规定:①膨胀岩石、易溶性岩石等不宜直接用于路基填筑,崩解性岩石和盐化岩石等不得用于路基填筑;②天然土石混合填料中,中硬、硬质石料的最大粒径不得大于压实层后的2/3;石料为强风化石料或软质石料时,其CBR值应符合施工技术规范的规定,石料最大粒径不得大于压实层厚。

110. BCDE

【解析】土石路堤填筑应符合下列规定:①压实机械宜选用自重不小于18t的振动压路机;②应分层填筑压实,不得倾填;③应使大粒径石料均匀分散在填料中,石料间孔隙应填充小粒径石料和土;④土石混合料来自不同料场,其岩性或土石比例相差大时,宜分层或分段填筑;⑤中硬、硬质石料填筑土石路堤时,宜进行边坡码砌,码砌与路堤填筑宜同步进行,软质石料土石路堤的边坡按土质路堤边坡处理;⑥采用强夯、冲击压路机进行补压时,应避免对附近构造物造成影响。

111. ABCD

【解析】高路堤与陡坡路堤施工质量应符合下列规定:①高路堤段应优先安排施工,宜预留1个雨季或6个月以上的沉降期;②高路堤宜采用强度高、水稳性好的材料。路堤浸水部分应采用水稳性和透水性好的材料;③高路堤施工中应按设计要求预留高度与宽度,并进行动态监控;④高路堤宜每填筑2m冲击补压一次,或每填筑4~6m强夯补压一次;⑤高路堤填筑过程中应进行沉降和稳定性观测;⑥在不良地质地段的高路堤与陡坡路堤填筑,应控制填筑速率,并进行地表水平位移监测,必要时应进行地下土体分层水平位移监测。

112. ABE

【解析】台背与墙背填筑填料宜采用透水性材料、轻质材料、无机结合料稳定材料等,崩解性岩石、膨胀土不得用于台背与墙背填筑。

113. ABDE

【解析】台背与墙背填筑施工应符合下列规定:①二级及二级以上公路应按设计做好过渡段,过渡段路堤压实度应不小于96%;二级以下公路的路堤与回填的连接部,应预留台阶。②台背和锥坡的回填宜同步进行。③台背与墙背1.0m范围内回填宜采用小型夯实机具压实。④分层压实厚度宜不大于150mm,填料粒径宜小于100mm,涵洞两侧回填填料粒径宜小于50mm,压实度应不小于96%。⑤部位狭窄时,可采用低强度等级混凝土、浆砌片石等材料回填。⑥涵洞两侧应对称分层回填压实。⑦回填部分的路床宜与路堤路床同步填筑。⑧台背与墙背的回填,应在结构物强度达到设计强度的75%以上时进行。

114. BCDE

【解析】①粉煤灰可用于各级公路路堤填筑,不得用于高速公路、一级公路的路床和二级公路的上路床;②用于路基填筑的粉煤灰的烧失量应不大于20%,SO_3含量宜不大于3%,粉煤灰中不得含团块、腐殖质及其他杂质;③大风或气温低于0℃时不宜施工;④路堤高度超过4m时,可在路堤中部设置土质夹层;⑤粉煤灰路堤应进行包边防护,包边土应与粉煤灰同步进行施工,宽度宜不小于2m;⑥粉煤灰路堤压实度可采用填上层检下层的方式进行检测。

115. ABCE

【解析】雨期施工的要求:填料应选用透水性好的碎(卵)石土、砂砾、石方碎渣和砂类土等。利用挖方土作填料,含水率符合要求时,应随挖随填及时压实。含水率过大难以晾晒的土不得用作雨季施工填料。路堤应分层填筑,当天填筑的土层应当天或雨天前完成压实。路堤填筑的每一层表面应设2%~4%的双向排水横坡以利于排水,低洼地带或高出设计洪水位0.5m以下部位应选用透水性好、饱水强度高的填料分层填筑,并及时施作护坡、坡脚等防护工程。挖方边坡不宜一次挖到设计坡面,应预留一定厚度的覆盖层,待雨季过后再修整到设计坡面。雨季开挖路堑,当挖至路床顶面以上300~500mm时应停止开挖,并在两侧挖好临时排水沟,待雨季过后再施工。

116. ACDE

【解析】①高速公路、一级公路的土质路堤和地质不良地区的公路路堤不宜进行冬季施工。河滩低洼地带,可被水淹没的填土路堤不宜进行冬季施工。土质路堤路床以下1m范围内,不得进行冬季施工。半填半挖地段、挖填方交界处不得在冬季施工。填土低于1m的路堤和挖填方交界处,由于填土较薄,填后易于冻结,解冻后土的强度、压实度都会降低,因此不应冬季施工。②路堤填料应选用未冻结的砂类土、碎石、卵石土、石渣等透水性良好的材料。不得用含水率过大的黏性土。③填筑路堤应按横断面全宽平填,每层松铺厚度应比正常施工减少20%~30%,且松铺厚度不得超过30cm。当天填土当天应当完成碾压。④当填筑高程距路床底面1m时,碾压密实后应停止填筑,在顶面覆盖防冻保温层,待冬季过后整理复压,再分层填至设计高程。⑤挖方边坡不得一次挖到设计线,应预留一定厚度的覆盖层,待到正常施工季节后再修整到设计坡面。⑥路基挖至路床顶面以上1m时,完成临时排水沟后,应停止开挖,待冬季期过后再施工。

117. ABCD

【解析】①当泥沼及软土厚度小于3.0m时宜采用浅层置换。置换宜选用强度高的砂砾、碎石土等水稳性和透水性好的材料。施工时应分层填筑、压实。②对非饱和黏性土的软弱表层,可添加适量石灰、水泥进行改良处置。施工前应先完善排水设施,施工期间不得积水。③当泥沼及软土厚度小于3.0m,且其软层位于水下时可采用抛石挤淤处置。应采用不易风化的片石、块石,石料直径宜不小300mm。当泥沼及软土厚度小于3.0m,且其软层位于水下时,因置换施工困难,抛石挤淤是经济、有效的处理方法;当软土厚度大于3m时,采用抛石挤淤则不合理。④砂砾、碎石垫层宜采用级配好的中、粗砂,砂砾或碎石,含泥量应不大于5%,最大粒径宜小于50mm。垫层宽度应宽出路基坡脚500~1000mm,两侧宜用片石护砌或采用其他方式防护。

118. ABCD

【解析】膨胀土用作路基填料时应符合以下规定:①强膨胀土不得作为路堤填料;②路基浸水部分不得用膨胀土填筑;③高填方、陡坡路基不宜采用膨胀土填筑;④桥台背、挡土墙背、涵洞背等部位严禁采用膨胀土填筑;⑤膨胀土掺拌石灰改良后可用作路基填料,掺灰处置后的膨胀土不宜用于高速公路、一级公路的路床和二级公路的上路床。

119. ABC

【解析】路面的结构层次自上而下可分为路面面层、路面基层和垫层。沥青路面面层又分为上面层、中面层、下面层;基层又分为基层和底基层。

120. ABC

【解析】高级路面适用于高速公路、一级公路和二级公路;次高级路面适用于二级、三级公路;中级路面适用于三级公路、四级公路;低级路面适用于四级公路。

121. ABCD

【解析】路面应满足的基本要求包括:①足够的强度和刚度;②足够的稳定性;③足够的耐久性;④良好的表面性能(足够的平整度和足够的抗滑性);⑤尽可能低的扬尘性;⑥足够的防水性。

122. ACDE

【解析】①高速公路和一级公路的沥青路面在施工前应铺筑试验段。其他等级公路在缺乏施工经验或初次使用重大设备时,也应铺筑试验段。当同一施工单位在材料、机械设备及施工方法与其他工程完全相同时,也可利用其他工程的结果,不再铺筑新的试验路段。试验段的长度应根据试验目的确定,通常宜为100~200m,宜选在正线上铺筑。②二级及其以上公路水泥混凝土路面工程,使用滑模、轨道、碾压、三辊轴机组机械施工时,在正式摊铺混凝土路面前,必须铺筑试验路段。试验路段长度不应短于200m,高速公路、一级公路宜在主线路面以外进行试铺。路面厚度、摊铺宽度、接缝设置、钢筋设置等均应与实际工程相同。

123. AC

【解析】公路路面基层(底基层)常见的主要有两类:无机结合料稳定类、粒料类。

124. BDE

【解析】用无机材料(如石灰、水泥等)作为结合料的即为无机结合料稳定类,如石灰稳定类基层(底基层)、水泥稳定类基层(底基层)、综合稳定类(用同时水泥和石灰两种材料作为结合料)基层(底基层)、石灰工业废渣类(用石灰作结合料与工业废渣形成的,如石灰粉煤灰等)基层(底基层)。

125. ACE

【解析】粒料类基层(底基层)根据其强度形成机理的不同,可分为嵌锁型和级配型两类。①嵌锁型粒料类基层(底基层)的整体强度主要依靠碎石颗粒之间的嵌锁和摩阻作用,颗粒间的黏结力很小。常见的有泥结碎石、泥灰结碎石、填隙碎石等。②级配型粒料类基层(底基层)的强度和稳定性取决于内摩阻角和黏结力的大小。常见的有级配碎石、级配砾石、符合级配的天然砂砾、部分砾石经轧制掺配而成的级配砾、碎石等。

126. ABDE

【解析】无机结合料稳定类基层的适用条件:①水泥稳定类、石灰粉煤灰稳定类材料适用于各级公路的基层和底基层,但是水泥或石灰、粉煤灰稳定细粒土不能用做二级和二级以上公路高级路面的基层。②石灰稳定类材料适用于各级公路的底基层,也可用做二级和二级以下公路的基层,但石灰稳定细粒土不能用做高级路面的基层。③在冰冻地区的潮湿路段以及其他地区的过湿路段,不宜采用石灰土做基层和底基层。

127. ACDE

【解析】粒料类基层的适用条件:级配碎石适用于各级公路的基层和底基层。级配砾石、级配碎砾石以及级配、塑性指数等符合要求的天然砂砾,可用做二级和二级以下公路的基层,也可用做各级公路的底基层。填隙碎石适用于各级公路的底基层和三、四级公路的基层。泥灰结碎石适用于三级及以下等级公路的基层和底基层。

128. ACD

【解析】稳定土基层(底基层)检测项目有7项:压实度、平整度、纵断高程、宽度、厚度、横坡、强度。其中,压实度、厚度和强度为关键项目。

129. ABCD

【解析】①沥青路面各类基层上都必须喷洒透层沥青。②透层沥青宜采用慢裂的喷洒型乳化沥青,也可采用经稀释的中、慢凝液体石油沥青、煤沥青。③沥青的稠度宜通过透入深度及试洒确定。喷洒后通过钻孔或挖掘确认透层油渗透基层的深度宜不小于5(无机结合料稳定集料基层)~10mm(无结合料基层),并能与基层连接成为一体。④气温低于10℃时,不宜喷洒透层沥青。

130. ABC

【解析】为使路面沥青层与沥青层之间、沥青层与水泥混凝土路面、沥青层与构造物之间完全黏结成一整体而洒布的沥青材料薄层。符合下列情况之一时,必须喷洒黏层沥青:①双层式或三层式热拌热铺沥青混合料路面的沥青层之间。②水泥混凝土路面、沥青稳定碎石基层或旧沥青路面层上加铺沥青面层。③路缘石、雨水口、检查井等构造物与新铺沥青混合料接触的侧面。

131. ABCE

【解析】沥青混凝土面层实测项目共有14项,包括:压实度、平整度、弯沉值、渗水系数、摩擦系数、构造深度、厚度、中线平面偏位、纵断高程、宽度、横坡、矿料级配、沥青含量、马歇尔稳定度。在这些实测项目中,只有压实度、厚度、矿料级配和沥青含量属于关键项目,其他都是一般项目。

132. BCDE

【解析】纵向接缝包括缩缝和施工缝。①纵向施工缝一般采用平缝加拉杆形式。当所摊铺的面板厚度≥260mm时,也可采用插拉杆的企口形纵向施工缝。②当一次铺筑宽度大于4.5m时,应设纵向缩缝。纵向缩缝采用假缝拉杆型,拉杆应采用螺纹钢筋。即锯切纵向缩缝,纵缝位置应按车道宽度设置,并在摊铺过程中用专用的拉杆插入装置插入拉杆。

133. ACDE

【解析】横向接缝是垂直于行车方向的接缝,一般分为横向施工缝、横向缩缝和横向胀缝。①横向施工缝:横向施工缝,其位置宜与胀缝或缩缝重合,确有困难不能重合时,施工缝应采用设螺纹传力杆的企口缝形式。横向施工缝在缩缝处或胀缝处时采用平缝加传力杆型。传力杆设置在板厚的中央,半段锚固在混凝土中,另半段涂沥青或润滑剂。②横向缩缝:横向缩缝一般采用不设传力杆的假缝形式,即只在面板的上部设缝隙,当面板收缩时将沿此最薄弱断面有规则地自行断裂。但对交通繁忙或地基水文条件不良路段,也应在板厚中央设置传力杆。这种传力杆一般全部锚固在混凝土内。③横向胀缝:在邻近桥梁或其他固定构造物处、与柔性路面相接处、板厚改变处、隧道口、小半径平曲线和凹形竖曲线纵坡变换处,均应设置胀缝。横向胀缝应采用滑动传力杆,并设置支架或其他方法予以固定。胀缝宜尽量不设或少设。

134. ACD

【解析】细粒土现场压实度检测可采用或环刀法;粗粒土及路面结构层压实度检测可采用灌砂法、水袋法或钻孔取样蜡封法。应用核子密度仪时,已经对比试验检验,确认其可靠性。

135. ABCE

【解析】桥梁主要由上部结构、下部结构、基础和调治构造物四大部分组成。

136. ACDE

【解析】在桥梁结构设计中,一般按桥梁的结构形式(也称结构体系、基本体系)将其分为四个基本类型:梁式桥、拱式桥、刚架(构)桥、悬索(吊)桥,以及这些基本类型的组合形式,如系杆拱桥、斜拉桥等。

137. ABCD

【解析】混凝土的质量宜分为施工前、施工过程和施工后三个阶段进行检验。混凝土施工前的检验项目应包括的内容有：①施工设备和场地；②混凝土的原材料和各种组成材料的质量；③混凝土配合比及其拌合物的工作性能、力学性能及抗裂性能等；④基础、钢筋、预埋件等隐蔽工程及支架、模板；⑤混凝土的运输、浇筑和养护方法及设施，安全设施。

138. ABCD

【解析】混凝土施工过程的检验项目应包括的内容主要有：①混凝土组成材料的外观及配料、拌制；②混凝土的和易性、坍落度及扩展度等工作性能；③砂石材料的含水率；④钢筋、预应力管道、模板、支架等的安装位置和稳固性；⑤混凝土的浇筑质量；⑥外加剂的使用效果。

139. ACDE

【解析】①悬臂浇筑的施工过程控制宜遵循变形和内力双控的原则，且宜以变形控制为主。②悬臂浇筑过程中梁体的中轴线允许偏差应控制在 5mm 以内，高程允许偏差为 ±10mm。③挂篮前移时，宜在其后方设置控制其滑动的装置或在滑道上设置止动装置；前移就位后，应立即将后锚固点锁定，防止倾覆。

140. ABCE

【解析】合龙时，宜采取措施将合龙口两侧的悬臂端予以临时刚性连接，再浇筑合龙段混凝土。合龙段的混凝土宜在一天中气温最低且稳定的时段内浇筑，浇筑后应及时覆盖洒水养护。

141. BCDE

【解析】涵洞施工完成后，砌体砂浆或混凝土强度达到设计强度的 85% 时，方可进行涵洞洞身两侧的回填。涵洞两侧紧靠涵台部分的回填土不宜采用大型机械进行压实施工，宜采用人工配合小型机械的方法夯填密实。填土的每侧长度均应符合设计规定；设计未规定时，应不小于洞身填土高度的 1 倍。填筑应在两侧同时对称、均衡地分层进行，填筑的压实度应不小于 96%。涵洞顶部的填土厚度必须大于 0.5m 后，方可通行车辆和筑路机械。

142. ACDE

【解析】①台背填土应顺路线方向，自台身起，其填土的长度在顶面应不小于台高加 2m，在底面应不小于 2m；拱桥台背填土的长度不应小于台高的 3~4 倍。锥坡填土应与台背填土同时进行，并应按设计宽度一次填足。②回填时台身的强度应符合设计规定；设计未对其进行规定时，台身强度达到设计强度的 75% 以上时，方可进行台背回填。③台背回填应严格控制分层厚度和密实度，应设专人负责监督检查，检查频率应每 $50m^2$ 检验 1 点，不足 $50m^2$ 时应至少检验 1 点，每点均应合格，且宜采用小型机械压实。桥涵台背填土的压实度不应小于 96%。④台背填土必须和路基有效搭架，横向接缝必须挖设台阶，台阶面宽度不应小于 1m。

143. ACDE

【解析】掌握好喷嘴与受喷面的距离和角度，调节好风压和水压，保证回弹量小而喷射质量好；喷射混凝土回弹率在拱部不超过 40%，边墙不超过 30%，挂网后，回弹率的限制可放宽 5%；回弹物不得重新用做喷射混凝土材料。

144. AB

【解析】①在断层破碎带和砂卵石地层,当裂隙宽度(或粒径)大于1mm,或渗透系数$K \geq 5 \times 10^{-4}$m/s时,选用单液水泥浆或水泥-水玻璃浆液。②在断层地带和砂卵石地层,当裂隙宽度(或粒径)小于1mm,或渗透系数$K < 5 \times 10^{-4}$m/s时,优先选用水玻璃类注浆材料。

145. ABCD

【解析】注浆顺序一般为先压注内圈孔,后压注外圈孔;先压注无水孔,后压注有水孔;先边墙后拱顶顺序从下向上压注。如遇串浆跑浆,则间隔一孔或几孔灌压。

146. ABCE

【解析】①衬砌背后排水设施主要有暗沟、暗管、盲沟等。②衬砌背后的排水设施应配合支护衬砌同时施工。③排水设施的设置应视洞内渗漏水情况而定。出水点多的地段应多设置,否则就少设置;渗水面较大时宜钻集水孔集水,后设沟管引排;拱部出水段应做环形沟管,边墙出水应从上向下引流到竖向沟管,纵向多处渗漏水可设纵向沟管,最终都引流到排水沟中。④有排水设施的地段如需要衬砌背后压浆时,沟管四周圬工更应密实,衬砌完成后应对背后的排水设施作出明显标记,以便钻孔和压浆时能避开排水设施,严防浆液流入沟管堵塞水流。

147. ABDE

【解析】塑料板固定应采用无钉铺设施工工艺。塑料板焊接应以热焊为主,手工焊仅用于零星修补。洞内环向塑料板搭接宽度不小于10cm,焊缝不小于1.5cm;对断面内坑洼、坍塌回填较困难部位,可用单幅塑料板贴在坑洼处进行铺焊,后与隧道塑料板焊接在一起,不可悬空铺挂;在浇筑混凝土过程中,若发现防水板铺设绷得过紧,可将此处塑料板破开,在破口内插入一块塑料板使其紧贴岩壁,然后将新旧两块塑料板焊接成整体。

148. ACDE

【解析】交通安全设施主要有护栏、隔离设施、防眩设施、视线诱导设施、交通标志和路面标线等。

149. ACD

【解析】交通安全设施中的护栏主要包括路基护栏、桥梁护栏和活动护栏。

150. ACDE

【解析】采用打入法打入过深时,不得将立柱部分拔出加以矫正,必须将其全部拔出,将基础压实后再重新打入。立柱无法打入到要求深度时,严禁将立柱的地面以上部分焊割、钻孔,不得使用锯短的立柱。

151. ABCE

【解析】护栏板应通过拼接螺栓相互连接成纵向横梁,并由高强连接螺栓固定于防阻块、托架或横隔梁上。护栏板拼接方向应与行车方向一致。防撞等级为SA、SAm和SS的波形梁护栏通过螺栓将上层横梁与上层立柱加以连接。立柱间距不规则时,可利用调节板、梁进行调节,不得采用现场切割护栏板的方法。

152. ABDE

【解析】立柱必须在基础混凝土强度达到设计强度的80%以上时,才可安装。

153. ACDE

【解析】根据《公路沥青路面施工技术规范》(JTG F40—2004)第4.2.1条,B级沥青的适用范围包括:高速公路、一级公路沥青下面层及以下的层次;二级及二级以下公路的各个层次。

154. ABCE

【解析】根据《公路沥青路面施工技术规范》(JTG F40—2004)第4.2.1条,沥青路面采用的沥青标号,宜按照公路等级、气候条件、交通条件、路面类型及在结构层中的层位及受力特点、施工方法等,结合当地的使用经验,经技术论证后确定。

155. ACDE

【解析】根据《公路沥青路面施工技术规范》(JTG F40—2004)第4.3.1条,乳化沥青适用于沥青表面处治路面、沥青贯入式路面、冷拌沥青混合料路面,修补裂缝,喷洒透层、黏层和封层等。

156. BE

【解析】《公路沥青路面施工技术规范》(JTG F40—2004)第4.3.1条规定,沥青层用粗集料包括碎石、破碎砾石、筛选砾石、钢渣、矿渣等,但高速公路和一级公路不得使用筛选砾石和矿渣。

157. ABCE

【解析】《公路沥青路面施工技术规范》(JTG F40—2004)第4.8.6条规定,粗集料与沥青的黏附性应符合表4.8.5的要求,当使用不符合要求的粗集料时,宜掺加消石灰、水泥或用饱和石灰水处理后使用,必要时可在沥青中掺加耐热、耐水、长期性能好的抗剥落剂,也可采用改性沥青的措施。

158. ACD

【解析】《公路沥青路面施工技术规范》(JTG F40—2004)第4.9.1条规定,沥青路面的细集料包括天然砂、机制砂、石屑。细集料必须由具有生产许可证的采石场、采砂场生产。

159. ABC

【解析】《公路沥青路面施工技术规范》(JTG F40—2004)第4.10条规定,用作沥青混合料的填料包括矿粉、拌和机的粉尘、粉煤灰等。

160. ABCE

【解析】《公路沥青路面施工技术规范》(JTG F40—2004)第5.3.4条规定,对用于高速公路和一级公路的公称最大粒径等于或小于19mm的密级配沥青混合料(AC),需在配合比设计的基础上进行各种使用性能试验。这些试验包括车辙试验(测定动稳定度)、浸水马歇尔试验和冻融劈裂试验(检验沥青混合料的水稳定性)、弯曲试验(测定破坏强度)、渗水试验(测定渗水系数),对于使用钢渣作为集料的沥青混合料还应进行活性试验和膨胀性试验。

161. BCDE

【解析】由于一个工程可能会从多处采购集料,料源质量不稳定,造成连续式拌和机生产的混合料质量会发生较大变化。因此,规范明确规定,高速公路和一级公路不宜采用连续式拌和机拌和混合料。

162. ACDE

【解析】从拌和机向运料车上装料时,应多次挪动汽车位置,平衡装料,以减少混合料离析。运料车运输混合料宜用苫布覆盖保温、防雨、防污染。

163. ABCD

【解析】用机械摊铺的混合料,不宜用人工反复修整以防止混合料产生离析,或影响平整度。当不得不由人工局部找补或更换混合料时,需仔细进行,特别严重的缺陷应整层铲除。

164. ACDE

【解析】压路机的碾压温度应符合规范的要求,并根据混合料种类、压路机、气温、层厚等情况经试压确定。在不产生严重推移和裂缝的前提下,初压、复压、终压都应在尽可能高的温度下进行。同时不得在低温状况下反复碾压,以免石料棱角磨损、压碎,破坏集料嵌挤。

165. BCDE

【解析】采用不同型号的压路机组合碾压时宜安排每一台压路机做全幅碾压,防止不同部位的压实度不均匀。除选项 A 外,其他选项均符合规范要求。

166. ACDE

【解析】《公路沥青路面施工技术规范》(JTG F40—2004)第11.3.1条规定,高速公路和一级公路的沥青路面在施工前应铺筑试验段。其他等级公路在缺乏施工经验或初次使用重大设备时,也应铺筑试验段。

167. ABCE

【解析】《公路沥青路面施工技术规范》(JTG F40—2004)第11.3.3条规定,热拌热铺沥青混合料路面试验段铺筑分试拌及试铺两个阶段,应包括下列试验内容:(1)检验各种施工机械的类型、数量及组合方式是否匹配;(2)通过试拌确定拌和机的操作工艺,考察计算机打印装置的可信度;(3)通过试铺确定透层油喷洒方式和效果、摊铺、压实工艺,确定松铺系数等;(4)验证沥青混合料生产配合比设计,提出生产用的标准配备和最佳沥青用量;(5)建立用钻孔法与核子密度仪无破损检测路面密度的对比关系。确定压实度的标准检测方法。(6)检测试验段的渗水系数。

168. ABCE

【解析】《公路隧道施工技术规范》(JTG/T 3660—2020)规定的隧道开挖方法有:(1)全断面法;(2)台阶法;(3)环形开挖留核心土法;(4)中隔壁法;(5)交叉中隔壁法;(6)双侧壁导坑法。

169. ABCE

【解析】《公路隧道施工技术规范》(JTG/T 3660—2020)第2.0.13条规定,喷锚支护是指喷射混凝土、锚杆、钢筋网、钢架等单独或组合使用的隧道围岩支护结构。

170. ABCD

【解析】《公路隧道施工技术规范》(JTG/T 3660—2020)第3.0.2条规定,隧道施工地质工作应符合下列规定:(1)应分析和解读勘察设计阶段地质资料。(2)应进行跟踪地质调查,对揭露的围岩地质条件应进行描述和分析。(3)超前地质预报应纳入施工工序管理。(4)应复核确认围岩级别。

171. BCDE

【解析】《公路隧道施工技术规范》(JTG/T 3660—2020)第5.2.7条规定,洞内平面控制测量应符合下列规定:(1)洞内平面控制测量宜采用导线测量;(2)洞内导线,应布置成多边形导线环;应根据贯通精度的要求布点,宜选择在施工干扰小、稳固可靠、通视良好的地方。导线边长在直线地段不宜小于200m,在曲线地段不宜小于70m。(3)掘进长度超过2倍导线边长时,应进行一次洞内导线延伸测量。导线测量视线与障碍物距离不应小于0.2m。(4)联系洞外和洞内的控制测量,宜选在洞外和洞内观测条件接近的时段进行观测。(5)平面控制测量的竖井联系测量可采用光学垂准仪投点、陀螺仪辅助定向。应根据竖井长度和贯通精度要求选择测量仪器和测量方法,估算贯通误差,确定测量方案。(6)施工时不应损毁导线点。关于选项A需要说明的是,由于受洞内的条件限制,卫星定位测量不可行,三角测量非常困难,洞内平面控制测量的最适宜方法就是导线测量。

172. ABCE

【解析】《公路隧道施工技术规范》(JTG/T 3660—2020)第5.5条交(竣)工测量规定:(1)应在中线复测的基础上埋设永久中线点,永久中线点应用混凝土包埋金属标志。直线上的永久中线点,每200~250m设一个,曲线上应在缓和曲线的起终点各设一个;曲线中部,可根据通视条件适当增加。永久中线点设立后,应在隧道边墙上画出标。(2)应在直线地段每50m、曲线地段每20m及需要加测断面处,测绘以路线中线为准的隧道实际净空,标出拱顶高程、起拱线宽度、路面水平宽度。(3)洞内水准点每公里应埋设一个,短于1km的隧道应至少设一个,并应在隧道边墙上画出标志。(4)应提交有关测量成果及说明。(5)应提交隧道总体实测项目。其中,隧道偏位采用全站仪检测,每20m(曲线)或40m(直线)检测一处,隧道偏位允许偏差为20mm。

173. ABCE

【解析】《公路隧道施工技术规范》(JTG/T 3660—2020)第6.1.1条文说明指出:洞口工程指洞口土石方、边仰坡防护、洞门及其相邻的翼墙、挡土墙及洞口排水系统等。

174. BCDE

【解析】根据《公路隧道施工技术规范》(JTG/T 3660—2020)第6.1.5条洞口开挖与防护应符合下列规定:(1)洞口边坡及仰坡应自上而下开挖,不得掏底开挖或上下重叠开挖。(2)宜采用人工配合机械开挖,或者采用控制爆破措施减少对边仰坡及围岩的扰动。(3)边仰坡防护应及时施作。(4)应随时检查监测边坡和仰坡的变形状态。

175. ABDE

【解析】根据《公路隧道施工技术规范》(JTG/T 3660—2020)6.1.7条,洞口截排水设施应符合下列规定:(1)应结合地形条件设置,具备有效拦截、排水顺畅的能力。(2)不应冲刷路基坡面及桥涵锥坡等设施。(3)洞口截、排水设施应在雨季和融雪期之前完成。(4)截水沟迎水面不得高于原地面,回填应密实不易被水掏空。(5)截水沟应采取防止渗漏和变形的措施。

176. ABCD

【解析】按开挖跨度并结合其特点,公路隧道可划分为:(1)小跨度隧道,指小于两车道隧道开挖跨度以下的隧道,如:平行导洞、服务隧道施工通道、车行横洞、人行横洞、通风道等,作为交通隧道,一般不允许"单车道"出现,只是个别立交匝道隧道才出现单车道+紧急车道的情况。(2)一般跨度隧道,指单洞两车道隧道,是我国公路隧道大量采用的断面跨度。(3)中等跨度隧道,一般指单洞三车道隧道。近几年单洞三车道隧道发展较快,技术成熟,适应大型机械化作业。特别是靠近城市的高速公路和一级公路隧道,多采用三车道隧道,三车道隧道建设有加快发展的趋势,大力修建单洞三车道隧道,逐步成为"常态"。(4)大跨度隧道,指单洞四车道隧道及以上开挖跨度隧道。四车道隧道,开挖跨度大围岩稳定性变差,施工难度很大,且经济性较差,实际采用较少。

177. ABCD

【解析】《公路隧道施工技术规范》(JTG/T 3660—2020)第6.2.4条规定,明洞回填施工应遵循对称均衡原则,并应符合下列规定:(1)明洞拱背回填应在外模拆除、防水层和排水盲管施工完成后进行。人工回填时,拱圈混凝土强度应不小于设计强度的75%。机械回填时,拱圈混凝土强度应不小于设计强度。(2)明洞两侧回填水平宽度小于1.2m的范围应采用浆砌片石或同级混凝土回填。(3)回填料不宜采用膨胀岩土。(4)回填顶面0.2m可用耕植土回填。(5)明洞土石回填应对称分层夯实,分层厚度不宜大于0.3m,两侧回填高差不应大于0.5m,回填到拱顶以上1.0m后,方可采用机械碾压。回填土压实度应符合设计规定。(6)单侧设有反压墙的明洞回填应在反压墙施工完成后进行。(7)回填时不得倾填作业。(8)明洞回填时,应采取防止损伤防水层的措施。(9)洞门顶排水沟砌筑在填土上时,应在夯实后砌筑。

178. ABCD

【解析】根据《公路隧道施工技术规范》(JTG/T 3660—2020)第7.1.4条,洞身开挖作业应符合下列规定:(1)开挖断面尺寸应符合设计规定。(2)应根据开挖方法、断面大小、地质条件等因素确定合理的循环进尺。(3)开挖作业不得危及人员、设备及支护结构的安全。(4)开挖后应清除危石,并及时进行初期支护作业。(5)危石清除工作应采用机械作业与人工作业相结合的方式。

179. DE

【解析】对于三车道隧道:(1)当围岩级别为Ⅰ~Ⅱ时,可选择全断面法。(2)当围岩级别为Ⅱ~Ⅲ时,可选择长台阶法。(3)当围岩级别为Ⅲ~Ⅳ时,可选择短台阶法、环形开挖留核心土法。(4)当围岩级别为Ⅳ时,可选择超短台阶法。(5)当围岩级别为Ⅳ~Ⅴ时,可选择中隔壁法。(6)当围岩级别为Ⅴ~Ⅵ时,可选择双侧壁导坑法。(7)当围岩级别为Ⅳ~Ⅵ时,可选择交叉中隔壁法。

180. ABCD

【解析】根据《公路隧道施工技术规范》(JTG/T 3660—2020)第7.2.3条,台阶法施工应符合下列规定:(1)台阶数量和台阶高度应综合考虑隧道断面高度、机械设备及围岩稳定性等因素确定。台阶开挖高度宜为2.5~3.5m。台阶数量可采用二台阶或者三台阶,不宜大于三个台阶。(2)上台阶开挖每循环进尺,Ⅲ级围岩宜不大于3m;Ⅳ级围岩宜不大于2榀钢架间距;Ⅴ级围岩宜不大于1榀钢架间距。Ⅳ、Ⅴ级围岩下台阶每循环进尺宜不大于2榀钢架间距。下台阶单侧拉槽长度宜不超过15m。(3)下台阶左、右侧开挖宜前后错开3~5m,同一榀钢架两侧不得同时悬空。(4)下部施工应减少对上部围岩、支护的干扰和破坏。(5)下台阶应在上台阶喷射混凝土强度达到设计强度的70%以后开挖。

181. ACDE

【解析】中隔壁法施工应符合下列规定:(1)各分部开挖时,周边轮廓应圆顺。开挖进尺不得大于1榀钢架间距。(2)初期支护完成、强度达到设计规定后方可进行下一分部开挖。(3)当开挖形成全断面时,应及时完成全断面初期支护闭合。(4)临时支护拆除宜在仰拱施工前进行,一次拆除长度应与仰拱浇筑长度相适应。临时支护拆除后,应及时浇筑仰拱和仰拱填充、施作拱墙二次衬砌。(5)临时支护拆除前后,应进行变形量测。

182. AE

【解析】隧道衬砌结构包括喷锚衬砌和模筑混凝土衬砌。喷锚衬砌也称喷锚支护,在复合式衬砌结构中,通常称为初期支护;模筑混凝土衬砌在复合式衬砌结构中通常称为二次衬砌。支护与衬砌是隧道结构的一部分,是隧道施工安全和使用安全的基本保障。

183. BCDE

【解析】(1)喷射混凝土配合比应满足设计强度和喷射工艺的要求。喷射混凝土1d龄期的抗压强度不应低于8MPa。(2)喷射混凝土施工宜采用湿喷工艺。(3)喷射混凝土混合料应采用机械搅拌,并拌和均匀,搅拌时间不应少于2min。(4)喷射混凝土作业应按初喷混凝土和复喷混凝土分别进行,复喷混凝土可分层多次施作。(5)喷射混凝土应分段、分片、分层由下而上顺序进行,拱部喷射混凝土应对称作业。

184. ABCE

【解析】钢筋网铺设应符合下列规定:(1)应在初喷混凝土后再进行钢筋网铺设。(2)钢筋网应随受喷岩面起伏铺设,与初喷混凝土面的最大间隙不宜大于50mm,不宜将钢筋预焊成片后铺挂。(3)采用双层钢筋网时,两层钢筋网间距应满足设计要求,第二层钢筋网应在第一层钢筋网被喷射混凝土全部覆盖后铺挂。(4)钢筋网钢筋每节长度不宜小于2.0m,钢筋搭接长度不应小于30倍钢筋直径。(5)钢筋网每个交点和搭接段均应绑扎或焊接。(6)钢筋网应与锚杆或其他固定装置联结牢固,在喷射混凝土时不晃动。

185. ABCD

【解析】因衬砌厚度不足而产生的空隙,不能通过回填方式弥补。回填料起不到增加衬砌结构厚度的作用,对衬砌结构承载力没有帮助。

186. ABC

【解析】围岩加固有两种途径,一是从地面对围岩进行加固,二是在洞内对围岩进行加固。(1)地面加固措施包括:地面砂浆锚杆、地表注浆、地面旋喷桩;(2)洞内加固措施包括:围岩超前注浆、围岩径向注浆、超前水平旋喷桩、长锚杆、锚索等进行围岩加固。在围岩自稳性特别差的地段,有时需要采用多种围岩加固措施。

187. ABCD

【解析】根据《公路工程质量检验评定标准 第二册 机电工程》(JTG 2182—2020)的规定,公路机电工程各分项工程抽样检查频率应符合下列要求:施工单位自检为100%;监理单位抽检不低于30%;检测单位交工质量检测不低于30%,竣工质量鉴定不低于10%。测点数应不少于3个,当测点数少于3个时,应全部检查。

188. ABCD

【解析】《公路工程质量检验评定标准 第二册 机电工程》(JTG 2182—2020)第3.2.7条规定,工程应有真实、准确、齐全、完整的施工原始记录、试验检测数据质量检验结果等质量保证资料。质量保证资料应包括下列内容:

(1)设备和材料报验资料,包括产品出厂检验合格证明和有资质的检测机构出具的合格检测报告;(2)所用主要原材料、设备的现场抽查质量检验结果,包括施工单位的委托送样及监理单位的抽检委托送样的检验报告;(3)设备和软件安装调试记录;(4)隐蔽工程验收记录及施工影像资料;(5)施工过程中的检验测试记录,包括施工单位的自检记录和监理单位的抽检记录;(6)施工结束后的检验测试记录;(7)其他应具备的资料,包括施工过程中遇到的非正常情况记录,根据工程实际情况必须具备的相关行业检测验收文件等。

189. ABCD

【解析】公路机电工程包括:公路监控设施、公路通信设施、公路收费设施、公路隧道机电设施和公路供配电、照明设施。

190. ABC

【解析】公路监控设施组成一个闭环系统,主要由信息采集系统、信息处理系统和信息发布系统三大部分组成。

191. ABCD

【解析】公路通信设施主要由光纤维数字传输系统与综合业务接入系统、程控数字交换系统、专用通信电源系统、紧急电话系统、移动通信系统、视频传输设备和室内外光电缆等主要传输介质构成。

192. ABCD

【解析】公路隧道机电设施的组成包括:信息采集系统、通风系统、照明系统、交通控制系统、闭路电视监视系统、火灾报警与消防系统以及中央控制系统等组成。

193. ABCE

【解析】公路监控工程中车辆检测器的强电端子对机壳绝缘电阻应大于或等于 $50M\Omega$,即 $\geq 50M\Omega$。

194. ABDE

【解析】气象检测器技术要求中温度误差应为 $\pm 1.0℃$。

195. ABCE

【解析】大屏幕投影系统图像显示应能正确显示监控中心 CCTV 系统监视器的切换图像及图形计算机输出信息。

196. ABCD

【解析】《公路工程施工监理规范》(JTG G10—2016)第5.7.3条文说明:公路机电工程系统检验测试包括施工单位自测及监理签证测试、功能测试与技术指标测试。

197. ABCD

【解析】《关于打造公路水运品质工程的指导意见》提出"品质工程"的基本内涵(内在要求)包括:(1)建设践行新理念;(2)管理采取新举措;(3)技术得到新提升;(4)质量达到新水平;(5)安全实现新保障;(6)环保取得新成效。

198. ABCD

【解析】通过创建"品质工程"使公路工程建设践行新理念,是指工程建设贯彻落实五大发展理念和以人为本、本质安全、全寿命周期管理"四个理念"。这里说明一下,五大发展理念是指深入贯彻党的十八大和十八届三中、四中、五中全会精神,践行创新、协调、绿色、开放、共享五大发展理念。

199. ABCE

【解析】"品质工程"内涵之一是管理采取新举措,是指以精益建造为目标,突出责任落实和诚信塑造,深入推进人本化、专业化、标准化、信息化、精细化"五化管理"。

200. ABCD

【解析】通过创建"品质工程"使公路工程建设技术得到新提升,具体是指积极开展科技创新,加快淘汰落后技术,在推广先进适用的新技术、新工艺、新材料、新装备和探索建立新标准方面实现"五个提升"。

201. ABCE

【解析】通过创建"品质工程",公路工程质量要达到新水平,是指坚持工程建设与运营维护相协调、工程与自然人文相和谐,有效保障工程耐久性,全面提升工程实体质量、功能质量、外观质量、服务质量"四个质量"。

202. ACE

【解析】通过创建"品质工程",公路工程建设安全实现新保障,是指立足提升工程本质安全,有效保障施工安全、结构安全、使用安全"三个安全"。

203. ABC

【解析】通过创建"品质工程",公路工程建设要在环保取得新成效,具体是指坚持环境友好和可持续发展,全面推进工程建设在生态环保、资源节约、节能减排方面取得"三个成效"。

204. ABCD

【解析】提升工程管理水平是指推进工程建设管理专业化、推进工程施工标准化、推进工程管理信息化、推进班组管理规范化、推进工程管理精细化。

205. ABCE

【解析】提升工程质量水平的具体内容包括落实工程质量责任、推进质量风险预防管理、加强过程质量控制和强化工程耐久性保障措施。

206. ABCE

【解析】提升安全保障水平的具体内容包括:加强工程安全风险管理基础体系建设、提升工程结构安全、深化"平安工地"建设、提升工程安全服务水平。

207. ACD

【解析】提升绿色环保水平的具体内容包括:注重生态环保、注重资源节约和注重节能减排。

208. ABD

【解析】提升工程设计水平的具体内容包括:强化系统设计、注重统筹设计、倡导设计创作。

209. ACDE

【解析】提升"品质工程"软实力具体是指:加强管理人员素质建设、提升一线工人队伍素质、培育品质工程文化、实施品牌战略。

210. ABCE

【解析】路基沉降常见有两种情况:一是路基本身的压缩沉降;二是路基本体原地面以下地基承载力不足造成的沉降。产生路基沉降的原因很多,主要原因有:(1)路基填料选择不当;(2)路基填筑方法不合理;(3)路基压实不足;(4)因气候、环境明显变化导致路基土体发生膨胀、收缩变化;(5)原地面以下地层比较软弱,承载力低。

211. ABCD

【解析】路基边坡塌方按照破坏规模与原因的不同,可分为剥落、碎落、滑坍、崩坍及坍塌等。造成路基边坡塌方的原因很复杂,主要原因包括:(1)岩性软弱,易风化破碎;(2)边坡高陡,导致岩体稳定性差;(3)岩体中构造面发育,导致边坡表面分布有大量破碎岩块,或易形成滑动面;(4)气候环境因素的影响,使岩土干湿度明显变化,发生软化、胀缩变形,地表流水和地下水使岩体强度发生明显变化、流水冲刷可改变边坡外形,使岩土稳定性变差。

212. ABCD

【解析】隧道洞口坍塌的原因包括:洞口部位地质条件不良,地层破碎松散、风化强烈,岩土稳定性差,开挖隧道破坏原有的岩土平衡状态,施工方法不当,降雨地表水及地下水作用等。

213. ABCE

【解析】造成隧道坍方及冒顶的原因很多,常见的有:围岩性质及地质条件发生明显变化,开挖方法、支护方式不合理,未严格执行爆破设计、爆破方法不符合要求,施工组织管理不善、工序衔接不当,支护、衬砌不及时等。

第三章 公路工程进度目标控制

习 题 精 练

一、单项选择题

1. 公路施工组织基本方法不包括( )。
   A. 顺序作业法   B. 平行作业法   C. 流水作业法   D. 交叉作业法

2. 某公路工程采用流水作业施工,其主要的流水参数如下表所示。按照①、②、③、④、⑤的顺序组织流水施工,施工过程无技术间歇,则流水施工工期为( )。

施工段	作业时间(天)				
	①	②	③	④	⑤
A	2	2	2	2	2
B	2	2	2	2	2
C	2	2	2	2	2

   A. 16   B. 18   C. 14   D. 12

3. 某公路工程采用流水作业施工,其主要的流水参数如下表所示。按照①、②、③、④、⑤的顺序组织流水施工,施工过程无技术间歇,则流水施工工期为( )。

施工段	作业时间(天)					
	①	②	③	④	⑤	⑥
A	2	2	2	2	2	2
B	4	4	4	4	4	4
C	6	6	6	6	6	6
D	2	2	2	2	2	2

   A. 20   B. 22   C. 24   D. 26

4. 某公路工程采用流水作业施工,其主要的流水参数如下表所示。按照①、②、③、④、⑤的顺序组织流水施工,施工过程无技术间歇,则流水施工工期为( )。

施工段	作业时间(天)				
	①	②	③	④	⑤
A	2	2	2	2	2
B	3	3	3	3	3

施工段	作业时间(天)				
	①	②	③	④	⑤
C	3	3	3	3	3
D	1	1	1	1	1

  A. 19   B. 21   C. 22   D. 23

5. 某公路工程采用流水作业施工,其主要的流水参数如下表所示。按照①、②、③、④、⑤的顺序组织流水施工,施工过程无技术间歇,则流水施工工期为(　　)。

施工段	作业时间(天)			
	①	②	③	④
A	2	3	3	2
B	2	2	3	3
C	3	3	3	2

  A. 15   B. 16   C. 17   D. 18

6. 流水施工的表达方式不包括(　　)。
  A. 网络图   B. 横道图   C. 垂直图   D. S曲线图

7. 公路工程施工计划管理的特点不包括(　　)。
  A. 计划的被动性   B. 计划的多变性
  C. 计划的不均衡性   D. 计划的复杂性

8. 施工现场进度控制的影响因素很多,被认为最大的影响因素是(　　)。
  A. 资金   B. 技术   C. 人员   D. 设备

9. 工程进度网络计划的计算工期等于其所有结束工作(　　)。
  A. 最早完成时间的最小值   B. 最早完成时间的最大值
  C. 最迟完成时间的最小值   D. 最迟完成时间的最大值

10. 在工程项目目标控制中,相对而言,组织协调对(　　)的作用最为突出且最为直接。
  A. 进度控制   B. 费用控制   C. 质量控制   D. 风险控制

11. 某道路工程划分为3个施工过程,在5个施工段组织成倍节拍流水施工,流水节拍分别为4天、2天、6天,该工程的流水施工工期为(　　)。
  A. 28天   B. 20天   C. 16天   D. 14天

12. 当采用S曲线比较法时,如果实际进度点位于计划S曲线的右侧,则该点与计划S曲线的垂直距离为实际进度比计划进度(　　)。
  A. 超前的时间   B. 拖后的时间
  C. 超额完成的任务量   D. 拖欠的任务量

13. 在工程施工进度的实施过程中,为了加快施工进度,可以采取的组织措施是(　　)。
  A. 改进施工工艺和施工技术   B. 采用更先进的施工机械
  C. 增加劳动力和施工机械的数量   D. 对所采取的技术措施给予经济补偿

14. 下列选项中,不属于横道图优点的是(　　)。

A. 图形形象直观　　B. 搭接关系明确　　C. 逻辑关系严谨　　D. 制作方便快捷

15. 关于网络计划中工作持续时间与其他时间的关系,正确的是(　　)。
    A. 与总时差无关　　　　　　　　　　B. 与该工作最早开始时间无关
    C. 与总工期无关　　　　　　　　　　D. 与该工作最迟开始时间无关

16. 双代号网络计划中,若非关键工作延误一天结束,其他工作不变,则下列说法中正确的是(　　)。
    A. 本工作局部时差减少一天　　　　　B. 本工作总时差减少一天
    C. 紧后工作局部时差减少一天　　　　D. 紧后工作总时差减少一天

17. 网络计划中,工作的局部时差等于(　　)。
    A. 紧后工作最早开始时间减本工作最早结束时间
    B. 本工作与紧后工作的时间间隔
    C. 本工作总时差与所有紧后工作总时差差值的最小值
    D. 本工作与所有紧后工作之间最小的时间间隔

18. 双代号网络计划中,当非关键工作 M 提前一天结束,其他工作不变,则紧后工作 N 增加一天总时差的条件是(　　)。
    A. M 只有紧后工作 N,N 只有紧前工作 M
    B. M 只有一项紧后工作 N
    C. N 只有一项紧前工作 M
    D. 总工期不变

19. 在网络计划中,工作的最迟完成时间应为其所有紧后工作(　　)。
    A. 最早开始时间的最大值　　　　　　B. 最早开始时间的最小值
    C. 最迟开始时间的最大值　　　　　　D. 最迟开始时间的最小值

20. 下列有关双代号时标网络计划的表述中,不正确的是(　　)。
    A. 以实箭线表示工作,以虚箭线表示虚工作
    B. 虚箭线只能垂直画
    C. 以波形线表示工作与其紧后工作之间的时间间隔
    D. 工作箭线中波形线的水平投影长度表示其自由时差

21. 在网络计划中,若某工作的(　　)最小,则该工作必为关键工作。
    A. 局部时差　　B. 总时差　　C. 持续时间　　D. 时间间隔

22. 下列进度监理方法中,既可以用于进度控制,又可以用于费用控制的是(　　)。
    A. 横道图　　B. 工程进度曲线　　C. 斜条图　　D. 网络计划

23. 对于施工进度控制而言,监理工程师的主要任务是审批进度计划,并对(　　)进行监督。
    A. 项目资金使用情况　　　　　　　　B. 进度计划执行情况
    C. 施工工序安排情况　　　　　　　　D. 施工人员、机械设备进场情况

24. 在网络计划中,工作的自由时差与总时差的关系是(　　)。
    A. 自由时差小于总时差　　　　　　　B. 自由时差之和大于总时差
    C. 自由时差等于总时差　　　　　　　D. 自由时差总是小于或等于总时差

25. 比较实际进度与计划进度的 S 曲线,可以明显看出( )。
   A. 项目总的实际进度情况　　　　　B. 某一工作完成的工作量情况
   C. 某一工作实际进度情况　　　　　D. 导致进度拖延的某一具体工作

26. 当提高工程项目的功能和使用要求时,通常会引起( )。
   A. 费用增加、工期延长　　　　　　B. 费用增加、工期缩短
   C. 费用减少、工期延长　　　　　　D. 费用减少、工期缩短

27. 根据公路工程特点及施工管理的要求,公路工程施工组织的基本单元是( )。
   A. 分部工程　　B. 分项工程　　C. 工序　　D. 操作

28. 下列选项中,不属于流水作业参数的是( )。
   A. 空间参数　　B. 工艺参数　　C. 分段参数　　D. 时间参数

29. 下列选项中,属于流水作业工艺参数的是( )。
   A. 施工过程数和施工段数　　　　　B. 施工过程数和流水强度
   C. 流水步距和流水强度　　　　　　D. 流水节拍和流水强度

30. 能够反映施工工序在施工中机动时间进度计划的是( )。
   A. 横道图　　B. 斜条图　　C. S 曲线图　　D. 网络计划图

31. 某网络计划中有一项非关键工作,其总时差为 5 天,自由时差为 3 天。由于建设单位未及时提供施工场地,造成该工作延误 6 天,施工单位根据合同规定申请工程延期,监理工程师应批准的延期时间为( )天。
   A. 1　　B. 5　　C. 6　　D. 8

32. 如果某项工作拖延的时间超过其自由时差但没有超过其总时差,则( )。
   A. 会影响工程总工期　　　　　　　B. 其紧后工作不能按最早时间开工
   C. 该项工作会变成关键工作　　　　D. 会影响后续工作的时间及总工期

33. 在施工进度计划执行过程中,监理工程师检查时发现某工作已拖延几天,且已超过该工作的自由时差,则( )。
   A. 不影响其后续工作和总工期　　　B. 不影响其后续工作,但影响总工期
   C. 影响其后续工作和总工期　　　　D. 影响其后续工作,而且可能影响总工期

34. 网络计划工期优化的目标是( )。
   A. 确定最低成本的工期　　　　　　B. 确定最短工期
   C. 缩短关键线路　　　　　　　　　D. 确定满足目标工期的计划方案

35. 监理工程师在施工进度监理方面的主要工作内容可以概括为( )。
   A. 进度计划的编制、审批、检查与调整
   B. 进度计划的审查、批准、检查与监督、批准调整后的进度计划
   C. 进度计划的审查、批准、执行、检查与调整
   D. 进度计划的编制、审查、批准、执行、检查与调整

36. 由于非承包人的原因或责任发生的工期延误,当承包人已按合同规定提出延期申请,监理工程师( )。
   A. 必须批准工程延期　　　　　　　B. 拒绝承包人的延期申请
   C. 是否批准延期应根据情况判断　　D. 与发包人协商后决定是否批准延期

37. 进度监理的原则就是在确保工程质量和安全的基础上,以( )控制为主线进行。
    A. 质量   B. 安全   C. 计划   D. 费用

38. 在双代号网络计划中,如果其计划工期等于计算工期,且工作 $i-j$ 的完成节点 j 在关键线路上,则工作 $i-j$ 的自由时差( )。
    A. 等于零
    B. 小于零
    C. 小于其相应的总时差
    D. 等于其相应的总时差

39. 在网络计划中,工作的最迟完成时间即为其所有紧后工作( )。
    A. 最早开始时间的最大值
    B. 最早开始时间的最小值
    C. 最迟开始时间的最大值
    D. 最迟开始时间的最小值

40. 网络计划时间优化的基本方法是( )。
    A. 循环压缩工作时间法
    B. 循环优化法
    C. 备用库法
    D. 削峰填谷法

41. 编制与审批施工进度计划阶段的进度控制目标是( )。
    A. 确定编制进度计划的期限和内容
    B. 确定合理的计划工期
    C. 确定审批进度计划的时间与内容
    D. 制订预防进度偏差的措施

42. 采用工程进度曲线图进行施工进度控制时,若实际工程进度曲线处在计划进度曲线的上方(左侧),这说明( )。
    A. 实际进度比计划进度快
    B. 实际进度比计划进度滞后
    C. 实际进度与计划进度一致
    D. 无法判断实际进度与计划进度的偏差

43. 监理人应在收到承包人提交施工进度计划后的( )天之内,对施工进度计划予以批复或提出修改意见。
    A. 7   B. 14   C. 21   D. 28

44. 监理工程师审查施工进度计划的第一步是阅读文件、列出问题、进行调查了解,第二步是( )。
    A. 对有问题的部分进行分析,向承包人提出修改意见
    B. 提出问题,与承包人进行讨论或要求承包人澄清
    C. 提出问题,要求承包人重新编写
    D. 与建设单位协商,听取建设单位的意见

45. 监理工程师应在收到施工进度计划后的( )天之内,对施工进度计划予以批复或提出修改意见。
    A. 7   B. 14   C. 21   D. 28

46. 采用实际进度前锋线进行实际进度与计划进度的比较时,若工作实际进展位置点落在检查日期线的左侧,则表明该工作实际进度( )。
    A. 拖后   B. 超前   C. 与计划一致   D. 无法判断

47. 承包人应在知道或应当知道延期事件发生后( )天内,向监理人递交延期意向通知书,并说明发生延期事件的事由。
    A. 14   B. 21   C. 28   D. 35

48. 按合同条款规定,承包人应在发出延期意向通知书后( )天内,向监理人正式递交

延期通知书。
   A. 7　　　　　　B. 14　　　　　　C. 21　　　　　　D. 28
49. 在延期事件影响结束后的(　　)天内,承包人应向监理人递交最终的延期通知书。
   A. 14　　　　　B. 21　　　　　　C. 28　　　　　　D. 35
50. 监理人商定或确定了最终延期的天数,应在收到延期通知书或有关延期的进一步证明材料后的(　　)天内,将延期处理结果报发包人批准后答复承包人。
   A. 28　　　　　B. 35　　　　　　C. 42　　　　　　D. 49

二、多项选择题

1. 下列有关顺序作业法特点的表述中,正确的是(　　)。
   A. 不能充分利用工作面,工期长
   B. 如按专业成立施工队,则各专业施工队不能连续施工,有时间间歇,劳动力及施工机具等无法充分均衡利用,造成窝工现象,不利于提高劳动生产率
   C. 如果只由一个施工队完成所有施工任务,则不能实现专业化施工,不利于提供劳动生产率和工程质量,劳动力需用量波动性大
   D. 单位时间内需投入的劳动力、施工机械、材料等资源量比较少,有利于资源供应的组织工作
   E. 单位时间内需投入的劳动力、施工机械、材料等资源量比较多,有利于资源供应的组织工作

2. 下列有关平行作业法特点的表述中,正确的是(　　)。
   A. 充分利用了工作面进行施工,争取了施工时间,工期短
   B. 如按专业成立施工队,各专业施工队能连续施工
   C. 如果由一个施工队完成全部施工任务,则不能实现专业化施工
   D. 单位时间投入施工的资源量成倍地增加,不利于资源供应的组织
   E. 因施工队多,所以施工现场的组织管理工作复杂

3. 下列有关流水作业法特点的表述中,正确的是(　　)。
   A. 科学地利用工作面,争取了施工时间,工期最短
   B. 实现了专业化施工,有利于提高技术水平,工程质量有保证
   C. 专业队能够连续施工作业,同时能使相邻专业队之间最大限度地搭接
   D. 单位时间内投入施工的劳动力、施工机具、材料等资源量较为均衡
   E. 施工有节奏,便于施工现场的科学管理和组织

4. 公路工程施工过程的组织原则包括(　　)。
   A. 连续性原则　　B. 协调性原则　　C. 均衡性原则　　D. 经济性原则
   E. 环保性原则

5. 流水施工的主要参数可划分为三类,即(　　)。
   A. 工艺参数　　B. 空间参数　　C. 组织参数　　D. 时间参数
   E. 效率参数

6. 流水施工的工艺参数包括(　　)。

A. 施工过程　　　B. 流水步距　　　C. 流水强度　　　D. 工作面
E. 施工段数

7. 流水施工的空间参数包括(　　)。
A. 施工过程　　　B. 流水步距　　　C. 流水强度　　　D. 工作面
E. 施工段数

8. 流水施工的时间参数包括(　　)。
A. 施工过程　　　B. 流水步距　　　C. 流水节拍　　　D. 工作面
E. 施工段数

9. 流水步距的大小取决于(　　)。
A. 相邻两个施工过程在各个施工段上的流水节拍
B. 流水施工的组织方式
C. 参加流水的施工过程数
D. 流水施工的工期
E. 各个施工过程的流水强度

10. 流水施工可分为两大类,即(　　)。
A. 有节拍流水　B. 无节拍流水　C. 全等节拍流水　D. 成倍节拍流水
E. 分别流水

11. 网络计划中各工作间的逻辑关系可分为(　　)。
A. 工艺关系　　　B. 时间关系　　　C. 组织关系　　　D. 空间关系
E. 技术关系

12. 下列有关网络计划线路的表述中,正确的是(　　)。
A. 网络计划中的线路可分为关键线路和非关键线路
B. 网络计划中长度最长的线路称为关键线
C. 关键线路上的工作都是关键工作
D. 非关键线路上没有关键工作
E. 在网络计划中,关键线路有时不止一条

13. 下列有关双代号网络图绘制规则的表述中,正确的是(　　)。
A. 一张网络图中只允许有一个起始节点和一个终点节点
B. 一对(两个)节点之间只允许有一条箭线
C. 网络图中不允许出现双向箭头的箭线和无箭头的线段
D. 网络图中不允许在箭线上引入或引出箭线
E. 网络图中允许出现闭合回路(循环回路)

14. 在下列所述线路中,(　　)必为关键线路。
A. 双代号网络计划中没有虚箭线的线路
B. 时标网络计划中没有波形线的线路
C. 单代号网络计划中相邻两项工作之间时间间隔均为零的线路
D. 双代号网络计划中由关键节点组成的线路
E. 单代号网络计划中由关键工作组成的线路

15. 在网络计划中,关键工作是指( )的工作。
    A. 时标网络计划中无波形线
    B. 双代号网络计划中两端节点为关键节点
    C. 最早开始时间与最迟开始时间相差最小
    D. 最早完成时间与最迟完成时间相差最小
    E. 与紧后工作之间时间间隔为零

16. 保证总工期不被突破的措施包括( )。
    A. 采取技术措施,缩短工艺流程时间   B. 增加施工力量
    C. 增加施工时间   D. 开拓新的工作面

17. 进度控制中横道图是常用图之一,其优点主要有( )。
    A. 形象直观   B. 前后搭接关系明确
    C. 逻辑关系严谨   D. 制作方便快捷

18. 双、单代号网络图中的不同点有( )。
    A. 节点的意义不同   B. 箭线的意义不同
    C. 单代号网络图中有虚线   D. 双代号网络图中有交叉

19. 流水作业的时间参数有( )。
    A. 流水步距   B. 流水节拍   C. 搭接时距   D. 工作总时差

20. 对于双代号网络计划,有关虚工作(虚箭线表示的工作)的下列说法中,错误的是( )。
    A. 虚工作不消耗时间   B. 虚工作不在关键线路上
    C. 虚工作可在循环回路上   D. 虚工作不消耗资源

21. 确定双代号网络计划关键线路的方法主要有( )。
    A. 线路枚举法   B. 关键工作法   C. 关键节点法   D. 分析法

22. 在公路工程施工过程中,加快施工进度的组织措施包括( )。
    A. 采用先进的施工方法以减少施工过程的数量
    B. 增加工作面,组织更多的专业施工队
    C. 改善劳动条件和外部配套条件
    D. 增加劳动力和施工机械的数量
    E. 改进施工工艺并实施强有力的调度

23. 在计划工期等于计算工期的条件下,网络计划的关键工作是( )。
    A. 总时差为零的工作   B. 总时差等于局部时差的工作
    C. 时标网络图中没有波形线的工作   D. 双代号网络图中两端为关键节点的工作
    E. 最迟开始与最早开始时间相等的工作

24. 双代号网络计划中,某非关键工作持续时间延长2天,其他工作不变,总工期也不变,则该工作( )。
    A. 总时差减少2天   B. 总时差不变
    C. 最迟开始时间推后2天   D. 最迟结束时间推后2天
    E. 最迟开始时间提前2天

25. 施工进度滞后,监理工程师可建议承包人加快进度的措施有( )。
    A. 采取技术措施,缩短工艺流程   B. 增加设备和人员
    C. 改善劳动条件和福利   D. 开辟新的工作面
    E. 延长工作时间

26. 关于工作延误与工期延误的概念,正确的是( )。
    A. 工作延误必然导致工期延误   B. 工作延误不一定导致工期延误
    C. 产生工作延误一定是承包人的原因   D. 产生工作延误不一定是承包人的原因
    E. 工作延误与工期延误没有关系

27. 在双代号网络计划图中,节点编号为⑤→⑥工作的已知参数为 $t_{(5,6)}=5$, $ES_{(5,6)}=7$, $TF_{(5,6)}=4$,且该工作有多项平行工作和紧前、紧后工作。根据已知条件,可确定的时间参数有( )。
    A. $ET_5=7$ B. $LT_5=11$ C. $ET_6=12$ D. $LT_6=16$
    E. $LF_{(5,6)}=16$

28. 施工进度监理的工作流程包括( )等环节。
    A. 进度计划的编制   B. 进度计划的审批
    C. 进度计划的执行   D. 进度计划执行的检查
    E. 进度计划的调整

29. 施工组织的主要研究对象是( )。
    A. 时间问题   B. 空间问题   C. 资源问题   D. 经济问题
    E. 组织问题

30. 下列时间参数中,属于单代号网络计划时间参数的有( )。
    A. ES   B. ET   C. EF   D. LF
    E. LT

31. 双代号网络计划图引入虚箭线的作用是( )。
    A. 满足绘图规则的要求   B. 与单代号网络计划图相区别
    C. 表达工作间的逻辑关系   D. 表达不需要消耗时间的工作
    E. 表达不需要消耗资源的工作

32. 时标网络计划图中,实际进度前锋线的标定方法主要有( )。
    A. 按已完成的实际工程量标定   B. 按已用去的时间标定
    C. 按已计量支付的工程量标定   D. 按尚需时间标定
    E. 按累计完成的工程量标定

33. 由于承包人原因造成的工期延误,承包人不能获得工程延期。这时,进度计划的调整就是在原计划工期的基础上压缩工期。压缩工期的主要方法包括( )。
    A. 合同双方协商确定新的工期   B. 重新编制新的进度计划
    C. 改变原计划中关键工作间的逻辑关系   D. 取消部分工作
    E. 压缩原计划中关键工作的持续时间

34. 为了减少或避免工程延误事件的发生,监理人员应做好的工作包括( )。
    A. 妥善处理工程延期事件   B. 及时支付工程进度款

C. 及时提供施工场地　　　　　　D. 及时下达工程开工令
E. 提醒发包人履行合同义务

35. 在网络计划图中,关键线路是指(　　)。
   A. 双代号网络计划图中没有虚箭线的线路
   B. 时标网络计划图中没有波形线的线路
   C. 双代号网络计划图中由关键节点组成的线路
   D. 双代号网络计划图中总持续时间最长的线路
   E. 单代号网络计划图中相邻两项工作之间间隔为零的线路

36. 下列有关网络计划的表述中,正确的是(　　)。
   A. 关键线路只能有一条
   B. 关键线路上的工作是可以被压缩的
   C. 当所有工期延误值均小于零时,说明工期提前
   D. 当某项工作的 EF = LF 时,说明该工作处于关键线路上
   E. 非关键工作延长不能导致关键线路的改变

37. 下列有关单代号网络计划的表述中,正确的是(　　)。
   A. 单代号网络计划中也有虚箭线
   B. 单代号网络计划不能表达成时标网络计划
   C. 单代号网络计划中只有工作时间参数,而无节点时间参数
   D. 单代号网络计划的绘制规则、时间参数计算方法等与双代号网络计划基本相同
   E. 单代号网络图与双代号网络图的本质区别是箭线和节点所表示的含义相反

38. 网络计划时间参数可分为两大类,即(　　)。
   A. 控制性时间参数　　　　　　B. 协调性时间参数
   C. 工作性时间参数　　　　　　D. 工艺性时间参数
   E. 组织性时间参数

39. 下列有关双代号网络计划关键节点与关键线路关系的表述中,正确的是(　　)。
   A. 关键线路上的节点称为关键节点
   B. 关键工作两端的节点必为关键节点
   C. 两端为关键节点的工作不一定是关键工作
   D. 关键节点的最迟时间与最早时间的差值最小
   E. 由关键节点组成的线路一定是关键线路

40. 根据网络计划优化目标的不同,网络计划的优化包括(　　)。
   A. 工期优化　　　B. 工期-成本优化　　　C. 资源优化　　　D. 质量优化
   E. 费用优化

41. 下列有关工期与费用关系的表述中,正确的是(　　)。
   A. 施工方案一定,工期不同,直接费也不同
   B. 直接费会随工期的缩短而增加
   C. 间接费一般会随着工期的缩短而减少
   D. 直接费和间接费一般都会随着工期的缩短而减少

42. 网络计划的资源优化通常有两种不同情况,即( )。
    A. 工期一定,资源均衡　　　　　　B. 工期一定,资源消耗最少
    C. 资源有限,工期最短　　　　　　D. 资源有限,质量最佳
    E. 资源一定,工期最短

43. 网络计划工期优化中,缩短工期的途径与措施包括( )。
    A. 调整施工组织　　　　　　　　　B. 压缩关键工作的持续时间
    C. 相应延长非关键工作的持续时间　D. 从计划外增加资源量
    E. 压缩合同工期

44. 网络计划工期优化时,选择压缩对象时应考虑的因素包括( )。
    A. 压缩持续时间对质量和安全影响不大的关键工作
    B. 压缩有充足备用资源的关键工作的持续时间
    C. 压缩持续时间所需增加费用最少的关键工作
    D. 压缩持续时间最大的关键工作
    E. 压缩消耗资源量最少的关键工作

45. 工程施工进度监理的依据包括( )。
    A. 有关法律法规、技术标准及规范　B. 施工合同和监理合同
    C. 工程设计文件　　　　　　　　　D. 合同进度计划
    E. 建设单位的要求

46. 施工进度监理的作用主要表现在( )。
    A. 通过审查施工进度计划及控制实际进度偏差,从而完善施工进度计划管理
    B. 除充分考虑时间控制问题外,还应使施工资源得到最有效、合理、经济的配置与利用
    C. 采取各种有效手段,实现各个阶段的进度目标,确保工程总工期目标的实现
    D. 合理控制工期、质量、安全、环保和费用,使项目管理达到综合优化
    E. 采取各种有效手段,努力缩短工期,使工程尽可能在最短时间内完成

47. 下列有关施工进度监理任务的表述中,正确的是( )。
    A. 编制施工进度计划　　　　　　　B. 检查施工进度计划的实施
    C. 及时控制与纠正进度偏差　　　　D. 指示承包人及时调整施工进度计划
    E. 预防并公平的处理工程延期

48. 施工进度监理的基本方法主要包括( )。
    A. 横道图法　　B. 工程进度曲线法　C. 垂直图法　　D. 网络计划图法
    E. 控制图法

49. 下列有关横道图特点的表述中,正确的是( )。
    A. 简单明了,形象直观,易读易懂,制作方便快捷
    B. 工作间的前后衔接关系明确,且便于检查和计算资源用量
    C. 工程的分布情况和施工日期清晰可见
    D. 工作间的逻辑关系不易反映,无法反映工作的机动时间和关键工作
    E. 不能实现定量分析,无法进行方案的比较与优化

50. 下列有关工程进度曲线图特点的表述中,正确的是( )。

A. 工程进度曲线图能反映项目总体进度情况,也可反映进度与投资的关系
B. 便于实际进度与计划进度的比较,能准确判断实际进度偏差
C. 既可用于进度控制,又可用于费用控制
D. 根据工程进度曲线的形状可以判断承包人编制的施工进度计划是否合理
E. 工程进度曲线图能反映出工程实施中各项工作间的逻辑关系

51. 下列有关网络计划特点的表述中,正确的是( )。
   A. 工作间的逻辑关系明确,能反映各工作的机动时间
   B. 能找到关键工作和非关键工作及关键线路
   C. 可以用计算机绘图和定量分析
   D. 可以进行方案的比较和优化
   E. 只可以用于控制工程进度,不能用于控制工程费用

52. 施工进度控制应采取的措施包括( )。
   A. 组织措施   B. 技术措施   C. 经济措施   D. 合同措施
   E. 资源保障措施

53. 调整施工进度计划,压缩关键工作持续时间应采取的措施主要包括( )。
   A. 组织措施   B. 技术措施   C. 经济措施   D. 其他配套措施
   E. 合同措施

54. 施工进度计划编制的原则包括( )。
   A. 贯彻合同条件及技术规范   B. 真实、可靠并符合实际
   C. 反映施工组织及施工方法   D. 预料可能的施工障碍及变化
   E. 简单明了,便于实施与操作

55. 下列文件资料属于编制施工进度计划依据的有( )。
   A. 施工合同中规定的合同工期、开工日期及交工日期
   B. 投标书中确认的工程进度计划及施工方案
   C. 主要材料和设备的采购合同及供应计划
   D. 工程现场的水文、地质、特殊环境及气候条件
   E. 建设单位对工程施工进度的要求

56. 下列选项中,属于总体施工进度计划内容的有( )。
   A. 工程项目的合同工期
   B. 不同季节及气温条件下各项工程的时间安排
   C. 完成各单位工程及各施工阶段所需要的工期
   D. 各单位工程及各施工阶段需要完成的工程量及现金流动估算
   E. 各单位工程及各施工阶段所需要配备的人力和机械数量

57. 下列有关施工进度计划编制的表述中,符合有关规定的是( )。
   A. 施工进度计划可采用横道图、垂直图、工程进度曲线图和网路计划等形式
   B. 进度计划应有文字说明、进度图表(工期图表)、资源供应和保证措施等
   C. 总体进度计划应按照关键线路网络图和主要工作横道图两种形式分别编制,并应包括每月预计完成的工程量和形象进度

D. 总体进度计划和月进度计划中应绘制资金流量 S 曲线图。

E. 年度、月(季)进度计划应采用网络图和垂直图两种形式分别编制

58. 下列文件与资料中,属于施工进度计划审批依据的是(   )。

   A. 施工合同文件　　　　　　　　　B. 主要工程的工艺周期、工期定额

   C. 主要材料及构配件供应期限　　　D. 监理计划、监理细则

   E. 气候环境条件、征地拆迁计划

59. 下列选项中,属于监理机构审查施工进度计划应包括的内容的有(   )。

   A. 是否符合施工合同工期管理约定,阶段性施工进度计划是否满足总体进度目标控制要求

   B. 主要工程项目是否有遗漏,劳动力、材料、机械设备等是否满足进度需要

   C. 是否适合建设单位提供的资金、施工场地等条件

   D. 施工顺序的安排是否符合施工工艺要求

   E. 是否满足建设单位对工程施工进度计划安排的要求

60. 下列选项中,属于每日进度检查记录内容的是(   )。

   A. 监理人员对施工现场巡视检查的情况

   B. 实际参加施工的人力、机械数量及生产效率

   C. 施工停滞的人力、机械数量及其原因

   D. 承包人的主要技术及管理人员到达现场的情况

   E. 当日发生的影响工程进度的特殊事件及原因

61. 下列选项中,属于工程进度(统计)表内容的是(   )。

   A. 工程进度累计曲线和完成投资额的进度累计曲线

   B. 关键线路(或主要工程项目)施工活动及进展情况的工程图片

   C. 监理人员对施工进度计划执行情况的检查与评价

   D. 承包人的现金流动、工程变更、价格调整、索赔、工程支付等情况

   E. 影响工程进度或造成延误的其他特殊事项、因素及解决措施

62. 施工进度的检查方法主要包括(   )。

   A. 横道图检查法　　B. S 曲线检查法　　C. 前锋线检查法　　D. 直方图检查法

   E. 斜条图检查法

63. 施工过程中,造成调整进度计划的原因主要包括(   )。

   A. 工程延期　　　B. 工期延误　　　C. 监理人的要求　　D. 承包人的申请

   E. 发包人的要求

64. 施工进度计划调整的方法主要包括(   )。

   A. 改变原计划中关键工作之间的逻辑关系

   B. 压缩关键工作的持续时间

   C. 重新分析计算、安排各项工作的持续时间

   D. 拒绝承包人的所有延期要求

   E. 建议发包人调整施工合同工期

65. 施工过程中,调整施工进度计划应采取的措施包括(   )。

A.组织措施　　　B.合同措施　　　C.技术措施　　　D.经济措施
E.其他配套措施

66.下列选项中,属于调整进度计划的组织措施的是(　　)。
A.增加关键工作的资源投入
B.对所采取的技术措施给予相应经济补偿
C.增加每天的施工时间
D.改进施工工艺和技术,缩短工艺技术间歇时间
E.增加工作面,组织更多的施工队伍

67.下列选项中,属于调整进度计划的技术措施的是(　　)。
A.采用先进的施工机械
B.改善外部配套条件
C.采用更先进的施工方法以缩短施工过程的时间
D.用物质刺激和精神刺激的方法提高效率
E.改进施工工艺和技术,缩短工艺技术间歇时间

68.监理人受理承包人工程延期申请的条件包括(　　)。
A.由于非承包人的原因或责任造成工期延误,工程不能按原定工期完工
B.承包人已在合同规定的期限内向监理人提交了延期意向通知书
C.承包人已在合同规定的期限内向监理人提交正式的延期通知书
D.承包人按合同规定向监理人提交了有关延期的记录和证明材料,并根据监理人要求随时提供有关证据材料
E.监理人已与发包人协商,发包人同意承包人的要求要求

69.监理工程师批准工程延期的条件包括(　　)。
A.延期事件确实发生,且已造成了工期延误
B.延期事件发生在工期网络计划图的关键线路上
C.工程延期的提出符合合同规定
D.延期天数的计算正确,证据资料详细真实
E.发包人与承包人已就延期达成一致

70.监理人在收到承包人提交的工程延期申请后,应对延期申请进行审查与评估。审查与评估的内容包括(　　)。
A.承包人提交的申请资料及证据资料必须真实、齐全,能满足评审的需要
B.申请延期的合同依据必须准确
C.申请延期的理由必须正确与充分
D.申请延期天数的计算原则与方法应恰当合理
E.承包人是否与发包人进行了沟通,发包人是否同意延期

71.监理人审批工程延期应遵循的原则包括(　　)。
A.恪守合同原则　　　　　　　B.必要性原则
C.实事求是原则　　　　　　　D.公平合理原则
E.协商一致原则

习题答案及解析

一、单项选择题

1. D

【解析】公路施工组织方法(作业方式)很多,其基本方法可归纳为以下三种:顺序作业法、平行作业法和流水作业法。

2. C

【解析】由所给表格所给流水参数可判断该流水为全等节拍流水,施工段数 $m=5$,施工过程数 $n=3$,流水节拍 $t_i=2$,则由全等节拍流水施工工期计算公式可计算得出结果:$T=(m+n-1)\times t_i=14(d)$。全等节拍流水有的人也称之为稳定流水、固定节拍流水、等节奏流水等。它是一种最理想的流水施工方式。

3. C

【解析】首先由所给表格判断该流水为成倍节拍流水,其中施工段数 $m=6$,施工过程数 $n=4$,流水节拍 $t_A=2, t_B=4, t_C=6, t_D=2$,则公共流水步距为 t_A, t_B, t_C, t_D 的最大公约数,即 $K=2$;每个施工过程成立的专业施工队的数目,根据 $b_i=t_i/k$ 可计算出 $b_A=1, b_B=2, b_C=3, b_D=1$,专业施工队总数目 $n'=1+2+3+1=7$,则流水工期 $T=(m+n'-1)\times K=24(d)$。

4. B

【解析】首先由所给表格判断该流水为分别流水,其中施工段数 $m=5$,施工过程数 $n=4$,流水节拍 $t_A=2, t_B=3, t_C=3, t_D=1$,则 $K_{AB}=2, K_{BC}=3, K_{CD}=m(t_C-t_D)+t_D=11$,根据流水工期计算公式计算 $T=(2+3+11)+5\times1=21(d)$。

5. C

【解析】由首先由所给表格判断该流水为无节拍流水,其中施工段数 $m=4$,施工过程数 $n=3$,流水节拍 $t_A=2,3,3,2, t_B=2,2,3,3, t_C=3,3,3,2$,根据累加数列错位相减取大差法分别计算相邻施工过程间的流水距 $K_{AB}=4, K_{BC}=2$,根据工期计算公式即可计算出无节拍流水工期 $T=(K_{AB}+K_{BC})+(3+3+3+2)=17(d)$。

6. D

【解析】流水施工的表达方式通常有流水施工的网络图、流水施工的横道图和流水施工的垂直图三种方式。

7. D

【解析】公路工程施工计划管理具有三个基本特点:①计划的被动性;②计划的多变性;③计划的不均衡性。并非所有项目施工计划管理都复杂,一些等级低、规模小的项目施工计划管理并不复杂。

8. C

【解析】影响进度控制的因素很多,例如,人员、计划、技术、资金、措施等,但人员是最重要的影响因素,因为计划、技术、方案、措施等都需要人去执行、去落实、去完成,人的因素渗透在其他因素中发挥着作用,否则一切皆会落空。

9. B

【解析】根据网络计划时间参数的原理可知,网络计划终点节点的最早时间就是该计划的计算工期,而终点节点的最早时间就是该网络计划所有结束工作最早完成时间的最大值。

10. A

【解析】工程施工不仅只涉及施工单位,而且还涉及其他许多单位,如材料设备供应单位、分包单位、建设单位、监理单位、设计单位等,需要协调这些单位积极地与施工单位协作配合,工程项目施工才能正常进行,否则将导致项目施工无法正常地进行,直接受影响的就是工程进度。因此,组织协调对进度控制最为突出且最为直接。

11. B

【解析】成倍节拍流水为等步距流水,其步距水为各施工过程流水节拍4、2、6的最大公约数,即 $k=2$。用 $b_i=t_i/k$ 计算出各施工过程需成立的专业队数分别为2、1、3,则该工程流水施工应成立专业队总数目 n' 为 $n'=2+1+3=6$,那么该流水施工总工期为: $T=(m+n'-1)\cdot k=(5+6-1)\times 2=20$。

12. D

【解析】S曲线图横坐标表示时间,纵坐标表示某时间完成的任务量(如工程量等)。因此,当实际进度点位于计划S曲线右侧时,该点与计划S曲线的垂直距离表示拖欠的任务量,水平距离表示的延误的时间。

13. C

【解析】为加快施工进度,采取的组织措施主要包括:①增加工作面,组织更多的施工队伍;②增加每天的施工时间;③增加劳动力,增加机械数量;④建立工程进度报告制度和检查分析制度等。

14. C

【解析】横道图的优点包括:形象直观,制作方便快捷,工作间搭接关系明确,能明确表示出各项工作的划分、工作的开始时间和完成时间、工作的持续时间,以及整个工程的开工时间、完工时间和总工期。其缺点是:不能明确反映各项工作之间错综复杂的相互关系,不能反映影响工期的关键工作,不能反映工作所具有的机动时间等。

15. B

【解析】在网络时间参数计算中,只有该工作的持续时间与该工作最早开始时间的计算无关,而与总时差、总工期或该工作最迟开始时间有关。

16. B

【解析】在网络计划时间参数计算中,只有本工作的总时差才能用本工作的时间参数计算,其他时差,包括本工作自由时差,要用紧后工作时间参数才能算出。

17. D

【解析】局部时差的计算按其定义,为所有紧后工作最早开始时间的最小值减本工作最早结束时间。紧后工作最早开始时间减本工作最早结束时间即为本工作与紧后工作的时间间隔,其最小的时间间隔就是紧后工作最早开始时间的最小值与本工作最早结束时间之差,也就是本工作的局部时差。

18. A

【解析】只有在M、N互为紧前紧后工作,中间无其他工作条件下,N的最早开始时间,才等于M的最早结束时间。这样,M提前一天结束,N就提前一天开始。根据题意,其他工作不变,则总工期不变,N工作最迟开始时间不变,根据总时差的计算方法,N可增加一天总时差。

19. D

【解析】所谓工作的最迟完成时间,就是在不影响总工期的前提下,也就是在不影响其所有紧后工作最迟开始的前提下,本工作最迟必须完成的时刻。

20. D

【解析】在时标网络计划中,以实箭线表示工作,实箭线的水平投影长度表示该工作的持续时间;以虚箭线表示虚工作,由于虚工作的持续时间为零,故虚箭线只能垂直画;以波形线表示工作与其紧后工作之间的时间间隔(以终点节点为完成节点的工作除外,当计划工期等于计算工期时,这些工作箭线中波形线的水平投影长度表示其自由时差)。

21. B

【解析】局部时差最小,不能说明该工作必为关键工作;时间间隔不是对工作而言,它是指相邻两项工作之间的时间间隔;根据持续时间不能判定关键工作;只有总时差最小的工作才为关键工作。

22. B

【解析】工程进度曲线既可表示工期与工程量的关系,又可表示工期与费用(投资)的关系。因此,工程进度曲线既可以用于进度控制,又可以用于费用控制。

23. B

【解析】进度计划既是承包人组织施工的依据,也是监理工程师控制进度的依据。进度控制情况如何,关键看进度计划执行情况如何。因此,进度控制的主要任务之一就是对进度计划执行情况进行监督检查。

24. D

【解析】自由时差是总时差的组成部分,因此自由时差总是小于或等于总时差。

25. A

【解析】S曲线反映的是项目总工期与所完成工作量或投资额的关系,它并不涉及某一具体工作。

26. A

【解析】提高工程项目的功能和使用要求的实质就是提高工程质量,而工程质量的提高将会导致费用增加、工期延长。

27. C

【解析】从施工工艺流程看,工序在工作地点、施工工具和材料等方面不发生变化时是相对稳定的。如果上述因素中某个因素改变,就意味着从一道工序转入另一道工序。因此施工组织往往以工序为最基本对象。

28. C

【解析】流水作业参数主要有三类:工艺参数、时间参数和空间参数。

第三章 公路工程进度目标控制

29. B

【解析】①空间参数主要有施工段(数)和工作面;②工艺参数主要有施工过程数和流水强度;③时间参数主要有流水节拍、流水步距、流水开展期以及流水施工工期等。

30. D

【解析】横道图、斜条图和曲线图都无法反映施工中各工作之间的逻辑关系及其机动时间。

31. A

【解析】若工作延误的时间超过其总时差,则两者之差即为应批准的延期时间。

32. B

【解析】自由时差是指在不影响其紧后工作的最早开始时间的条件下,本工作所拥有的机动时间。因此,某项工作拖延的时间超过其自由时差但没有超过总时差,只会影响其紧后工作的最早开始时间,对后续工作开始时间也会产生影响,但对总工期没有影响,当然该工作也不会变成关键工作。

33. D

【解析】某项工作拖延的时间超过其自由时差,只会影响其紧后工作的最早开始时间,进而对后续工作开始时间也会产生影响。但对总工期有无影响,关键要看该工作延误时间是否超过总时差。

34. D

【解析】网络计优化实际是就是对计划方案的优化,是要确保优化后的方案满足工程目标的要求。

35. B

【解析】进度监理方面的主要工作内容可以概括为:审查批准进度计划,检查监督进度计划执行情况,控制进度偏差或指令承包人调整进度计划,批准调整后的进度计划。

36. C

【解析】监理工程师批准延期的条件包括:①该延误发生在关键线路上;②承包人按合同约定的程序申请延期;③延误的发生不是承包人的原因或责任;④延期时间计算正确,有关证据资料真实齐全。

37. C

【解析】计划主要是指计划目标。目标是控制的依据和标准,没有目标就无法控制。控制其实质就是目标控制。因此,进度监理应在确保工程质量和安全的基础上,以计划控制为主线进行。

38. D

【解析】由于工作 i-j 的完成节点 j 在关键线路上,说明节点 j 为关键节点,即工作 i-j 的紧后工作中必有关键工作,此时工作 i-j 的自由时差就等于总时差。

39. D

【解析】所谓工作的最迟完成时间,就是在不影响总工期的前提下,也即是在不影响其所有紧后工作最迟开始的前提下,本工作最迟必须结束的时刻。

40. B

【解析】网络计划时间优化的基本方法是"循环优化法"。通常采用"循环压缩工作时间法"来进行网络计划的时间-费用的优化(工期与成本的优化)。削峰填谷法、备用库法则是资源优化的方法。

41. B

【解析】编制施工进度计划阶段,进度控制的目标是确定一个合理的计划工期。合理的工期应作为施工进度控制的预期目标,并以此为依据进行施工进度控制。

42. A

【解析】在施工进度控制时,将反映工程施工实际进度的数据,绘制在计划进度 S 曲线的坐标中,就得到了实际进度 S 曲线,这样便可进行实际进度与计划进度的比较。当实际进度曲线与计划进度曲线重合,则说明实际进度与计划进度一致;如果实际进度曲线在计划进度曲线的上方(左侧),则说明实际进度提前,即实际进度比计划进度快;如果实际进度曲线在计划进度曲线的下方(右侧),则说明实际进度滞后,即实际进度比计划进度慢。根据比较结果,监理人员即可进行进度控制。

43. B

【解析】公路工程专用合同条款规定:监理人应在收到承包人提交施工进度计划后的 14 天之内对施工进度计划予以批复或提出修改意见。否则该进度计划视为已得到批准。经监理人批准的施工进度计划称为合同进度计划,是控制合同工程进度的依据。承包人还应根据合同进度计划,编制更为详细的分阶段或分项进度计划,报监理人审批。

44. B

【解析】进度计划的审查程序(或步骤):①阅读文件、列出问题、进行调查了解;②提出问题,与承包人进行讨论或澄清;③对有问题的部分进行分析,向承包人提出修改意见;④审查批准承包人修改后的进度计划。

45. B

【解析】合同条款规定,监理工程师应对承包人提交的各项进度计划进行审查,并在 14 天之内对承包人施工进度计划予以批复或提出修改意见。否则该进度计划视为已得到批准。

46. A

【解析】通过实际进度前锋线与网络计划中工作的箭线交点的位置(日期)来判断实际进度与计划进度的偏差:①若工作实际进展位置点落在检查日期线的左侧,表明该工作实际进度拖后,拖后的时间为两者之差;②若工作实际进展位置点落在检查日期线的右侧,表明该工作实际进度超前,超前的时间为两者之差;③若工作实际进展位置点与检查日期线重合,表明该工作实际进度与计划进度一致。通过实际进度与计划进度的比较确定进度偏差后,还可以根据工作的自由时差和总时差预测该进度偏差对后续工作及项目总工期的影响。

47. C

【解析】合同条款规定,承包人应在知道或应当知道延期事件发生后 28 天内,向监理人递交延期意向通知书,并说明发生延期事件的事由。承包人未在上述 28 天内发出延期意向通知书的,丧失要求延长工期的权利。

48. D

【解析】合同条款规定,承包人应在发出延期意向通知书后28天内,向监理人正式递交延期通知书(延期申请报告)。延期通知书应详细说明延期理由以及要求延长的工期,并附必要的记录和证明材料。

49. C

【解析】合同条款规定,在延期事件影响结束后的28天内,承包人应向监理人递交最终的延期通知书,说明最终要求延长的工期,并附必要的记录和证明材料。

50. C

【解析】合同条款规定,监理人商定或确定了最终延期的天数,应在收到延期通知书或有关延期的进一步证明材料后的42天内,并将延期处理结果报发包人批准后答复承包人。承包人接受延期处理结果的,发包人应在作出延期处理结果答复后28天内完成赔付。承包人不接受延期处理结果的,按合同中有关争议解决方式条款处理。

二、多项选择题

1. ABCD

【解析】①由于始终只有一个施工队在进行施工作业,因此单位时间内需投入的劳动力、施工机械、材料等资源量比较少,有利于资源供应的组织工作;施工现场的组织、管理比较简单。②如按专业成立施工队,则各专业施工队不能连续施工,有时间间歇,劳动力及施工机具等无法充分均衡利用,造成窝工现象,不利于提高劳动生产率。③如果只由一个施工队完成所有施工任务,则不能实现专业化施工,不利于提供劳动生产率和工程质量,劳动力需用量波动性大。

2. ACDE

【解析】采用平行作业法,如按专业成立施工队,各专业施工队不能连续施工,劳动力及施工机具等不能充分均衡利用;如果由一个施工队完成一个施工对象的全部施工任务,则不能实现专业化施工,不利于提高劳动生产率。

3. BCDE

【解析】流水作业法能够科学地利用工作面,争取了施工时间,工期比较合理。相较而言,对于同一个工程项目的施工,顺序作业法工期最长,平行作业法工期最短,流水作业法工期则介于前两者之间。

4. ABCD

【解析】工程施工过程的基本组织原则有四个,包括:①连续性原则;②协调性原则(比例性原则);③均衡性原则(节奏性原则);④经济性原则。上述四个方面在合理组织施工过程中是相互制约、互为条件的,在进行施工组织时,必须保证全面符合这四个方面的要求,不可有所偏废。

5. ABD

【解析】流水施工(作业)必须准确表达各个施工过程在工艺流程、空间布置和时间安排等方面的开展状态和相互关系。用以反映这些状态和关系的参数称为流水作业参数,简称流水参数,按参数性质不同,可以分为工艺参数、空间参数和时间参数三种类型。

6. AC

【解析】工艺参数,是指在组织流水作业时,用以表达流水作业施工工艺展开顺序及特征的参数。工艺参数主要有施工过程和流水强度(流水能力)两个参数。

7. DE

【解析】空间参数,是指在组织流水作业时,用以表达流水施工在空间布置上展开状态的参数。通常包括工作面和施工段数。

8. BC

【解析】时间参数,是指表达流水作业在时间安排上所处状态的参数。时间参数主要包括流水节拍、流水步距、流水展开期和流水施工工期等。

9. AB

【解析】流水步距的大小取决于相邻两个施工过程在各个施工段上的流水节拍及流水作业的组织方式。流水步距的个数取决于参加流水施工的施工过程数,流水施工的工期及各个施工过程的流水强度均与流水步距无关。

10. AB

【解析】流水施工可分为有节拍流水施工和无节拍流水施工两大类。其中有节拍流水又可分为全等节拍流水和不等节拍流水,而不等节拍流水又可分为成倍节拍流水和分别流水。

11. AC

【解析】工作间的逻辑关系,是指工作进行时客观上存在的一种先后次序关系。网络图中工作间的逻辑关系可分为两种类型:①工艺(逻辑)关系:由施工工艺或工作程序确定的工作之间前后顺序的关系,其顺序一般不能改变;②组织(逻辑)关系:由施工组织确定的工作之间前后顺序的关系,其顺序可以改变。

12. ABDE

【解析】网络图中除关键线路以外的其他线路即为非关键线路。非关键线路上有时差的工作称为非关键工作。一条非关键线路上既有非关键工作,也有关键工作。

13. ABCD

【解析】网络图中不允许出现闭合回路(循环回路),否则会造成工作逻辑关系混乱,使工作无法按顺序进行。

14. BC

【解析】在双代号网络计划中,关键线路上可能有虚箭线存在,且由关键节点组成的线路不一定是关键线路。在单代号网络计划中,由关键工作组成的线路不一定是关键线路,只有当该线路上相邻两工作之间的时间间隔均为零时才能成为关键线路。

15. CD

【解析】在时标网络计划中,自始至终不出现波形线的线路为关键线路。在单代号网络计划中,时间间隔均为零的线路为关键线路;在双代号网络计划中,两端为关键节点的工作不一定是关键工作。工作最早开始时间(最早完成时间)与最迟开始时间(最早完成时间)的差值最小,说明该工作的总时差最小,总时差最小的工作必为关键工作。

16. ABCD

【解析】进度控制的措施包括组织措施、技术措施、经济措施、合同措施等。选项A是技术措施,BCD 是组织措施。

17. ABD

【解析】横道图的主要缺点是不能明确反映各项工作之间的相互关系,不能反映关键工作,因此,选项 C 不是横道图的优点。

18. AB

【解析】单代号网络图与双代号网络图的本质区别在于网络图中的箭线和节点所表示的意义相反。

19. AB

【解析】流水作业的时间参数主要包括:流水节拍、流水步距、流水展开期、流水施工工期等。

20. BC

【解析】虚工作表示的是既不需要消耗资源,也不需要消耗时间的工作,因此选项 AD 不符合题意。网络图中不允许出现循环回答。只要在网络图上,都有可能在关键线路上,所以 BC 符合题意。

21. ABC

【解析】确定双代号网络图关键线路的方法主要有线路枚举法、关键工作法及关键节点法。分析法是计算网络计划时间参数的方法。

22. BD

【解析】压缩关键线路的长度,加快施工进度的措施包括组织措施、技术措施、经济措施和其他配套措施。选项 A 是技术措施,B 是组织措施,C 是其他配套措施,D 是组织措施,E 是技术措施和其他配套措施相结合。

23. AE

【解析】在计划工期等于计算工期的条件下,关键工作就是总时差为零的工作,据此就可以判断 A 为正确答案。B 显然不正确,因为它不能表明总时差为零。E 表明该工作的总时差为零,是关键工作。双代号网络图中两端为关键节点的工作不一定为关键工作,还要满足条件:箭尾节点时间+本工作持续时间=箭头节点时间,因此 C 错误。时标网络图中工作后面没有波形线,只能说明该工作没有局部时差,不能说明无总时差,因此 D 不正确。

24. AE

【解析】工作最早开始时间只与其紧前工作有关,与本工作持续时间无关,F 错误。由于总工期不变,则 CD 不正确。该工程最迟结束时间不变,而最早结束时间和工作持续时间延长 2 天,所以总时差减少 2 天,最迟开始时间数值减少 2 天,即提前 2 天,因此 AE 正确。

25. ABDE

【解析】调整进度计划或加快施工进度所采取的措施主要包括组织措施、技术措施、经济措施和其他配套措施。选项 A 为技术措施,BDE 为组织措施。监理工程师的建议应主要从组织、技术的角度出发,要求或建议承包人采取有关措施。

26. BD

【解析】工作延误是否会导致工期延误,这要看该工作是否在关键线路上,是否属于关键工作。若属于关键工作,则工作延误就必然导致工期延误,否则不会,因此 A 不正确,B 正确。显然 E 也是不正确的,因为工作延误与工期延误可能有关系。产生工作延误的原因很多,不一定都是承包人的原因,因此 C 不正确,D 正确。

27. ADE

【解析】①$ES_{(5,6)} = ET_5 = 7$;②$EF_{(5,6)} = ES_{(5,6)} + t_{(5,6)} = 7 + 5 = 12$,$TF_{(5,6)} = LF_{(5,6)} - EF_{(5,6)} = LF_{(5,6)} - 12 = 4$,则 $LF_{(5,6)} = 16$;③$LF_{(5,6)} = LT_6 = 16$;而 LT_5、ET_6 由于该工作有多项未知的平行工作和紧前、紧后工作无法计算。

28. BD

【解析】进度监理的流程为:进度计划的审批→进度计划执行的检查→进度偏差的控制→进度计划调整的批准。

29. ABCD

【解析】施工组织研究的对象包括:①时间问题,如进度计划的编审;②空间问题,如组织管理机构及场地布置;③资源问题,如劳动力、材料、机具等的供应;④经济问题,如工程费用、施工成本控制及费用合理利用等。

30. ACD

【解析】单代号网络计划时间参数中只有工作时间参数而没有节点时间参数。

31. AC

【解析】虚箭线在网络计划中的主要作用包括:①表达前后工作间的逻辑关系(连接、断开、区分等);②满足绘图规则的要求。

32. AD

【解析】实际进度前锋线的标定方法主要有两种:①按已完成的实际工程量标定;②按尚需时间标定。

33. CE

【解析】调整进度计划或压缩工期的主要方法包括:①改变原计划中关键工作间的逻辑关系;②压缩原计划中关键工作的持续时间。

34. ADE

【解析】及时提供施工场地、及时支付工程进度款是发包人的主要责任与义务。

35. BDE

【解析】双代号网络计划中关键线路上可以有虚箭线;双代号网络计划中由关键节点组成的线路不一定是关键线路,还要满足"箭尾节点时间 + 工作持续时间 = 箭头节点时间"这一条件,才组成关键线路;单代号网络计划中相邻两项工作之间间隔为零的工作组成的线路就是关键线路。

36. BCD

【解析】一个网络计划中关键线路可能不止一条,但至少有一条;非关键工作延长如果超过其总时差,将导致关键线路的改变;关键工作是可以被压缩的,否则将无法进行网络计划的工期优化。

37. BCDE

【解析】单代号网络计划中箭线表示工作间的逻辑关系,而工作间的逻辑关系是不能用箭线表示的。因此,单代号网络计划中没有虚箭线。

第三章 公路工程进度目标控制

38. AB

【解析】网络计划时间参数可分为两大类：控制性时间参数、协调性时间参数。其中，控制性时间参数包括节点时间参数、工作时间参数；协调性时间参数包括自由时差、总时差等。

39. ABCD

【解析】关键节点必然处在关键线路上，但由关键节点组成的线路不一定是关键线路。当利用关键节点判别关键线路和关键工作时，还要满足下列判别式：$ET_i + t_{ij} = ET_j$ 或 $LT_i + t_{ij} = LT_j$。如果两个关键节点之间的工作符合上述判别式，则该工作必然为关键工作，它应该在关键线路上。否则，该工作就不是关键工作，关键线路也就不会从此处通过。

40. ABC

【解析】根据网络计划优化目标的不同，网络计划的优化可分为工期优化（时间优化）、工期-成本优化（时间-费用优化或费用优化）和资源优化三种。

41. ABCD

【解析】工程总费用通常由直接费和间接费组成。直接费由人工费、材料费、施工机械使用费、措施费及现场经费等组成。间接费包括企业经营管理的全部费用。施工方案不同，直接费也不同。如果施工方案一定，工期不同，直接费也不同。直接费会随工期的缩短而增加。间接费一般会随着工期的缩短而减少。

42. AC

【解析】资源优化就是根据资源情况对网络计划进行调整，在保证规定工期和资源供应之间寻求相互协调和相互适应的途径。资源优化通常有两种不同情况：①"工期一定，资源均衡"的优化，就是通过调整计划安排，在工期保持不变的条件下，使资源需用量尽可能均衡；②"资源有限，工期最短"的优化，就是在资源供应受限的情况下，安排项目各项工作进度，力求使计划的工期最短。

43. ABCD

【解析】网络计划中工期优化的一个基本前提就是合同工期是不变的。如果合同工期可以压缩也就无工期优化了。调整施工组织就是改变原定的施工作业方式或施工顺序，如将顺序作业改为平行作业，将顺序作业改为流水作业等。延长非关键工作的持续时间，就是将某些非关键工作的人力、物力等调整到关键工作上，相应就延长了非关键工作的持续时间，同时也就压缩了关键工作的持续时间。从计划外增加资源量，就是从原计划外增加资源供应，以加快关键工作进度。

44. ABC

【解析】选择压缩对象时应考虑下列因素：①缩短持续时间对质量和安全影响不大的关键工作。②缩短有充足备用资源的关键工作。③缩短持续时间所需增加费用最少的关键工作。

45. ABCD

【解析】施工进度监理的主要依据包括：①有关法律法规、技术标准及规范；②工程施工监理合同和施工合同；③工程设计文件；④监理人批准的施工进度计划；⑤有关劳动力、材料、施工机械设备等施工资源的供应计划。这里说明一下，监理人批准的施工进度计划称为合同进度计划。

46. ABCD

【解析】施工进度监理的作用主要表现在：①合理控制工期、质量、安全、环保和费用，使项目管理达到综合优化；②通过审查施工进度计划及控制实际进度与计划进度差异情况，从而完善施工进度计划管理；③除充分考虑时间控制问题外，同时还考虑劳动力、材料、施工机具设备等所必需的施工资源问题，使其得到最有效、合理、经济的配置与利用；④通过计划、组织、协调、检查与调整等手段，调动施工活动中的一切积极因素，努力实现施工过程中各个阶段的进度目标，以确保工程施工全过程总工期目标的实现。

47. BCDE

【解析】编制施工进度计划是承包人的责任。监理人的主要任务就是审批施工进度计划，并监督检查施工进度计划的执行情况，控制进度、偏差，针对所出现的进度偏差指示承包人及时调整进度计划，并审批调整后的进度计划；采取各种措施预防工期延误，公平处理承包人的延期申请。

48. ABCD

【解析】施工进度监理实质上就是进度控制，其基本方法就是比较，即通过比较，找出差异或偏差，采取措施纠正偏差，从而使进度目标得以实现。所以，能够进行实际施工进度与计划进度比较的方法就是进度监理的方法。常用的进度监理的基本方法主要包括横道图法、工程进度曲线法（S曲线法）、垂直图法（斜条图法）和网络计划图法。控制图法是质量控制常用的一种统计分析方法。

49. ABDE

【解析】①横道图的优点：简单明了，形象直观，易读易懂，制作方便快捷，工作间的衔接关系明确，且便于检查和计算资源用量。②横道图的缺点：工作间的逻辑关系不易反映，无法反映工作的机动时间和关键工作，不能实现定量分析，无法进行方案的比较与优化。

50. ABCD

【解析】S曲线能反映项目总体进度情况，也可反映进度与投资的关系，进度快慢也较清楚，便于实际进度与计划进度的比较，既可用于进度控制，又可用于费用控制。另外，根据S曲线的形状可以判断承包人编制的施工进度计划是否合理。

51. ABCD

【解析】网络计划图法的优点：工作间的逻辑关系明确，能反映各工作的机动时间；能找到关键工作和非关键工作及关键线路；可以用计算机绘图和定量分析，也可以进行方案的比较和优化；既可以用于控制工程进度，还可以用于控制工程费用。

52. ABCD

【解析】进度控制的措施应包括组织措施、技术措施、经济措施及合同措施。

53. ABCD

【解析】在压缩某些关键工作的持续时间，通常需要采取一定的措施来达到目的。具体的措施包括组织措施、技术措施、经济措施和其他配套措施。

54. ABCD

【解析】编制工程进度计划时把握以下原则：①贯彻合同条件及技术规范；②真实、可靠并符合实际;③清楚、明了,便于管理;④表达施工中的全部活动及其他的相关联系;⑤反映施工组织及施工方法;⑥充分使用人力和设备;⑦预料可能的施工障碍及变化。

55. ABCD

【解析】进度计划编制的依据包括:①施工合同中约定的合同工期、开工日期及交工日期;②投标书中确认的工程进度计划及施工方案;③主要材料和设备的采购合同及供应计划;④工程现场的水文、地质、特殊环境及气候条件;⑤施工人员的技术素质及设备能力;⑥工程设计文件和图纸;⑦劳动定额和机械使用定额;⑧劳动力、施工机械设备供应情况;⑨已建成的同类工程的实际进度及经济指标等。

56. ACDE

【解析】总体进度计划应包含以下内容:①工程项目的合同工期;②完成各单位工程及各施工阶段所需要的工期,最早开始和最迟结束的时间;③各单位工程及各施工阶段需要完成的工程量及现金流动估算;④各单位工程及各施工阶段所需要配备的人力和机械数量;⑤各单位工程或分部工程的施工方案和施工方法等。

57. ABCD

【解析】年度、月(季)进度计划通常可采用横道图、进度曲线图及有关形象进度表示。

58. ABCE

【解析】进度计划的审批主要以合同文件、工艺周期、工期定额、主要材料及构配件供应期限、气候环境条件、征地拆迁计划、其他现场实际状况等为依据。对于总体进度计划和关键阶段工程进度计划,在批准前还需征求建设单位意见。

59. ABCD

【解析】监理机构审查进度计划应包括下列内容:①是否符合施工合同工期管理约定,阶段性施工进度计划是否满足总体进度目标控制要求;②主要工程项目是否有遗漏,劳动力、材料、机械设备等是否满足进度需要;③施工顺序的安排是否符合施工工艺要求;④是否适合建设单位提供的资金、施工场地等条件。

60. BCDE

【解析】每日进度检查记录应包括以下基本内容:①当日实际完成及累计完成的工程量;②实际参加施工的人力、机械数量及生产效率;③施工停滞的人力、机械数量及其原因;④承包人的主要技术及管理人员到达现场的情况;⑤当日发生的影响工程进度的特殊事件或原因;⑥当日的天气情况等。

61. ABDE

【解析】工程进度表应包括以下内容:①工程进度概况或总说明;②编制出工程进度累计曲线和完成投资额的进度累计曲线;③显示一些关键线路(或主要工程项目)施工活动及进展情况的工程图片;④反映承包人的现金流动、工程变更、价格调整、索赔、工程支付及其他财务支出情况的财务状况;⑤影响工程进度或造成延误的其他特殊事项、因素及解决措施。

62. ABC

【解析】进度计划检查的方法主要是对比法,即实际进度与计划进度进行对比,从而发现偏差,以便调整或修改计划。进度计划的检查方法主要有横道图检查法、S曲线检查法、前锋线检查法等。

63. AB

【解析】进度计划进行调整主要是由于下面两种情况引起的:①进度计划的延期。由于非承包人的责任使工程进度延误并获得监理工程师批准延期,监理工程师应要求承包人对原来的工程进度计划予以调整以适合新的合同工期,并按调整后的进度计划实施工程。②进度计划的延误。由于承包人自身原因造成工程进度延误,将使工程在合同工期内难以完成时,监理工程师应发出书面通知要求承包人调整计划。

64. AB

【解析】施工进度计划调整的本质就是压缩关键线路的长度,其主要方法有两种:一是改变原计划中关键工作之间的逻辑关系;二是压缩关键工作的持续时间。当然还有其他的方法,如额外增加施工资源等。

65. ACDE

【解析】调整施工进度计划应采取的措施主要包括组织措施、技术措施、经济措施和其他配套措施。

66. ACE

【解析】组织措施包括:①增加工作面,组织更多的施工队伍;②增加每天的施工时间;③增加关键工作的资源投入(如增加劳动力、增加施工机械数量)。

67. ACE

【解析】技术措施包括:①改进施工工艺和技术,缩短工艺技术间歇时间;②采用更先进的施工方法以缩短施工过程的时间;③采用先进的施工机械。

68. ABCD

【解析】监理人受理延期申请的条件包括:①由于非承包人的原因或责任造成工期延误,工程不能按原定工期完工;②可获延期的事件发生后,承包人在合同约定的期限内向监理人提交了延期意向通知书;③承包人按合同约定向监理人提交了有关延期的记录和证明材料,并根据监理人要求随时提供有关证据材料;④可获延期的事件终止后,承包人在合同约定的期限内向监理人提交正式的延期通知书及详细记录和证明材料。

69. ABCD

【解析】工程延期申请能够成立并获得批准应具备的条件包括:①延期事件确实发生,且已造成了工期延误;②延期事件发生在工期网络计划图的关键线路上;③工程延期的提出符合合同约定;④延期天数的计算正确,证据资料详细真实。

70. ABCD

【解析】对延期的评估与审查主要应从以下几个方面进行:①承包人提交的申请材料及证据资料必须真实、齐全,能满足评审的需要;②申请延期的合同依据必须准确;③申请延期的理由必须正确与充分;④申请延期天数的计算原则与方法应恰当合理。

71. ABCD

【解析】工程延期的审批原则包括:①恪守合同原则(符合合同约定);②必要性原则(延期事件应发生在关键线路上);③实事求是原则(符合实际情况原则);④公平合理原则。

第四章 公路工程费用目标控制

习 题 精 练

一、单项选择题

1. 年利率为10%,每半年计息一次,则年实际利率为(　　)。
   A. 5%　　　　　　B. 10%　　　　　　C. 10.15%　　　　　D. 10.25%

2. 资金通过一系列的经济活动,其价值会随时间推移而变化,变化的这部分资金就是原有资金的(　　)。
   A. 增值　　　　　B. 耗费　　　　　C. 等值　　　　　D. 时间价值

3. 在资本市场利率大于零的情况下,在一定时间内,通过一系列经济活动,资金的价值会(　　)。
   A. 减少　　　　　B. 不变　　　　　C. 增加　　　　　D. 不一定变化

4. 反映资金随时间变化而增值的速度快慢的是(　　)。
   A. 利息　　　　　B. 利率　　　　　C. 盈利　　　　　D. 利润

5. 所谓现金流量,是指某一特定的系统在一定时间内各时点的(　　),按时间序列构成的动态序量,反映该系统在一定时期内的资金运动状态。
   A. 现金流入量
   B. 现金流出量
   C. 现金流入量、净现金流量
   D. 现金流入量、现金流出量、净现金流量

6. 现金流量的三要素是指(　　)。
   A. 现金流入的大小、方向和时间点
   B. 投入现金的额度、时间和回收点
   C. 现金流量的大小、方向和作用点
   D. 现金流出的额度、方向和时间点

7. 在工程经济分析中,利息是指投资者(　　)。
   A. 因通货膨胀而付出的代价
   B. 使用资金所得的预期收益
   C. 借贷资金所承担的风险
   D. 放弃使用资金所得的补偿

8. 项目在整个计算期内某时点所发生的现金流入与现金流出之差称为(　　)。
   A. 现金流量　　　B. 净现金流量　　　C. 现金存量　　　D. 净现金存量

9. 在工程经济分析中,通常采用(　　)计算资金的时间价值。
   A. 连续复利　　　B. 间断复利　　　C. 连续单利　　　D. 瞬时单利

10. 项目的(　　)是项目在计算期内各期现金流量按时间序列构成的动态序量,反映项目在计算期内的资金运动状况。
    A. 现金流入量　　B. 现金流出量　　C. 净现金流量　　D. 现金流量

135

11. 现金流量图以横轴为时间轴,横轴上每一个间隔表示( )。
    A. 计息周期　　　B. 利率周期　　　C. 投资周期　　　D. 收益周期

12. ( )是资金时间价值的一种重要表现,是衡量资金时间价值的绝对尺度。
    A. 利率　　　　　B. 利润率　　　　C. 利息　　　　　D. 费用

13. ( )是资金时间价值的一种重要表现,是衡量资金时间价值的相对尺度。
    A. 投资　　　　　B. 利息　　　　　C. 盈利　　　　　D. 利率

14. 从工程经济的角度分析,"时间就是金钱"这说的是( )。
    A. 时间本身可以创造价值　　　　B. 资金具有时间价值
    C. 资金本身能够产生增值　　　　D. 不同时间点的资金可以进行比较

15. 现金流量图是一种反映经济系统资金运动( )的图式。
    A. 方向　　　　　B. 状态　　　　　C. 速率　　　　　D. 规律

16. 现金流量图中,整个横轴可看成是所考察经济系统的( )。
    A. 现金流量的数值　　　　　　　B. 寿命期
    C. 现金流出　　　　　　　　　　D. 现金流量发生的时点

17. 利息是资金( )的一种重要表现形式。
    A. 机会成本　　　B. 计息周期　　　C. 时间价值　　　D. 经营运作

18. 当计息周期在( )个以上时,就需要考虑单利与复利的问题。
    A. 1　　　　　　B. 2　　　　　　C. 3　　　　　　D. 4

19. 承包人按合同条款约定提交的( )中,只限于提出交工验收证书颁发后发生的索赔。
    A. 交工付款申请单　　　　　　　B. 交工验收申请报告
    C. 最终结清申请单　　　　　　　D. 终止缺陷责任申请

20. 下列有关现金流量图绘制规则的表述中,正确的是( )。
    A. 在横轴上方的箭线表示现金流出
    B. 整个横轴表示的是所考察经济系统的运营期
    C. 与横轴相连的垂直箭线代表不同时点的净现金流量
    D. 垂直箭线与时间轴的交点为现金流量发生的时点

21. 下列关于资金时间价值的表述中,不正确的是( )。
    A. 一般而言,资金时间价值采用复利方式计算
    B. 利息是资金时间价值的一种重要表现形式
    C. 资金投入生产经营才能产生增值,因此时间价值是在生产经营中产生的
    D. 时间价值是资金随着时间的推移而产生的增值,因而它是由时间创造的

22. 资金的时间价值是指( )。
    A. 资金随时间的推移本身能够增值
    B. 现在所拥有的资金在将来投资时所能获得的收益
    C. 资金在生产和流通过程中随时间推移而产生的增值
    D. 可用于储蓄或贷款的资金在储蓄或贷款时所产生的利息

23. 某企业计划年初投资200万元购置新设备以增加产量。已知设备可使用6年,每年增

加产品销售收入60万元,增加经营成本20万元,设备报废时净残值为10万元。对此项投资活动绘制现金流量图,则第6年末的净现金流量可表示为(　　)。

　　A.向上的现金流量,数额为50万元　　B.向下的现金流量,数额为30万元
　　C.向上的现金流量,数额为30万元　　D.向下的现金流量,数额为50万元

24.某公司一次性向银行贷款500万元,贷款期限为5年,年利率为10%,若采用单利计算,则该企业第5年末应付银行的利息为(　　)万元。

　　A.50　　　　B.100　　　　C.200　　　　D.250

25.某公司一次性向银行贷款800万元,贷款期限为5年,年利率为5%,若采用单利计算,则该企业第5年末应付银行的本利和为(　　)万元。

　　A.1020.8　　B.1000　　　C.1200　　　D.1180

26.某公司一次性向银行贷款500万元,贷款期限为5年,年利率为10%,若采用复利计算,则该企业第5年末应付银行的利息为(　　)万元。

　　A.66.55　　B.50　　　　C.73.205　　D.60.5

27.某企业期初向银行贷款500万元,贷款利率为10%,5年后一次性还本付息。若按复利计算,则该企业第5年末应付银行的本利和为(　　)万元。

　　A.732.05　　B.700　　　C.805.25　　D.750

28.某企业借款100万元,年利率为8%,借款期限为2年,单利计息,则借款期内计息两次和计息一次的利息差额为(　　)。

　　A.0.00　　　B.0.32　　　C.0.64　　　D.1.28

29.某人现借得本金10000元,一年末付息800元,则年利率为(　　)。

　　A.16%　　　B.10%　　　C.8%　　　　D.4%

30.利率是指在一定时期内,利息与原投入资金的比率。这个"一定时期"指的是(　　)。

　　A.计息周期　　B.利率周期　　C.系统寿命期　　D.投资周期

31.利率就是单位时间内所得利息与本金的比率。这个"单位时间"表示的是(　　)。

　　A.利率周期　　B.计息周期　　C.投资周期　　D.系统寿命周期

32.如果一个利率周期内多次计息,根据计息期有效利率,并考虑利息部分的时间价值,此时计算出的年利率称为(　　)。

　　A.实际利率　　B.名义利率　　C.利率周期利率　　D.收益率

33.当利率周期为年,且一年内计息一次时,名义利率和年实际利率的关系为(　　)。

　　A.名义利率大于年实际利率　　B.名义利率等于年实际利率
　　C.名义利率小于年实际利率　　D.说不清

34.当利率周期为年,且一年内计息两次时,名义利率和年实际利率的关系为(　　)。

　　A.名义利率等于年实际利率　　B.名义利率大于年实际利率
　　C.名义利率小于年实际利率　　D.说不清

35.当年名义利率一定时,每年的计息期数越多,则年有效利率(　　)。

　　A.与年名义利率的差值越大　　B.与年名义利率的差值越小
　　C.与计息期利率的差值越小　　D.与计息期利率的差值趋于常数

36.n期末单利的本利和F的计算公式是(　　)。

A. $1+n\cdot i$ B. $P\cdot(1+n\cdot i)$ C. $P\cdot(1+i)$ D. $P\cdot i$

37. 同一笔借款在利率、计息周期均相同的情况下,复利终值和单利终值的数量关系是( )。

　　A. 前者等于后者　　B. 前者大于后者　　C. 前者小于后者　　D. 无法确定

38. 等额支付资本回收系数可记为( )。

　　A. $(A/P,i,n)$　　B. $(A/F,i,n)$　　C. $(F/A,i,n)$　　D. $(P/A,i,n)$

39. 某工程项目向银行贷款,计息周期为半年,名义利率为10%,则年实际利率应是( )。

　　A. 10%　　B. 5%　　C. 10.25%　　D. 20%

40. 在资金等值计算中,下列表述正确的是( )。

　　A. P 一定,n 相同,i 越高,F 越大
　　B. P 一定,i 相同,n 越长,F 越小
　　C. F 一定,i 相同,n 越长,P 越大
　　D. F 一定,n 相同,i 越高,P 越大

41. 现在的100元和5年以后的248元两笔资金在第2年末价值相等,若利率不变,则这两笔资金在第3年末的价值( )。

　　A. 前者高于后者　　B. 前者低于后者　　C. 两者相等　　D. 两者不可比较

42. 承包人接受了( )后,就无权再提出在合同工程交工验收证书颁发前所发生的任何索赔。

　　A. 交工验收证书　　　　　B. 交工付款证书
　　C. 缺陷责任终止证书　　　D. 最终结清证书

43. 某单位在公路改建工程中向银行贷款10万元,年利率为8%,5年后一次性结算偿还,则该单位一次性偿还的本利和为( )万元。

　　A. 14.000　　B. 14.693　　C. 14.400　　D. 14.026

44. 某企业五年后需要资金1000万元作为扩大规模的投资,若已知年利率为8%,则现在应一次性存入银行的资金为( )万元。

　　A. 735.00　　B. 630.20　　C. 680.60　　D. 961.54

45. 某项目建设周期为5年,每年末借款1000万元并全部投入该项目建设,若贷款年利率为10%,则第5年末该项目的总投资为( )万元。

　　A. 3790.8　　B. 4641.0　　C. 7715.6　　D. 6105.1

46. 某公路工程,在3年内每年末均等地投资500万元,按年利率10%计算,则3年后累计的总投资为( )万元。

　　A. 1655.00　　B. 2320.50　　C. 1243.45　　D. 1050.00

47. 某公司拟在6年末积累资金2000万元,年利率为7%,则该公司每年末等额存款应为( )万元。

　　A. 419.6　　B. 358.6　　C. 279.6　　D. 2567.4

48. 某公司购置一台机器,准备在今后5年内每年末收回投资1000万元,年利率为10%,则该公司现在一次性投资总额为( )万元才能不赢不亏。

　　A. 3790.8　　B. 3169.9　　C. 4355.3　　D. 3922.7

49. 某公路工程一次性投资100万元,年利率为10%,拟分5年在每年末等额收回,则每

年末应收回的资金为（　　）万元。

　　A.16.38　　　　B.26.38　　　　C.37.08　　　　D.22.96

50.某公司购买一台200万元的机器，每年净收益为50万元，年利率为10%，若要全部收回投资需要（　　）年。

　　A.4.86　　　　B.5.13　　　　C.5.38　　　　D.5.57

51.某企业连续3年每年初从银行借入资金500万元，年利率8%，按年计息，第3年末一次性还本付息，则第3年末应还本付息（　　）万元。

　　A.1893.30　　　B.1753.06　　　C.1623.20　　　D.1620.00

52.某企业从银行借入1年期的短期借款500万元，年利率12%，按季度计算并支付利息，则每季度需支付利息（　　）万元。

　　A.15.00　　　　B.15.15　　　　C.15.69　　　　D.20.00

53.某项目建设期为2年，建设期内每年年初贷款1000万元，年利率为8%，若运营期前5年每年末等额偿还贷款本息，到第5年末全部还清。则每年末偿还贷款本息（　　）万元。

　　A.482.36　　　B.520.95　　　C.562.72　　　D.678.23

54.某企业在第1年初向银行借款3000万元用于购置设备，贷款年有效利率为8%，每半年计息一次，今后5年内每年6月底和12月底等额还本付息，则该企业每次偿还本息（　　）万元。

　　A.35.46　　　　B.36.85　　　　C.36.99　　　　D.37.57

55.某公司希望5年后有2000万元资金，年复利率为10%，则现值需一次性存款（　　）万元。

　　A.1189　　　　B.1242　　　　C.1278　　　　D.1344

56.若在10年内，每年末存入银行100万元，年利率8%，按复利计算，则10年末本息总额为（　　）万元。

　　A.1448.7　　　B.1499.5　　　C.1512.6　　　D.1519.4

57.某企业现在对外投资1000万元，投资期5年，5年内每年末等额收回本金和利息280万元，已知$(P/A,8\%,5)=3.9927$，$(P/A,10\%,5)=3.8562$，$(P/A,12\%,5)=3.6084$，$(P/A,14\%,5)=3.4331$，则年利率（或年基准收益率）为（　　）。

　　A.8.21%　　　　B.11.24%　　　C.12.39%　　　D.14.17%

58.某企业现在对外投资1000万元，投资期5年，年利率10%，采取等额还本、利息照付的方式，该企业第3年应得到收入（　　）万元。

　　A.200　　　　B.240　　　　C.260　　　　D.280

59.每半年末存款2000元，年利率4%，每季计息一次。2年末存款本息和为（　　）元。

　　A.8160.00　　　B.8243.22　　　C.8244.45　　　D.8492.93

60.已知年名义利率是r，每年计息次数m，则年有效利率为（　　）。

　　A.$(1+m/r)^m-1$　B.$(1+m/r)^r-1$　C.$(1+r/m)^r-1$　D.$(1+r/m)^m-1$

61.已知年名义利率是8%，按季计息，则计息期有效利率和年有效利率分别为（　　）。

　　A.2.00%;8.00%　B.2.00%;8.24%　C.2.06%;8.00%　D.2.06%;8.24%

62.某项目建设期为2年，建设期内每年年初分别贷款600万元和900万元，年利率为

10%,若在运营期前5年内每年末等额偿还贷款本利,则每年应偿还( )万元。

  A.343.20   B.395.70   C.411.52   D.452.68

63.某企业于年初向银行借款1500万元,其年名义利率为10%,若按月复利计息,则该年第3季度末借款本利和为( )万元。

  A.1611.1   B.1612.5   C.1616.3   D.1727.13

64.某企业向银行借贷一笔资金,按月计息,月利率为1.2%,则年名义利率和年实际利率分别为( )。

  A.13.53%和14.40%   B.13.53%和15.39%

  C.14.40%和15.39%   D.14.40%和15.62%

65.某企业在年初向银行借入资金1000万元,月利率为1%,则在7月初偿还时,按单利和复利计算的利息分别是( )万元。

  A.60.00和61.52   B.70.00和61.52

  C.60.00和72.14   D.70.00和72.14

66.某企业在年初向银行借贷一笔资金,月利率为1%,则在6月底偿还时,按单利和复利计算的利息应分别是本金的( )。

  A.5%和5.10% B.6%和5.10% C.5%和6.15% D.6%和6.15%

67.下列关于名义利率和有效利率的说法中,不正确的是( )。

  A.当计息周期小于利率周期时,计息周期利率小于有效利率

  B.当计息周期小于利率周期时,名义利率大于计息周期利率

  C.当计息周期小于利率周期时,名义利率大于有效利率

  D.当计息周期等于利率周期时,计息周期利率等于有效利率

68.某企业于年初向银行借款1000万元,其年有效利率为12%,若按月复利计息,则该年第3季度末借款总利息为( )万元。

  A.86.23   B.88.72   C.89.12   D.85.42

69.某项目建设期为2年,建设期内每年初贷款1000万元,年利率为8%,若运营期为10年,在运营期后5年内每年等额偿还贷款本息,则每年末偿还贷款本息( )万元。

  A.812.12   B.820.34   C.826.89   D.836.21

70.某企业每半年存款100万元,银行存款的名义利率为8%,每季计息一次,第5年末该企业存款本息和为( )万元。

  A.1202.84   B.1215.56   C.1225.52   D.1228.34

71.某施工企业向银行贷款100万元,年利率8%,半年计息一次,第3年末还本付息,则到期时企业需偿还银行( )万元。

  A.124.00   B.125.97   C.126.53   D.158.69

72.某人拟在5年后得到5万元现金,银行存款年利率为8%,则其从现在起每年末应等额存入银行( )万元。

  A.1   B.1.08   C.0.95   D.0.85

73.某企业年初投资3000万元,10年内等额回收本利,如基准收益率为8%,则每年末应回收的资金是( )万元。

A. 324　　　　B. 447　　　　C. 507　　　　D. 648

74.若10年内每年年初存款2000元,年利率为6%,按复利计,第10年末本利和为（　　）元。

A. 20000　　　B. 21200　　　C. 26360　　　D. 27942

75.期望5年内每年初从银行提款10000元,年利率为10%,按复利计,开始应存入银行（　　）元。

A. 37900　　　B. 41700　　　C. 45000　　　D. 44000

76.某企业向银行贷款,有两种计息方式:一种为年利率10%,按季度计息,另一种为年利率10.5%,按半年计息,企业应选择的实际利率为(　　)。

A. 10%　　　B. 10.5%　　　C. 10.38%　　　D. 10.78%

77.某企业于年初向银行借款1500万元,其年有效利率为10%,若按月复利计息,则该年第三季度末借款的本利和为(　　)万元。

A. 1611.1　　B. 1612.5　　C. 1616.3　　D. 1637.5

78.某投资者年收入为20万元,银行要求所发放贷款年本息不得高于其年收入的30%,贷款年利率为10%,期限为10年,要求按年等额还本付息。该投资者可能申请到的最大贷款额为(　　)万元。

A. 6.00　　　B. 60.00　　　C. 36.87　　　D. 61.45

79.假设某工程寿命10年,每年净收益2万元,按10%折现率计算恰好能在寿命期内把期初投资全部收回,(P/A,10%,10)=6.145,则该工程期初投入为(　　)万元。

A. 20　　　　B. 18.42　　　C. 12.29　　　D. 10

80.工程经济分析的核心内容是(　　)。

A. 盈利能力分析　　B. 清偿能力分析　　C. 经济效果评价　　D. 抗风险能力分析

81.下列经济效果评价指标中,属于动态评价指标的是(　　)。

A. 投资收益率　　B. 偿债备付率　　C. 内部收益率　　D. 借款偿还期

82.下列经济效果评价指标中,属于静态评价指标的是(　　)。

A. 净现值率　　B. 内部收益率　　C. 投资收益率　　D. 效益费用比

83.下列经济效果评价指标中,反映投资项目偿债能力的指标是(　　)。

A. 投资回收期　　B. 利息备付率　　C. 资本金利润率　　D. 内部收益率

84.下列经济效果评价指标中,反映投资项目盈利能力的指标是(　　)。

A. 利息备付率　　B. 借款偿还期　　C. 净现值　　D. 资产负债率

85.下列指标中,属于投资项目盈利能力动态评价指标的是(　　)。

A. 投资利润率　　B. 内部收益率　　C. 借款偿还期　　D. 利息备付率

86.在下列投资方案评价指标中,不考虑资金时间价值的指标是(　　)。

A. 利息备付率和内部收益率　　　　B. 资金利润率和净现值率
C. 利息备付率和借款偿还期　　　　D. 净年值和内部收益率

87.在下列投资方案经济效果评价指标中,属于静态比率性指标的是(　　)。

A. 利息备付率和净现值率　　　　　B. 投资利润率和净年值率
C. 内部收益率和资本金利润率　　　D. 投资收益率和偿债备付率

88. 在建设项目财务评价中,反映项目盈利能力的常用指标是( )。
   A. 流动比率　　　B. 资产负债率　　　C. 内部收益率　　　D. 生产能力利用率

89. 下列指标中,反映投资方案在计算期内获利能力的动态评价指标的是( )。
   A. 净现值　　　B. 投资回收期　　　C. 利息备付率　　　D. 偿债备付率

90. 经济效果评价指标体系中,( )是指投资方案建成达到设计生产能力后,一个正常生产年份的年净收益总额与方案投资总额的比率。
   A. 投资收益率　　　B. 利息备付率　　　C. 偿债备付率　　　D. 资本金利润率

91. 某建设项目的投资收益率为 R,本行业的基准(或平均)投资收益率为 R_c。当 $R \geq R_c$ 时,则该项目在经济上是( )。
   A. 可以考虑接受　　　　　　　B. 不可行
   C. 增加投资后可行　　　　　　D. 无法确定是否可行

92. 在工程经济分析中,以投资收益率指标作为主要决策依据,其可靠性较差的原因在于( )。
   A. 正常生产年份的选择比较困难　　　B. 计算期的确定比较困难
   C. 未考虑投资回收后的经济效果　　　D. 需要事先确定基准收益率

93. 基准收益率作为投资决策者对项目资金时间价值的估价,是投资资金应当获得的( )盈利率水平。
   A. 最低　　　B. 最高　　　C. 平均　　　D. 机会

94. 某投资方案一次性投资 500 万元,估计投产后各年的平均净收益为 80 万元,则该方案的静态投资回收期为( )年。
   A. 5.26　　　B. 6.25　　　C. 7.14　　　D. 8.25

95. 在工程经济分析中,以投资回收期指标作为方案选择和项目排队的评价依据,其可靠性较差的原因在于( )。
   A. 经济意义不明确,计算复杂　　　B. 无法显示资本的周转速度
   C. 需要事先确定基准投资回收期　　D. 计算期的确定比较困难

96. 某投资项目的投资与收益情况如下表所示,则该项目的投资利润率为( )。

某项目投资收益情况

年序	0	1	2	3	4	5	6
投资(万元)	−600						
利润(万元)		10	12	12	12	12	14

   A. 10%　　　B. 12%　　　C. 14%　　　D. 16%

97. 某投资方案的累计净现金流量如下图所示,则该方案的静态投资回收期为( )年。

某投资方案累计净现金流量

年序	0	1	2	3	4	5	6
净现金流量(万元)	−100	−80	40	60	60	60	90
累计净现金流量(万元)	−100	−180	−140	−80	−20	40	130

   A. 4.67　　　B. 7.00　　　C. 4.33　　　D. 5.67

98. 某建设项目方案的静态投资回收期为 11.6 年,国家确定的该行业基准投资回收期为 12.8 年,则该投资项目在经济上( )。
   A. 不可行　　　　　　　　　　B. 增加投资后可行
   C. 可以考虑接受　　　　　　　D. 无法判断方案是否可行

99. 利息备付率是指投资方案在借款偿还期内各年的( )的比值。
   A. 息税前利润与应付利息　　　B. 应付利息与息税前利润
   C. 净收益与应付利息　　　　　D. 应付利息与净收益

100. 偿债备付率是指项目在借款偿还期内各年( )的比值。
   A. 可用于还本付息的资金与当期应还本付息金额
   B. 可用于还款的利润与当期应还本付息金额
   C. 可用于还本付息的资金与全部应还本付息金额
   D. 可用于还款的利润与全部应还本付息金额

101. 某投资方案的净现值经计算为 15.2 万元,这表明该投资方案实施后的盈利能力( )。
   A. 超过其投资收益期望水平
   B. 能达到所期望的最低盈利水平
   C. 不能满足基准收益率要求的水平
   D. 无法判断是否满足基准收益率要求的水平

102. 某投资项目的各年现金流量如下表所示,基准折现率 i_0 为 15%,则该投资项目在经济效果上是( )。

某投资项目的各年现金流量

年序	0	1	2	3	4~19	20
投资支出(万元)	40	10				
经营成本(万元)			17	17	17	17
收入(万元)			25	25	30	50
净现金流量(万元)	-40	-10	8	8	13	33

   A. 可以接受的　　　　　　　　B. 不可接受的
   C. 无法判断是否可行　　　　　D. 增加投资后可行

103. 某项目现拟定一个技术方案,需投资 3200 万元,项目可当年投产。投产后年收益为 600 万元,若使用期为 10 年,折现率为 15%,则该方案( )。
   A. 不可行　　　B. 可行　　　C. 增加投资后可行　D. 无法判断是否可行

104. 某建设项目有两个独立的技术方案,其现金流量如下表所示。若基准收益率 i_0 为 10%,用净现值法对这两个方案进行比较,其结果为( )。

甲、乙两方案的现金流量

方案	1 年	2 年	3~9 年
方案甲	-1000	-1000	900
方案乙	-2000	-2000	1400

A. 甲方案优于乙方案 B. 乙方案优于甲方案
C. 甲乙两方案优劣相同 D. 无法确定两方案的优劣

105. 对于单一投资方案而言,若净现值 NPV≥0,则净现值指数 NPVI 的取值范围为( )。

A. ≥0   B. <0   C. >1   D. <1

106. 企业或行业或投资者以动态的观点确定的、可接受的投资方案最低标准的收益水平称为( )。

A. 基准收益率   B. 社会平均收益率   C. 内部收益率   D. 社会折现率

107. 在项目经济效果评价中,若某一方案可行,则( )。

A. $P_t < P_c$, NPV>0, IRR>i_0 B. $P_t < P_c$, NPV<0, IRR<i_0
C. $P_t > P_c$, NPV>0, IRR<i_0 D. $P_t > P_c$, NPV<0, IRR<i_0

108. 某投资项目净现金流量如下表所示,则项目的静态投资回收期为( )年。

某项目净现金流量

计算期(年)	1	2	3	4	5	6	7	8	9
净现金流量(万元)	-800	-1200	400	600	600	600	600	600	600

A. 5.33   B. 5.67   C. 6.33   D. 6.67

109. 某常规投资方案,NPV(i_1=14%)=160, NPV(i_2=16%)=-90,则 IRR 的取值范围为( )。

A. <14%   B. 14%~15%   C. 15%~16%   D. >16%

110. 某项目建设投资为 1000 万元,流动资金为 200 万元,建设当年即投产并达到设计生产能力,年净收益为 340 万元。则该项目的静态投资回收期为( )年。

A. 2.35   B. 2.94   C. 3.53   D. 7.14

111. 已知某项目的净现金流量如下表所示,若基准折现率 i_0=8%,则该项目的净现值为( )万元。

某项目净现金流量

年份(年)	1	2	3	4	5	6
净现金流量(万元)	-4200	-2700	1500	2500	2500	2500

A. 109.62   B. 108.00   C. 101.71   D. 93.98

112. 净现值作为评价投资方案经济效果的指标,其优点是( )。

A. 全面考虑了项目在整个计算期内的经济状况
B. 能够直接说明项目在整个运营期内各年的经营成果
C. 能够明确反映项目投资中单位投资的使用效率
D. 不需要确定基准收益率而直接进行互斥方案的比选

113. 某项目总投资为 2000 万元,其中债务资金为 500 万元,项目运营期内年平均净利润为 200 万元,年平均息税为 20 万元,则该项目的总投资收益率为( )。

A. 10.0%   B. 11.0%   C. 13.3%   D. 14.7%

114. 在评价投资方案经济效果时,与静态评价方法相比,动态评价方法的最大特点是

( )。
A. 考虑了资金的时间价值　　　　B. 适用于投资方案的粗略评价
C. 反映了短期投资效果　　　　　D. 适用于逐年收益不同的投资方案

115. 项目的内部收益率是项目到计算期末正好将未回收的资金全部收回来的折现率,是项目对( )的最大承担能力。
A. 贷款利率　　　B. 投资风险　　　C. 内部收益　　　D. 生产水平

116. 一般而言,将投资回收期作为方案选择和项目排队的评价准则是( )。
A. 不可靠的　　　B. 动态性的　　　C. 不可行的　　　D. 客观性的

117. 净现值是反映投资方案在计算期内( )的动态评价指标。
A. 偿债能力　　　B. 时间价值　　　C. 获利能力　　　D. 风险大小

118. 下列各指标中,( )是评价项目盈利能力的绝对指标。
A. 收益率　　　B. 净年值　　　C. 净现值　　　D. 净现值率

119. 某项目的净现值前5年为210万元,第6年为30万元,基准收益率 i_0 为10%,则前6年的净现值为( )万元。
A. 227　　　B. 237　　　C. 240　　　D. 261

120. 某建设项目的现金流量为常规现金流量,当基准收益率为8%时,净现值为400万元。若基准收益率变为10%时,该项目的NPV( )。
A. 不确定　　　B. 等于400万元　　　C. 小于400万元　　　D. 大于400万元

121. 对于常规投资方案,若投资方案的NPV(i_0 = 10%) > 0,则必有( )。
A. 内部收益率IRR > 10%
B. 净现值率NPVR(i_0 = 10%) > 1
C. 动态投资回收期大于方案计算期
D. 静态投资回收期等于方案计算期

122. 动态投资回收期就是累计净现金流量现值( )时的年份。
A. 大于零　　　B. 等于零　　　C. 小于零　　　D. 最大

123. 已知某项目的净现金流量如下表所示。若基准折现率 i_0 = 8%,则该项目的净现值为( )万元。

某项目净现金流量

年份(年)	1	2	3	4	5	6
净现金流量(万元)	-4200	-2700	1500	2500	2500	2500

A. 109.62　　　B. 108.00　　　C. 101.46　　　D. 93.98

124. 在投资方案经济效果评价指标的体系中,常用( )作为净现值的辅助评价指标。
A. 净年值　　　B. 净现值率　　　C. 基准收益率　　　D. 内部收益率

125. 某贷款项目,银行贷款年利率为8%时,净现值为33.82万元;银行贷款年利率为10%时,净现值为-16.64万元,当银行贷款年利率为( )时,项目净现值恰好为零。
A. 8.06%　　　B. 8.66%　　　C. 9.34%　　　D. 9.49%

126. 某建设项目的计算期为10年,基准收益率为10%,经计算静态投资回收期为7年,动态投资回收期为12年,则该项目的内部收益率( )。
A. IRR = 0　　　B. 0 < IRR < 10%　　　C. IRR = 10%　　　D. IRR > 10%

127. 内部收益率是指建设项目在( )内,净现值为零的折现率。
    A. 自然寿命期   B. 建设期   C. 计算期   D. 生产经营期
128. 抗风险能力分析是分析投资方案在建设期和运营期可能遇到的( )对项目经济效果的影响程度,考察项目承受各种投资风险的能力。
    A. 随机因素   B. 不确定性因素
    C. 不确定性因素和随机因素   D. 不确定性因素或随机因素
129. 考察投资项目单位投资盈利能力应采用的动态评价指标是( )。
    A. 投资收益率   B. 资本金利润率   C. 内部收益率   D. 净现值率
130. 需要先确定基准收益率才能计算的经济效果评价指标是( )。
    A. 净年值和内部收益率   B. 投资收益率和借款偿还期
    C. 净年值和动态投资回收期   D. 投资收益率和动态投资回收期
131. 一般情况下,当动态投资回收期小于投资项目的计算期时,项目的内部收益率 IRR、净现值 NPV 和基准收益率 i_0 之间有( )。
    A. IRR > i_0;NPV < 0   B. IRR < i_0;NPV < 0
    C. IRR > i_0;NPV > 0   D. IRR < i_0;NPV > 0
132. 在多方案经济效果评价中,独立方案的比选只取决于方案自身的( )。
    A. 投资规模   B. 寿命期   C. 经济性   D. 资金成本
133. 在多方案经济效果评价中,用经济效果评价标准检验方案自身的经济性,这称之为( )。
    A. 确定性经济效果检验   B. 绝对经济效果检验
    C. 可行性经济效果检验   D. 相对经济效果检验
134. 下列经济效果评价方法中,适用于独立方案经济效果评价的是( )。
    A. 方案重复法   B. 净现值法   C. 研究期分析法   D. 增量内部收益率法
135. 互斥方案经济效果评价的特点是要进行方案比选,即对各备选方案进行优劣排序,这称之为( )。
    A. 投资风险检验   B. 可行性检验
    C. 绝对经济效果检验   D. 相对经济效果检验
136. 下列投资方案评价方法中,可用于对互斥方案进行绝对经济效果分析的是( )。
    A. 增量净现值法   B. 净年值法
    C. 增量内部收益率法   D. 增量投资回收期法
137. 某建设项目有两个技术方案 A、B,根据有关数据计算得知,A、B 两方案的净现值和内部收益率分别为:$NPV_A = 1885.4$ 万元、$IRR_A = 33.6\%$,$NPV_B = 2161.5$ 万元、$IRR_B = 24.45\%$,则对 A、B 两方案进行经济效果评价的结论是( )。
    A. A、B 两方案均不可行
    B. 无法判别 A、B 两方案的优劣
    C. A、B 两方案均可行,且 A 方案优于 B 方案
    D. A、B 两方案均可行,且 B 方案优于 A 方案
138. 下列评价方法中,只能用于绝对经济效果检验,而不能用于相对经济效果检验的评价

方法是（　　）。
   A. 净现值   B. 净年值   C. 内部收益率   D. 增量净现值

139. 设备租赁与购置的经济比选也是一个互斥方案的优选问题，设备寿命期相同时，一般可以采用（　　）。
   A. 年值法   B. 收益率法   C. 净现值法   D. 附加率法

140. 独立方案经济效果评价方法在经济上是否可接受，取决于方案自身的（　　）。
   A. 控制性   B. 经济性   C. 协调性   D. 合理性

141. 某跨江项目考虑两个建设方案，一个是建设桥梁 A 方案，另一个是轮渡 B 方案，并且两个方案均收费，则 A、B 方案属于（　　）。
   A. 互斥型方案   B. 互补型方案   C. 混合型方案   D. 相关性方案

142. 对寿命期不等的互斥方案进行比选时，最简便的方法是（　　）。
   A. 净年值法   B. 净现值法   C. 年折算费用法   D. 增量内部收益率法

143. 某工厂进行扩建投资，年计划生产能力为 10 万台，年固定成本为 1296 万元，单位产品成本为 620 元，产品销售价格每台 820 元。该项目的产量盈亏平衡点为（　　）万台。
   A. 5.98   B. 6.14   C. 6.48   D. 6.72

144. 通常情况下，在不确定性分析的各种方法中，（　　）只适用于建设项目的财务评价，而不适用于国民经济评价。
   A. 敏感性分析   B. 费用效益分析   C. 盈亏平衡分析   D. 概率分析

145. 盈亏平衡分析的目的就是（　　），据此判断方案风险的大小及对风险的承受能力，为投资决策提供科学依据。
   A. 计算出产品产量   B. 计算出产品销售量
   C. 计算出产品价格   D. 计算出盈亏平衡点

146. 盈亏平衡分析是通过（　　）分析项目的成本与收益的平衡关系的一种方法。
   A. 产量   B. 销售量   C. 盈亏平衡点   D. 产品价格

147. 盈亏平衡点反映了项目对市场变化的适应能力和抗风险能力。项目的盈亏平衡点（　　），其适应市场变化的能力就越大，抗风险能力也就越强。
   A. 越高   B. 越低   C. 大于 1   D. 大于 0

148. 拟投资新建一桥梁预制厂，如果设计能力为年产 30m 预应力混凝土 T 梁 4200 片，预计每片梁售价为 6000 元，固定成本为 630 万元，单位产品可变成本为 3000 元，若在正常生产条件下，生产能力可达设计能力的 90%。用盈亏平衡分析法进行分析，则该投资方案在经济上（　　）。
   A. 可行   B. 不可行
   C. 无法判断是否可行   D. 说不清楚是否可行

149. 某新建项目生产一种产品，根据市场预测估计每件产品售价为 500 元。已知该产品单位可变成本为 400 元，固定成本为 150 万元，则该项目的盈亏平衡产量为（　　）件。
   A. 10000   B. 12000   C. 15000   D. 25000

150. 盈亏平衡分析分线性盈亏平衡分析和非线性盈亏平衡分析。其中，线性盈亏平衡分析的前提条件之一是（　　）。

A. 只生产单一产品,且生产量等于销售量
B. 单位可变成本随生产量的增加成比例降低
C. 生产量与销售量之间成线性比例关系
D. 销售收入是销售量的线性函数

151. 某项目设计生产能力为年产 60 万件产品,预计单位产品价格为 100 元,单位产品可变成本为 75 元,年固定成本为 380 万元。若该产品的销售税金及附加的合并税率为 5%,则用生产能力利用率表示的项目盈亏平衡点为( )。
  A. 31.67% B. 30.16% C. 26.60% D. 25.33%

152. 某项目设计生产能力为 80 万件/年,预计单位产品售价为 150 元,单位产品可变成本为 130 元,固定成本为 400 万元。该产品营业税及附加的合并税率为 5%,则用产销量表示的盈亏平衡点是( )万件。
  A. 14.55 B. 20.00 C. 29.63 D. 32.00

153. 在建设项目财务评价和国民经济评价中均可以使用的不确定性分析方法的是( )。
  A. 敏感性分析 B. 投入产出分析 C. 现金流量分析 D. 盈亏平衡分析

154. 项目盈亏平衡产量越高,表示项目( )。
  A. 投产后盈利越大 B. 抗风险能力越弱
  C. 投产后风险越小 D. 适应市场变化能力越强

155. 某项目设计年生产能力为 10 万台,年固定成本为 1500 万元,单台产品销售价格为 1200 元,单台产品可变成本为 650 元,单台产品营业税金及附加为 150 元。则该项目产量的盈亏平衡点是( )台。
  A. 12500 B. 18750 C. 27272 D. 37500

156. 某生产性建设项目的预计产品市场需求量比盈亏平衡点产量越大,则该项目( )。
  A. 安全性越大 B. 抗风险能力越小
  C. 安全性越小 D. 发生亏损的机会越大

157. 某建设项目年设计生产能力为 60000 件,每件产品销售价格为 3600 元,年固定成本为 5600 万元,每件产品可变成本为 1600 元,单位产品销售税金及附加为 180 元,则该项目盈亏平衡点产量为( )件。
  A. 15600 B. 16400 C. 30800 D. 32000

158. 某建设项目的设计生产能力为 10000 件,在两个可实施方案 A 和 B 中,A 方案的盈亏平衡点产量为 6000 件,B 方案的盈亏平衡点产量为 8000 件,则下述关于风险的说法中正确的是( )。
  A. A 方案大于 B 方案 B. A 方案小于 B 方案
  C. A 方案与 B 方案相同 D. 无法判断

159. 价值工程的三个基本要素是指( )。
  A. 生产成本、使用成本和维护成本 B. 必要功能、生产成本和使用价值
  C. 价值、功能和寿命周期成本 D. 基本功能、辅助功能和必要功能

160. 价值工程的目的是提高产品的( )。
    A. 功能　　　　B. 价值　　　　C. 成本　　　　D. 技术
161. 价值工程的核心是对产品进行( )。
    A. 成本分析　　B. 功能分析　　C. 价值分析　　D. 功能改进
162. 产品的生产成本一般会随着功能水平的提高而有所提高；使用成本则会随着功能水平的提高而( )。
    A. 增加　　　　B. 下降　　　　C. 不变　　　　D. 无法判断
163. 为有效提高建设项目的经济效果,在项目建设过程中进行价值工程活动的重点应放在( )阶段。
    A. 施工　　　　B. 设计　　　　C. 保修　　　　D. 竣工验收
164. 价值工程的目标在于提高工程对象的价值,它追求的是( )。
    A. 满足用户最大限度需求的功能　　B. 投资费用最低时的功能
    C. 寿命周期费用最低时的必要功能　　D. 使用费用最低时的功能
165. 根据价值工程的原理,提高产品价值最理想的途径是( )。
    A. 在产品成本不变的条件下,提高产品功能
    B. 在保持产品功能不变的前提下,降低成本
    C. 在提高产品功能的同时,降低产品成本
    D. 产品功能有较大提高,产品成本有较少提高
166. 价值工程数学表达式 $V=F/C$ 中的成本 C 是指产品的( )。
    A. 生产成本　　B. 维护成本　　C. 使用成本　　D. 寿命周期成本
167. 价值工程的目标是以( )可靠地实现产品的必要功能。
    A. 最低费用　　B. 最低周期费用　　C. 控制成本费用　　D. 最低寿命周期成本
168. 价值工程是着重于产品( )的有组织的活动。
    A. 价格分析　　B. 功能分析　　C. 成本分析　　D. 价值分析
169. 价值工程的目标表现为( )。
    A. 产品价值的提高　　　　B. 产品功能的提高
    C. 产品功能与成本的协调　　D. 产品价值与成本的协调
170. 一般而言,随着产品功能水平的提高,生产产品的成本呈( )趋势。
    A. 上升　　　　B. 下降　　　　C. 平衡或不变　　D. 不确定
171. 价值工程是一种( )方法。
    A. 工程技术　　B. 技术经济　　C. 经济分析　　D. 综合分析
172. 价值工程中的功能一般是指产品的( )。
    A. 基本功能　　B. 使用功能　　C. 主要功能　　D. 必要功能
173. 价值工程涉及价值、( )和寿命周期成本三个基本要素。
    A. 价格　　　　B. 成本　　　　C. 功能　　　　D. 费用
174. 价值工程的工作程序,按一般的决策过程可划分为( )个阶段。
    A. 2　　　　　B. 3　　　　　C. 4　　　　　D. 5
175. 在价值工程活动中,决定价值工程成败的关键阶段是( )。

A. 收集资料　　　　B. 功能分析　　　　C. 方案创造　　　　D. 功能评价

176. 价值工程活动的首要环节是进行对象选择,适用于价值工程对象的选择方法是（　　）。
A. 因果分析法和层次分析法　　　　B. 经验分析法和强制评分法
C. 因果分析法和价值指数法　　　　D. 层次分析法和因素分析法

177. 按功能的重要程度划分,产品的功能一般可划分为（　　）。
A. 基本功能和辅助功能　　　　B. 使用功能和美学功能
C. 必要功能和不必要功能　　　　D. 过剩功能和不足功能

178. 按功能的性质划分,产品的功能可分为（　　）。
A. 必要功能和不必要功能　　　　B. 基本功能和辅助功能
C. 过剩功能和不足功能　　　　D. 使用功能和美学功能

179. 按用户的需求划分,产品的功能可分为（　　）。
A. 使用功能和美学功能　　　　B. 过剩功能和不足功能
C. 基本功能和辅助功能　　　　D. 必要功能和不必要功能

180. 按功能的量化标准划分,产品功能可分为（　　）。
A. 过剩功能和不足功能　　　　B. 必要功能和不必要功能
C. 基本功能和辅助功能　　　　D. 使用功能和美学功能

181. 在价值工程活动中,通过分析求得某评价对象的价值系数 V 后,对该评价对象可采取的策略是（　　）。
A. $V<1$ 时,提高成本或删除过剩功能　　B. $V<1$ 时,降低成本或提高功能水平
C. $V>1$ 时,降低成本或提高功能水平　　D. $V>1$ 时,提高成本或删除不必要的功能

182. 价值工程活动过程中,针对具体改进目标而寻求必要功能实现途径的关键工作是（　　）。
A. 功能分析　　　　B. 功能整理　　　　C. 方案创造　　　　D. 方案评价

183. 基于"关键的少数和次要的多数"原理对一个产品的零部件进行分类,并选择"占产品成本比例高而占零部件总数比例低"的零部件作为价值工程对象,这种方法称为（　　）。
A. 强制确定法　　　B. 价值指数法　　　C. ABC 分析法　　　D. 头脑风暴法

184. 应用价值工程原理进行功能评价,表明评价对象的功能与成本较匹配,暂不需考虑改进的情形时,价值系数 V_i（　　）。
A. 大于 0　　　　B. 等于 1　　　　C. 大于 1　　　　D. 小于 1

185. 在价值工程活动中,方案创造的常用方法有（　　）。
A. 哥顿法和技术进步法　　　　B. 专家意见法和流程图法
C. 头脑风暴法和专家检查法　　　　D. 德尔菲法和因素分析法

186. 在价值工程对象选择的 ABC 分析法中,C 类零部件是指（　　）。
A. 将占总成本 70%～80% 而占零部件总数 10%～20% 的零部件
B. 将占总成本 10%～30% 而占零部件总数 20%～80% 的零部件
C. 将占总成本 10%～20% 而占零部件总数 60%～90% 的零部件
D. 将占总成本 5%～10% 而占零部件总数 60%～80% 的零部件

187. 在价值工程活动中,无论是概略评价还是详细评价,一般可先做( )。
   A. 经济评价   B. 技术评价   C. 社会评价   D. 风险评价

188. 人工费指列入概、预算定额的直接从事建筑安装工程施工的生产工人开支的各项费用,其分类不包括( )。
   A. 计时工资或计件工资   B. 津贴、补贴
   C. 特殊情况下支付的工资   D. 执行国家或社会义务等原因支付的工资

189. 建筑安装工程直接工程费中的人工费是指( )。
   A. 施工现场所有人员的工资性费用
   B. 施工现场与建筑安装施工直接有关人员的工资性费用
   C. 直接从事建筑安装施工的生产人员开支的各项费用
   D. 直接从事建筑安装施工的生产人员及机械操作人员开支的各项费用

190. 下列有关冬季施工增加费计算的表述中,不正确的是( )。
   A. 冬季施工增加费的计算方法,是根据各类工程的特点,规定各气温区的取费标准
   B. 采用全年平均摊销的方法,即不论是否在冬季施工,均按规定的取费标准计取冬季施工增加费
   C. 一条路线穿过两个以上的气温区时,可分段计算或按各区的工程量比例求得全线的平均增加率,计算冬季施工增加费
   D. 冬季施工增加费以各类工程的定额直接费之和为基数,按工程所在地气温区的费率计算

191. 需要计取特殊地区施工增加费的地区不包括( )。
   A. 高原地区   B. 风沙地区   C. 冰冻地区   D. 沿海地区

192. 下列有关特殊地区施工增加费的表述中,不正确的是( )。
   A. 高原地区施工增加费是指在海拔高度 2000m 以上地区施工,由于受气候、气压的影响,致使人工、机械效率降低而增加的费用
   B. 风沙地区施工增加费是指在沙漠地区施工时,由于受风沙影响,按照施工及验收规范的要求,为保证工程质量和安全生产而增加的有关费用
   C. 沿海地区施工增加费是指工程项目在沿海地区施工受海风、海浪和潮汐的影响,致使人工、机械效率降低等所需增加的费用
   D. 特殊地区施工增加费以各类工程的人工费与机械使用费之和为基数,按相应费率计算

193. 下列有关施工辅助费计算的表述中,正确的是( )。
   A. 施工辅助费以各类工程的定额直接费为基数,按相应费率计算
   B. 施工辅助费以各类工程的定额人工费与定额施工机械使用费之和为基数,按相应费率计算
   C. 施工辅助费以各类工程的直接费为基数,按相应费率计算
   D. 施工辅助费以各类工程的人工费与施工机械使用费之和为基数,按相应费率计算

194. 下列有关工地转移费计算所涉及的工地转移距离的表述中,不正确的是( )。
   A. 高速公路、一级公路项目转移距离按省会城市至工地的里程计算

B. 独立大桥、独立隧道项目转移距离按省会城市至工地的里程计算

C. 二级及二级以下公路项目转移距离按县级城市所在地至工地的里程计算

D. 工地转移距离在 50km 以内的工程按 50km 计算

195. 工程排污费,即施工现场按规定缴纳的排污费用,应计入(　　)。

A. 企业管理费　　　B. 规费　　　C. 直接费　　　D. 施工辅助费

196. 下列有关建筑安装工程费相关费用计算的表述中,不正确的是(　　)。

A. 企业管理费费用 = ∑各类工程的定额直接费×企业管理费综合费率

B. 规费 = ∑各类工程的人工费×规费综合费率

C. 利润 = (定额直接费 + 措施费 + 企业管理费 − 规费)×7.42%

D. 税金 = (直接费 + 设备购置费 + 措施费 + 企业管理费 + 规费 + 利润)×增值税税率

197. 下列有关施工场地建设费和安全生产费计算的表述中,不正确的是(　　)。

A. 施工场地建设费以施工场地计费基数,按规定的费率,以累进方法计算

B. 施工场地建设费 = (定额建筑安装工程费 − 专项费用)×累进费率

C. 安全生产费 = 建筑安装工程费×安全生产费费率

D. 安全生产费费率应不小于 1.0%

198. 基本预备费不包括(　　)。

A. 在进行技术设计、施工图设计和施工过程中,在批准的初步设计和概算范围内所增加的工程费用

B. 在设备订货时,由于规格、型号改变的价差,材料货源变更、运输距离或方式的改变以及因规格不同而代换使用等原因发生的价差

C. 在项目主管部门组织竣(交)工验收时,验收委员会(或小组)为鉴定工程质量必须开挖和修复隐蔽工程的费用

D. 施工过程中因不可预见风险发生所增加的费用

199. 某独立大桥项目在竣工验收时,竣工验收委员会为鉴定一项隐蔽工程质量进行了必要挖掘,则该项挖掘费用应计入(　　)。

A. 专项评估费　　　　　　　　B. 基本预备费

C. 工程质量监督费　　　　　　D. 竣工验收试验检测费

200. 建设项目前期工作费不包括(　　)。

A. 编制项目建议书、可行性研究报告、投资估算等所需的费用

B. 初步设计和施工图设计的勘察费、设计费、概(预)算编制费等

C. 使用林地可行性研究报告编制费

D. 设计、监理、施工招标文件及招标标底(或造价控制值或清单预算)文件编制费

201. 临时占用的耕地、鱼塘等,待工程交工后将其恢复到原有标准所发生的费用是(　　)。

A. 土地补偿费　　　　　　　　B. 复耕费

C. 耕地开垦费　　　　　　　　D. 征用耕地安置补助费

202. 下列费用中,不属于工程建设其他费用中建设项目管理费的有(　　)。

A. 建设单位管理费

B. 工程监理费

C. 工程招标费(不含招标文件及标底或招标控制价编制费)

D. 可行性研究费

203. 建设项目投资的最高限额是( )。

　　A. 投资估算　　B. 设计概算　　C. 施工图预算　　D. 施工预算

204. 直接费中不包含( )。

　　A. 人工费　　B. 材料费　　C. 直接工程费　　D. 施工机械使用费

205. 下列关于利润的计算公式中,正确的是( )。

　　A. 利润 = (直接费 + 企业管理费)×7.42%

　　B. 利润 = (直接费 + 措施费 + 企业管理费)×7.42%

　　C. 利润 = (定额直接费 + 企业管理费)×7.42%

　　D. 利润 = (定额直接费 + 措施费 + 企业管理费)×7.42%

206. 下列关于税金的计算公式中,正确的是( )。

　　A. 税金 = (直接费 + 措施费 + 企业管理费)×增值税税率

　　B. 税金 = (直接费 + 措施费 + 企业管理费 + 规费)×增值税税率

　　C. 税金 = (直接费 + 设备购置费 + 措施费 + 企业管理费 + 规费)×增值税税率

　　D. 税金 = (直接费 + 设备购置费 + 措施费 + 企业管理费 + 规费 + 利润)×增值税税率

207. ( )是公路工程概(预)算文件中乙组文件的内容。

　　A. 总概(预)算汇总表　　B. 人工、主要材料、机械台班数量汇总表

　　C. 编制说明　　D. 分项工程概(预)算费计算数据表

208. 概预算项目层级可划分为( )。

　　A. 部分—项—节　　B. 部分—目—细目

　　C. 部分—项—目—节　　D. 部分—项—目—节—细目

209. 下列选项中,属于项目资本金的筹措渠道与方式的是( )。

　　A. 银行贷款　　B. 发行债券　　C. 发行股票　　D. 设备租赁

210. 下列选项中,属于发行股票筹资的优点的是( )。

　　A. 支出固定　　B. 融资风险低

　　C. 少纳所得税　　D. 可以提高自有资金利润率

211. 下列选项中,属于发行股票筹资的缺点的是( )。

　　A. 资金成本高

　　B. 会提高企业负债比率,增加企业风险

　　C. 常常对企业的经营管理有较多的限制

　　D. 固定股息支出会使企业承受一定的风险

212. 在通过吸收国外资本直接投资来筹集项目资本金时,投资方式包括( )。

　　A. 国外政府贷款　　B. 国际金融组织贷款

　　C. 合作开发　　D. 吸收国外企业和个人存款

213. 通过吸收国外资本直接投资方式筹集资本金的特点包括( )等。

　　A. 项目不允许国外资本控股　　B. 不发生债权债务关系

C. 不需出让一部分管理权　　　　　　D. 不需支付任何利润

214. 下列选项中,属于建设项目负债筹资方式的是(　　)。
   A. 政府投资　　B. 发行债券　　C. 发行股票　　D. 股东直接投资

215. 下列有关债券筹资优缺点的表述中,不正确的是(　　)。
   A. 它只需付给持券人固定的债券利息
   B. 债券持有者有权参与企业管理
   C. 发行债券会提高企业负债比率,降低企业的财务信誉
   D. 合理的债券利息计入成本,使得企业少纳所得税

216. 一般来说,当企业预测未来市场销售情况良好、盈利稳定、预计未来物价上涨较快,企业负债比率不高时,可以考虑以(　　)的方式进行筹资。
   A. 银行贷款　　B. 发行股票　　C. 发行债券　　D. 政府投资

217. 对于承租人而言,与购买设备相比,租赁设备的优越性在于(　　)。
   A. 可降低资金成本　　　　　　B. 技术进步加快
   C. 不形成长期负债　　　　　　D. 合同条件比较宽松

218. 在项目资金筹措方式中,与发行债券相比,发行股票的特点是(　　)。
   A. 不影响企业投资者的控制权　　B. 可以降低企业缴纳的所得税
   C. 可以提高企业自有资金利润率　　D. 可以降低企业的负债比率

219. 在下列筹资方式中,不改变企业控制权,并能将资金使用代价计入成本的是(　　)。
   A. 发行优先股　　　　　　B. 发行普通股
   C. 发行债券　　　　　　　D. 吸收国外资本直接投资

220. 项目融资的阶段与程序是(　　)。
   A. 融资决策分析→投资决策分析→融资结构分析→融资谈判→项目融资执行
   B. 融资决策分析→融资结构分析→投资决策分析→融资谈判→项目融资执行
   C. 投资决策分析→融资决策分析→融资结构分析→融资谈判→项目融资执行
   D. 投资决策分析→融资结构分析→融资决策分析→融资谈判→项目融资执行

221. 下列资金成本中,属于筹资阶段发生且具有一次性特征的是(　　)。
   A. 债券发行手续费　　　　　　B. 债券利息
   C. 股息和红利　　　　　　　　D. 银行贷款利息

222. 某公司发行票面总额为300万元的优先股股票,筹资费费率为5%,年股息率为15%,公司所得税税率为25%,则其资金成本率为(　　)。
   A. 11.84%　　B. 15.00%　　C. 15.79%　　D. 20.00%

223. 下列融资成本中,属于资金使用成本的是(　　)。
   A. 发行手续费　　B. 担保费　　C. 资信评估费　　D. 债券利息

224. 某企业发行普通股正常市价为20元,估计年增长率为10%,第一年预计发放股利1元,筹资费用率为股票市价的12%。则新发行普通股的资金成本率为(　　)。
   A. 11.36%　　B. 13.33%　　C. 15.56%　　D. 15.68%

225. 某企业发行面额为5000万元的5年期债券,票面利率为7%,发行费用率为5%;向银行贷款3000万元,贷款期限为5年,年利率为8%,贷款手续费率为2%,企业所得税税率为33%。则该企业此次筹资的资金成本率为(　　)。

  A.4.94%   B.5.14%   C.5.47%   D.7.67%

226. 某项目贷款筹资总额18万元，筹资费率为10%，贷款年利率为9%，则该项贷款的资金成本率为(　　)。

  A.11.10%   B.10.00%   C.9.00%   D.8.10%

227. 通过出售现有投产项目在一定期限内的现金流量，从而获得资金来建设新项目的一种新兴融资方式是(　　)。

  A.BOT方式   B.TOT方式   C.ABS方式   D.PFI方式

228. 某企业账面反映的长期资金共500万元，其中长期借款100万元，应付长期债券50万元，普通股250万元，保留盈余100万元，其资金成本率分别为5%、7%、10%、11%，则该企业的加权平均资金成本率为(　　)。

  A.8.9%   B.9.8%   C.6.9%   D.9.6%

229. 某企业向银行贷款3000万元，贷款期限为5年，年利率为8%，贷款手续费率为2%，企业所得税税率为33%，还款按每年末支付利息、贷款期末一次全部还本，则该企业借款成本率为(　　)。

  A.4.94%   B.5.14%   C.5.47%   D.7.67%

230. 下列有关工程量清单作用的表述中，不正确的是(　　)。

  A. 是编制标底的重要依据

  B. 是编制投标报价的基础和依据

  C. 是质量和进度控制的依据

  D. 是实施合同过程中进行工程计量与费用支付的依据

231. 下列有关工程量清单说明的表述中，不正确的是(　　)。

  A. 工程量清单中所列工程数量是估算的或设计的预计数量，不能作为最终结算与支付的依据

  B. 实际完成的工程量，由承包人按工程量清单计量规则规定的计量方法，以监理人认可的尺寸、断面计量

  C. 工程量清单中所列工程量的变动，丝毫不会降低或影响合同条款的效力，也不免除承包人按规定的标准进行施工和修复缺陷的责任

  D. 图纸中所列工程数量表及数量汇总表，不是工程量清单的外延。当图纸与工程量清单所列数量不一致时，以图纸所列数量作为报价的依据

232. 下列有关工程清单中投标报价说明的表述中，不正确的是(　　)。

  A. 工程量清单中的每一子目须填入单价或价格，且只允许有一个报价

  B. 工程量清单中有标价的单价和总额价均已包括了为实施和完成合同工程所需的一切费用以及合同明示或暗示的所有责任、义务和一般风险

  C. 工程量清单中投标人没有填入单价或价格的子目，承包人必须按监理人指令完成，但不能得到结算与支付

  D. 承包人用于本合同工程的各类装备的提供、运输、维护、拆卸、拼装等支付的费用，未包括在工程量清单的单价与总额价之中，应另外计量与支付

233. 下列有工程量清单关计日工说明的表述中，不正确的是(　　)。

A. 未经监理人书面指令,任何工程不得按计日工施工

B. 接到监理人按计日工施工的书面指令,承包人也不得拒绝

C. 计日工可以调价

D. 投标人应在计日工单价表中填列计日工子目的基本单价或租价,该基本单价或租价适用于监理人指令的任何数量的计日工的结算与支付

234. 在使用不平衡报价法时,可以适当调高报价的情况是(　　)。

A. 早期开工的项目

B. 工程量可能减少的项目

C. 施工图纸不明确,估计以后会取消的项目

D. 暂列金额项目不一定做的

235. 下列有关投标限价的说法中,不正确的是(　　)。

A. 招标人可以自行决定是否设置最高投标限价

B. 招标人可以规定最低投标限价

C. 招标人设有最高投标限价的,应当在招标文件中明确最高投标限价

D. 接受委托编制最高投标限价的中介机构不得参加该项目的投标

236. 费用监理的目标是(　　)。

A. 使实际支付的费用最低

B. 使实际支付的费用满足建设单位满意

C. 使实际支付的费用令合同双方满意

D. 使实际支付的费用符合合同的规定

237. 费用监理的方法不包括(　　)。

　　A. 反馈监理　　　B. 前馈监理　　　C. 对比监理　　　D. 跟踪监理

238. 监理工程师在费用支付中的职责不包括(　　)。

A. 审核(核查)承包人的各种付款申请及相应的支持性证明文件

B. 提出发包人到期应支付给承包人的价款以及相应的支持性材料

C. 向承包人签发(出具)付款证书

D. 决定合同价款的调整

239. 工程计量的项目不包括(　　)。

　　A. 工程量清单中的所有子目　　　B. 合同文件规定的其他需支付的项目

　　C. 根据监理人变更指示实施的变更项目　D. 建设单位要求的需计量的项目

240. 一般单价子目已完工程量计量周期是按(　　)计量。

　　A. 月　　　　　B. 季度　　　　　C. 半年　　　　　D. 年

241. 监理人应在收到承包人提交的工程量报表后的(　　)天内进行复核。

　　A. 28　　　　　B. 7　　　　　　C. 14　　　　　　D. 21

242. 承包人未在已标价工程量清单中填入单价或总额价的工程子目,其处理方法是(　　)。

A. 取消该子目

B. 承包人必须完成该子目,发包人支付费用

C. 承包人必须完成该子目,但发包人不支付费用

D. 由建设单位决定与承包人协商决定处理方法

243. 下列有关工程量清单中总价子目计量的说法中,不正确的是(　　)。

　　A. 总价子目的计量和支付应以总价为基础,应因物价波动的因素而进行调整

　　B. 承包人实际完成的工程量,是进行工程目标管理和控制进度支付的依据

　　C. 承包人在合同约定的每个计量周期内,对已完成的工程进行计量

　　D. 工程量清单中总价子目的工程量是承包人用于结算的最终工程量

244. 下列有关对钢材等材料质量计量的说法中,不符合规定的是(　　)。

　　A. 钢筋、钢板或型钢计量时,应按图纸或其他资料标示的尺寸和净长计算,应以千克计量,四舍五入,不计小数

　　B. 由于理论单位质量与实际单位质量的差异而引起材料质量与数量不相匹配的情况,计量时应予考虑

　　C. 搭接、接头套筒、焊接材料、下脚料和固定、定位架立钢筋等,不予另行计量

　　D. 对有规定标准的项目,例如钢筋、金属线、钢板等,均有规定的规格、质量等指标,通常计量时可用制造商的允许偏差

245. 监理工程师对结构物混凝土体积进行计量,应以(　　)为准。

　　A. 现场实地测量尺寸　　　　　　B. 与业主协商确定

　　C. 合同图纸净尺寸　　　　　　　D. 与承包人共同确认

246. 工程量清单中所列的工程量(　　)。

　　A. 是合同给出的预计工程数量

　　B. 是实际计量的工程数量

　　C. 是实际计量并经监理工程师确认的工程数量

　　D. 是承包人实际完成的工程数量

247. 某桥梁灌注桩清孔后沉积层仍超过规定厚度,二次清孔后,孔深增加,浇筑后的实际桩长比设计桩长增加了1.5m。承包人要求对增加的混凝土量给予计量。监理工程师应(　　)。

　　A. 给予计量　　　　　　　　　　B. 不予计量

　　C. 计量所增混凝土量的一半　　　D. 和承包人协商后予以计量

248. 监理工程师必须以质量合格、手续齐全,且(　　),作为计量支付的先决条件。

　　A. 施工单位申请　　　　　　　　B. 监理工程师审核

　　C. 建设单位同意　　　　　　　　D. 符合安全和环保要求

249. 工程费用监理的目的就是通过对工程费用的(　　)使其能够最优地实现合同费用控制目标。

　　A. 及时支付　　B. 认真核算　　C. 签证确认　　D. 动态控制

250. 公路工程施工过程中,费用监理的关键是(　　)。

　　A. 反索赔　　　　　　　　　　　B. 拒绝一切索赔

　　C. 合理确定变更工作单价　　　　D. 工程计量与支付

251. 下列文件不能作为工程计量依据的是(　　)。

A. 中间交工证书 B. 标价的工程量清单
C. 施工技术规范 D. 分项工程开工报审表

252. 监理人在收到承包人提交的进度付款申请单后的(　　)天内完成核查,提出发包人到期应支付给承包人的金额,经发包人审查同意后,由监理人向承包人出具进度付款证书。
A. 14　　　　　B. 7　　　　　C. 21　　　　　D. 28

253. 计日工按合同已确定的单价和监理人核实的数量,以(　　)形式,通过进度付款申请,监理人审核,发包人批准支付。
A. 日计月累计 B. 月计年累计
C. 完成后立即支付 D. 项目完成后一次性支付

254. 承包人应在交工验收证书签发后(　　)天内,向监理人提交交工付款申请单及相关证明材料。
A. 28　　　　　B. 35　　　　　C. 42　　　　　D. 49

255. 承包人应在缺陷责任期终止证书签发后(　　)天内,向监理人提交最终结清申请单及相关证明材料。
A. 14　　　　　B. 21　　　　　C. 28　　　　　D. 35

256. 监理人在收到承包人付款申请单以及相应的支持性证明文件后的(　　)天内完成核查,提出发包人到期应支付给承包人的价款以及相应的支持性材料。
A. 7　　　　　B. 14　　　　　C. 21　　　　　D. 28

257. 经监理人核查并报发包人批准,发包人应在监理人收到进度付款申请单且承包人提交了合格的增值税专用发票后的(　　)天内,将进度应付款支付给承包人。
A. 14　　　　　B. 21　　　　　C. 28　　　　　D. 35

258. 发包人在工程量清单中给定暂估价的材料、工程设备和专业工程属于依法必须招标的范围并达到规定的规模标准的,合同价款的调整方法是(　　)。
A. 由发包人和承包人以招标的方式选择供应商或分包人,以中标价为依据取代暂估价,调整合同价款
B. 按照工程变更价款的确定方法确定价款,并以此取代暂估价,调整合同价款
C. 按照发包人要求的方法确定新的暂估价并以此取代原暂估价,调整合同价款
D. 由监理人与合同双方当事人协商达成一致,调整合同价款

259. 发包人在工程量清单中给定暂估价的材料和工程设备不属于依法必须招标的范围或未达到规定的规模标准的,则合同价款的调整方法是(　　)。
A. 承包人按合同规定采购,经监理人确认后以此为依据取代暂估价,调整合同价款
B. 按照工程变更价款的确定方法确定价款,并以此取代暂估价,调整合同价款
C. 按照发包人要求的方法确定新的暂估价并以此取代原暂估价,调整合同价款
D. 由监理人与合同双方当事人协商达成一致,调整合同价款

260. 发包人在工程量清单中给定暂估价的专业工程不属于依法必须招标的范围或未达到规定的规模标准的,合同价款调整的方法是(　　)。
A. 按照工程变更价款的确定方法确定价款,并以此取代暂估价,调整合同价款
B. 由承包人提出估价书,经监理人审查并经发包人同意,并以此取代暂估价,调整合

同价款

  C. 由监理人与合同双方当事人协商达成一致,确定新的价格取代暂估价,调整合同价款

  D. 按照发包人要求的方法确定新的暂估价并以此取代原暂估价,调整合同价款

261. 开工预付款应在进度付款证书的累计金额达到签约合同价( )之后,开始按工程进度以固定比例分期从各月的进度付款证书中扣回。

  A. 10%   B. 20%   C. 30%   D. 40%

262. 按照规定,开工预付款应在进度付款证书的累计金额达到签约合同价( )时扣完。

  A. 60%   B. 70%   C. 80%   D. 90%

263. 某工程签约合同价为1500万元,合同规定开工预付款数额为签约合同价的10%,5月份完成200万元的工程内容,且到该月时,累计支付工程金额为600万元。则该月应扣回开工预付款的金额为( )万元。

  A. 40   B. 30   C. 120   D. 20

264. 按有关规定,交工验收证书签发后( )天内,承包人应按项目专用合同条款数据表中规定的金额,向发包人缴纳质量保证金。

  A. 7   B. 14   C. 21   D. 21

265. 按有关规定,在具备返回条件时,发包人应当在缺陷责任期期满后( )天内,将剩余保证金返还承包人。

  A. 7   B. 14   C. 21   D. 28

266. 在合同履行过程中,可能发生合同条款约定的导致变更的情形时,经发包人同意后,监理人可向承包人发出( )。

  A. 变更意向书 B. 变更指示 C. 变更建议 D. 变更报价书

267. 承包人接到监理人发出的变更意向书后认为实施该变更可行时,应向监理人提交( )。

  A. 变更报价书 B. 变更建议 C. 变更图纸 D. 变更实施方案

268. 承包人收到监理人按合同约定提供的图纸和文件,经检查认为其中存在合同条款约定可导致变更的情形时,承包人可监理人提交( )。

  A. 变更意向书 B. 书面变更建议 C. 变更实施方案 D. 变更图纸

269. 在合同履行过程中,发生了合同条款约定的导致变更的情形时,监理人应向承包人发出( )。

  A. 变更意向书 B. 变更指示 C. 变更建议书 D. 变更报价书

270. 当承包人提出书面变更建议时,监理人与发包人共同研究承包人提出的变更建议,确认存在变更的,应由监理人在收到承包人书面建议后的( )天内发出变更指示。

  A. 7   B. 14   C. 21   D. 28

271. 合同条款约定,承包人应在收到变更指示后的( )天内,向监理人提交变更报价书。

  A. 7   B. 14   C. 21   D. 28

272. 监理人收到承包人变更报价书后的( )天内,根据合同条款约定的估价原则,按合同条款的规定商定或确定变更价格,并报发包人批准。
    A. 7　　　　　　B. 14　　　　　　C. 21　　　　　　D. 28
273. 按索赔依据的不同,可将索赔分为( )。
    A. 合同内的索赔和合同外的索赔　　B. 工期索赔和费用索赔
    C. 承包人的索赔和发包人的索赔　　D. 施工期的索赔和缺陷责任期的索赔
274. 承包人应在知道或应当知道索赔事件发生后( )天内,向监理人递交索赔意向通知书,并说明发生索赔事件的事由。
    A. 14　　　　　　B. 21　　　　　　C. 28　　　　　　D. 35
275. 承包人应在发出索赔意向通知书后( )天内,向监理人正式递交索赔通知书。
    A. 14　　　　　　B. 21　　　　　　C. 28　　　　　　D. 35
276. 监理人应在收到承包人提交的索赔通知书或有关索赔的进一步证明材料后的( )天内,将索赔处理结果报发包人批准后答复承包人。
    A. 28　　　　　　B. 35　　　　　　C. 42　　　　　　D. 49
277. 承包人接受索赔处理结果的,发包人应在作出索赔处理结果答复后( )天内完成赔付。
    A. 21　　　　　　B. 28　　　　　　C. 35　　　　　　D. 42

二、多项选择题

1. 下列有关名义利率与实际利率关系的表述中,正确的是( )。
    A. 当一年内多次计息时,区分名义利率和实际利率才有意义
    B. 当一年内计息一次时,名义利率就是实际利率
    C. 当计息期小于一年时,名义利率大于实际利率
    D. 一年内计息期越多,年实际利率越大,年实际利率与名义利率的差值也越大
    E. 实际利率与名义利率的关系实质上与复利和单利的关系相同
2. 下列有关名义利率与实际利率的说法中,正确的有( )。
    A. 在计息期为1年时,名义利率等于实际利率
    B. 实际利率真实地反映了资金的时间价值
    C. 名义利率真实地反映了资金的时间价值
    D. 名义利率相同时,周期越短,与实际利率差值越大
    E. 各技术方案计息期不同时,即使名义利率相同,也不能按其计算
3. 衡量资金时间价值的尺度包括( )。
    A. 利息　　　　　　　　　　　　B. 利率
    C. 纯收益　　　　　　　　　　　D. 收益率
    E. 使用资金时间
4. 现金流量通常是对某一特定经济系统,在一定时间内的不同时间点所形成的( )的统称。
    A. 现金流入量　　　　　　　　　B. 现金流出量

C. 净现金流量　　　　　　　　　D. 现金流向
E. 现金数量

5. 在工程经济分析中,现金流量通常用(　　)表示。
   A. 函数式　　　　　　　　　　B. 现金流量图
   C. 树形图　　　　　　　　　　D. 曲线图
   E. 现金流量表

6. 现金流量图可以全面、形象、直观地表示现金流量的三要素。现金流量的三要素是指(　　)。
   A. 现金流量的大小　　　　　　B. 现金流量的速度
   C. 现金流量的方向　　　　　　D. 现金流量的作用点
   E. 现金的回收点

7. 在绘制现金流量图时,应把握的要素有现金流量的(　　)。
   A. 对象　　　　　　　　　　　B. 数额
   C. 累计额　　　　　　　　　　D. 流向
   E. 发生时间

8. 下列关于现金流量图的表述中,正确的有(　　)。
   A. 是一种反映经济系统资金运动状态的图式
   B. 横轴表示一个从0开始到n的时间序列
   C. 与横轴相连的垂直线箭头向上表示现金流出
   D. 横轴反映的是所考察经济系统的寿命周期
   E. 现金的流入与流出是相对特定经济系统而言的

9. 下列关于现金流量图绘制规则的说法中,正确的有(　　)。
   A. 横轴为时间轴,整个横轴表示经济系统寿命期
   B. 横轴的起点表示时间序列第一期期末
   C. 横轴上每一间隔代表一个计息周期
   D. 与横轴相连的垂直箭线代表现金流量
   E. 垂直箭线的长短应体现各时点现金流量的大小

10. 利息的计算通常可分为(　　)。
    A. 单利法　　　　　　　　　　B. 连续单利法
    C. 间断复利法　　　　　　　　D. 连续复利法
    E. 复利法

11. 某企业从银行借入一笔1年期的短期借款,年利率为12%,按月复利计息,则关于该项借款利率的说法,正确的有(　　)。
    A. 利率为连续复利　　　　　　B. 年有效利率为12%
    C. 月有效利率为1%　　　　　　D. 名义利率为12%
    E. 季有效利率大于3%

12. 建设项目经济效果的分析与评价包括(　　)。
    A. 财务分析与评价　　　　　　B. 国民经济分析与评价

C. 经济效益分析与评价 　　　　　　D. 安全效益分析与评价
E. 环保效益分析与评价

13. 建设项目经济效果的分析与评价的主要内容包括(　　)。
A. 盈利能力分析 　　　　　　B. 清偿能力分析
C. 经济效益分析 　　　　　　D. 财务生存能力分析
E. 抗风险能力分析

14. 建设项目盈利能力分析与评价指标包括(　　)。
A. 净现值 　　　　　　B. 内部收益率
C. 偿债备付率 　　　　　　D. 净年值
E. 动态投资回收期

15. 建设项目偿债能力分析与评价指标包括(　　)。
A. 利息备付率 　　　　　　B. 偿债备付率
C. 资产负债率 　　　　　　D. 投资收益率
E. 流动比率

16. 建设项目静态分析与评价指标包括(　　)。
A. 投资收益率 　　　　　　B. 利息备付率
C. 借款偿还期 　　　　　　D. 净现值率
E. 资产负债率

17. 建设项目动态分析与评价指标包括(　　)。
A. 净现值 　　　　　　B. 内部收益率
C. 净年值 　　　　　　D. 效益费用比
E. 借款偿还期

18. 根据评价的角度、范围、作用等,建设项目经济效果的评价可分为(　　)等层次。
A. 社会效益评价 　　　　　　B. 环境效益评价
C. 财务评价 　　　　　　D. 国民经济评价
E. 综合评价

19. 投资方案的经济效果评价分析主要包括的内容有(　　)。
A. 融资能力 　　　　　　B. 盈利能力
C. 清偿能力 　　　　　　D. 财务生存能力
E. 抗风险能力

20. 投资方案经济效果评价的基本方法包括(　　)。
A. 动态评价 　　　　　　B. 静态评价
C. 确定性评价 　　　　　　D. 社会效益评价
E. 不确定性评价

21. 按照是否考虑资金时间价值,经济效果评价方法可分为(　　)。
A. 宏观评价 　　　　　　B. 确定性评价
C. 动态评价 　　　　　　D. 不确定性评价
E. 静态评价

22. 按照评价方法的性质不同,投资方案经济效果的评价可分为(　　)。
    A. 静态评价　　　　　　　　　B. 动态评价
    C. 定量评价　　　　　　　　　D. 定性评价
    E. 确定性评价

23. 按照是否考虑所量化的费用和效益的时间因素,经济效果评价指标可分为(　　)。
    A. 动态评价指标　　　　　　　B. 静态评价指标
    C. 定量评价指标　　　　　　　D. 定性评价指标
    E. 效益评价指标

24. 下列经济效果评价指标中,属于静态评价指标的有(　　)。
    A. 投资收益率　　　　　　　　B. 净现值率
    C. 资产负债率　　　　　　　　D. 偿债备付率
    E. 内部收益率

25. 下列经济效果评价指标中,属于动态评价指标的有(　　)。
    A. 净现值　　　　　　　　　　B. 利息备付率
    C. 内部收益率　　　　　　　　D. 净年值
    E. 效益费用比

26. 下列指标中,用于项目盈利能力分析的指标有(　　)。
    A. 投资收益率　　　　　　　　B. 投资回收期
    C. 资产负债率　　　　　　　　D. 净现值
    E. 借款偿还期

27. 下列指标中,用于项目偿债能力分析的指标有(　　)。
    A. 资产负债率　　　　　　　　B. 偿债备付率
    C. 利息备付率　　　　　　　　D. 投资收益率
    E. 投资回收期

28. 下列指标中,反映投资方案盈利能力的动态评价指标有(　　)。
    A. 投资收益率　　　　　　　　B. 内部收益率
    C. 净现值率　　　　　　　　　D. 利息备付率
    E. 偿债备付率

29. 作为投资方案经济效果评价的主要指标,净现值和内部收益率的共同特点是(　　)。
    A. 均考虑了资金的时间价值　　B. 均不受外部参数的影响
    C. 均可对独立方案进行评价　　D. 均能反映未回收投资的收益率
    E. 均有唯一的取值

30. 下列指标中,取值越大说明项目效益越好的是(　　)。
    A. 静态投资回收期　　　　　　B. 投资收益率
    C. 净现值　　　　　　　　　　D. 动态投资回收期
    E. 内部收益率

31. 当动态投资回收期小于项目的计算期时,必然有(　　)。
    A. 净现值大于零　　　　　　　B. 净现值等于零
    C. 内部收益率等于基准收益率　D. 内部收益率大于基准收益率

E. 静态投资回收期小于项目寿命期

32. 某投资方案,基准收益率为12%,若该方案的内部收益率为13%,则该方案(　　)。
    A. 可行
    B. 不可行
    C. 无法判定是否可行
    D. 净现值小于零
    E. 净现值大于零

33. 可用于寿命周期不同互斥方案评价的方法包括(　　)。
    A. 净现值法
    B. 动态投资回收期法
    C. 投资收益率法
    D. 利息备付率法
    E. 年值法

34. 净现值和内部收益率作为评价投资方案经济效果的主要指标,两者的共同特点有(　　)。
    A. 均考虑了项目在整个计算期内的经济状况
    B. 均取决于投资工程的现金流量而不受外部参数影响
    C. 均可用于单一方案或独立方案的评价,而且结论是一致的
    D. 均能反映投资过程的收益程度
    E. 均能直接反映项目在运营期间各年的经营成果

35. 各备选方案之间的关系是决定所采用评价方法的重要因素。一般来讲,方案之间的关系主要有(　　)等。
    A. 主从关系
    B. 互斥关系
    C. 相互关系
    D. 独立关系
    E. 隶属关系

36. 下列投资方案经济效果评价方法中,可适用于独立方案的有(　　)。
    A. 净现值
    B. 净年值
    C. 内部收益率
    D. 增量净现值
    E. 增量内部收益率

37. 下列有关独立方案经济效果评价的表述中,正确的有(　　)。
    A. 独立方案的采用与否,只取决于方案自身的经济性
    B. 独立方案的评价只包含绝对经济效果检验
    C. 独立方案的评价包含绝对经济效果检验和相对经济效果检验
    D. 独立方案与单一方案的评价方法是相同的
    E. 凡通过绝对效果检验的独立方案,就认为它在经济上是可以接受的

38. 互斥方案的经济效果评价包含了(　　)两部分内容。
    A. 投资规模比较
    B. 寿命期比较
    C. 资金成本比较
    D. 绝对经济效果检验
    E. 相对经济效果检验

39. 下列评价方法中,可用于互斥方案绝对经济效果检验的有(　　)。
    A. 净现值
    B. 净年值
    C. 内部收益率
    D. 增量净现值
    E. 增量内部收益率

40. 下列投资方案评价方法中,可用于互斥方案绝对经济效果检验的动态评价方法的有( )。
    A.投资收益率　　　　　　　　B.净现值
    C.净年值　　　　　　　　　　D.净现值率
    E.内部收益率

41. 下列评价方法中,可用于寿命期相同的互斥方案相对经济效果检验的有( )。
    A.净现值　　　　　　　　　　B.净年值
    C.内部收益率　　　　　　　　D.增量净现值
    E.增量内部收益率

42. 下列有关投资方案经济效果评价方法中,既可用于寿命期相同的互斥方案评价,又可用于寿命期不同的互斥方案评价的有( )。
    A.净现值法　　　　　　　　　B.增量净现值法
    C.内部收益率法　　　　　　　D.增量投资回收期法
    E.净年值法

43. 下列投资方案评价方法中,既可用于互斥方案的绝对经济效果检验,又可用于相对经济效果检验的有( )。
    A.净现值　　　　　　　　　　B.净年值法
    C.内部收益率法　　　　　　　D.增量净现值法
    E.增量内部收益率法

44. 互斥型方案的经济效果评价包含了( )两部分内容。
    A.经济指标计算　　　　　　　B.绝对经济效果检验
    C.经济指标比较　　　　　　　D.相对经济效果检验
    E.经济指标验证

45. 净现值用于计算期不同的互斥方案经济效果评价时的方法有( )。
    A.最小公倍数法　　　　　　　B.无限计算期法
    C.最大公约数法　　　　　　　D.错位相减法
    E.研究期分析法

46. 对于独立方案而言,保证方案经济上可行的条件有( )。
    A. NPV≥0　　　　　　　　　B. NPV≤0
    C. IRR≥i_0　　　　　　　　D. IRR≤i_0
    E. P_t≤P_c

47. 不确定性分析的方法主要包括( )。
    A.盈亏平衡分析　　　　　　　B.环境风险分析
    C.敏感性分析　　　　　　　　D.效益偏差分析
    E.概率分析

48. 下列有关盈亏平衡分析的表述中,正确的是( )。
    A.任何一个项目的盈利与亏损都有个分界点,称为盈亏平衡点
    B.在盈亏平衡点上,收入等于成本,项目既未盈利也未亏损

C. 盈亏平衡点越高,表示项目适应市场变化的能力越强,抗风险能力也越强

D. 盈亏平衡分析包括线性盈亏平衡分析和非线性盈亏平衡分析

E. 线性盈亏平衡分析的方法一般有图解法和解析法两种

49. 盈亏平衡分析按成本、销售收入与产量之间的关系可分为(　　)。

A. 静态盈亏平衡分析　　　　　　B. 线性盈亏平衡分析

C. 动态盈亏平衡分析　　　　　　D. 非线性盈亏平衡分析

E. 多因素盈亏平衡分析

50. 线性盈亏平衡分析的方法一般可分为(　　)。

A. 图解法　　　　　　　　　　　B. 因素分析法

C. 解析法　　　　　　　　　　　D. 百分比分析法

E. 环比分析法

51. 下列有关盈亏平衡分析的表述中,正确的有(　　)。

A. 盈亏平衡分析只适用于项目的财务评价

B. 盈亏平衡点是项目盈利与亏损的分界点

C. 盈亏平衡点越高,表明项目适应市场变化的能力越强,抗风险能力越大

D. 盈亏平衡点常用产量表示,也可用生产能力利用率、销售收入或产品单价来表示

E. 盈亏平衡分析是通过盈亏平衡点分析项目的成本与收益的平衡关系的一种方法

52. 投资项目财务评价中的不确定性分析方法包括(　　)。

A. 盈亏平衡分析　　　　　　　　B. 增长率分析

C. 敏感性分析　　　　　　　　　D. 均值分析

E. 发展速度分析

53. 概率分析中的决策树法是直观运用概率分析的一种图解方法。决策树一般由(　　)等组成。

A. 起始点　　　　　　　　　　　B. 决策点

C. 机会点　　　　　　　　　　　D. 方案枝

E. 概率枝

54. 根据价值工程原理,提高产品价值的途径有(　　)。

A. 采用先进的生产方式,提高产品使用功能

B. 通过改进产品质量,从而提高产品价格

C. 在保证产品使用功能的前提下设法降低成本

D. 在不增加成本的前提下设法提高产品功能

E. 通过消除或减少一些多余的功能从而大幅度降低产品的成本

55. 下列有关价值工程的表述中,正确的是(　　)。

A. 价值工程着眼于产品成本分析　　B. 价值工程的核心是功能分析

C. 价值工程强调不断改革和创新　　D. 价值工程不能将功能定量化

E. 价值工程是有组织的管理活动

56. 在建设工程中运用价值工程时,提高工程价值的途径有(　　)。

A. 通过采用新方案,既提高产品功能,又降低成本

B. 通过设计优化,在成本不变的前提下,提高产品功能
C. 施工单位通过严格履行施工合同,提高其社会信誉
D. 在保证工程质量和功能的前提下,通过合理的组织管理措施降低成本
E. 适量增加成本,大幅度提高项目功能和适用性

57. 价值工程的特点有( )等。
   A. 以提高价值为目的
   B. 致力于降低成本
   C. 以功能分析为核心
   D. 以有组织、有领导的活动为基础
   E. 以科学的技术方法为工具

58. 根据价值工程原理,下列属于提高产品价值途径的是( )。
   A. 功能提高,成本提高
   B. 功能提高,成本降低
   C. 功能不变,成本降低
   D. 功能稍有下降,成本大幅度降低
   E. 在总功能满足要求的前提下,消除多余功能

59. 价值工程的工作程序,按一般的决策过程可分为四个阶段,包括( )。
   A. 准备阶段
   B. 分析阶段
   C. 评价阶段
   D. 创新阶段
   E. 实施阶段

60. 价值工程活动过程中,准备阶段的主要工作有( )。
   A. 选择对象
   B. 收集整理资料
   C. 制订工作计划
   D. 功能评价
   E. 组成价值工程工作小组

61. 价值工程活动过程中,分析阶段的主要工作有( )。
   A. 选择对象
   B. 功能定义
   C. 功能评价
   D. 方案评价
   E. 方案审批

62. 价值工程活动过程中,创新阶段的主要工作有( )。
   A. 功能评价
   B. 方案创造
   C. 方案评价
   D. 提案编写
   E. 方案审批

63. 价值工程活动过程中,实施阶段的主要工作有( )。
   A. 方案评价
   B. 方案审批
   C. 方案实施与检查
   D. 成果评价(鉴定)
   E. 方案优化

64. 在价值工程活动中,产品的不必要功能包括( )。
   A. 辅助功能
   B. 多余功能
   C. 重复功能
   D. 过剩功能
   E. 不足功能

65. 公路工程总投资构成包括( )。
   A. 建筑安装工程费
   B. 土地使用及拆迁补偿费
   C. 工程建设其他费
   D. 直接费

E. 建设期贷款利息

66. 建筑安装工程费的组成包括( )。
    A. 直接费　　　　　　　　　　B. 设备购置费
    C. 措施费　　　　　　　　　　D. 企业管理费
    E. 间接费

67. 建筑安装工程费中的直接费包括( )。
    A. 人工费　　　　　　　　　　B. 材料费
    C. 安全措施费　　　　　　　　D. 施工机械使用费

68. 建筑安装工程费中的措施费包括( )。
    A. 冬季施工增加费　　　　　　B. 雨季施工增加费
    C. 夜间施工增加费　　　　　　D. 临时设施费
    E. 特殊地区施工增加费

69. 建筑安装工程费中的企业管理费包括( )。
    A. 基本费用　　　　　　　　　B. 主副食运费补贴
    C. 职工探亲路费　　　　　　　D. 职工生活补贴
    E. 财务费用

70. 建筑安装工程费中的规费包括( )。
    A. 养老保险费　　　　　　　　B. 失业保险费
    C. 医疗保险费　　　　　　　　D. 人身意外保险
    E. 工伤保险费

71. 建筑安装工程费中的专项费用包括( )。
    A. 施工场地建设费　　　　　　B. 安全生产费
    C. 环保措施费　　　　　　　　D. 工程标准化建设费
    E. 应急管理费

72. 工程总造价中的工程建设其他费包括( )。
    A. 建设项目管理费　　　　　　B. 研究试验费
    C. 建设项目前期工作费　　　　D. 设计文件审查费
    E. 生产准备费

73. 工程建设其他费中的建设项目管理费包括( )。
    A. 建设单位管理费　　　　　　B. 建设项目信息化费
    C. 工程监理费　　　　　　　　D. 生产人员培训费
    E. 竣(交)工验收试验检测费

74. 工程建设其他费中的生产准备费包括( )。
    A. 工器具购置费　　　　　　　B. 生产人员招聘费
    C. 办公和生活用家具购置费　　D. 生产人员培训费
    E. 应急保通设备购置费

75. 工程总造价中的预备费包括( )。
    A. 基本预备费　　　　　　　　B. 不可预见费

C. 价差预备费 D. 工程变更预备费
E. 工程索赔预备费

76. 定额建筑安装工程费包括( )。
   A. 定额直接费 B. 措施费
   C. 专项费用 D. 定额间接费
   E. 企业管理费

77. 下列有关人工费的表述中,正确的是( )。
   A. 人工费以概算、预算定额人工工日数乘以综合工日单价计算
   B. 人工工日单价由省级交通运输主管部门制定发布,并适时进行动态调整
   C. 人工工日单价作为编制造价文件的依据
   D. 人工工日单价可作为施工企业实发工资的依据
   E. 人工工日单价不管什么工程类别、性质,也不论什么工种,在同一项目的造价文件中,一律取一个相同的而且唯一的单价

78. 下列有关材料费的表述中,正确的是( )。
   A. 材料费 = Σ材料消耗量 × 材料预算单价
   B. 材料预算价格由材料原价、运杂费、场外运输损耗费、采购及仓库保管费组成
   C. 外购材料价格参照本行政区域内交通运输主管部门发布的价格和按调查的市场价格进行综合取定
   D. 自采的砂、石、黏土等材料,按定额中开采单价加辅助生产间接费和矿产资源税(如有)计算
   E. 辅助生产间接费按定额人工费的3%计,该项费用并入材料预算单价内构成材料费,并直接出现在概预算中

79. 下列有关材料费计算的表述中,正确的是( )。
   A. 材料预算价格 = (材料原价 + 运杂费) × (1 + 场外运输损耗率) × (1 + 采购及保管费率) - 包装品回收价值
   B. 汽车运输平均运距中,应在工地仓库或堆料场之外再加场内运距或二次倒运运距
   C. 场外运输损耗费 = (材料原价 + 运杂费) × 材料场外运输损耗率
   D. 材料采购及保管费 = (材料原价 + 运杂费 + 场外运输损耗费) × 采购及保管费费率
   E. 通过铁路、水路和公路运输的材料,按调查的市场运价计算运费

80. 下列有关施工机械使用费计算的表述中,正确的是( )。
   A. 施工机械使用费 = Σ(机械台班消耗量 × 机械台班单价) + 工程仪器仪表使用费
   B. 机械台班单价由不变费用、可变费用和机上人工费用组成
   C. 工程仪器仪表使用费是指机电工程施工作业所发生的仪器仪表使用费
   D. 可变费用中的台班人工费工日单价与生产工人人工费单价相同
   E. 不变费用包括折旧费、检修费、维护费、安拆辅助费等

81. 施工机械台班单价中的不变费用包括( )。
   A. 折旧费 B. 安拆辅助费
   C. 检修费 D. 维护费

E. 动力燃料费

82. 下列有关设备购置费的表述中,正确的是( )。

   A. 包含在设备购置费中的设备包括渡口设备,隧道照明、消防、通风的动力设备,公路收费、监控、通信、路网运行监测、供配电及照明设备等

   B. 设备购置费应由设计单位列出计划购置的清单(包括设备的规格、型号、数量),以设备预算价计入

   C. 设备购置费包括设备原价、运杂费、运输保险费、采购及保管费

   D. 需要安装的设备,按建筑安装工程费有关规定计算设备的安装工程费

   E. 采购施工过程中所需特殊施工机械设备的费用应包含在设备购置费中

83. 冬季施工增加费的内容包括( )。

   A. 因冬季施工所需增加的一切人工、机械与材料的支出

   B. 因施工组织设计确定,需增加的一切保温、加温等有关支出

   C. 清除工作地点的冰雪等与冬季施工有关的其他各项费用

   D. 施工机械所需修建的暖棚(包括拆、移),增加其他保温设备购置费用

   E. 施工管理人员与施工作业人员取暖所需的支出

84. 雨季施工增加费的内容包括( )。

   A. 因雨季施工所需增加的工、料、机费用的支出

   B. 路基土方工程的开挖和运输,因雨季施工而引起的黏附工具、降低工效所增加的费用

   C. 因防止雨水必须采取的挖临时排水沟、防止基坑坍塌所需的支撑、挡板等防护措施费用

   D. 材料因受潮、受湿的耗损费用以及增加防雨、防潮设备的费用

   E. 因受雨季影响而造成的施工人员、施工机械闲置产生的费用

85. 下列有关雨季施工增加费用计算的表述中,正确的是( )。

   A. 雨季施工增加费的计算方法,是将全国划分为若干雨量区和雨季期,并根据各类工程的特点规定各雨量区和雨季期的取费标准

   B. 在雨季施工的工程才计取雨季施工增加费,没有在雨季施工的工程不得计取雨季施工增加费

   C. 一条路线通过不同的雨量区和雨季期时,应分别计算雨季施工增加费或按工程量比例求得平均的增加率,计算全线雨季施工增加费

   D. 雨季施工增加费以各类工程的定额人工费和定额施工机械使用费之和为基数,按工程所在地的雨量区、雨季期规定的费率计算

86. 下列有关夜间施工增加费计算的表述中,正确的是( )。

   A. 夜间施工增加费的内容包括必须在夜间施工或必须昼夜连续施工而发生的夜班补助费、夜间施工降效、施工照明设备摊销及照明用电等费用

   B. 采用全年平均摊销的方法,即不论是否在夜间施工,均按规定的取费标准计取夜间施工增加费

   C. 夜间施工增加费以夜间施工工程项目的定额人工费与定额施工机械使用费之和为

基数,按规定的费率计算
D.计取夜间施工增加费的工程项目通常包括构造物Ⅱ、构造物Ⅲ、技术复杂大桥和钢材及钢结构
E.设备安装工程及金属标志牌、防撞钢护栏、防眩板(网)、隔离栅、防护网等不计夜间施工增加费

87. 施工辅助费包括( )。
   A.生产工具用具使用费　　　　　B.检验试验费
   C.固定资产使用费　　　　　　　D.工程排污费
   E.高填方和软基沉降监测等施工监控费

88. 施工辅助费中的生产工具用具使用费包含( )。
   A.施工所需属于固定资产的生产工具检验用具等的购置、摊销和维修费
   B.施工所需不属于固定资产的生产工具、检验用具等的购置、摊销和维修费
   C.支付给生产工人自备工具的补贴费
   D.施工所需不属于固定资产的工具、器具、交通工具等的购置、摊销和维修费
   E.施工所需属于固定资产的设备等的折旧、大修、维护或租赁费用

89. 施工辅助费中的检验试验费包含( )。
   A.自设试验室进行试验所耗用的材料和化学药品的费用
   B.技术革新和研究试验费
   C.新结构、新材料的试验费
   D.建设单位要求对具有出厂合格证明的材料进行检验费用
   E.建设单位要求对构件破坏性试验及其他特殊要求检验的费用

90. 工地转移费的内容包括( )。
   A.公物、工具、施工设备器材、施工机械的运杂费
   B.外租机械的往返费及施工机械、设备、公物、工具的转移费
   C.非固定工人进退场的费用
   D.转移及施工期间职工因公出差的差旅费、住勤补助费
   E.施工单位职工及随职工迁移的家属向新工地转移的车费、家具行李运费、途中住宿费、行程补助费、杂费等

91. 包含在建筑安装工程费中的企业管理费包括( )。
   A.基本费用　　　　　　　　　　B.主副食运费补贴
   C.职工探亲路费　　　　　　　　D.职工取暖补贴
   E.生产准备费

92. 企业管理费中的基本费用包括( )。
   A.管理人员工资　　　　　　　　B.办公费
   C.差旅交通费　　　　　　　　　D.固定资产使用费
   E.短期贷款利息支出

93. 企业管理费中的财务费用包括( )。
   A.企业经营期间发生的短期贷款利息净支出

B. 企业经营期间发生的汇兑净损失

C. 企业经营期间发生的调剂外汇手续费

D. 企业经营期间发生的金融机构手续费

E. 业务招待费、竣(工)文件编制费

94. 包含在建筑安装工程费中的规费包括( )。
    A. 养老保险费 　　　　　　　　B. 失业保险费
    C. 医疗保险费 　　　　　　　　D. 工伤保险费
    E. 工程排污费

95. 构成建筑安装工程费组成部分的专项费用包括( )。
    A. 施工场地建设费 　　　　　　B. 安全生产费
    C. 环保措施费 　　　　　　　　D. 施工标准化管理费
    E. 技术转让费

96. 专项费用中的施工场地建设费包括( )。
    A. 按照工地建设标准化要求进行承包人驻地、工地试验室建设,混合料集中拌制、构件集中预制等所需的办公、生活居住房屋建设等的费用
    B. 场区平整(山岭重丘区的土石方工程除外)、场地硬化、排水、绿化、标志、污水处理设施、围墙隔离设施等的费用
    C. 钢筋加工的机械设备、混合料拌和设备及安拆、预制构件台座、预应力张拉设备、起重及养护设备等的费用
    D. 工地试验室所发生的属于固定资产的试验设备和仪器等折旧、维修或租赁费用
    E. 驻地及场区范围内的各种临时工作便道、人行便道等的搭设、维修、拆除、清理的费用

97. 专项费用中的安全生产费包括( )。
    A. 完善、改造和维护安全设施设备费用
    B. 配备、维护、保养应急救援器材、设备费用
    C. 开展重大危险源和事故隐患评估和整改费用
    D. 安全生产检查、评价、咨询费用
    E. 施工标准化、规范性、精细化管理等的费用

98. 土地使用及拆迁补偿费包括( )。
    A. 永久占地费 　　　　　　　　B. 临时占地费
    C. 拆迁补偿费 　　　　　　　　D. 水土保持补偿费
    E. 住房补助费

99. 土地使用及拆迁补偿费中的永久占地费包括( )。
    A. 土地补偿费 　　　　　　　　B. 征用耕地安置补助费
    C. 耕地开垦费 　　　　　　　　D. 失地农民养老保险费
    E. 土地征用管理费

100. 工程建设其他费包括( )。
    A. 建设项目管理费 　　　　　　B. 研究试验费

C. 建设项目前期工作费 D. 生产准备费

E. 工程监理费

101. 包含在工程建设其他费中的建设项目管理费包括( )。

A. 建设单位管理费 B. 建设项目信息化费

C. 工程监理费 D. 建设项目前期工作费

E. 设计文件审查费

102. 下列有关建设项目管理费计算的表述中,正确的是( )。

A. 建设单位管理费 = 定额建筑安装工程费 × 相应的累进费率

B. 建设项目信息化费 = 定额建筑安装工程费 × 相应的累进费率

C. 工程监理费 = 定额建筑安装工程费 × 相应的累进费率

D. 设计文件审查费 = 定额建筑安装工程费 × 相应的累进费率

E. 竣(交)工验收试验检测费 = 定额建筑安装工程费 × 相应的累进费率

103. 工程建设其他费中的研究试验费不包括( )。

A. 支付科技成果、专利、先进技术的一次性技术转让费

B. 在建设过程中必须进行的研究和试验所需的费用

C. 为建设项目提供或验证设计数据所需的专题研究费用

D. 新产品试制费、中间试验费和重要科学研究补助费

E. 对建筑材料、构件和建筑物进行一般鉴定、检查所发生的费用

104. 建设项目前期工作费包括( )。

A. 编制项目建议书、可行性研究报告、投资估算以及相应的勘察、设计等所需的费用

B. 通过风洞试验、地震动参数、索塔足尺寸模型试验、桥墩局部冲刷试验、桩基承载力试验等为建设项目提供或验证设计数据所需的专题研究费用

C. 初步设计和施工图设计的勘察费、设计费、概(预)算编制及调整概算编制费用

D. 设计、监理、施工招标及招标标底(或造价控制值或清单预算)文件编制费

E. 项目建议书、可行性研究报告、投资估算、勘察、设计文件审查费

105. 工程建设其他费中的专项评价(估)费包括( )。

A. 环境影响评价费 B. 水土保持评估费

C. 地震安全性评价费 D. 用地预审报告编制费

E. 专项应急预案评估费

106. 下列有关工程建设其他费中相关费用计算的表述中,错误的是( )。

A. 研究试验费按设计提出的研究试验内容和要求进行编制

B. 建设项目前期工作费 = 定额建筑安装工程费 × 相应的累进费率

C. 专项评价(估)费 = 定额建筑安装工程费 × 相应的费率

D. 联合试运转费 = 定额建筑安装工程费 × 0.04%

E. 工程保险费 = (建筑安装工程费 - 设备购置费) × 0.4%

107. 工程建设其他费中的生产准备费包括( )。

A. 工器具购置费 B. 办公和生活用家具购置费

C. 应急保通设备购置费 D. 生产人员培训费

E. 临时工程与临时设施建造费

108. 工程建设其他费中的工程保险费所涉及的保险包括( )。
    A. 建筑工程一切险　　　　　　　B. 人身意外伤害险
    C. 第三方责任险　　　　　　　　D. 设备安装工程一切险
    E. 施工设备财产险

109. 构成工程建设项目概(预)算总金额的预备费的组成包括( )。
    A. 基本预备费　　　　　　　　　B. 价差预备费
    C. 风险预备费　　　　　　　　　D. 变更预备费
    E. 改扩建预备费

110. 价差预备费包括( )。
    A. 施工期间建筑安装工程费中的人工费、材料费、施工机械使用费由于政策、价格变化可能发生上浮而预留的费用
    B. 施工期间建筑安装工程费中的设备费由于政策、价格变化可能发生上浮而预留的费用
    C. 施工期间建筑安装工程费中的措施费由于政策、价格变化可能发生上浮而预留的费用
    D. 施工期间建筑安装工程费中的企业管理费由于政策、价格变化可能发生上浮而预留的费用
    E. 施工期间由于变更、延期索赔等而增加的费用

111. 公路工程定额具有的特点包括( )。
    A. 定额的科学性　　　　　　　　B. 定额的公益性
    C. 定额的统一性　　　　　　　　D. 定额的权威性
    E. 定额的稳定性与时效性

112. 按定额反映的实物消耗内容分类，公路工程定额可分为( )。
    A. 劳动消耗定额　　　　　　　　B. 材料消耗定额
    C. 机械消耗定额　　　　　　　　D. 时间消耗定额
    E. 设备消耗定额

113. 按使用要求分类，公路工程定额可分为( )。
    A. 施工定额　　　　　　　　　　B. 预算定额
    C. 概算定额　　　　　　　　　　D. 设计定额
    E. 估算指标

114. 公路工程概预算的主要作用包括( )。
    A. 是编制基本建设计划，确定和控制基本建设投资额的依据
    B. 是设计方案与施工方案优选的依据
    C. 是确定工程招标控制价或标底、签订工程合同的依据
    D. 是办理工程拨款、贷款和结算的依据
    E. 是施工企业实发工资的依据

115. 工程概算、预算费用的组成包括( )。
    A. 建筑安装工程费　　　　　　　B. 土地使用及拆迁补偿费

C. 工程建设其他费 D. 措施费
E. 建设期贷款利息

116. 建筑安装工程费的组成包括(   )。
    A. 直接费 B. 设备购置费
    C. 措施费 D. 企业管理费
    E. 间接费

117. 措施费包含(   )。
    A. 冬季施工增加费 B. 特殊地区施工增加费
    C. 安全生产费 D. 雨季施工增加费
    E. 行车干扰工程施工增加费

118. 企业管理费包括(   )。
    A. 主副食运费补贴 B. 职工探亲路费
    C. 差旅交通费 D. 职工取暖补贴
    E. 财务费用

119. 规费包括(   )。
    A. 养老保险费 B. 失业保险费
    C. 医疗保险费 D. 工程保险费
    E. 住房公积金

120. 专项费用包括(   )。
    A. 施工场地建设费 B. 安全生产费
    C. 环境保护措施费 D. 施工风险评估费
    E. 应急预案评估费

121. 土地使用及拆迁补偿费包括(   )。
    A. 永久占地费 B. 临时占地费
    C. 拆迁补偿费 D. 水土保持补偿费
    E. 森林植被恢复费

122. 工程建设其他费包括(   )。
    A. 建设项目管理费 B. 研究试验费
    C. 专项评价(估)费 D. 建设项目前期工作费
    E. 工程监理费

123. 建设项目管理费包括(   )。
    A. 建设单位管理费 B. 建设项目信息化费
    C. 工程监理费 D. 生产管理费
    E. 竣(交)工验收试验检测费

124. 生产准备费包括(   )。
    A. 工器具购置费 B. 办公和生活用家具购置费
    C. 生产人员培训费 D. 应急保通设备购置费
    E. 研究试验费

125. 下列文件属于概(预)算文件中甲组文件的是( )。
   A. 建筑安装工程费计算表　　　B. 综合费率计算表
   C. 材料预算单价计算表　　　　D. 工程建设其他费计算表
   E. 专项费用计算表

126. 概预算文件审查的主要内容包括( )。
   A. 审查编制依据　　　　　　　B. 审查编制内容
   C. 审查工程量　　　　　　　　D. 审查定额的使用
   E. 审查审批程序

127. 竣工决算报告的内容组成包括( )。
   A. 竣工决算报告封面　　　　　B. 竣工工程平面示意图
   C. 竣工报告说明书　　　　　　D. 竣工决算表格
   E. 竣工决算编制说明

128. 下列表格不属于竣工决算表格的是( )。
   A. 竣工决算审批表　　　　　　B. 财务通用表
   C. 工程资产负债表　　　　　　D. 工程概况专用表

129. 建设项目资本金的筹措方式包括( )。
   A. 政府投资　　　　　　　　　B. 股东直接投资
   C. 发行股票　　　　　　　　　D. 银行贷款
   E. 利用外资直接投资

130. 按股东承担风险和享有权益的大小,股票可分为( )。
   A. 公募股　　　　　　　　　　B. 私募股
   C. 普通股　　　　　　　　　　D. 优先股
   E. 弹性股

131. 发行股票的优点包括( )。
   A. 融资风险低　　　　　　　　B. 股票无到期日
   C. 手续简单,成本较低　　　　D. 支出固定
   E. 可降低公司负债比率

132. 发行股票筹资的缺点包括( )。
   A. 资金成本高　　　　　　　　B. 增加企业风险
   C. 降低企业的财务信誉　　　　D. 提高企业负债比率
   E. 降低原有股东的控制权

133. 负债筹资的方式包括( )。
   A. 银行贷款　　　　　　　　　B. 发行债券
   C. 设备租赁　　　　　　　　　D. 发行股票
   E. 借用国外资金

134. 我国发行的债券通常可分为( )。
   A. 国家债券　　　　　　　　　B. 地方政府债券
   C. 企业债券　　　　　　　　　D. 公益债券

E. 金融债券

135. 债券筹资的优点包括( )。
   A. 支出固定
   B. 企业控制权不变
   C. 可降低公司负债比率
   D. 少纳所得税
   E. 可以提高自有资金利润率

136. 发行债券筹资的缺点包括( )。
   A. 固定利息支出会使企业承受一定的风险
   B. 可大大降低自有资金利润率
   C. 筹资成本高,付息压力大
   D. 债券合约的条款,常常对企业的经营管理有较多的限制
   E. 会提高企业负债比率,增加企业风险,降低企业的财务信誉

137. 建设项目可通过( )等多种方式来筹集资本金。
   A. 政府投资
   B. 股东直接投资
   C. 发行股票
   D. 发行债券
   E. 吸收国外资本直接投资

138. 项目资本金可以通过发行股票筹集。发行股票筹资的优点包括( )。
   A. 少纳所得税
   B. 支出固定
   C. 股票无到期日
   D. 融资风险低
   E. 可以提高自有资金利润率

139. 项目资本金可以通过发行股票筹集。发行股票筹资的缺点包括( )。
   A. 资金成本高
   B. 会提高企业负债比率
   C. 降低原有股东的控制权
   D. 必须公开披露信息
   E. 对企业的经营管理有较多的限制

140. 下列选项中,不属于债券筹资优点的有( )。
   A. 支出固定
   B. 可降低公司负债比率
   C. 融资风险低
   D. 企业控制权不变
   E. 可以提高自有资金利润率

141. 下列选项中,不属于债券筹资缺点的有( )。
   A. 资金成本高
   B. 固定利息支出会使企业承受一定的风险
   C. 发行债券会提高企业负债比率,增加企业风险,降低企业的财务信誉
   D. 发行债券必须公开披露信息,接受投资者和社会公众的监督
   E. 债券合约的条款,常常对企业的经营管理有较多的限制

142. 设备租赁是负债筹资的一种方式。设备租赁的方式可分为( )。
   A. 融资租赁
   B. 经营租赁
   C. 服务出租
   D. 设备租赁
   E. 技术租赁

143. 项目融资成本一般包括( )。
   A. 贷款成本
   B. 债券成本

C. 股票成本
D. 风险成本
E. 租赁成本

144. 资金成本通常包括( )。
A. 资金筹集成本
B. 资金使用成本
C. 筹资风险成本
D. 筹资财务成本
E. 筹资社会成本

145. 资金成本中的资金筹集成本包括( )。
A. 发行手续费
B. 资信评估费
C. 律师费
D. 各种股息和红利
E. 担保费

146. 资金成本中的资金使用成本包括( )。
A. 银行借款利息
B. 债券利息
C. 公证费
D. 各种股息和红利
E. 利息费用

147. 下列资金成本中,属于资金筹集成本的有( )。
A. 股票发行手续费
B. 银行贷款利息
C. 发行债券律师费
D. 发行股票的广告费
E. 股票的股息

148. 下列资金成本中,属于资金使用成本的有( )。
A. 股票的股息和红利
B. 银行贷款
C. 发行债券担保费
D. 债券利息
E. 发行股票手续费

149. 工程量清单的组成包括( )。
A. 工程量清单说明
B. 投标报价说明
C. 计日工说明
D. 计量规则
E. 工程量清单各项表格

150. 按工程量清单计算投标报价,则该报价中包括( )。
A. 清单合计费用
B. 计日工合计
C. 暂列金额
D. 企业管理费
E. 利润和税金

151. 投标报价的基本策略主要包括( )。
A. 盈利策略
B. 微利保本策略
C. 低价亏损策略
D. 附加优惠策略
E. 冒险投标策略

152. 投标报价的附加策略主要包括( )。
A. 优化设计策略
B. 缩短工期策略
C. 附加优惠策略
D. 多方案报价法
E. 低价索赔策略

第四章 公路工程费用目标控制

153. 常用的投标报价技巧包括( )。
    A. 不平衡报价法　　　　　　　B. 扩大标价法
    C. 多方案报价法　　　　　　　D. 逐级报价法
    E. 开口升级报价法

154. 费用监理的主要依据包括( )。
    A. 施工合同、监理合同　　　　B. 工程设计文件和图纸
    C. 中间交工证书、工程质量合格证　D. 施工进度计划、施工方案
    E. 工程量清单、工程量清单计量规则

155. 费用监理的主要任务包括( )。
    A. 进行工程计量,审核工程量报表
    B. 审查费用支付申请,签发工程费用支付证书
    C. 审核交工结算申请,签发交工结算证书
    D. 处理工程变更费用和处理费用索赔
    E. 进行分项工程、分部工程的评定

156. 实施费用监理应采取的措施包括( )。
    A. 组织措施　　　　　　　　　B. 技术措施
    C. 合同措施　　　　　　　　　D. 信息管理
    E. 经济措施

157. 费用监理的基本原则包括( )。
    A. 依法办事原则　　　　　　　B. 恪守合同原则
    C. 公正公平原则　　　　　　　D. 协商一致原则
    E. 准确及时原则

158. 监理工程师在费用支付中的权限包括( )。
    A. 工程付款申请的审查权,费用付款证书的签发权
    B. 工程付款证书的修正权
    C. 商定或确定工程变更价格和索赔的费用
    D. 决定合同价款的调整及确定调整幅度
    E. 对不合格工程和不符合合同要求的施工活动的拒付权、扣款权

159. 工程计量的依据包括( )。
    A. 质量合格证书　　　　　　　B. 监理计划、监理细则
    C. 施工合同、监理合同　　　　D. 施工技术规范、质量检验评定标准
    E. 工程量清单及工程量清单计量规则

160. 工程计量的方式包括( )。
    A. 实地测量与实地勘查　　　　B. 室内按图纸计算
    C. 根据建设单位的要求　　　　D. 根据现场记录

161. 下列有关工程量清单单价子目工程量的说法中,不正确的是( )。
    A. 工程量清单中单价子目工程量为估算工程量
    B. 结算工程量是承包人实际完成的工程量

C. 工程量清单中单价子目工程量是承包人用于结算的最终工程量
D. 当图纸中标注的工程量与清单工程量不一致时,应以清单工程量为准
E. 承包人最终完成的结算工程量应由监理人自行决定

162. 下列有关单价子目工程计量的表述中,正确的是( )。
 A. 监理人应对已完成的工程进行计量,并编制工程量报表和有关计量资料
 B. 监理人对承包人提交的工程量报表进行复核,以确定实际完成的工程量
 C. 监理人认为有必要时可通知承包人共同进行联合测量、计量,承包人应遵照执行
 D. 对工程数量有异议的,监理人可要求承包人进行共同复核和抽样复测
 E. 监理人未在约定时间内复核的,承包人提交的工程量视为实际完成的工程量

163. 下列有关工程计量规则的说法中,正确的是( )。
 A. 工程计量所采用的测量与计算方法,应经监理人批准或指示
 B. 一切计量工作都应在监理人在场的情况下,由承包人测量、记录
 C. 工程量应由监理人与承包人共同计算
 D. 凡超过图纸所示的面积或体积,都不予计量与支付
 E. 工程量计算的副本应提交给监理人并由监理人保存

164. 凡以质量计量的材料,称重计量时应满足的条件包括( )。
 A. 监理人在场   B. 有称重记录
 C. 材料生产厂家派人现场见证   D. 有发包人的书面同意书
 E. 载明包装材料等质量的说明书在称重前提交给监理人作为依据

165. 下列有关工程计量的说法中,符合规定的是( )。
 A. 计算面积时,其长、宽应按图纸所示尺寸线或按监理人指示计量
 B. 对于面积在 $1m^2$ 以下的固定物(如检查井等)计量时不予扣除
 C. 结构物应按图纸所示净尺寸线,或监理人指示修改的尺寸线计量
 D. 水泥混凝土的计量应按监理人认可的工程的净尺寸计算,钢筋的体积不扣除
 E. 土方体积应采用平均断面积法计算,任何情况下都不能采用似棱体公式计算

166. 工程计量的方法包括( )。
 A. 断面法   B. 分项计量法
 C. 图纸法   D. 钻孔取样法
 E. 目测法

167. 费用支付的原则包括( )。
 A. 必须以工程计量为基础   B. 必须及时、准确
 C. 必须以合同为依据   D. 必须协商一致
 E. 必须按规定的程序进行

168. 下列支付项目中,属于合同支付项目的是( )。
 A. 暂列金额   B. 开工预付款
 C. 计日工   D. 工程变更费用
 E. 逾期付款违约金

169. 下列属于工程量清单组成部分的是( )。

A. 计日工说明 B. 投标报价说明
C. 工程量清单说明 D. 暂估价表
E. 工程量清单计量规则

170. 工程计量应遵循的原则包括( )。
A. 合同性原则 B. 目的性原则
C. 公正性原则 D. 时效性原则
E. 程序性原则

171. 下列文件中,属于工程计量依据的是( )。
A. 施工图纸 B. 工程量清单
C. 测量数据 D. 中间交工证书
E. 承包人施工记录

172. 在合同支付项目中,发包人先支付给承包人,在一定期间又要扣回的款项包括( )。
A. 索赔费用 B. 逾期付款违约金
C. 开工预付款 D. 质量保证金
E. 材料、设备预付款

173. 根据现行公路工程施工合同条款的约定,发包人应向承包人支付的预付款包括( )。
A. 进度预付款 B. 材料、设备预付款
C. 暂估价预付款 D. 开工预付款
E. 计日工预付款

174. 下列支付项目,属于清单支付项目的是( )。
A. 暂列金额 B. 质量保证金
C. 计日工 D. 暂估价
E. 工程变更费用

175. 下列支付报表中,应由承包人填报的是( )。
A. 计量支付申请表 B. 计量支付证书
C. 预付款申报表 D. 计日工支付申报表
E. 工程投资支付月报

176. 按照时间分类,工程费用支付可分为( )。
A. 前期支付 B. 期中支付
C. 交工支付 D. 最终支付
E. 缺陷责任期支付

177. 按照支付内容分类,工程费用支付可分为( )。
A. 工程量清单内的支付 B. 工程量清单外的支付
C. 进度款支付 D. 预付款支付
E. 变更、索赔支付

178. 按照合同执行情况分类,工程费用支付可分为( )。

A. 正常支付　　　　　　　　　B. 合同终止支付
C. 变更支付　　　　　　　　　D. 索赔支付
E. 最终支付

179. 下列支付项目,属于清单支付项目的是( )。
A. 单价子目　　　　　　　　　B. 总价子目
C. 计日工　　　　　　　　　　D. 暂列金额
E. 费用索赔

180. 下列支付项目,属于合同支付项目的是( )。
A. 开工预付款　　　　　　　　B. 变更费用
C. 索赔费用　　　　　　　　　D. 合同价格调整
E. 暂列金额

181. 暂列金额的特点包括( )。
A. 发生项目的不确定性　　　　B. 发生金额的不确定性
C. 工程计量的不确定性　　　　D. 费用支付的不确定性
E. 实施内容的不确定性

182. 下列有关暂列金额的说法中,正确的是( )。
A. 暂列金额没有包含在工程量清单中的一笔费用
B. 暂列金额的使用必须取得发包人的同意和监理人的指示
C. 暂列金额可以根据具体情况全部或部分地使用,或者根本不予动用
D. 对于经发包人批准的每一笔暂列金额,监理人有权向承包人发出实施工程或提供材料、工程设备或服务的指令
E. 当监理人提出要求时,承包人应提供有关暂列金额支出的所有报价单、发票、凭证和账目或收据

183. 下列有关计日工的说法中,正确的是( )。
A. 未经监理人书面指令,任何工程不得按计日工施工
B. 接到监理人按计日工施工的书面指令,承包人不得拒绝
C. 经发包人同意并经监理人批准后计日工可以调价
D. 发包人认为有必要时,由监理人通知承包人以计日工方式实施变更的零星工作
E. 采用计日工计价的任何一项变更工作,应从暂列金额中支付

184. 在实施计日工的过程中,承包人每天提交应向监理人提交的报表包括( )。
A. 工作名称、内容和数量
B. 投入该工作所有人员的姓名、工种、级别和耗用工时
C. 投入该工作的材料类别和数量
D. 投入该工作的施工设备型号、台数和耗用台时
E. 发包人批准动用计日工的文件

185. 下列关于开工预付款用途的说法中,符合规定的是( )。
A. 修建临时设施　　　　　　　B. 组织施工队伍进场
C. 采购施工管理所需的交通工具　D. 修建临时工程

E. 采购施工机械

186. 开工预付款的支付条件包括(　　)。
    A. 承包人已与发包人签订施工合同　　B. 承包人已按规定提供预付款保函
    C. 承包人承诺的主要设备已经进场　　D. 承包人已按规定提供履约担保
    E. 开工预付款的支付已得到发包人的书面批准

187. 下列有关开工预付款的说法中,正确的是(　　)。
    A. 开工预付款的金额由合同双方协商确定
    B. 监理人有权监督承包人对开工预付款的使用
    C. 具备支付条件后,监理人应在当期进度付款证书中向承包人支付开工预付款
    D. 经查实承包人滥用开工预付款,发包人有权向银行索赔履约保证金,并解除合同
    E. 开工预付款属于发包人的预付,在施工期间应按规定予以扣回

188. 材料、设备预付款的支付条件包括(　　)。
    A. 材料、设备符合规范要求并经监理人认可
    B. 承包人已出具材料、设备费用凭证或支付单据
    C. 承包人已提供材料、设备预付款担保
    D. 材料、设备已现场交货,且存储良好,监理人认为材料、设备存储方法符合要求
    E. 承包人已提交材料、设备预付款支付申请单

189. 下列关于材料、设备预付款的说法中,正确的是(　　)。
    A. 在预计交工前6个月,将不再支付材料、设备预付款
    B. 材料、设备预付款按项目专用合同条款所列主要材料、设备单据费用百分比支付
    C. 支付材料、设备预付款不应被视为是对这些材料或设备的批准
    D. 已经支付预付款的材料、设备的所有权应属于发包人
    E. 当材料、设备已用于或安装在永久工程之中时,材料、设备预付款应从进度付款证书中扣回,扣回期不超过3个月

190. 质量保证金的形式包括(　　)。
    A. 银行保函　　　　　　　　　　B. 现金
    C. 债券　　　　　　　　　　　　D. 股票
    E. 支票

191. 物价波动引起的合同价格调整,其调整价格差额的方法包括(　　)。
    A. 采用价格指数调整价格差额
    B. 采用造价信息调整价格差额
    C. 合同双方当事人协商调整价格差额
    D. 承包人提出调整价格差额,经发包人批准
    E. 监理人提出调整价格差额

192. 按照合同条款约定,变更的范围和内容包括(　　)。
    A. 取消合同中任何一项工作,但被取消的工作不能转由发包人或其他人实施,由于承包人违约造成的情况除外
    B. 改变合同中任何一项工作的质量要求或其他特性

C. 改变合同工程的基线、高程、位置或尺寸

D. 改变合同中任何一项工作的施工时间或改变已批准的施工工艺或顺序

E. 改变已批准的施工组织设计与专项施工方案

193. 变更程序中主要包含三个方面,即( )。
   A. 变更的提出　　　　　　　　　B. 变更的内容
   C. 变更估价　　　　　　　　　　D. 变更指示
   E. 变更的实施

194. 下列有关变更指示的说法中,正确的是( )。
   A. 变更指示只能由监理人发出
   B. 没有监理人的变更指示,承包人不得擅自变更
   C. 承包人收到变更指示后,应按变更指示进行变更工作
   D. 发包人认为有必要时,可直接向承包人发出变更指示
   E. 变更指示应说明变更的目的、范围、变更内容以及变更的工程量及其进度和技术要求,并附有关图纸和文件

195. 下列关于变更估价原则的说法中,正确的是( )。
   A. 如果取消某项工作,则该项工作不予支付
   B. 已标价工程量清单中有适用于变更工作子目的,采用该子目的单价
   C. 已标价工程量清单中无适用于变更工作子目,但有类似子目的,可在合理范围内参照类似子目的单价,由监理人商定或确定变更工作的单价
   D. 已标价工程量清单中无适用或类似子目的单价,可在综合考虑承包人在投标时所提供的单价分析表基础上,由监理人商定或确定变更工作的单价
   E. 对于承包人提出的变更,任何额外费用应由承包人承担

196. 按索赔的指向分类,施工合同中的索赔可分为( )。
   A. 承包人的索赔　　　　　　　　B. 发包人的索赔
   C. 监理人的索赔　　　　　　　　D. 第三方的索赔
   E. 设计人的索赔

197. 按索赔内容的不同,索赔可分为( )。
   A. 工期索赔　　　　　　　　　　B. 费用索赔
   C. 利润索赔　　　　　　　　　　D. 信用索赔
   E. 道义索赔

198. 索赔成立的基本条件包括( )。
   A. 有明确的合同依据　　　　　　B. 有具体的损害事实
   C. 提出索赔的期限符合合同约定　D. 必须取得发包人的同意
   E. 索取的费用和(或)工期与损害事实相符

199. 监理人审批索赔的基本原则包括( )。
   A. 恪守合同原则　　　　　　　　B. 尊重事实原则
   C. 公平合理原则　　　　　　　　D. 协商一致原则
   E. 分级审批原则

第四章 公路工程费用目标控制

200. 监理人受理费用索赔申请的条件包括( )。
    A. 索赔事件确实存在,且已造成了承包人的经济损失
    B. 有详细、真实的记录和证明材料
    C. 索赔的提出符合合同约定
    D. 索赔要求符合实际,索赔值的计算准确合理
    E. 承包人已取得发包人的认可

201. 监理人判定承包人费用索赔成立的条件包括( )。
    A. 承包人受到了实际损失或损害
    B. 该损失或损害不是因承包人的过错造成的
    C. 该损失或损害也不是由承包人应承担的风险造成的
    D. 承包人在合同约定的时限内提交了索赔意向通知书和索赔通知书及详细的记录和证明材料
    E. 承包人索赔的提出有充分的合同依据

202. 费用索赔的审批与计算主要包括三个方面,即( )。
    A. 索赔细目与数量的审定
    B. 索赔成立条件的判定
    C. 单价与费率分析
    D. 索赔依据的审查
    E. 计算方法及总费用的审定

203. 工程实践中,确定索赔项目单价与费率的方法包括( )。
    A. 套用工程量清单中的单价
    B. 采用协商费率
    C. 按有关票据计算
    D. 委托第三方确定费率
    E. 采用正式规定和公布的标准确定费率

204. 下列有关安全生产费用的说法中,正确的是( )。
    A. 建设单位在编制工程招标文件时,应当确定保障安全作业环境及安全施工措施所需的安全生产费用,并不得低于国家规定的标准
    B. 施工单位在投标报价中应当包含安全生产费用并单独计提,不得作为竞争性报价
    C. 安全生产费用应当经监理工程师审核签认,并经建设单位同意后,在项目建设成本中据实列支,严禁挪用
    D. 安全生产费用应为投标价(不含安全生产费及建筑工程一切险及第三者责任险的保险费)的1.0%(发包人设置最高投标限价时,按最高投标限价的1.0%计)
    E. 因采取合同未规定的特殊防护措施增加的费用,由监理人商定或确定

205. 下列有关安全生产费用途的表述中,正确的是( )。
    A. 施工安全防护用具及设施的采购和更新
    B. 安全施工措施的落实
    C. 安全生产教育、培训

D. 安全设施及特种设备检测检验
E. 施工生产与管理用房的维修、加固

习题答案及解析

一、单项选择题

1. D

【解析】按照名义利率与实际利率的关系 $i=(1+r/m)^m-1$ 即可求出年实际利率。

2. D

【解析】资金经过一系列的经济活动,其价值会随时间推移而变化,变化的这部分资金就是原有资金的时间价值。至于变化的这部分资金是正值、负值还是零,这主要取决于资本市场利率的大小。

3. C

【解析】在资本市场利率大于零的情况下,资金随着时间的变化,其价值会增加。也就是说,在一定时间内,通过一系列经济活动,资金具有增值的能力。

4. B

【解析】利息、盈利或利润都表示资金增值的多少。利率则反映了资金随时间变化而增值的快慢。

5. D

【解析】现金流量就是某一特定的经济系统,在一定时间内各时点现金流入、现金流出或净现金流量按时间序列构成的动态序量,反映该系统在一定时期内的资金运动状态。通常将现金流入量、现金流出量、净现金流量统称为现金流量。

6. C

【解析】现金流量的三要素是指现金流量的大小(资金数额)、方向(资金流入或流出)和作用点(资金发生的时间点)。

7. D

【解析】在工程经济分析中,利息常常被看作是资金的一种机会成本。这是因为,如果资金所有人放弃资金的使用权,也就放弃了现期使用资金所获收益的权利。而牺牲现期使用资金又是为了能在将来得到更多的收益。因此,从投资者的角度来看,利息体现为对放弃现期消费或使用资金的损失所作的必要补偿。为此,资金借贷者要为占用的资金付出一定的代价。在工程经济分析中,利息是指占用资金所付的代价或者放弃使用资金所得的补偿。

8. B

【解析】拟建项目在整个项目计算期内某时点上流入的资金称为现金流入,流出的资金称为现金流出。该时点上的现金流入与现金流出的差值称为净现金流量。

9. B

【解析】由于单利法没有完全反映资金的时间价值,在工程经济分析中较少使用。复利法比较符合资金在社会生产过程中的实际状况。因此,在工程经济分析中,一般采用复利法计算。复利计算有间断复利和连续复利之分。按期(年、半年、季、月、周、日)计算复利的方法称为间断复利;按瞬时计算复利的方法称为连续复利。在实际应用中,一般均采用间断复利。

10. D

【解析】项目的现金流量是项目在计算期内各期现金流量按时间序列构成的动态序量,反映项目在计算期内的资金运动状况。

11. A

【解析】现金流量图以横轴为时间轴,向右延伸表示时间延续。横轴起点0表示时间序列的起点,横轴终点n表示时间序列的终点。横轴上每一个间隔表示一个时间单位或计息周期,根据具体情况可取年、半年、季、月等。整个横轴又可看成是所考察的经济系统的寿命期。

12. C

【解析】利息是资金所产生的增值,是占用资金所付的代价,或放弃使用资金所得的收益,是占用资金者支付给放弃资金使用者的补偿。因此,是资金时间价值的一种重要表现,是衡量资金时间价值的绝对尺度。

13. D

【解析】利率是单位资金在单位时间内获得的利息。利率反映了资金随时间变化而增值速度的快慢,因而是资金时间价值的一种重要表现,是衡量资金时间价值的相对尺度。

14. B

【解析】时间本身不能创造价值,只有将资金投入到一定的经济活动中随着时间的推移而产生价值。资金本身也不能够产生增值,它必须通过经济活动过程产生增值。由于存在资金时间价值,不同时间点上的资金无法进行直接的比较。

15. B

【解析】现金流量图是把经济系统的资金流量绘入时间坐标中,表示出各时间点上的现金流入、现金流出与相应时间的对应关系。运用现金流量图可以全面、直观、形象地表达经济系统资金运动状态。

16. B

【解析】现金流量图的横轴是时间轴,表示从起点0到终点n的时间序列。横轴上每一间隔代表一个时间单位(计息期),可取年、半年、季、月等。整个横轴可看成是所考察经济系统的寿命期。

17. C

【解析】利息是资金时间价值的一种重要表现形式,是衡量资金时间价值的绝对尺度。在工程经济分析中,利息常常被看作是资金的一种机会成本。

18. A

【解析】①单利计算利息:$F = P(1 + n_i)$;②复利计算利息:$F = P(1 + i)^n$。分析以上两式,当$n = 1$时,所计算出的利息相同。当$n > 1$时,计算所得的利息不相同,这是就需要考虑单利与复利的问题。

19. C

【解析】合同条款规定,承包人按合同条款第17.6款的约定提交的最终结清申请单中,只限于提出交工验收证书颁发后发生的索赔。提出索赔的期限自接受最终结清证书时终止。

20. D

【解析】①在横轴上方的箭线表示现金流入。②整个横轴表示的是所考察经济系统的寿命期。③与横轴相连的垂直箭线代表不同时点的现金流入或现金流出。

21. D

【解析】时间价值是资金随着时间的推移而产生的增值,但时间本身不能使资金产生增值,只有将资金投入生产经营中,才能产生增值。

22. C

【解析】①资金随时间的推移本身是不能够增值的。如果将资金锁在柜子里,那么无论经过多长时间都不会产生增值。②资金时间价值是将现在所拥有的资金投入生产和流通中所能获得的收益。③此处所指的资金,是指包括现金在内的投入经济运动的物质资源的货币表现,不仅包括各种货币资金,而且还包括项目或方案需要投入的非货币资源的变现价值。

23. A

【解析】第6年末,现金流入60 + 10 = 70万元,现金流出20万元,净现金流量70 - 20 = 50万元。现金流入所有方向向上。

24. D

【解析】按单利法计算利息,$I = P \cdot i \cdot n = 500 \times 10\% \times 5 = 250$(万元)。

25. B

【解析】按单利计算,第5年末应付的利息为:$I = P \cdot i \cdot n = 800 \times 5\% \times 5 = 200$(万元)。则第5年末应付的本利和为:$F = P + I = 800 + 200 = 1000$(万元);或第5年末应付的本利和为:$F = P(1 + i \cdot n) = 800 \times (1 + 5\% \times 5) = 1000$(万元)。

26. C

【解析】按复利计算利息,第5年末应付银行的利息为:$I = P(1+i)^{n-1} \times i = 500 \times (1+10\%)^4 \times 10\% = 73.205$(万元)。

27. C

【解析】按复利计算,第5年末应付银行的利息为:$I = P(1+i)^4 \cdot i = 500 \times (1+10\%)^4 \times 10\% = 73.205$(万元)。则第5年末应付银行的本利和为:$F = P(1+i)^4 \cdot i + P(1+i)^4 = 73.205 + 500 \times (1+10\%)^4 = 805.25$(万元);或第5年末应付银行的本利和为:$F = P(1+i)^n = 500 \times (1+10\%)^5 = 805.25$(万元)。

28. A

【解析】由于是单利计息,单利的年利息仅由本金所产生,其新生利息不再加入本金产生利息,每年产生的利息金额是相同的。因此,借款期内计息两次和计息一次的利息差额为0。

29. C

【解析】$i = I/P = 800/10000 = 0.08 = 8\%$。

30. B

【解析】利率周期就是计算利率的时间期限。如年利率对应的利率周期是年,月利率对应的利率周期是月,如此等等。在复利计算中,利率周期通常以年为单位。利率周期可以和计息周期一致,也可以不一致。在时间价值的计算时,利率周期应与计息周期一致。

31. B

【解析】计息周期就是指计算利息的时间期限,一个计息期就是计算一次利息的时间期限。计息期数是指投资项目从开始到寿命周期终结为止的整个期限内计算利息的次数。

32. A

【解析】如果一个利率周期内多次计息,根据计息期有效利率,并考虑利息部分的时间价值,此时计算出的年利率称为实际利率(年有效利率)。

33. B

【解析】名义利率(r)和年实际利率(i)的关系为:$i=(1+r/m)^m-1$。式中,m为一年内计息次数。当$m=1$时,$i=r$。

34. C

【解析】由公式$i=(1+r/m)^m-1$可知,当$m>1$时,$i>r$。

35. A

【解析】名义利率r是指计息周期利率i乘以一个利率周期内的计息周期数m所得的利率周期利率,即:$r=i\cdot m$。有效利率是指资金在计息中发生的实际利率,包括计息周期有效利率和利率周期有效利率(或年有效利率)两种情况。①计息周期有效利率:计息周期利率$i=r/m$;②年有效利率:$i_{eff}=I/P=(1+r/m)^m-1$,在名义利率r一定时,每年计息期数m越大,年有效利率i_{eff}与名义利率r相差越大。

36. B

【解析】$F=I+P=P\cdot i\cdot n+P=P(1+i\cdot n)$。

37. B

【解析】复利终值$F=P(1+i)^n$;单利终值$F'=P(1+i\cdot n)$。当利率i和计息周期n均相同时,$F>F'$。

38. A

【解析】等额支付偿债基金系数可即为$(A/F,i,n)$;等额支付终值系数可记为$(F/A,i,n)$;等额支付现值系数可记为$(P/A,i,n)$。

39. C

【解析】名义利率为r,一年内的计息次数为m,计息周期的有效利率为r/m,则,年实际利率$i_{eff}=(1+r/m)^m-1=(1+10\%/2)^2-1=0.1025=10.25\%$。

40. A

【解析】由$F=P(1+i)^n$可知,P一定,n相同,i越高,F越大。

41. C

【解析】在同一个现金流量表中,如果两个资金是等值的,那么在这个现金流量表的任意时间点它们都是等值的。

42. B

【解析】合同条款规定,承包人按合同条款第17.5款的约定接受了交工付款证书后,应被认为已无权再提出在合同工程交工验收证书颁发前所发生的任何索赔。

43. B

【解析】这是一个已知现值求终值的问题,利用计算公式可求得:$F = P(1+i)^n = 10 \times (1+8\%)^5 = 14.693$(万元);或 $F = P(F/P, i, n) = P(F/P, 8\%, 5) = 10 \times 1.4693 = 14.693$(万元)。

44. C

【解析】这是一个已知终值求现值的问题,利用计算公式可求得:$P = F(1+i)^{-n} = 1000 \times (1+8\%)^{-5} = 680.60$(万元);或 $P = F(P/F, i, n) = 1000(P/F, 8\%, 5) = 1000 \times 0.6806 = 680.60$(万元)。

45. D

【解析】这是一个已知年金求终值的问题,利用年金终值公式计算即可。$F = A\{[(1+i)^n - 1]/i\} = A(F/A, i, n) = 1000(F/A, 10\%, 5) = 1000 \times 6.1051 = 6105.1$(万元)。

46. A

【解析】这是一个已知年金求终值的问题,利用年金终值公式计算即可。$F = A\{[(1+i)^n - 1]/i\} = A(F/A, i, n) = 1000(F/A, 10\%, 3) = 500 \times 3.3100 = 1655$(万元)。

47. C

【解析】这是一个已知终值求年金的问题,可直接采用公式计算。$A = F\{i/[(1+i)^n - 1]\} = F(A/F, i, n) = 2000(A/F, 7\%, 6) = 2000 \times 0.1398 = 279.6$(万元)。

48. A

【解析】这是一个已知年金求现值的问题,可直接采用年金现值公式计算。$P = A\{[(1+i)^n - 1]/i(1+i)^n\} = A(P/A, i, n) = 1000(P/A, 10\%, 5) = 1000 \times 3.7908 = 3790.8$(万元)。

49. B

【解析】这是一个已知现值求年金的问题,可直接采用资本回收公式计算。$A = P\{i(1+i)^n/[(1+i)^n - 1]\} = A(A/P, i, n) = 100(A/P, 10\%, 5) = 100 \times 0.2638 = 26.38$(万元)。

50. C

【解析】根据等额支付资金回收公式:$A = P\{i(1+i)^n/[(1+i)^n - 1]\}$。可得,$50 = 200 \times \{10\% \times (1+10\%)^n/[(1+10\%)^n - 1]\}$,化简后得:$(1+10\%)^n = 5/3$,两边取常用对数得:$n\lg1.1 = \lg5/3$ 解得,$n = 5.38$(年)。

51. B

【解析】这是一个已知年金求终值的问题。连续3年每年初从银行借入资金500万元,即从期初、第1年末、第2年末连续三次从银行借入资金500万元,形成一个等额年金$A = 500$(万元)。分两步计算:先根据年金终值公式计算出第2年末的终值F',再将第2年末的终值F'看成是第3年末的现值,根据一次支付终值公式计算即可。可将上述两步合起来计算,即:第3年末的本利和为:$F = A(F/A, 8\%, 3) \times (F/P, 8\%, 1) = 500 \times 3.2464 \times 1.0800 = 1753.06$(万元)。

52. A

【解析】每季度有效利率 $=12\%/4=3\%$，则每季度应付利息 $=500\times3\%=15$（万元）。

53. C

【解析】$A=[1000(F/P,8\%,2)+1000(F/P,8\%,1)]\times(A/P,8\%,5)=1000\times(1.1664+1.0800)\times0.2505=562.72$（万元）。

54. B

【解析】该题的关键是求出半年的利率 i，其中已知年有效利率 $i_{\text{eff}}=8\%$，每半年计息一次，每年计息2次，即 $m=2$。根据 $i_{\text{eff}}=(1+r/m)^m-1$，即 $8\%=(1+r/2)^2-1$ 解得 $i=3.92\%$。再根据资金回收公式计算，即：$A=P\{i(1+i)^n/[(1+i)^n-1]\}=3000\times\{3.92\%\times(1+3.92\%)^{10}/[(1+3.92\%)^{10}-1]\}=36.85$（万元）。

55. B

【解析】这是一个已知终值求现值的问题。$P=F(1+i)^{-n}=F(P/F,i,n)=F(P/F,10\%,5)=2000\times0.6209=1241.8$（万元）。

56. A

【解析】这是一个已知年金求终值的问题。$F=A(F/A,i,n)=A(F/A,8\%,10)=100\times14.4866=1448.66$（万元）。

57. C

【解析】由公式 $P=A(P/A,i,5)$ 可得：$(P/A,i,5)=P/F=1000/280=3.5714$，处于3.4331与3.6084之间，采用插值法计算。$i=14\%-[(3.5714-3.4331)/(3.6084-3.4331)]\times(14\%-12\%)=12.39\%$。根据本题所给的4个选项，也可以这样分析：由于 $(P/A,i,5)=P/F=1000/280=3.5714$，处于3.4331与3.6084之间，那么年基准收益率 i 就处于12%与14%之间，通过分析各选项，即可得答案。

58. C

【解析】每年应得到的本金偿还 $=1000/5=200$（万元）。第3年末未收回本金 $=1000-200\times2=600$（万元）。第3年应得到的利息 $=600\times10\%=60$（万元）。所以该企业第3年应得到本息合计 $=200+60=260$（万元）。

59. C

【解析】每季有效利率 $r/m=4\%/4=1\%$；每半年实际利率 $(1+1\%)^2-1=2.01\%$；2年末存款本息和 $F=P(F/P,i,n)=2000\times(F/P,2.01\%,4)=8244.45$（万元）。

60. D

【解析】年有效利率也称年实际利率。设本金为 P，年名义利率为 r，一年内计息 m 次，则计息期有效利率为 r/m；一年内 P 经过 m 次计息，本利和 $F=P(1+r/m)^m$；利息额 $I=F-P=P(1+r/m)^m-P=P[(1+r/m)^m-1]$，年实际利率为 $I/P=P[(1+r/m)^m-1]/P=(1+r/m)^m-1$。

61. B

【解析】按季计息，所以一年内计息4次，则计息期有效利率为 $r/m=8\%/4=2\%$；再利用名义利率与有效利率关系式，年有效利率为 $(1+8\%/4)^4-1=8.24\%$；实际上，只要知道在计息周期小于利率周期的情况下，有效利率大于名义利率，那么年有效利率则直接可从选项中找到。

62. D

【解析】这是一个已知现值求年金的问题。$A = [600(F/P,10\%,2) + 900(F/P,10\%,1)] \times (A/P,10\%,5) = (600 \times 1.2100 + 900 \times 1.1000) \times 0.2638 = 452.68(万元)$。

63. C

【解析】名义利率 $r = 10\%$,按月计息,一年计息次数 $m = 12(次)$,则月有效利率 $i = r/m = 10\%/12 = 0.833\%$,该年第3季度末借款本利和为 $1500 \times (1 + 0.833\%)^9 = 1616.27(万元)$。

64. C

【解析】按月计息,一年计息次数 $m = 12(次)$,月利率 $i = 1.2\%$,年名义利率 $r = i \times m = 1.2\% \times 12 = 14.4\%$,年实际利率 $i_{\text{eff}} = (1 + r/m)^m - 1 = (1 + 1.2)^{12} - 1 = 15.39\%$。

65. A

【解析】按单利计算:利息 $= P \times i \times n = 1000 \times 1\% \times 6 = 60.00(万元)$;按复利计算:利息 $= F - P = P(1 + i)^n - P = 1000[(1 + 1\%)^6 - 1] = 61.52(万元)$。

66. D

【解析】按单利计算的利息 $=$ 本金 $\times 6 \times 1\% =$ 本金 $\times 6\%$;按复利计算利息 $=$ 本利和 $-$ 本金 $=$ 本金 $\times (1 + 1\%)^6 -$ 本金 $=$ 本金 $[(1 + 1\%)^6 - 1] =$ 本金 $\times 6.15\%$。

67. C

【解析】有关名义利率与(年)有效利率的关系,应注意以下几点:①当计息周期小于利率周期时,计息周期利率小于有效利率,名义利率大于计息周期利率,名义利率小于有效利率。②当计息周期等于利率周期时,计息周期利率与有效利率、名义利率均相等。③当名义利率一定时,有效利率随计息周期变化而变化,每年计息次数越多,有效利率与名义利率的差值越大;有效利率随计息周期增长而减小,随计息周期减短而增大。

68. B

【解析】先计算出月有效利率 i。根据有效利率计算公式:$(1 + r/m)^{12} - 1 = (1 + i)^{12} - 1 = 12\%$,解得:$i = 0.9489\%$;第3季度末借款总利息 $=$ 本利和 $-$ 本金 $= 1000 \times [(1 + 0.9489\%)^9 - 1] = 88.715(万元)$。

69. C

【解析】先根据建设期内每年年初贷款1000万元,求出在运营期末的终值 $F = P_1(F/P,8\%,12) + P_2(F/P,8\%,11) = 1000 \times (2.5182 + 2.3316) = 4849.8(万元)$,再用终值 F 求年金 A 即可。$A = F(A/F,8\%,5) = 4849.8 \times 0.1705 = 826.89(万元)$。

70. A

【解析】每季计息一次,每年计息次数 $m = 4(次)$,则计息周期利率 $i = r/m = 8\%/4 = 2\%$,半年其实际利率为:$i_{\text{eff}} = (1 + r/m)^m - 1 = (1 + i)^m - 1 = (1 + 2\%)^2 - 1 = 4.04\%$,第5年年末该企业存款本息和为 $= 100 \times [(1 + 4.04\%)^{10} - 1]/4.04\% = 1202.84(万元)$。

71. C

【解析】已知名义利率 $r = 8\%$,一年计息次数 $m = 2(次)$,则半年利率 $i = r/m = 4\%$,$F = P(1 + i)^n = 100 \times (1 + 4\%)^6 = 126.53(万元)$。

72. D

【解析】这是一个已知终值求年金的问题。$A = F(A/F, i, n) = 5(A/F, 8\%, 5) = 5 \times 0.1705 = 0.8525$(万元)。

73. B

【解析】这是一个已知现值求年金的问题。$A = P(A/P, i, n) = P(A/P, 8\%, 10) = 3000 \times 0.1490 = 447$(万元)。

74. D

【解析】$F = A(F/A, 6\%, 10) \times (F/P, 6\%, 1) = 2000 \times 13.1808 \times 1.0600 = 27943$(元)。

75. B

【解析】由 $P - 10000 = A(P/A, 10\%, 4) = 10000 \times 3.1699 = 31699$,得 $P = 31699 + 10000 = 41699$(元)。

76. C

【解析】第1种计息方式:名义利率 $r = 10\%$,按季计息,一年计息次数 $m = 4$(次),则实际利率 $= (1 + r/m)^m - 1 = (1 + 10\%/4)^4 - 1 = 0.103812 = 10.38\%$。第2种计息方式:名义利率 $r = 10.5\%$,一年计息次数 $m = 2$(次),实际利率 $= (1 + r/m)^m - 1 = (1 + 10.5\%/2)^2 - 1 = 0.107756 = 10.78\%$。

77. A

【解析】先计算出年名义利率 r,再计算出月有效利率 i 即可。根据实际利率与名义利率的关系式计算出名义利率:$i_{\text{eff}} = (1 + r/m)^m - 1$,得到 $10\% = (1 + r/12)^{12} - 1$。解得 $r = 9.57\%$,则月有效利率 $i = r/m = 9.57\%/12 = 0.798\%$。所以,$F = P(F/P, 0.798\%, 9) = P(1 + 0.798\%)^9 = 1611.1$(万元)。

78. C

【解析】投资者每年可用于偿还银行贷款本息的最大数额为 $20 \times 30\% = 6$(万元);投资者可能申请到的最大贷款额为:$P = A(P/A, i, n) = 6 \times (P/A, 10\%, 10) = 6 \times 6.1446 = 36.87$(万元)。

79. C

【解析】$P = A(P/A, i, n) = 2 \times (P/A, 10\%, 10) = 2 \times 6.145 = 12.29$(万元)。

80. C

【解析】经济效果评价是工程经济分析的核心内容,其目的在于确保决策的正确性和科学性,避免或最大限度地减小投资方案的风险,最大限度地提高项目投资的综合效益。

81. C

【解析】动态评价指标包括:净现值、净现值率、净年值、内部收益率、动态投资回收期、效益费用比等。

82. C

【解析】静态评价指标包括:投资收益率、静态投资回收期、利息备付率、偿债备付率、资产负债率、借款偿还期等。

83. B

【解析】用于分析评价投资项目或方案偿债能力的指标主要有:利息备付率、偿债备付率、资产负债率、借款偿还期、流动比率、速动比率等。

84. C

【解析】用于分析评价项目盈利能力的指标有投资收益率(包括投资利润率、投资利税率、资本金利润率等)、净现值、内部收益率、净现值率、净年值等。

85. B

【解析】投资利润率是反映项目盈利能力的静态评价指标。借款偿还期和利息备付率是反映项目偿债能力的评价指标。

86. C

【解析】静态评价指标就是不考虑资金时间价值的指标,主要有:投资收益率(包括投资利润率、投资利税率、资金利润率)、静态投资回收期、利息备付率、偿债备付率、借款偿还期、资产负债率、流动比率、速动比率等。

87. D

【解析】①静态评价指标包括投资收益率(包括投资利润率、资本金利润率等)、静态投资回收期、借款偿还期、利息备付率、偿债备付率等。②动态评价指标包括内部收益率、动态投资回收期、净现值、净现值率、净年值等。投资收益率、利息备付率和偿债备付率属于静态比率性指标;净现值率、净年值率和内部收益率属于动态比率性指标。选项中给出的4组评价指标都是比率性指标,但都属于静态评价指标的只有投资收益率和偿债备付率。

88. C

【解析】流动比率和资产负债率是反映项目偿债能力的评价指标。生产能力利用率是盈亏平衡分析中盈亏平衡点的一种表达形式。

89. A

【解析】利息备付率和偿债备付率是静态评价指标。投资回收期有静态投资回收期和动态投资回收期两种。投资回收期是考察项目财务上投资回收能力的重要指标。净现值是评价项目盈利能力的主要动态指标。

90. A

【解析】投资收益率是指投资方案(或项目)建成达到设计生产能力后的一个正常生产年份的年净收益总额与方案(或项目)投资总额的比率。它是考察投资方案(或项目)单位投资的盈利能力的静态指标。

91. A

【解析】采用投资收益率对项目进行经济评价时,是要将项目的投资收益率 R 与行业的平均投资收益率 R_C 进行比较:若 $R \geqslant R_C$,则项目在经济上可以考虑接受;若 $R < R_C$,则项目在经济上是不可行的。

92. A

【解析】投资收益率指标没有考虑投资收益的时间因素,忽视了资金具有时间价值的重要性;指标的计算主观随意性太强,换句话说,就是正常生产年份的选择比较困难,在指标的计算中,对于应该如何计算投资资金占用,如何确定利润,都带有一定的不确定性和人为因素。

93. A

【解析】基准收益率也称基准折现率,是企业或行业或投资者以动态的观点所确定的、可接受的投资项目最低标准的收益水平。它表明投资决策者对项目资金时间价值的估价,是投资资金应当获得的最低盈利率水平,是评价和判断投资方案在经济上是否可行的依据。

94. B

【解析】项目建成投产后各年的净收益(即净现金流量)均相同时,按下列公式计算静态投资回收期 P_t = 项目总投资 K/每年的净收益 R = 500/80 = 6.25(年)。

95. D

【解析】投资回收期的优点:经济意义明确、直观,计算也比较简便;在一定程度上反映了资本的周转速度及投资效果的优劣;可适用于各种投资规模。投资回收期的缺点:只考虑投资回收之前的效果,不能反映投资回收之后的情况,故无法准确衡量项目在整个计算期内的经济效果或投资效益的大小。所以,投资回收期作为方案选择和项目排队的评价准则是不可靠的,它只能作为辅助评价指标,或与其他评价指标结合应用。

96. B

【解析】直接根据投资利润率计算公式进行计算即可。投资利润率 = [年利润总额(或年平均利润总额)/项目全部投资] × 100% = [(10 + 12 + 12 + 12 + 12 + 14)/600] × 100% = 12%。

97. C

【解析】项目建成投产后各年的净收益(即净现金流量)不相同时,静态投资回收期 P_t 可根据累计净现金流量求得,其计算公式为:P_t = (累计净现金流量开始出现正值的年份 − 1) + 上年累计净现金流量绝对值/当年净现金流量 = (5 − 1) + |−20|/60 = 4.33(年)。

98. C

【解析】静态投资回收期的评价准则是:将计算出的项目或方案的静态投资回收期 P_t 与行业基准投资回收期 P_c 进行比较。若 $P_t \leq P_c$,表明项目投资能在规定的时间内收回,则项目或方案在经济上可以考虑接受。若 $P_t > P_c$,则项目或方案在经济上是不可行的。

99. A

【解析】利息备付率,也称已获利息倍数,是指投资方案在借款偿还期内各年可用于支付利息的息税前利润与当期应付利息的比值。利息备付率是从付息资金来源的充裕性角度反映投资方案偿付债务利息的保障程度。利息备付率应分年计算,利息备付率高,表明利息偿付的保障程度高。利息备付率应大于1,并结合债权人的要求确定。

100. A

【解析】偿债备付率是指项目在借款偿还期内各年可用于还本付息的资金与当期应还本付息金额的比值。它表示可用于还本付息的资金偿还借款本息的保障程度。偿债备付率应分年计算,偿债备付率高,表明可用于还本付息的资金保障程度高。偿债备付率应大于1,并结合债权人的要求确定。

101. A

【解析】对于单一投资方案而言,当 NPV > 0 时,表明投资方案实施后的投资收益水平不仅能达到基准收益率的水平,而且还会有盈余,即投资方案的盈利能力超过其投资收益期望水平;当 NPV = 0 时,表明投资方案实施后的投资收益水平恰好等于基准收益率,即其盈利能力能达到所期望的最低盈利水平。当 NPV=0 时,表明方案不可行,说明方案不能满足基准收益率要求的水平。综上所述,当 NPV≥0 时,说明方案能满足基准收益率要求的盈利水平,故该方案在经济上是可行的。当 NPV<0 时,说明方案不能满足基准收益率要求的盈利水平,故该方案在经济上是不可行的。

102. A

【解析】计算该投资项目的净现值 NPV=(-40)+(-10)×(P/F,15%,1)+8(P/F,15%,2)+8×(P/F,15%,3)+13×(P/A,15%,16)×(P/F,15%,3)+33×(P/F,15%,20)=15.52(万元)。由于净现值 NPV=15.52>0,故此项目在经济效果上是可以接受的。

103. A

【解析】计算该技术方案的净现值 NPV=-3200+600×(P/A,15%,10)=-188.72(万元)<0,故方案不可行。

104. B

【解析】分别计算甲、乙方案的净现值:NPV_1=-1000×(P/A,10%,2)+900×(P/A,10%,7)×(P/F,10%,2)=-1000×1.7355+900×4.8684×0.8264=1885.4(万元);NPV_2=-2000×(P/A,10%,2)+1400×(P/A,10%,7)×(P/F,10%,2)=-2000×1.7355+1400×4.8684×0.8264=2161.5(万元)。由于 NPV_2>NPV_1>0,故方案乙优于方案甲。

105. A

【解析】对于单一投资方案而言,若 NPV≥0,则净现值指数 NPVI≥0;若 NPV<0,则 NPVI<0。因此,用净现值指数评价单一方案经济效果时,判别准则与净现值相同。

106. A

【解析】基准收益率也称基准折现率,是企业或行业或投资者以动态的观点确定的、可接受的投资方案最低标准的收益水平。它表明投资决策者对方案资金时间价值的估价,是投资资金应当获得的最低盈利率水平,是评价和判断投资方案在经济上是否可行的依据。

107. A

【解析】当 P_t<P_c 时,方案可行;当 NPV>0 时,方案可行;当 IRR>i_0 时,方案可行。换言之,若方案可行,必定有 P_t<P_c,NPV>0,IRR>i_0。

108. B

【解析】根据所给的净现金流量计算出各年的累计净现金流量,如下表所示。

项目累计现金流量

计算期(年)	1	2	3	4	5	6	7	8	9
净现金流量(万元)	-800	-1200	400	600	600	600	600	600	600
累计净现金流量(万元)	-800	-2000	-1600	-1000	-400	200	800	1400	2000

利用公式 P_t=(累计净现金流量出现正值的年份-1)+(上年累计净现金流量的绝对值/当年净现金流量),代入上表中的数据,则:P_t=(6-1)+(|-400|/600)=5.67(年)。

109. C

【解析】利用线性内插法计算式求解即可。计算过程如下:IRR=14%+160/(160+

90) × (16% − 14%) = 15.28%。

110. C

【解析】因为项目建成投产后各年的净收益(即净现金流量)均相同,可用下式计算静态投资回收期:P_t = 全部总投资 K/每年的净收益 R = (1000 + 200)/3403.53(年)。

111. C

【解析】NPV = −4200 × (P/F,8%,1) + (−2700) × (P/F,8%,2) + 1500 × (P/F,8%,3) + 2500 × (P/A,8%,3) × (P/F,8%,3) = −4200 × 0.9259 − 2700 × 0.8573 + 1500 × 0.7938 + 2500 × 2.5771 × 0.7938 = 101.71(元)。

112. A

【解析】净现值指标的优点为:考虑了资金的时间价值,并全面考虑了项目在整个计算期内(或寿命期内)的经济状况;经济意义明确直观,能够直接以货币额表示项目的盈利水平(或净收益);能直接说明项目投资额与资金成本之间的关系。缺点为:必须首先确定一个符合经济现实的基准收益率,而基准收益率的确定往往是比较困难的;不能真正反映项目投资中单位投资的使用效率,不能直接说明项目在整个运营期内各年的经营成果;在互斥方案评价时,必须慎重考虑互斥方案的寿命,如果互斥方案寿命不等,必须构造一个相同的分析期限,才能进行比选。

113. B

【解析】总投资收益率 = 息税前利润/项目总投资 = (200 + 20)/2000 = 11%。

114. A

【解析】按是否考虑资金时间价值分类,经济效果评价方法可分为静态评价方法和动态评价方法。静态评价方法不考虑资金的时间价值,其最大特点是计算简便,适用于方案的初步评价,或对短期投资项目进行评价,以及对于逐年收益大致相等的项目评价。动态评价方法考虑资金的时间价值,能较全面地反映投资方案整个计算期的经济效果。因此,在进行方案比较时,一般以动态评价方法为主。

115. A

【解析】内部收益率 IRR 反映的是项目全部投资所能获得的实际最大收益率,是项目贷款利率的临界值。假设贷款利率为 i,若 i < IRR,则项目会有盈利;若 i > IRR,则项目就会亏损;若 i = IRR,则由项目全部投资所获得的净收益正好用于偿还贷款资金的本金和利息。

116. A

【解析】投资回收期没有全面考虑投资方案整个计算期内的现金流量,只考虑投资回收之前的效果,不能反映投资回收之后的情况,无法准确衡量方案在整个计算期内的经济效果。所以,投资回收期作为方案选择和项目排队的评价准则是不可靠的,它只能作为辅助评价指标,或与其他评价方法结合应用。

117. C

【解析】净现值是反映投资方案在计算期内获利(盈利)能力的动态评价指标。它全面考虑了项目在整个计算期内的经济状况,能够直接以货币额表示项目的盈利水平。

118. C

【解析】净现值是评价项目盈利能力的绝对指标。当项目的净现值大于或等于零时,说明项目能满足基准收益率要求的盈利水平,故在经济上是可行的;当项目的净现值小于零时,说明项目不能满足基准收益率要求的盈利水平,故在经济上是不可行的。

119. C

【解析】前6年的净现值为前6年各年净现值之和,即210+30=240(万元)。

120. C

【解析】净现值与基准收益率的大小有关,随着基准收益率的不断增大,净现值不断减小。按此推断,当基准收益率为8%时,净现值为400万元,那么当基准收益率增大到10%时,净现值肯定比400万元小。

121. A

【解析】若NPV>0,则有IRR>i_0,NPVR>0,动态投资回收期小于方案计算期。

122. B

【解析】动态投资回收期是把投资项目各年的净现金流量按基准收益率折成现值之后,再来推算投资回收期,这就是它与静态投资回收期的根本区别。动态投资回收期就是累计现金流量现值等于零时的年份。

123. C

【解析】NPV = (-4200)×(P/F,8%,1) + (-2700)×(P/F,8%,2) + 1500×(P/F,8%,3) + 2500×(P/A,8%,3)×(P/F,8%,3) = -4200×0.9259 - 2700×0.8573 + 1500×0.7938 + 2500×2.5771×0.7938 = 101.46(万元)。

124. B

【解析】净现值率NPVR是在净现值NPV的基础上发展起来的,可作为NPV的已知补充。净现值率是项目净现值与项目全部投资现值之比,其经济含义是单位投资现值所能带来的净现值,是考察项目单位投资盈利能力的指标。

125. C

【解析】项目净现值为零时的折现率就是内部收益率。本题实际就是计算内部收益率IRR。用内插法来计算。IRR = i_1 + NPV_1/(NPV_1 + |NPV_2|)×(i_2 - i_1) = 8% + 33.82/(33.82 + 16.64)×(10% - 8%) = 9.34%。

126. B

【解析】一般而言,若动态投资回收期小于或等于项目计算期(寿命期)时,说明项目是可行的;若动态投资回收期大于项目计算期时,则项目不可行,应予以拒绝。若项目不可行,则有IRR<10%。

127. C

【解析】内部收益率是使建设项目在计算期内(寿命期内)各年净现金流量的现值累计等于零时的折现率。

128. C

【解析】抗风险能力分析,是指分析投资方案在建设期和运营期可能遇到的不确定性因素和随机因素对项目经济效果的影响程度,目的是考察项目承受各种投资风险的能力。

129. D

【解析】净现值率的经济含义是单位投资现值所能带来的净现值,是一个考察项目单位投资盈利能力的指标。投资收益率和资本金利润率属于静态评价指标。

130. C

【解析】需要先确定基准收益率才能计算的经济效果评价指标有：净现值、净年值、净现值率、动态投资回收期。

131. C

【解析】一般情况下，当动态投资回收期小于投资项目的计算期时，项目的内部收益率 IRR、净现值 NPV 和基准收益率 i_0 之间有：$IRR > i_0$；$NPV > 0$。

132. C

【解析】独立方案的优选只取决于方案自身的经济性，即只需检验它们是否能够通过净现值、净年值、内部收益率等指标的评价标准。

133. B

【解析】用经济效果评价标准（如 $NPV \geq 0$，$NAV \geq 0$，$IRR \geq i_0$）检验方案自身的经济性，这称为绝对经济效果检验。

134. B

【解析】单一方案可看成是独立方案的特例。因此，独立方案与单一方案的评价方法是相同的，可采用投资收益率法、投资回收期法、净现值法、内部收益率法、净年值法等。方案重复法、研究期分析法、增量内部收益率法是对互斥方案进行评价所采用的方法。

135. D

【解析】互斥型方案的经济效果评价包含了两部分内容：一是考察各个方案自身的经济效果，即进行绝对经济效果检验；二是要对这些方案进行优劣排序，即相对经济效果检验。两种检验的目的和作用不同，缺一不可。

136. B

【解析】绝对经济效果分析就是对各个投资方案自身的经济效果进行评价，从而判断各个方案经济上的可行性。单一方案经济效果评价的方法均可用于绝对经济效果分析，如净现值法、净年值法、内部收益率法等。

137. D

【解析】内部收益率只能对单一方案或独立方案进行评价，也可用作互斥方案绝对经济效果检验，但不能用作多个方案的优劣排序或比选。可用净现值法对多个方案进行评价，由于 $NPV_B > NPV_A > 0$，故 A、B 两方案均可行，且 B 方案优于 A 方案。

138. C

【解析】净现值和净年值既可用于绝对经济效果检验，又可用于相对经济效果检验。内部收益率只能用于绝对经济效果检验，而不能用于相对经济效果检验。增量净现值只能用于相对经济效果检验，而不能用于绝对经济效果检验。

139. C

【解析】寿命期（计算期）相同的互斥方案的经济效果评价，一般可以采用净现值法、净年值法、增量内部收益率法、增量净现值法等。

140. B

【解析】独立方案是指各个投资方案的现金流量是独立的，不具相关性，其中任一方案的采用与否只与其自身的可行性有关,而与其他方案是否采用无关。因此,独立方案的采用与否,只取决于方案自身的经济性,即只需检验它们是否能够通过净现值、净年值、内部收益率等指标的评价标准。所以,多个独立方案与单一方案的评价方法是相同的。

141. D

【解析】相关性方案是指各方案之间不完全互斥,也不完全相互依存,但各方案的现金流量之间相互影响,如果接受(或拒绝)某一方案,就会对其他方案的现金流量产生一定的影响,进而会影响到其他方案的接受(或拒绝)。

142. A

【解析】在对寿命期不等的互斥方案进行比选时,净年值法是最为简便的方法。同时,用净年值法可不考虑计算期的不同,故它也较净现值法简便。

143. C

【解析】产量盈亏平衡点 Q = 固定成本/(销价 − 单位变动成本) = 1296/(820 − 620) = 6.48(万元)。

144. C

【解析】在不确定性分析的三种方法中,盈亏平衡分析只适用于建设项目的财务评价,而敏感性分析和概率分析则可以同时用于建设项目的财务评价和国民经济评价。

145. D

【解析】盈亏平衡分析的目的就是计算出项目由盈利到亏损的临界点,即盈亏平衡点,据此判断方案风险的大小及对风险的承受能力,为投资决策提供科学依据。

146. C

【解析】盈亏平衡分析又称为损益平衡分析或平衡点分析。它是根据项目正常生产年份的产品产量(或销售量)、可变成本、固定成本、产品价格和销售税金等数据,确定项目的盈亏平衡点,通过盈亏平衡点分析项目的成本与收益的平衡关系的一种方法。

147. B

【解析】盈亏平衡点反映了项目对市场变化的适应能力和抗风险能力。项目的盈亏平衡点越低,其适应市场变化的能力就越大,抗风险能力也就越强。因此,盈亏平衡点的高低反映了项目风险性的大小。

148. A

【解析】设 x 为年生产的梁的片数,x 值即为盈亏平衡点。则年收益 $B = 6000x$,年成本 $C = 6300000 + 3000x$,由 $B = C$ 解之,$x = 2100$ 片。由于达到生产能力 90% 时的梁的片数为 $4200 \times 90\% = 3780$ 片,因此该方案是可行的。

149. C

【解析】设盈亏平衡产量为 Q^*,则收益 TR = 单价 × 产量 = $500Q^*$,成本 TC = 固定成本 + 可变成本 = $1500000 + 400Q^*$,由 TR = TC,即:$500Q^* = 1500000 + 400Q^*$,解得:$Q^* = 15000$(件)。

150. D

【解析】线性盈亏平衡分析的前提条件:①生产量等于销售量;②生产量变化,单位可变成本不变,从而使总生产成本成为生产量的线性函数;③生产量变化,销售单价不变,从而使销售收入成为销售量的线性函数;④只生产单一产品;或者生产多种产品,但可以换算为单一产品计算。

151. A

【解析】设盈亏平衡产量为 Q^*,则 $Q^* = F/(P - t - V) = 3800000/(100 - 75 - 100 \times 5\%) = 190000$(件),因此,BEP(生产能力利用率) = $Q^*/Q_0 \times 100\% = 190000/600000 = 31.67\%$。

152. D

【解析】BEP(Q) = 固定成本/(单位产品价格 – 单位产品销售税金及附加 – 单位产品可变成本) = $F/(P - t - V) = 4000000/(150 - 130 - 150 \times 5\%) = 32$(万件)。

153. A

【解析】不确定性分析方法主要有盈亏平衡分析、敏感性分析和概率分析。其中,盈亏平衡分析只适用于财务评价,而敏感性分析和概率分析可同时适用于财务评价和国民经济评价。

154. B

【解析】盈亏平衡点反映了项目对市场变化的适应能力和抗风险能力。盈亏平衡点越低,其适应市场变化的能力就越大,抗风险能力也就越强。反之,盈亏平衡点越高,其适应市场变化的能力就越弱,抗风险能力也越弱。

155. D

【解析】用产量表示的盈亏平衡点 BEP(Q) = 年固定成本/(单位产品销售价格 – 单位产品可变成本 – 单位产品营业税金及附加) = $15000000/(1200 - 650 - 150) = 37500$(台)。

156. A

【解析】盈亏平衡点越低,或产品市场需求量比盈亏平衡点产量越大,则项目盈利机会就越大,亏损的风险就越小,抗风险能力就越强,投资该项目的安全性也就越大。

157. C

【解析】BEP(Q) = $56000000/(3600 - 1600 - 180) = 30800$(件)。

158. B

【解析】盈亏平衡点产量越低,方案适应市场变化的能力越强,抗风险能力也越强,方案风险性也就越小。

159. C

【解析】由价值工程的数学表达式 $V = F/C$ 可知,价值工程的三个基本要素是指价值(V)、功能(F)和寿命周期成本(C)。

160. B

【解析】价值工程的目的是提高产品的价值,即用最少的寿命周期成本实现产品的必要功能,使用户或企业获得最大的经济效益。

161. B

【解析】价值工程的核心是对产品进行功能分析,即通过对产品各种功能的系统分析,确定产品功能之间的关系,找出其中存在的问题,剔除不必要的功能,用更好的办法保证主要功能的实现,从而达到降低成本和提高价值的目的。

162. B

【解析】一般来说,随着产品功能水平(技术性能)的提高,生产成本和使用成本有不同的变化。生产成本一般随着功能水平的提高有所增长,而使用成本则随着功能水平的提高有所减少。

163. B

【解析】在建设项目中,价值工程主要应用在规划和设计阶段,因为这两个阶段是提高建设项目经济效果的关键环节。

164. C

【解析】价值工程的目标是从满足消费者的需要出发,以最低的寿命周期成本可靠地实现产品必要的功能。

165. C

【解析】由 $V=F/C$ 可知,提高产品价值最理想的途径是通过改进设计,在提高产品功能的同时,降低产品成本。但这条途径对生产者要求高,往往要借助科学技术及创新才能实现。

166. D

【解析】价值工程中成本是指产品在整个寿命周期发生的全部费用,这称之为产品的寿命周期成本。产品的寿命周期成本包括生产成本和使用成本两部分。

167. D

【解析】价值工程的目标是以最低的寿命周期成本可靠地实现产品的必须具备的功能。

168. B

【解析】价值工程是着重于功能分析,价值工程的核心是对产品进行功能分析。

169. A

【解析】价值工程是以提高产品价值为目标。

170. A

【解析】一般而言,随着产品功能水平(技术性能)的提高,生产产品的成本呈上升趋势;而使用产品的成本则呈下降趋势。

171. B

【解析】价值工程是一种工程经济方法,它用"价值"的概念,把技术和经济统一起来,谋求用最低的成本,得到必要的功能。在满足使用者需要的同时,可以使企业和社会都获得最佳的经济效果,使有限的资源得到充分合理的利用。因此,价值工程的本质是一种技术经济方法。

172. D

【解析】价值工程中的价值一般是指产品的必要功能。

173. C

【解析】价值工程的数学表达式为价值=功能/成本或 $V=F/C$。由此可知,价值工程涉及价值、功能和寿命周期成本三个基本要素。

174. C

【解析】价值工程的工作程序,按一般的决策过程可划分为准备阶段、分析阶段、创新阶段、实施阶段等四个阶段。

175. C

【解析】在价值工程活动中,决定价值工程成败的关键阶段是方案创造。对产品进行功能分析是价值工程的核心。此外,能否正确选择对象是价值工程收效大小与成败的关键。

176. B

【解析】常见的适用于价值工程对象选择方法有:因素分析法(经验分析法)、ABC分析法、强制确定法(强制评分法)、百分比分析法、价值指数法。

177. A

【解析】按功能的重要程度分类,产品的功能一般可划分为基本功能和辅助功能两类。基本功能就是要达到这种产品目的所必不可少的功能,是产品的主要功能,也是决定对象性质和存在的基本因素。辅助功能是为了更有效地实现基本功能而附加的功能,是次要功能。一般来说,基本功能是主要的、必不可少的功能,而辅助功能有的是必要的,有的则是多余的。

178. D

【解析】按功能的性质划分,产品的功能可分为使用功能和美学功能(美观、外观功能)。使用功能是指产品所具有的与技术经济用途直接有关的功能。美学功能是指外观装饰功能,主要提供欣赏价值,可起到扩增价值的作用。

179. D

【解析】按用户的需求划分,产品的功能可分为必要功能和不必要功能。必要功能是指用户所要求的功能以及与实现用户所需要功能有关的功能。使用功能、美学功能、基本功能、辅助功能等均属于必要功能。不必要功能是指不符合用户要求的功能,它包括多余功能、重复功能和过剩功能。因此,价值工程中所指的功能,一般是指必要功能。

180. A

【解析】按功能的量化标准划分,产品功能可分为过剩功能和不足功能。过剩功能是指产品所具有的超出使用者要求的功能。不足功能是指产品尚未满足使用者要求的必要功能。

181. D

【解析】$V=1$时,说明评价对象的价值为最佳,一般无须改进。$V<1$时,应以剔除过剩功能及降低现实成本为改进方向。$V>1$时,应以提高成本或删除不必要的功能为改进方向。

182. C

【解析】方案创造是从提高对象的功能出发,在正确的功能分析和评价的基础上,针对应改进的具体目标,通过创造性的思维活动,提出能够可靠地实现必要功能的新方案。方案创造是价值工程活动成败的关键,主要依赖于创造能力和创造性思维。

183. C

【解析】ABC分析法,又称为重点选择法或不均匀分布的律法,是应用数理统计分析的方法来选择对象。这种方法由意大利经济学家帕累托提出,其原理为"关键的少数和次要的多数"的思想,将产品零部件按其成本大小的顺序划分为 ABC 三类,然后选择前面"占产品成本比例高而占零部件总数比例低"的 A 类零部件作为价值工程对象,该方法称之为 ABC 分析法。

184. B

【解析】当功能的价值系数 $V_i = 1$ 时,即功能评价值等于功能现实成本。这表明评价对象的功能现实成本与实现功能所必需的最低成本大致相当。此时,说明评价对象的价值为最佳,一般无须改进。

185. C

【解析】在价值工程活动中,方案创造的常用方法有:头脑风暴法、专家检查法、哥顿法(也称为模糊目标法)、专家意见法(也称为德尔菲法)。

186. D

【解析】在价值工程对象选择的 ABC 分析法中,C 类零部件是指将占总成本 5%～10% 而占零部件总数 60%～80% 的零部件;A 类零部件是指将占总成本 70%～80% 而占零部件总数 10%～20% 的零部件;其余为 B 类零部件。

187. B

【解析】在价值工程活动中,无论是概略评价还是详细评价,一般可先做技术评价,再分别进行经济评价和社会评价,最后进行综合评价。

188. D

【解析】人工费指列入概、预算定额的直接从事建筑安装工程施工生产工人开支的各项费用,其内容包括下列三大类:①计时工资或计件工资:指按计时工资标准和工作时间或对已做工作按计件单价支付给个人的劳动报酬。②津贴、补贴:指为了补偿职工特殊或额外的劳动消耗和因其他特殊原因支付给个人的津贴,以及为了保证职工工资水平不受物价影响支付给个人的物价补贴,如流动施工津贴、特殊地区施工津贴、高温作业临时津贴、高空津贴等。③特殊情况下支付的工资:指根据国家法律、法规和政策规定,因病、工伤、产假、计划生育假、婚丧假、事假、探亲假、定期休假、停工学习、执行国家或社会义务等原因按计时工资标准或计件工资标准的一定比例支付的工资。

189. C

【解析】人工费指列入概、预算定额的直接从事建筑安装工程施工的生产工人开支的各项费用。

190. D

【解析】冬季施工增加费以各类工程的定额人工费和定额施工机械使用费之和为基数,按工程所在地的气温区的费率计算。工程类别划分如下(共 10 类):土方、石方、运输、路面、隧道、构造物Ⅰ、构造物Ⅱ、构造物Ⅲ、技术复杂大桥、钢材及钢结构。

191. D

【解析】特殊地区施工增加费包括高原地区施工增加费、风沙地区施工增加费、沿海地区施工增加费三项。

192. D

【解析】高原地区施工增加费、风沙地区施工增加费和沿海地区施工增加费均以各类工程的定额人工费与定额机械使用费之和为基数,按相应费率计算。

193. A

【解析】施工辅助费以各类工程的定额直接费为基数,按相应费率计算。在各类措施费的计算中,只有施工辅助费是以各类工程的定额直接费为基数,按相应费率计算外,其余措施费都是以各类工程的定额人工费与定额施工机械使用费之和为基数,按相应费率计算。

194. C

【解析】高速公路、一级公路及独立大桥、独立隧道项目转移距离按省会城市至工地的里程计算;二级及二级以下公路项目转移距离按地级城市所在地至工地的里程计算。工地转移里程数在规定里程之间时,费率可内插计算。工地转移距离在50km以内的工程按50km计算。

195. A

【解析】企业管理费中的基本费用包含工程排污费。

196. C

【解析】利润是指施工企业完成所承包的工程应取得的盈利。利润是按定额直接费及措施费、企业管理费之和的7.42%计算,即:利润=(定额直接费+措施费+企业管理费)×7.42%。

197. D

【解析】安全生产费按建筑安装工程费乘以安全生产费费率,费率按不少于1.5%计取,即:安全生产费=建筑安装工程费×安全生产费费率。

198. D

【解析】基本预备费指在初步设计和概算、施工图设计和施工图预算中难以预料的工程费用。基本预备费包括:①在进行技术设计、施工图设计和施工过程中,在批准的初步设计和概算范围内所增加的工程费用。②在设备订货时,由于规格、型号改变的价差,材料货源变更、运输距离或方式的改变以及因规格不同而代换使用等原因发生的价差。③在项目主管部门组织竣(交)工验收时,验收委员会(或小组)为鉴定工程质量必须开挖和修复隐蔽工程的费用。

199. B

【解析】基本预备费所包含的内容之一就是在项目主管部门组织竣(交)工验收时,验收委员会(或小组)为鉴定工程质量必须开挖和修复隐蔽工程的费用。

200. C

【解析】使用林地可行性研究报告编制费属于专项评价(估)费的内容。

201. B

【解析】复耕费指临时占用的耕地、鱼塘等,待工程竣工后将其恢复到原有标准所发生的费用。

202. D

【解析】可行性研究费属于建设项目前期工作费。

203. B

【解析】一般而言,设计概算不能超过投资估算,施工图预算不能超过设计概算,施工预算不能超过施工图预算。经批准后的设计概算是建设项目投资的最高限额。

204. C

【解析】直接费包括:人工费、材料费、施工机械使用费。

205. D

【解析】利润是指施工企业完成所承包的工程应取得的盈利。利润是按定额直接费及措施费、企业管理费之和的7.42%计算,即:利润 =(定额直接费 + 措施费 + 企业管理费)× 7.42%。

206. D

【解析】税金是指国家税法规定应计入建筑安装工程造价的增值税销项税额。税金 =(直接费 + 设备购置费 + 措施费 + 企业管理费 + 规费 + 利润)× 增值税税率。

207. D

【解析】概、预算文件可按不同的需要分为甲、乙组文件。甲组文件为各项费用计算表,乙组文件为建筑安装工程费各项基础数据计算表。

208. D

【解析】概算、预算项目层级划分为部、项、目、节、细目等。概算、预算项目应按项目表的序列及内容编制。当实际出现的工程和费用项目与项目表的内容不完全相符时,第一、二、三、四、五部分和"项"的序号、内容应保留不变,项目表中的"项"以下的分项在引用时应保持序号、内容不变,缺少的分项内容可随需要就近增加,并按项目表的顺序以实际出现的级别依次排列,不保留缺少的"项"以下的项目序号。

209. C

【解析】建设项目可通过政府投资、股东直接投资、发行股票、利用外资直接投资等方式来筹集资本金。

210. B

【解析】发行股票筹资的优点有:①是一种弹性的融资方式。由于它不需要按期支付股息或红利,当公司经营不佳或现金短缺时,董事会有权决定不发股息或红利,因此公司融资风险低。②股票无到期日。其投资属永久性投资,公司不需为偿还资金而担心。③发行股票筹集资金可降低公司负债比率,提高公司财务信用,增加公司今后的融资能力。本题选项ACD都属于发行债券筹资的优点。

211. A

【解析】发行股票筹资的缺点有:①资金成本高。购买股票承当的风险比购买债券高,投资者只有在股票的投资报酬高于债券的利息收入时,才愿意投资于股票。此外,债券利息可在税前扣除,而股息和红利必须在税后利润中支付,这样就使得股票筹资的资金成本大幅高于债券筹资的资金成本。②增发普通股需给新股东投票权和控制权,从而降低原有股东的控制权。③上市公司公开发行股票,必须公开披露信息,接受投资者和社会公众的监督。

212. C

【解析】吸收国外资本直接投资的方式主要包括:合资经营(股权式经营)、合作经营(契约式经营)、合作开发、外资独营。

213. B

【解析】 吸收国外资本直接投资方式筹集资本金的特点是不发生债权债务关系,但要出让一部分管理权,并且要支付一部分利润。

214. B

【解析】 项目负债筹资一般包括:银行贷款、发行债券、设备租赁、借入国外资金等。本题选项 ACD 属于项目资本金筹集方式。

215. B

【解析】 债券持有者无权参与企业管理,因此,公司原投资者控制权不因发行债券而受到影响。

216. C

【解析】 根据债券筹资的特点可知,当企业预测未来市场销售情况良好、盈利稳定、预计未来物价上涨较快、企业负债比率不高时,可以考虑以发行债券的方式进行筹资。

217. B

【解析】 对于承租人而言,与购买设备相比,租赁设备的优越性在于以下几个方面:①在资金短缺的情况下,既可用较少资金获得生产急需的设备,又可以引进先进设备,加快技术进步的步伐。②可获得良好的技术服务。③可以保持资金的流动状态,防止呆滞,也不会使企业资产负债状况恶化。④可避免通货膨胀和利率波动的影响,减少投资风险。⑤设备租金可在所得税前扣除,能享受税上的利益。

218. D

【解析】 发行股票的特点(优点)如下:①以股票筹资是一种有弹性的融资方式。由于股息或红利不像利息那样必须按期支付,当公司经营不佳或现金短缺时,董事会有权决定不发股息或红利,因而公司融资风险低。②股票无到期日。其投资属永久性投资,公司不需为偿还资金而担心;③发行股票筹集资金可降低公司负债比率,提高公司财务信用,增加公司今后的融资能力。

219. C

【解析】 债券筹资的优点有:①支出固定。不论企业将来盈利如何,它只需付给持券人固定的债券利息。②企业控制权不变。债券持有者无权参与企业管理。因此,公司原有投资者控制权不因发行债券而受到影响。③少纳所得税。合理的债券利息可计入成本,实际上等于政府为企业负担了部分债券利息。④可以提高自有资金利润率。如果企业投资报酬率大于利息率,由于财务杠杆的作用,发行债券可提高股东投资报酬率。

220. C

【解析】 项目融资开展步骤或程序如下:投资决策分析→融资决策分析→融资结构分析→融资谈判→项目融资执行。

221. A

【解析】 资金筹集成本是指在资金筹集过程中所支付的各项费用,如发行股票或债券支付的印刷费、发行手续费、律师费、资信评估费、公证费、担保费、广告费等。资金筹集成本一般属于一次性费用,筹资次数越多,资金筹集成本也就越大。

222. C

【解析】 资金成本率 = 股息率/(1 − 筹资费费率) = 15%/(1 − 5%) = 15.79%。

223. D

【解析】资金使用成本又称资金占用费,是指占用资金而支付的费用,它主要包括支付给股东的各种股息和红利、向债权人支付的贷款利息以及支付给其他债权人的各种利息费用等。资金使用成本一般与所筹集的资金多少以及使用时间的长短有关,具有经常性、定期性的特征,是资金成本的主要内容。

224. D

【解析】普通股成本率 $K_c = D_c/[P_c(1-f)] + g = 1/[20 \times (1-12\%)] + 10\% = 15.68\%$。

225. B

【解析】债券的资金成本率 $= 5000 \times 7\% \times (1-33\%)/[5000 \times (1-5\%)] = 4.94\%$;银行贷款资金成本率 $= 8\% \times (1-33\%)/(1-2\%) = 5.47\%$;加权评价资金成本率 $= 4.94\% \times 5000/(5000+3000) + 5.47\% \times 3000/(5000+3000) = 5.14\%$。

226. B

【解析】资金成本率 = 资金使用费用/(筹资总额 - 筹资费用) $= D/(P-F) = 18 \times 9\%/(18 - 18 \times 10\%) = 10.00\%$。

227. B

【解析】TOT方式,即移交-经营-移交,是项目融资的一种新兴方式。它是指通过出售现有投产项目在一定期限内的现金流量,从而获得资金来建设新项目的一种融资方式。

228. A

【解析】该企业加权平均资金成本率计算为:$K = 5\% \times 100/500 + 7\% \times 50/500 + 10\% \times 250/500 + 11\% \times 100/500 = 8.9\%$。

229. C

【解析】根据借款成本率 K_g 的计算式计算为:$K_g = 8\% \times (1-33\%)/(1-2\%) = 5.47\%$。

230. C

【解析】工程量清单的主要作用包括:①是编制标底的重要依据;②是编制投标报价的基础和依据;③是实施合同过程中进行工程计量、办理工程进度款支付和工程结算、处理工程变更、费用索赔计价的重要依据。

231. D

【解析】工程量清单说明内容:①工程量清单中所列工程数量是估算的或设计的预计数量,仅作为投标报价的共同基础,不能作为最终结算与支付的依据。实际支付应按实际完成的工程量,由承包人按工程量清单计量规则规定的计量方法,以监理人认可的尺寸、断面计量,按本工程量清单的单价和总额价计算支付金额。②工程量清单中所列工程量的变动,丝毫不会降低或影响合同条款的效力,也不免除承包人按规定的标准进行施工和修复缺陷的责任。③图纸中所列的工程数量表及数量汇总表仅是提供资料,不是工程量清单的外延。当图纸与工程量清单所列数量不一致时,以工程量清单所列数量作为报价的依据。

232. D

【解析】投标报价说明的内容:①工程量清单中的每一子目须填入单价或价格,且只允许有一个报价。②工程量清单中有标价的单价和总额价均已包括了为实施和完成合同工程所需的劳务、材料、机械、质检(自检)、安装、缺陷修复、管理、保险、税费、利润等费用,以及合同明示或暗示的所有责任、义务和一般风险。③工程量清单中投标人没有填入单价或价格的子目,其费用视为已分摊在工程量清单中其他相关子目的单价或价格之中。承包人必须按监理人指令完成工程量清单中未填入单价或价格的子目,但不能得到结算与支付。④符合合同条款规定的全部费用应认为已被计入有标价的工程量清单所列各子目之中,未列子目不予计量的工作,其费用应视为已分摊在本合同工程的有关子目的单价或总额价之中。⑤承包人用于本合同工程的各类装备的提供、运输、维护、拆卸、拼装等支付的费用,已包括在工程量清单的单价与总额价之中。

233. C

【解析】计日工说明的内容:①未经监理人书面指令,任何工程不得按计日工施工;接到监理人按计日工施工的书面指令,承包人也不得拒绝;②投标人应在计日工单价表中填列计日工子目的基本单价或租价,该基本单价或租价适用于监理人指令的任何数量的计日工的结算与支付;③计日工不调价。

234. A

【解析】不平衡报价法具体表现形式如下:①先期开工的项目的单价报价高,后期开工的项目单价报价低。②估计到以后会增加工程量的项目的单价报价高,工程量会减少的项目的单价报价低。③施工图纸不明确或有错误的,估计以后会修改的项目的单价报价高,估计以后会取消的项目的单价报价低。④没有工程量,只填写单价的项目(如拆除建筑物),其单价报价高。⑤对暂列金额项目,承包人做的可能性较大时,其单价报价高,反之报价低。⑥对于允许价格调整的项目,当预计计算所得的调价系数高于利率及物价上涨带来的影响时,则后期施工的工程子目的单价报价高,反之报价低。

235. B

【解析】《中华人民共和国招标投标法实施条例》规定,招标人设有最高投标限价的,应当在招标文件中明确最高投标限价或者最高投标限价的计算方法。招标人不得规定最低投标限价。接受委托编制标底或者最高投标限价的中介机构不得参加该项目的投标,也不得为该项目的投标人编制投标文件或者提供咨询。

236. D

【解析】费用监理的目标就是以合同为依据,采取技术、组织、经济、合同等措施,对工程费用实施有效控制,从而确保工程项目费用目标合理实现,使之达到合同文件规定的要求。

237. C

【解析】费用监理的方法很多,从监理措施所采取的时间不同进行归类,可分为三类:①事后监理(反馈监理);②事前监理(前馈监理);③事中监理(跟踪监理)。在施工过程中,监理人只有将这三种方法有机地结合起来,才能做好费用监理工作,实现费用监理目标。

238. D

【解析】监理工程师在费用支付中的基本职责主要包括:①审核(核查)承包人的各

种付款申请及相应的支持性证明文件;②提出发包人到期应支付给承包人的价款以及相应的支持性材料;③向承包人签发(出具)付款证书;④审核工程变更及索赔费用。

239. D

【解析】工程计量的项目包括三类:①工程量清单中的所有子目;②根据监理人变更指示实施的变更项目;③合同文件规定的其他需支付的项目。

240. A

【解析】一般的单价子目已完工程量按月计量。换句话说,对于工程量清单中的单价子目,每一个月可根据承包人的申请计量一次,以便掌握工程进度情况,核查该子目月结算工程量和核定月进度款(即期中支付证书)。对于隐蔽工程,则须在工程覆盖前进行计量。否则,在覆盖后再进行计量将使计量工作更复杂、更困难。

241. B

【解析】监理人应在收到承包人提交的工程量报表后的7天内进行复核。

242. C

【解析】承包人未在已标价工程量清单中填入单价或总额价的工程子目,将被认为其已包含在本合同的其他子目的单价和总额价中,承包人必须根据监理人的指示完成,但发包人将不另行支付。

243. A

【解析】①总价子目的计量和支付应以总价为基础,不因物价波动的因素而进行调整。承包人实际完成的工程量,是进行工程目标管理和控制进度支付的依据。②承包人在合同约定的每个计量周期内,对已完成的工程进行计量,并向监理人提交进度付款申请单、专用合同条款约定的合同总价支付分解表所表示的阶段性或分项计量的支持性资料,以及所达到的工程形象目标或分阶段需完成的工程量和有关计量资料。③监理人对承包人提交的上述资料进行复核,以确定分阶段实际完成的工程量和工程形象目标。对其有异议的,可要求承包人按合同条款的约定进行共同复核和抽样复测。④总价子目的工程量是承包人用于结算的最终工程量。

244. B

【解析】①钢筋、钢板或型钢计量时,应按图纸或其他资料标示的尺寸和净长计算,应以千克计量,四舍五入,不计小数。由于理论单位质量与实际单位质量的差异而引起材料质量与数量不相匹配的情况,计量时不予考虑。搭接、接头套筒、焊接材料、下脚料和固定、定位架立钢筋等,则不予另行计量。②对有规定标准的项目,例如钢筋、金属线、钢板、型钢、管材等,均有规定的规格、质量、截面尺寸等指标,这类指标应视为通常的质量或尺寸;除非引用规范中的允许偏差值加以控制,否则可用制造商的允许偏差。

245. C

【解析】按施工合同条件的规定,对质量合格、符合计量条件的结构物混凝土体积的计量应以净值为准。

246. A

【解析】合同条款规定,工程量清单中开列的工程量是根据本工程的设计提供的预计工程量,不能作为承包人在履行合同义务中应予完成工程的实际和准确的工程量。

第四章 公路工程费用目标控制

247. B

【解析】承包人应严格按合同设计图纸施工,由于承包人的原因超出设计范围的那部分工程量不予计量,因为工程计量应以净值为准。

248. D

【解析】《公路工程施工监理规范》(JTG G10—2016)规定,监理工程师必须以质量合格、手续齐全,且符合安全和环保要求,作为计量支付的先决条件。

249. D

【解析】费用监理就是在监理计划的指导下,通过对工程费用的动态控制,使其能够最优地实现。费用监理的目标是使实际支付的工程费用合理,符合合同的要求。

250. D

【解析】费用监理的关键是工程计量与支付。费用监理主要是对计量与支付的监督管理。

251. D

【解析】工程计量的依据包括:中间交工证书、标价的工程量清单、合同图纸、合同条款、施工技术规范、工程变更指示、有关工程计量的补充协议、索赔审批表等。

252. A

【解析】合同条款规定,监理人在收到承包人提交的进度付款申请单后的14天内完成核查,提出发包人到期应支付给承包人的金额,经发包人审查同意后,由监理人向承包人出具进度付款证书。

253. A

【解析】计日工按合同已确定的单价和监理人核实的数量,以日计月累计的形式,通过当期进度付款申请,监理人审核,发包人批准支付。

254. C

【解析】施工合同条款规定,承包人应在交工验收证书签发后42天内,向监理人提交交工付款申请单及相关证明材料。

255. C

【解析】施工合同条款规定,承包人应在缺陷责任期终止证书签发后28天内,向监理人提交最终结清申请单及相关证明材料。

256.

【解析】施工合同条款规定,监理人在收到承包人付款申请单以及相应的支持性证明文件后的14天内完成核查,提出发包人到期应支付给承包人的价款以及相应的支持性材料。

257. C

【解析】施工合同条款规定,发包人同意支付的,发包人应在监理人收到进度付款申请单且承包人提交了合格的增值税专用发票后的28天内,将进度应付款支付给承包人。应注意,交工付款和最终付款的时间则是14天,即发包人应在监理人出具交工付款证书(或最终结清证书)且承包人提交了合格的增值税专用发票后的14天内,将应支付款支付给承包人

258. A

【解析】合同条款规定,发包人在工程量清单中给定暂估价的材料、工程设备和专业工程属于依法必须招标的范围并达到规定的规模标准的,由发包人和承包人以招标的方式选择供应商或分包人。中标金额与工程量清单中所列的暂估价的金额差以及相应的税金等其他费用列入合同价格。

259. A

【解析】发包人在工程量清单中给定暂估价的材料和工程设备不属于依法必须招标的范围或未达到规定的规模标准的,应由承包人按合同条款的约定提供。经监理人确认的材料、工程设备的价格与工程量清单中所列的暂估价的金额差以及相应的税金等其他费用列入合同价格。

260. A

【解析】发包人在工程量清单中给定暂估价的专业工程不属于依法必须招标的范围或未达到规定的规模标准的,由监理人按合同变更条款的规定进行估价。经估价的专业工程与工程量清单中所列的暂估价的金额差以及相应的税金等其他费用列入合同价格。

261. C

【解析】合同条款规定的开工预付款扣回方法如下:开工预付款在进度付款证书的累计金额未达到签约合同价的30%之前不予扣回,在达到签约合同价30%之后,开始按工程进度以固定比例(即每完成签约合同价的1%,扣回开工预付款的2%)分期从各月的进度付款证书中扣回,全部金额在进度付款证书的累计金额达到签约合同价的80%时扣完。

262. C

【解析】合同条款规定,开工预付款应在进度付款证书的累计金额达到签约合同价30%之后,开始按工程进度以固定比例分期从各月的进度付款证书中扣回,全部金额在进度付款证书的累计金额达到签约合同价的80%时扣完。

263. B

【解析】开始扣回开工预付款时的累计金额为:$1500 \times 30\% = 450$(万元);由题意可知,第4个月累计支付的金额为$600 - 200 = 400$(万元),未达到签约合同价的30%,第5个月累计支付600万元,已超过签约合同价的30%,应从第5个月开始扣回开工预付款。第5个月累计支付金额超过开始扣回开工预付款金额的数值$M = 600 - 450 = 150$(万元),本月应扣回开工预付款数额$G = M \times B/(签约合同价 \times 50\%) = 150 \times 1500 \times 10\%/(1500 \times 50\%) = 30$(万元)。

264. B

【解析】所谓质量保证金,是指按合同条款规定用于保证承包人在缺陷责任期内履行缺陷修复义务的金额。交工验收证书签发后14天内,承包人应按项目专用合同条款数据表中规定的金额,向发包人缴纳质量保证金。

265. B

【解析】在合同条款约定的缺陷责任期满,且质量监督机构已按规定对工程质量检测鉴定合格,承包人向发包人申请到期应返还承包人剩余的质量保证金金额,发包人应在14天内会同承包人按照合同约定的内容核实承包人是否完成缺陷责任。如无异议,发包人应当在缺陷责任期期满后14天内,将剩余保证金返还承包人。在合同条款约定的缺陷责任期满时,承包人没有完成缺陷责任的,发包人有权扣留与未履行责任剩余工作所需金额相应的质量保证金余额,并有权要求延长缺陷责任期,直至完成剩余工作为止。

266. A

【解析】合同条款约定,在合同履行过程中,可能发生合同条款约定的导致变更的情形时,经发包人同意后,监理人可向承包人发出变更意向书。变更意向书应说明变更的具体内容和发包人对变更的时间要求,并附必要的图纸和相关资料。

267. D

【解析】承包人接到监理人发出的变更意向书后认为实施该变更可行,应按变更意向书的要求向监理人提交变更实施方案,变更实施方案应包括拟实施该变更工作的计划、措施和完工时间等内容。经监理审查并经发包人同意变更实施方案的,监理人可向承包人发出变更指示。

268. B

【解析】合同条款约定,当承包人收到监理人按合同约定提供的图纸和文件,经检查认为其中存在合同条款约定可导致变更的情形时,可向监理人提出书面变更建议。变更建议应阐明要求变更的依据,并附必要的图纸和说明。

269. B

【解析】合同条款约定,在合同履行过程中,发生合同条款约定的导致变更的情形时,监理人可根据合同条款的有关规定向承包人发出变更指示。

270. B

【解析】监理人收到承包人书面变更建议后,应与发包人共同研究,确认承包人提出的变更建议是否符合合同的规定。监理人与发包人共同研究承包人提出的变更建议,确认存在变更的,应由监理人在收到承包人书面建议后的14天内作出变更指示。经研究后不同意作为变更的,应由监理人书面答复承包人。

271. B

【解析】承包人应在收到变更指示或变更意向书后的14天内,向监理人提交变更报价书,报价内容应根据合同条款约定的变更的估价原则,详细列变更工作的价格组成及其依据,并附必要的施工方法说明和有关图纸。变更工作影响工期的,承包人应提出调整工期的具体细节。监理人认为有必要时,可要求承包人提交要求提前或延长工期的施工进度计划及相应施工措施等详细资料。

272. B

【解析】监理人收到承包人变更报价书后的14天内,根据合同条款约定的估价原则,按合同条款的规定商定或确定变更价格,并报发包人批准。

273. A

【解析】按索赔依据分类,索赔可分为:①合同之内的索赔。索赔的内容和权利均可以在合同中找到依据,监理人有权审核处理的索赔就是指这类索赔。②合同规定之外的索赔。索赔的内容和权利难以在合同中找到依据,但可以来自法律及行政法规。

274. C

【解析】承包人应在知道或应当知道索赔事件发生后28天内,向监理人递交索赔意向通知书,并说明发生索赔事件的事由。承包人未在前述 28 天内发出索赔意向通知书的,丧失要求追加付款的权利。

275. C

【解析】承包人应在发出索赔意向通知书后 28 天内,向监理人正式递交索赔通知书。索赔通知书应详细说明索赔理由及要求追加的付款金额,并附必要的记录和证明材料。如果索赔事件具有连续影响的,承包人应按合理时间间隔继续递交延续索赔通知,说明连续影响的实际情况和记录,列出累计的追加付款金额。

276. C

【解析】监理人收到承包人提交的索赔通知书后,应及时审查索赔通知书的内容、查验承包人的记录和证明材料,必要时监理人可要求承包人进一步提交有关记录和证明材料甚至全部原始记录副本。监理人与发包人和承包人协商,就合理的索赔额达成一致。若不能达成一致,总监理工程师经认真研究后审慎确定索赔额。监理人应在收到上述索赔通知书或有关索赔的进一步证明材料后的 42 天内,将索赔处理结果报发包人批准后答复承包人。如果承包人提出的索赔要求未能遵守合同条款有关申请索赔程序的规定,则承包人只限于索赔由监理人按当时记录予以核实的那部分款额。

277. B

【解析】承包人接受索赔处理结果的,发包人应在作出索赔处理结果答复后 28 天内完成赔付。承包人不接受索赔处理结果的,按合同条款中有关争议解决的约定办理。

二、多项选择题

1. ABDE

【解析】当一年内计息一次时,名义利率与实际利率相等;当计息期小于一年时,名义利率小于有效利率。一年内计息期越多,年实际利率越大,年实际利率与名义利率的差值也越大。

2. ABDE

【解析】计算名义利率时忽略了前面各期利息再生的因素,因此名义利率没有反映资金的时间价值。故选项 C 错误,在工程经济分析中,如果各技术方案的计息期不同,就不能简单地使用名义利率来评价,而必须换算成有效利率进行评价,否则会得出不正确的结论。

3. ABCD

【解析】衡量资金时间价值的绝对尺度是利息和纯收益;衡量资金时间价值的相对尺度是利率和收益率。因此,利息和纯收益、利率和收益率都是资金时间价值的尺度。

4. ABC

【解析】现金流量反映特定系统在一定时期内的资金运动状况,它主要包括现金流入量、现金流出量、净现金流量等。

5. BE

【解析】在工程经济分析中,现金流量通常用现金流量图和现金流量表来表示。

6. ACD

【解析】现金流量的三要素是指现金流量的大小(资金数额)、方向(资金流入或流出)

和作用点(资金发生的时间点)。

7. BDE

【解析】现金流量图应能反映现金流量的三要素。在绘制现金流量图时,应把握的要素当然是现金流量的三要素,即数额、流向(方向)、发生时间(作用点)。

8. ABDE

【解析】现金流量图是把经济系统的现金流量绘入时间坐标图中,表示现金流入、现金流出与相应时间的对应关系。运用现金流量图可以全面、直观、形象地表达经济系统的资金运动状态。①现金流量图的横轴是时间轴,表示从起点0到终点n的时间序列。横轴可看成是所考察经济系统的寿命周期。②与横轴相连的垂直线表示不同时间点上流入或流出系统的现金流量。垂直线的箭头表示现金流动的方向。箭头向上表示现金流入,箭头向下表示现金流出。③现金的流入与流出是相对特定经济系统而言的。例如,贷款方的现金流入就是借款方的现金流出,贷款方的还本付息就是借款方的现金流入。

9. ACE

【解析】现金流量图的绘制规则如下:①以横轴为时间轴,零表示时间序列的起点,n表示时间序列的终点。轴上每一间隔代表一个时间单位(计息周期),可取年、半年、季、月等。整个横轴可看成是所考察经济系统的寿命期。②与横轴相连的垂直箭线代表不同时点的现金流入或现金流出。在横轴上方的箭线表示现金流入(收益);在横轴下方的箭线表示现金流出(费用)。③垂直箭线的长短要能适当体现各时点现金流量的大小,并在各箭线上方(或下方)注明其现金流量的数值。④箭线与时间轴的交点即为现金流量发生的时点。

10. AE

【解析】利息计算有单利和复利两种方法。其中,复利计算有间断复利和连续复利。在实际应用中一般采用间断复利的计算方法。

11. CDE

【解析】①复利计算有间断复利和连续复利之分。按期(年、半年、季、月、周、日)计算复利的方法为间断复利;按瞬时计算复利的方法称为连续复利。在实际应用中,一般采用间断复利计算的方法。②年有效利率(年实际利率) $=(1+r/m)^m-1=(1+12\%/12)^{12}-1=12.68\%$;③月有效利率 $=r/m=12\%/12=1\%$;④季有效利率 $=(1+12\%/12)^3-1=3.03\%$。

12. AB

【解析】建设项目经济效果的分析与评价包括财务分析与评价、国民经济分析与评价两个层次。通常所说的评价主要指财务分析与评价。财务分析与评价主要是从企业角度计算项目的投资费用、产品成本与产品销售收入、税金等财务数据,据以考察项目投资在财务上的潜在获利能力。国民经济分析与评价则是从国家整体角度分析、计算项目对国民经济的贡献率,据以判断项目的经济合理性。

13. ABDE

【解析】经济效果分析与评价的主要内容包括:①盈利能力分析,即分析和测算项目计算期的盈利能力和盈利水平。②清偿能力分析,即分析和测算项目偿还贷款的能力和投资的回收能力。③抗风险能力分析,即分析项目在建设和运营期各种风险因素对项目经济效果的影响程度,考察项目承受各种投资风险的能力。④财务生存能力分析,即通过项目财务计划现金流量表分析财务的可持续性。

14. ABD

【解析】盈利能力分析与评价指标包括：①投资收益率(又可分为投资利润率、资本金利润率、投资利税率)；②静态投资回收期；③净现值；④净现值率；⑤净年值；⑥内部收益率；⑦动态投资回收期；⑧效益费用比。

15. ABCE

【解析】偿债能力分析与评价指标包括：①利息备付率；②偿债备付率；③借款偿还期；④资产负债率；⑤流动比率；⑥速动比率。

16. ABCE

【解析】静态分析与评价指标不考虑资金时间价值，计算简单，适用于粗略评价、短期投资项目评价和逐年收益大致相对的项目评价。静态分析与评价指标包括：①投资收益率；②静态投资回收期；③利息备付率；④偿债备付率；⑤借款偿还期；⑥资产负债率；⑦流动比率；⑧速动比率。

17. ABCD

【解析】动态分析与评价指标包括：①净现值；②净现值率；③净年值；④内部收益率；⑤动态投资回收期；⑥效益费用比。动态分析与评价指标考虑了资金时间价值，能较全面地反映投资方案整个计算期(寿命期)的经济效果，注重考察投资方案在计算期内各年现金流量的具体情况，能够客观地反映投资方案的经济效益，所以它的应用也就比静态分析与评价指标更加广泛。因此，在经济分析与评价时，一般以动态分析与评价指标为主要指标，以静态指标为辅助指标。

18. CD

【解析】根据评价的角度、范围、作用等，对建设项目经济效果的评价可分为财务评价和国民经济评价两个层次。财务评价主要从企业角度计算项目的投资费用、产品成本与产品销售收入、税金等财务数据，以考察项目投资在财务上的潜在获利能力。国民经济评价则是从国家整体角度分析计算项目对国民经济的贡献率，据此以判断项目的经济合理性。

19. BCDE

【解析】经济效果评价主要包括四个方面：①盈利能力；②清偿能力；③财务生存能力；④抗风险能力。

20. CE

【解析】经济效果评价的基本方法包括确定性评价和不确定性评价。对同一投资方案而言，必须同时进行确定性评价和不确定性评价。

21. CE

【解析】按照是否考虑资金时间价值，经济效果评价方法可分为静态评价和动态评价。静态评价方法不考虑资金时间价值，其最大特点是计算简便，适用于方案的初步评价，或对短期投资项目进行评价，以及对于逐年收益大致相同的项目评价。动态评价方法考虑资金的时间价值，能全面地反映投资方案整个计算期的经济效果。因此，在进行方案比较时，一般以动态评价为主。

22. CD

【解析】按照评价方法的性质,经济效果评价可分为定量评价和定性评价。在项目经济效果评价中,应坚持定量评价和定性评价相结合、以定量评价为主的原则。

23. AB

【解析】按照是否考虑所量化的费用和效益的时间因素,即是否考虑资金的时间价值,经济效果评价指标可分为静态评价指标和动态评价指标。在项目经济效果评价中,应坚持静态评价与动态评价相结合、以动态评价为主的原则。

24. ACD

【解析】静态评价指标包括:投资收益率(投资利润率、资本金利润率)、静态投资回收期、利息备付率、偿债备付率、借款偿还期、资产负债率等。

25. ACDE

【解析】动态评价指标包括:净现值、净现值率、净年值、内部收益率、动态投资回收期、效益费用比等。

26. AD

【解析】用于项目盈利能力分析的指标有:投资收益率(包括投资利润率、投资利税率、资本金利润率)、内部收益率、净现值、净现值率等。投资回收期、资产负债率和借款偿还期是项目清偿能力分析指标。

27. ABC

【解析】用于项目偿债能力分析的指标包括:利息备付率、偿债备付率、资产负债率、借款偿还期、流动比率、速动比率等。投资收益率是盈利能力分析指标,而投资回收期则是清偿能力分析指标。

28. BC

【解析】反映投资方案盈利能力的动态评价指标主要有:内部收益率、净现值、净现值率、净年值等。

29. AC

【解析】净现值和内部收益率考虑了资金的时间价值,均可对独立方案进行评价,且结论是一致的。净现值计算简便,有唯一的取值,但不能反映未回收投资的收益率,且受外部参数(例如基准收益率)的影响;内部收益率计算较为麻烦,但能够反映未回收投资的收益率,而且不受外部参数影响,完全取决于投资过程的现金流量,对于非常规现金流量的项目来讲,其内部收益率往往不是唯一的。

30. BCE

【解析】每个评价指标由于自身的特点,都有不同的评价标准。其基本评价原则是:时间越短越好,现值越大越好,收益率越高越好。

31. ADE

【解析】当动态投资回收期小于项目的计算期(寿命期)时,必然有净现值大于零、内部收益率大于基准收益率、静态投资回收期小于项目寿命期。

32. AE

【解析】当投资方案的内部收益率大于基准收益率时,表明该投资方案可行,且净现值大于零。

33. AE

【解析】寿命不同互斥方案的评价方法,主要有净现值法和年值法。投资回收期、投资收益率和利息备付率都不能用于寿命周期不同互斥方案的评价。

34. AC

【解析】净现值与内部收益率两者的共同特点有:①均考虑了资金的时间价值;②均考虑了项目在整个计算期内的经济状况;③均可对单一方案或对独立方案进行评价,且结论是一致的。

35. BCD

【解析】一般来讲,方案之间存在着以下三种关系。①互斥关系:是指各个方案之间存在着互不相容、互相排斥的关系,进行方案比选时,在多个备选方案中只能选择一个,其余的均必须放弃,不能同时存在。②独立关系:是指各个方案的现金流量是独立的,不具相关性,其中任何一方案的采用与否与其自身的可行性有关,而与其他方案是否采用无关。③相互关系(相关关系):是指各个方案之间,其中某一方案的采用与否会对其他方案的现金流量带来一定的影响,进而影响其他方案的采用或放弃。

36. ABC

【解析】独立方案的经济效果评价与单一方案的评价是相同的,均可采用净现值、净年值、净现值率、内部收益率、投资回收期、投资收益率等方法。互斥方案的相对经济效果分析常采用增量效果分析方法,如增量净现值、增量内部收益率等。

37. ABDE

【解析】独立方案的采用与否只取决于方案自身的经济性,即只需检验它们是否能够通过绝对经济效果检验。换句话说,独立方案经济效果的评价只包含绝对经济效果检验一项内容。凡通过绝对效果检验的独立方案,就认为它在经济上是可以接受的。独立方案的经济效果评价方法与单一方案的评价方法是相同的。

38. DE

【解析】互斥方案的经济效果评价包含了两部分内容:一是考虑各个方案自身的经济效果,即进行绝对经济效果检验;二是要对这些方案进行优劣排序,即进行相对经济效果检验。这两种检验的目的和作用不同,缺一不可。

39. ABC

【解析】绝对经济效果检验就是考察各个方案自身的经济效果或经济上的可行性。因此,单一方案经济效果评价方法均可用于互斥方案的绝对经济效果检验,如净现值、净年值、内部收益率、净现值率、投资收益率、投资回收期等。而投资方案的相对经济效果检验多采用增量效果分析方法,如增量净现值、增量内部收益率、增量投资回收期、增量投资收益率等。

40. BCDE

【解析】投资回收期属于静态评价方法。动态评价方法主要有净现值、净年值、净现值率、内部收益率等。

41. ABDE

【解析】可用于寿命期相同的互斥方案相对经济效果检验的有净现值、净年值、增量净现值、增量内部收益率、增量投资回收期、增量投资收益率等。内部收益率不适用于各方案的优劣排序,即不适用于互斥方案的相对经济效果检验。

42. AE

【解析】净现值法和净年值法既可用于寿命期相同的互斥方案的评价,又可用于寿命期不同的互斥方案的评价。内部收益率法不能用于互斥方案的相对经济效果检验。增量净现值和增量投资回收期法一般用于寿命期相同的互斥方案经济效果的评价。

43. AB

【解析】净现值和净年值法既可用于互斥方案的绝对经济效果检验,又可用于相对经济效果检验。内部收益率法只能用于互斥方案的绝对经济效果检验。增量净现值法和增量内部收益率法只能用于相对经济效果检验。

44. BD

45. ABE

【解析】净现值用于计算期不同的互斥方案评价的方法有最小公倍数法(又称方案重复法)、研究期法(又称研究期分析法)、无限计算期法。

46. ACE

【解析】当净现值 NPV≥0,或内部收益率 IRR≥i_0,或投资回收期 P_t≤P_c 时,表明投资方案经济上是可行的。

47. ACE

【解析】不确定性分析方法主要有盈亏平衡分析(临界分析)、敏感性分析和概率分析(风险分析)等三种方法。其中盈亏平衡分析只适用于项目的财务评价,而敏感性分析和概率分析则可同时适用于项目财务评价和国民经济评价。

48. ABDE

【解析】进行这种分析时,将产量或者销售量作为不确定因素,求取盈亏平衡时临界点所对应产量或者销售量。盈亏平衡点越低,表示项目适应市场变化的能力越强,抗风险能力也越强。

49. BD

【解析】盈亏平衡分析方法,按成本、销售收入与产量之间是否呈线性关系,可分为线性盈亏平衡分析和非线性盈亏平衡分析。

50. AC

【解析】线性盈亏平衡分析的方法一般可分为图解法和解析法两种。①图解法是在以横轴表示产量、纵轴表示收益与成本的坐标系中画出收益与成本线,求出其交点,此交点即为盈亏平衡点,然后据此进行盈亏平衡分析的一种方法。②解析法是通过数学解析方法计算出盈亏平衡点的一种方法。

51. ABDE

【解析】盈亏平衡点反映了项目对市场变化的适应能力和抗风险能力。项目的盈亏平衡点越低,其适应市场变化的能力越强,抗风险能力也就越强;反之,其适应市场变化的能力越小,抗风险能力越弱。因此也可以说盈亏平衡点的高低反映了项目风险性的大小。盈亏平衡点通常用产销量表示,也可以用生产能力利用率、销售收入,产品销售单价单位产品可变成本等来表示。

52. AC

【解析】常用的不确定性分析方法有盈亏平衡分析、敏感性分析和概率分析。一般来讲,盈亏平衡分析只适用于项目的财务评价,而敏感性分析和概率分析则可同时用于财务评价和国民经济评价。

53. BCDE

【解析】决策树是指在已知各种情况发生概率的基础上,通过构成决策树来求取项目经济评价指标(如净现值)可行时的概率,以评价项目风险、判断其可行性的决策分析方法,它是直观运用概率分析的一种图解方法。决策树法特别适用于多阶段决策分析。决策树一般由决策点、机会点、方案枝、概率枝等组成。

54. CDE

【解析】提高产品价值的途径有以下5种:①保持产品的功能不变,降低产品成本;②在产品成本不变的条件下,提高产品功能;③成本少量提高、功能大幅度提高;④在不影响产品主要功能的前提下,针对用户的特殊需要,适当降低一些次要功能或消除、减少一些多余功能,大幅度降低产品成本;⑤运用新技术,革新产品,在提高产品功能的同时,降低产品成本。

55. BCE

【解析】价值工程着眼于功能分析,力求以最低的寿命周期成本可靠地实现产品的必要功能。因此,价值工程的核心是功能分析。价值工程要求将功能定量化,即将功能转化为能够与成本直接相比的量化值。价值工程强调不断改革与创新,获得新方案,提高产品的技术经济效益。价值工程是依靠集体智慧进行的有组织的创造性管理活动。

56. ABDE

【解析】由价值工程的原理 $V = F/C$ 可知,提高工程价值的途径必然与功能和成本相关。选项C虽然也可以提高工程价值,但不是运用价值工程的结果。

57. ACDE

【解析】价值工程是以集体的智慧开展的有计划、有组织的管理活动,强调不断改革和创新,以科学的技术方法为工具,开拓新构思和新途径,创造新功能载体,提高产品的经济效益。价值工程的目的是提高产品的价值,其核心是对产品进行功能分析。

58. BCD

59. ABDE

【解析】价值工程的工作程序,按一般的决策过程可划分为准备阶段、分析阶段、创新阶段、实施阶段四个阶段。

60. ACE

【解析】价值工程活动过程中,准备阶段的主要工作有选择对象、组成价值工程工作小组、制订工作计划等。

61. BC

【解析】价值工程活动过程中,分析阶段的主要工作有:收集整理资料、功能分析(包括功能定义、功能整理、功能计量等)、功能评价等。

62. BCD

【解析】价值工程活动过程中,创新阶段的主要工作有:方案创造、方案评价、提案编写等。

63. BCD

【解析】价值工程活动过程中,实施阶段的主要工作有:方案审批、方案实施与检查、成果评价(鉴定)等。

64. BCD

【解析】不必要功能是不符合用户要求的功能,通常包括三类:一是多余功能,二是重复功能,三是过剩功能。不必要功能必然会产生不必要的费用,这不仅增加了用户的经济负担,还浪费了国家的资源。

65. ABCE

【解析】工程总投资主要由以下 5 部分构成:①建筑安装工程费;②土地使用及拆迁补偿费;③工程建设其他费;④预备费;⑤建设期贷款利息。

66. ABCD

【解析】建筑安装工程费由以下 8 部分组成:①直接费;②设备购置费;③措施费;④企业管理费;⑤规费;⑥利润;⑦税金;⑧专项费用。

67. ABD

【解析】直接费包括:①人工费;②材料费;③施工机械使用费。

68. ABCE

【解析】措施费包括:①冬季施工增加费;②雨季施工增加费;③夜间施工增加费;④特殊地区施工增加费(包括高原地区、风沙地区、沿海地区施工增加费);⑤行车干扰工程施工增加费;⑥施工辅助费;⑦工地转移费。

69. ABCE

【解析】企业管理费包括:①基本费用;②主副食运费补贴;③职工探亲路费;④职工取暖补贴;⑤财务费用。

70. ABCE

【解析】规费包括:①养老保险费;②失业保险费;③医疗保险费;④工伤保险费;⑤住房公积金。

71. AB

【解析】专项费用包括:①施工场地建设费;②安全生产费。

72. ABCE

【解析】工程建设其他费包括:①建设项目管理费;②研究试验费;③建设项目前期工作费;④专项评价(估)费;⑤联合试运转费;⑥生产准备费;⑦工程保通管理费;⑧工程保险费;⑨其他相关费用。

73. ABCE

【解析】建设项目管理费包括:①建设单位管理费;②建设项目信息化费;③工程监理费;④设计文件审查费;⑤竣(交)工验收试验检测费。

74. ABDE

【解析】生产准备费包括:①工器具购置费;②办公和生活用家具购置费;③生产人员培训费;④应急保通设备购置费。

75. AC

【解析】预备费包括：①基本预备费；②价差预备费。

76. ABCE

【解析】定额建筑安装工程费包括定额直接费、定额设备购置费的40%、措施费、企业管理费、规费、利润、税金和专项费用。其中，定额直接费包括定额人工费、定额材料费、定额施工机械使用费。定额人工费、定额材料费、定额施工机械使用费以及定额设备购置费均按《公路工程预算定额》(JTG/T 3832—2018)附录四"定额人工、材料、设备单价表"及《公路工程机械台班费用定额》(JTG/T 3833—2018)中规定的人工、材料、设备、机械相应基价计算的定额费用计取。

77. ABCE

【解析】①人工工日单价由省级交通运输主管部门制定发布，并适时进行动态调整。②人工工日单价仅作为编制概预算的依据，不作为施工企业实发工资的依据；③在公路工程造价计算中，人工工日单价的计算不管什么工程类别、性质，也不论什么工种，在同一项目的概预算文件中，一律取一个相同的而且唯一的单价。

78. ABCD

【解析】材料预算价格是指材料由其来源地(或交货地)到达工地仓库或施工地点堆放材料的地方后综合平均价格。材料预算价格由材料原价、运杂费、场外运输损耗费、采购及仓库保管费组成。辅助生产间接费是指由施工单位自行开采加工的砂、石等自采材料及施工单位自办的人工、机械装卸和运输的间接费。辅助生产间接费按定额人工费的3%计，该项费用并入材料预算单价内构成材料费，不直接出现在概预算中。

79. ACDE

【解析】由于概、预算定额中已考虑了工地运输便道的特点，以及定额中已计入了"工地小搬运"的费用，因此，汽车运输平均运距中不得乘调整系数，也不得在工地仓库或堆料场之外再加场内运距或二次倒运的运距。

80. ACDE

【解析】机械台班单价由不变费用和可变费用组成。可变费用中的机上人员人工工日数及动力燃料消耗量，应以机械台班费用定额中的数值为准。台班人工费工日单价与生产工人人工费单价相同。动力燃料费用则按材料费的计算规定计算。

81. ABCD

【解析】①不变费用包括：折旧费、检修费、维护费、安拆辅助费等；②可变费用包括：机上人员人工费、动力燃料费、车船税。

82. ABCD

【解析】设备购置费系指为满足公路初期运营，管理需要购置的构成固定资产标准的设备和虽低于固定资产标准但属于设计明确列入设备清单的设备的费用。施工过程所需要的特殊施工机械设备的购置费用是施工单位应支付的，一般不应包含在工程造价中。

83. ABCD

【解析】冬季施工增加费是指按照施工及验收规范所规定的冬季施工要求，为保证工程质量和安全生产所采取的防寒保温设施、工效降低和机械作业率降低以及技术操作过程的改变等所增加的有关费用。冬季施工增加费的内容包括:①因冬季施工所需增加的一切人工、机械与材料的支出。②施工机械所需修建的暖棚(包括拆、移),增加其他保温设备购置费用。③因施工组织设计确定,需增加的一切保温、加温等有关支出。④清除工作地点的冰雪等与冬季施工有关的其他各项费用。

84. ABCD

【解析】雨季施工增加费是指雨季期间施工为保证工程质量和安全生产所采取的防雨、排水、防潮和防护措施、工效降低和机械作业率降低以及技术操作过程的改变等所需增加的有关费用。雨季施工增加费的内容包括:①因雨季施工所需增加的工、料、机费用的支出,包括工作效率的降低及易被雨水冲毁的工程所增加的清理坍塌基坑和堵塞排水沟、填补路基边坡冲沟等工作内容。②路基土方工程的开挖和运输,因雨季施工(非土壤中水影响)而引起的黏附工具、降低工效所增加的费用。③因防止雨水必须采取的挖临时排水沟、防止基坑坍塌所需的支撑、挡板等防护措施费用。④材料因受潮、受湿的耗损费用。⑤增加防雨、防潮设备的费用。⑥因河水高涨致使工作困难等其他有关雨季施工所需增加的费用。

85. ACD

【解析】雨季施工增加费的计算方法,是将全国划分为若干雨量区和雨季期,并根据各类工程的特点规定各雨量区和雨季期的取费标准。采用全年平均摊销的方法,即不论是否在雨季施工,均按规定的取费标准计取雨季施工增加费。

86. ACDE

【解析】夜间施工增加费是指根据设计、施工技术规范和合理的施工组织要求,必须在夜间施工或必须昼夜连续施工而发生的夜班补助费、夜间施工降效、施工照明设备摊销及照明用电等费用。

87. ABE

【解析】施工辅助费包括生产工具用具使用费、检验试验费和工程定位复测、工程点交、场地清理等费用。高填方和软基沉降监测、高边坡稳定监测、桥梁施工监测、隧道施工监控量测、超前地质预报等施工监控费含在施工辅助费中,不得另行计算。

88. BC

【解析】生产工具用具使用费是指施工所需不属于固定资产的生产工具、检验、试验用具及仪器、仪表等的购置、摊销和维修费,以及支付给生产工人自备工具的补贴费。

89. AB

【解析】检验试验费是指施工企业对建筑材料、构件和建筑安装工程进行一般鉴定、检查所发生的费用,包括自设试验室进行试验所耗用的材料和化学药品的费用,以及技术革新和研究试验费。但不包括新结构、新材料的试验费和建设单位要求对具有出厂合格证明的材料进行检验、对构件破坏性试验及其他特殊要求检验的费用。

90. ABCE

【解析】工地转移费内容包括:①施工单位职工及随职工迁移的家属向新工地转移的车费、家具行李运费、途中住宿费、行程补助费、杂费等。②公物、工具、施工设备器材、施工机械的运杂费,以及外租机械的往返费及施工机械、设备、公物、工具的转移费等。③非固定工人进退场的费用。

91. ABCD

【解析】企业管理费由基本费用、主副食运费补贴、职工探亲路费、职工取暖补贴和财务费用五项组成。

92. ABCD

【解析】基本费用是指施工企业组织施工生产和经营管理所需的费用。基本费用内容包括(共14项)：①管理人员工资；②办公费；③差旅交通费；④固定资产使用费；⑤工具用具使用费；⑥劳动保险费；⑦职工福利费；⑧劳动保护费；⑨工会经费；⑩职工教育经费(不含安全教育培训费用)；⑪保险费；⑫工程排污费；⑬税金；⑭其他费用。

93. ABCD

【解析】财务费用是指施工企业为筹集资金提供投标担保、预付款担保、履约担保、职工工资支付担保等所发生的各项费用，包括企业经营期间发生的短期贷款利息净支出、汇兑净损失、调剂外汇手续费、金融机构手续费，以及企业筹集资金发生的其他财务费用。

94. ABCD

【解析】规费系指按法律、法规、规章、规程规定施工企业必须缴纳的费用，简称规费。规费包括：养老保险费、失业保险费、医疗保险费、工伤保险费、住房公积金。

95. AB

【解析】专项费用包括施工场地建设费和安全生产费。

96. ABDE

【解析】施工场地建设费包括：①按照工地建设标准化要求进行承包人驻地、工地试验室建设，钢筋集中加工、混合料集中拌制、构件集中预制等所需的办公、生活居住房屋(包括职工家属房屋及探亲房屋)，公用房屋(如广播室、文体活动室、医疗室等)和生产用房屋(如仓库、加工厂、加工棚、发电站、变电站、空压机站、停机棚、值班室等)等费用。②场区平整(山岭重丘区的土石方工程除外)、场地硬化、排水、绿化、标志、污水处理设施、围墙隔离设施等的费用；但不包括钢筋加工的机械设备、混合料拌和设备及安拆、预制构件台座、预应力张拉设备、起重及养护设备，以及概算、预算定额中临时工程的费用。③以上范围内的各种临时工作便道(包括汽车、人力车道)、人行便道、工地临时用水、用电的水管支线和电线支线，临时构筑物(如水井、水塔等)，其他小型临时设施等的搭设或租赁、维修、拆除、清理的费用；但不包括红线范围内贯通便道、进出场的临时道路、保通便道。④工地试验室所发生的属于固定资产的试验设备和仪器等折旧、维修或租赁费用。⑤施工扬尘污染防治措施费：裸露的施工场地覆盖防尘网、施工便道和施工场地洒水或喷洒抑尘剂，运输车辆的苫盖和冲洗、环境敏感区设置围挡，防尘标识设置，环境监控与检测等所需要的费用。⑥文明施工、职工健康生活的费用。

97. ABCD

【解析】安全生产费包括：完善、改造和维护安全设施设备费用，配备、维护、保养应急救援器材、设备费用，开展重大危险源和事故隐患评估和整改费用，安全生产检查、评价、咨询费用，配备和更新现场作业人员安全防护用品支出，安全生产宣传、教育、培训费用，安全设施及特种设备检测检验费用，施工安全风险评估、应急演练等有关工作及其他与安全生产直接相关的费用。

98. ABCD

【解析】土地使用及拆迁补偿费包括：永久占地费、临时占地费、拆迁补偿费、水土保持补偿费、其他费用。

99. ABCD

【解析】永久占地费包括：土地补偿费、征用耕地安置补助费、耕地开垦费、森林植被恢复费、失地农民养老保险费。

100. ABCD

【解析】工程建设其他费包括：①建设项目管理费；②研究试验费；③建设项目前期工作费；④专项评价(估)费；⑤联合试运转费；⑥生产准备费；⑦工程保通管理费；⑧工程保险费；⑨其他相关费用。

101. ABCE

【解析】建设项目管理费包括：①建设单位管理费；②建设项目信息化费；③工程监理费；④设计文件审查费；⑤竣(交)工验收试验检测费。

102. ABCD

【解析】竣(交)工验收试验检测费按规定的费率计算。道路工程按主线路基长度计算，桥梁工程以主线桥梁、分离式立交、匝道桥的长度之和进行计算，隧道按单洞长度计算。道路工程，高速公路、一级公路按四车道计算，二级及二级以下公路按两车道计算，每增加1个车道，按规定的费用增加10%。桥梁和隧道按双向四车道计算，每增加1个车道费用增加15%。二级及二级以下公路的桥隧工程，按规定费用的40%计算。

103. AB

【解析】研究试验费系指按项目特点和有关规定，在建设过程中必须进行的研究和试验所需的费用，以及支付科技成果、专利、先进技术的一次性技术转让费。研究试验费不包括：①应由前期工作费(为建设项目提供或验证设计数据、资料等专题研究)开支的项目；②应由科技三项费用(即新产品试制费、中间试验费和重要科学研究补助费)开支的项目；③应由施工辅助费开支的施工企业对建筑材料、构件和建筑物进行一般鉴定、检查所发生的费用及技术革新研究试验费。

104. ABCD

【解析】建设项目前期工作费系指委托勘察设计、咨询单位对建设项目进行可行性研究、工程勘察设计，以及设计、监理、施工招标文件及招标标底或造价控制文件编制时，按规定应支付的费用。建设项目前期工作费包括：①编制项目建议书(或预可行性研究报告)、可行性研究报告、投资估算以及相应的勘察、设计等所需的费用；②通过风洞试验、地震动参数、索塔足尺寸模型试验、桥墩局部冲刷试验、桩基承载力试验等为建设项目提供或验证设计数据所需的专题研究费用；③初步设计和施工图设计的勘察费、设计费、概(预)算编制及调整概算编制费用等；④设计、监理、施工招标及招标标底(或造价控制值或清单预算)文件编制费等。

105. ABCD

【解析】专项评价(估)费系指依据国家法律、法规规定须进行评价(评估)、咨询，按规定应支付的费用。专项评价(估)费用包括：环境影响评价费、水土保持评估费、地震安全性评价费、地质灾害危险性评价费、压覆重要矿床评估费、文物勘察费、通航论证费、行洪论证

(评估)费、使用林地可行性研究报告编制费、用地预审报告编制费、项目风险评估费、节能评估费和社会风险评估费、放射性影响评估费、规划选址意见书编制费等费用。

106. ABDE

【解析】专项评价(估)费依据合同,或参照类似工程已发生的费用进行计列。

107. ABCD

【解析】生产准备费系指为保证新建、改(扩)建项目交付使用后满足正常的运行、管理发生的工器具购置费、办公和生活用家具购置费、生产人员培训费、应急保通设备购置费等费用。生产准备费包括:①工器具购置费,指交付使用后为满足初期运营必须购置的第一套不构成固定资产的设备、仪器、仪表、工卡模具、器具、工作台(框、架、柜)等的费用;不包括构成固定资产的设备、工器具和备品、备件,及已列入设备费的专用工具和备品、备件。②办公和生活用家具购置费,指新建、改(扩)建工程项目,为保证初期正常生产、使用和管理所购置的办公和生活用家具、用具的费用。③生产人员培训费,指为保证生产的正常运行,在工程交工验收交付使用前对运营部门生产人员和管理人员进行培训所需的费用。④应急保通设备购置费,指新建、改(扩)建工程项目,为满足初期正常运营,购置保障抢修保通、应急处置,且构成固定资产的设备所需的费用。

108. AC

【解析】工程保险费系指在合同执行期内,施工企业按合同条款要求办理保险的费用,包括建筑工程一切险和第三方责任险。

109. AB

【解析】预备费由基本预备费和价差预备费两部分组成。

110. ABCD

【解析】价差预备费系指设计文件编制年至工程交工年期间,建筑安装工程费中的人工费、材料费、施工机械使用费、设备费、措施费、企业管理费等由于政策、价格变化可能发生上浮而预留的费用,及外资贷款汇率变动部分的费用。

111. ACDE

【解析】公路工程定额具有的特点包括:①定额的科学性;②定额的系统性;③定额的统一性;④定额的权威性;⑤定额的稳定性与时效性;⑥定额的二重性(自然属性和社会属性)。

112. ABC

【解析】按定额反映的实物消耗内容分类,公路工程定额可分为:①劳动消耗定额。②材料消耗定额;③机械消耗定额。

113. ABCE

【解析】按使用要求分类,公路工程定额可分为:①施工定额;②预算定额;③概算定额;④估算指标(定额)。

114. ABCD

【解析】公路工程概预算的主要作用包括:①是编制基本建设计划,确定和控制基本建设投资额的依据。②是设计与施工方案优选的依据。③是进行建设项目招标投标,确定工程招标控制价或标底,签订工程合同的依据。④是办理工程拨款、贷款和结算的依据。⑤是施工企业加强经营管理,搞好经济核算的基础。⑥是对工程进行成本分析和统计工程进度的重要指标。

115. ABCE

【解析】《公路工程建设项目概算预算编制办法》(JTG 3830—2018)的规定,概算、预算费用的组成包括:①建筑安装工程费;②土地使用及拆迁补偿费;③工程建设其他费;④预备费;⑤建设期贷款利息。

116. ABCD

【解析】建筑安装工程费由以下八部分组成:①直接费;②设备购置费;③措施费;④企业管理费;⑤税金;⑥规费;⑦利润;⑧专项费用。

117. ABDE

【解析】措施费包括:①冬季施工增加费;②雨季施工增加费;③夜间施工增加费;④特殊地区施工增加费(包括高原地区、风沙地区、沿海地区施工增加费);⑤行车干扰工程施工增加费;⑥施工辅助费;⑦工地转移费。

118. ABDE

【解析】企业管理费包括:①基本费用;②主副食运费补贴;③职工探亲路费;④职工取暖补贴;⑤财务费用。

119. ABCE

【解析】规费包括:①养老保险费;②失业保险费;③医疗保险费;④工伤保险费;⑤住房公积金。

120. AB

【解析】专项费用包括:①施工场地建设费;②安全生产费。

121. ABCD

【解析】土地使用及拆迁补偿费包括:永久占地费、临时占地费、拆迁补偿费、水土保持补偿费、其他费用。

122. ABCD

【解析】工程建设其他费包括:①建设项目管理费;②研究试验费;③建设项目前期工作费;④专项评价(估)费;⑤联合试运转费;⑥生产准备费;⑦工程保通管理费;⑧工程保险费;⑨其他相关费用。

123. ABCE

【解析】建设项目管理费包括:①建设单位管理费;②建设项目信息化费;③工程监理费;④设计文件审查费;⑤竣(交)工验收试验检测费。

124. ABCD

【解析】生产准备费包括:①工器具购置费;②办公和生活用家具购置费;③生产人员培训费;④应急保通设备购置费。

125. ABDE

【解析】甲组文件为各项费用计算表,如建筑安装工程费计算表、设备费计算表、土地使用及拆迁补偿费计算表、工程建设其他费计算表等以及汇总表;乙组文件为建筑安装工程费各项基础数据计算表,如材料预算单价计算表、自采材料料场价格计算表、施工机械台班单价计算表等。

126. ABCD

【解析】概预算文件审查的主要内容包括：①审查编制依据；②审查编制内容；③审查工程量；④审查定额的使用；⑤审查其他各项费用；⑥审查技术经济指标。

127. ABCD

【解析】竣工决算报告由以下四个部分组成：竣工决算报告封面、竣工工程平面示意图、竣工报告说明书、竣工决算表格。

128. ABD

【解析】竣工决算报告表格分为以下三部分：竣工决算审批表、工程概况专用表、财务通用表。

129. ABCE

【解析】资本金的筹措方式通常主要采用直接筹资，不通过金融机构来筹资。资本金的筹措方式包括：①政府投资；②股东直接投资；③发行股票；④利用外资直接投资。

130. CD

【解析】发行股票融资可以采取公募和私募两种形式。按照股东承担风险和享有权益的大小，可将股票分为优先股和普通股。

131. ABE

【解析】发行股票筹资的优点包括：①以股票筹资是一种有弹性的融资方式。由于股息或红利不像利息那样必须按期支付，当公司经营不佳或现金短缺时，董事会有权决定不发股息或红利，因而公司融资风险低。②股票无到期日。其投资属永久性投资，公司不需为偿还资金担心。③发行股票筹集资金可降低公司负债比率，提高公司财务信用，增加公司今后的融资能力。

132. AE

【解析】发行股票筹资的缺点包括：①资金成本高。购买股票承担的风险比购买债券高，投资者只有在股票的投资报酬高于债券的利息收入时，才愿意投资于股票。此外，债券利息可在税前扣除，而股息和红利需要在税后利润中支付，这样就使股票筹资的资金成本大大高于债券筹资的资金成本。②增发普通股需给新股东投票权和控制权，从而降低原有股东的控制权。

133. ABCE

【解析】项目负债筹资方式一般包括：银行贷款、发行债券、设备租赁和借用国外资金等。

134. ABCE

【解析】我国发行的债券可分为：国家债券、地方政府债券、专项债券、企业债券和金融债券等。

135. ABDE

【解析】债券是借款单位为筹集资金而发行的一种信用凭证，它证明持券人有权按期取得固定利息并到期收回本金。债券筹资的优点包括：①支出固定。不论企业将来盈利如何，它只需付给持券人固定的债券利息。②企业控制权不变。债券持有者无权参与企业管理，因此，公司原有投资者控制权不因发行债券而受到影响。③少纳所得税。合理的债券利息可计入成本，实际上等于政府为企业负担了部分债券利息。④可以提高自有资金利润率。如果企业投资报酬率大于利息率，由于财务杠杆的作用，发行债券可提高股东投资报酬率。

136. ADE

【解析】债券筹资的缺点包括：①固定利息支出会使企业承受一定的风险。特别是企业盈利波动较大时，按期偿还本息较为困难。②发行债券会提高企业负债比率，增加企业风险，降低企业的财务信誉。③债券合约的条款，常常对企业的经营管理有较多的限制，如限制企业在偿还期内再向别人借款、未按时支付到期债券利息不得发行新债券、限制分发股息等，因此，企业发行债券在一定程度上约束了企业外部筹资的扩展能力。

137. ABCE

【解析】建设项目可通过政府投资、股东直接投资、发行股票、吸收国外资本直接投资等多种方式来筹集资本金。

138. CD

【解析】少纳所得税、支出固定和提高自有资金利润率则为发行债券筹资的优点。

139. ACD

【解析】发行股票筹资的缺点包括：①资金成本高。购买股票承当的风险比购买债券高，投资者只有在股票的投资报酬高于债券的利息收入时，才愿意投资于股票。此外，债券利息可在税前扣除，而股息和红利必须在税后利润中支付，这样就得股票筹资的资金成本大大高于债券筹资的资金成本。②增发普通股需给新股东投票权和控制权，从而降低原有股东的控制权。③上市公司公开发行股票，必须公开披露信息，接受投资者和社会公众的监督。

140. BE

【解析】选项 BE 为发行股票筹资的优点。

141. AD

【解析】选项 AD 为发行股票筹资的缺点。

142. ABC

【解析】设备租赁的方式可分为融资租赁、经营租赁和服务出租等。

143. ABCE

【解析】融资成本是指该项目为筹集和使用资金而支付的费用。融资成本的高低是判断项目融资方案是否合理的重要因素之一。融资成本一般包括：贷款成本、债券成本、股票成本、租赁成本、企业利润留存成本等。

144. AB

【解析】资金成本是指企业为筹集和使用资金而发生的各种费用或付出的代价。资金成本一般包括资金筹集成本、资金使用成本两部分。

145. ABCE

【解析】资金筹集成本是指在资金筹集过程中所支付的各项费用，如发行股票或债券支付的印刷费、发行手续费、律师费、资信评估费、公证费、担保费、广告费等。资金筹集成本一般属于一次性费用，筹资次数越多，资金的筹集成本也就越大。

146. ABDE

【解析】资金使用成本又称为资金占用费,是指占用资金而向资金提供者支付的费用,它主要包括银行借款利息、债券利息、支付给股东的各种股息和红利,以及支付给其他债权人的各种利息费用等。资金使用成本一般与所筹集的资金多少以及使用时间的长短有关,具有经常性、定期性的特征,是资金成本的主要内容。

147. ACD

148. ABD

149. ABCE

【解析】工程量清单由工程量清单说明、投标报价说明、计日工说明、其他说明及工程量清单各项表格(工程量清单表5.1~表5.5)构成,即4个说明,5类表格。

150. ABC

【解析】按工程量清单计算投标报价时,投标报价=(第100章~700章)清单合计+计日工合计+暂列金额(不含计日工总额)。

151. ABCE

【解析】报价基本策略包括:①盈利策略;②微利保本策略;③低价亏损策略;④冒险投标策略。

152. ABCE

【解析】附加策略包括:①优化设计策略;②缩短工期策略;③附加优惠策略;④低价索赔策略。

153. ABCE

【解析】常用的投标报价技巧包括:①不平衡报价法;②扩大标价法;③多方案报价法;④开口升级报价法;⑤突然降价法。

154. ABCE

【解析】费用监理的依据主要包括:①有关法律法规、技术标准;②施工合同、监理合同;③工程设计文件和图纸;④有关工程定额、概预算编制办法;⑤工程量清单、工程量清单计量规则;⑥中间交工证书、工程质量合格证。

155. ABCD

【解析】费用监理的主要任务包括:①进行工程计量,审核工程量报表;②审查费用支付申请,签发工程费用支付证书;③审核交工结算申请,签发交工结算证书;④审核最终结清申请,签发最终结清证书;⑤处理工程变更费用;⑥处理费用索赔;⑦商定或确定需调整的合同价款。

156. ABCDE

【解析】为了有效地控制工程费用,确保实现合同约定的费用目标,监理人应采取组织、经济、技术、合同及信息管理等措施。

157. ABCE

【解析】监理人在实施监理工作中应遵守以下原则:①依法办事原则;②恪守合同原则;③公正公平原则;④准确及时原则。

158. ABCE

【解析】监理工程师在费用支付中的权限主要包括:①工程付款申请的审查权,费用付款证书的签发权;②工程付款证书的修正权;③对不合格工程和不符合合同要求的施工活动的拒付权、扣款权;④商定或确定需调整的合同价款;⑤商定或确定工程变更价格和索赔的费用;⑥其他有关支付方面的权力。

159. ACDE

【解析】工程计量的依据主要包括:①质量合格证书(中间交工证书);②工程量清单及工程量清单计量规则;③施工技术规范、质量检验评定标准;④施工合同、监理合同;⑤设计文件和图纸;⑥工程变更指示及修订的工程量清单;⑦有关计量的补充协议;⑧各种测量数据。

160. ABD

【解析】工程计量的方式一般有如下三种:①实地测量与实地勘查;②室内按图纸计算;③根据现场记录。

161. BCE

【解析】已标价工程量清单中的单价子目工程量为估算工程量。结算工程量是承包人实际完成的,并按合同约定计量方法进行计量的工程量。图纸中标注的工程量不是工程量清单的外延,当图纸中标注的工程量与清单工程量不一致时,应以清单工程量为准。

162. BCDE

【解析】①承包人应对已完成的工程进行计量,并向监理人提交已完成工程量报表和有关计量资料。②监理人对承包人提交的工程量报表进行复核,以确定实际完成的工程量。监理人未在约定时间内复核的,承包人提交的工程量报表中的工程量视为承包人实际完成的工程量,据此计算工程价款。③对数量有异议的,可要求承包人按合同条款约定进行共同复核和抽样复测。承包人未按监理人要求参加复核,监理人复核或修正的工程量视为承包人实际完成的工程量。④监理人认为有必要时,可通知承包人共同进行联合测量、计量,承包人应遵照执行。⑤承包人完成工程量清单中每个子目的工程量后,监理人应要求承包人派员共同对每个子目的历次计量报表进行汇总,以核实最终结算工程量。承包人未按监理人要求派员参加的,监理人最终核实的工程量视为承包人完成该子目的准确工程量。

163. ABDE

【解析】《工程量清单计量规则》关于工程计量的一般要求包括:①任何工程项目的计量,均应按《工程量清单计量规则》规定或监理人书面指示进行。②按合同提供的材料数量和完成的工程数量所采用的测量与计算方法,应符合《工程量清单计量规则》规定。所有这些方法,应经监理人批准或指示。③一切计量工作都应在监理人在场的情况下,由承包人测量、记录。有承包人签名的计量记录原本,应提交给监理人审查和保存。④工程量应由承包人计算,由监理人审核。工程量计算的副本应提交给监理人并由监理人保存。⑤全部必需的模板、脚手架、装备、机具、螺栓、垫圈和钢制件等其他材料,应包括在工程量清单中所列的有关支付项目中,均不单独计量。⑥凡超过图纸所示的面积或体积,都不予计量与支付。

164. ABE

【解析】凡以质量计量或以质量作为配合比设计的材料,都应在精确与批准的磅秤上,由称职合格人员在监理人指定或批准的地点进行称重。称重计量时,应满足以下条件:①监理人在场;②称重记录;③载明包装材料、支撑装置、垫块、捆束物等质量的说明书在称重前提交给监理人作为依据。

165. ABCD

【解析】①计算面积时,其长、宽应按图纸所示尺寸线或按监理人指示计量。对于面积在 $1m^2$ 以下的固定物(如检查井等)不予扣除。②结构物应按图纸所示净尺寸线,或监理人指示修改的尺寸线计量。③水泥混凝土的计量应按监理人认可的并已完工工程的净尺寸计算,钢筋的体积不扣除,倒角不超过 $0.15m×0.15m$ 时不扣除,体积不超过 $0.03m^3$ 的开孔及开口不扣除,面积不超过 $0.15m×0.15m$ 的填角部分也不增加。④所有以米计量的结构物(如管涵等),除非图纸另有规定,应按平行于该结构物位置的基面或基础的中心方向计量。⑤土方体积可采用平均断面积法计算,但应与似棱体公式计算结果比较,如果误差超过 ±5%时,监理人可指示采用似棱体公式。各种不同类别的挖方与填方计量应以图纸所示界线为限,而且应在批准的横断面图上标明。⑥用于填方的土方量,应按压实后的纵断面高程和路床面为准来计量。⑦在现场钉桩后56d内,承包人应将设计和进场复测的土方横断面图连同土方的面积与体积计算表一并提交监理人批准。

166. ABCD

【解析】工程计量的方法主要有以下几种:①断面法;②图纸法;③钻孔取样法;④分项计量法(分解计量法);⑤均摊法;⑥凭证法;⑦估价法。

167. ABCE

【解析】费用支付的原则包括:①支付必须以工程计量为基础;②支付必须以合同为依据;③支付必须严格按规定的程序进行;④支付必须及时、准确;⑤支付必须经监理工程师审批签认;⑥支付必须以日常记录为依据;⑦支付不解除承包人应尽的合同义务和责任。

168. BDE

【解析】合同支付项目包括:开工预付款、材料设备预付款、工程变更费用、价格调整费用、索赔费用、质量保证金、逾期交工违约金、逾期付款违约金、提前交工奖金等。

169. ABCD

【解析】工程量清单的组成包括:工程量清单说明、计日工说明、投标报价说明、其他说明、工程量清单各类表格。

170. ACDE

【解析】工程计量的基本原则包括:①合同性原则;②公正性原则;③时效性原则;④程序性原则。

171. ABCD

172. CE

【解析】索赔费用、逾期付款违约金和质量保证金本来就是承包人应得的费用,而预付款是发包人将自己的一笔费用预先支付给承包人以解决承包人施工前期资金紧张之需,所以这笔费用当然要扣回。

173. BD

【解析】根据现行公路工程施工合同条款的约定,发包人应向承包人支付的预付款有两种,即开工预付款和材料、设备预付款。

174. ACD

【解析】清单支付项目就是包含在工程量清单内应支付的项目。清单支付项目包括：单价子目支付、总价子目支付、暂列金额、计日工、暂估价。

175. ACDE

【解析】承包人用表在整个支付流程中称之为丙表。承包人应按要求和规定填写，并及时报送监理人审核。承包人用表一般包括计量、支付申报表，人员、材料设备报表，进度完成情况表等。

176. ABCD

【解析】按照时间分类，工程费用支付可分为前期支付、期中支付、交工支付以及最终支付。

177. AB

【解析】按照支付内容可分为以下两种：①工程量清单内的支付（清单支付）；②工程量清单外的支付（合同支付）。

178. AB

【解析】根据合同执行情况可分为以下两种：①正常支付；②合同终止支付。

179. ABCD

180. ABCD

181. AB

【解析】暂列金额的特点主要有两个：①发生项目的不确定性；②发生金额的不确定性。

182. BCDE

【解析】暂列金额是工程量清单中给定的用于支付必然发生但暂时不能确定价格的材料、设备以及专业工程的金额。公路工程专用合同条款约定，暂列金额应由监理人报发包人批准后指令全部或部分地使用，或者根本不予动用。对于经发包人批准的每一笔暂列金额，监理人有权向承包人发出实施工程或提供材料、工程设备或服务的指令。当监理人提出要求时，承包人应提供有关暂列金额支出的所有报价单、发票、凭证和账目或收据，除非该工作是根据已标价工程量清单列明的单价或总额价进行的估价。

183. ABDE

【解析】合同工程量清单中列有计日工明细表，表中列有劳务、材料、施工机械的估计数量，计日工各子目单价由承包人报价，然后汇总的计日工合计在投标总价中。换句话说，计日工金额是包含在签约合同价中的。因此，计日工不调价。

184. ABCD

【解析】采用计日工计价的任何一项变更工作，应从暂列金额中支付，承包人应在该项变更的实施过程中，每天提交以下报表和有关凭证报送监理人审批：①工作名称、内容和数量；②投入该工作所有人员的姓名、工种、级别和耗用工时；③投入该工作的材料类别和数量；④投入该工作的施工设备型号、台数和耗用台时；⑤监理人要求提交的其他资料和凭证。

185. ABD

【解析】所谓开工预付款，是一项发包人提供给承包人用作开办费用的无息贷款（提前付款，或前期付款）。开工预付款用于支付开工前及开工初期各项准备工作，包括承包人为合同工程施工修建临时设施、临时工程、组织施工队伍进场等。

186. AC

【解析】 按合同条款约定,开工预付款的支付条件有两个:①承包人已和发包人签订施工合同;②承包人承诺的主要设备已进场。这里需注意,在签订施工合同之前承包人已按规定提交履约担保,而且履约担保对预付款的正常使用承担保证责任。合同条款约定,承包人无须向发包人提交预付款保函。因此,履约担保(履约保证金)和开工预付款担保不是开工预付款支付的条件。

187. BCDE

【解析】 ①开工预付款的金额在项目专用合同条款数据表中约定。开工预付款金额一般应为10%签约合同价。②在承包人签订了合同协议书且承包人承诺的主要设备进场后,监理人应在当期进度付款证书中向承包人支付开工预付款。③承包人不得将该预付款用于与本工程无关的支出,监理人有权监督承包人对该项费用的使用。如经查实承包人滥用开工预付款,发包人有权立即向银行索赔履约保证金,并解除合同。④按照合同约定,开工预付款应通过进度付款证书,按合同约定的方法予以扣回。在公路工程专用合同条款中专门约定了开工预付款的扣回方法。

188. ABD

【解析】 材料、设备预付款是发包人支付给承包人用于为合同工程施工购置材料、工程设备等的一笔无息款项。公路工程专用合同条款约定的材料、设备预付款的支付条件如下:①材料、设备符合规范要求并经监理人认可;②承包人已出具材料、设备费用凭证或支付单据;③材料、设备已在现场交货,且存储良好,监理人认为材料、设备的存储方法符合要求。在具备上述条件后,监理人应将材料、设备预付款金额计入下一次的进度付款证书中向承包人支付。

189. BCDE

【解析】 材料、设备预付款按项目专用合同条款数据表中所列主要材料、设备单据费用的百分比支付。在预计交工前3个月,将不再支付材料、设备预付款。支付材料、设备预付款不应被视为是对这些材料或设备的批准。当材料、设备已用于或安装在永久工程之中时,材料、设备预付款应从进度付款证书中扣回,扣回期不超过3个月。已经支付预付款的材料、设备的所有权应属于发包人。工程交工时所有剩余的材料、设备的所有权应属于承包人。

190. ABE

【解析】 合同条款约定,质量保证金可采用银行保函或现金、支票形式。质量保证金采用银行保函时,出具保函的银行须具有相应担保能力,且按照发包人批准的格式出具,所需费用由承包人承担。质量保证金采用现金、支票形式提交的,发包人应在项目专用合同条款数据表中明确是否计付利息以及利息的计算方式。

191. AB

【解析】 物价波动引起的价格调整,其调整价格差额的方法有两种:①采用价格指数调整价格差额。这种调整价格差额的方法就是利用合同条款给出的公式来计算差额,以此调整合同价格。②采用造价信息调整价格差额。就是采用国家或省级交通运输主管部门或其授权的工程造价管理机构发布的有关人工、材料、机械等的成本信息、单价或费率计算价格差额。

192. ABCD

【解析】在履行合同中发生以下情形之一,经发包人同意,监理人可根据合同条款的约定指示承包人进行变更:①取消合同中任何一项工作,但被取消的工作不能转由发包人或其他人实施,由于承包人违约造成的情况除外;②改变合同中任何一项工作的质量要求或其他特性;③改变合同工程的基线、高程、位置或尺寸;④改变合同中任何一项工作的施工时间或改变已批准的施工工艺或顺序;⑤为完成工程需要追加的额外工作。

193. ACD

【解析】变更程序中主要包含三个方面:①变更的提出;②变更估价;③变更指示。

194. ABCE

【解析】①在履行合同过程中,经发包人同意,监理人可按合同条款约定的变更程序向承包人发出变更指示,承包人应遵照执行。没有监理人的变更指示,承包人不得擅自变更。②变更指示只能由监理人发出。③变更指示应说明变更的目的、范围、变更内容以及变更的工程量及其进度和技术要求,并附有关图纸和文件。承包人收到变更指示后,应按变更指示进行变更工作。

195. ABCD

【解析】变更的估价原则包括:①如果取消某项工作,则该项工作的总额价不予支付;②已标价工程量清单中有适用于变更工作子目的,采用该子目的单价;③已标价工程量清单中无适用于变更工作子目,但有类似子目的,可在合理范围内参照类似子目的单价,由监理人商定或确定变更工作的单价;④已标价工程量清单中无适用或类似子目的单价,可在综合考虑承包人在投标时所提供的单价分析表基础上,由监理人商定或确定变更工作的单价;⑤如果本工程的变更指示是因承包人过错、承包人违反合同或承包人责任造成的,则这种违约引起的任何额外费用应由承包人承担。

196. AB

【解析】施工合同中的索赔只涉及合同双方当事人,因此施工合同中的索赔可分为承包人的索赔和发包人的索赔。

197. ABC

【解析】施工合同中的索赔主要是对自身利益实际损害或损失的追偿。因此,按其内容可分为时间(工期)、费用和利润索赔。

198. ABCE

【解析】施工索赔成立的基本条件:一是必须有合同依据;二是必须有实际的损害或损害;三是申请索赔的期限必须符合合同约定;四是索赔的费用和(或)工期应与实际损害程度相符。

199. ABCE

【解析】监理人在审批索赔时,应遵循以下原则:①恪守合同原则;②尊重事实原则;③公平合理原则;④分级审批原则。监理人在审批过程中,就索赔值等问题应与发包人、承包人协商,尽量达成一致。如果无法达成一致,总监理工程师应审慎确定。

200. ABCD

【解析】监理人受理承包人费用索赔请求的条件如下:①索赔事件确实存在,且已造成了承包人的经济损失;②有详细、真实的记录和证明材料;③索赔的提出符合合同约定;④索赔要求符合实际,索赔值的计算准确合理。

201. ABCD

【解析】监理人判定承包人费用索赔成立的条件包括:①承包人受到了实际损失或损害;②该损失或损害不是因承包人的过错造成的;③该损失或损害也不是由承包人应承担的风险造成的;④承包人在合同约定的时限内提交了索赔意向通知书和索赔通知书及详细的记录和证明材料。

202. ACE

【解析】费用索赔的审批与计算主要包括三个方面,即索赔细目与数量的审定、单价与费率分析以及计算方法及总费用的审定。

203. ABCE

【解析】工程实践中,一般采用以下四种方法确定单价与费率并计算索赔费用:①利用工程量清单中的单价;②采用协商费率;③采用正式规定和公布的标准确定费率;④按有关票据计算。

204. ABCE

【解析】公路工程专用合同条款约定:安全生产费用应为投标价(不含安全生产费及建筑工程一切险及第三者责任险的保险费)的1.5%(若发包人公布了最高投标限价时,按最高投标限价的1.5%计)。

205. ABCD

【解析】安全生产费用应用于:①完善、改造和维护安全设施;②配备、维护、保养应急救援器材、设备;③开展重大危险源和事故隐患评估和整改;④安全生产检查、评价、咨询;⑤配备和更新现场作业人员安全防护用品;⑥安全生产宣传、教育、培训;⑦安全设施及特种设备检测检验;⑧施工安全风险评估、应急演练。

第五章 公路工程安全生产管理目标控制

习 题 精 练

一、单项选择题

1. 我国公路安全生产管理的方针是( )。
   A. 以防为主、防治结合
   B. 全民参与、综合治理
   C. 安全第一、预防为主
   D. 安全第一、预防为主、综合治理

2. 下列有关勘察单位安全责任的表述中,不正确的是( )。
   A. 应当按照法律、法规和工程建设强制性标准进行勘察
   B. 提交的勘察文件应当真实、准确,满足公路工程安全生产的需要
   C. 应当严格执行操作规程,采取措施保证各类管线、设施和周边建筑物的安全
   D. 在勘察文件中提出保障施工作业人员安全和预防生产安全事故的措施建议

3. 下列有关设计单位安全责任的表述中,不正确的是( )。
   A. 防止因设计不合理导致安全生产隐患的产生或者安全生产事故的发生
   B. 对涉及施工安全的重点部位和环节在设计文件中注明,并对防范生产安全事故提出指导意见
   C. 应当按照法律、法规和工程建设强制性标准进行设计
   D. 对采用新结构、新材料、新设备、新工艺的建设工程和特殊结构的建设工程,在设计文件中应当予以特殊标记

4. 下列有关工程监理单位安全责任的表述中,不正确的是( )。
   A. 应当审查安全技术措施或者专项施工方案是否符合工程建设强制性标准
   B. 在实施监理过程中,发现存在安全事故隐患的,应当要求施工单位整改
   C. 事故隐患严重的,应当要求施工单位暂时停止施工,并及时报告建设单位
   D. 向施工单位发出要求其整改或停止施工的指令后,施工单位拒不执行的,工程监理单位应当再次向施工单位发出有关指令,并报告建设单位

5. 下列有关专职安全生产管理人员配备的表述中,不正确的是( )。
   A. 施工单位应当设立安全生产管理机构,配备专职安全生产管理人员
   B. 施工现场应当按照每5000万元施工合同额配备一名的比例配备专职安全生产管理人员,不足5000万元的至少配备一名
   C. 专职安全生产管理人员应当经有关部门考核合格后方可任职
   D. 专职安全生产管理人员的主要职责是负责安全生产台账的建立和完善

6. 施工单位应当自施工起重机械和整体提升式脚手架、滑模爬模、架桥机等自行式架设设施验收合格后(　　)日内,向当地交通运输主管部门登记。

　　A. 10　　　　　　B. 20　　　　　　C. 30　　　　　　D. 45

7. 安全事故隐患按其可能的后果,可分为(　　)。

　　A. 一般事故隐患、较大事故隐患

　　B. 一般事故隐患、重大事故隐患

　　C. 一般事故隐患、较大事故隐患、重大事故隐患

　　D. 一般事故隐患、较大事故隐患、重大事故隐患和特别重大事故隐患

8. 某事故隐患可能造成一次死亡1~2人或一次重伤3~9人,或直接经济损失100万元以下,则该事故隐患为(　　)。

　　A. 一般事故隐患　　B. 较大事故隐患　　C. 重大事故隐患　　D. 特别重大事故隐患

9. 某事故隐患可能造成一次死亡3~9人或一次重伤10~29人,或直接经济损失100万元以上500万元以下,则该事故隐患为(　　)。

　　A. 一般事故隐患　　B. 较大事故隐患　　C. 重大事故隐患　　D. 特别重大事故隐患

10. 某事故隐患可能造成一次死亡10~29人或一次重伤30人以上,或直接经济损失500万元以上1000万元以下,则该事故隐患为(　　)。

　　A. 一般事故隐患　　B. 较大事故隐患　　C. 重大事故隐患　　D. 特别重大事故隐患

11. 对施工过程中所发现的一般事故隐患,监理工程师应(　　)。

　　A. 要求施工单位立即整改

　　B. 要求施工单位立即整改,并报告建设单位

　　C. 要求施工单位立即停工整改

　　D. 要求施工单位立即停工整改,并报告建设单位

12. 对施工过程中所发现的严重事故隐患,监理工程师应(　　)。

　　A. 要求施工单位立即整改

　　B. 要求施工单位立即整改,并报告建设单位

　　C. 要求施工单位立即停工整改

　　D. 要求施工单位立即停工整改,并报告建设单位

13. 根据安全事故(以下简称事故)造成的人员伤亡或者直接经济损失,公路工程安全生产事故可分为(　　)。

　　A. 一般事故、较大事故

　　B. 一般事故、重大事故

　　C. 一般事故、较大事故、重大事故

　　D. 一般事故、较大事故、重大事故、特别重大事故

14. 某安全生产事故造成3人以下死亡,或者10人以下重伤,或者1000万元以下直接经济损失,则该事故为(　　)。

　　A. 一般事故　　　　B. 较大事故　　　　C. 重大事故　　　　D. 特别重大事故

15. 某安全生产事故造成3人以上10人以下死亡,或者10人以上50人以下重伤,或者1000万元以上5000万元以下直接经济损失,则该事故为(　　)。

A. 一般事故　　　B. 较大事故　　　C. 重大事故　　　D. 特别重大事故

16. 某安全生产事故造成10人以上30人以下死亡,或者50人以上100人以下重伤,或者5000万元以上1亿元以下直接经济损失,则该事故为(　　)。

　　A. 一般事故　　　B. 较大事故　　　C. 重大事故　　　D. 特别重大事故

17. 安全生产事故发生后,事故现场有关人员应当立即向本单位负责人报告;单位负责人接到报告后,应当于(　　)小时内向事故发生地县级以上人民政府安全生产监督管理部门和负有安全生产管理职责的有关部门报告。

　　A. 1　　　　　　B. 2　　　　　　　C. 3　　　　　　　D. 4

18. 公路工程安全事故发生后,监理机构应(　　)。

　　A. 立即向有关主管部门报告,并采取必要的措施,防止事故扩大
　　B. 立即向建设单位报告,并采取必要的措施,防止事故扩大
　　C. 立即向本监理单位报告,并采取必要的措施,防止事故扩大
　　D. 立即签发《工程暂停令》,指令施工单位停止施工,并要求施工单位采取必要的措施,抢救伤员、排除险情、防止事故扩大,并做好标识,保护现场。同时,要求施工单位迅速按规定上报事故情况

19. 所谓"三级"安全教育培训是指(　　)。

　　A. 项目部教育培训——施工队教育培训——施工班组教育培训
　　B. 施工队教育培训——施工班组教育培训——操作岗位教育培训
　　C. 总工程师教育培训——工程师教育培训——技术人员教育培训
　　D. 施工单位教育培训——项目部教育培训——施工班组教育培训

20. 国家公路工程生产安全事故应急预案是由(　　)编制并公布实施。

　　A. 国务院　　　　B. 交通运输部　　C. 应急管理部　　D. 民政部

21. 项目预案中的项目综合应急预案是由(　　)制定。

　　A. 建设单位　　　B. 监理单位　　　C. 施工单位　　　D. 设计单位

22. 项目预案中的合同段施工专项应急预案和现场处置方案是由(　　)编制。

　　A. 建设单位　　　B. 监理单位　　　C. 施工单位　　　D. 设计单位

23. 施工安全总体风险评估是由(　　)开展的。

　　A. 建设单位　　　B. 施工单位　　　C. 监理单位　　　D. 设计单位

24. 合同段专项风险评估工作是由(　　)开展的。

　　A. 建设单位　　　B. 施工单位　　　C. 监理单位　　　D. 设计单位

25. 隧道工程安全风险评估包括(　　)。

　　A. 初步风险评估和详细风险评估　　　B. 一阶段风险评估和二阶段风险评估
　　C. 总体风险评估和专项风险评估　　　D. 定性风险评估和定量风险评估

26. 当专项施工方案需要专家论证、审查时,专家组论证、审查的内容不包括(　　)。

　　A. 专项施工方案内容是否完整
　　B. 专项施工方案是否可行,是否符合施工现场实际情况
　　C. 专项施工方案编审程序是否符合要求
　　D. 专项施工方案计算书和验算依据是否符合有关工程建设标准,采用新技术、新工

艺、新材料、新设备的工程专项施工方案的数学模型是否准确

27. 监理工程师对专项施工方案审查的内容不包括( )。
    A. 编审程序是否符合相关规定
    B. 安全技术措施是否符合工程建设强制性标准的规定
    C. 编制的内容与安全技术措施是否具有针对性和可操作性
    D. 编制过程与参编人员是否符合要求

28. 下列有关施工安全生产条件审查的表述中,正确的是( )。
    A. 安全生产条件由工程项目开工前安全生产条件、危险性较大的分部分项工程施工前安全生产条件两部分组成
    B. 工程项目开工前安全生产条件由建设单位负责组织审核,并将审核结果上报直接监管的交通运输主管部门
    C. 危险性较大的分部分项工程施工前安全生产条件,由监理单位按施工进度分阶段进行审核,并将审核结果报建设单位确认
    D. 信用等级高、信誉良好、施工管理能力强的施工单位可以免于安全生产条件审查

29. 在施工阶段,对发现的各类一般安全隐患,监理机构应( )。
    A. 应书面通知施工单位,要求其立即整改
    B. 应书面通知施工单位,要求其立即整改,并报告建设单位
    C. 应立即下达工程暂时停工令,要求施工单位停工整改
    D. 应立即下达工程暂时停工令,要求施工单位停工整改,并报告建设单位

30. 在施工阶段,对发现的各类严重安全隐患,监理机构应( )。
    A. 应书面通知施工单位,要求其立即整改
    B. 应书面通知施工单位,要求其立即整改,并报告建设单位
    C. 应立即下达工程暂时停工令,要求施工单位停工整改
    D. 应立即下达工程暂时停工令,要求施工单位停工整改,并报告建设单位

31. 以下安全责任中,不要属于监理单位的安全责任的是( )。
    A. 审查施工方案
    B. 向施工单位提供地下管线资料
    C. 发现存在安全事故隐患,应当要求施工单位整改
    D. 按照法律、法规和工程建设强制性标准实施监理

32. 建设工程施工总承包单位依法将工程分包给其他单位的,( )。
    A. 分包工程现场的安全生产由分包单位负总责
    B. 分包工程的生产安全事故由分包单位承担责任
    C. 分包单位应当接受监理人员的安全生产管理
    D. 总承包单位和分包单位对分包工程安全生产承担连带责任

33. ( )负责对安全生产进行现场监督检查,对违章指挥、违章操作的,应当立即制止。
    A. 监理工程师   B. 项目经理
    C. 监督检查机构   D. 专职安全生产管理人员

34. 施工人员对涉及结构安全的试块、试件取样时( )。

A. 应在建设单位的监督下取样,并送交监理人员检测

B. 应在监理人员的监督下取样,并送交建设单位检测

C. 应在设计单位的监督下取样,并送具有相应资质等级的质量检测单位进行检测

D. 应在监理单位监督下现场取样,送具有相应资质等级的质量检测单位进行检测

35. 监理工程师应对危险性较大的工程作业等定期巡视检查,发现严重安全事故隐患时,监理工程师应(　　)。

　　A. 签发工程暂停令,并报告建设单位　　B. 指令继续施工,但应整改

　　C. 不予理睬　　D. 通知施工单位自行处理

36. 分项、分部工程交工验收时,如安全事故的现场处理未完成,监理工程师不得签发(　　)。

　　A. 交工证书　　B. 中间交工证书　　C. 复工令　　D. 支付证书

37. 安全生产费用是指(　　)在编制建设工程概算时,为保障安全施工确定的费用。

　　A. 施工单位　　B. 监理单位　　C. 建设单位　　D. 建设主管部门

38. 安全生产技术交底制度是指每项工程实施前,(　　)对有关的施工技术要求向施工作业班组、作业人员详细说明并由双方签字确认的制度。

　　A. 总监理工程师或驻地监理工程师　　B. 建设单位技术负责人

　　C. 施工单位负责项目管理的技术人员　　D. 外聘专家

39. 施工单位在施工中使用起重机械和架桥机、滑模爬模等架设施前,应当组织有关单位进行验收。验收合格后(　　)日之内,应当向当地交通运输主管部门登记。

　　A. 40　　B. 30　　C. 20　　D. 10

40. 施工单位安全生产三类管理人员是指(　　)。

　　A. 施工单位主要负责人、项目负责人、专职安全生产管理人员

　　B. 项目经理、项目副经理、项目总工程师

　　C. 项目经理、项目总工程师、项目总会计师

　　D. 施工单位负责人、项目负责人、施工班组负责人

41. (　　)在申请领取施工许可证时,要报送有关安全施工的资料,且自开工报告批准之日起15日内,将保证安全施工的措施报送工程所在地的县级以上交通运输主管部门备案。

　　A. 建设单位　　B. 施工单位

　　C. 监理单位　　D. 安全生产监督管理机构

42. 监理工程师在实施监理过程中,发现存在一般安全事故隐患的,应当(　　)。

　　A. 要求施工单位整改　　B. 发出要求施工单位暂停施工的指令

　　C. 向建设单位书面报告　　D. 向有关行政主管部门书面报告

43. 《公路水运工程安全生产监督管理办法》明确规定,施工单位在工程报价中应当包含安全生产费用,一般不得低于投标价的(　　),且不得作为竞争性报价。

　　A. 1%　　B. 2.5%　　C. 2%　　D. 1.5%

44. 《公路水运工程安全生产监督管理办法》明确规定,施工现场应当按照每(　　)万元施工合同额配备一名的比例配备专职安全生产管理人员,不足的至少配备一名。

　　A. 6000　　B. 5000　　C. 4000　　D. 3000

45. 施工单位应当对其管理人员和作业人员进行每年不少于( )次安全生产教育培训,其教育培训情况记入个人工作档案。

  A.1   B.2   C.3   D.4

46. 项目监理机构应对( )分部分项工程必须在施工开始前编制专项安全监理实施细则。

  A.工程项目所有的   B.监理工程师指定的
  C.危险性较大的   D.质量要求高的

47. 对于施工现场存在的安全事故隐患,施工单位拒不按监理工程师指令进行整改的,监理工程师应向( )书面报告。

  A.建设单位   B.施工单位   C.监理单位   D.有关行政主管部门

48. 施工单位特种作业人员必须按照国家规定经过专门的安全作业培训,并取得( )后方可上岗作业。

  A.培训合格证   B.技术职称证
  C.特种作业操作资格证   D.考核合格证

49. 监理单位发现施工现场存在严重安全事故隐患而没有采取措施处理的,政府行政主管部门责令限期改正;逾期未改正的,责令停业整顿,并处( )的处罚。

  A.5 万元以上 10 万元以下   B.10 万元以上 20 万元以下
  C.5 万元以上 20 万元以下   D.10 万元以上 30 万元以下

50. 下列各项分部、分项工程中,不需要编制专项施工方案的是( )。

  A.爆破工程   B.隧道工程中的机电工程
  C.滑坡和高边坡处理工程   D.桥梁工程中的梁拱柱等构件工程

51. 根据有关规定,施工单位应当对达到一定规模的危险性较大的分部、分项工程编制专项施工方案,并附具( ),经施工单位技术负责人、总监理工程师签字后实施。

  A.安全用电方案   B.安全实施方案   C.安全措施费用   D.安全验算结果

52. 按照有关规定,建设工程施工前,施工单位负责项目管理的技术人员应当对有关安全生产的技术要求向( )作出详细说明,并由双方签字确认。

  A.设计人员   B.建设单位有关人员
  C.施工作业班组、作业人员   D.监理人员

53. 安全生产事故隐患排查治理实行常态化、闭合管理。重大事故隐患应当在确定后( )个工作日内向直接监管的交通运输主管部门报备。

  A.3   B.4   C.5   D.6

54. 重大事故隐患整改应当制定专项方案,确保责任、措施、资金、时限、预案到位。整改完成后应当由( )成立事故隐患整改验收组进行专项验收。

  A.建设单位   B.监理单位
  C.施工单位   D.交通运输主管部门

55. 施工单位是平安工地建设的实施主体。当项目安全生产条件发生变化时,应当及时向( )提出复核申请。

  A.建设单位   B.监理单位

C.交通运输主管部门　　　　　　　　D.安全生产主管部门

56.合同段开工后到交工验收前,施工单位应当按照平安工地建设标准要求,每(　　)月至少开展一次平安工地建设情况自查自纠,及时改进安全管理中的薄弱环节。
A.1　　　　　B.2　　　　　C.3　　　　　D.5

57.施工单位应当按照平安工地建设标准,每季度至少开展一次自我评价。施工单位自我评价报告应报(　　)。
A.建设单位　　　　　　　　B.交通运输主管部门
C.监理单位　　　　　　　　D.安全生产主管部门

58.监理单位在开工前按照建设平安工地《标准》要求,对(　　)安全生产条件进行审核,并将审核结果报建设单位。
A.关键部位或关键工序
B.危险性较大的分部分项工程
C.隐蔽工程
D.隧道洞身开挖工程

59.施工过程中,监理单位应当每季度对监理范围内的合同段平安工地建设管理情况进行监督检查,发现问题及时督促整改,整改后仍不符合要求的合同段应当(　　)。
A.责令停工
B.召开专题会议,研究解决方法
C.约谈项目负责人,继续整改
D.责令停工,并向建设单位报告

60.(　　)是施工、监理合同段平安工地建设考核评价的主体,对项目平安工地建设负总责。
A.建设单位　　　　　　　　B.监理单位
C.施工单位　　　　　　　　D.交通运输主管部门

61.项目建设单位负责施工、监理合同段平安工地建设情况的考核评价工作,每(　　)个月应当按照本标准对项目全部的施工、监理合同段平安工地建设情况进行考核评价。
A.3　　　　　B.6　　　　　C.12　　　　　D.18

62.工程项目开工前,(　　)应按照相关标准要求组织开展安全生产条件审核,对审核记录及结论负责,同时将审核结果报直接监管的交通运输主管部门。
A.监理单位　　　　　　　　B.建设单位
C.施工单位　　　　　　　　D.交通运输主管部门

63.危险性较大的分部分项工程开工前,(　　)按照本标准要求及时开展安全生产条件审核,并将审核结果报建设单位。
A.监理单位　　　　　　　　B.建设单位
C.施工单位　　　　　　　　D.交通运输主管部门

64.平安工地建设考核评价按照百分制计算得分,考核结果在(　　)分及以上的评定为合格,否则评为不合格。
A.60　　　　　B.70　　　　　C.75　　　　　D.80

65. 施工、监理合同段平安工地建设考核评价首次考核不合格的应当及时整改,建设单位应组织复评,复评仍不合格的施工、监理合同段应当( )。
    A. 进一步采取措施,继续整改完善
    B. 建设单位约谈施工、监理单位负责人
    C. 全部停工整改
    D. 全部停工整改,并及时向直接监管的交通运输主管部门报告

66. 公路工程安全生产双重预防体系是指( )。
    A. 政府监督和企业自控
    B. 政府监督和社会监理
    C. 安全风险分级管控和安全事故隐患排查治理
    D. 安全风险自留和安全风险转移

67. 公路建设工程安全隐患治理和风险管控的责任主体是( )。
    A. 建设单位   B. 施工单位
    C. 监理单位   D. 交通运输主管部门

二、多项选择题

1. 安全生产管理的基本原则包括( )。
    A. 管生产必须管安全   B. 目标管理
    C. 预防为主   D. 动态管理
    E. 群防群治

2. 安全生产事故处理的"四不放过"是指( )。
    A. 事故原因分析不清不放过
    B. 事故责任者和群众没有受到教育不放过
    C. 没有防范措施不放过
    D. 事故责任者没有受到处理不放过
    E. 事故隐患排查不清不放过

3. 下列有关建设单位安全责任的表述中,正确的是( )。
    A. 应当向施工单位提供施工现场及毗邻区域内供水、排水、供电等地下管线资料
    B. 不得对施工单位提出不符合工程安全生产法律、法规和强制性标准规定的要求
    C. 在编制工程概算时,应当确定建设工程安全作业环境及安全施工措施所需费用
    D. 不得明示或者暗示施工单位购买、租赁、使用不符合安全施工要求的产品
    E. 应当审查安全技术措施或者专项施工方案是否符合工程建设强制性标准

4. 建设单位在拆除工程施工15日前,向建设工程所在地的县级以上地方人民政府有关部门报送的资料包括( )。
    A. 施工单位资质等级证明   B. 拆除施工组织方案
    C. 堆放、清除废弃物的措施   D. 建设单位选择施工单位的理由
    E. 拟拆除建筑物、构筑物及可能危及毗邻建筑的说明

5. 下列有关施工单位安全责任的表述中,正确的是( )。

A.应当建立健全安全生产责任制度

B.应当设置安全生产管理机构、配备专职安全生产管理人员

C.应当在施工组织设计中编制安全技术措施及专项施工方案

D.施工前负责项目管理的技术人员应当向施工作业班组、作业人员进行技术交底

E.工程报价中应当包含安全生产费用,一般不得低于投标价的1.0%

6.施工单位应当设立安全生产管理机构,配备专职安全生产管理人员。专职安全生产管理人员的主要职责包括(　　)。

A.负责对安全生产进行现场监督检查

B.对建设工程项目的安全施工负责

C.发现安全事故隐患,应当及时向项目负责人和安全生产管理机构报告

D.对违章指挥、违章操作、违反劳动纪律的"三违"行为应当立即制止

E.负责审查专项施工方案,并监督其执行

7.下列施工总承包单位、分包单位安全责任的表述中,正确的是(　　)。

A.建设工程实行施工总承包的,由总承包单位对施工现场的安全生产负总责

B.总承包单位和分包单位对分包工程的安全生产承担各自的责任

C.总承包单位应当自行完成建设工程主体结构的施工

D.分包单位应当服从总承包单位的安全生产管理,分包单位不服从管理导致生产安全事故的,由分包单位承担主要责任

E.总承包单位依法将建设工程分包给其他单位的,分包合同中应当明确各自的安全生产方面的权利、义务

8.下列施工作业人员属于国家规定的特种作业人员的是(　　)。

A.爆破作业人员　　　　　　B.安装拆卸工

C.起重信号工　　　　　　　D.试验检测人员

E.垂直运输机械作业人员

9.监理单位应建立的安全管理制度包括(　　)。

A.安全技术措施审查制度　　B.专项施工方案审查制度

C.安全隐患处理制度　　　　D.严重安全隐患报告制度

E.安全生产责任制度

10.工程安全生产事故处理的依据主要包括(　　)。

A.安全事故的实况资料　　　B.有关合同文件

C.有关技术文件与资料　　　D.监理计划和监理细则

E.有关工程建设法律法规、标准及规范

11.工程安全生产事故调查报告的主要内容包括(　　)。

A.安全事故发生的时间、地点　　B.安全事故状况的描述

C.安全事故发展变化的情况　　　D.安全事故的原因与责任

E.有关安全事故的观测记录、事故现场状态的照片或录像

12.安全监理的依据包括(　　)。

A.监理计划、监理细则　　　B.有关安全技术规范、规程、标准等

C. 建设工程批准文件和设计文件　　　D. 监理合同、施工合同以及有关补充协议
E. 有关部门规章、规范性文件以及有关管理办法、规定

13. 施工安全技术交底的主要内容包括(　　)。
    A. 告知施工过程中的作业特点和危险点、重大危险源及危害因素
    B. 针对危险点和重大危险源制订的具体预防措施
    C. 作业过程中主要的工艺操作要点及注意事项
    D. 特殊工序的操作方法和相应的安全操作规程和标准要求
    E. 发生安全生产事故后应该采取的自救方法、紧急避险和紧急救援措施等

14. 下列有关施工安全技术交底的表述中,正确的是(　　)。
    A. 安全技术交底的内容必须具体、明确,有针对性和可操作性
    B. 安全技术交底应优先交底采用新的安全技术方法和技术措施
    C. 安全技术交底应涵盖工程概况、施工方法、施工程序、安全技术措施等内容
    D. 安全技术交底必须保留书面的签字记录
    E. 安全技术交底由专职安全生产管理人员负责实施,实行逐级安全技术交底

15. 安全生产教育培训的主要内容包括(　　)。
    A. 安全意识教育培训　　　　　　　B. 安全知识教育培训
    C. 安全技能教育培训　　　　　　　D. 安全法制教育培训
    E. 生命意义的教育培训

16. 公路工程生产安全事故应急救援预案体系的构成包括(　　)。
    A. 国家部门预案　B. 地方预案　　C. 项目预案　　D. 合同段预案
    E. 应急预案操作手册

17. 地方公路工程生产安全事故应急预案的组成包括(　　)。
    A. 省级预案　　　B. 市级预案　　C. 县级预案　　D. 乡镇级预案

18. 公路工程项目生产安全事故应急预案的构成包括(　　)。
    A. 项目综合应急预案　　　　　　　B. 合同段施工专项应急预案
    C. 现场处置方案　　　　　　　　　D. 单位工程应急预案
    E. 分部、分项工程应急预案

19. 公路工程生产安全事故应急组织体系的组成包括(　　)。
    A. 国家级应急组织　　　　　　　　B. 地方级应急组织
    C. 项目级应急组织　　　　　　　　D. 合同段级应急组织
    E. 施工队级应急组织

20. 公路施工安全风险评估包括(　　)。
    A. 总体风险评估　B. 专项风险评估　C. 公路风险评估　D. 桥梁风险评估
    E. 隧道风险评估

21. 施工安全风险评估报告的主要内容包括(　　)。
    A. 编制依据、工程概况　　　　　　B. 对策措施及建议
    C. 评估内容　　　　　　　　　　　D. 评估过程和评估方法
    E. 审查论证的结论

22. 施工安全风险评估报告编制的依据包括( )。
   A. 项目风险管理方针及策略　　　B. 项目设计和施工方面的文件
   C. 相关的国家和行业标准、规范及规定　D. 建设单位对评估的要求
   E. 设计阶段风险评估成果

23. 施工安全风险评估报告中的评估结论应包含的主要内容是( )。
   A. 重大风险源风险等级汇总
   B. Ⅲ级和Ⅳ级风险存在的部位、方式等情况
   C. 风险控制的基本要求
   D. 分析评估结果的科学性、可行性、合理性及存在的问题
   E. 下一阶段应完善的工作

24. 高速公路路堑高边坡工程施工安全风险评估包括( )。
   A. 总体风险评估　　　　　　　B. 专项风险评估
   C. 施工前风险评估　　　　　　D. 施工过程风险评估
   E. 施工后风险评估

25. 下列有关高速公路路堑高边坡工程施工安全风险评估的表述中,正确的是( )。
   A. 总体风险评估结论应作为编制路堑边坡工程施工组织设计的依据
   B. 总体风险评估应在施工图设计完成后、项目开工前完成
   C. 专项风险评估结论应作为编制或完善专项施工方案的依据
   D. 专项风险评估应在相关路段开工前完成
   E. 总体风险评估工作由建设单位负责组织,专项风险评估工作由施工单位负责组织

26. 下列工程中,属于危险性较大的工程的是( )。
   A. 基坑开挖、支护、降水工程　　B. 滑坡处理和填、挖方路基工程
   C. 路基地基处理工程　　　　　　D. 大型临时工程
   E. 基础工程

27. 下列工程中,需编制专项施工方案的是( )。
   A. 开挖深度不小于3m的基坑(槽)开挖、支护、降水工程
   B. 滑坡处理
   C. 土质挖方边坡高度大于20m、岩质挖方边坡高度大于30m
   D. 明挖基础
   E. 桥梁工程中的梁、拱、柱等构件施工

28. 专项施工方案的内容包括( )。
   A. 编制依据　　B. 施工计划　　C. 施工工艺技术　　D. 材料、机械供应计划
   E. 施工安全保证措施

29. 施工安全生产条件审查的内容包括( )。
   A. 是否按规定开展专项风险评估工作、编制专项风险评估报告、制定重大风险管控方案
   B. 是否按规定编制专项施工方案、附具安全验算结果,经施工单位技术负责人、监理工程师签字后实施,经专家论证、审查的专项施工方案是否附专家论证、审查意见

C. 是否按规定对从业人员进行安全生产教育、培训和技术交底；特种作业人员是否取得相应作业资格

D. 是否对施工机械、设施、机具以及安全防护用品、用具和配件等的生产(制造)许可证、产品合格证或者法定检验检测合格证明进行审查

E. 是否对施工作业人员的来源、学历、身体及心理健康等情况进行审核

30. 日常安全监理的主要工作方法包括(　　)。
 A. 督促与监督　　B. 巡视检查　　C. 会议协调　　D. 安全监控
 E. 上报工程监理月报

31. 施工阶段安全监理的主要内容包括(　　)。
 A. 审查施工安全技术措施或专项施工方案是否符合工程建设强制性标准
 B. 检查施工单位重大危险源安全管理和生产安全事故隐患排查治理情况
 C. 监督施工单位按已批准的施工方案组织施工，及时制止违规施工作业
 D. 巡视检查危险性较大的分部、分项工程作业情况
 E. 及时组织分项工程、分部工程和单位工程的检验评定

32. 施工过程中，监理工程师应每天对施工过程中的危险性较大的工程作业情况进行巡视检查，其巡视检查的重点包括(　　)。
 A. 高处作业　　B. 机电设备使用　　C. 气割、电焊作业　　D. 起重作业
 E. 路基填土碾压

33. 项目应急预案体系一般是由(　　)构成的。
 A. 现场处置方案　　B. 应急响应　　C. 专项应急预案　　D. 现场应急救援
 E. 综合应急预案

34. 工程监理单位的安全生产管理的主要责任和义务有(　　)。
 A. 监督检查建设单位的安全生产投入是否到位
 B. 审查设计文件是否执行工程建设强制性标准
 C. 审查施工组织设计中的安全技术措施是否符合工程建设强制性标准
 D. 安全生产事故隐患报告义务
 E. 对建设工程安全生产承担连带责任

35. 对达到一定规模的(　　)分部分项工程，施工单位应当编制专项施工方案。
 A. 土方开挖工程　　B. 起重吊装工程　　C. 脚手架工程　　D. 主体结构工程
 E. 路面摊铺工程

36. 对于(　　)的专项施工方案，施工单位应当组织专家进行论证、审查。
 A. 起重吊装工程　　B. 地下暗挖工程　　C. 高大模板工程　　D. 拆除、爆破工程
 E. 脚手架工程

37. 施工单位制定的基坑支护、土方开挖、爆破等工程的专项施工方案，必须经(　　)签字后方可实施。
 A. 建设单位负责人　　　　　　　　B. 施工单位负责人
 C. 监理单位负责人　　　　　　　　D. 施工单位技术负责人
 E. 总监理工程师

38. 施工单位特种作业人员包括( )等。
    A. 垂直运输机械作业人员　　　　B. 爆破作业人员
    C. 安装拆卸工　　　　　　　　　D. 起重信号工
    E. 测量、试验工

39. 施工单位新从业人员必须经上岗前三级教育培训,该三级教育培训是指( )。
    A. 企业教育培训　　　　　　　　B. 建设单位教育培训
    C. 分公司或项目部教育培训　　　D. 监理单位教育培训
    E. 作业班组教育培训

40. 列入建设工程概算的安全作业环境及安全施工措施费用应主要用于( )等方面。
    A. 安全设施建设　　　　　　　　B. 职工的安全生产教育培训
    C. 职工的岗位补贴　　　　　　　D. 为职工配备劳动保护用品
    E. 安全设备的日常维护

41. 施工单位的安全自检可分为( )等。
    A. 日常性检查　　B. 每日检查　　C. 专业性检查　　D. 季节性检查
    E. 不定期检查

42. 施工单位的专职安全生产管理人员的主要职责包括( )等。
    A. 对安全生产进行现场监督检查并做好记录
    B. 发现生产安全事故隐患,应当及时向项目负责人和安全生产管理机构报告
    C. 对违章指挥、违章操作的行为,应当立即制止
    D. 对违反劳动纪律的行为,应当立即制止
    E. 对安全生产管理承担领导责任

43. 根据《建设工程安全生产管理条例》的规定,监理单位应建立的安全管理制度包括( )等。
    A. 安全技术措施审查制度　　　　B. 专项施工方案审查制度
    C. 安全隐患处理制度　　　　　　D. 严重安全隐患报告制度
    E. 技术交底制度

44. 监理单位在实施安全监理过程中的违法行为包括( )等。
    A. 发现安全事故隐患未及时处理
    B. 发现严重安全事故隐患未及时报告
    C. 未依照法律法规和工程建设强制性标准实施监理
    D. 未对施工组织设计中的安全技术措施或专项施工方案进行审查
    E. 未向施工单位提供安全生产费用

45. 监理工程师对专项施工方案的审查主要包括( )等方面。
    A. 程序性审查　　B. 符合性审查　　C. 针对性审查　　D. 完备性审查
    E. 安全性审查

46. 平安工地建设管理内容主要包括( )。
    A. 工程开工前的安全生产条件审核
    B. 施工过程中的平安工地建设、考核评价

C. 施工结束后的平安工地建设总结
D. 平安工地评比
E. 平安工地建设制度建设

47. 施工单位应按规定开展施工安全风险评估,依据评估结论完善(　　)。
    A. 施工组织设计
    B. 施工进度计划
    C. 专项施工方案
    D. 应急预案
    E. 安全生产管理制度

48. 平安工地建设考核评价,包括(　　)两方面。
    A. 安全生产条件核查
    B. 施工、监理、建设等从业单位考核评价
    C. 监理、检测等从业人员考核评价
    D. 施工、监理、建设等从业单位项目负责人考核评价
    E. 项目安全主要风险源排查

49. 平安工地建设考核评价中的安全生产条件核查包括(　　)。
    A. 工程项目开工前安全生产条件核查
    B. 危险性较大的分部分项工程施工前安全生产条件核查
    C. 施工过程中工程项目安全生产条件核查
    D. 施工过程中危险性较大的分部分项工程安全生产条件核查
    E. 工程项目重大风险源排查

50. 平安工地建设考核评价中的施工单位考核评价包括(　　)。
    A. 施工单位综合管理考核评价
    B. 施工单位基础管理考核评价
    C. 施工单位施工现场考核评价
    D. 施工单位项目负责人考核评价
    E. 施工单位项目专职安全生产管理人员考核评价

51. 安全生产双重预防控制体系建设的主要内容是(　　)。
    A. 重大安全生产事故隐患排查治理
    B. 重大安全生产风险源管控
    C. 完善组织体系建设和职责体系建设
    D. 完善相关的法规制度建设
    E. 确定职责、明确责任,建立奖惩制度

52. 构建安全生产风险分级管控和隐患治理双重预防体系的主要任务包括(　　)。
    A. 建立责任体系   B. 健全制度体系
    C. 建立标准体系   D. 建立运行机制
    E. 强化费用保障

第五章 公路工程安全生产管理目标控制

◀ 习题答案及解析 ▶

一、单项选择题

1. D

【解析】我国安全生产管理的方针是:安全第一、预防为主、综合治理。

2. D

【解析】施工过程中施工作业人员应按照设计文件进行施工作业,因此勘察文件中的建议基本上对施工没有作用。这应该是设计单位的责任。

3. D

【解析】设计单位应当对采用新结构、新材料、新设备、新工艺的建设工程和特殊结构的建设工程,在设计中提出保障施工作业人员安全和预防生产安全事故的措施建议。

4. D

【解析】工程监理单位的安全责任包括:①工程监理单位应当审查施工组织设计中的安全技术措施或者专项施工方案是否符合工程建设强制性标准。②工程监理单位在实施监理过程中,发现存在安全事故隐患的,应当要求施工单位整改;情况严重的,应当要求施工单位暂时停止施工,并及时报告建设单位。施工单位拒不整改或者不停止施工的,工程监理单位应当及时向有关主管部门报告。③工程监理单位和监理工程师应当按照法律、法规和工程建设强制性标准实施监理,并对建设工程安全生产承担监理责任。

5. D

【解析】专职安全生产管理人员的职责是:负责对安全生产进行现场监督检查。发现安全事故隐患,应当及时向项目负责人和安全生产管理机构报告;对违章指挥、违章操作、违反劳动纪律的"三违"行为应当立即制止。

6. B

【解析】施工单位应当自施工起重机械和整体提升式脚手架、滑模爬模、架桥机等自行式架设设施验收合格后 30 日内,应当向当地交通运输主管部门登记。登记标志应当置于或者附着于该设备的显著位置。

7. D

【解析】事故隐患按其可能的后果,可分为一般事故隐患、较大事故隐患、重大事故隐患和特别重大事故隐患。

8. A

【解析】一般事故隐患,是指可能造成一次死亡 1~2 人或一次重伤 3~9 人,或直接经济损失 100 万元以下的事故隐患。

9. B

【解析】较大事故隐患,是指可能造成一次死亡 3~9 人或一次重伤 10~29 人,或直接经济损失 100 万元以上 500 万元以下的事故隐患。

10. C

【解析】重大事故隐患,是指可能造成一次死亡10~29人或一次重伤30人以上,或直接经济损失500万元以上1000万元以下的事故隐患。特别重大事故隐患,是指可能造成一次死亡30人以上,或直接经济损失1000万元以上的事故隐患。

11. A

【解析】发现一般隐患时,可按以下程序处理:①监理工程师应立即签发监理通知单,要求施工单位采取措施防止隐患扩大或加重,提交整改方案,对隐患进行整改处理。②监理工程师审核施工单位提交的隐患处理方案,并报建设单位批准。③监理工程师指令施工单位按照批准的处理方案对隐患进行处理,并对隐患处理过程进行跟踪检查。④对隐患处理结果进行检查、验收。

12. D

【解析】发现严重隐患(包括较大隐患、重大隐患和特别重大隐患)时,可按以下步骤处理:①监理机构应签发《工程暂停令》要求施工单位暂停施工,并及时报告建设单位。②监理机构要求施工单位立即进行事故隐患的调查,分析原因,制定纠正和预防措施,形成事故隐患整改处理方案,提交监理机构审核。③监理机构应对施工单位提交的事故隐患整改处理方案进行审核并报建设单位批准。④监理机构应向施工单位发出监理指令,要求施工单位按照批准的隐患整改处理方案对事故隐患进行处理,并对隐患处理过程进行跟踪检查。⑤事故隐患处理完成后监理机构应进行检查验收,验收合格、隐患消除的可发出复工指令。

13. D

【解析】根据安全事故(以下简称事故)造成的人员伤亡或者直接经济损失,事故可分为以下四个等级:一般事故、较大事故、重大事故和特别重大事故。

14. A

【解析】一般事故,是指造成3人以下死亡,或者10人以下重伤,或者1000万元以下直接经济损失的事故。

15. B

【解析】较大事故,是指造成3人以上10人以下死亡,或者10人以上50人以下重伤,或者1000万元以上5000万元以下直接经济损失的事故。

16. C

【解析】重大事故,是指造成10人以上30人以下死亡,或者50人以上100人以下重伤,或者5000万元以上1亿元以下直接经济损失的事故。特别重大事故,是指造成30人以上死亡,或者100人以上重伤(包括急性工业中毒,下同),或者1亿元以上直接经济损失的事故。

17. A

【解析】事故发生后,事故现场有关人员应当立即向本单位负责人报告;单位负责人接到报告后,应当于1小时内向事故发生地县级以上人民政府安全生产监督管理部门和负有安全生产管理职责的有关部门报告。情况紧急时,事故现场有关人员可以直接向事故发生地县级以上人民政府安全生产监督管理部门和负有安全生产管理职责的有关部门报告。

18. D

【解析】安全事故发生后,总监理工程师应签发《工程暂停令》,指令施工单位立即停止施工,并要求施工单位立即启动应急救援预案,抢救伤员、排除险情,采取必要的措施,防止事故扩大,并做好标识,保护现场。同时,要求施工单位迅速按规定上报事故情况。

19. D

【解析】新职工上岗前必须进行"三级"安全教育培训。所谓"三级"安全教育培训是指企业安全教育培训、分公司或项目部安全教育培训、施工班组安全教育培训。

20. B

【解析】国家公路工程生产安全事故应急预案,简称国家部门预案,是交通运输部应对公路工程Ⅰ级事故和指导地方公路工程生产安全事故应急预案编制的政策性文件,由交通运输部公布实施。

21. A

【解析】按照国家部门预案和地方预案的总体要求,建设单位根据建设条件、自然环境、工程特点和风险特征等,制定项目综合应急预案。

22. C

【解析】按照国家部门预案和地方预案的总体要求,施工单位根据项目综合应急预案,结合施工工艺、地质、水文和气候等实际情况,对危险性较大的分部分项工程和风险等级较高的作业活动,编制合同段施工专项应急预案或现场处置方案。

23. A

【解析】建设单位按规定开展施工安全总体风险评估,编制总体风险评估报告。对总体风险评估(报告)的要求是评估程序规范、评估深度符合实际,可指导后期施工。

24. B

【解析】施工单位按规定开展合同段专项风险评估工作,编制专项风险评估报告。对专项风险评估(报告)的要求是评估程序规范、评估深度符合实际,管控措施合理。

25. C

【解析】隧道工程安全风险评估可分为总体风险评估和专项风险评估。①总体风险评估,是以整个隧道工程为评估对象,根据施工前的风险主控因素、建设规模、地质条件、洞口特征、年均降水量和资料完整性等,评估隧道工程施工的整体风险,确定其安全风险等级并提出控制措施建议。②专项风险评估,是以施工区段为评估对象,根据隧道工程地质、水文地质条件、作业风险特点以及类似工程事故情况,进行风险辨识、分析、估测,针对其中的重大风险源进行量化评估,划分风险等级,并提出风险控制措施,开展控制效果评估。包括施工前专项风险评估和施工过程专项风险评估。

26. C

【解析】当专项施工方案需要专家论证时,施工单位应当组织不少于5人的专家组,对已编制的专项施工方案进行论证审查。专项施工方案专家论证组必须提出书面论证意见。专家组论证的主要内容包括以下三方面:①专项施工方案内容是否完整。②专项施工方案计算书和验算依据是否符合有关工程建设标准,采用新技术、新工艺、新材料、新设备的工程专项施工方案的数学模型是否准确。③专项施工方案是否可行,是否符合施工现场实际情况

27. D

【解析】 监理工程师对专项施工方案的审查主要包括以下三个方面：①程序性审查——专项施工方案按规定须经专家认证、审查的，是否执行；专项施工方案是否经施工单位技术负责人签认，不符合程序的应退回。②符合性审查——专项施工方案必须符合强制性标准的规定，并附有安全验算的结果。须经专家论证、审查的项目应附有专家审查的书面报告，专项安全施工方案应有紧急救护措施等应急救援预案。③针对性审查——专项施工方案应针对本工程特点以及所处环境、管理模式，具有可操作性。

28. D

【解析】 安全生产条件是公路工程项目开工应当具备法律法规和技术标准规定、满足合同约定的基础条件。安全生产条件，由工程项目开工前安全生产条件和危险性较大的分部分项工程施工前安全生产条件两部分组成。其中，工程项目开工前安全生产条件由建设单位负责组织审核，并将审核结果上报直接监管的交通运输主管部门。危险性较大的分部分项工程施工前安全生产条件，由监理单位按施工进度分阶段进行审核，并将审核结果报建设单位确认。任何工程项目都必须按规定进行施工安全生产条件审查。

29. A

【解析】 在施工阶段，监理单位应派专人对施工现场安全生产情况进行巡视检查，对发现的各类一般安全隐患，应书面通知施工单位，并督促其立即整改。

30. D

【解析】 在施工阶段，监理单位应派专人对施工现场安全生产情况进行巡视检查，对发现的各类安全隐患，应书面通知施工单位，并督促其立即整改；情况严重的，监理单位应及时下达工程暂时停工令，要求施工单位停工整改，并同时报告建设单位。施工单位拒不整改的，监理单位应当及时向工程所在地交通运输主管部门报告。

31. B

【解析】《建设工程安全生产管理条例》第14条明确规定了工程监理单位的安全生产责任：①工程监理单位应当审查施工组织设计中的安全技术措施或者专项施工方案是否符合工程建设强制性标准。②工程监理单位在实施监理过程中，发现存在安全事故隐患的，应当要求施工单位整改；情况严重的，应当要求施工单位暂时停止施工，并及时报告建设单位。③施工单位拒不整改或者不停止施工的，工程监理单位应当及时向有关主管部门报告。④工程监理单位和监理工程师应当按照法律、法规和工程建设强制性标准实施监理，并对建设工程安全生产承担监理责任。

32. D

【解析】《建设工程安全生产管理条例》规定，总承包单位依法将建设工程分包给其他单位的，分包合同中应当明确各自的安全生产方面的权利、义务。总承包单位和分包单位对分包工程的安全生产承担连带责任。

33. D

【解析】《建设工程安全生产管理条例》规定，施工单位应当设立安全生产管理机构，配备专职安全生产管理人员。专职安全生产管理人员负责对安全生产进行现场监督检查。发现安全事故隐患，应当及时向项目负责人和安全生产管理机构报告；对违章指挥、违章操作的，应当立即制止。

第五章 公路工程安全生产管理目标控制

34. D

【解析】《建设工程质量管理条例》规定,施工人员对涉及结构安全的试块试件取样时,应在监理单位监督下现场取样,并送具有相应资质等级的质量检测单位进行检测。

35. A

【解析】《公路工程施工监理规范》(JTG G10—2016)规定,监理工程师对危险性较大的工程作业等要定期巡视检查,如发现安全事故隐患,应立即书面指令施工单位整改;情况严重的,应签发《工程暂停令》要求施工单位暂停施工,并及时报告建设单位。

36. B

【解析】《公路工程施工监理规范》(JTG G10—2016)规定,分项、分部工程交工验收时,如安全事故的现场处理未完成,不得签发《中间交工证书》。

37. C

【解析】《建设工程安全生产管理条例》规定,建设单位在编制工程概算时,应当确定建设工程安全作业环境及安全施工措施所需费用。《公路水运工程安全生产监督管理办法》也规定,建设单位在编制工程招标文件时,应当确定公路水运工程项目安全作业环境及安全施工措施所需的安全生产费用。

38. C

【解析】《公路水运工程安全生产监督管理办法》规定,施工单位主要负责人依法对本单位的安全生产工作全面负责。施工单位应当建立健全安全生产责任制度和安全生产教育培训制度及安全生产技术交底制度。所谓安全生产技术交底制度,是指公路水运工程每项工程实施前,施工单位负责项目管理的技术人员对有关安全施工的技术要求向施工作业班组、作业人员详细说明,并由双方签字确认的制度。

39. B

【解析】《公路水运工程安全生产监督管理办法》规定,施工单位在工程中使用施工起重机械和整体提升式脚手架、滑模爬模、架桥机等自行式架设设施前,应当组织有关单位进行验收,或者委托具有相应资质的检验检测机构进行验收,使用承租的机械设备和施工机具及配件的,由承租单位、出租单位和安装单位共同进行验收,验收合格的方可使用。验收合格后30日内,应向当地交通运输主管部门登记。

40. A

【解析】《公路水运工程安全生产监督管理办法》规定,施工单位应当取得安全生产许可证,施工单位的主要负责人、项目负责人、专职安全生产管理人员(以下简称安全生产三类管理人员)必须取得考核合格证,方可参加公路水运工程投标及施工。

41. A

【解析】《建设工程安全生产管理条例》规定,建设单位在申请领取施工许可证时,应当提供建设工程有关安全施工措施的资料。依法批准开工的建设工程,建设单位应当自开工报告批准之日起15日内,将保证安全施工的措施报送建设工程所在地的县级以上地方人民政府建设行政主管部门或其他有关部门备案。

42. A

【解析】《建设工程安全生产管理条例》规定,工程监理单位在实施监理过程中,发现存在安全事故隐患的,应当要求施工单位整改;情况严重的,应当要求施工单位暂时停止施工,并及时报告建设单位。施工单位拒不整改或者不停止施工的,工程监理单位应当及时向有关主管部门报告。

43. D

【解析】《公路水运工程安全生产监督管理办法》规定,施工单位在工程报价中应当包含安全生产费用,一般不得低于投标价的1.5%,且不得作为竞争性报价。

44. B

【解析】《公路水运工程安全生产监督管理办法》规定,施工单位应当设立安全生产管理机构,配备专职安全生产管理人员。施工现场应当按照每5000万元施工合同额配备一名的比例配备专职安全生产管理人员,不足5000万元的至少配备一名。

45. A

【解析】施工单位应当对管理人员和作业人员进行每年不少于一次的安全生产教育培训,其教育培训情况记入个人工作档案。未经安全生产教育培训考核或培训考核不合格的人员,不得上岗作业。

46. C

【解析】项目监理机构在实施监理前,应编制项目监理计划,监理计划中应包含安全监理方案,且应将安全监理方案单独列为一个章节。对危险性较大的分部分项工程必须在施工开始前编制专项安全监理实施细则。安全监理实施细则由专业监理工程师编制,并经总监理工程师(或驻地监理工程师)批准。

47. D

【解析】《建设工程安全生产管理条例》规定,工程监理单位在实施监理过程中,发现存在安全事故隐患的,应当要求施工单位整改;情况严重的,应当要求施工单位暂时停止施工,并及时报告建设单位。施工单位拒不整改或者不停止施工的,工程监理单位应当及时向有关主管部门报告。

48. C

【解析】《建设工程安全生产管理条例》规定,垂直运输机械作业人员、安装拆卸工、爆破作业人员、起重信号工、登高架设作业人员等特征作业人员,必须按照国家有关规定经过专门的安全作业培训,并取得特种作业操作资格证后,方可上岗作业。

49. D

【解析】《建设工程安全生产管理条例》第57条规定,违反本条例的规定,工程监理单位有下列行为之一的,责令限期改正;逾期未改正的,责令停业整顿,并处10万元以上30万元以下的罚款;情节严重的,降低资质等级,直至吊销资质证书;造成重大安全事故,构成犯罪的,对直接责任人员,依照刑法有关规定追究刑事责任;造成损失的,依法承担赔偿责任:①未对施工组织设计中的安全技术措施或者专项施工方案进行审查的;②发现安全事故隐患未及时要求施工单位整改或者暂时停止施工的;③施工单位拒不整改或者不停止施工,未及时向有关主管部门报告的;④未依照法律、法规和工程建设强制性标准实施监理的。

50. B

【解析】根据《公路工程施工安全技术规范》(JTG F90—2015)的规定,隧道工程中的机电工程不属于应编制专项施工方案的工程。

51. D

【解析】《建设工程安全生产管理条例》规定,施工单位应当对达到一定规模的危险性较大的分部、分项工程编制专项施工方案,并附具安全验算结果,经施工单位技术负责人、总监理工程师签字后实施。

52. C

【解析】《建设工程安全生产管理条例》规定,建设工程施工前,施工单位负责项目管理的技术人员应当对有关安全生产的技术要求向施工作业班组、作业人员作出详细说明,并由双方签字确认。

53. C

【解析】《公路水运工程平安工地建设管理办法》第十一条:安全生产事故隐患排查治理实行常态化、闭合管理。重大事故隐患应当在确定后5个工作日内向直接监管的交通运输主管部门报备,其中涉及民爆物品、危险化学品及特种设备等重大事故隐患的,还应向相应的主管部门报备。

54. C

【解析】《公路水运工程平安工地建设管理办法》第十一条:重大事故隐患整改应当制定专项方案,确保责任、措施、资金、时限、预案到位。整改完成后应当由施工单位成立事故隐患整改验收组进行专项验收,可组织专家对重大事故隐患治理情况进行评估。整改验收通过的,施工单位应将验收结论向直接监管的交通运输主管部门报备,并申请销号。

55. B

【解析】《公路水运工程平安工地建设管理办法》第十三条:施工单位是平安工地建设的实施主体,应当确保项目安全生产条件满足《标准》要求,当项目安全生产条件发生变化时,应当及时向监理单位提出复核申请。

56. A

【解析】《公路水运工程平安工地建设管理办法》第十三条:合同段开工后到交工验收前,施工单位应当按照平安工地建设《标准》要求,每个月至少开展一次平安工地建设情况自查自纠,及时改进安全管理中的薄弱环节。

57. C

【解析】《公路水运工程平安工地建设管理办法》第十三条:施工单位每季度至少开展一次自我评价,对扣分较多的指标及反复出现的突出问题,应当采取针对性措施加以完善。施工单位自我评价报告应报监理单位。

58. B

【解析】《公路水运工程平安工地建设管理办法》第十四条:监理单位应当将平安工地建设作为安全监理的主要内容,危险性较大的分部分项工程开工前按照《标准》要求及时开展安全生产条件审核,并将审核结果报建设单位。

59. D

【解析】《公路水运工程平安工地建设管理办法》第十四条:施工过程中,监理单位应当按照《标准》要求,每季度对监理范围内的合同段平安工地建设管理情况进行监督检查,发现问题及时督促整改,整改后仍不符合要求的合同段应当责令停工,并向建设单位报告;情节严重的还应当向直接监管的交通运输主管部门书面报告。

60. A

【解析】《公路水运工程平安工地建设管理办法》第十五条:建设单位是施工、监理合同段平安工地建设考核评价的主体,应当建立平安工地建设、考核、奖惩等制度,将平安工地建设情况纳入合同履约管理,加强过程督促检查,对项目平安工地建设负总责。

61. B

【解析】项目建设单位负责施工、监理合同段平安工地建设情况的考核评价工作,每半年应当按照本标准对项目全部的施工、监理合同段平安工地建设情况进行考核评价,并对自身安全管理行为进行自我评价。

62. B

【解析】工程项目开工前,建设单位应按照本标准要求组织开展安全生产条件审核,对审核记录及结论负责,同时将审核结果报直接监管的交通运输主管部门。

63. A

【解析】危险性较大的分部分项工程开工前,监理单位按照本标准要求及时开展安全生产条件审核,并将审核结果报建设单位。

64. B

【解析】平安工地建设考核评价按照百分制计算得分,考核结果在70分及以上的评定为合格,低于70分的评定为不合格。项目年度考核结果按照建设单位在本年度考核周期内考核结果累计的平均值计算。

65. D

【解析】施工、监理合同段首次考核不合格的应当及时整改,建设单位应组织复评,复评仍不合格的施工、监理合同段应当全部停工整改,并及时向直接监管的交通运输主管部门报告。对已经发生重特大生产安全责任事故、经查实存在重大事故隐患、被列入安全生产黑名单的合同段直接评为不合格。年度考核结果由省级交通运输主管部门统一对外公示。

66. C

【解析】为建立科学的交通运输安全生产预防控制体系,交通运输行业开展建立交通运输安全风险分级管控和隐患排查治理双重预防体系,形成企业安全生产隐患治理和风险管控长效工作机制,实现重大安全风险管控和重大事故隐患治理"清单化""信息化""闭环化"动态可追溯管理,推动安全生产工作向"系统化、规范化、精细化"转变,全面提升企业安全管理水平和管理部门安全监管能力,科学防范和有效遏制交通运输重特大事故。

67. B

【解析】《关于构建交通运输安全生产风险分级管控和隐患治理双重预防体系的实施方案》中指出,生产经营单位是隐患治理和风险管控的责任主体。交通运输管理部门负责制定隐患治理和风险管控有关政策、标准和工作措施,指导管辖范围内相关工作,负有直接监督管理职责的交通运输管理部门依法履行隐患治理工作的监督执法和重大风险源管控措施落实情况的督促抽查责任。

二、多项选择题

1. ABCD

【解析】安全生产管理的原则包括:①管生产必须管安全;②目标管理;③预防为主;④动态管理;⑤安全一票否决;⑥事故处理"四不放过";⑦"五同时"原则;⑧同步协调发展。

2. ABCD

【解析】事故处理"四不放过"是指:事故原因分析不清不放过,事故责任者和群众没有受到教育不放过,没有防范措施不放过,事故责任者没有受到处理不放过。

3. ABCD

【解析】工程监理单位应当审查施工组织设计中的安全技术措施或者专项施工方案是否符合工程建设强制性标准。

4. ABCE

【解析】建设单位应当将拆除工程发包给具有相应资质等级的施工单位。建设单位应当在拆除工程施工15日前,将下列资料报送建设工程所在地的县级以上地方人民政府有关部门备案:①施工单位资质等级证明;②拟拆除建筑物、构筑物及可能危及毗邻建筑的说明;③拆除施工组织方案;④堆放、清除废弃物的措施。

5. ABCD

【解析】施工单位在工程报价中应当包含安全生产费用,一般不得低于投标价的1.5%,且不得作为竞争性报价。

6. ACD

【解析】施工单位的项目负责人应当由取得相应执业资格的人员担任,对建设工程项目的安全施工负责。专项施工方案经施工单位技术负责人、监理工程师审查同意签字后实施,由专职安全生产管理人员进行现场监督。

7. ACDE

【解析】总承包单位依法将建设工程分包给其他单位的,分包合同中应当明确各自的安全生产方面的权利、义务。总承包单位和分包单位对分包工程的安全生产承担连带责任。

8. ABCE

【解析】垂直运输机械作业人员、施工船舶作业人员、爆破作业人员、安装拆卸工、起重信号工、电工、焊工等国家规定的特种作业人员,必须按照国家有关规定经过专门的安全作业培训,并取得特种作业操作资格证书后,方可上岗作业。

9. ABCD

【解析】根据《建设工程安全生产管理条例》的规定,监理单位应建立以下五项安全管理制度:①安全技术措施审查制度;②专项施工方案审查制度;③安全隐患处理制度;④严重安全隐患报告制度;⑤按照法律法规与强制性标准实施安全管理制度。

10. ABCE

【解析】工程安全事故处理的依据主要有四个方面:①安全事故的实况资料;②有关合同文件;③有关技术文件与资料;④有关工程建设法律法规、标准及规范。

11. ABCE

【解析】施工单位提交的事故调查报告。其内容应包括：①安全事故发生的时间、地点；②安全事故状况的描述；③安全事故发展变化的情况(其范围是否继续扩大，程度是否已经稳定等)；④有关安全事故的观测记录、事故现场状态的照片或录像。

12. BCDE

【解析】安全监理的依据主要包括：①国家有关安全生产、劳动保护等的法律、法规；②地方性法规、文件；③国家有关主管部门颁布的有关部门规章、规范性文件以及有关管理办法、规定等。④国家和有关主管部门颁布的有关安全技术规范、规程、标准等；⑤建设工程批准文件和设计文件；⑥监理合同、施工合同以及有关补充协议。

13. ABDE

【解析】相关法律规定，建设工程施工前，施工单位负责项目管理的技术人员应当对有关安全施工的技术要求向施工作业班组、作业人员作出详细说明，并由双方签字确认。公路工程施工前应逐级进行安全技术交底，主要包括安全技术要求、风险状况、应急处置措施等内容，具体内容如下：①告知施工过程中的作业特点和危险点、重大危险源及危害因素。②针对危险点和重大危险源制订的具体预防措施。③作业过程中应注意的安全事项。④特殊工序的操作方法和相应的安全操作规程和标准要求。⑤发生安全生产事故后应该采取的自救方法、紧急避险和紧急救援措施等。

14. ABCD

【解析】安全技术交底由项目经理部技术负责人负责实施，实行逐级安全技术交底。横向涵盖各相关部门，纵向延伸到施工班组全体作业人员，即从项目管理者到现场施工负责人直到现场具体操作人员都应接受安全技术交底，任何人未经安全技术交底不准作业。

15. ABCD

【解析】安全生产教育培训主要涉及四项主要内容：安全意识(思想)、安全知识、安全技能、安全法制教育培训。其具体教育培训内容如下：①安全意识教育培训；②安全知识教育培训；③安全技能教育培训；④安全法制教育培训；⑤特定情况下的适时教育培训；⑥经常性警示教育培训。

16. ABCE

【解析】公路工程生产安全事故应急救援预案体系的构成包括：由国家部门预案、地方预案、项目预案和应急预案操作手册等层级预案构成。其中，应急预案操作手册是各级交通运输主管部门、项目建设单位、施工单位等可根据有关应急预案要求，制订与应急预案相配套的工作程序文件。

17. ABC

【解析】地方公路工程生产安全事故应急预案，简称地方预案。地方预案包括省级预案、市级预案和县级预案。地方预案是省级、市级、县级交通运输主管部门根据国家相关法规及国家部门预案要求，在本级人民政府的领导和上级交通运输主管部门的指导下，为及时应对本行政区域内发生的公路工程生产安全事故而分别制订的应急预案，由地方交通运输主管部门公布实施。其中，省级预案是省级交通运输主管部门应对公路工程Ⅰ级、Ⅱ级事故处置，以及省级人民政府责成处置的其他事故的政策性文件。县级、市级预案的适用范围由省级交通运输主管部门根据职责分工自行确定。

18. ABC

【解析】公路工程项目生产安全事故应急预案,简称项目预案。项目预案包括项目综合应急预案、合同段施工专项应急预案和现场处置方案。项目预案是公路工程项目建设或施工等参建单位制订的生产安全事故应急预案。

19. ABC

【解析】公路工程生产安全事故应急组织体系由国家级(交通运输部)、地方级(各级交通运输主管部门)、项目级(各公路工程项目参建单位)三级应急组织机构构成。

20. AB

【解析】施工安全风险评估,针对工程施工过程潜在的风险进行辨识、分析、估测、提出控制措施的系列工作。施工安全风险评估分为总体风险评估和专项风险评估。总体风险评估应在施工图设计完成后、项目开工前完成。专项风险评估贯穿施工整个过程,可分为施工前专项风险评估和施工过程专项风险评估。

21. ABCD

【解析】安全风险评估报告的主要内容包括:①编制依据;②工程概况;③评估过程和评估方法;④评估内容;⑤对策措施及建议;⑥评估结论。

22. ABCE

【解析】安全风险评估报告编制依据包括:①项目风险管理方针及策略;②相关的国家和行业标准、规范及规定;③项目设计和施工方面的文件;④项目各阶段(工程可行性研究、初步设计、详细设计等)审查意见;⑤设计阶段风险评估成果。

23. ABD

【解析】评估结论应包含的主要内容是:①重大风险源风险等级汇总;②Ⅲ级和Ⅳ级风险存在的部位、方式等情况;③分析评估结果的科学性、可行性、合理性及存在的问题。

24. AB

【解析】高速公路路堑高边坡工程施工安全风险评估划分为总体风险评估和专项风险评估两个阶段。

25. ABCE

【解析】专项风险评估,是在总体风险评估基础上,将风险等级达到高度风险(Ⅲ级)及以上的路堑段作为评估单元。专项风险评估贯穿施工整个过程,可分为施工前专项风险评估和施工过程专项风险评估。专项风险评估结论应作为编制或完善专项施工方案的依据。总体风险评估和施工前专项风险评估应分别形成评估报告,施工过程专项风险评估可简化形成评估报表。

26. ABDE

【解析】危险性较大的工程可分为8类:①基坑开挖、支护、降水工程;②滑坡处理和填、挖方路基工程;③基础工程;④大型临时工程;⑤桥涵工程;⑥隧道工程;⑦起重吊装工程;⑧拆除、爆破工程。

27. ABCE

【解析】(1)基础工程中需编制专项施工方案的包括:①桩基础;②挡土墙基础;

③沉井等深水基础。

(2)基坑开挖、支护、降水工程中需编制专项施工方案的包括:①开挖深度不小于3m的基坑(槽)开挖、支护、降水工程;②开挖深度小于3m,但地质条件和周边环境复杂的基坑(槽)开挖、支护、降水工程。

(3)滑坡处理和填、挖方路基工程中需编制专项施工方案的包括:①滑坡处理;②边坡高度大于20m的路堤或地面斜坡坡率陡于1:2.5的路堤,或不良地质地段、特殊岩土地段的路堤;③土质挖方边坡高度大于20m、岩质挖方边坡高度大于30m,或不良地质地段、特殊岩土地段的挖方边坡。

(4)桥涵工程中需编制专项施工方案的包括:①桥梁工程中的梁、拱、柱等构件施工;②打桩船作业;③施工船作业;④边通航边施工作业;⑤水下工程中的水下焊接、混凝土浇筑等;⑥顶进工程;⑦上跨或下穿既有公路、铁路、管线施工。

(5)隧道工程中需编制专项施工方案的包括:①不良地质隧道;②特殊地质隧道;③浅埋、偏压及邻近建筑物等特殊环境条件隧道;④Ⅳ级及以上软弱围岩地段的大跨度隧道;⑤小净距隧道;⑥瓦斯隧道。

(6)起重吊装工程中需编制专项施工方案的包括:①采用非常规起重设备、方法,且单件起吊重量在10kN及以上的起重吊装工程;②采用起重机械进行安装的工程;③起重机械设备自身的安装、拆卸。

(7)拆除、爆破工程中需编制专项施工方案的包括:①桥梁、隧道拆除工程;②爆破工程。

(8)大型临时工程中需编制专项施工方案的包括:①围堰工程;②各类工具式模板工程;③支架高度不小于5m;跨度不小于10m,施工总荷载不小于10kN/m²;集中线荷载不小于15kN/m;④搭设高度24m及以上的落地式钢管脚手架工程;附着式整体和分片提升脚手架工程;悬挑式脚手架工程;吊篮脚手架工程;自制卸料平台、移动操作平台工程;新型及异型脚手架工程;⑤挂篮;⑥便桥、临时码头;⑦水上作业平台。

28. ABCE

【解析】专项施工方案应包括下列内容:①工程概况:工程基本情况、施工平面布置、施工要求和技术保证条件;②编制依据:相关法律、法规、规范性文件、标准、规范及图纸、施工组织设计等;③施工计划:包括施工进度计划、材料与设备计划;④施工工艺技术:技术参数、工艺流程、施工方法、检查验收等;⑤施工安全保证措施:组织保障、技术措施、应急预案、监测监控等;⑥劳动力计划:专职安全生产管理人员、特种作业人员等;⑦计算书及相关图纸。

29. ABCD

【解析】施工安全生产条件的审查主要是审查施工单位是否按有关规定履行了以下安全生产管理的责任和义务,审查的主要内容包括:①按规定开展专项风险评估工作、编制专项风险评估报告、制订重大风险管控方案。②按规定编制专项施工方案,附具安全验算结果,经施工单位技术负责人、监理工程师签字后实施,经专家论证、审查的专项施工方案应附专家论证、审查意见。③施工单位按规定对从业人员进行安全生产教育、培训和技术交底;特种作业人员按规定取得相应作业资格。④施工机械、设施、机具以及安全防护用品、用具和配件等具有生产(制造)许可证、产品合格证或者法定检验检测合格证明。⑤按规定编制合同段施工专项应急预案和现场处置方案,依法建立应急救援组织或者指定工程现场兼职的、具有一定专业能力的应急救援人员,配备必要的应急救援器材、设备和物资。⑥劳务分包、专业分包等单位有符合法律法规的资质条件;施工单位与从业人员订立的劳动合同,载明保障从业人员劳动安全、防止职业危害等事项。⑦施工现场的办公、生活区与作业区分开设置。办公、生活区的选址应当符合安全性要求,项目部根据企业规定对办公、生活区组织了验收。⑧按规定办理跨线施工、交通管制及水上水下作业等相关手续。⑨从业单位应当依法参加工伤保险,为从业人员交纳保险费。为危险性较大的作业岗位人员购买意外伤害险。

30. ABCE

【解析】日常安全监理的主要工作方法包括:①督促与监督;②巡视检查;③会议协调;④上报工程监理月报。

31. ABCD

【解析】施工阶段安全监理的主要内容包括:①审查施工安全技术措施或专项施工方案是否符合工程建设强制性标准,同时审查应急预案、桥梁和隧道等施工安全风险评估报告;②检查施工单位重大危险源安全管理和生产安全事故隐患排查治理情况;③监督施工单位按已批准的施工方案组织施工,监督检查施工安全技术措施落实的情况,监督专项施工方案的实施情况,及时制止违规施工作业;④监理工程师应每天对施工过程中的危险性较大工程作业情况进行巡视检查,发现未按施工方案施工或违规作业行为应及时制止;⑤核查现场机械和安全设施的验收手续,监督施工机械和设施的使用运行;⑥检查现场安全防护设施等是否符合规范要求并签认安全费用;⑦督促施工单位安全自检、进行抽查及参与安全生产专项检查。

32. ABCD

【解析】监理工程师应每天对施工过程中的危险性较大工程作业情况进行巡视检查,发现未按施工方案施工或违规作业行为应及时制止,巡视检查的重点包括:高处作业;机电设备使用;场内车辆驾驶;气割、电焊作业;起重作业;钢筋加工、绑扎作业;混凝土浇筑;张拉作业;脚手架搭设与拆除作业;大模板堆放、安装、拆除作业;电气安装、维修作业;拆除作业;船舶作业;潜水作业,水下焊接作业;水上起重作业;施工机械作业等。

33. ACE

【解析】项目应急预案体系一般是由综合应急预案、专项应急预案和现场应急预案组成。

34. CD

【解析】《建设工程安全生产管理条例》中规定的监理单位的安全生产管理的主要责任和义务主要有以下三个方面:①审查施工组织设计中的安全技术措施或者专项施工方案是否符合工程建设强制性标准;②发现安全生产事故隐患时应及时向建设单位及有关主管部门报告;③工程监理单位和监理工程师应当依法监理,并对建设工程安全生产承担监理责任。

35. ABC

【解析】《建设工程安全生产管理条例》规定,对于下列达到一定规模的危险性较大的分部分项工程施工单位应编制专项施工方案:①基坑支护与降水工程;②土方开挖工程;③模板工程;④起重吊装工程;⑤脚手架工程;⑥拆除、爆破工程;⑦主管部门规定的其他危险性较大的工程。

36. BC

【解析】《建设工程安全生产管理条例》规定,对于施工单位按规定编制的专项施工方案中的深基坑、地下暗挖工程、高大模板工程的专项施工方案,施工单位还应当组织专家进行论证、审查。

37. DE

【解析】《建设工程安全生产管理条例》第26条规定,施工单位应当对达到一定规模的危险性较大的分部分项工程(例如基坑支护、土方开挖、模板、起重吊装、脚手架、爆破等工程)编制专项施工方案,并附具安全验算结果,经施工单位技术负责人、总监理工程师签字后实施。

38. ABCD

【解析】按照《建设工程安全生产管理条例》及《公路水运工程安全生产监督管理办法》的有关规定,施工单位特种作业人员包括:垂直运输机械人员、安装拆卸作业人员、起重信号工、登高架设人员、爆破作业人员、施工船舶作业人员、电工、焊工、预应力张拉作业人员、水上作业人员等

39. ACE

【解析】按照《建筑企业职工安全培训教育暂行规定》的规定,施工单位新从业人员上岗前必须进行公司、工地、班组的三级教育培训,即企业教育培训、分公司或项目部教育培训、施工班组教育培训。教育培训的内容包括:安全生产方针、政策、法规、标准;安全技术知识、设备性能、安全制度、严禁事项;安全操作规程等。三级教育培训必须有书面记载的完整资料,必须有考核合格证。

40. ABDE

【解析】按照《建设工程安全生产管理条例》《公路水运工程安全生产监督管理办法》及《高危行业企业安全生产费用财务管理暂行办法》等的规定,列入建设工程概算的安全作业环境及安全措施费用主要用于以下几个方面:①安全设施建设,如防火工程、通风工程、安全防护设施等;②增设安全设备、器材、装备、仪器、仪表等以及这些安全设备的日常维护;③按国家标准为职工配备劳动保护用品;④职工的安全生产教育和培训;⑤其他预防事故发生的安全技术措施费用,如用于制订及落实施工安全事故应急救援预案等。

41. ACDE

【解析】建设工程项目在施工过程中,施工单位应对其安全生产管理情况进行自检,自检应由项目经理定期进行。施工单位的安全自检可分为日常性检查、专业性检查、季节性检查、节假日前后的检查、不定期检查。

42. ABCD

【解析】根据《建设工程安全生产管理条例》第23条和《公路水运工程安全生产监督管理办法》第21条的规定,施工单位的专职安全生产管理人员负责对安全生产进行现场监督检查,并做好检查记录,发现生产安全事故隐患,应当及时向项目负责人和安全生产管理机构报告;对违章指挥、违章操作和违反劳动纪律的行为,应当立即制止。

43. ABCD

【解析】根据《建设工程安全生产管理条例》的规定,监理单位应建立以下五项安全管理制度:①安全技术措施审查制度;②专项施工方案审查制度;③安全隐患处理制度;④严重安

全隐患报告制度;⑤按照法律法规与强制性标准实施监理制度。

44. ABCD

【解析】根据有关法律法规规定,在实施安全监理过程中,监理单位的违法行为有以下几方面:①未对施工组织设计中的安全技术措施或者专项施工方案进行审查;②发现安全事故隐患未及时要求施工单位整改或者暂时停止施工;③施工单位拒不整改或者不停止施工,未及时向有关主管部门报告;④未依照法律、法规和工程建设强制性标准实施监理。

45. ABC

【解析】监理工程师对专项施工方案的审查包括以下几个方面:①程序性审查;②符合性审查;③针对性审查。

46. AB

【解析】《公路水运工程平安工地建设管理办法》第四条:平安工地建设管理主要包括工程开工前的安全生产条件审核,施工过程中的平安工地建设、考核评价等。

47. ACD

【解析】《公路水运工程平安工地建设管理办法》第十条:公路水运工程实施安全风险分级管控。项目从业单位应当全面开展风险辨识,按规定开展设计、施工安全风险评估,依据评估结论完善设计方案、施工组织设计、专项施工方案及应急预案。

48. AB

【解析】平安工地建设考核评价,包括两方面:(1)安全生产条件核查;(2)施工、监理、建设等从业单位考核评价。

49. AB

【解析】安全生产条件核查,包括工程项目开工前安全生产条件核查、危险性较大的分部分项工程施工前安全生产条件核查两部分。

50. BC

【解析】施工单位考核评价包括施工单位基础管理考核评价、施工单位施工现场考核评价两部分。其中施工现场考核评价由通用部分、专业部分两部分组成。

51. AB

【解析】《关于构建交通运输安全生产风险分级管控和隐患治理双重预防体系的实施方案》中指出,将重大工程建设等领域作为安全生产风险分级管控和隐患治理体系建设的重点,率先推进。将重大安全生产事故隐患排查治理和重大安全生产风险源管控作为安全生产双重预防控制体系建设的主要内容,防范和遏制重特大安全生产事故发生。

52. ABCD

【解析】《关于构建交通运输安全生产风险分级管控和隐患治理双重预防体系的实施方案》中明确提出的构建交通运输安全生产风险分级管控和隐患治理双重预防体系的主要任务包括:(1)建立责任体系;(2)健全制度体系;(3)建立标准体系;(4)建立运行机制;(5)强化科技保障。

第六章 公路工程环境保护监理目标控制

习 题 精 练

一、单项选择题

1. 可能造成重大环境影响的建设项目,应当编制( )。
   A. 环境影响报告书　　　　　　　　B. 环境影响报告表
   C. 环境影响登记表　　　　　　　　D. 环境影响监测书

2. 可能造成轻度环境影响的建设项目,应当编制( )。
   A. 环境影响报告书　　　　　　　　B. 环境影响报告表
   C. 环境影响登记表　　　　　　　　D. 环境影响监测书

3. 对环境影响很小,不需要进行环境影响评价的建设项目,应当编制( )。
   A. 环境影响报告书　　　　　　　　B. 环境影响报告表
   C. 环境影响登记表　　　　　　　　D. 环境影响监测书

4. 施工环境保护监理的任务主要有两个方面,一是环境达标监理,二是( )。
   A. 环境监测监理　　B. 环境控制监理　　C. 水土保持监理　　D. 环保工程监理

5. 公路工程施工过程中,监理工程师对施工现场废气、污水、噪音等污染物排放进行控制,这称之为( )。
   A. 环境监测监理　　B. 环保达标监理　　C. 环境控制监理　　D. 环保工程监理

6. 公路建设项目环境影响评价文件应当由( )组织编制。
   A. 交通运输主管部门　　　　　　　B. 环境保护行政主管部门
   C. 建设单位　　　　　　　　　　　D. 施工单位

7. 环境影响报告书应当由( )编制。
   A. 建设单位　　　　　　　　　　　B. 环境影响评价机构
   C. 环境保护行政主管部门　　　　　D. 具有相应资质的环境影响评价机构

8. 环境保护"三同时"制度,是指建设项目需要配套建设的( ),必须与主体工程同时设计、同时施工、同时投产使用。
   A. 环境保护设施　　B. 安全卫生设施　　C. 消防设施　　D. 安全生产设施

9. 环境保护法明确治理污染、保护环境的经济责任的原则是指( )。
   A. 预防为主,防治结合的原则　　　　B. 污染者付费原则
   C. 政府对环境质量负责的原则　　　　D. 依靠群众保护环境的原则

10. 在市区噪声敏感区域内,禁止夜间进行产生噪声污染的施工作业,但个别情况除外,必

须( )。
    A.报经环境行政主管部门审核　　　B.公告附近居民
    C.报经环境行政主管部门批准　　　D.向附近居民支付费用

11.公路建设项目的环境影响评价工作,应由建设单位自主委托的具有相应资质的( )承担。
    A.监理单位　　　　　　　　　　　B.设计单位
    C.环境影响评价单位　　　　　　　D.施工单位

12.经有审批权的环境保护行政主管部门审批的( )作为环境影响评价工作的依据。
    A.环境影响报告书　　　　　　　　B.环境影响报告表
    C.环境影响登记表　　　　　　　　D.环境影响评价大纲

13.建设项目环境影响评价文件,必须报经( )审批。
    A.建设单位　　　　　　　　　　　B.交通运输主管部门
    C.监理单位　　　　　　　　　　　D.有审批权的环境保护行政主管部门

14.下列监理工作中,属于环保达标监理的是( )。
    A.对施工过程废水、废气排放进行监理　B.对水处理工程进行施工监理
    C.对绿化工程进行施工监理　　　　　　D.对声屏障工程进行施工监理

15.下列文件中,不构成施工环境保护监理依据的是( )。
    A.环境保护法律　　　　　　　　　B.地表水环境质量标准
    C.环境影响报告书　　　　　　　　D.施工组织设计

16.下列监理工作中,不属于施工阶段的环保监理工作内容的是( )。
    A.编写环保监理月报
    B.审查施工单位的环保管理体系是否责任明确,切实有效
    C.审查施工单位的分部分项工程施工方案中的环保措施是否可行
    D.监测各项环境指标,出具监测报告

17.下列环境监测指标中,不属于空气环境质量指标的是( )。
    A.一氧化碳(CO)　　　　　　　　B.总悬浮颗粒物(TSP)
    C.二氧化氮(NO_2)　　　　　　　D.悬浮物(SS)

18.公路施工过程中,对生态环境的主要影响因素是( )。
    A.水土流失　　　　　　　　　　　B.施工产生的污水
    C.施工扬尘　　　　　　　　　　　D.施工噪声

19.公路施工过程中,监理人员发现施工单位在没有取得砍伐许可的情况下进行树木砍伐,于是监理工程师书面指示施工单位立即停止砍伐。监理工程师的这种监理行为属于( )。
    A.环境达标监理　　B.生态环境监理　　C.环保工程监理　　D.环境质量监理

20.某公路工程施工过程中,监理人员在巡视时发现施工现场和料场均没有采取洒水防尘措施,而且当地多风,容易产生扬尘。于是监理工程师指示施工单位整改。监理工程师的这种监理行为属于( )。
    A.环保工程监理　　B.环境监测监理　　C.环境达标监理　　D.生态环境监理

二、多项选择题

1. 环境保护的基本原则包括( )。
   A. 经济建设与环境保护协调发展的原则　B. 预防为主、防治结合的原则
   C. 污染者付费的原则　　　　　　　　　D. 工众参与、社会监督
   E. 政府对环境质量负责的原则

2. 公路施工期对生态环境的影响主要包括( )。
   A. 水土流失　　B. 植被破坏　　C. 施工机械噪声　　D. 施工扬尘
   E. 材料冲洗引起水质混浊

3. 公路建设项目环境影响评价文件可分( )。
   A. 环境影响报告书　　　　　　B. 环境影响报告表
   C. 环境影响登记表　　　　　　D. 环境影响监测书
   E. 环境影响评价报告

4. 按照有关规定,需编制环境影响报告书的公路建设项目包括( )。
   A. 三级公路　　　　　　　　　B. 1000m 以上的独立隧道
   C. 高速公路、一级公路　　　　D. 特长隧道、大桥
   E. 主桥长度1000m 以上的独立桥

5. 环境影响报告书的内容包括( )。
   A. 建设项目周围环境概况
   B. 建设项目对环境可能造成影响的分析、预测和评估
   C. 建设项目环境保护措施及其技术、经济论证
   D. 建设项目对环境影响的经济损益分析
   E. 公众参与环境影响评价情况及评价

6. 下列有关水土保持方案文件的表述中,正确的是( )。
   A. 建设项目水土保持方案文件分为水土保持方案报告书和水土保持方案报告表
   B. 凡征占地面积在1km² 以上,或者挖填土石方总量在10000m³ 以上的建设项目,应当编报水土保持方案报告书
   C. 所有工程建设项目都应当编报水土保持方案报告书
   D. 公路建设项目应编制水土保持方案报告书
   E. 工程建设项目应在可行性研究阶段编制水土保持方案

7. 水土保持方案的主要内容包括( )。
   A. 建设项目周围环境概况
   B. 项目建设过程水土流失预测
   C. 水土流失防治责任范围、防治分区、水保功能评价、水土保持措施及设计
   D. 水土保持方案实施进度安排
   E. 工程建设过程中需要进一步完善的工作

8. 公路工程施工环境保护监理的目标主要包括( )。
   A. 主体工程施工过程中的噪声(振动)、废气、污水、固体废弃物等排放达到国家相应

标准

B. 生态环境保护、水土保持等措施符合建设项目环境影响评价文件和水土保持方案的要求

C. 声屏障、绿化、污水处理等环保工程设施施工符合相应规范和合同规定

D. 施工期不发生重大环境污染和生态破坏事件

E. 公众对施工环境保护工作满意度高,社会评价良好

9. 公路施工环境保护监理的依据包括( )。

  A. 国家及地方环境标准

  B. 工程设计文件

  C. 监理合同和施工合同及有关补充协议

  D. 监理计划、监理细则

  E. 建设项目环境影响评价报告和水土保持报告及批复

10. 公路施工环境保护监理的任务包括( )。

   A. 环境达标监理   B. 环保工程监理
   C. 公路施工环保监理   D. 桥涵施工环保监理
   E. 隧道施工环保监理

11. 施工准备阶段的环保监理工作内容包括( )。

   A. 参加设计交底,熟悉环评报告和设计文件
   B. 审查施工单位提交的施工组织设计
   C. 审查施工单位的临时用地方案是否符合环保要求
   D. 审查施工单位的环保管理体系是否责任明确,切实有效
   E. 编制环保监理计划和监理细则

12. 施工阶段的环境保护监理工作内容包括( )。

   A. 审查施工单位编制的分部分项工程施工方案中的环保措施是否可行
   B. 对施工现场、施工作业进行巡视或旁站监理,检查环境保护措施的落实情况
   C. 监测各项环境指标,出具监测报告或成果
   D. 向施工单位发出环境保护工作指示,并检查指令的执行情况
   E. 检查施工进度计划和专项施工方案的执行情况

13. 公路施工过程中环境监测的项目包括( )。

   A. 空气质量   B. 地表水质量   C. 声环境质量   D. 生态环境质量
   E. 社会环境质量

14. 路基地表清理及结构物拆除施工潜在的环境影响包括( )。

   A. 生态破坏   B. 水土流失   C. 施工扬尘   D. 施工噪声
   E. 社会环境破坏

15. 施工环境保护监理的工作制度包括( )。

   A. 文件审核、审批制度   B. 工作记录制度
   C. 报告制度   D. 技术交底制度
   E. 人员培训制度

习题答案及解析

一、单项选择题

1. A

【解析】可能造成重大环境影响的建设项目,应当编制环境影响报告书,对产生的环境影响进行全面评价。

2. B

【解析】可能造成轻度环境影响的建设项目,应当编制环境影响报告表,对产生的环境影响进行分析或者专项分析。

3. C

【解析】对环境影响很小,不需要进行环境影响评价的,应当填报环境影响登记表。

4. D

【解析】施工环保监理的任务有两个方面,一是对工程建设工程中污染环境、破坏生态的行为进行监督管理,这称之为环境达标监理;二是对建设项目配套的环保工程进行施工监理,这称之为环保工程监理。

5. D

【解析】环境达标监理就是监理工程师对工程施工过程中污染环境、破坏生态的行为进行监督管理。

6. C

【解析】环境影响评价文件包括:环境影响报告书、环境影响报告表及环境影响登记表。环境影响评价文件应由建设单位委托具有相应资质的环境影响评价机构编制,并在建设项目可行性研究阶段报批。

7. D

【解析】环境影响报告书应当由建设单位委托具有相应资质的环境影响评价机构编制。

8. A

【解析】《建设项目环境保护管理条例》规定,建设项目需要配套建设的环境保护设施,必须与主体工程同时设计、同时施工、同时投入使用。

9. B

【解析】《中华人民共和国环境保护法》关于环境保护的基本原则主要有:①经济建设与环境保护协调发展的原则;②预防为主,防治结合的原则;③污染者付费的原则(即"谁污染、谁治理""谁开发、谁治理");④政府对环境质量负责的原则;⑤依靠群众保护环境的原则。其中的治理污染、保护环境的经济责任的原则就是"污染者付费"原则。

10. B

【解析】《中华人民共和国环境噪声污染防治法》规定,产生环境噪声污染的工业企业,应当采取有效措施,减轻噪声对周围生活的影响。在市区噪声敏感区域内,禁止夜间进行产生噪声的施工作业,但个别情况除外,必须公告附近居民。

11. C

【解析】公路建设项目的环境影响评价工作,由建设单位自主选择熟悉公路建设项目施工工艺、污染物排放和生态损害及其防治对策,具备公路建设项目工程分析能力,依法取得相应的资格证书,并向交通运输主管部门办理备案手续的环境影响评价机构承担。任何单位和个人不得为建设单位指定任何机构进行建设项目环境影响评价。

12. D

【解析】有审批权的环境保护行政主管部门负责组织对环境影响评价大纲进行审查,审查批准后的评价大纲作为环境影响评价工作的依据。

13. D

【解析】建设项目环境影响评价文件实行分级审批的办法,报有审批权的环境保护行政主管部门审批。

14. A

【解析】依据环保法律法规、监理合同、项目环境影响评价文件及批复等,对工程建设项目中的环境污染、生态破坏防治及恢复的措施进行监督管理,即为"环保达标监理"。

15. D

【解析】施工环境保护监理的依据主要有:①环境保护法律法规;②环境保护地方性法规、规章及文件;③主管部门颁布的条例、办法、规定;④国家及地方环境标准;⑤项目环境影响评价文件及其批复;⑥工程设计文件;⑦监理合同、施工合同以及有关补充协议;⑧施工过程的会议纪要、文件。

16. B

【解析】审查施工单位环保管理体系是否责任明确,切实有效,这是施工准备阶段的环境保护监理工作内容。

17. D

【解析】空气环境质量指标有 CO、NO_2、TSP 等,而悬浮物(SS)为地表水环境质量指标。

18. A

【解析】公路施工过程中对生态环境的主要影响因素是水土流失、植被破坏等。

19. A

【解析】随意砍伐树木属于破坏生态环境的行为。生态环境保护监理属于环境达标监理的范畴。

20. C

【解析】对施工噪声、废水、废气、扬尘、水土流失、生态环境等方面的监理均属于环境达标监理的范畴。

二、多项选择题

1. ABCE

【解析】环境保护法律的基本原则主要有以下五个方面:①经济建设与环境保护协调

发展的原则;②预防为主、防治结合的原则;③污染者付费的原则;④政府对环境质量负责的原则;⑤依靠群众保护环境的原则。

2. AB

【解析】根据可持续发展的理论,项目地区环境因素包括:自然环境、生态环境、社会环境和人民生活环境。公路施工期对环境的影响因素主要有以下几点:①对生态环境的主要影响因素:水土流失、植被破坏。②对声环境的主要影响因素:夜间施工机械噪声。③水环境的主要影响因素:挖泥、取砂、材料冲洗引起水质混浊;施工机械的含油污水及油料泄漏造成油污染;施工人员的生活污水、垃圾直接排入水体;沥青、油料、化学品等因保管不善造成进入水体。④对大气环境的主要影响因素:灰土拌和、扬尘、沥青烟、废气。⑤对社会经济的主要影响因素:临时占地及施工作业对周边农田的损坏,对沿线河道、人工渠道的施工干扰;加重了地区道路的负荷。

3. ABC

【解析】在我国境内建设的对环境有影响的公路工程建设项目必须编制环境影响评价文件。环境影响评价文件可分为:①环境影响报告书;②环境影响报告表;③环境影响登记表。

4. ABCE

【解析】按照有关规定,公路建设项目中三级以上等级公路、1000m 以上的独立隧道、主桥长度 1000m 以上的独立桥梁需编制环境影响报告书;涉及环境敏感区的三级以下等级公路需编制环境影响报告表;其他公路填报环境影响登记表。

5. ABCD

【解析】建设项目的环境影响报告书应当包括以下内容:①建设项目概况。②建设项目周围环境概况。③建设项目对环境可能造成影响的分析、预测和评估。④建设项目环境保护措施及其技术、经济论证。⑤建设项目对环境影响的经济损益分析。⑥对建设项目实施环境监测的建议。⑦环境影响评价结论。

6. ABDE

【解析】①根据《中华人民共和国水土保持法》等法律规定,开发建设项目在可行性研究阶段编制水土保持方案,制定并实施有效的防治措施,使水土流失得到有效控制,生态环境得到改善。②建设项目水土保持方案文件分为水土保持方案报告书和水土保持方案报告表。③凡征占地面积在 $1km^2$ 以上,或者挖填土石方总量在 $10000m^3$ 以上的建设项目,应当编报水土保持方案报告书;其他建设项目应当编报水土保持方案报告表。④根据有关规定,公路建设项目应编制水土保持方案报告书。

7. ABCD

【解析】建设项目的水土保持方案应当包括下列内容:①建设项目概况。②建设项目周围环境概况。③项目建设过程水土流失预测。④水土流失防治责任范围、防治分区、水保功能评价、水土保持措施及设计。⑤水土保持方案实施进度安排。⑥水土保持工程投资概算及效益分析。⑦方案实施保证措施。

8. ABCD

【解析】施工环境保护监理的目标主要包括以下四个方面:①主体工程施工过程中的噪声(振动)、废气、污水、固体废弃物等排放达到国家相应标准。②生态环境保护、水土保持等措施符合建设项目环境影响评价文件和水土保持方案的要求。③声屏障、绿化、污水处理等环保工程设施施工符合相应规范和合同规定。④施工期不发生重大环境污染和生态破坏事件。

9. ABCE

【解析】环境保护监理的依据包括：①国家有关环境保护的法律、法规。②国家有关主管部门颁布的条例、办法、规定。③地方性法规、规章及文件。④国家及地方环境标准。⑤建设项目环境影响评价报告和水土保持报告及批复。⑥建设项目环境行动计划(利用世界银行或亚洲开发银行贷款修建的公路建设项目)。⑦工程设计文件。⑧监理合同和施工合同及有关补充协议。⑨施工过程的会议纪要、文件。

10. AB

【解析】公路施工环境保护监理的任务主要有两个方面，即环境达标监理和环保工程监理。①环境达标监理的主要任务，就是对工程施工过程中，污染环境、破坏生态的行为进行监督管理，防止或减少施工过程污染物排放和生态破坏，实现污染物达标排放或符合生态保护要求，如噪声、废气、污水等污染物排放达标，水土流失、生态恢复、自然保护区、水源区和风景名胜区保护等符合要求。②环保工程监理的任务，是对工程的环保配套设施的建造实施监理，落实项目环境影响评价文件中的环保设施要求，确保"三同时"的实施，如对水处理设施、声屏障、绿化工程、自然保护区的保护等进行监理。

11. ABCD

【解析】施工准备阶段的环保监理工作内容：①参加设计交底，熟悉环评报告和设计文件，掌握沿线重要的环境保护对象，了解建设过程的具体环保目标，对敏感的保护目标作出标识。②审查施工单位提交的施工组织设计和开工报告，对施工方案中环保目标和环保措施提出审查意见。③审查施工单位的临时用地方案是否符合环保要求，临时用地的恢复计划是否可行。④审查施工单位的环保管理体系是否责任明确，切实有效。⑤参加第一次工地会议，提出环保监理目标、环保监理措施及要求。

12. ABCD

【解析】施工阶段的环境保护监理工作内容包括：①审查施工单位编制的分部分项工程施工方案中的环保措施是否可行。②对施工现场、施工作业进行巡视或旁站监理，检查环境保护措施的落实情况。③监测各项环境指标，出具监测报告或成果。④向施工单位发出环境保护工作指示，并检查指令的执行情况。⑤编写环保监理月报。⑥参加工地例会。⑦建立、保管环保监理资料档案。⑧处理或协助主管部门和建设单位处理突发环保事件。

13. ABC

【解析】环境监测是施工环境保护监理重要的技术手段，一般定期监测的项目有：①空气质量：监测项目有NO_2、CO、总悬浮颗粒物TSP等三项，必要时还可监测SO_2。②地表水质量：一般监测项目有酸碱度(PH)、高锰酸盐指数(COD_{Mn})、5d生化需氧量(BOD_5)、氨氮、悬浮物(SS)、石油类等6项。③声环境质量，主要监测环境噪声L_{Aeq}。

14. ABCD

【解析】地表清理及结构物拆除施工潜在的环境影响包括：①生态破坏；②水土流失；③扬尘；④噪声；⑤景观损害；⑥水污染；⑦废弃物流失。另外，路基地表清理时须注意特殊对象的保护,如热带植被、地被层、干旱河谷、风眼和沙尘暴源等。

15. ABCE

【解析】施工环境保护监理的工作制度包括:①文件审核、审批制度;②工作记录制度;③报告制度;④会议制度;⑤函件往来制度;⑥人员培训制度。

第七章 公路工程涉及法律法规和部门规章

习 题 精 练

一、单项选择题

1. 根据《中华人民共和国招标投标法》(以下简称《招标投标法》),关于招标要求的说法,正确的是(   )。
   A. 招标人采用邀请招标方式的,应向5个以上特定法人发出投标邀请书
   B. 招标文件中可以要求或标明特定的生产供应者
   C. 招标人对已发出的招标文件进行必要澄清的,应在提交投标文件截止时间7日之前
   D. 招标人不得强制投标人组成联合体共同投标

2. 根据《招标投标法》,招标人对已发出的招标文件进行必要的澄清或者修改的,应当在招标文件要求提交投标文件截止时间至少(   )日前,以书面形式通知所有招标文件收受人。
   A. 3   B. 5   C. 15   D. 20

3. 根据《招标投标法》,依法必须进行招标的项目,自招标文件开始发出之日起至投标人提交投标文件截止之日止,最短不得少于(   )日。
   A. 10   B. 15   C. 20   D. 30

4. 根据《招标投标法》,下列关于开标要求的说法,不正确的是(   )。
   A. 开标应当由招标人主持
   B. 开标的时间为招标文件确定的提交投标文件截止时间的同一时间
   C. 开标时,由评标委员会检查投标文件的密封情况
   D. 招标人在招标文件要求提交投标文件的截止时间前收到的所有投标文件,开标时都应当当众予以拆封、宣读

5. 根据《招标投标法》,下列关于评标与中标条件的说法,不正确的是(   )。
   A. 招标人应当采取必要的措施,保证评标在严格保密的情况下进行
   B. 在确定中标人前,招标人可以与投标人就投标价格、投标方案等实质性内容进行谈判
   C. 招标人应根据评标委员会提交的书面评标报告和推荐的中标候选人确定中标人,招标人也可以授权评标委员会直接确定中标人
   D. 中标人的投标能够满足招标文件的实质性要求,并且经评审的投标价格最低。但是,投标价格低于成本的除外

6. 根据《招标投标法》，中标人确定后，招标人应当向中标人发出中标通知书，并同时将中标结果通知所有未中标的投标人。中标通知书对( )具有法律效力。
   A. 招标人　　　　　　　　　　B. 投标人
   C. 招标人和中标人　　　　　　D. 评标委员会和中标人

7. 根据《招标投标法》，招标人和中标人应当自中标通知书发出之日起( )日内，按照招标文件和中标人的投标文件订立书面合同。
   A. 20　　　　B. 28　　　　C. 30　　　　D. 35

8. 根据《招标投标法》，依法必须进行招标的项目，招标人应当自确定中标人之日起( )日内，向有关行政监督部门提交招投标情况的书面报告。
   A. 7　　　　B. 15　　　　C. 20　　　　D. 30

9. 合同是指( )之间设立、变更、终止民事法律关系的协议。
   A. 平等主体　　　　　　　　　B. 非自然人
   C. 公民　　　　　　　　　　　D. 民事主体

10. 根据《中华人民共和国民法典》合同编（简称《民法典》合同编），当事人订立合同，需要经过( )。
    A. 要约邀请和要约两个阶段
    B. 要约和承诺两个阶段
    C. 要约邀请、要约和承诺三个阶段
    D. 要约、再要约和承诺三个阶段

11. 根据《民法典》合同编，要约不得撤销的情形不包括( )。
    A. 要约人确定了承诺期限
    B. 要约人以其他形式明示要约不可撤销
    C. 要约已经到达受要约人
    D. 受要约人有理由认为要约是不可撤销的，并已经为履行合同做了准备工作

12. 根据《民法典》合同编，合同无效、被撤销或者终止的，不影响合同中( )条款的效力。
    A. 质量　　　　B. 价款　　　　C. 违约责任　　　　D. 解决争议方法

13. 无效合同的财产处理方式不包括( )。
    A. 返还财产或折价补偿
    B. 赔偿损失
    C. 双倍返还
    D. 收归国家所有或者返还集体、第三人

14. 根据《民法典》合同编，下列关于合同价格调整的说法中，不正确的有( )。
    A. 执行政府定价或政府指导价的，在合同约定的交付期限内政府价格调整时，按照交付时的价格计价
    B. 逾期交付标的物的，遇价格上涨时，按照新价格执行；价格下降时，按照原价格执行
    C. 逾期提取标的物或者逾期付款的，遇价格上涨时，按照新价格执行；价格下降时，按照原价格执行
    D. 逾期交付标的物的，遇价格上涨时，按照原价格执行；价格下降时，按照新价格执行

15. 根据《民法典》合同编,下列关于合同转让的说法,不正确的有(   )。
    A. 债权人可以根据法律规定、合同约定或当事人约定将合同的权利全部或者部分转让给第三人。债权人转让权利的,应当通知债务人。未经通知,该转让对债务人不发生效力
    B. 债务人将合同的义务全部或者部分转移给第三人的,应当经债权人同意
    C. 当事人一方经对方同意,可以将自己在合同中的权利和义务一并转让给第三人
    D. 当事人订立合同后分立的,除债权人和债务人另有约定外,该合同终止

16. 建设工程合同不包括(   )合同。
    A. 工程勘察   B. 工程设计
    C. 工程施工   D. 运输

17. 根据《民法典》合同编,下列合同中,不属于建设工程合同的是(   )。
    A. 工程勘察合同   B. 工程设计合同
    C. 工程咨询合同   D. 工程施工合同

18. 根据《民法典》合同编,工程勘察合同属于(   )。
    A. 承揽合同   B. 技术咨询合同
    C. 委托合同   D. 建设工程合同

19. 根据《民法典》合同编,关于委托合同的说法,错误的是(   )。
    A. 受托人应当亲自处理委托事务
    B. 受托人处理委托事务取得的财产应转交给委托人
    C. 对无偿的委托合同,因受托人重大过失给委托人造成损失的,委托人不应要求赔偿
    D. 受托人为处理委托事务垫付的必要费用,委托人应偿还该费用及利息

20. 根据《建设工程质量管理条例》,下列质量管理工作,不属于建设单位质量责任和义务的是(   )。
    A. 向有关的勘察、设计、施工、工程监理等单位提供与建设工程有关的原始资料
    B. 不得明示或者暗示施工单位使用不合格的建筑材料、建筑构配件和设备
    C. 建立健全教育培训制度,加强对职工的教育培训
    D. 应当按照国家有关规定办理工程质量监督手续

21. 根据《建设工程质量管理条例》,属于施工单位质量责任和义务的是(   )。
    A. 申领施工许可证
    B. 办理工程质量监督手续
    C. 建立健全教育培训制度
    D. 向有关主管部门移交建设项目档案

22. 根据《建设工程质量管理条例》的规定,下列关于工程监理单位质量责任和义务的说法,正确的是(   )。
    A. 监理单位代表建设单位对施工质量实施监理
    B. 监理单位发现施工图有差错应要求设计单位修改
    C. 监理单位应将施工单位现场取样的试块送检测单位
    D. 监理单位应组织设计、施工单位进行竣工验收

23. 根据《建设工程质量管理条例》,建设工程的保修期,应自( )之日起计算。
    A. 工程竣工移交   B. 竣工验收合格
    C. 竣工验收报告提交   D. 竣工结算完成

24. 根据《建设工程质量管理条例》,建设单位应当自建设工程竣工验收合格之日起( )日内,将建设工程竣工验收报告和规划、公安消防、环保等部门出具的认可文件或者准许使用文件报建设行政主管部门或者其他有关部门备案。
    A. 5   B. 10   C. 15   D. 20

25. 根据《建设工程质量管理条例》,建设工程发生质量事故,有关单位应当在( )小时内向当地建设行政主管部门和其他有关部门报告。
    A. 1   B. 6   C. 12   D. 24

26. 根据《建设工程质量管理条例》,建设单位有( )行为的,责令改正,处20万元以上50万元以下的罚款。
    A. 未组织竣工验收,擅自交付使用
    B. 对验收不合格的工程,擅自交付使用
    C. 将不合格的建设工程按照合格工程验收
    D. 暗示设计单位违反工程建设强制性标准,降低工程质量

27. 根据《建设工程安全生产管理条例》,下列属于建设单位安全责任的是( )。
    A. 确定安全施工措施所需费用   B. 确定施工现场安全生产
    C. 确定安全技术措施   D. 确定安全生产责任制度

28. 根据《建设工程安全生产管理条例》,对于依法批准开工报告的建设工程,建设单位应自开工报告批准之日起( )日内,将保证安全施工的措施报送当地建设行政主管部门或其他有关部门备案。
    A. 10   B. 15   C. 20   D. 30

29. 根据《建设工程安全生产管理条例》,属于建设单位安全责任的是( )。
    A. 定期进行专项安全检查
    B. 现场监督施工机械安装过程
    C. 配备专职安全生产管理人员
    D. 编制工程概算时确定安全施工措施所需费用

30. 根据《建设工程安全生产管理条例》,建设单位应当将拆除工程发包给具有相应资质等级的施工单位,并在拆除工程施工( )日前,将相关资料报送建设工程所在地的县级以上地方人民政府建设行政主管部门或者其他有关部门备案。
    A. 5   B. 15   C. 10   D. 20

31. 根据《建设工程安全生产管理条例》,下列关于勘察、设计单位的安全责任的说法,不正确的是( )。
    A. 勘察单位在勘察作业时,应当严格执行操作规程,采取措施保证各类管线、设施和周边建筑物、构筑物的安全
    B. 设计单位应当考虑施工安全操作和防护的需要,对涉及施工安全的重点部位和环节在设计文件中注明,并对防范生产安全事故提出指导意见

C. 采用新结构、新材料、新工艺的建设工程和特殊结构的建设工程,设计单位应当在设计中提出保障施工作业人员安全和预防生产安全事故的措施建议

D. 设计单位应当设立安全生产管理机构,配备专职安全生产管理人员,防止因设计不合理导致生产安全事故的发生

32. 根据《建设工程安全生产管理条例》,下列关于工程监理单位的安全责任的说法,不正确的是(　　)。

A. 应当按照法律、法规和工程建设强制性标准实施监理,并对建设工程安全生产承担监理责任

B. 应当审查施工组织设计中的安全技术措施或者专项施工方案是否符合工程建设强制性标准

C. 在实施监理过程中,发现存在安全事故隐患的,应当要求施工单位暂时停止施工,并及时报告建设单位

D. 对于施工中存在的安全事故隐患,施工单位不执行监理单位的指示,拒不整改或者不停止施工的,工程监理单位应当及时向有关主管部门报告

33. 根据《建设工程安全生产管理条例》,下列关于施工单位安全责任的说法,正确的是(　　)。

A. 不得压缩合同约定的工期

B. 应当为施工现场人员办理意外伤害保险

C. 将保证安全施工的措施报有关部门备案

D. 保证本单位安全生产条件所需资金的投入

34. 根据《建设工程安全生产管理条例》,下列关于施工单位的安全责任的说法,不正确的是(　　)。

A. 应当设立安全生产管理机构,配备专职安全生产管理人员

B. 应当建立健全安全生产教育培训制度,应当对管理人员和作业人员每年至少进行一次安全生产教育培训。安全生产教育培训考核不合格的人员,不得上岗

C. 特种作业人员,必须按照国家有关规定经过专门的安全作业培训,并取得特种作业操作资格证书后,方可上岗作业

D. 在使用施工起重机械和整体提升脚手架、模板等自升式架设设施前,必须进行验收。验收合格的方可使用

35. 根据《建设工程安全生产管理条例》,施工单位按规定编制的专项施工方案,经(　　)审核签字后实施。

A. 施工单位项目负责人

B. 施工单位技术负责人

C. 总监理工程师

D. 施工单位技术负责人和总监理工程师

36. 根据《建设工程安全生产管理条例》,下列关于施工单位安全责任的说法,不正确的是(　　)。

A. 使用承租的机械设备和施工机具及配件的,应由施工单位、设计单位、监理单位和

安装单位共同进行验收。验收合格的方可使用

B. 应当自施工起重机械和整体提升脚手架、模板等自升式架设设施验收合格之日起30日内,向建设行政主管部门或者其他有关部门登记。登记标志应当置于或者附着于该设备的显著位置

C. 在使用施工起重机械和整体提升脚手架、模板等自升式架设设施前,应当组织有关单位进行验收,也可以委托具有相应资质的检验检测机构进行验收

D. 应当为施工现场从事危险作业的人员办理意外伤害保险,并承担意外伤害保险费

37. 根据《生产安全事故报告和调查处理条例》,某企业发生安全事故造成30人死亡,9000万元直接经济损失,则该生产安全事故属于(　　)。

  A. 特别重大事故　　　　　　　　B. 重大事故
  C. 较大事故　　　　　　　　　　D. 一般事故

38. 根据《生产安全事故报告和调查处理条例》,某生产安全事故造成5人死亡,1亿元直接经济损失,该生产安全事故属(　　)。

  A. 特别重大事故　　　　　　　　B. 重大事故
  C. 严重事故　　　　　　　　　　D. 较大事故

39. 根据《生产安全事故报告和调查处理条例》,某建筑施工单位施工现场发生生产安全事故造成2人死亡,2600万元直接经济损失,则该生产安全事故属于(　　)。

  A. 特别重大事故　　　　　　　　B. 重大事故
  C. 较大事故　　　　　　　　　　D. 一般事故

40. 根据《生产安全事故报告和调查处理条例》,生产安全事故发生后,事故现场有关人员应当立即向本单位负责人报告;单位负责人接到报告后,应当于(　　)小时内向事故发生地县级以上人民政府安全生产监督管理部门和负有安全生产监督管理职责的有关部门报告。

  A. 1　　　　B. 2　　　　C. 12　　　　D. 24

41. 根据《生产安全事故报告和调查处理条例》,生产安全事故报告后出现新情况的,应当及时补报。自事故发生之日起(　　)日内,事故造成的伤亡人数发生变化的,应当及时补报。道路交通事故、火灾事故自发生之日起(　　)日内,事故造成的伤亡人数发生变化的,应当及时补报。

  A. 10,3　　　　B. 15,5　　　　C. 20,5　　　　D. 30,7

42. 根据《生产安全事故报告和调查处理条例》,除特殊情况外,安全事故调查组应当自事故发生之日起(　　)日内提交事故调查报告。

  A. 60　　　　B. 45　　　　C. 30　　　　D. 15

43. 根据《生产安全事故报告和调查处理条例》,事故调查组应当自事故发生之日起(　　)日内提交事故调查报告;特殊情况下,经负责事故调查的人民政府批准,提交事故调查报告的期限可以适当延长,但延长的期限最长不超过(　　)日。

  A. 20,10　　　　B. 30,20　　　　C. 50,50　　　　D. 60,60

44. 根据《生产安全事故报告和调查处理条例》,对发生重大事故的单位,处以(　　)的罚款。

  A. 一年收入60%　　　　　　　　B. 100万元以上500万元以下

C. 50 万元以上 200 万元以下　　　　D. 20 万元以上 50 万元以下

45. 根据《生产安全事故报告和调查处理条例》,事故发生单位主要负责人受到刑事处罚或者撤职处分的,自刑罚执行完毕或者受处分之日起(　　)年内不得担任任何生产经营单位的主要负责人。
　　A. 1　　　　B. 2　　　　C. 3　　　　D. 5

46. 根据《招标投标法实施条例》,可采用邀请招标的情形是(　　)。
　　A. 采购人依法能够自行建设　　　　B. 需向原中标人采购,否则影响施工
　　C. 需采用不可替代的专利　　　　　D. 只有少量潜在投标人可供选择

47. 根据《招标投标法实施条例》,依法必须进行招标的项目的资格预审公告和招标公告,应当在(　　)依法指定的媒介发布。
　　A. 国务院发展改革部门　　　　B. 国务院建设主管部门
　　C. 招标项目审批部门　　　　　D. 招标人

48. 根据《招标投标法实施条例》,资格预审文件或者招标文件的发售期不得少于(　　)日。
　　A. 3　　　　B. 5　　　　C. 7　　　　D. 10

49. 根据《招标投标法实施条例》,招标人可以对已发出的资格预审文件进行必要的澄清或者修改。澄清或者修改的内容可能影响资格预审申请文件编制的,招标人应当在提交资格预审申请文件截止时间至少(　　)日前以书面形式通知所有获取资格预审文件的潜在投标人。
　　A. 3　　　　B. 5　　　　C. 7　　　　D. 15

50. 根据《招标投标法实施条例》,招标人可以对已发出的招标文件进行必要的澄清或者修改。澄清或者修改的内容可能影响投标文件编制的,招标人应当在提交投标文件截止时间至少(　　)日前,以书面形式通知所有获取招标文件的潜在投标人。
　　A. 5　　　　B. 10　　　　C. 15　　　　D. 20

51. 根据《招标投标法实施条例》,潜在投标人或者其他利害关系人对资格预审文件有异议的,应当在提交资格预审申请文件截止时间(　　)日前提出。招标人应当自收到异议之日起(　　)日内作出答复。
　　A. 1,1　　　　B. 1,3　　　　C. 2,1　　　　D. 2,3

52. 根据《招标投标法实施条例》,潜在投标人或者其他利害关系人对招标文件有异议的,应当在投标截止时间(　　)日前提出。招标人应当自收到异议之日起(　　)日内作出答复。
　　A. 3,1　　　　B. 5,2　　　　C. 5,3　　　　D. 10,3

53. 根据《招标投标法实施条例》,依法必须进行招标的项目提交资格预审申请文件的时间,自资格预审文件停止发售之日起不得少于(　　)日。
　　A. 3　　　　B. 5　　　　C. 7　　　　D. 10

54. 根据《招标投标法实施条例》,招标人采用资格后审办法对投标人进行资格审查的,应当在开标后由(　　)按照招标文件规定的标准和方法对投标人的资格进行审查。
　　A. 资格审查委员会　　　　B. 政府招投标监督部门
　　C. 评标委员会　　　　　　D. 招标人委托的公证机关

55. 根据《招标投标法实施条例》,对技术复杂或者无法精确拟定技术规格的项目,招标人可以分两阶段进行招标。其中,第一阶段投标人按照招标公告或者投标邀请书的要求提交(   )。

    A. 技术方案   B. 商务文件

    C. 不带报价的技术建议   D. 投标报价

56. 根据《招标投标法实施条例》,招标人应当在招标文件中载明投标有效期。投标有效期从(   )之日起算。

    A. 发售招标文件   B. 提交投标文件的截止

    C. 投标资格审查通过   D. 发布招标公告

57. 根据《招标投标法实施条例》,招标人在招标文件中要求投标人提交投标保证金的,投标保证金不得超过招标项目估算价的(   )。

    A. 1%   B. 1.5%   C. 2%   D. 3%

58. 根据《招标投标法实施条例》,投标人撤回已提交的投标文件,应当在投标截止时间前书面通知招标人,招标人已收取投标保证金的,应当自收到投标人书面撤回通知之日起(   )日内退还。

    A. 3   B. 5   C. 7   D. 10

59. 根据《招标投标法实施条例》,依法必须进行招标的项目,招标人应当自收到评标报告之日起(   )日内公示中标候选人,公示期不得少于(   )日。

    A. 1,2   B. 2,2   C. 3,2   D. 3,3

60. 根据《招标投标法实施条例》,招标人最迟应当在书面合同签订后(   )日内向中标人和未中标的投标人退还投标保证金及银行同期存款利息。

    A. 3   B. 5   C. 7   D. 10

61. 根据《招标投标法实施条例》,招标文件要求中标人提交履约保证金的,中标人应当按照招标文件的要求提交。履约保证金不得超过中标合同金额的(   )。

    A. 2%   B. 3%   C. 5%   D. 10%

62. 根据《招标投标法实施条例》,投标人或者其他利害关系人认为招标投标活动不符合法律、行政法规规定的,可以自知道或者应当知道之日起(   )日内向有关行政监督部门投诉。

    A. 3   B. 5   C. 10   D. 15

63. 根据《招标投标法实施条例》,投标人或者其他利害关系人认为招标投标活动不符合法律、行政法规规定的,可以向有关行政监督部门投诉。行政监督部门应当自收到投诉之日起(   )个工作日内决定是否受理投诉,并自受理投诉之日起(   )个工作日内作出书面处理决定。

    A. 1,10   B. 2,20   C. 3,30   D. 5,10

64. 公路工程安全生产管理工作的基本原则是(   )。

    A. 安全第一、预防为主

    B. 预防为主、群防群策

    C. 安全第一、综合治理

D. 安全第一、预防为主、综合治理

65. 公路工程安全生产管理的机制是( )。
   A. 从业单位负责、职工参与
   B. 从业单位负责、政府监管、社会监督
   C. 从业单位负责、政府监管、行业自律、社会监督
   D. 从业单位负责、职工参与、政府监管、行业自律、社会监督

66. 施工单位的( )应当经交通运输主管部门对其安全生产知识和管理能力考核合格。
   A. 主要负责人
   B. 主要负责人和经营管理人员
   C. 主要负责人和技术管理人员
   D. 主要负责人和安全生产管理人员

67. 下列关于施工单位按照年度施工产值配备专职安全生产管理人员的说法,不正确的是( )。
   A. 不足5000万元的至少配备1名
   B. 5000万元以上不足2亿元的按每5000万元不少于1名的比例配备
   C. 2亿元以上的不少于5名
   D. 2亿元以上的不少于6名

68. 下列关于安全生产费用的说法,不正确的是( )。
   A. 从业单位应当保证本单位所应具备的安全生产条件必需的资金投入
   B. 建设单位在编制工程招标文件及项目概预算时,应当确定保障安全作业环境及安全施工措施所需的安全生产费用,并不得低于国家规定的标准
   C. 施工单位在工程投标报价中应当包含安全生产费用并单独计提,应作为竞争性报价
   D. 安全生产费用应当经监理工程师审核签认,并经建设单位同意后,在项目建设成本中据实列支,严禁挪用

69. 施工单位应当依据风险评估结论,对风险等级较高的分部分项工程编制( )。
   A. 安全技术措施   B. 现场处置方案
   C. 安全生产应急预案   D. 专项施工方案

70. 建设单位应当针对工程项目特点和风险评估情况制定( )。
   A. 项目综合应急预案   B. 合同段施工专项应急预案
   C. 应急演练方案   D. 现场处置方案

71. 下列关于建设单位安全生产责任的说法,不正确的是( )。
   A. 建设单位对公路水运工程安全生产负管理责任。依法开展项目安全生产条件审核,按规定组织风险评估和安全生产检查。根据项目风险评估等级,在工程沿线受影响区域作出相应风险提示
   B. 建设单位不得对勘察、设计、监理、施工、设备租赁、材料供应、试验检测、安全服务等单位提出不符合安全生产法律、法规和工程建设强制性标准规定的要求

C. 建设单位不得随意压缩工期。工期确需调整的,应当对影响安全的风险进行论证和评估,经合同双方协商一致,提出相应的施工组织和安全保障措施

D. 建设单位应当建立安全生产管理机构,配备专职安全生产管理人员

72. 工程实施分包的,分包单位应当服从总承包单位的安全生产管理,分包单位不服从管理导致生产安全事故的,由( )责任。

    A. 总承包单位承担　　　　　　　　B. 总承包单位承担主要

    C. 分包单位承担　　　　　　　　　D. 分包单位承担主要

73. 分项工程实施前,施工单位( )应当按规定对有关安全施工的技术要求向施工作业班组、作业人员详细说明,并由双方签字确认。

    A. 负责人　　　　　　　　　　　　B. 技术负责人

    C. 项目负责人　　　　　　　　　　D. 负责项目管理的技术人员

74. 交通运输主管部门在职责范围内开展安全生产监督检查时的权力不包括( )。

    A. 进入被检查单位进行检查,调阅有关工程安全管理的文件和相关照片、录像及电子文本等资料,向有关单位和人员了解情况

    B. 进入被检查单位施工现场进行监督抽查

    C. 对施工现场进行巡视检查,或者旁站监督,及时发现质量、安全事故隐患

    D. 责令相关单位立即或者限期停止、改正违法行为

75. 施工单位未按批准的专项施工方案进行施工,导致重大事故隐患的,应( )。

    A. 处1万元以上3万元以下的罚款

    B. 处2万元以上4万元以下的罚款

    C. 处3万元以上5万元以下的罚款

    D. 处4万元以上6万元以下的罚款

76. 施工单位按照规定设置安全生产管理机构或者配备安全生产管理人员的,应( )。

    A. 处2万元以下的罚款　　　　　　B. 处3万元以下的罚款

    C. 处4万元以下的罚款　　　　　　D. 处5万元以下的罚款

77. 交通运输主管部门应当自收到完整齐备的施工图设计文件申请材料之日起( )日内审查完毕。经审查合格的,批准使用,并将许可决定及时通知申请人。

    A. 5　　　　　　B. 10　　　　　　C. 15　　　　　　D. 20

78. 国家投资的公路建设项目,项目法人与施工、监理单位应当按照国务院交通运输主管部门的规定,签订( )。

    A. 质量保证合同　　　　　　　　　B. 环境保护合同

    C. 安全保证合同　　　　　　　　　D. 廉政合同

79. 根据《公路建设市场管理办法》,公路工程施工项目在开工前,应当由( )向相关的交通运输主管部门申请领取施工许可证。

    A. 项目法人　　　　　　　　　　　B. 施工单位

    C. 监理单位　　　　　　　　　　　D. 设计单位

80. 交通运输主管部门应当自收到完整齐备的施工许可申请材料之日起20日内作出行政许可决定。予以许可的,应当将许可决定及时通知申请人。

A. 10　　　　B. 15　　　　C. 20　　　　D. 25

81.《公路建设市场管理办法》规定的公路工程质量保证体系是(　　)。
   A. 政府监督、社会监理
   B. 政府监督、法人管理
   C. 政府监督、法人管理、企业自检
   D. 政府监督、法人管理、社会监理、企业自检

82. 投标人相互串通投标或者与招标人串通投标的,投标人以向招标人或者评标委员会成员行贿的手段牟取中标的,应(　　)。
   A. 中标项目金额3‰以上7‰以下的罚款
   B. 中标项目金额5‰以上15‰以下的罚款
   C. 中标项目金额5‰以上10‰以下的罚款
   D. 中标项目金额2‰以上10‰以下的罚款

83. 投标人以他人名义投标或者以其他方式弄虚作假,骗取中标的,应(　　)。
   A. 处中标项目金额1‰以上5‰以下的罚款
   B. 处中标项目金额5‰以上10‰以下的罚款
   C. 处中标项目金额6‰以上10‰以下的罚款
   D. 处中标项目金额10‰以上20‰以下的罚款

84. 除因不可抗力不能履行合同的,中标人不按照与招标人订立的合同履行施工质量、施工工期等义务,造成重大或者特大质量和安全事故,或者造成工期延误的,取消其(　　)内参加依法必须进行招标的项目的投标资格并予以公告。
   A. 1年至3年内　　　　　　B. 1年至5年内
   C. 2年至4年内　　　　　　D. 2年至5年内

85. 根据《公路建设市场管理办法》,施工单位将承包的工程转包或者违法分包的,应(　　)。
   A. 处工程合同价款2‰以上8‰以下的罚款
   B. 处工程合同价款5‰以上10‰以下的罚款
   C. 处工程合同价款5‰以上15‰以下的罚款
   D. 处工程合同价款6‰以上20‰以下的罚款

86. 根据《公路建设市场管理办法》,工程监理单位转让工程监理业务的,应(　　)。
   A. 处合同约定的监理酬金10%以上25%以下的罚款
   B. 处合同约定的监理酬金25%以上50%以下的罚款
   C. 处合同约定的监理酬金30%以上60%以下的罚款
   D. 处合同约定的监理酬金20%以上40%以下的罚款

87. 建设单位提交的材料符合规定的,交通运输主管部门或者其委托的建设工程质量监督机构应当在(　　)个工作日内为其办理工程质量监督手续,出具公路水运工程质量监督管理受理通知书。
   A. 5　　　　B. 10　　　　C. 15　　　　D. 20

88. 勘察、设计单位未按照工程建设强制性标准进行勘察、设计,或设计单位未根据勘察成

果文件进行工程设计,若工程已开工建设的,应( )。

  A. 处 5 万元以上 10 万元以下的罚款

  B. 处 10 万元以上 20 万元以下的罚款

  C. 处 20 万元以上 30 万元以下的罚款

  D. 处 50 万元以上 100 万元以下的罚款

89. 施工单位不按照工程设计图纸或者施工技术标准施工,造成工程质量一般事故的,应( )。

  A. 处所涉及单位工程合同价款 2% 以上 3% 以下的罚款

  B. 处所涉及单位工程合同价款 3% 以上 5% 以下的罚款

  C. 处所涉及单位工程合同价款 4% 以上 6% 以下的罚款

  D. 处所涉及单位工程合同价款 5% 以上 8% 以下的罚款

90. 施工单位未按规定对原材料、混合料、构配件等进行检验,造成工程质量事故的,应( )。

  A. 处 5 万元以上 10 万元以下的罚款

  B. 处 10 万元以上 15 万元以下的罚款

  C. 处 15 万元以上 20 万元以下的罚款

  D. 处 20 万元以上 25 万元以下的罚款

91. 施工单位对施工中出现的质量问题或者验收不合格的工程,未进行返工处理或者拖延返工处理的,应( )。

  A. 处 1 万元以上 3 万元以下的罚款

  B. 处 2 万元以上 4 万元以下的罚款

  C. 处 3 万元以上 5 万元以下的罚款

  D. 处 4 万元以上 6 万元以下的罚款

92. 监理单位在监理工作中弄虚作假、降低工程质量的,或者将不合格的建设工程、建筑材料、建筑构配件和设备按照合格签字,造成工程质量较大事故的,应( )。

  A. 处 50 万元以上 60 万元以下的罚款

  B. 处 60 万元以上 70 万元以下的罚款

  C. 处 70 万元以上 80 万元以下的罚款

  D. 处 80 万元以上 90 万元以下的罚款

93. 根据《公路水运建设工程质量事故等级划分和报告制度》,工程项目交工验收前,( )为工程质量事故报告的责任单位。

  A. 建设单位   B. 监理单位

  C. 施工单位   D. 设计单位

94. 工程质量事故发生后,现场有关人员应立即向事故报告责任单位负责人报告。事故报告责任单位应在接报( )小时内,核实、汇总并向负责项目监管的交通运输主管部门及其工程质量监督机构报告。

  A. 1   B. 2   C. 3   D. 24

二、多项选择题

1. 根据《招标投标法》,下列关于招标要求的说法中,正确的有(　　)。
   A. 招标分为公开招标和邀请招标两种方式
   B. 公开招标是指招标人以招标公告的方式邀请特定的法人或者其他组织投标
   C. 依法必须进行招标的项目,应当通过国家指定的报刊、信息网络、媒介发布招标公告
   D. 采用邀请招标方式的,应当向3个以上具备相应资格的特定法人或者其他组织发出投标邀请书
   E. 招标人不得以不合理的条件限制或者排斥潜在投标人,不得对潜在投标人实行歧视待遇

2. 根据《招标投标法》,下列关于招标的说法,正确的有(　　)。
   A. 邀请招标,是指招标人以投标邀请书的方式邀请特定的法人投标
   B. 采用邀请招标的,招标人可以告知拟邀请投标人向他人发出邀请的情况
   C. 招标人不得以不合理的条件限制或排斥潜在投标人
   D. 招标文件不得要求或标明特定的生产供应者
   E. 招标人需澄清招标文件的,应以电话或书面形式通知所有招标文件收受人

3. 根据《招标投标法》,下列关于招标文件的说法,正确的有(　　)。
   A. 招标文件应当包括招标项目的技术要求、对投标人资格审查的标准、投标报价要求和评标标准等所有实质性要求和条件以及拟签订合同的主要条款
   B. 招标文件不得要求或者标明特定的生产供应者以及含有倾向或者排斥潜在投标人的其他内容
   C. 开标前,招标人应公开已获取招标文件的潜在投标人的名称、数量等信息
   D. 招标人对已发出的招标文件进行必要的澄清或者修改的,应当在招标文件要求提交投标文件截止时间至少15日前,以书面形式通知所有招标文件收受人
   E. 招标项目需要划分标段、确定工期的,招标人应当合理划分标段、确定工期,并在招标文件中载明

4. 根据《招标投标法》,下列关于投标要求的说法,正确的有(　　)。
   A. 建设施工项目的投标文件应当包括拟派出的项目负责人与主要技术人员的简历、业绩和拟用于完成招标项目的机械设备等内容
   B. 投标人拟在中标后将中标项目的部分非主体、非关键工程进行分包的,应当在投标文件中载明
   C. 投标人在招标文件要求提交投标文件的截止时间前,可以补充、修改或者撤回已提交的投标文件,并书面通知招标人
   D. 投标人应当在招标文件要求提交投标文件的截止时间前,将投标文件送达投标地点
   E. 联合体中标的,联合体各方应当分别与招标人签订合同,就中标项目向招标人承担各自的责任

5. 根据《招标投标法》,下列关于评标要求的说法,正确的有(　　)。
   A. 评标由招标人和评标委员会共同负责

B. 依法必须进行招标的项目,其评标委员会由招标人的代表和有关技术、经济等方面的专家组成

C. 评标委员会成员人数为5人以上单数。其中,技术、经济等方面的专家不得少于成员总数的2/3

D. 中标人的投标能够最大限度地满足招标文件中规定的各项综合评价标准

E. 评标委员会应当按照招标人和投标人协商确定的评标标准和方法,对投标文件进行评审和比较

6. 根据《招标投标法》,下列关于评标委员会组成的说法,正确的有(　　)。

   A. 评标委员会由招标人依法组建

   B. 评标委员会由招标人的代表和有关技术、经济等方面的专家组成

   C. 评标委员会成员人数为5人以上单数。其中,技术、经济等方面的专家不得少于成员总数的2/3

   D. 评标委员会的专家成员应当从事相关领域工作满八年并具有高级职称或者具有同等专业水平

   E. 评标委员会的专家成员,一般招标项目可以由招标人直接确定,特殊招标项目采取随机抽取方式确定

7. 根据《民法典》合同编,合同的形式包括(　　)。

   A. 书面形式　　　　　　　　B. 口头形式
   C. 数据电文形式　　　　　　D. 信件形式
   E. 其他形式

8. 根据《民法典》合同编,合同内容由当事人约定,一般包括(　　)。

   A. 当事人的名称或姓名和住所　　B. 标的
   C. 数量、质量　　　　　　　　　D. 履行期限、地点和方式
   E. 当事人的财务状况

9. 根据《民法典》合同编,下列关于要约的说法,正确的有(　　)。

   A. 要约必须是以缔结合同为目的,必须具备合同的主要条款

   B. 要约邀请不是合同成立过程中的必经过程,它不含有合同得以成立的主要内容和相对人同意后受其约束的表示

   C. 要约人发出要约时,要约生效

   D. 要约可以撤回,撤回要约的通知应当在要约到达受要约人之前或者与要约同时到达受要约人

   E. 要约可以撤销,撤销要约的通知应当在受要约人发出承诺通知之前到达受要约人

10. 根据《民法典》合同编,关于要约失效的说法,正确的有(　　)。

    A. 拒绝要约的通知到达要约人,该要约失效

    B. 撤销要约的通知在受要约人发出承诺通知前到达受要约人,要约可撤销

    C. 受要约人对要约的内容作出实质性变更,该要约即失效

    D. 承诺期限届满,受要约人未做出承诺,该要约继续有效

    E. 要约人依法撤销要约,该要约失效

11. 根据《民法典》合同编,下列关于承诺的说法,正确的有( )。
    A. 根据交易习惯或者要约表明可以通过行为的方式作出承诺
    B. 要约没有确定承诺期限的,以非对话方式作出的要约,承诺应当在合理期限内到达
    C. 受要约人对要约的内容作出实质性变更的,为新要约
    D. 受要约人超过承诺期限发出承诺的,除要约人及时通知受要约人该承诺有效的以外,为新要约
    E. 承诺期限内发出的承诺,因其他原因承诺到达要约人时超过承诺期限的,该承诺无效

12. 根据《民法典》合同编,关于要约与承诺的说法,错误的有( )。
    A. 要约是希望与他人订立合同的意思表示
    B. 要约邀请是合同成立过程中的必经过程
    C. 要约到达受要约人后可以撤销
    D. 承诺是受要约人同意要约的意思表示
    E. 承诺的内容应当与要约的内容一致

13. 根据《民法典》合同编,下列关于合同成立的说法,正确的有( )。
    A. 当事人采用合同书形式订立合同的,自双方当事人签字或者盖章时合同成立
    B. 当事人采用信件、数据电文等形式订立合同的,可以在合同成立之前要求签订确认书。签订确认书时合同成立
    C. 法律、行政法规规定或者当事人约定采用书面形式订立合同,当事人未采用书面形式,即使一方已经履行主要义务,对方也接受的,合同仍不成立
    D. 采用合同书形式订立合同,在签字或者盖章之前,当事人一方已经履行主要义务,对方接受的,则合同成立
    E. 当事人采用合同书形式订立合同的,双方当事人签字或者盖章地点为合同成立地点

14. 根据《民法典》合同编,下列关于格式条款的说法,正确的有( )。
    A. 格式条款是当事人为了重复使用而预先拟定,并在订立合同时与对方协商的条款
    B. 采用格式条款订立合同的,提供格式条款的一方应当遵循公平原则确定当事人之间的权利和义务,并采取合理的方式提请对方注意免除或限制其责任的条款,按照对方的要求,对该条款予以说明
    C. 提供格式条款一方免除自己责任、加重对方责任、排除对方主要权利的,该条款无效
    D. 对格式条款的理解发生争议的,应当按照通常理解予以解释。对格式条款有两种以上解释的,应当作出不利于提供格式条款一方的解释
    E. 格式条款和非格式条款不一致的,应当采用格式条款

15. 根据《民法典》合同编,承担缔约过失责任的情形包括( )。
    A. 假借订立合同,恶意进行磋商
    B. 故意隐瞒与订立合同有关的重要事实或者提供虚假情况
    C. 有其他违背诚信原则的行为

D. 对合同内容产生重大误解

E. 以欺诈、胁迫的手段订立合同

16. 根据《民法典》合同编,下列关于合同效力的说法,正确的有( )。

　　A. 依法成立的合同,自成立即生效

　　B. 当事人对合同的效力可以约定附条件

　　C. 当事人对合同的效力可以约定附期限

　　D. 限制民事行为能力人订立的合同,经法定代理人追认后仍然无效

　　E. 法定代表人或负责人超越权限订立的合同无效

17. 根据《民法典》合同编,导致合同无效的情形包括( )。

　　A. 一方以欺诈、胁迫的手段订立合同,损害国家利益

　　B. 恶意串通,损害国家、集体或第三人利益

　　C. 在订立合同时显失公平的

　　D. 以合法形式掩盖非法目的

　　E. 违反法律、行政法规的强制性规定

18. 根据《民法典》合同编,下列免责条款,属于无效免责条款的有( )。

　　A. 造成对方人身伤害的

　　B. 因不可抗力造成对方财产损失的

　　C. 因故意或者重大过失造成对方财产损失的

　　D. 因异常恶劣的气候条件造成合同履行期限延长的

　　E. 因法律变化造成对方财产损失的

19. 根据《民法典》合同编,下列合同,当事人一方有权请求人民法院或者仲裁机构变更或者撤销的有( )。

　　A. 因重大误解订立的合同

　　B. 恶意串通,损害国家、集体或第三人利益

　　C. 在订立时显失公平的合同

　　D. 一方以欺诈、胁迫的手段订立合同,但没有损害国家利益

　　E. 乘人之危,使对方在违背真实意思的情况下订立的合同

20. 合同生效后,当事人就质量、价款或者报酬、履行地点等内容约定不明确的,可以协议补充;不能达成补充协议的,按照合同有关条款或者交易习惯确定。依照上述规定仍不能确定的,下列说法正确的有( )。

　　A. 质量要求不明确的,按照国家标准、行业标准履行;没有国家标准、行业标准的,按照通常标准或者符合合同目的的特定标准履行

　　B. 价款或者报酬不明确的,按照订立合同时履行地的市场价格履行;依法应当执行政府定价或者政府指导价的,按照规定履行

　　C. 履行地点不明确的,给付货币的,在接受货币一方所在地履行;交付不动产的,在不动产所在地履行;其他标的,在履行义务一方所在地履行

　　D. 履行期限不明确的,债务人应按照债权人的要求履行

　　E. 履行费用的负担不明确的,由履行义务一方负担

21.《民法典》合同编规定抗辩权可分为( )。
 A.同时履行抗辩权　　　　　　B.先履行抗辩权
 C.代为履行抗辩权　　　　　　D.解除抗辩权
 E.不安抗辩权

22.根据《民法典》合同编,下列情形,应当先履行债务的当事人可以中止履行的有( )。
 A.对方当事人经营状况严重恶化
 B.对方当事人转移财产、抽逃资金,以逃避债务
 C.对方当事人丧失商业信誉
 D.对方当事人违约导致合同工期延误
 E.对方当事人未按技术规范组织施工导致出现质量事故

23.根据《民法典》合同编,合同债权人可以行使的保全措施包括( )。
 A.代位权　　　　　　　　　　B.抗辩权
 C.撤销权　　　　　　　　　　D.变更权
 E.仲裁权

24.根据《民法典》合同编,下列关于合同变更和转让的说法,正确的有( )。
 A.当事人协商一致,可以变更合同
 B.当事人对合同变更的内容约定不明确的,推定为未变更
 C.合同转让不是变更合同中规定的权利义务内容,而是变更合同主体
 D.债务人将合同的义务全部或者部分转移给第三人的,应当通知债权人。未经通知,该转让对债权人不发生效力
 E.当事人订立合同后合并的,由合并后的法人或其他组织行使合同权利,履行合同义务

25.根据《民法典》合同编,下列情形,可导致合同终止的有( )。
 A.债务人经营状况严重恶化
 B.债权债务同归于一人
 C.债务相互抵消
 D.债权人免除债务
 E.债务人依法将标的物提存

26.根据《民法典》合同编,合同权利义务的终止,不影响执行合同中约定的条款有( )。
 A.预付款支付义务
 B.结算和清理条款
 C.通知义务
 D.缺陷责任条款
 E.保密义务

27.根据《民法典》合同编,下列关于合同解除的说法,正确的有( )。
 A.当事人协商一致,可以解除合同
 B.当事人可以约定一方解除合同的条件。解除合同的条件成立时,解除权人可以解

除合同

C. 因不可抗力致使不能实现合同目的,当事人可以解除合同

D. 当事人一方迟延履行主要债务

E. 在履行期限届满之前,当事人一方明确表示或者以自己的行为表明不履行主要债务

28. 根据《民法典》合同编,下列情形,当事人可以解除合同的有(　　)。

A. 当事人一方履行质量义务不符合约定,造成重大质量事故

B. 因不可抗力致使不能实现合同目的

C. 在履行期限届满之前,当事人一方明确表示或者以自己的行为表明不履行主要债务

D. 当事人一方迟延履行主要债务,经催告后在合理期限内仍未履行

E. 当事人一方迟延履行债务或者有其他违约行为致使不能实现合同目的

29. 根据《民法典》合同编,当事人一方不履行合同义务或者履行合同义务不符合约定的,应当承担的违约责任包括(　　)。

A. 继续履行　　　　　　　　　　B. 采取补救措施
C. 赔偿损失　　　　　　　　　　D. 合同中止
E. 定金

30. 根据《民法典》合同编,下列关于违约责任的说法,正确的有(　　)。

A. 当事人可以约定一方违约时应当根据违约情况向对方支付一定数额的违约金

B. 约定的违约金低于造成的损失的,当事人可以请求人民法院或者仲裁机构予以增加

C. 约定的违约金高于造成的损失的,当事人可以请求人民法院或者仲裁机构予以减少

D. 当事人既约定违约金,又约定定金的,一方违约时,对方可以选择适用违约金或者定金条款

E. 合同采用定金担保的,收受定金的一方不履行约定的债务的,应当双倍返还定金

31. 根据《民法典》合同编,合同争议解决方式包括(　　)。

A. 和解　　　　　　　　　　　　B. 调解
C. 仲裁　　　　　　　　　　　　D. 诉讼
E. 强制执行

32. 根据《民法典》合同编,施工合同的内容包括(　　)。

A. 工程范围、建设工期　　　　　B. 工程质量、工程造价
C. 材料和设备供应责任　　　　　D. 拨款和结算、竣工验收
E. 承包人的利润目标

33. 根据《民法典》合同编,下列关于委托合同中委托人权利义务的说法,正确的有(　　)。

A. 委托人应当预付处理委托事务费用

B. 对无偿委托合同,因受托人重大过失给委托人造成损失的,委托人不应要求赔偿

C. 受托人超越权限给委托人造成损失的,应当向委托人赔偿损失

D. 委托人不经受托人同意,可以在受托人之外委托第三人处理委托事务
E. 经同意的转委托,委托人可以就委托事务直接指示转委托的第三人

34. 根据《民法典》合同编,属于委托合同的有( )。
    A. 工程勘察合同 B. 工程设计合同
    C. 建设工程监理合同 D. 施工合同
    E. 项目管理合同

35. 根据《民法典》合同编,下列关于委托合同中受托人主要权利和义务的说法,正确的有( )。
    A. 受托人应当亲自处理委托事务。经委托人同意,受托人可以转委托
    B. 受托人应当按照委托人的指示处理委托事务。需要变更委托人指示的,应当经委托人同意
    C. 转委托经同意的,委托人可以就委托事务直接指示转委托的第三人
    D. 受托人处理委托事务时,因不可归责于自己的事由受到损失的,不得向委托人要求赔偿损失
    E. 委托人经受托人同意,可以在受托人之外委托第三人处理委托事务。因此给受托人造成损失的,受托人可以向委托人要求赔偿损失

36. 根据《安全生产法》,下列关于生产经营单位主要负责人安全管理职责的说法,正确的有( )。
    A. 建立健全本单位安全生产责任制
    B. 组织制定并实施本单位安全生产教育和培训计划
    C. 保证本单位安全生产投入的有效实施
    D. 督促检查本单位的安全生产工作,及时消除生产安全事故隐患
    E. 了解相关作业场所和工作岗位存在的危险因素、防范措施及事故应急措施,对本单位的安全生产工作提出建议

37. 根据《安全生产法》,下列关于生产经营单位安全生产管理机构及专职安全生产管理人员安全管理职责的说法,正确的有( )。
    A. 组织或参与拟订本单位安全生产规章制度、操作规程
    B. 组织制定并实施本单位的生产安全事故应急救援预案
    C. 组织或参与本单位安全生产教育和培训,如实记录安全生产教育和培训情况
    D. 督促落实本单位重大危险源的安全管理措施
    E. 制止和纠正违章指挥、强令冒险作业、违反操作规程的行为

38. 根据《安全生产法》,下列关于生产经营单位从业人员的安全生产权利义务的说法,正确的有( )。
    A. 有权了解其作业场所和工作岗位存在的危险因素、防范措施及事故应急措施,有权对本单位的安全生产工作提出建议
    B. 有权对本单位安全生产工作中存在的问题提出批评、检举、控告;有权拒绝违章指挥和强令冒险作业
    C. 发现直接危及人身安全的紧急情况时,在经项目技术负责人同意后,可以停止作业

或者在采取可能的应急措施后撤离作业场所

D. 在作业过程中,应当严格遵守本单位的安全生产规章制度和操作规程,服从管理,正确佩戴和使用劳动防护用品

E. 应当接受安全生产教育和培训,掌握本职工作所需安全生产知识,提高安全生产技能

39. 根据《安全生产法》,下列规模较大的生产经营单位,应当建立应急救援组织的有(　　)。

　　A. 建筑施工单位

　　B. 金属冶炼单位

　　C. 物流单位

　　D. 危险物品的生产、经营、储存单位

　　E. 城市轨道交通运营单位

40. 根据《建设工程质量管理条例》,建设单位的质量责任和义务有(　　)。

　　A. 不使用未经审查批准的施工图设计文件

　　B. 建立健全教育培训制度

　　C. 不得任意压缩合理工期

　　D. 签署工程保修书

　　E. 向有关部门移交建设项目档案

41. 根据《建设工程质量管理条例》,建设工程竣工验收应具备的条件有(　　)。

　　A. 有完整的技术档案和施工管理资料

　　B. 有施工、监理等单位分别签署的质量合格文件

　　C. 有质量监督机构签署的质量合格文件

　　D. 有工程造价结算报告

　　E. 有施工单位签署的工程保修书

42. 根据《建设工程质量管理条例》,下列关于勘察、设计单位质量责任和义务的说法,正确的有(　　)。

　　A. 勘察单位提供的地质、测量、水文等勘察成果必须真实、准确

　　B. 设计单位应当根据勘察成果文件进行建设工程设计

　　C. 设计文件应当符合国家规定的设计深度要求,注明工程合理使用年限

　　D. 设计单位应当就审查合格的施工图设计文件向施工单位作出详细说明

　　E. 设计单位在设计文件中选用的建筑材料、建筑构配件和设备,应当注明规格、型号和生产厂、供应商

43. 根据《建设工程质量管理条例》,下列关于施工单位质量责任和义务的说法,正确的有(　　)。

　　A. 在施工过程中发现设计文件和图纸有差错的,应当及时改正

　　B. 建设工程实行总承包的,总承包单位应当对全部建设工程质量负责

　　C. 隐蔽工程在隐蔽前,施工单位应当通知建设单位和建设工程质量监督机构

　　D. 应当按照国家有关规定办理工程质量监督手续

E. 未经检验或者检验不合格的建筑材料、建筑构配件、设备,不得使用

44. 根据《建设工程质量管理条例》,下列关于工程监理单位质量责任和义务的说法,正确的有(   )。

   A. 在施工过程中发现设计文件和图纸有差错的,应当及时修改
   B. 监理工程师应当按照建设工程监理规范的要求,采取旁站、巡视和平行检验等形式,对建设工程实施监理
   C. 未经监理工程师签字,建筑材料、建筑构配件和设备不得在工程上使用或者安装,施工单位不得进行下一道工序的施工
   D. 未经总监理工程师签字,建设单位不得拨付工程款,不得进行竣工验收
   E. 工程监理单位与被监理工程的施工承包单位以及建筑材料、建筑构配件和设备供应单位有隶属关系或者其他利害关系的,不得承担该项建设工程的监理业务

45. 根据《建设工程质量管理条例》,下列关于质量保修期限的说法,正确的有(   )。

   A. 地基基础工程最低保修期限为设计文件规定的该工程合理使用年限
   B. 屋面防水工程最低保修期限为 3 年
   C. 给排水管道工程最低保修期限为 2 年
   D. 供热工程最低保修期限为 2 个采暖期
   E. 建设工程的保修期自交付使用之日起计算

46. 根据《建设工程质量管理条例》,下列关于建设工程最低保修期限的说法,正确的有(   )。

   A. 房屋主体结构工程为设计文件规定的合理使用年限
   B. 屋面防水工程为 3 年
   C. 供热系统为 2 个供暖期
   D. 电气管道工程为 3 年
   E. 给水排水管道工程为 3 年

47. 根据《建设工程质量管理条例》,存在下列(   )行为的,可处 10 万元以上 30 万元以下罚款。

   A. 勘察单位未按工程建设强制性标准进行勘察
   B. 设计单位未根据勘察成果文件进行工程设计
   C. 建设单位迫使承包人以低于成本的价格竞标
   D. 建设单位明示施工单位使用不合格建筑材料
   E. 设计单位指定建筑材料供应商

48. 根据《建设工程安全生产管理条例》,建设单位存在下列(   )行为的,责令改正,处 20 万元以上 50 万元以下的罚款。

   A. 要求施工单位压缩合同工期的
   B. 对工程监理单位提出不符合强制性标准要求的
   C. 未提供建设工程安全生产作业环境的
   D. 申请施工许可证时,未提供有关安全施工措施资料的
   E. 明示施工单位租赁使用不符合安全施工要求的机械设备的

49. 根据《建设工程安全生产管理条例》，下列关于建设单位安全责任的说法，正确的有（   ）。

  A. 应当向施工单位提供施工现场及毗邻区域内供水、供电、供气、供热、通信、广播电视等地下管线资料，气象和水文观测资料，并保证资料的真实、准确、完整

  B. 不得压缩合同约定的工期，不得明示或者暗示施工单位购买、租赁、使用不符合安全施工要求的安全防护用具、机械设备

  C. 在编制工程概算时，应当确定建设工程安全作业环境及安全施工措施所需费用

  D. 在申请领取施工许可证时，应当提供建设工程有关安全施工措施的资料

  E. 应当设立安全生产管理机构，配备专职安全生产管理人员

50. 根据《建设工程安全生产管理条例》，在拆除工程施工15日前，建设单位应向建设工程所在地的县级以上地方人民政府建设行政主管部门或者其他有关部门报送的备案资料有（   ）。

  A. 施工单位资质等级证明

  B. 拆除施工组织方案

  C. 拟拆除建筑物、构筑物及可能危及毗邻建筑的说明

  D. 堆放、清除废弃物的措施

  E. 施工单位签署的安全施工保证书

51. 根据《建设工程安全生产管理条例》，设计单位的安全责任包括（   ）。

  A. 在设计文件中注明涉及施工安全的重点部位和环节

  B. 采用新结构的建设工程，应当在设计中提出保障施工作业人员安全的措施建议

  C. 审查危险性较大的专项施工方案是否符合强制性标准

  D. 对特殊结构的建设工程，应在设计中提出防范生产安全事故的指导意见

  E. 审查监测方案是否符合设计要求

52. 根据《建设工程安全生产管理条例》，下列工程建设有关单位安全责任的说法，正确的有（   ）。

  A. 为建设工程提供机械设备和配件的单位，应当按照安全施工的要求配备齐全有效的保险、限位等安全设施和装置

  B. 出租单位应当对出租的机械设备和施工机具及配件的安全性能进行检测，在签订租赁协议时，应当出具检测合格证明

  C. 在施工现场安装、拆卸施工起重机械和整体提升脚手架、模板等自升式架设设施，必须由具有相应资质的单位承担

  D. 安装、拆卸施工起重机械和整体提升脚手架、模板等自升式架设设施，应当编制拆装方案、制定安全施工措施，并由监理人员现场监督

  E. 施工起重机械和整体提升脚手架、模板等自升式架设设施安装完毕后，安装单位应当自检，出具自检合格证明，并向施工单位进行安全使用说明，办理验收手续并签字

53. 根据《建设工程安全生产管理条例》，属于施工单位安全责任的有（   ）。

  A. 拆除工程施工前，向有关部门报送拆除施工组织方案

B.列入工程概算的安全作业环境所需费用不得挪作他用

C.对所承担的建设工程进行定期和专项安全检查并做好安全检查记录

D.为施工现场从事危险作业的人员办理意外伤害保险

E.向作业人员提供安全防护用具和安全防护服装

54.根据《建设工程安全生产管理条例》,下列达到一定规模的危险性较大的分部分项工程中,施工单位还应当组织专家对其专项施工方案进行论证、审查的分部分项工程有(   )。

A.深基坑工程　　　　　　　　B.脚手架工程

C.地下暗挖工程　　　　　　　D.起重吊装工程

E.拆除爆破工程

55.根据《建设工程安全生产管理条例》,属于施工单位安全责任的有(   )。

A.不得压缩合同约定的工期

B.由具有相应资质的单位安装、拆卸施工起重机械

C.对所承担的建设工程进行定期和专项安全检查

D.应当在施工组织设计中编制安全技术措施

E.对因施工可能造成毗邻构筑物、地下管线变形的,应采取专项防护措施

56.根据《建设工程安全生产管理条例》,下列关于施工单位安全责任的说法,正确的有(   )。

A.应当建立健全安全生产责任制度,制定安全生产规章制度和操作规程

B.严格按照拆装方案及安全措施,在施工现场安装、拆卸施工起重机械和整体提升脚手架、模板等自升式架设设施

C.保证本单位安全生产条件所需资金的投入,对所承担的建设工程进行定期和专项安全检查

D.总承包单位依法将建设工程分包给其他单位的,分包单位应当服从总承包单位的安全生产管理。如分包单位不服从管理导致生产安全事故,由分包单位承担全部责任

E.安全作业环境及安全施工措施费,应当用于施工安全防护用具及设施的采购和更新、安全施工措施的落实、安全生产条件的改善,不得挪作他用

57.根据《建设工程安全生产管理条例》,下列达到一定规模的分部分项工程,应编制专项施工方案的有(   )。

A.基坑支护与降水工程　　　　B.土方开挖工程

C.模板工程　　　　　　　　　D.屋面防水工程

E.起重吊装工程

58.根据《建设工程安全生产管理条例》,下列关于施工单位的安全责任的说法,正确的有(   )。

A.应当向作业人员提供安全防护用具和安全防护服装,并书面告知危险岗位的操作规程和违章操作的危害

B.应当将施工现场的办公、生活区与作业区分开设置,并保持安全距离

C.在尚未竣工的建筑物内设置员工集体宿舍的,应采取确保安全的措施

D. 对因建设工程施工可能造成损害的毗邻建筑物、构筑物和地下管线等,应当采取专项防护措施

E. 应当在施工现场设置消防通道、消防水源,配备消防设施和灭火器材,并在施工现场入口处设置明显标志

59. 根据《生产安全事故报告和调查处理条例》,生产安全事故发生后,单位负责人接到报告后,应在规定的时间内向有关部门报告。事故报告的内容包括(　　)。

A. 事故发生单位概况
B. 事故的简要经过
C. 已经采取的措施
D. 事故的性质
E. 事故发生的时间、地点以及事故现场情况

60. 根据《生产安全事故报告和调查处理条例》,生产安全事故发生后,有关单位和部门应逐级上报事故情况,事故报告内容包括(　　)。

A. 事故发生单位概况　　　　　　B. 事故现场情况
C. 已经采取的措施　　　　　　　D. 事故发生的原因
E. 事故的性质

61. 根据《生产安全事故报告和调查处理条例》,事故调查组应当自事故发生之日起60日内提交事故调查报告。事故调查报告应包括的内容有(　　)。

A. 事故发生单位概况
B. 事故发生经过和事故救援情况
C. 事故发生的时间、地点以及事故现场情况
D. 事故造成的人员伤亡和直接经济损失
E. 事故发生的原因和事故性质

62. 根据《招标投标法实施条例》,按照国家有关规定需要履行项目审批、核准手续的依法必须进行招标的项目,应当报项目审批、核准部门审批、核准的事项包括(　　)。

A. 招标范围　　　　　　　　　　B. 招标方式
C. 招标组织形式　　　　　　　　D. 招标文件
E. 评标委员会组成

63. 根据《招标投标法实施条例》,国有资金占控股或者主导地位的依法必须进行招标的项目,可以采用邀请招标的情形包括(　　)。

A. 技术简单、投资额小的项目
B. 涉及国家秘密、安全的项目
C. 采用公开招标方式的费用占项目合同金额的比例过大
D. 工程范围不明确、设计不详细的项目
E. 技术复杂、有特殊要求或者受自然环境限制,只有少量潜在投标人可供选择

64. 根据《招标投标法实施条例》,可以不进行招标的项目包括(　　)。

A. 需要采用不可替代的专利或者专有技术
B. 采购人依法能够自行建设、生产或者提供

C. 工期紧、投资额小、质量标准较低

D. 已通过招标方式选定的特许经营项目投资人依法能够自行建设、生产或者提供

E. 需要向原中标人采购工程、货物或者服务，否则将影响施工或者功能配套要求

65. 根据《招标投标法实施条例》，招标人的下列行为，属于以不合理条件限制、排斥潜在投标人或者投标人的有（　　）。

A. 对潜在投标人或者投标人采取不同的资格审查或者评标标准

B. 限定或者指定特定的专利、商标、品牌、原产地或者供应商

C. 依法必须进行招标的项目非法限定潜在投标人或者投标人的所有制形式或者组织形式

D. 依法必须进行招标的项目以特定行政区域或者特定行业的业绩、奖项作为加分条件或者中标条件

E. 要求潜在投标人或者投标人在投标文件中确定项目经理以及是否分包

66. 根据《招标投标法实施条例》，下列关于招标标底及投标限价的说法，正确的有（　　）。

A. 招标人可以自行决定是否编制标底

B. 一个招标项目只能有一个标底，标底必须保密

C. 接受委托编制标底的中介机构不得参加受托编制标底项目的投标

D. 招标人设有最高投标限价的，应当在招标文件中明确最高投标限价或者最高投标限价的计算方法

E. 招标人可以规定最低投标限价

67. 根据《招标投标法实施条例》，下列情形属于投标人相互串通投标的有（　　）。

A. 投标人之间约定中标人

B. 投标人之间协商投标报价等投标文件的实质性内容

C. 不同投标人委托同一单位或者个人办理投标事宜

D. 投标人之间约定部分投标人放弃投标或者中标

E. 属于同一集团、协会、商会等组织成员的投标人按照该组织要求协同投标

68. 根据《招标投标法实施条例》，下列情形，视为投标人相互串通投标的有（　　）。

A. 不同投标人的投标文件相互混装

B. 不同投标人的投标文件载明的项目管理成员为同一人

C. 不同投标人的投标文件由同一单位或者个人编制

D. 属于同一集团、协会、商会等组织成员的投标人按照该组织要求协同投标

E. 不同投标人的投标文件异常一致或者投标报价呈规律性差异

69. 根据《招标投标法实施条例》，下列情形，属于招标人与投标人串通投标的有（　　）。

A. 招标人授意投标人撤换、修改投标文件

B. 招标人明示或者暗示投标人压低或者抬高投标报价

C. 评标委员会要求投标人对投标文件进行澄清、说明的

D. 招标人在开标前开启投标文件并将有关信息泄露给其他投标人

E. 招标人明示或者暗示投标人为特定投标人中标提供方便

70. 根据《招标投标法实施条例》，下列关于开标和评标的说法，正确的有（　　）。
    A. 投标人少于3个的，不得开标，招标人应当重新招标
    B. 对技术复杂、专业性强或者国家有特殊要求的招标项目，可以由招标人直接确定技术、经济等方面的评标专家
    C. 超过1/3的评标委员会成员认为评标时间不够的，招标人应当适当延长
    D. 标底为评标的重要依据，可以以投标报价是否接近标底作为中标条件
    E. 招标文件没有规定的评标标准和方法不得作为评标的依据

71. 根据《招标投标法实施条例》，下列情形，评标委员会应当否决其投标的有（　　）。
    A. 投标文件未经投标单位盖章和单位负责人签字
    B. 投标联合体没有提交共同投标协议
    C. 投标报价高于招标项目设定的标底
    D. 投标报价低于成本或者高于招标文件设定的最高投标限价
    E. 投标报价低于招标文件设定的最低投标限价

72. 根据《招标投标法实施条例》，中标候选人不符合中标条件的情形包括（　　）。
    A. 中标候选人放弃中标
    B. 中标候选人提出在发出中标通知书之日起20日内签订合同
    C. 中标候选人因不可抗力不能履行合同
    D. 中标候选人被查实存在影响中标结果的违法行为
    E. 中标候选人不按照招标文件要求提交履约保证金

73. 根据《招标投标法实施条例》，关于对招标人处罚的说法，正确的有（　　）。
    A. 依法应当公开招标而采用邀请招标的，责令改正，可以处10万元以下的罚款
    B. 依法应当公开招标的项目不按照规定发布招标公告，责令改正，可以处1万元以上5万元以下的罚款
    C. 接受未通过资格预审的单位或个人的参加投标的，责令改正，可以处5万元以下罚款
    D. 接受应当拒收的投标文件，责令改正，可以处5万元以下罚款
    E. 超过招标项目估算价2%的比例收取投标保证金，责令改正，可以处5万元以上的罚款

74. 下列关于安全生产管理条件的说法，正确的有（　　）。
    A. 从业单位应当依法对从业人员进行安全生产教育和培训。未经安全生产教育和培训合格的从业人员，不得上岗作业
    B. 公路工程从业人员中的特种作业人员应当按照国家有关规定取得相应资格，方可上岗作业
    C. 施工中使用的施工机械、设施、机具以及安全防护用品、用具和配件等应当具有生产（制造）许可证、产品合格证或者法定检验检测合格证明
    D. 特种设备使用单位应当依法取得特种设备使用登记证书，建立特种设备安全技术档案，并将登记标志置于该特种设备的显著位置
    E. 翻模、滑（爬）模等自升式架设设施，以及自行设计、组装或者改装的施工挂（吊）

篮、移动模架等设施在投入使用前,施工单位应当进行验收。验收合格后方可使用

75. 施工单位应当针对工程项目特点和风险评估情况制定( )。
    A. 项目综合应急预案
    B. 合同段施工专项应急预案
    C. 应急演练方案
    D. 现场处置方案
    E. 专项施工方案

76. 工程勘察单位的安全生产责任包括( )。
    A. 应当按照法律、法规、规章、工程建设强制性标准和合同文件进行实地勘察
    B. 在工程勘察文件中应针对不良地质、特殊性岩土、有毒有害气体等不良情形或者其他可能引发工程生产安全事故的情形加以说明并提出防治建议
    C. 提交的勘察文件必须真实、准确,满足公路水运工程安全生产的需要
    D. 依据设计风险评估结论,对存在较高安全风险的工程部位还应当增加专项勘察,并组织专家进行论证
    E. 勘察单位及勘察人员对勘察结论负责

77. 工程设计单位的安全生产责任包括( )。
    A. 应当按照法律、法规、规章、工程建设强制性标准和合同文件进行设计,防止因设计不合理导致生产安全事故的发生
    B. 应当建立健全对设计人员的安全生产技术分级交底制度,明确安全技术分级交底的原则、内容、方法及确认手续
    C. 应当考虑施工安全操作和防护的需要,对涉及施工安全的重点部位和环节在设计文件中加以注明,提出安全防范意见
    D. 采用新结构、新工艺、新材料的工程和特殊结构工程,设计单位应当在设计文件中提出保障施工作业人员安全和预防生产安全事故的措施建议
    E. 设计单位和设计人员应当对其设计负责,并按合同要求做好安全技术交底和现场服务

78. 工程监理单位的安全生产责任有( )。
    A. 监理单位应当按照法律、法规、规章、工程建设强制性标准和合同文件进行监理,对工程安全生产承担监理责任
    B. 监理单位应当协助建设单位审核施工项目安全生产条件、施工组织设计中安全措施和专项施工方案
    C. 在实施监理过程中,发现存在安全事故隐患的,应当要求施工单位整改;情节严重的,应当下达工程暂停令,并及时报告建设单位
    D. 对于监理单位下达的整改或暂停指示,施工单位拒不整改或者不停止施工的,监理单位应当及时向有关主管部门书面报告,并有权拒绝计量支付审核
    E. 监理单位应当如实记录安全事故隐患和整改验收情况,对有关文字、影像资料应当妥善保存

79. 施工单位项目负责人的安全生产工作职责包括( )。

A. 建立项目安全生产责任制,实施相应的考核与奖惩

B. 按规定配足项目专职安全生产管理人员

C. 结合项目特点,组织制定项目安全生产规章制度和操作规程;组织制定项目安全生产教育和培训计划

D. 检查施工现场安全生产状况,做好检查记录,提出改进安全生产标准化建设的建议

E. 督促项目安全生产费用的规范使用

80. 施工单位专职安全生产管理人员的安全生产管理工作职责有( )。

A. 组织或者参与拟订本单位安全生产规章制度、操作规程,以及合同段施工专项应急预案和现场处置方案;组织或者参与本单位安全生产教育和培训,如实记录安全生产教育和培训情况

B. 督促落实本单位施工安全风险管控措施;组织或者参与本合同段施工应急救援演练

C. 督促项目安全生产费用的规范使用,检查安全设施的采购、使用情况

D. 检查施工现场安全生产状况,做好检查记录,提出改进安全生产标准化建设的建议;及时排查、报告安全事故隐患,并督促落实事故隐患治理措施

E. 制止和纠正违章指挥、违章操作和违反劳动纪律的行为

81. 交通运输主管部门对公路工程安全生产行为监督检查的主要内容包括( )。

A. 被检查单位执行法律、法规、规章及工程建设强制性标准情况

B. 主管部门规定的项目安全生产条件落实情况

C. 施工单位在施工场地布置、现场安全防护、施工工艺操作、施工安全管理活动记录等方面的安全生产标准化建设推进情况

D. 施工单位实施施工组织设计和专项施工方案的情况

E. 施工单位相关人员的资格、施工机械设备检验情况

82. 交通运输主管部门对监督检查中发现的安全问题或者安全事故隐患,可以采取的措施包括( )。

A. 被检查单位存在安全管理问题需要整改的,以书面方式通知存在问题的单位限期整改;发现严重安全生产违法行为的,予以通报,并按规定依法实施行政处罚或者移交有关部门处理

B. 被检查单位存在安全事故隐患的,责令立即排除;重大事故隐患排除前或者排除过程中无法保证安全的,责令其从危险区域撤出作业人员,暂时停止施工,并按规定专项治理,纳入重点监管的失信黑名单

C. 被检查单位拒不执行交通运输主管部门依法作出的相关行政决定,有发生生产安全事故的现实危险的,在保证安全的前提下,经本部门负责人批准,可以提前24小时以书面方式通知有关单位和被检查单位,采取停止供电、停止供应民用爆炸物品等措施,强制被检查单位履行决定

D. 因建设单位违规造成重大生产安全事故的,对全部或者部分使用财政性资金的项目,可以建议相关职能部门暂停项目执行或者暂缓资金拨付;督促负有直接监督管理职责的交通运输主管部门,对存在安全事故隐患整改不到位的被检查单位主要

负责人约谈警示

E. 发现严重安全生产违法行为的,予以通报,并按规定依法实施刑事处罚或者移交有关部门处理

83. 交通运输主管部门对从业单位及其直接负责的主管人员和其他直接责任人员给予违法违规行为失信记录并对外公开的情形包括(　　)。

　　A. 因违法违规行为导致工程建设项目发生一般及以上等级的生产安全责任事故并承担主要责任的

　　B. 交通运输主管部门在监督检查中,发现因从业单位违法违规行为导致工程建设项目存在安全事故隐患的

　　C. 存在重大事故隐患,经交通运输主管部门指出或者责令限期消除,但从业单位拒不采取措施或者未按要求消除隐患的

　　D. 从业单位不履行工程合同行为导致工程项目中止施工的

　　E. 对举报或者新闻媒体报道的违法违规行为,经交通运输主管部门查实的

84. 公路工程施工图设计文件审查的主要内容包括(　　)。

　　A. 是否采纳工程可行性研究报告、初步设计批复意见

　　B. 是否符合公路工程强制性标准、有关技术规范和规程要求

　　C. 施工图设计文件是否齐全,是否达到规定的技术深度要求

　　D. 工程结构设计是否符合安全和稳定性要求

　　E. 施工安全建议和施工技术交底的内容是否全面完整

85. 公路建设项目法人申请施工图设计文件审批应当向交通运输主管部门提交的材料包括(　　)。

　　A. 施工图设计的全套文件

　　B. 专家或者委托的审查单位对施工图设计文件的审查意见

　　C. 中标通知书和施工合同、监理合同

　　D. 施工组织设计、专项施工方案

　　E. 监理计划、监理细则

86. 根据《公路建设市场管理办法》,公路工程项目施工应当具备的条件包括(　　)。

　　A. 项目已列入公路建设年度计划

　　B. 施工图设计文件已经完成并经审批同意

　　C. 建设资金已经落实,并经交通运输主管部门审计

　　D. 施工、监理单位已依法确定

　　E. 安全生产许可证和施工许可证已经申领

87. 公路建设项目法人在申请施工许可时应当向相关的交通运输主管部门提交的材料包括(　　)。

　　A. 施工图设计文件批复

　　B. 交通运输主管部门对建设资金落实情况的审计意见;国土资源部门关于征地的批复或者控制性用地的批复

　　C. 建设项目各合同段的施工单位和监理单位名单、合同价情况

D. 已办理的质量监督手续材料和保证工程质量和安全措施的材料

E. 有满足施工需要的资金安排、施工组织设计和专项施工方案

88. 根据《公路建设市场管理办法》，下列关于工程分包的说法，正确的有(　　)。

A. 勘察、设计单位经项目法人批准，可以将工程设计中跨专业或者有特殊要求的勘察、设计工作委托给有相应资质条件的单位，但不得转包或者二次分包

B. 施工单位可以将非关键性工程或者适合专业化队伍施工的工程分包给具有相应资格条件的单位，并对分包工程负连带责任。允许分包的工程范围应当在招标文件中规定。分包工程不得再次分包，严禁转包

C. 工程监理单位可以将部分监理工作分包给具有相应资格条件的单位，但不得转包或者二次分包

D. 任何单位和个人不得违反规定指定分包、指定采购或者分割工程

E. 项目法人应当加强对施工单位工程分包的管理，所有分包合同须经监理审查，并报项目法人备案

89. 下列公路工程建设标准属于强制性标准的有(　　)。

A. 涉及工程质量安全、人身健康和生命财产安全、环境生态安全和可持续发展的技术要求

B. 材料性能、构造物几何尺寸等统一的技术指标

C. 重要的试验、检验、评定、信息技术标准

D. 保障公路网安全运行的统一技术标准

E. 涉及工程管理、合同履行的技术要求

90. 下列关于工程建设相关参与单位质量管理责任和义务的说法，正确的有(　　)。

A. 建设单位应当与勘察、设计、施工、监理等单位在合同中明确工程质量目标、质量管理责任和要求，加强对涉及质量的关键人员、施工设备等方面的合同履约管理，组织开展质量检查，督促有关单位及时整改质量问题

B. 勘察单位提供的勘察成果文件应当满足工程设计的需要。设计单位应当根据勘察成果文件进行工程设计

C. 设计单位应当按照相关规定，做好设计交底、设计变更和后续服务工作，保障设计意图在施工中得以贯彻落实，及时处理施工中与设计相关的质量技术问题

D. 公路工程交工验收前，设计单位应当对工程建设内容是否满足设计要求、是否达到使用功能等方面进行综合检查和分析评价，向建设单位出具工程设计符合性评价意见

E. 公路工程交工验收后，监理单位应当根据有关标准和规范要求对工程质量进行检查验证，编制工程质量评定或者评估报告，并提交建设单位

91. 下列关于施工单位质量管理责任和义务的说法。正确的有(　　)。

A. 施工单位对工程施工质量负责，应当按合同约定设立现场质量管理机构、配备工程技术人员和质量管理人员，落实工程施工质量责任制

B. 施工单位应当严格按照工程设计图纸、施工技术标准和合同约定施工，对原材料、混合料、构配件、工程实体、机电设备等进行检验

C. 施工单位应当加强施工过程质量控制,并形成完整、可追溯的施工质量管理资料,主体工程的隐蔽部位施工还应当保留影像资料

D. 对施工中出现的质量问题或者验收不合格的工程,应当负责返工处理;对在保修范围和保修期限内发生质量问题的工程,不承担责任

E. 按规定施行班组自检、工序交接检、专职质检员检验的质量控制程序;对分项工程、分部工程和单位工程进行质量自评。检验或者自评不合格的,不得进入下道工序或者投入使用

92. 建设单位办理工程质量监督手续应当按照国家规定向交通运输主管部门或者其委托的建设工程质量监督机构提交的材料包括( )。

A. 公路水运工程质量监督管理登记表

B. 交通运输主管部门批复的施工图设计文件

C. 施工、监理合同及招投标文件

D. 建设、勘察、设计、施工、监理、试验检测等单位对其项目负责人、质量负责人的书面授权委托书、质量保证体系等文件

E. 施工组织设计和监理计划、监理细则

93. 交通运输主管部门或者其委托的建设工程质量监督机构实施质量监督检查的内容包括( )。

A. 施工单位对工程质量法律、法规的执行情况

B. 施工单位对公路工程建设强制性标准的执行情况

C. 施工单位质量责任落实及质量保证体系运行情况

D. 主要工程材料、构配件的质量情况;主体结构工程实体质量等情况

E. 施工单位履行施工合同的情况

94. 交通运输主管部门或者其委托的建设工程质量监督机构履行监督检查职责时,有权采取的措施包括( )。

A. 进入被检查单位和施工现场进行检查;询问被检查单位工作人员,要求其说明有关情况

B. 要求被检查单位提供有关工程质量的文件和材料

C. 对不执行工程设计文件、合同文件造成工程质量隐患的直接责任人,扣压其身份证件和资格证书

D. 对工程材料、构配件、工程实体质量进行抽样检测

E. 对发现的质量问题,责令改正,视情节依法对责任单位采取通报批评、罚款、停工整顿等处理措施

95. 根据直接经济损失或工程结构损毁情况(自然灾害所致除外),公路建设工程质量事故可划分为( )。

A. 特别重大质量事故 B. 重大质量事故
C. 较大质量事故 D. 一般质量事故
E. 质量问题

习题答案及解析

一、单项选择题

1. D

【解析】本题考核的是招标要求。招标分为公开招标和邀请招标两种方式。招标人采用邀请招标方式的,应向3个以上特定法人发出投标邀请书,故选项A错误。招标文件中不得要求或标明特定的生产供应者以及含有倾向或者排斥潜在投标人的其他内容,故选项B错误。招标人对已发出的招标文件进行必要澄清的,应在提交投标文件截止时间至少15日之前,以书面形式通知所有招标文件收受人,故选项C错误。

2. C

【解析】《招标投标法》规定,招标人对已发出的招标文件进行必要的澄清或者修改的,应当在招标文件要求提交投标文件截止时间至少15日前,以书面形式通知所有招标文件收受人。该澄清或者修改的内容为招标文件的组成部分。

3. C

【解析】《招标投标法》规定,招标人应当确定投标人编制投标文件所需要的合理时间。依法必须进行招标的项目,自招标文件开始发出之日起至投标人提交投标文件截止之日止,最短不得少于20日。

4. C

【解析】《招标投标法》规定:(1)开标应当在招标人主持下,在招标文件确定的提交投标文件截止时间的同一时间公开进行。开标地点应当为招标文件中预先确定的地点。开标应邀请所有投标人参加。(2)开标时,由投标人或者其推选的代表检查投标文件的密封情况,也可以由招标人委托的公证机构检查并公证。经确认无误后,由工作人员当众拆封,宣读投标人名称、投标价格和投标文件的其他主要内容。(3)招标人在招标文件要求提交投标文件的截止时间前收到的所有投标文件,开标时都应当当众予以拆封、宣读。开标过程应当记录,并存档备查。

5. B

【解析】《招标投标法》规定:(1)招标人应当采取必要的措施,保证评标在严格保密的情况下进行。评标委员会应当按照招标文件确定的评标标准和方法,对投标文件进行评审和比较。设有标底的,应当参考标底。(2)中标人的投标应当符合下列条件之一:①能够最大限度地满足招标文件中规定的各项综合评价标准;②能够满足招标文件的实质性要求,并且经评审的投标价格最低。但是,投标价格低于成本的除外。(3)评标委员会完成评标后,应当向招标人提出书面评标报告,并推荐合格的中标候选人。招标人据此确定中标人。招标人也可以授权评标委员会直接确定中标人。(4)在确定中标人前,招标人不得与投标人就投标价格、投标方案等实质性内容进行谈判。

6. C

【解析】《招标投标法》规定,中标人确定后,招标人应当向中标人发出中标通知书,并同时将中标结果通知所有未中标的投标人。中标通知书对招标人和中标人具有法律效力,中标通知书发出后,招标人改变中标结果或者中标人放弃中标项目的,应当依法承担法律责任。

7. C

【解析】《招标投标法》规定,招标人和中标人应当自中标通知书发出之日起30日内,按照招标文件和中标人的投标文件订立书面合同。招标人和中标人不得再订立背离合同实质性内容的其他协议。

8. B

【解析】按照《招标投标法》的规定,招标人应按有关规定在招标投标监督部门指定的媒体或场所公示推荐的中标候选人,并根据相关法律法规和招标文件规定的定标原则和程序确定中标人,向中标人发出中标通知书。同时,将中标结果通知所有未中标的投标人,并在15日内按有关规定将招标投标情况书面报告提交招标投标行政监督部门。

9. D

【解析】根据《中华人民共和国民法典》第三编合同(以下简称《民法典》合同编),合同是指民事主体之间设立、变更、终止民事法律关系的协议。

10. B

【解析】《民法典》合同编规定,当事人订立合同,需要经过要约和承诺两个阶段。(1)要约,是希望与他人订立合同的意思表示。(2)承诺,是受要约人同意要约的意思表示。这里需要说明一点,有些合同在要约之前还会有要约邀请。所谓要约邀请,是希望他人向自己发出要约的意思表示。要约邀请并不是合同成立过程中的必经过程,它是当事人订立合同的预备行为,这种意思表示的内容往往不确定,不含有合同得以成立的主要内容和相对人同意后受其约束的表示,在法律上无须承担责任。

11. C

【解析】《民法典》合同编规定,有下列情形之一的,要约不得撤销:(1)要约人确定了承诺期限或者以其他形式明示要约不可撤销;(2)受要约人有理由认为要约是不可撤销的,并已经为履行合同做了准备工作。

12. D

【解析】无效合同或者被撤销的合同自始没有法律约束力。合同部分无效,不影响其他部分效力的,其他部分仍然有效。合同无效、被撤销或者终止的,不影响合同中独立存在的有关解决争议方法的条款的效力。

13. C

【解析】合同无效或被撤销后,履行中的合同应当终止履行;尚未履行的,不得履行。对当事人依据无效合同或者被撤销的合同而取得的财产应当依法进行如下处理:(1)返还财产或折价补偿。当事人因无效合同或者被撤销的合同所取得的财产,应当予以返还;不能返还或者没有必要返还的,应当折价补偿。(2)赔偿损失。合同被确认无效或者被撤销后,有过错的一方应当赔偿对方因此所受到的损失。双方都有过错的,应当各自承担相应的责任。(3)收归国家所有或者返还集体、第三人。当事人恶意串通,损害国家、集体或者第三人利益的,因此取得的财产收归国家所有或者返还集体、第三人。

14. B

【解析】《民法典》合同编规定：(1)执行政府定价或政府指导价的，在合同约定的交付期限内政府价格调整时，按照交付时的价格计价。(2)逾期交付标的物的，遇价格上涨时，按照原价格执行；价格下降时，按照新价格执行。(3)逾期提取标的物或者逾期付款的，遇价格上涨时，按照新价格执行；价格下降时，按照原价格执行。

15. D

【解析】《民法典》合同编规定：(1)债权人可以将合同的权利全部或者部分转让给第三人。但下列情形除外：a.根据合同性质不得转让；b.按照当事人约定不得转让；c.依照法律规定不得转让。债权人转让权利的，应当通知债务人。未经通知，该转让对债务人不发生效力。(2)债务人将合同的义务全部或者部分转移给第三人的，应当经债权人同意。(3)债权债务一并转让。当事人一方经对方同意，可以将自己在合同中的权利和义务一并转让给第三人。(4)当事人订立合同后合并的，由合并后的法人或其他组织行使合同权利，履行合同义务。当事人订立合同后分立的，除债权人和债务人另有约定外，由分立的法人或其他组织对合同的权利和义务享有连带债权，承担连带债务。

16. D

【解析】本题考核的是合同的的分类。建设工程合同包括工程勘察、设计、施工合同。

17. C

【解析】本题考核的是合同的分类。《民法典》合同编规定，建设工程合同包括工程勘察、设计、施工合同；建设工程监理合同、项目管理服务合同或工程咨询合同则属于委托合同。

18. D

【解析】本题考核的是建设工程合同的种类。《民法典》合同编规定，建设工程合同包括工程勘察合同、工程设计合同、工程施工合同。承揽合同是和建设工程合同并行的一类合同。咨询合同则属于委托合同。

19. C

【解析】本题考核的是委托人的主要权利和义务。有偿的委托合同，因受托人的过错给委托人造成损失的，委托人可以要求赔偿损失。无偿的委托合同，因受托人的故意或者重大过失给委托人造成损失的，委托人可以要求赔偿损失。受托人超越权限给委托人造成损失的，应当赔偿损失。

20. C

【解析】《建设工程质量管理条例》规定：(1)建设单位应当将工程发包给具有相应资质等级的单位。不得迫使承包方以低于成本的价格竞标，不得任意压缩合理工期；不得明示或者暗示设计单位或者施工单位违反工程建设强制性标准，降低建设工程质量。建设单位必须向有关的勘察、设计、施工、工程监理等单位提供与建设工程有关的原始资料。原始资料必须真实、准确、齐全。故选项A属于建设单位的质量责任和义务。(2)建设单位在领取施工许可证或者开工报告前，应当按照国家有关规定办理工程质量监督手续。故选项D属于建设单位的质量责任和义务。(3)按照合同约定，由建设单位采购建筑材料、建筑构配件和设备的，建设单位应当保证建筑材料、建筑构配件和设备符合设计文件和合同要求。建设单位不得明示或者暗示施工单位使用不合格的建筑材料、建筑构配件和设备。故选项B属于建设单位的质量责任和义务。选项C属于施工单位的质量责任和义务。

第七章 公路工程涉及法律法规和部门规章

21. C

【解析】 本题考核的是工程施工单位质量责任和义务。施工单位对建设工程的施工质量负责,应当建立质量责任制,确定工程项目的项目经理、技术负责人和施工管理负责人。还应当建立、健全教育培训制度,加强对职工的教育培训;未经教育培训或者考核不合格的人员,不得上岗作业。

22. A

【解析】 本题考核的是建设工程监理实施。《建设工程质量管理条例》规定,工程监理单位应当依照法律、法规以及有关技术标准、设计文件和建设工程承包合同,代表建设单位对施工质量实施监理,并对施工质量承担监理责任。监理工程师应当按照建设工程监理规范的要求,采取旁站、巡视和平行检验等形式,对建设工程实施监理。监理单位发现施工图有差错应报告建设单位。故选项 B 错误。施工单位应将施工单位现场取样的试块送检测单位。故选项 C 错误。建设单位应组织设计、施工、监理等单位进行竣工验收。故选项 D 错误。

23. B

【解析】 本题考核的是工程质量保修。根据《建设工程质量管理条例》的规定,施工单位在向建设单位提交工程竣工验收报告时,应当向建设单位出具质量保修书。质量保修书中应当明确建设工程的保修范围、保修期限和保修责任等。建设工程的保修期,自竣工验收合格之日起计算。

24. C

【解析】 建设工程实行工程竣工验收备案制。《建设工程质量管理条例》规定,建设单位应当自建设工程竣工验收合格之日起 15 日内,将建设工程竣工验收报告和规划、公安消防、环保等部门出具的认可文件或者准许使用文件报建设行政主管部门或者其他有关部门备案。

25. D

【解析】《建设工程质量管理条例》规定,建设工程发生质量事故,有关单位应当在 24 小时内向当地建设行政主管部门和其他有关部门报告。对重大质量事故,事故发生地的建设行政主管部门和其他有关部门应当按照事故类别和等级向当地人民政府和上级建设行政主管部门和其他有关部门报告。

26. D

【解析】《建设工程质量管理条例》规定,违反本条例规定,建设单位有下列行为之一的,责令改正,处 20 万元以上 50 万元以下的罚款:(1)迫使承包方以低于成本的价格竞标的;(2)任意压缩合理工期的;(3)明示或暗示设计单位或者施工单位违反工程建设强制性标准,降低工程质量的;(4)施工图设计文件未经审查或者审查不合格,擅自施工的;(5)建设项目必须实行工程监理而未实行工程监理的;(6)未按照国家规定办理工程质量监督手续的;(7)明示或者暗示施工单位使用不合格的建筑材料、建筑构配件和设备。(8)未按照国家规定将竣工验收报告、有关认可文件或者准许使用文件报送备案的。

27. A

【解析】《建设工程安全生产管理条例》规定,建设单位在编制工程概算时,应当确定建设工程安全作业环境及安全施工措施所需费用。选项 B、D 属于施工单位的安全责任。选项 C 属于设计单位的安全责任。

28. B

【解析】本题考核的是建设单位安全责任中的安全施工措施。《建设工程安全生产管理条例》规定,依法批准开工报告的建设工程,建设单位应当自开工报告批准之日起15日内,将保证安全施工的措施报送建设工程所在地的县级以上地方人民政府建设行政主管部门或者其他有关部门备案。

29. D

【解析】本题考核的是建设单位的安全责任。《建设工程安全生产管理条例》规定的建设单位的安全责任主要包括4个方面:(1)提供资料;(2)禁止行为;(3)安全施工措施及其费用(建设单位在编制工程概算时,应当确定建设工程安全作业环境及安全施工措施所需费用);(4)拆除工程发包与备案。关于选项B,《建设工程安全生产管理条例》规定,施工机械设施安装单位应当编制安装、拆卸方案、制定安全施工措施,并由专业技术人员现场监督,故选项B属于施工机械设施安装单位的安全责任。施工单位应当建立健全安全生产责任制度,对所承担的建设工程进行定期和专项安全检查,并做好安全检查记录。施工单位应当设立安全生产管理机构,配备专职安全生产管理人员。故选项A、C属于施工单位安全责任。

30. B

【解析】建设工程实行拆除工程发包与备案制。《建设工程安全生产管理条例》规定,建设单位应当将拆除工程发包给具有相应资质等级的施工单位,并在拆除工程施工15日前,将相关资料报送建设工程所在地的县级以上地方人民政府建设行政主管部门或者其他有关部门备案。

31. D

【解析】根据《建设工程安全生产管理条例》:(1)勘察单位的安全责任主要为:勘察单位在勘察作业时,应当严格执行操作规程,采取措施保证各类管线、设施和周边建筑物、构筑物的安全。(2)设计单位的安全责任主要为:①设计单位应当按照法律、法规和工程建设强制性标准进行设计,防止因设计不合理导致生产安全事故的发生。②设计单位应当考虑施工安全操作和防护的需要,对涉及施工安全的重点部位和环节在设计文件中注明,并对防范生产安全事故提出指导意见。③采用新结构、新材料、新工艺的建设工程和特殊结构的建设工程,设计单位应当在设计中提出保障施工作业人员安全和预防生产安全事故的措施建议。

32. C

【解析】关于工程监理单位的安全责任,《建设工程安全生产管理条例》规定:(1)工程监理单位和监理工程师应当按照法律、法规和工程建设强制性标准实施监理,并对建设工程安全生产承担监理责任。(2)工程监理单位应当审查施工组织设计中的安全技术措施或者专项施工方案是否符合工程建设强制性标准。(3)工程监理单位在实施监理过程中,发现存在安全事故隐患的,应当要求施工单位整改;情况严重的,应当要求施工单位暂时停止施工,并及时报告建设单位。施工单位拒不整改或者不停止施工的,工程监理单位应当及时向有关主管部门报告。

33. D

【解析】本题考核的是安全生产责任制度的内容。施工单位主要负责人依法对本单位的安全生产工作全面负责。施工单位应当建立健全安全生产责任制度,制定安全生产规章制度和操作规程,保证本单位安全生产条件所需资金的投入,对所承担的建设工程进行定期和专项安全检查,并做好安全检查记录。施工单位应当为施工现场从事危险作业的人员办理意外伤害保险,故选项B错误。选项A、C属于建设单位的安全责任。

34. D

【解析】《建设工程安全生产管理条例》规定的施工单位的安全责任表现在各个方面,例如:(1)施工单位应当设立安全生产管理机构,配备专职安全生产管理人员。建设工程施工前,施工单位负责项目管理的技术人员应当向施工作业班组、作业人员进行安全技术交底,并由双方签字确认。专职安全生产管理人员负责对安全生产进行现场监督检查。发现安全事故隐患,应当及时向项目负责人和安全生产管理机构报告;对违章指挥、违章操作应当立即制止。(2)施工单位应当建立健全安全生产教育培训制度,应当对管理人员和作业人员每年至少进行一次安全生产教育培训,其教育培训情况记入个人工作档案。安全生产教育培训考核不合格的人员,不得上岗。垂直运输机械作业人员、安装拆卸工、爆破作业人员、起重信号工、登高架设作业人员等特种作业人员,必须按照国家有关规定经过专门的安全作业培训,并取得特种作业操作资格证书后,方可上岗作业。(3)在使用施工起重机械和整体提升脚手架、模板等自升式架设设施前,应当组织有关单位进行验收,也可以委托具有相应资质的检验检测机构进行验收。验收合格后方可使用。故选项D不正确。

35. D

【解析】《建设工程安全生产管理条例》规定,施工单位应当在施工组织设计中编制安全技术措施和施工现场临时用电方案,对于达到一定规模的危险性较大的分部分项工程应当编制专项施工方案,并附具安全验算结果,经施工单位技术负责人、总监理工程师签字后实施,由专职安全生产管理人员进行现场监督。

36. A

【解析】《建设工程安全生产管理条例》对施工单位的安全责任中所涉及的施工机具设备安全管理和意外伤害保险等也作出了明确规定:(1)施工单位采购、租赁的安全防护用具、机械设备,应当具有生产(制造)许可证、产品合格证,并在进入施工现场前进行查验。施工现场的安全防护用具、机械设备必须由专人管理,定期进行检查、维修和保养,并按照国家有关规定及时报废。(2)施工单位在使用施工起重机械和整体提升脚手架、模板等自升式架设设施前,应当组织有关单位进行验收,也可以委托具有相应资质的检验检测机构进行验收。(3)使用承租的机械设备和施工机具及配件的,应由施工总承包单位、分包单位、出租单位和安装单位共同进行验收。验收合格的方可使用。(4)施工单位应当自施工起重机械和整体提升脚手架、模板等自升式架设设施验收合格之日起30日内,向建设行政主管部门或者其他有关部门登记。登记标志应当置于或者附着于该设备的显著位置。(5)意外伤害保险。施工单位应当为施工现场从事危险作业的人员办理意外伤害保险。意外伤害保险费由施工单位支付。故选项A错误。

37. A

【解析】根据《生产安全事故报告和调查处理条例》,特别重大生产安全事故,是指造成30人及以上死亡,或者100人及以上重伤(包括急性工业中毒),或者1亿元及以上直接经济损失的事故。

38. A

【解析】 本题考核的是生产安全事故的分类。特别重大生产安全事故,是指造成30人及以上死亡,或者100人及以上重伤(包括急性工业中毒),或者1亿元及以上直接经济损失的事故。

39. C

【解析】 根据《生产安全事故报告和调查处理条例》,较大生产安全事故,是指造成3人及以上10人以下死亡,或者10人及以上50人以下重伤,或者1000万元及以上5000万元以下直接经济损失的事故。

40. A

【解析】《生产安全事故报告和调查处理条例》规定,生产安全事故发生后,事故现场有关人员应当立即向本单位负责人报告;单位负责人接到报告后,应当于1小时内向事故发生地县级以上人民政府安全生产监督管理部门和负有安全生产监督管理职责的有关部门报告。情况紧急时,事故现场有关人员可以直接向事故发生地县级以上人民政府安全生产监督管理部门和负有安全生产监督管理职责的有关部门报告。安全生产监督管理部门和负有安全生产监督管理职责的有关部门逐级上报事故情况,每级上报的时间不得超过2小时。

41. D

【解析】《生产安全事故报告和调查处理条例》规定,事故报告后出现新情况的,应当及时补报。自事故发生之日起30日内,事故造成的伤亡人数发生变化的,应当及时补报。道路交通事故、火灾事故自发生之日起7日内,事故造成的伤亡人数发生变化的,应当及时补报。

42. A

【解析】 本题考核的是事故调查报告。《生产安全事故报告和调查处理条例》规定,事故调查组应当自事故发生之日起60日内提交事故调查报告;特殊情况下,经负责事故调查的人民政府批准,提交事故调查报告的期限可以适当延长,但延长的期限最长不超过60日。

43. D

【解析】《生产安全事故报告和调查处理条例》规定,事故调查组应当自事故发生之日起60日内提交事故调查报告;特殊情况下,经负责事故调查的人民政府批准,提交事故调查报告的期限可以适当延长,但延长的期限最长不超过60日。

44. C

【解析】《生产安全事故报告和调查处理条例》第三十七条规定,事故发生单位对事故发生负有责任的,依照下列规定处以罚款:(1)发生一般事故的,处10万元以上20万元以下的罚款;(2)发生较大事故的,处20万元以上50万元以下的罚款;(3)发生重大事故的,处50万元以上200万元以下的罚款;(4)发生特别重大事故的,处200万元以上500万元以下的罚款。

45. D

【解析】 本题考核的是主要负责人的法律责任。根据《生产安全事故报告和调查处理条例》第40条的规定,事故发生单位对事故发生负有责任的,由有关部门依法暂扣或者吊销其有关证照;对事故发生单位负有事故责任的有关人员,依法暂停或者撤销其与安全生产有关的执业资格、岗位证书；事故发生单位主要负责人受到刑事处罚或者撤职处分的，自刑罚执行完毕或者受处分之日起，5年内不得担任任何生产经营单位的主要负责人。

46. D

【解析】本题考核的是可以邀请招标的项目。《招标投标法实施条例》规定，国有资金占控股或者主导地位的依法必须进行招标的项目，应当公开招标；但有下列情形之一的，可以邀请招标：(1)技术复杂、有特殊要求或者受自然环境限制，只有少量潜在投标人可供选择；(2)采用公开招标方式的费用占项目合同金额的比例过大。

47. A

【解析】《招标投标法实施条例》规定，依法必须进行招标的项目的资格预审公告和招标公告，应当在国务院发展改革部门依法指定的媒介发布。在不同媒介发布的同一招标项目的资格预审公告或者招标公告的内容应当一致。指定媒介发布依法必须进行招标项目的境内资格预审公告、招标公告，不得收取费用。

48. B

【解析】《招标投标法实施条例》规定，招标人应当按照资格预审公告、招标公告或者投标邀请书规定的时间、地点发售资格预审文件或者招标文件。资格预审文件或者招标文件的发售期不得少于5日。招标人发售资格预审文件、招标文件收取的费用应当限于补偿印刷、邮寄的成本支出，不得以营利为目的。

49. A

【解析】《招标投标法实施条例》规定，招标人可以对已发出的资格预审文件进行必要的澄清或者修改。澄清或者修改的内容可能影响资格预审申请文件编制的，招标人应当在提交资格预审申请文件截止时间至少3日前，以书面形式通知所有获取资格预审文件的潜在投标人；不足3日的，招标人应当顺延提交资格预审申请文件的截止时间。

50. C

【解析】《招标投标法实施条例》规定，招标人可以对已发出的招标文件进行必要的澄清或者修改。澄清或者修改的内容可能影响投标文件编制的，招标人应当在提交投标文件截止时间至少15日前，以书面形式通知所有获取资格预审文件或者招标文件的潜在投标人；不足15日的，招标人应当顺延提交投标文件的截止时间。

51. D

【解析】《招标投标法实施条例》规定，潜在投标人或者其他利害关系人对资格预审文件有异议的，应当在提交资格预审申请文件截止时间2日前提出。招标人应当自收到异议之日起3日内作出答复。作出答复前，应当暂停招标投标活动。

52. D

【解析】《招标投标法实施条例》规定，潜在投标人或者其他利害关系人对招标文件有异议的，应当在投标截止时间10日前提出。招标人应当自收到异议之日起3日内作出答复；作出答复前，应当暂停招标投标活动。

53. B

【解析】《招标投标法实施条例》规定，招标人应当合理确定提交资格预审申请文件的时间。依法必须进行招标的项目提交资格预审申请文件的时间，自资格预审文件停止发售之日起不得少于5日。

54. C

【解析】《招标投标法实施条例》规定,招标人采用资格后审办法对投标人进行资格审查的,应当在开标后由评标委员会按照招标文件规定的标准和方法对投标人的资格进行审查。

55. C

【解析】对技术复杂或者无法精确拟定技术规格的项目,招标人可以分两阶段进行招标:第一阶段,投标人按照招标公告或者投标邀请书的要求提交不带报价的技术建议,招标人根据投标人提交的技术建议确定技术标准和要求,编制招标文件。第二阶段,招标人向在第一阶段提交技术建议的投标人提供招标文件,投标人按照招标文件的要求提交包括最终技术方案和投标报价的投标文件。招标人要求投标人提交投标保证金的,应当在第二阶段提出。

56. B

【解析】《招标投标法实施条例》规定,招标人应当在招标文件中载明投标有效期。投标有效期从提交投标文件的截止之日起算。

57. C

【解析】《招标投标法实施条例》规定,招标人在招标文件中要求投标人提交投标保证金的,投标保证金不得超过招标项目估算价的2%。投标保证金有效期应当与投标有效期一致。依法必须进行招标项目的境内投标单位,以现金或者支票形式提交的投标保证金应当从其基本账户转出。招标人不得挪用投标保证金。

58. B

【解析】《招标投标法实施条例》规定,投标人撤回已提交的投标文件,应当在投标截止时间前书面通知招标人,招标人已收取投标保证金的,应当自收到投标人书面撤回通知之日起5日内退还,投标截止后投标人撤销投标文件的,招标人可以不退还投标保证金。

59. D

【解析】《招标投标法实施条例》规定,依法必须进行招标的项目,招标人应当自收到评标报告之日起3日内公示中标候选人,公示期不得少于3日。投标人或者其他利害关系人对依法必须进行招标的项目的评标结果有异议的,应当在中标候选人公示期间提出,招标人应当自收到异议之日起3日内作出答复;作出答复前,应当暂停招标投标活动。

60. B

【解析】《招标投标法实施条例》规定,招标人最迟应当在书面合同签订后5日内向中标人和未中标的投标人退还投标保证金及银行同期存款利息。

61. D

【解析】《招标投标法实施条例》规定,招标文件要求中标人提交履约保证金的,中标人应当按照招标文件的要求提交。履约保证金不得超过中标合同金额的10%。

62. C

【解析】《招标投标法实施条例》规定,投标人或者其他利害关系人认为招标投标活动不符合法律、行政法规规定的,可以自知道或者应当知道之日起10日内向有关行政监督部门投诉。投诉应当有明确的请求和必要的证明材料。

63. C

【解析】《招标投标法实施条例》规定,投标人或者其他利害关系人认为招标投标活动不符合法律、行政法规规定的,可以向有关行政监督部门投诉。行政监督部门应当自收到投诉之日起3个工作日内决定是否受理投诉,并自受理投诉之日起30个工作日内作出书面处理决定;需要检验、检测、鉴定、专家评审的,所需时间不计算在内。

64. D

【解析】《公路水运工程安全生产监督管理办法》第四条:公路水运工程安全生产工作应当以人民为中心,坚持安全第一、预防为主、综合治理的方针。

65. D

【解析】《公路水运工程安全生产监督管理办法》第四条:强化和落实从业单位的主体责任,建立从业单位负责、职工参与、政府监管、行业自律和社会监督的机制。

66. D

【解析】《公路水运工程安全生产监督管理办法》第十四条:施工单位从事公路水运工程建设活动,应当取得安全生产许可证及相应等级的资质证书。施工单位的主要负责人和安全生产管理人员应当经交通运输主管部门对其安全生产知识和管理能力考核合格。

67. D

【解析】《公路水运工程安全生产监督管理办法》第十四条:施工单位应当设置安全生产管理机构或者配备专职安全生产管理人员。施工单位应当根据工程施工作业特点、安全风险以及施工组织难度,按照年度施工产值配备专职安全生产管理人员,不足5000万元的至少配备1名;5000万元以上不足2亿元的按每5000万元不少于1名的比例配备;2亿元以上的不少于5名,且按专业配备。

68. C

【解析】《公路水运工程安全生产监督管理办法》第二十一条:从业单位应当保证本单位所应具备的安全生产条件必需的资金投入。建设单位在编制工程招标文件及项目概预算时,应当确定保障安全作业环境及安全施工措施所需的安全生产费用,并不得低于国家规定的标准。施工单位在工程投标报价中应当包含安全生产费用并单独计提,不得作为竞争性报价。安全生产费用应当经监理工程师审核签认,并经建设单位同意后,在项目建设成本中据实列支,严禁挪用。

69. D

【解析】《公路水运工程安全生产监督管理办法》第二十四条:公路水运工程建设应当实施安全生产风险管理,按规定开展设计、施工安全风险评估。设计单位应当依据风险评估结论,对设计方案进行修改完善。施工单位应当依据风险评估结论,对风险等级较高的分部分项工程编制专项施工方案,并附安全验算结果,经施工单位技术负责人签字后报监理工程师批准执行。必要时,施工单位应当组织专家对专项施工方案进行论证、审核。

70. A

【解析】由《公路水运工程安全生产监督管理办法》第二十五条可知,建设等单位应当针对工程项目特点和风险评估情况制定项目综合应急预案,告知相关人员紧急避险措施,并定期组织演练。

71. D

【解析】《公路水运工程安全生产监督管理办法》第二十八条：建设单位对公路水运工程安全生产负管理责任。依法开展项目安全生产条件审核，按规定组织风险评估和安全生产检查。根据项目风险评估等级，在工程沿线受影响区域作出相应风险提示。建设单位不得对勘察、设计、监理、施工、设备租赁、材料供应、试验检测、安全服务等单位提出不符合安全生产法律、法规和工程建设强制性标准规定的要求。不得违反或者擅自简化基本建设程序。不得随意压缩工期。工期确需调整的，应当对影响安全的风险进行论证和评估，经合同双方协商一致，提出相应的施工组织和安全保障措施。

72. D

【解析】《公路水运工程安全生产监督管理办法》第三十四条：建设工程实行施工总承包的，由总承包单位对施工现场的安全生产负总责。分包单位应当服从总承包单位的安全生产管理，分包单位不服从管理导致生产安全事故的，由分包单位承担主要责任。

73. D

【解析】《公路水运工程安全生产监督管理办法》第四十条：施工单位应当建立健全安全生产技术分级交底制度，明确安全技术分级交底的原则、内容、方法及确认手续。分项工程实施前，施工单位负责项目管理的技术人员应当按规定对有关安全施工的技术要求向施工作业班组、作业人员详细说明，并由双方签字确认。

74. C

【解析】《公路水运工程安全生产监督管理办法》第四十六条：交通运输主管部门在职责范围内开展安全生产监督检查时，有权采取下列措施：(1)进入被检查单位进行检查，调阅有关工程安全管理的文件和相关照片、录像及电子文本等资料，向有关单位和人员了解情况；(2)进入被检查单位施工现场进行监督抽查；(3)责令相关单位立即或者限期停止、改正违法行为；(4)法律、行政法规规定的其他措施。

75. A

【解析】《公路水运工程安全生产监督管理办法》第五十五条：从业单位及相关责任人违反本办法规定，有下列行为之一的，责令限期改正；逾期未改正的，对从业单位处1万元以上3万元以下的罚款；构成犯罪的，依法移送司法部门追究刑事责任：(1)从业单位未全面履行安全生产责任，导致重大事故隐患的；(2)未按规定开展设计、施工安全风险评估，或者风险评估结论与实际情况严重不符，导致重大事故隐患未被及时发现的；(3)未按批准的专项施工方案进行施工，导致重大事故隐患的；(4)在已发现的泥石流影响区、滑坡体等危险区域设置施工驻地，导致重大事故隐患的。

76. D

【解析】《公路水运工程安全生产监督管理办法》第五十六条：施工单位有下列行为之一的，责令限期改正，可以处5万元以下的罚款；逾期未改正的，责令停产停业整顿，并处5万元以上10万元以下的罚款，对其直接负责的主管人员和其他直接责任人员处1万元以上2万元以下的罚款：(1)未按照规定设置安全生产管理机构或者配备安全生产管理人员的；(2)主要负责人和安全生产管理人员未按照规定经考核合格的。

77. D

【解析】《公路建设市场管理办法》第二十条：交通运输主管部门应当自收到完整齐备

的申请材料之日起 20 日内审查完毕。经审查合格的,批准使用,并将许可决定及时通知申请人。审查不合格的,不予批准使用,应当书面通知申请人并说明理由。

78. D

【解析】《公路建设市场管理办法》第二十三条:公路建设项目法人与中标人应当根据招标文件和投标文件签订合同,不得附加不合理、不公正条款,不得签订虚假合同。国家投资的公路建设项目,项目法人与施工、监理单位应当按照国务院交通运输主管部门的规定,签订廉政合同。

79. A

【解析】《公路建设市场管理办法》第二十六条规定,项目法人在申请施工许可时应当向相关的交通运输主管部门提交规定的材料。

80. C

【解析】《公路建设市场管理办法》第二十七条:交通运输主管部门应当自收到完整齐备的申请材料之日起 20 日内作出行政许可决定。予以许可的,应当将许可决定及时通知申请人;不予许可的,应当书面通知申请人并说明理由。

81. D

【解析】《公路建设市场管理办法》第二十九条:公路工程实行政府监督、法人管理、社会监理、企业自检的质量保证体系。交通运输主管部门及其所属的质量监督机构对工程质量负监督责任,项目法人对工程质量负管理责任,勘察设计单位对勘察设计质量负责,施工单位对施工质量负责,监理单位对工程质量负现场管理责任,试验检测单位对试验检测结果负责,其他从业单位和从业人员按照有关规定对其产品或者服务质量负相应责任。

82. C

【解析】《公路建设市场管理办法》第四十九条:投标人相互串通投标或者与招标人串通投标的,投标人以向招标人或者评标委员会成员行贿的手段牟取中标的,中标无效,处中标项目金额5‰以上10‰以下的罚款,对单位直接负责的主管人员和其他直接责任人员处单位罚款数额5%以上10%以下的罚款;有违法所得的,并处没收违法所得;情节严重的,取消其 1 年至 2 年内参加依法必须进行招标的项目的投标资格并予以公告;构成犯罪的,依法追究刑事责任。给他人造成损失的,依法承担赔偿责任。

83. B

【解析】《公路建设市场管理办法》第五十条:投标人以他人名义投标或者以其他方式弄虚作假,骗取中标的,中标无效,给招标人造成损失的,依法承担赔偿责任;构成犯罪的,依法追究刑事责任。依法必须进行招标的项目的投标人有前款所列行为尚未构成犯罪的,处中标项目金额5‰以上10‰以下的罚款,对单位直接负责的主管人员和其他直接责任人员处单位罚款数额5%以上10%以下的罚款;有违法所得的,并处没收违法所得;情节严重的,取消其 1 年至 3 年内参加依法必须进行招标的项目的投标资格并予以公告。

84. D

【解析】《公路建设市场管理办法》第五十二条:除因不可抗力不能履行合同的,中标人不按照与招标人订立的合同履行施工质量、施工工期等义务,造成重大或者特大质量和安全事故,或者造成工期延误的,取消其 2 年至 5 年内参加依法必须进行招标的项目的投标资格并予以公告。

85. B

【解析】《公路建设市场管理办法》第五十四条:违反本办法规定,承包单位将承包的工程转包或者违法分包的,责令改正,没收违法所得,对勘察、设计单位处合同约定的勘察费、设计费25%以上50%以下的罚款;对施工单位处工程合同价款5‰以上10‰以下的罚款;可以责令停业整顿,降低资质等级;情节严重的,吊销资质证书。

86. B

【解析】《公路建设市场管理办法》第五十四条:工程监理单位转让工程监理业务的,责令改正,没收违法所得,处合同约定的监理酬金25%以上50%以下的罚款;可以责令停业整顿,降低资质等级;情节严重的,吊销资质证书。

87. C

【解析】《公路水运工程质量监督管理规定》第二十三条:建设单位提交的材料符合规定的,交通运输主管部门或者其委托的建设工程质量监督机构应当在15个工作日内为其办理工程质量监督手续,出具公路水运工程质量监督管理受理通知书。公路水运工程质量监督管理受理通知书中应当明确监督人员、内容和方式等。

88. C

【解析】《公路水运工程质量监督管理规定》第三十九条:勘察、设计单位未按照工程建设强制性标准进行勘察、设计的,设计单位未根据勘察成果文件进行工程设计的,依照《建设工程质量管理条例》第六十三条规定,责令改正,按以下标准处以罚款;造成质量事故的,责令停工整顿:(1)工程尚未开工建设的,处10万元以上20万元以下的罚款;(2)工程已开工建设的,处20万元以上30万元以下的罚款。

89. A

【解析】《公路水运工程质量监督管理规定》第四十条:施工单位不按照工程设计图纸或者施工技术标准施工的,依照《建设工程质量管理条例》第六十四条规定,责令改正,按以下标准处以罚款;情节严重的,责令停工整顿:(1)未造成工程质量事故的,处所涉及单位工程合同价款2%的罚款;(2)造成工程质量一般事故的,处所涉及单位工程合同价款2%以上3%以下的罚款;(3)造成工程质量较大及以上等级事故的,处所涉及单位工程合同价款3%以上4%以下的罚款。

90. C

【解析】《公路水运工程质量监督管理规定》第四十一条:施工单位未按规定对原材料、混合料、构配件等进行检验的,依照《建设工程质量管理条例》第六十五条规定,责令改正,按以下标准处以罚款;情节严重的,责令停工整顿:(1)未造成工程质量事故的,处10万元以上15万元以下的罚款;(2)造成工程质量事故的,处15万元以上20万元以下的罚款。

91. A

【解析】《公路水运工程质量监督管理规定》第四十二条:施工单位对施工中出现的质量问题或者验收不合格的工程,未进行返工处理或者拖延返工处理的,责令改正,处1万元以上3万元以下的罚款。

92. C

【解析】《公路水运工程质量监督管理规定》第四十三条:监理单位在监理工作中弄虚作假、降低工程质量的,或者将不合格的建设工程、建筑材料、建筑构配件和设备按照合格签字的,依照《建设工程质量管理条例》第六十七条规定,责令改正,按以下标准处以罚款,降低资质等级或者吊销资质证书;有违法所得的,予以没收:(1)未造成工程质量事故的,处50万元以上60万元以下的罚款;(2)造成工程质量一般事故的,处60万元以上70万元以下的罚款;(3)造成工程质量较大事故的,处70万元以上80万元以下的罚款;(4)造成工程质量重大及以上等级事故的,处80万元以上100万元以下的罚款。

93. C

【解析】《公路水运建设工程质量事故等级划分和报告制度》第五条:工程项目交工验收前,施工单位为工程质量事故报告的责任单位;自通过交工验收至缺陷责任期结束,由负责项目交工验收管理的交通运输主管部门明确项目建设单位或管养单位作为工程质量事故报告的责任单位。

94. B

【解析】《公路水运建设工程质量事故等级划分和报告制度》第六条:一般及以上工程质量事故均应报告。事故发生后,现场有关人员应立即向事故报告责任单位负责人报告。事故报告责任单位应在接报2小时内,核实、汇总并向负责项目监管的交通运输主管部门及其工程质量监督机构报告。接收事故报告的单位和人员及其联系电话应在应急预案或有关制度中予以明确。

二、多项选择题

1. ACDE

【解析】《招标投标法》规定,招标分为公开招标和邀请招标两种方式。公开招标是指招标人以招标公告的方式邀请不特定的法人或者其他组织投标。邀请招标是指招标人以投标邀请书的方式邀请特定的法人或者其他组织投标。(1)招标人采用公开招标方式的,应当发布招标公告。依法必须进行招标的项目,应当通过国家指定的报刊、信息网络或者媒介发布招标公告。(2)招标人采用邀请招标方式的,应当向3个以上具备承担招标项目的能力、资信良好的特定法人或者其他组织发出投标邀请书。(3)招标人不得以不合理的条件限制或者排斥潜在投标人,不得对潜在投标人实行歧视待遇。

2. ACD

【解析】本题考核的是《招标投标法》主要内容。(1)邀请招标,是指招标人以投标邀请书的方式邀请特定的法人或者其他组织投标,故选项A正确。(2)招标人采用邀请招标方式的招标人不得以不合理的条件限制或者排斥潜在投标人,不得对潜在投标人实行歧视待遇(招标人可以告知拟邀请投标人向他人发出邀请的情况,属于对他人的不公平歧视待遇),故选项B错误、选项C正确。(3)招标文件不得要求或者标明特定的生产供应者以及含有倾向或者排斥潜在投标人的其他内容,故选项D正确。(4)招标人对已发出的招标文件进行必要的澄清或者修改的,应当在招标文件要求提交投标文件截止时间至少15日前,以书面形式通知所有招标文件收受人,故选项E错误。

3. ABDE

【解析】《招标投标法》规定：(1)招标文件应当包括招标项目的技术要求、对投标人资格审查的标准、投标报价要求和评标标准等所有实质性要求和条件以及拟签订合同的主要条款。(2)招标项目需要划分标段、确定工期的，招标人应当合理划分标段、确定工期，并在招标文件中载明。(3)招标文件不得要求或者标明特定的生产供应者以及含有倾向或者排斥潜在投标人的其他内容。招标人不得向他人透露已获取招标文件的潜在投标人的名称、数量及可能影响公平竞争的有关招标投标的其他情况。(4)招标人对已发出的招标文件进行必要的澄清或者修改的，应当在招标文件要求提交投标文件截止时间至少15日前，以书面形式通知所有招标文件收受人。该澄清或者修改的内容为招标文件的组成部分。

4. ABCD

【解析】(1)投标文件。投标文件应当对招标文件提出的实质性要求和条件作出响应。建设施工项目的投标文件应当包括拟派出的项目负责人与主要技术人员的简历、业绩和拟用于完成招标项目的机械设备等内容。投标人拟在中标后将中标项目的部分非主体、非关键工程进行分包的，应当在投标文件中载明。投标人在招标文件要求提交投标文件的截止时间前，可以补充、修改或者撤回已提交的投标文件，并书面通知招标人。补充、修改的内容为投标文件的组成部分。(2)投标文件的送达。投标人应当在招标文件要求提交投标文件的截止时间前，将投标文件送达投标地点。在招标文件要求提交投标文件的截止时间后送达的投标文件，招标人应当拒收。(3)联合投标。两个以上法人或者其他组织可以组成一个联合体，以一个投标人的身份共同投标。联合体各方均应具备承担招标项目的相应能力。由同一专业的单位组成的联合体，按照资质等级较低的单位确定资质等级。联合体各方应当签订共同投标协议，明确约定各方拟承担的工作和责任，并将共同投标协议连同投标文件一并提交给招标人。联合体中标的，联合体各方应当共同与招标人签订合同，就中标项目向招标人承担连带责任。

5. BCD

【解析】《招标投标法》规定：(1)评标由招标人依法组建的评标委员会负责。(2)依法必须进行招标的项目，其评标委员会由招标人的代表和有关技术、经济等方面的专家组成，成员人数为5人以上单数。其中，技术、经济等方面的专家不得少于成员总数的2/3。(3)招标人应当采取必要的措施，保证评标在严格保密的情况下进行。评标委员会应当按照招标文件确定的评标标准和方法，对投标文件进行评审和比较。设有标底的，应当参考标底。(4)中标人的投标应当符合下列条件之一：①能够最大限度地满足招标文件中规定的各项综合评价标准；②能够满足招标文件的实质性要求，并且经评审的投标价格最低。但是，投标价格低于成本的除外。(5)评标委员会完成评标后，应当向招标人提出书面评标报告，并推荐合格的中标候选人。招标人据此确定中标人。招标人也可以授权评标委员会直接确定中标人。在确定中标人前，招标人不得与投标人就投标价格、投标方案等实质性内容进行谈判。

6. ABCD

【解析】(1)依法必须进行招标的项目，其评标委员会由招标人的代表和有关技术、经济等方面的专家组成，成员人数为5人以上单数。其中，技术、经济等方面的专家不得少于成员总数的2/3。(2)评标委员会的专家成员应当从事相关领域工作满八年并具有高级职称或者具有同等专业水平，一般招标项目可以采取随机抽取方式，特殊招标项目可以由招标人直接确定。(3)与投标人有利害关系的人不得进入相关项目的评标委员会,已经进入的应当进行更换。评标委员会成员的名单在中标结果确定前应当保密。

7. ABE

【解析】《民法典》合同编规定,当事人订立合同,有书面形式、口头形式和其他形式。法律法规规定采用书面形式的,或当事人约定采用书面形式的,应当采用书面形式。书面形式是指合同书、信件和数据电文(包括电报、电传、传真、电子数据交换和电子邮件)等可以有形地表现所载内容的形式。建设工程合同、建设工程监理合同、项目管理服务合同应当采用书面形式。

8. ABCD

【解析】《民法典》合同编规定,合同内容由当事人约定,一般包括以下条款:①当事人的名称或姓名和住所;②标的;③数量;④质量;⑤价款或者报酬;⑥履行期限、地点和方式;⑦违约责任;⑧解决争议的方法。

9. ABDE

【解析】(1)要约是希望与他人订立合同的意思表示。要约应当符合如下规定:内容具体确定;表明经受要约人承诺,要约人即受该意思表示约束。也就是说,要约必须是特定人的意思表示,必须是以缔结合同为目的,必须具备合同的主要条款。(2)所谓要约邀请,是希望他人向自己发出要约的意思表示。要约邀请并不是合同成立过程中的必经过程,它是当事人订立合同的预备行为,这种意思表示的内容往往不确定,不含有合同得以成立的主要内容和相对人同意后受其约束的表示,在法律上无须承担责任。(3)要约到达受要约人时生效。(4)要约可以撤回,撤回要约的通知应当在要约到达受要约人之前或者与要约同时到达受要约人;要约可以撤销,撤销要约的通知应当在受要约人发出承诺通知之前到达受要约人。

10. ACE

【解析】本题考核的是要约失效的情形。有下列情形之一的,要约失效:(1)拒绝要约的通知到达要约人;(2)要约人依法撤销要约;(3)承诺期限届满,受要约人未作出承诺;(4)受要约人对要约的内容作出实质性变更。

11. ABCD

【解析】(1)除根据交易习惯或者要约表明可以通过行为作出承诺之外,承诺应当以通知的方式作出。(2)承诺应当在要约确定的期限内到达要约人。要约没有确定承诺期限的,承诺应当依照下列规定到达:①除非当事人另有约定,以对话方式作出的要约,应当即时作出承诺;②以非对话方式作出的要约,承诺应当在合理期限内到达。(3)承诺通知到达要约人时生效。受要约人在承诺期限内发出承诺,按照通常情形能够及时到达要约人,但因其他原因承诺到达要约人时超过承诺期限,除要约人及时通知受要约人因承诺超过期限不接受该承诺的以外,该承诺有效。(4)承诺可以撤回,撤回承诺的通知应当在承诺通知到达要约人之前或者与承诺通知同时到达要约人。(5)受要约人超过承诺期限发出承诺的,除要约人及时通知受要约人该承诺有效的以外,为新要约。(6)承诺的内容应当与要约的内容一致。有关合同标的、数量、质量、价款或者报酬、履行期限、履行地点和方式、违约责任和解决争议方法等的变更,是对要约内容的实质性变更。受要约人对要约的内容作出实质性变更的,为新要约。承诺对要约的内容作出非实质性变更的,除要约人及时表示反对或者要约表明承诺不得对要的内容作出任何变更的以外,该承诺有效,合同的内容以承诺的内容为准。

12. BC

【解析】本题考核的是《民法典》合同编中要约与承诺的主要内容。(1)要约是希望与他人订立合同的意思表示,故选项 A 正确。(2)要约邀请,是希望他人向自己发出要约的意思表示。要约邀请并不是合同成立过程中的必经过程,它是当事人订立合同的预备行为,故选项 B 错误。(3)撤销要约的通知应当在受要约人发出承诺通知之前到达受要约人,故选项 C 错误。(4)承诺是受要约人同意要约的意思表示,故选项 D 正确。(5)承诺的内容应当与要约的内容一致,故选项 E 正确。

13. ABDE

【解析】《民法典》合同编规定:(1)当事人采用合同书形式订立合同的,自双方当事人签字或者盖章时合同成立。当事人采用信件、数据电文等形式订立合同的,可以在合同成立之前要求签订确认书。签订确认书时合同成立。(2)合同成立的其他情形还包括:①法律、行政法规规定或者当事人约定采用书面形式订立合同,当事人未采用书面形式,但一方已经履行主要义务,对方接受的;②采用合同书形式订立合同,在签字或者盖章之前,当事人一方已经履行主要义务,对方接受的。(3)合同成立地点。承诺生效的地点为合同成立的地点。当事人采用合同书形式订立合同的,双方当事人签字或者盖章的地点为合同成立的地点。

14. BCD

【解析】《民法典》合同编规定:格式条款是当事人为了重复使用而预先拟定,并在订立合同时未与对方协商的条款。(1)格式条款提供者的义务。采用格式条款订立合同的,提供格式条款的一方应当遵循公平原则确定当事人之间的权利和义务,并采取合理的方式提请对方注意免除或限制其责任的条款,按照对方的要求,对该条款予以说明。(2)格式条款无效。提供格式条款一方免除自己责任、加重对方责任、排除对方主要权利的,该条款无效。此外,《民法典》合同编规定的合同无效的情形,同样适用于格式合同条款。(3)格式条款的解释。对格式条款的理解发生争议的,应当按照通常理解予以解释。对格式条款有两种以上解释的,应当作出不利于提供格式条款一方的解释。格式条款和非格式条款不一致的,应当采用非格式条款。

15. ABC

【解析】当事人在订立合同过程中有下列情形之一,导致合同不成立,给对方造成损失的,应当承担损害赔偿责任:①假借订立合同,恶意进行磋商;②故意隐瞒与订立合同有关的重要事实或者提供虚假情况;③有其他违背诚信原则的行为。另外,当事人在订立合同过程中知悉的商业秘密,无论合同是否成立,不得泄露或者不正当地使用。泄露或者不正当地使用该商业秘密给对方造成损失的,应当承担损害赔偿责任。

16. ABC

【解析】《民法典》合同编规定:(1)依法成立的合同,自成立时生效。依照法律、行政法规规定应当办理批准、登记等手续的,待手续完成时合同生效。(2)当事人对合同的效力可以约定附条件。附生效条件的合同,自条件成立时生效,附解除条件的合同,自条件成立时失效。(3)当事人对合同的效力可以约定附期限。附生效期限的合同,自期限届至时生效。附终止期限的合同,自期限届满时失效。(4)限制民事行为能力人订立的合同,经法定代理人追认后,该合同有效,故选项D错误。(5)法人或者其他组织的法定代表人、负责人超越权限订立的合同,除相对人知道或者应当知道其超越权限的以外,该代表行为有效,故选项E错误。

17. ABDE

【解析】根据《民法典》合同编,有下列情形之一的,合同无效:(1)一方以欺诈、胁迫的手段订立合同,损害国家利益;(2)恶意串通,损害国家、集体或第三人利益;(3)以合法形式掩盖非法目的;(4)损害社会公共利益;(5)违反法律、行政法规的强制性规定。

18. AC

【解析】《民法典》合同编规定,合同中的下列免责条款无效:(1)造成对方人身伤害的;(2)因故意或者重大过失造成对方财产损失的。

19. ACDE

【解析】《民法典》合同编规定,下列合同,当事人一方有权请求人民法院或者仲裁机构变更或者撤销:(1)因重大误解订立的;(2)在订立合同时显失公平的。(3)一方以欺诈、胁迫的手段订立合同,但未损害国家利益;(4)乘人之危,使对方在违背真实意思的情况下订立的合同。

20. ABCE

【解析】《民法典》合同编规定:合同生效后,当事人就质量、价款或者报酬、履行地点等内容没有约定或者约定不明确的,可以协议补充;不能达成补充协议的,按照合同有关条款或者交易习惯确定。依照上述规定仍不能确定的,适用下列规定:①质量要求不明确的,按照国家标准、行业标准履行;没有国家标准、行业标准的,按照通常标准或者符合合同目的的特定标准履行。②价款或者报酬不明确的,按照订立合同时履行地的市场价格履行;依法应当执行政府定价或者政府指导价的,按照规定履行。③履行地点不明确的,给付货币的,在接受货币一方所在地履行;交付不动产的,在不动产所在地履行;其他标的,在履行义务一方所在地履行。④履行期限不明确的,债务人可以随时履行,债权人也可以随时要求履行,但应当给对方必要的准备时间。⑤履行方式不明确的,按照有利于实现合同目的的方式履行。⑥履行费用的负担不明确的,由履行义务一方负担。

21. ABE

【解析】《民法典》合同编规定的抗辩权可分为同时履行抗辩权、先履行抗辩权和不安抗辩权。(1)同时履行抗辩权:当事人互负债务,没有先后履行顺序的,应当同时履行。一方在对方履行之前有权拒绝其履行要求。一方在对方履行债务不符合约定时,有权拒绝其相应的履行要求;(2)先履行抗辩权:当事人互负债务,有先后履行顺序,先履行一方未履行的,后履行一方有权拒绝其履行要求。先履行一方履行债务不符合约定的,后履行一方有权拒绝其相应的履行要求;(3)不安抗辩权:当事人互负债务,有先后履行顺序,应当先履行债务的当事人,有确切证据证明对方已无能力履行债务的,可以中止履行。

22. ABC

【解析】《民法典》合同编规定,应当先履行债务的当事人,有确切证据证明对方有下列情形之一的,可以中止履行:(1)经营状况严重恶化;(2)转移财产、抽逃资金,以逃避债务;(3)丧失商业信誉;(4)有丧失或者可能丧失履行债务能力的其他情形。当事人没有确切证据中止履行的,应当承担违约责任。当事人依照上述规定中止履行的,应当及时通知对方。当对方提供适当担保时,应当恢复履行。中止履行后,对方在合理期限内未恢复履行能力并且未提供适当担保的,中止履行的一方可以解除合同。

23. AC

【解析】债权人可行使的保全措施包括代位权和撤销权。(1)代位权。因债务人怠于行使其到期债权,对债权人造成损害的,债权人可以向人民法院请求以自己的名义代位行使债务人的债权,但该债权专属于债务人自身的除外。代位权的行使范围以债权人的债权为限。债权人行使代位权的必要费用,由债务人负担。(2)撤销权。因债务人放弃其到期债权或者无偿转让财产,对债权人造成损害的,债权人可以请求人民法院撤销债务人的行为。债务人以明显不合理的低价转让财产,对债权人造成损害,并且受让人知道该情形,债权人也可以请求人民法院撤销债务人的行为。撤销权的行使范围以债权人的债权为限。债权人行使撤销权的必要费用,由债务人负担。撤销权自债权人知道或者应当知道撤销事由之日起1年内行使,自债务人的行为发生之日起5年内没有行使撤销权的,该撤销权消灭。

24. ABCE

【解析】《民法典》合同编规定:(1)当事人协商一致,可以变更合同。当事人对合同变更的内容约定不明确的,推定为未变更。(2)合同转让是合同变更的一种特殊形式,合同转让不是变更合同中规定的权利义务内容,而是变更合同主体。(3)债务人将合同的义务全部或者部分转移给第三人的,应当经债权人同意,否则,该转让对债权人不发生效力。

25. BCDE

【解析】根据《民法典》合同编规定,合同终止的情形包括:①债务已经按照约定履行;②合同解除;③债务相互抵消;④债务人依法将标的物提存;⑤债权人免除债务;⑥债权债务同归于一人;⑦法律规定或者当事人约定终止的其他情形。债权人免除债务人部分或者全部债务的,合同的权利义务部分或者全部终止;债权和债务同归于一人的,合同的权利义务终止,但涉及第三人利益的除外。

26. BCE

【解析】本题考核的是合同权利义务的终止。《民法典》合同编规定,合同权利义务的终止,不影响合同中结算和清理条款的效力和解决争议条款的效力以及通知、协助、保密等义务的履行。

27. ABCE

【解析】根据《民法典》合同编的规定:(1)当事人协商一致,可以解除合同。当事人可以约定一方解除合同的条件。解除合同的条件成立时,解除权人可以解除合同。(2)有下列情形之一的,当事人可以解除合同:①因不可抗力致使不能实现合同目的;②在履行期限届满之前,当事人一方明确表示或者以自己的行为表明不履行主要债务;③当事人一方迟延履行主要债务,经催告后在合理期限内仍未履行;④当事人一方迟延履行债务或者有其他违约行为致使不能实现合同目的;⑤法律规定的其他情形。

28. BCDE

【解析】本题考核的是合同解除的法定条件。《民法典》合同编规定,有下列情形之一的,当事人可以解除合同:(1)因不可抗力致使不能实现合同目的;(2)在履行期限届满之前,当事人一方明确表示或者以自己的行为表明不履行主要债务;(3)当事人一方迟延履行主债务,经催告后在合理期限内仍未履行;(4)当事人一方迟延履行债务或者有其他违约行为致使不能实现合同目的;(5)法律规定的其他情形。当事人依法主张解除合同的,应当通知对方。合同自通知到达对方时合同解除。对方有异议的,可以请求人民法院或者仲裁机构确认解除合同的效力。

29. ABCE

【解析】《民法典》合同编规定,当事人一方不履行合同义务或者履行合同义务不符合约定的,应当承担继续履行、采取补救措施、赔偿损失、支付违约金、定金等违约责任。选项D是债务人享有的一种抗辩权。

30. ABDE

【解析】根据《民法典》合同编:(1)当事人可以约定一方违约时应当根据违约情况向对方支付一定数额的违约金,也可以约定因违约产生的损失赔偿额的计算方法。约定的违约金低于造成损失的,当事人可以请求人民法院或者仲裁机构予以增加;约定的违约金过分高于造成损失的,当事人可以请求人民法院或者仲裁机构予以适当减少。(2)当事人可以依照《担保法》约定一方向对方给付定金作为债权的担保。债务人履行债务后,定金应当抵作价款或者收回。给付定金的一方不履行约定的债务的,无权要求返还定金;收受定金的一方不履行约定的债务的,应当双倍返还定金。(3)当事人既约定违约金,又约定定金的,一方违约时,对方可以选择适用违约金或者定金条款。

31. ABCD

【解析】《民法典》合同编规定,当事人可以通过和解或者调解解决合同争议。当事人不愿和解、调解或者和解、调解不成的,可以根据仲裁协议向仲裁机构申请仲裁。当事人没有订立仲裁协议或者仲裁协议无效的,可以向人民法院起诉。当事人应当履行发生法律效力的判决、仲裁裁决、调解书;拒不履行的,对方可以请求人民法院执行。

32. ABCD

【解析】《民法典》合同编规定:施工合同的内容包括工程范围、建设工期、中间交工工程的开工和竣工时间、工程质量、工程造价、技术资料交付时间、材料和设备供应责任、拨款和结算、竣工验收、质量保修范围和质量保证期、双方相互协作等条款。

33. ACE

【解析】关于委托合同中委托人权利义务,《民法典》合同编规定:(1)委托人应当预付处理委托事务的费用。受托人为处理委托事务垫付的必要费用,委托人应当偿还该费用及其利息。(2)有偿的委托合同,因受托人的过错给委托人造成损失的,委托人可以要求赔偿损失。无偿的委托合同,因受托人的故意或者重大过失给委托人造成损失的,委托人可以要求赔偿损失。故选项B错误。受托人超越权限给委托人造成损失的,应当赔偿损失。(3)受托人完成委托事务的,委托人应当向其支付报酬。因不可归责于受托人的事由,委托合同解除或者委托事务不能完成的,委托人应当向受托人支付相应的报酬,当事人另有约定的,按照其约定。(4)委托人经受托人同意,可以在受托人之外委托第三人处理委托事务,故选项D错误。

34. CE

【解析】本题考核的是《民法典》合同编中委托合同的主要内容。(1)建设工程合同包括工程勘察、设计、施工合同;(2)委托合同是指委托人和受托人约定,由受托人处理委托人事务的合同。委托人可以特别委托受托人处理一项或者数项事务,也可以概括委托受托人处理一切事务。由此可见,建设工程监理合同、项目管理服务合同则属于委托合同。故选项C、E正确。

35. ABCE

【解析】《民法典》合同编规定:(1)受托人应当按照委托人的指示处理委托事务。需要变更委托人指示的,应当经委托人同意。故选项B正确;因情况紧急,难以和委托人取得联系的,受托人应当妥善处理委托事务,但事后应当将该情况及时报告委托人。(2)受托人应当亲自处理委托事务。经委托人同意,受托人可以转委托。故选项A正确;转委托经同意的,委托人可以就委托事务直接指示转委托的第三人,受托人仅就第三人的选任及其对第三人的指示承担责任。故选项C正确。转委托未经同意的,受托人应当对转委托的第三人的行为承担责任。(3)受托人应当按照委托人的要求,报告委托事务的处理情况。委托合同终止时,受托人应当报告委托事务的结果。(4)受托人处理委托事务时,因不可归责于自己的事由受到损失的,可以向委托人要求赔偿损失。故选项D错误。(5)委托人经受托人同意,可以在受托人之外委托第三人处理委托事务。因此给受托人造成损失的,受托人可以向委托人要求赔偿损失。故选项E正确。(6)两个以上的受托人共同处理委托事务的,对委托人承担连带责任。

36. ABCD

【解析】根据《安全生产法》,生产经营单位的主要负责人对本单位安全生产工作的职责如下:①建立健全本单位安全生产责任制;②组织制定本单位安全生产规章制度和操作规程;③组织制定并实施本单位安全生产教育和培训计划;④保证本单位安全生产投入的有效实施;⑤督促检查本单位的安全生产工作,及时消除生产安全事故隐患;⑥组织制定并实施本单位的生产安全事故应急救援预案;⑦及时、如实报告生产安全事故。选项E是生产经营单位从业人员的安全生产权利义务。

37. ACDE

【解析】根据《安全生产法》,生产经营单位的安全生产管理机构及专职安全生产管理人员应履行下列职责:①组织或参与拟订本单位安全生产规章制度、操作规程和生产安全事故应急救援预案;②组织或参与本单位安全生产教育和培训,如实记录安全生产教育和培训情况;③督促落实本单位重大危险源的安全管理措施;④组织或参与本单位应急救援演练;⑤检查本单位的安全生产状况,及时排查生产安全事故隐患,提出改进安全生产管理的建议;⑥制止和纠正违章指挥、强令冒险作业、违反操作规程的行为;⑦督促落实本单位安全生产整改措施。选项B是生产经营单位的主要负责人的安全管理职责。

38. ABDE

【解析】根据《安全生产法》,生产经营单位从业人员的安全生产权利义务如下:(1)生产经营单位的从业人员有权了解其作业场所和工作岗位存在的危险因素、防范措施及事故应急措施,有权对本单位的安全生产工作提出建议。(2)从业人员有权对本单位安全生产工作中存在的问题提出批评、检举、控告;有权拒绝违章指挥和强令冒险作业。(3)从业人员发现直接危及人身安全的紧急情况时,有权停止作业或者在采取可能的应急措施后撤离作业场所。(4)因生产安全事故受到损害的从业人员,除依法享有工伤保险外,依照有关民事法律尚有获得赔偿的权利的,有权向本单位提出赔偿要求。(5)从业人员在作业过程中,应当严格遵守本单位的安全生产规章制度和操作规程,服从管理,正确佩戴和使用劳动防护用品。(6)从业人员应当接受安全生产教育和培训,掌握本职工作所需的安全生产知识,提高安全生产技能,增强事故预防和应急处理能力。(7)从业人员发现事故隐患或者其他不安全因素,应当立即向现场安全生产管理人员或者本单位负责人报告;接到报告的人员应当及时予以处理。

39. ABDE

【解析】《安全生产法》规定,对于危险物品的生产、经营、储存单位及矿山、金属冶炼、城市轨道交通运营、建筑施工单位,应当建立应急救援组织;生产经营规模较小的,可以不建立应急救援组织,但应当指定兼职的应急救援人员。应当配备必要的应急救援器材、设备和物资,并进行经常性维护、保养,保证正常运转。

40. ACE

【解析】本题考核的是建设单位的质量责任和义务。建设单位的质量责任和义务包括:(1)建设单位应当将工程发包给具有相应资质等级的单位。不得迫使承包方以低于成本的价格竞标,不得任意压缩合理工期;不得明示或者暗示设计单位或者施工单位违反工程建设强制性标准,降低建设工程质量。故选项 C 正确。(2)施工图设计文件未经审查批准的,不得使用。故选项 A 正确。(3)建设单位应当严格按照国家有关档案管理的规定,及时收集、整理建设项目各环节的文件资料,建立、健全建设项目档案,并在建设工程竣工验收后,及时向建设行政主管部门或者其他有关部门移交建设项目档案,故选项 E 正确。选项 B 属于施工单位的质量责任和义务。工程保修书应由施工单位签署,故选项 D 错误。

41. ABE

【解析】本题考核的是建设工程竣工验收应具备的条件。《建设工程质量管理条例》规定:建设工程竣工验收应当具备下列条件:(1)完成建设工程设计和合同约定的各项内容;(2)有完整的技术档案和施工管理资料;(3)有工程使用的主要建筑材料、建筑构配件和设备的进场试验报告;(4)有勘察、设计、施工、工程监理等单位分别签署的质量合格文件;(5)有施工单位签署的工程保修书。

42. ABCD

【解析】《建设工程质量管理条例》规定:(1)勘察、设计单位必须按照工程建设强制性标准进行勘察、设计,并对其勘察、设计的质量负责。勘察单位提供的地质、测量、水文等勘察成果必须真实、准确。故选项 A 正确。(2)设计单位应当根据勘察成果文件进行建设工程设计。设计文件应当符合国家规定的设计深度要求,注明工程合理使用年限。设计单位还应当就审查合格的施工图设计文件向施工单位作出详细说明。故选项 B、C、D 正确。(3)设计单位在设计文件中选用的建筑材料、建筑构配件和设备,应当注明规格、型号、性能等技术指标,其质量要求必须符合国家规定的标准。除有特殊要求的建筑材料、专用设备、工艺生产线等外,设计单位不得指定生产厂、供应商。故选项 E 错误。(4)设计单位还应当参与建设工程质量事故分析,并对因设计造成的质量事故,提出相应的技术处理方案。

43. BCE

【解析】根据《建设工程质量管理条例》的规定,施工单位的质量责任和义务包括:(1)施工单位应当建立质量责任制。施工单位还应当建立、健全教育培训制度,加强对职工的教育培训;未经教育培训或者考核不合格的人员,不得上岗作业。(2)建设工程实行总承包的,总承包单位应当对全部建设工程质量负责。(3)施工单位必须按照工程设计图纸和施工技术标准施工,不得擅自修改工程设计,不得偷工减料。施工单位在施工过程中发现设计文件和图纸有差错的,应当及时提出意见和建议。故选项 A 错误。(4)施工单位必须按照工程设计要求、施工技术标准和合同约定,对建筑材料、建筑构配件、设备和商品混凝土进行检验;未经检验或者检验不合格的,不得使用。施工人员对涉及结构安全的试块、试件以及有关材料,应当在建设单位或者工程监理单位监督下现场取样,并送具有相应资质等级的质量检测单位进行检测。(5)施工单位必须建立、健全施工质量的检验制度,作好隐蔽工程的质量检查和记录。隐蔽工程在隐蔽前,施工单位应当通知建设单位和建设工程质量监督机构。选项 D 属于建设单位的质量责任义务。

44. BCDE

【解析】根据《建设工程质量管理条例》的规定,工程监理单位的质量责任和义务包括:(1)工程监理单位不得转让建设工程监理业务。工程监理单位与被监理工程的施工承包单位以及建筑材料、建筑构配件和设备供应单位有隶属关系或者其他利害关系的,不得承担该项建设工程的监理业务。(2)工程监理单位应当依照法律、法规以及有关技术标准、设计文件和建设工程承包合同,代表建设单位对施工质量实施监理,并对施工质量承担监理责任。(3)监理工程师应当按照建设工程监理规范的要求,采取旁站、巡视和平行检验等形式,对建设工程实施监理。(4)工程监理单位应当选派具有相应资格的总监理工程师进驻施工现场。(5)未经监理工程师签字,建筑材料、建筑构配件和设备不得在工程上使用或者安装,施工单位不得进行下一道工序的施工。未经总监理工程师签字,建设单位不得拨付工程款,不得进行竣工验收。选项 A 中发现设计文件和图纸有差错的,应及时通知建设单位。故选项 A 错误。

45. ACD

【解析】《建设工程质量管理条例》规定,在正常使用条件下,建设工程最低保修期限为:(1)基础设施工程、房屋建筑的地基基础工程和主体结构工程,为设计文件规定的该工程合理使用年限。(2)屋面防水工程、有防水要求的卫生间、房间和外墙面的防渗漏,为 5 年,故选项 B 错误。(3)供热与供冷系统,为 2 个供暖期、供冷期。(4)电气管道、给水排水管道、设备安装和装修工程,为 2 年。建设工程的保修期,自竣工验收合格之日起计算,故选项 E 错误。

46. AC

【解析】本题考核的是《建设工程质量管理条例》中最低保修期限的内容。在正常使用条件下,建设工程最低保修期限为:(1)基础设施工程、房屋建筑的地基基础工程和主体结构工程,为设计文件规定的该工程合理使用年限,故选项 A 正确。(2)屋面防水工程、有防水要求的卫生间、房间和外墙面的防渗漏,为 5 年,故选项 B 错误。(3)供热与供冷系统,为 2 个采暖期、供冷期,故选项 C 正确。(4)电气管道、给水排水管道、设备安装和装修工程,为 2 年,故选项 D、E 错误。

47. ABE

【解析】本题考核的是勘察、设计单位的违法行为。根据《建设工程质量管理条例》第六十三条,违反本条例规定,有下列行为之一的,责令改正,处 10 万元以上 30 万元以下的罚款:(1)勘察单位未按照工程建设强制性标准进行勘察的;(2)设计单位未根据勘察成果文件进行工程设计的;(3)设计单位指定建筑材料、建筑构配件的生产厂、供应商的;(4)设计单位未按照工程建设强制性标准进行设计的。

48. AB

【解析】根据《建设工程安全生产管理条例》第五十五条,建设单位有下列行为之一的,责令限期改正,处20万元以上50万元以下的罚款;造成重大安全事故,构成犯罪的,对直接责任人员,依照刑法有关规定追究刑事责任;造成损失的,依法承担赔偿责任:(1)对勘察、设计、施工、工程监理等单位提出不符合安全生产法律、法规和强制性标准规定的要求的;(2)要求施工单位压缩合同约定的工期的;(3)将拆除工程发包给不具有相应资质等级的施工单位的。

49. ABCD

【解析】关于建设单位的安全责任,《建设工程安全生产管理条例》规定:(1)建设单位应当向施工单位提供施工现场及毗邻区域内供水、排水、供电、供气、供热、通信、广播电视等地下管线资料,气象和水文观测资料,相邻建筑物和构筑物、地下工程的有关资料,并保证资料的真实、准确、完整。(2)建设单位不得对勘察、设计、施工、工程监理等单位提出不符合建设工程安全生产法律、法规和强制性标准规定的要求,不得压缩合同约定的工期;不得明示或者暗示施工单位购买、租赁、使用不符合安全施工要求的安全防护用具、机械设备、施工机具及配件、消防设施和器材。(3)建设单位在编制工程概算时,应当确定建设工程安全作业环境及安全施工措施所需费用;在申请领取施工许可证时,应当提供建设工程有关安全施工措施的资料。(4)建设单位应当将拆除工程发包给具有相应资质等级的施工单位,并在拆除工程施工15日前,有关资料报送建设工程所在地的县级以上地方人民政府建设行政主管部门或者其他有关部门备案。

50. ABCD

【解析】《建设工程安全生产管理条例》规定,建设单位应当将拆除工程发包给具有相应资质等级的施工单位,并在拆除工程施工15日前,将下列资料报送建设工程所在地的县级以上地方人民政府建设行政主管部门或者其他有关部门备案:(1)施工单位资质等级证明;(2)拟拆除建筑物、构筑物及可能危及毗邻建筑的说明;(3)拆除施工组织方案;(4)堆放、清除废弃物的措施。

51. AB

【解析】(1)设计单位应当考虑施工安全操作和防护的需要,对涉及施工安全的重点部位和环节在设计文件中注明,并对防范生产安全事故提出指导意见。(2)采用新结构、新材料、新工艺的建设工程和特殊结构的建设工程,设计单位应当在设计中提出保障施工作业人员安全和预防生产安全事故的措施建议。故选项D错误。选项C、E属于工程监理单位的安全责任。

52. ABCE

【解析】根据《建设工程安全生产管理条例》:(1)机械设备配件供应单位和出租单位的安全责任:为建设工程提供机械设备和配件的单位,应当按照安全施工的要求配备齐全有效的保险、限位等安全设施和装置。故选项A正确。出租的机械设备和施工机具及配件,应当具有生产(制造)许可证、产品合格证。出租单位应当对出租的机械设备和施工机具及配件的安全性能进行检测,在签订租赁协议时,应当出具检测合格证明。故选项B正确。禁止出租检测不合格的机械设备和施工机具及配件。(2)施工机械设施安装单位的安全责任:在施工现场安装、拆卸施工起重机械和整体提升脚手架、模板等自升式架设设施,必须由具有相应资质的单位承担。故选项C正确。安装、拆卸上述机械和设施,应当编制拆装方案、制定安全施工措施,并由专业技术人员现场监督。故选项D错误。安装完毕后,安装单位应当自检,出具自检合格证明,并向施工单位进行安全使用说明,办理验收手续并签字。故选项E正确。

53. BCDE

【解析】本题考核的是施工单位的安全责任。《建设工程安全生产管理条例》规定:(1)施工单位应当建立健全安全生产责任制度,制定安全生产规章制度和操作规程,保证本单位安全生产条件所需资金的投入,对所承担的建设工程进行定期和专项安全检查,并做好安全检查记录。故选项C正确。(2)施工单位对列入建设工程概算的安全作业环境及安全施工措施所需费用,应当用于施工安全防护用具及设施的采购和更新、安全施工措施的落实、安全生产条件的改善,不得挪作他用。故选项B正确。(3)施工单位应当向作业人员提供安全防护用具和安全防护服装,并书面告知危险岗位的操作规程和违章操作的危害。故选项E正确。(4)施工单位应当为施工现场从事危险作业的人员办理意外伤害保险。意外伤害保险费由施工单位支付。实行施工总承包的,由总承包单位支付意外伤害保险费。故选项D正确。而选项A中拆除工程施工前,向有关部门送达拆除施工组织方案,则属于建设单位的安全责任。故选项A错误。

54. AC

【解析】本题考核的是安全技术措施和专项施工方案。施工单位应当在施工组织设计中编制安全技术措施和施工现场临时用电方案,对下列达到一定规模的危险性较大的分部分项工程编制专项施工方案,并附具安全验算结果,经施工单位技术负责人、总监理工程师签字后实施,由专职安全生产管理人员进行现场监督:(1)基坑支护与降水工程;(2)土方开挖工程;(3)模板工程;(4)起重吊装工程;(5)脚手架工程;(6)拆除、爆破工程;(7)国务院建设行政主管部门或者其他有关部门规定的其他危险性较大的工程。上述工程中涉及深基坑、地下暗挖工程、高大模板工程的专项施工方案,施工单位还应当组织专家进行论证、审查。

55. CDE

【解析】本题考核的是《建设工程安全生产管理条例》中施工单位的安全责任。不得压缩合同约定的工期,属于建设单位的禁止行为,故选项A错误。由具有相应资质的单位安装、拆卸施工起重机械,属于施工机械设施安装单位的安全责任,故选项B错误。施工单位的安全责任包括:(1)工程承揽;(2)安全生产责任制度:对所承担的建设工程进行定期和专项安全检查;(3)安全生产管理费用;(4)施工现场安全生产管理;(5)安全生产教育培训;(6)安全技术措施和专项施工方案:施工单位应当在施工组织设计中编制安全技术措施和施工现场临时用电方案;(7)施工现场安全防护;(8)施工现场卫生、环境与消防安全管理:施工单位对因建设工程施工可能造成损害的毗邻建筑物、构筑物和地下管线等,应当采取专项防护措施;(9)施工机具设备安全管理;(10)意外伤害保险。故选项C、D、E正确。

56. ACE

【解析】《建设工程安全生产管理条例》明确规定了施工单位的安全责任,例如:(1)施工单位应当建立健全安全生产责任制度,制定安全生产规章制度和操作规程,保证本单位安全生产条件所需资金的投入,对所承担的建设工程进行定期和专项安全检查,并做好安全检查记录。(2)建设工程实行施工总承包的,由总承包单位对施工现场的安全生产负总责。总承包单位依法将建设工程分包给其他单位的,总承包单位和分包单位对分包工程的安全生产承担连带责任。分包单位应当服从总承包单位的安全生产管理,如分包单位不服从管理导致生产安全事故,由分包单位承担主要责任。故选项 B 错误。(3)施工单位对列入建设工程概算的安全作业环境及安全施工措施所需费用,应当用于施工安全防护用具及设施的采购和更新、安全施工措施的落实、安全生产条件的改善,不得挪作他用。施工起重机械和整体提升脚手架、模板等自升式架设设施的安装、拆卸应由具有相应资质的单位承担。故选项 D 错误。

57. ABCE

【解析】《建设工程安全生产管理条例》规定,施工单位应当在施工组织设计中编制安全技术措施和施工现场临时用电方案,对下列达到一定规模的危险性较大的分部分项工程编制专项施工方案,并附具安全验算结果,经施工单位技术负责人、总监理工程师签字后实施,由专职安全生产管理人员进行现场监督:(1)基坑支护与降水工程;(2)土方开挖工程;(3)模板工程;(4)起重吊装工程;(5)脚手架工程;(6)拆除、爆破工程;(7)国务院建设行政主管部门或者其他有关部门规定的其他危险性较大的工程。上述工程中涉及深基坑、地下暗挖工程、高大模板工程的专项施工方案,施工单位还应当组织专家进行论证、审查。

58. ABDE

【解析】《建设工程安全生产管理条例》对施工单位的安全责任所涉及的施工现场安全防护、施工现场卫生、环境与消防安全也作了明确规定:(1)施工单位应当在施工现场入口处、施工起重机械、脚手架、出入通道口及爆破物及有害危险气体和液体存放处等危险部位,设置明显的符合国家标准的安全警示标志。(2)施工单位应当向作业人员提供安全防护用具和安全防护服装,并书面告知危险岗位的操作规程和违章操作的危害。(3)施工单位应当将施工现场的办公、生活区与作业区分开设置,并保持安全距离;办公、生活区的选址应当符合安全性要求。(4)施工单位不得在尚未竣工的建筑物内设置员工集体宿舍。故选项 C 错误。施工现场使用的装配式活动房屋应当具有产品合格证。(5)施工单位对因建设工程施工可能造成损害的毗邻建筑物、构筑物和地下管线等,应当采取专项防护措施。(6)施工单位应当在施工现场建立消防安全责任制度,确定消防安全责任人,设置消防通道、消防水源,配备消防设施和灭火器材,并在施工现场入口处设置明显标志。

59. ABCE

【解析】《生产安全事故报告和调查处理条例》规定,事故报告应当包括下列内容:(1)事故发生单位概况;(2)事故发生的时间、地点以及事故现场情况;(3)事故的简要经过;(4)事故已经造成或者可能造成的伤亡人数(包括下落不明的人数)和初步估计的直接经济损失;(5)已经采取的措施;(6)其他应当报告的情况。

60. ABC

【解析】本题考核的是事故报告的内容。事故报告应当包括下列内容:(1)事故发生单位概况;(2)事故发生的时间、地点以及事故现场情况;(3)事故的简要经过;(4)事故已经造成或者可能造成的伤亡人数(包括下落不明的人数)和初步估计的直接经济损失;(5)已经采取的措施;(6)其他应当报告的情况。事故发生的原因和事故性质是要由事故调查组通过调查、技术鉴定等来确定的。因此选项D、E属于事故调查报告中的内容。

61. ABDE

【解析】《生产安全事故报告和调查处理条例》规定,事故调查报告应当包括下列内容:(1)事故发生单位概况;(2)事故发生经过和事故救援情况;(3)事故造成的人员伤亡和直接经济损失;(4)事故发生的原因和事故性质;(5)事故责任的认定以及对事故责任者的处理建议;(6)事故防范和整改措施。选项C为事故报告包含的内容。

62. ABC

【解析】《招标投标法实施条例》规定,按照国家有关规定需要履行项目审批、核准手续的依法必须进行招标的项目,其招标范围、招标方式、招标组织形式应当报项目审批、核准部门审批、核准。

63. CE

【解析】《招标投标法实施条例》规定,国有资金占控股或者主导地位的依法必须进行招标的项目,应当公开招标;但有下列情形之一的,可以邀请招标:(1)技术复杂、有特殊要求或者受自然环境限制,只有少量潜在投标人可供选择;(2)采用公开招标方式的费用占项目合同金额的比例过大。

64. ABDE

【解析】《招标投标法实施条例》规定,除《招标投标法》规定的可以不进行招标的特殊情况外,有下列情形之一的,可以不进行招标:①需要采用不可替代的专利或者专有技术;②采购人依法能够自行建设、生产或者提供;③已通过招标方式选定的特许经营项目投资人依法能够自行建设、生产或者提供;④需要向原中标人采购工程、货物或者服务,否则将影响施工或者功能配套要求;⑤国家规定的其他特殊情形。

65. ABCD

【解析】根据《招标投标法实施条例》,招标人有下列行为之一的,属于以不合理条件限制、排斥潜在投标人或者投标人:①就同一招标项目向潜在投标人或者投标人提供有差别的项目信息;②设定的资格、技术、商务条件与招标项目的具体特点和实际需要不相适应或者与合同履行无关;③依法必须进行招标的项目以特定行政区域或者特定行业的业绩、奖项作为加分条件或者中标条件;④对潜在投标人或者投标人采取不同的资格审查或者评标标准;⑤限定或者指定特定的专利、商标、品牌、原产地或者供应商;⑥依法必须进行招标的项目非法限定潜在投标人或者投标人的所有制形式或者组织形式;⑦以其他不合理条件限制、排斥潜在投标人或者投标人。

66. ABCD

【解析】《招标投标法实施条例》规定,招标人可以自行决定是否编制标底。一个招标项目只能有一个标底。标底必须保密。接受委托编制标底的中介机构不得参加受托编制标底项目的投标,也不得为该项目的投标人编制投标文件或者提供咨询。招标人设有最高投标限价的,应当在招标文件中明确最高投标限价或者最高投标限价的计算方法。招标人不得规定最低投标限价。

67. ABDE

【解析】《招标投标法实施条例》规定,有下列情形之一的,属于投标人相互串通投标：①投标人之间协商投标报价等投标文件的实质性内容；②投标人之间约定中标人；③投标人之间约定部分投标人放弃投标或者中标；④属于同一集团、协会、商会等组织成员的投标人按照该组织要求协同投标；⑤投标人之间为牟取中标或者排斥特定投标人而采取的其他联合行动。选项 C 则可以视为投标人相互串通投标。

68. ABCE

【解析】《招标投标法实施条例》规定,有下列情形之一的,视为投标人相互串通投标：①不同投标人的投标文件由同一单位或者个人编制；②不同投标人委托同一单位或者个人办理投标事宜；③不同投标人的投标文件载明的项目管理成员为同一人；④不同投标人的投标文件异常一致或者投标报价呈规律性差异；⑤不同投标人的投标文件相互混装；⑥不同投标人的投标保证金从同一单位或者个人的账户转出。选项 D 属于投标人相互串通投标。

69. ABDE

【解析】《招标投标法实施条例》规定,有下列情形之一的,属于招标人与投标人串通投标：①招标人在开标前开启投标文件并将有关信息泄露给其他投标人；②招标人直接或者间接向投标人泄露标底、评标委员会成员等信息；③招标人明示或者暗示投标人压低或者抬高投标报价；④招标人授意投标人撤换、修改投标文件；⑤招标人明示或者暗示投标人为特定投标人中标提供方便；⑥招标人与投标人为谋求特定投标人中标而采取的其他串通行为。选项 C 则为评标过程中根据评标办法规定而为之的合法行为,不属于招标人与投标人串通的行为。

70. ABCE

【解析】《招标投标法实施条例》规定：(1)投标人少于 3 个的,不得开标,招标人应当重新招标。投标人对开标有异议的,应当在开标现场提出,招标人应当当场作出答复,并制作记录。(2)对技术复杂、专业性强或者国家有特殊要求的招标项目,可以由招标人直接确定技术、经济等方面的评标专家。行政监督部门的工作人员不得担任本部门负责监督项目的评标委员会成员。(3)招标人应当根据项目规模和技术复杂程度等因素合理确定评标时间。超过 1/3 的评标委员会成员认为评标时间不够的,招标人应当适当延长。(4)招标项目设有标底的,招标人应当在开标时公布。标底只能作为评标的参考,不得以投标报价是否接近标底作为中标条件,也不得以投标报价超过标底上下浮动范围作为否决投标的条件。故选项 C 错误。(5)评标委员会成员应当按照招标文件规定的评标标准和方法,客观、公正地对投标文件提出评审意见。招标文件没有规定的评标标准和方法不得作为评标的依据。

71. ABD

【解析】《招标投标法实施条例》规定,有下列情形之一的,评标委员会应当否决其投标：①投标文件未经投标单位盖章和单位负责人签字；②投标联合体没有提交共同投标协议；③投标人不符合国家或者招标文件规定的资格条件；④同一投标人提交两个以上不同投标文件或者投标报价,但招标文件要求提交备选投标的除外；⑤投标报价低于成本或者高于招标文件设定的最高投标限价；⑥投标文件没有对招标文件的实质性要求和条件作出响应；⑦投标人有串通投标、弄虚作假、行贿等违法行为。标底只能作为评标的参考,不得以投标报价是否接近标底作为中标条件,故选项 C 错误。招标人不得设定最低投标限价,故选项 E 错误。

72. ACDE

【解析】《招标投标法实施条例》规定,评标委员会应当向招标人提交书面评标报告和中标候选人名单。中标候选人应当不超过3个,并标明排序。国有资金占控股或者主导地位的依法必须进行招标的项目,招标人应当确定排名第一的中标候选人为中标人。排名第一的中标候选人放弃中标、因不可抗力不能履行合同、不按照招标文件要求提交履约保证金,或者被查实存在影响中标结果的违法行为等情形,不符合中标条件的,招标人可以按照评标委员会提出的中标候选人名单排序依次确定其他中标候选人为中标人,也可以重新招标。《招标投标法》规定,在发出中标通知书之日起30日内招标人与中标人签订书面合同。因此,选项B中中标候选人的行为并不违法,也不违反招标文件的各项规定和要求。

73. AB

【解析】招标人有下列情形之一的,由有关行政监督部门责令改正,可以处10万元以下的罚款:(1)依法应当公开招标而采用邀请招标;(2)招标文件、资格预审文件的发售、澄清、修改的时限,或者确定的提交资格预审申请文件、投标文件的时限不符合招标投标法规定;(3)接受未通过资格预审的单位或者个人参加投标,故选项C错误;(4)接受应当拒收的投标文件,故选项D错误。招标人超过规定的比例收取投标保证金,由有关行政监督部门责令改正,可以处5万元以下的罚款,故选项E错误。

74. ABCD

【解析】《公路水运工程安全生产监督管理办法》第十九条:翻模、滑(爬)模等自升式架设设施,以及自行设计、组装或者改装的施工挂(吊)篮、移动模架等设施在投入使用前,施工单位应当组织有关单位进行验收,或者委托具有相应资质的检验检测机构进行验收。验收合格后方可使用。

75. BD

【解析】根据《公路水运工程安全生产监督管理办法》第二十五条可知,施工等单位应当针对工程项目特点和风险评估情况制定合同段施工专项应急预案和现场处置方案,告知相关人员紧急避险措施,并定期组织演练。

76. ABCE

【解析】《公路水运工程安全生产监督管理办法》第二十九条:勘察单位应当按照法律、法规、规章、工程建设强制性标准和合同文件进行实地勘察,针对不良地质、特殊性岩土、有毒有害气体等不良情形或者其他可能引发工程生产安全事故的情形加以说明并提出防治建议。勘察单位提交的勘察文件必须真实、准确,满足公路水运工程安全生产的需要。勘察单位及勘察人员对勘察结论负责。

77. ACDE

【解析】《公路水运工程安全生产监督管理办法》第三十条:设计单位应当按照法律、法规、规章、工程建设强制性标准和合同文件进行设计,防止因设计不合理导致生产安全事故的发生。设计单位应当考虑施工安全操作和防护的需要,对涉及施工安全的重点部位和环节在设计文件中加以注明,提出安全防范意见。依据设计风险评估结论,对存在较高安全风险的工程部位还应当增加专项设计,并组织专家进行论证。采用新结构、新工艺、新材料的工程和特殊结构工程,设计单位应当在设计文件中提出保障施工作业人员安全和预防生产安全事故的措施建议。设计单位和设计人员应当对其设计负责,并按合同要求做好安全技术交底和现场服务。

78. ACDE

【解析】《公路水运工程安全生产监督管理办法》第三十一条:监理单位应当按照法律、法规、规章、工程建设强制性标准和合同文件进行监理,对工程安全生产承担监理责任。监理单位应当审核施工项目安全生产条件,审查施工组织设计中安全措施和专项施工方案。在实施监理过程中,发现存在安全事故隐患的,应当要求施工单位整改;情节严重的,应当下达工程暂停令,并及时报告建设单位。施工单位拒不整改或者不停止施工的,监理单位应当及时向有关主管部门书面报告,并有权拒绝计量支付审核。监理单位应当如实记录安全事故隐患和整改验收情况,对有关文字、影像资料应当妥善保存。

79. ABCE

【解析】《公路水运工程安全生产监督管理办法》第三十五条:施工单位应当书面明确本单位的项目负责人,代表本单位组织实施项目施工生产。项目负责人对项目安全生产工作负有下列职责:(1)建立项目安全生产责任制,实施相应的考核与奖惩;(2)按规定配足项目专职安全生产管理人员;(3)结合项目特点,组织制定项目安全生产规章制度和操作规程;(4)组织制定项目安全生产教育和培训计划;(5)督促项目安全生产费用的规范使用;(6)依据风险评估结论,完善施工组织设计和专项施工方案;(7)建立安全预防控制体系和隐患排查治理体系,督促、检查项目安全生产工作,确认重大事故隐患整改情况;(8)组织制定本合同段施工专项应急预案和现场处置方案,并定期组织演练;(9)及时、如实报告生产安全事故并组织自救。

80. ABDE

【解析】《公路水运工程安全生产监督管理办法》第三十六条:施工单位的专职安全生产管理人员履行下列职责:(1)组织或者参与拟订本单位安全生产规章制度、操作规程,以及合同段施工专项应急预案和现场处置方案;(2)组织或者参与本单位安全生产教育和培训,如实记录安全生产教育和培训情况;(3)督促落实本单位施工安全风险管控措施;(4)组织或者参与本合同段施工应急救援演练;(5)检查施工现场安全生产状况,做好检查记录,提出改进安全生产标准化建设的建议;(6)及时排查、报告安全事故隐患,并督促落实事故隐患治理措施;(7)制止和纠正违章指挥、违章操作和违反劳动纪律的行为。

81. ABC

【解析】《公路水运工程安全生产监督管理办法》第四十五条:交通运输主管部门对公路水运工程安全生产行为的监督检查主要包括下列内容:(1)被检查单位执行法律、法规、规章及工程建设强制性标准情况;(2)本办法规定的项目安全生产条件落实情况;(3)施工单位在施工场地布置、现场安全防护、施工工艺操作、施工安全管理活动记录等方面的安全生产标准化建设推进情况。

82. ABCD

【解析】《公路水运工程安全生产监督管理办法》第四十七条:交通运输主管部门对监督检查中发现的安全问题或者安全事故隐患,应当根据情况作出如下处理:(1)被检查单位存在安全管理问题需要整改的,以书面方式通知存在问题的单位限期整改;(2)发现严重安全生产违法行为的,予以通报,并按规定依法实施行政处罚或者移交有关部门处理;(3)被检查单位存在安全事故隐患的,责令立即排除;重大事故隐患排除前或者排除过程中无法保证安全的,责令其从危险区域撤出作业人员,暂时停止施工,并按规定专项治理,纳入重点监管的失信黑名单;(4)被检查单位拒不执行交通运输主管部门依法作出的相关行政决定,有发生生产安全事故的现实危险的,在保证安全的前提下,经本部门负责人批准,可以提前24小时以书面方式通知有关单位和被检查单位,采取停止供电、停止供应民用爆炸物品等措施,强制被检查单位履行决定;(5)因建设单位违规造成重大生产安全事故的,对全部或者部分使用财政性资金的项目,可以建议相关职能部门暂停项目执行或者暂缓资金拨付;(6)督促负有直接监督管理职责的交通运输主管部门,对存在安全事故隐患整改不到位的被检查单位主要负责人约谈警示;(7)对违反本办法有关规定的行为实行相应的安全生产信用记录,对列入失信黑名单的单位及主要责任人按规定向社会公布;(8)法律、行政法规规定的其他措施。

83. ABCE

【解析】《公路水运工程安全生产监督管理办法》第四十九条:交通运输主管部门对有下列情形之一的从业单位及其直接负责的主管人员和其他直接责任人员给予违法违规行为失信记录并对外公开,公开期限一般自公布之日起12个月:(1)因违法违规行为导致工程建设项目发生一般及以上等级的生产安全责任事故并承担主要责任的;(2)交通运输主管部门在监督检查中,发现因从业单位违法违规行为导致工程建设项目存在安全事故隐患的;(3)存在重大事故隐患,经交通运输主管部门指出或者责令限期消除,但从业单位拒不采取措施或者未按要求消除隐患的;(4)对举报或者新闻媒体报道的违法违规行为,经交通运输主管部门查实的;(5)交通运输主管部门依法认定的其他违反安全生产相关法律法规的行为。

84. ABCD

【解析】《公路建设市场管理办法》第十七条:公路建设项目法人负责组织有关专家或者委托有相应工程咨询或者设计资质的单位,对施工图设计文件进行审查。施工图设计文件审查的主要内容包括:(1)是否采纳工程可行性研究报告、初步设计批复意见;(2)是否符合公路工程强制性标准、有关技术规范和规程要求;(3)施工图设计文件是否齐全,是否达到规定的技术深度要求;(4)工程结构设计是否符合安全和稳定性要求。

85. AB

【解析】《公路建设市场管理办法》第十八条:公路建设项目法人应当按照项目管理隶属关系将施工图设计文件报交通运输主管部门审批。施工图设计文件未经审批的,不得使用。第十九条:申请施工图设计文件审批应当向相关的交通运输主管部门提交以下材料:(1)施工图设计的全套文件;(2)专家或者委托的审查单位对施工图设计文件的审查意见;(3)项目法人认为需要提交的其他说明材料。

86. ABCD

【解析】《公路建设市场管理办法》第二十五条:项目施工应当具备以下条件:(1)项目已列入公路建设年度计划;(2)施工图设计文件已经完成并经审批同意;(3)建设资金已经落实,并经交通运输主管部门审计;(4)征地手续已办理,拆迁基本完成;(5)施工、监理单位已依法确定;(6)已办理质量监督手续,已落实保证质量和安全的措施。

87. ABCD

【解析】《公路建设市场管理办法》第二十六条:项目法人在申请施工许可时应当向相关的交通运输主管部门提交以下材料:(1)施工图设计文件批复;(2)交通运输主管部门对建

设资金落实情况的审计意见;(3)国土资源部门关于征地的批复或者控制性用地的批复;(4)建设项目各合同段的施工单位和监理单位名单、合同价情况;(5)应当报备的资格预审报告、招标文件和评标报告;(6)已办理的质量监督手续材料;(7)保证工程质量和安全措施的材料。

88. ABDE

【解析】《公路建设市场管理办法》第三十七条:(1)勘察、设计单位经项目法人批准,可以将工程设计中跨专业或者有特殊要求的勘察、设计工作委托给有相应资质条件的单位,但不得转包或者二次分包。(2)监理工作不得分包或者转包。第三十八条:(1)施工单位可以将非关键性工程或者适合专业化队伍施工的工程分包给具有相应资格条件的单位,并对分包工程负连带责任。允许分包的工程范围应当在招标文件中规定。分包工程不得再次分包,严禁转包。(2)任何单位和个人不得违反规定指定分包、指定采购或者分割工程。(3)项目法人应当加强对施工单位工程分包的管理,所有分包合同须经监理审查,并报项目法人备案。

89. ABCD

【解析】《公路工程建设标准管理办法》第四条:公路工程建设标准分为强制性标准和推荐性标准。下列标准属于强制性标准:(1)涉及工程质量安全、人身健康和生命财产安全、环境生态安全和可持续发展的技术要求;(2)材料性能、构造物几何尺寸等统一的技术指标;(3)重要的试验、检验、评定、信息技术标准;(4)保障公路网安全运行的统一技术标准;(5)行业需要统一控制的其他公路工程建设标准。强制性标准以外的标准是推荐性标准。

90. ABCD

【解析】《公路水运工程质量监督管理规定》第九条:建设单位应当与勘察、设计、施工、监理等单位在合同中明确工程质量目标、质量管理责任和要求,加强对涉及质量的关键人员、施工设备等方面的合同履约管理,组织开展质量检查,督促有关单位及时整改质量问题。第十条:勘察、设计单位对勘察、设计质量负责,应当按照有关规定、强制性标准进行勘察、设计,保证勘察、设计工作深度和质量。勘察单位提供的勘察成果文件应当满足工程设计的需要。设计单位应当根据勘察成果文件进行工程设计。第十一条:设计单位应当按照相关规定,做好设计交底、设计变更和后续服务工作,保障设计意图在施工中得以贯彻落实,及时处理施工中与设计相关的质量技术问题。第十七条:监理单位对施工质量负监理责任,应当按合同约定设立现场监理机构,按规定程序和标准进行工程质量检查、检测和验收,对发现的质量问题及时督促整改,不得降低工程质量标准。公路工程交工验收前,监理单位应当根据有关标准和规范要求对工程质量进行检查验证,编制工程质量评定或者评估报告,并提交建设单位。

91. ABCE

【解析】《公路水运工程质量监督管理规定》第十三条:施工单位对工程施工质量负责,应当按合同约定设立现场质量管理机构、配备工程技术人员和质量管理人员,落实工程施工质量责任制。第十四条:施工单位应当严格按照工程设计图纸、施工技术标准和合同约定施工,对原材料、混合料、构配件、工程实体、机电设备等进行检验;按规定施行班组自检、工序交接检、专职质检员检验的质量控制程序;对分项工程、分部工程和单位工程进行质量自评。检验或者自评不合格的,不得进入下道工序或者投入使用。第十五条:施工单位应当加强施工过程质量控制,并形成完整、可追溯的施工质量管理资料,主体工程的隐蔽部位施工还应当保留影像资料。对施工中出现的质量问题或者验收不合格的工程,应当负责返工处理;对在保修范围和保修期限内发生质量问题的工程,应当履行保修义务。

92. ABCD

【解析】《公路水运工程质量监督管理规定》第二十二条:交通运输主管部门或者其委托的建设工程质量监督机构依法要求建设单位按规定办理质量监督手续。建设单位应当按照国家规定向交通运输主管部门或者其委托的建设工程质量监督机构提交以下材料,办理工程质量监督手续:(一)公路水运工程质量监督管理登记表;(二)交通运输主管部门批复的施工图设计文件;(三)施工、监理合同及招投标文件;(四)建设单位现场管理机构、人员、质量保证体系等文件;(五)本单位以及勘察、设计、施工、监理、试验检测等单位对其项目负责人、质量负责人的书面授权委托书、质量保证体系等文件;(六)依法要求提供的其他相关材料。

93. ABCD

【解析】《公路水运工程质量监督管理规定》第二十九条:交通运输主管部门或者其委托的建设工程质量监督机构应当制定年度工程质量监督检查计划,确定检查内容、方式、频次以及有关要求等。监督检查的内容主要包括:(一)从业单位对工程质量法律、法规的执行情况;(二)从业单位对公路水运工程建设强制性标准的执行情况;(三)从业单位质量责任落实及质量保证体系运行情况;(四)主要工程材料、构配件的质量情况;(五)主体结构工程实体质量等情况。

94. ABDE

【解析】《公路水运工程质量监督管理规定》第三十二条:交通运输主管部门或者其委托的建设工程质量监督机构履行监督检查职责时,有权采取下列措施:(一)进入被检查单位和施工现场进行检查;(二)询问被检查单位工作人员,要求其说明有关情况;(三)要求被检查单位提供有关工程质量的文件和材料;(四)对工程材料、构配件、工程实体质量进行抽样检测;(五)对发现的质量问题,责令改正,视情节依法对责任单位采取通报批评、罚款、停工整顿等处理措施。

95. ABCD

【解析】《公路水运建设工程质量事故等级划分和报告制度》第四条:根据直接经济损失或工程结构损毁情况(自然灾害所致除外),公路水运建设工程质量事故分为特别重大质量事故、重大质量事故、较大质量事故和一般质量事故四个等级;直接经济损失在一般质量事故以下的为质量问题。

模拟试卷及参考答案

模拟试卷(一)

一、单项选择题(共80题,每题1分。每题的备选项中,只有1个最符合题意)

1. 下列特征值中,描述质量特性数据离散程度的是( )。
   A. 总体算术平均数 B. 样本算术平均数 C. 样本中位数 D. 总体标准偏差

2. 计数型一次抽样检验方案为(N,n,C),其中N为送检批的大小,n为抽检批的大小,C为合格判定数。若发现n中有d件不合格品,当( )时,则判定该送检批合格。
   A. $d=C+1$ B. $d>C+1$ C. $d>C$ D. $d\leq C$

3. 工程质量控制的统计分析方法中,可以用来系统整理分析某个质量问题与其产生原因之间关系的方法是( )。
   A. 因果分析图法 B. 相关图法 C. 排列图法 D. 直方图法

4. 根据现行《公路沥青路面施工技术规范》(JTG F40),高速公路和一级公路沥青路面不得在气温低于( )℃的情况下施工。
   A. 3   B. 5   C. 8   D. 10

5. 工程建设活动中,形成工程实体质量的决定性环节在( )阶段。
   A. 项目决策 B. 工程设计 C. 工程施工 D. 工程竣工验收

6. 工程质量控制按其实施主体不同分为自控主体和监控主体。下列单位中属于自控主体的是( )。
   A. 设计单位 B. 咨询单位 C. 监理单位 D. 建设单位

7. 工程质量控制应坚持( )的原则,即工程质量应积极主动地对影响质量的各种因素加以控制,而不是消极被动地处理出现的质量问题。
   A. 以人为核心 B. 以预防为主 C. 质量第一 D. 质量达到标准

8. 在正常使用条件下,公路工程的保修期为( )。
   A. 建设单位要求的使用年限   B. 设计文件规定的合理使用年限
   C. 一般应为自实际交工日期起计算5年   D. 一般应为自实际交工日期起计算3年

9. 用作一级公路表面层的沥青混合料用粗集料,针片状颗粒含量应不大于( )%。
   A. 20   B. 18   C. 15   D. 12

10. 二级及二级以上公路一般土质地基表层碾压处理压实度应不小于( )。
    A. 95%   B. 90%   C. 85%   D. 80%

11. 总监理工程师组织专业监理工程师审查施工单位报送的工程开工报审表及相关资料

时,不属于审查内容的是(   )。

    A. 设计交底是否已完成

    B. 施工许可证是否已办理

    C. 施工组织设计是否已由监理工程师签认

    D. 进场道路及水、电、通信等是否已满足开工要求

12. 施工组织设计是指导施工单位进行施工的实施性文件,应经(   )审核签认后方可实施。

    A. 施工项目经理   B. 总监理工程师

    C. 专业监理工程师   D. 建设单位代表

13. 项目监理机构收到施工单位报送的工程材料、构配件、设备报审表后,应重点审查工程材料、构配件、设备的(   )。

    A. 质量证明文件 B. 采购合同 C. 设计要求文件 D. 考察报告

14. 对已进场经检验不合格的工程材料,项目监理机构应要求施工单位将该批材料(   )。

    A. 就地封存   B. 重新试验检测,合格后方可使用

    C. 限期撤出施工现场   D. 降低标准使用

15. 高路堤是指路基填土最大边坡高度大于(   )m 的路堤。

    A. 15   B. 18   C. 20   D. 25

16. 项目监理机构对工程的关键部位或关键工序的施工质量进行的监督活动称为(   )。

    A. 巡视   B. 旁站   C. 见证   D. 检验

17. 项目监理机构发现施工单位未按审查通过的工程设计文件施工的,总监理工程师应(   )。

    A. 签发监理通知单   B. 签发工作联系单

    C. 签发工程暂停令   D. 提交监理报告

18. 根据《公路工程质量检验评定标准 第一册 土建工程》(JTG F80/1—2017),在合同段中,具备独立施工条件和结构功能的工程可划分为(   )。

    A. 单项工程 B. 分部工程 C. 单位工程 D. 子分部工程

19. 分部工程质量检验评定应由(   )组织相关人员进行。

    A. 总监理工程师 B. 驻地监理工程师 C. 建设单位代表 D. 施工项目经理

20. 评定为不合格的分项工程,施工单位采取返工、加固、补强等整改措施,满足设计要求后,该分项工程应(   )进行检验评定。

    A. 重新   B. 协商后   C. 经检测鉴定后   D. 在设计单位到场后

21. 施工现场发生工程质量事故后,项目监理机构应及时(   )并要求施工单位采取措施按相关程序进行处理。

    A. 签发监理通知单   B. 签发工程暂停令

    C. 通知设计单位   D. 报告政府主管部门

22. 明洞拱背回填应在外模拆除、防水层和排水盲管施工完成后进行。机械回填时,拱圈混凝土强度应不小于设计强度。

A. 不小于设计强度的75% B. 不小于设计强度的85%
C. 不小于设计强度 D. 不小于设计强度的80%

23. 为确保工程质量事故处理效果,凡涉及结构承载力等使用安全和其他重要性能的处理工作,通常还需进行必要的(　　)工作。
   A. 方案比较　　B. 试验和检验鉴定　　C. 专家论证　　D. 定期观测

24. 下列费用中,属于工程建设其他费用的是(　　)。
   A. 设备购置费　　B. 建设期贷款利息　　C. 基本预备费　　D. 勘察设计费

25. 下列项目监理机构施工阶段投资控制的措施中,属于技术措施的是(　　)。
   A. 审核承包人编制的施工组织设计　　B. 复核工程付款账单,签发付款证书
   C. 审核竣工结算　　D. 编制施工阶段投资控制工作计划

26. 下列费用中,属于建筑安装工程费中检验试验费的是(　　)。
   A. 对构件进行一般鉴定、检查所发生的费用
   B. 新材料的试验费
   C. 建设单位委托检测机构进行检验的费用
   D. 对构件进行破坏性试验的费用

27. 建筑安装工程费中工伤保险费的计算基数是(　　)。
   A. 直接费　　B. 人工费
   C. 人工费和机械费之和　　D. 人工费和材料费之和

28. 下列费用中,属于建设单位管理费的是(　　)。
   A. 拆迁补偿费　　B. 工程招标费
   C. 环境影响评价费　　D. 工程保险费

29. 对监理检查发现的施工质量问题或严重的质量隐患,项目监理机构通过指令性文件向施工单位发出指令以控制工程质量。下列文件中,属于指令性文件的是(　　)。
   A. 监理通知单　　B. 监理工程师函
   C. 施工例会纪要　　D. 协调事项备忘录

30. 施工单位采购的某类钢材分多批次进场时,对钢材总体按不同批次分为 R 群,从中随机抽取群,而后在中选的 r 群中的 M 个个体中随机抽取 m 个个体,该抽样检验方式属于(　　)。
   A. 分层随机抽样　　B. 系统随机抽样　　C. 简单随机抽样　　D. 多阶段抽样

31. 在质量管理排列图中,对应于累计频率曲线80%~90%部分的,属于(　　)影响因素。
   A. 一般　　B. 次要　　C. 主要　　D. 其他

32. 将收集到的质量数据进行分组整理,分析质量波动状况时,可通过绘制(　　)进行观察判断。
   A. 直方图　　B. 排列图　　C. 管理图　　D. 相关图

33. 某工程进度计划执行过程中,发现某工作出现进度偏差,但该偏差未影响总工期,则说明该项工作的进度偏差(　　)。
   A. 大于该工作的总时差　　B. 小于该工作的总时差

C. 大于该工作的自由时差　　　　　　D. 小于该工作的自由时差

34. 在单位工程施工进度计划编制过程中,需要在计算劳动量和机械台班数之前完成的工作是(　　)。
    A. 划分工作项目　　　　　　　　　B. 落实项目开工日期
    C. 确定工作项目的持续时间　　　　D. 编制资源供应计划

35. 项目监理机构对施工总进度计划审查的基本要求是(　　)。
    A. 满足施工计划工期　　　　　　　B. 施工材料和设备供应合同已签订
    C. 施工顺序的安排符合搭接要求　　D. 主要工程项目无遗漏

36. 通过缩短某些工作的持续时间调整施工进度计划时,其主要特点是(　　)。
    A. 在非关键线路上缩短工作持续时间　B. 采用平行作业方式加快施工进度
    C. 不改变工作之间的先后顺序关系　　D. 保持网络计划中关键工作不变

37. 项目监理机构批准工程延期的基本原则是(　　)。
    A. 项目监理机构对施工现场进行了详细调查和分析
    B. 延期事件发生在非关键线路上,且延长的时间未超过总时差
    C. 工作延长的时间超过其相应总时差,且由承包单位自身原因引起
    D. 延期事件是由承包单位自身以外的原因造成

38. 建设工程进度计划的编制程序中,属于计划准备阶段应完成的工作是(　　)。
    A. 分析工作之间的逻辑关系　　　　B. 计算工作持续时间
    C. 进行项目分解　　　　　　　　　D. 确定进度计划目标

39. 在有足够工作面的前提下,组织(　　)时,施工工期最短。
    A. 顺序施工　　B. 平行施工　　C. 流水施工　　D. 分包施工

40. 流水强度是指某专业工作队在(　　)。
    A. 一个施工段上所完成的工程量　　B. 单位时间内所完成的工程量
    C. 一个施工段上所需资源的数量　　D. 单位时间内所需某种资源的数量

41. 某分部工程由4个施工过程(Ⅰ、Ⅱ、Ⅲ、Ⅳ)组成,分为6个施工段。流水节拍均为3天,无组织间歇时间和工艺间歇时间,但施工过程Ⅳ需提前1天插入施工,该分部工程的工期为(　　)天。
    A. 21　　　　B. 24　　　　C. 26　　　　D. 27

42. 根据网络计划时间参数计算得出的工期称为(　　)。
    A. 要求工期　　B. 计划工期　　C. 计算工期　　D. 合同工期

43. 工作的总时差是指在不影响(　　)的前提下,本工作所具有的机动时间。
    A. 本工作最早完成时间　　　　　　B. 紧后工作最早完成时间
    C. 网络计划总工期　　　　　　　　D. 紧后工作最早开始时间

44. 当本工作有紧后工作时,其自由时差等于所有紧后工作最早开始时间与本工作(　　)。
    A. 最早开始时间之差的最大值　　　B. 最早开始时间之差的最小值
    C. 最早完成时间之差的最大值　　　D. 最早完成时间之差的最小值

45. 某工程双代号网络计划如图所示,其中E工作的最早开始时间和最迟开始时

间为( )天。

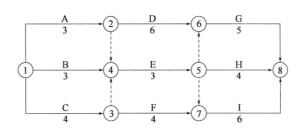

A. 3 和 5　　　　B. 3 和 6　　　　C. 4 和 5　　　　D. 4 和 6

46. 网络计划工期优化方法中,通过压缩关键工作的持续时间来达到优化目标的前提是( )。

　　A. 计算工期不满足计划工期　　　　B. 不改变各项工作之间的逻辑关系
　　C. 计划工期不满足计算工期　　　　D. 将关键工作压缩成非关键工作

47. 某工程双代号网络计划如下图所示,其关键工作有( )。

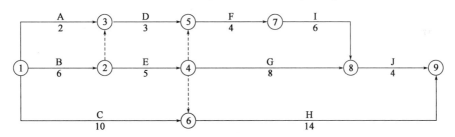

　　A. 工作 B、E、F、I　　B. 工作 A、D、F、I、J　　C. 工作 B、E、G　　D. 工作 G、H

48. 沥青混凝土的压实层最大厚度不宜大于( )mm,否则压实质量难以保证。

　　A. 5　　　　B. 10　　　　C. 15　　　　D. 20

49. 某建设项目从银行贷款 2000 万元,年利率 8%,每季度复利一次,则该贷款的年实际利率为( )。

　　A. 7.76%　　　B. 8.00%　　　C. 8.24%　　　D. 8.56%

50. 下列投资方案经济评价指标中,属于偿债能力指标的是( )。

　　A. 资本金净利润率　B. 投资回收期　C. 利息备付率　D. 内部收益率

51. 某项目期初投资额为 500 万元,此后自第 1 年年末开始每年年末的作业费用为 40 万元,方案的寿命期为 10 年。10 年后的净残值为零。若基准收益率为 10%,则该项目总费用的现值是( )万元。

　　A. 746.14　　　B. 834.45　　　C. 867.58　　　D. 900.26

52. 某建设项目,第 1~3 年每年年末投入建设资金 500 万元,第 4~8 年每年年末获得利润率 800 万元,则该项目的静态投资回收期为( )年。

　　A. 3.87　　　B. 4.88　　　C. 4.90　　　D. 4.96

53. 价值工程中的全寿命周期费用是指( )。

　　A. 生产过程中发生的全部成本

343

B. 从开始使用至报废过程中发生的费用总和

C. 产品存续期的总成本

D. 生产费用、使用费用及维护费用之和

54. 根据功能重要程度选择价值工程对象的方法称为(　　)。
　　A. 因素分析法　　B. ABC 分析法　　C. 强制确定法　　D. 价值指数法

55. 某产品的目标成本为 2000 元。该产品某零部件的功能重要性系数是 0.32,若现实成本为 800 元,则该零部件成本需要降低(　　)元。
　　A. 160　　　　　B. 210　　　　　C. 230　　　　　D. 240

56. 下列费用项目中,不作为竞争性费用的是(　　)。
　　A. 夜间施工增加费　　　　　　B. 冬季、雨季施工增加费
　　C. 安全生产费　　　　　　　　D. 二次搬运费

57. 采用可调总价合同时,发包方承担了(　　)风险。
　　A. 实物工程量　　B. 成本　　　C. 工期　　　D. 通货膨胀

58. 根据《公路工程标准施工招标文件》(2018 年版),监理人应在收到承包人提交的工程量报表后(　　)天内,完成对工程量报表的审核并发送发包人。
　　A. 7　　　　　B. 14　　　　　C. 21　　　　　D. 28

59. 某工程原定 2018 年 9 月 20 日交工,因承包人原因,致使工程延至 2018 年 10 月 20 日交工。但在 2018 年 10 月因法规变化导致工程造价增加 120 万元,工程合同价款应(　　)。
　　A. 调增 60 万元　　B. 调增 90 万元　　C. 调增 120 万元　　D. 不予调整

60. 某工程在施工过程中,因不可抗力造成在建工程损失 16 万元,承包方受伤人员医药费 4 万元,施工机具损失 6 万元,施工人员窝工费 2 万元,工程清理修复费 4 万元。承包人及时向项目监理机构索赔申请,并附有相关证明材料。则项目监理机构应批准的补偿金额为(　　)万元。
　　A. 20　　　　　B. 22　　　　　C. 24　　　　　D. 32

61. 最常用的计算索赔费用的方法是(　　)。
　　A. 总费用法　　B. 修正的总费用法　　C. 关键线路法　　D. 实际费用法

62. 某工程施工至 2019 年 12 月底,经分析,已完成工作预算投资为 100 万元;已完成工作实际投资为 115 万元;计划工程预算投资为 110 万元。则该工程的进度偏差为(　　)。
　　A. 超前 15 万元　　B. 延误 15 万元　　C. 超前 10 万元　　D. 延误 10 万元

63. 在建设工程实施过程中,影响工程进度的组织管理因素是(　　)。
　　A. 临时停水、停电
　　B. 合同签订时遗漏条款或表达失当
　　C. 施工设备不配套、选型失当
　　D. 未考虑设计在施工中实现的可能性

64. 某新建一级公路路基施工中,对其中的一段路基压实度进行检查,每个测点压实度(%)检测结果如下:96.4、95.4、93.5、97.3、96.3、95.8、95.9、96.7、95.3、95.6、97.6、95.8、96.8、95.7、96.1、96.3、95.1、95.5、97.0、95.3,压实度标准值 $K_0=96\%$,按规定采用的保证率为 95%,则该评定路段压实度代表值为(　　)。

A.95.82%　　　　B.95.32%　　　　C.95.62%　　　　D.95%

65. 在建设工程进度控制计划体系中,属于设计单位计划系统的是( )。
    A. 分部项目工程进度计划　　　　B. 阶段性设计进度计划
    C. 工程项目年度计划　　　　　　D. 年度建设资金计划

66. 利用横道图表示工程进度计划的主要特点是( )。
    A. 能够反映工作所具有的机动时间　　B. 能够明确表达各项工作之间的逻辑关系
    C. 形象直观,易于编制理解　　　　　D. 能方便地利用计算机进行计算和优化

67. 关于工程质量影响因素的说法,错误的是( )。
    A. 加强环境管理,改进作业条件,是控制环境对质量影响的重要保证
    B. 工程所用施工机具设备,其产品质量优劣直接影响工程使用功能质量
    C. "人"指所有与工程施工相关的决策者、管理者和作业者
    D. 工程材料是工程施工的物质条件

68. 监理工程师在工程质量控制中,应遵循质量第一、预防为主、坚持质量标准、( )的原则。
    A. 以人为核心　　　　　　B. 质量进度并重
    C. 提高质量效益　　　　　D. 减少质量损失

69. 在建设工程管理中,( )自始至终是建设工程管理的主导者和责任人。
    A. 政府部门　　　　　　　B. 工程施工承包单位
    C. 建设单位　　　　　　　D. 工程监理单位

70. 某双车道公路隧道,其围岩级别为Ⅰ~Ⅲ。根据该隧道围岩条件,可选择开挖断面适宜的开挖方法为( )。
    A. 全断面法　　　　　　　B. 长台阶法
    C. 中隔壁法　　　　　　　D. 环形开挖留核心土法

71. 预应力筋采用应力控制方法张拉时,应以伸长值进行校核。实际伸长值与理论伸长值的差值应符合设计规定;设计未规定时,其偏差应控制在( )以内,否则应暂停张拉。
    A. ±2%　　　　B. ±4%　　　　C. ±6%　　　　D. ±8%

72. 根据《建设工程质量管理条例》,关于监理单位质量责任的说法中错误的是( )。
    A. 不得转让工程监理业务
    B. 代表建设单位对工程质量实施监理,并对工程质量承担监理责任
    C. 应与监理分包单位共同向建设单位承担责任
    D. 工程监理单位应按其资质等级许可的范围承担工程监理业务

73. 在工程质量控制方面,项目监理机构发现施工存在质量问题的,或施工单位采用不适当的施工工艺,或施工不当,造成工程质量不合格的,应当( )。
    A. 签发监理联系单　　　　B. 签发监理通知单
    C. 签发工程暂停令　　　　D. 提交监理报告

74. 根据《公路工程质量检验评定标准　第一册　土建工程》(JTG F80/1—2017),工程工程质量检验评定的最小单位是( )。
    A. 分项工程　　B. 单位工程　　C. 分部工程　　D. 单项工程

75. 分部工程的划分应按( )确定。
    A. 施工工艺、设备类别   B. 主要工种、材料
    C. 专业类别和工程规模   D. 路段长度、结构部位

76. 某一级公路工程由于施工现场管理混乱,质量问题频发,最终导致在建的一座中桥主体结构倒塌,则该起质量事故属于( )。
    A. 特别重大事故   B. 较大事故
    C. 重大事故   D. 一般事故

77. 质量事故技术处理方案一般由( )提出。
    A. 施工单位   B. 设计单位
    C. 建设单位   D. 监理单位

78. 某钢筋混凝土结构工程的框架柱表面出现局部蜂窝麻面,经调查分析,其承载力满足设计要求,则对该框架柱表面质量问题一般的处理方式是( )。
    A. 加固处理   B. 修补处理
    C. 返工处理   D. 不作处理

79. 在生产性建设工程中,( )投资主要表现为其他部门创造的价值向建设工程中的转移,但这部分投资是建设工程投资中的积极部分。
    A. 建筑安装工程费   B. 设备费
    C. 工程建设其他费   D. 基本预备费

80. 在建设项目中,凡是具有独立的设计文件,竣工后可以独立发挥生产能力或工程效益的工程,称为( )。
    A. 分项工程   B. 分部工程
    C. 单位工程   D. 单项工程

二、多项选择题(共40题,每题2分。每题的备选项中,有2个或2个以上符合题意,至少有1个错项。错选,本题不得分;少选,所选的每个选项得0.5分)

81. 公路工程交工验收应当具备的条件有( )。
    A. 合同约定的各项内容已完成
    B. 有施工单位签署的工程保修书
    C. 竣工文件已按交通运输部规定的内容编制完成
    D. 有勘察、设计、监理单位共同签署的质量合格文件
    E. 监理工程师对工程质量的评定合格

82. 描述数据集中趋势的特征值有( )。
    A. 极差   B. 算术平均数
    C. 标准偏差   D. 中位数
    E. 变异系数

83. 当质量控制图同时满足( )时,可以认为生产过程基本上处于稳定状态。
    A. 点子几乎全部落在控制界限之内   B. 点子分布出现链
    C. 点子多次同侧   D. 点子排列有趋势或倾向

E.控制界限内的点子排列没有缺陷

84.在施工质量验收过程中,要对涉及结构安全的( )实行见证取样检测。
  A.工程材料			B.设备的预埋件
  C.试块			D.试件
  E.结构工程

85.沥青层用粗集料包括碎石、破碎砾石、筛选砾石、钢渣、矿渣等,但高速公路和一级公路不得使用( )。
  A.碎石			B.筛选砾石
  C.破碎砾石			D.钢渣
  E.矿渣

86.旁站监理人员的主要职责包括( )。
  A.检查施工单位现场质检人员到岗情况
  B.在现场监督施工执行工程建设强制性标准情况
  C.在现场对建筑材料、设备进行复验
  D.做好旁站记录,保存旁站原始资料
  E.核查进场建筑材料、构配件、设备和商品混凝土的质量检验报告

87.根据《公路工程质量检验评定标准 第一册 土建工程》(JTG F80/1—2017),分项工程质量检验评定合格应满足的条件有( )。
  A.检验记录应完整			B.具有总监理工程师的现场验收证明
  C.实测项目应合格			D.外观质量应满足要求
  E.具有完全的质量检查记录

88.下列工程质量问题中,可不做处理的有( )。
  A.不影响结构安全和正常使用的质量问题
  B.经过后续工序可以弥补的质量问题
  C.质量问题经法定检测单位鉴定为合格
  D.存在一定的质量缺陷,若处理则影响工期的质量问题
  E.出现的质量问题,经原设计单位核算,仍能满足结构安全和使用的功能

89.下列施工企业支出的费用项目中,属于建筑安装工程企业管理费的有( )。
  A.技术开发费			B.材料采购及保管费
  C.印花税			D.已完工程及设备保护费
  E.财产保险费

90.根据《公路工程建设项目概算预算编制办法》(JTG 3830—2018)的规定,建筑安装工程费中的材料费包括( )。
  A.材料运杂费			B.安拆费及场外运费
  C.运输损耗费			D.检验试验费
  E.采购及保管费

91.包含在企业管理费中的税金包括国家税法规定应缴纳的( )。
  A.增值税			B.所得税

C. 营业税　　　　　　　　　　　D. 城市维护建设税
E. 教育费附加

92. 要有效地控制项目投资,应从( )等多方面采取措施。
A. 信息管理　　　　　　　　　　B. 文化
C. 政治　　　　　　　　　　　　D. 技术
E. 合同

93. 在价值工程活动中,通过分析求得某评价对象的价值系数 V 后,对该评价对象可采取的策略是( )。
A. $V=1$ 时,无须改进
B. $V<1$ 时,提高成本或删除过剩功能
C. $V<1$ 时,降低成本或提高功能水平
D. $V>1$ 时,降低成本或提高功能水平
E. $V>1$ 时,提高成本或删除不必要的功能

94. 对承包人而言,施工图预算是( )的依据。
A. 确定投标报价　　　　　　　　B. 控制施工成本
C. 进行贷款　　　　　　　　　　D. 编制工程概算
E. 进行施工准备

95. 关于投标价格编制原则的说法中,正确的有( )。
A. 投标价应由投标人编制
B. 投标人的投标报价不得低于标底
C. 投标人应依据行业部门的相关规定自主确定投标报价
D. 执行工程量清单招标的,投标人必须按招标工程量清单填报价格
E. 投标人的投标报价高于招标控制价的应予废标

96. 下列工程项目中,适合采用成本加酬金合同的有( )。
A. 抢险、救灾工程
B. 工程结构简单的工程
C. 工程量小、工期短的工程
D. 招投标阶段工程范围无法界定,缺少工程的详细说明,无法准确估价
E. 工程量一时不能明确、具体地予以规定的工程

97. 在工程实践中,影响合同计价方式选择的因素有( )。
A. 项目的复杂程度　　　　　　　B. 工程设计工作的深度
C. 工程施工的难易程度　　　　　D. 工程进度要求的紧迫程度
E. 业主、监理单位、承包商之间的信任程度

98. 当实际工程量与估计工程量没有实质性差别时,工程量变动风险由承包方承担的合同形式包括( )。
A. 固定总价合同　　　　　　　　B. 纯单价合同
C. 可调总价合同　　　　　　　　D. 成本加固定金额酬金合同
E. 成本加固定百分率酬金合同

99. 下列关于公路机电工程分项工程抽样检查频率说法,正确的有( )。
   A. 施工单位自检为100%
   B. 监理单位抽检不低于30%
   C. 检测单位交工质量检测不低于30%
   D. 竣工质量鉴定不低于10%
   E. 测点数应不少于5个,当测点数少于5个时,应全部检查

100. 下列属于产生投资偏差的设计原因有( )。
   A. 图纸提供不及时   B. 协调不佳
   C. 施工方案不当   D. 材料涨价
   E. 设计标准变化

101. 为了确保建设工程进度控制目标的实现,可采取的合同措施包括( )。
   A. 推行CM承发包模式,对建设工程实行分段设计、分段发包和分段施工
   B. 严格控制合同变更,对各方提出的工程变更和设计变更,监理工程师应严格审查后再补入合同文件之中
   C. 加强合同管理,协调合同工期与进度计划之间的关系
   D. 加强索赔管理,公正地处理索赔
   E. 建立进度计划,检查分析制度

102. 由于建设工程规模庞大、工程结构与工艺技术复杂,影响建设工程进度的不利因素也会有很多,下列属于施工技术因素的是( )。
   A. 设计有缺陷
   B. 施工工艺错误
   C. 复杂的工程地质条件
   D. 不可靠技术的应用
   E. 施工安全措施不当

103. 在组织流水施工时,确定流水节拍应考虑的因素有( )。
   A. 施工段数目
   B. 所采用的施工方法和施工机械
   C. 专业工作队的工作班次
   D. 相邻两个施工过程相继开始施工的最小间隔时间
   E. 在工作面允许的前提下投入施工的工人数和机械台班数量

104. 流水施工的表达方式除网络图外,主要还有横道图和垂直图两种,其中垂直图表示法的优点有( )。
   A. 施工过程及其先后顺序表达清楚
   B. 编制实际工程进度计划方便
   C. 时间和空间状况形象直观
   D. 可以找出关键线路和关键工作
   E. 斜向进度线的斜率可以直观地表示出各施工过程的进展速度

105. 某分部工程双代号网络计划如下图所示,其作图的错误有( )。

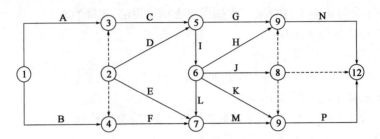

A. 多个起点节点　　　　　　　　B. 多个终点节点
C. 节点编号有误　　　　　　　　D. 存在循环回路
E. 有多余虚工作

106. 某工程双代号时标网络计划执行到第 6 周末和第 11 周末时,检查其实际进度如下图前锋线所示,检查结果表明(　　)。

A. 第 6 周末检查时,工作 A 拖后 1 周,不影响总工期
B. 第 6 周末检查时,工作 E 提前 1 周,不影响总工期
C. 第 6 周末检查时,工作 C 提前 1 周,预计总工期缩短 1 周
D. 第 11 周末检查时,工作 G 拖后 1 周,不影响总工期
E. 第 11 周末检查时,工作 H 提前 1 周,预计总工期缩短 1 周

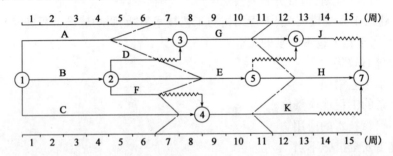

107. 当施工进度计划初始方案编制好后,需要对其进行检查与调整,以便使进度计划更加合理,进度计划检查的主要内容包括(　　)。

A. 总工期是否满足合同约定
B. 一般机具、材料等的利用是否均衡和充分
C. 主要机具、材料等的利用是否均衡和充分
D. 主要工种的工人是否能满足连续、均衡施工的要求
E. 各工作项目的施工顺序、平行搭接和技术间歇是否合理

108. 工程实际进度偏差影响到总工期时,可采用(　　)等方法调整进度计划。

A. 缩短某些关键工作的持续时间　　B. 将顺序作业改为搭接作业
C. 增加劳动力,提高劳动效率　　　　D. 保证资源的供应
E. 将顺序作业改为平行作业

109. 施工阶段进度控制目标体系可按(　　)进行分解。

A. 计划期　　　　　　　　　　　B. 年度投资计划
C. 施工阶段　　　　　　　　　　D. 项目组成

E. 设计图纸交付顺序

110. 调整施工进度计划时,为了缩短某些工作的持续时间,通常可采取的组织措施有(　　)。
   A. 实行包干奖励制度　　　　　　B. 缩短工艺技术间歇时间
   C. 增加工作面和增加施工队伍　　D. 增加施工机械的数量
   E. 改善外部配合条件

111. 在工程延期审批过程中,项目监理机构应完成的工作内容有(　　)。
   A. 在合同约定的有效期内提交详细的申述报告
   B. 在工程延期事件发生后立即展开调查核实
   C. 在最短的时间范围内提交工程延期意向通知
   D. 在作出工程延期批准前与相关方面进行协商
   E. 在工程延期批准后向建设单位提交完整的详情报告

112. 下列方法中,可以用于价值工程方案创造的有(　　)。
   A. 功能成本法　　　　　　B. 头脑风暴法
   C. 哥顿法　　　　　　　　D. 功能指数法
   E. 专家意见法

113. 下列方法中,可以用于编制施工图预算的有(　　)。
   A. 定额单价法　　　　　　B. 工程量清单单价法
   C. 扩大单价法　　　　　　D. 实物量法
   E. 综合单价法

114. 下列费用中,承包人可以获得发包人补偿的有(　　)。
   A. 承包人为保证混凝土质量选用高强度等级水泥而增加的材料费
   B. 现场承包人仓库被盗而损失的材料费
   C. 非承包人责任的工程延期导致的材料价格上涨费
   D. 设计变更增加的材料费
   E. 冬季、雨季施工增加的材料费

115. 工程计量时,监理人应予计量的工程量有(　　)。
   A. 承包人超出设计图纸和设计文件要求所增加的工程量
   B. 工程量清单中的工程量
   C. 有缺陷工程的工程量
   D. 工程变更导致增加的工程量
   E. 承包人原因导致返工的工程量

116. 发包人向承包人的索赔包括(　　)。
   A. 工期延误的索赔　　　　　B. 工程变更引起的索赔
   C. 对超额利润的索赔　　　　D. 加速施工的索赔
   E. 发包人合理终止合同的索赔

117. 建设工程进度控制的技术措施有(　　)。
   A. 建立进度协调会议制度　　　　　　B. 及时办理工程预付款及进度款支付手续

351

C. 审查承包人提交的进度计划　　　　D. 编制进度控制工作细则

E. 严格控制合同变更

118. 表达流水施工在时间安排上所处状态的参数有(　　)。

A. 流水段　　　　　　　　　　　B. 流水强度

C. 流水节拍　　　　　　　　　　D. 流水步距

E. 流水施工工期

119. 非节奏流水施工的特点有(　　)。

A. 专业工作队数不等于施工过程数

B. 相邻施工过程的流水步距不尽相等

C. 各施工过程在各施工段的流水节拍不全相等

D. 施工段之间无空闲时间

E. 各专业工作队能够在施工段上连续作业

120. 建筑安装工程费中的安全生产费包括(　　)。

A. 完善、改造安全设施费　　　　B. 冬雨期施工增加费

C. 施工安全风险评估费　　　　　D. 夜间施工增加费

E. 特殊地区施工增加费

模拟试卷(一)参考答案

一、单项选择题

1. D

【解析】标准差值小说明分布集中程度高,离散程度小,均值对总体(样本)的代表性好;标准差的平方是方差,有鲜明的数理统计特征,能确切说明数据分布的离散程度和波动规律,是最常用的反映数据变异程度的特征值。

2. D

【解析】一次抽样检验是最简单的计数检验方案,通常用(N,n,C)表示。即从批量为N的交验产品中随机抽取n件进行检验,并且预先规定一个合格判定数C。如果发现n中有d件不合格品,当$d \leq C$时,则判定该批产品合格;当$d > C$时,则判定该批产品不合格。

3. A

【解析】因果分析图法是利用因果分析图来系统整理分析某个质量问题(结果)与其产生原因之间关系的有效工具。相关图又称散布图,在质量控制中是用来显示两种质量数据之间关系的一种图形。排列图法是利用排列图寻找影响质量主次因素的一种有效方法。直方图法即频数分布直方图法,它是将收集到的质量数据进行分组整理,绘制成频数分布直方图,用以描述质量分布状态的一种分析方法,所以又称质量分布图法。

4. D

【解析】《公路沥青路面施工技术规范》(JTG F40—2004)第1.0.4条规定,沥青路面施工必须有施工组织设计,并保证合理的施工工期。沥青路面不得在气温低于10℃(高速公路和一级公路)或5℃(其他等级公路),以及雨天、路面潮湿的情况下施工。

5. C

【解析】工程建设的不同阶段,对工程项目质量的形成起着不同的作用和影响。项目决策阶段对工程质量的影响主要是确定工程项目应达到的质量目标和水平。工程设计质量是决定工程质量的关键环节。在一定程度上,工程施工是形成实体质量的决定性环节。工程竣工验收对质量的影响是保证最终产品的质量。

6. A

【解析】工程质量控制按其实施主体不同,分为自控主体和监控主体。建设单位、咨询单位、工程监理单位都属于监控主体;勘察设计单位、施工单位属于自控主体。

7. B

【解析】项目监理机构在工程质量控制过程中,应遵循以下原则:①坚持质量第一的原则;②坚持以人为核心的原则;③坚持以预防为主的原则;④以合同为依据,坚持质量标准的原则;⑤坚持科学、公平、守法的职业道德规范。工程质量控制应该是积极主动的,应事先对影响质量的各种因素加以控制,而不能是消极被动地,等出现质量问题再进行处理,以免造成不必要的损失。所以,要重点做好质量的事先控制和事中控制,以预防为主,加强过程和中间产品的质量检查和控制。

8. C

【解析】《公路工程标准施工招标文件》(2018年版)规定,公路工程质量保修期一般应为自实际交工日期起计算5年。

9. C

【解析】《公路沥青路面施工技术规范》(JTG F40—2004)表4.8.2中规定,用作高速公路及一级公路表面层的沥青混合料用粗集料,针片状颗粒含量不大于15%,其他层次不大于18%。

10. B

【解析】《公路路基施工规范》(JTG/T 3610—2019)规定,二级及二级以上公路一般土质的压实度应不小于90%;三、四级公路应不小于85%,低路堤应对地基表层土进行超挖、分层回填压实,其处理深度应不小于路床厚度。

11. B

【解析】在工程开始前,施工单位应做好施工准备工作,待开工条件具备时,应向项目监理机构报送工程开工报审表及相关资料。监理工程师重点审查施工单位的施工组织设计是否已由总监理工程师签认,是否已建立相应的现场质量、安全生产管理体系,管理及施工人员是否已到位,主要施工机械是否已具备使用条件,主要工程材料是否已落实到位。设计交底是否已完成;进场道路及水、电、通信等是否已满足开工要求。审查合格后,则由总监理工程师签署审核意见,并报建设单位批准后,总监理工程师签发开工令。否则,施工单位应进一步做好施工准备,待条件具备时,再次报送工程开工报审表。

12. B

【解析】施工组织设计是指导施工单位进行施工的实施性文件。项目监理机构应审查施工单位报审的施工组织设计,符合要求时,应由总监理工程师签认后报建设单位。项目监理机构应要求施工单位按已批准的施工组织设计组织施工。

13. A

【解析】项目监理机构收到施工单位报送的工程材料、构配件、设备报审表后,应审查施工单位报送的用于工程的材料、构配件、设备的质量证明文件,并应按有关规定,对用于工程的材料进行抽样检验。

14. C

【解析】用于工程的材料、构配件、设备的质量证明文件包括出厂合格证、质量检验报告、性能检测报告,以及施工单位的质量抽检报告等。对于工程设备,应同时附有设备出厂合格证、技术说明书、质量检验证明、有关图纸、配件清单及技术资料等。对已进场经检验不合格的工程材料、构配件、设备,监理机构应要求施工单位限期将其撤出施工现场。

15. C

【解析】根据《公路路基施工技术规范》(JTG/T 3610—2019),高路堤是指路基填土最大边坡高度大于20m的路堤。

16. B

【解析】巡视是项目监理机构对施工现场进行的定期或不定期的检查活动,是项目监理机构对工程实施建设监理的方式之一。旁站是指项目监理机构对工程的关键部位或关键工序的施工质量进行的监督活动。见证取样是指项目监理机构对施工单位进行的涉及结构安全的试块、试件及工程材料现场取样、封样、送检工作的监督活动。平行检验是指项目监理机构在施工单位自检的同时,按有关规定对同一检验项目进行的检测试验活动。

17. C

【解析】项目监理机构发现下列情形之一时,总监理工程师应及时签发工程暂停令:①建设单位要求暂停施工且工程需要暂停施工的;②施工单位未经批准擅自施工或拒绝项目监理机构管理的;③施工单位未按审查通过的工程设计文件施工的;④施工单位违反工程建设强制性标准的;⑤施工存在重大质量、安全事故隐患或发生质量、安全事故的。

18. C

【解析】《公路工程质量检验评定标准 第一册 土建工程》(JTG F80/1—2017)规定:①单位工程:在合同段中,具有独立施工条件和结构功能的工程为单位工程。②分部工程:在单位工程中,按路段长度、结构部位及施工特点等划分的工程为分部工程。③分项工程:在分部工程中,根据施工工序、工艺或材料等划分的工程为分项工程。

19. B

【解析】《公路工程施工监理规范》(JTG G10—2016)规定,分项工程由监理驻地办组织施工单位进行质量检验评定;分部工程由监理驻地办组织监理人员进行质量检验评定;单位工程由总监办组织监理人员进行质量检验评定。

20. A

【解析】《公路工程质量检验评定标准 第一册 土建工程》(JTG F80/1—2017)规定,评定为不合格的分项工程、分部工程,经返工、加固、补强或调测,满足设计要求后,可重新进行检验评定。

21. B

【解析】工程质量事故发生后,总监理工程师应签发工程暂停令,要求暂停质量事故部位和与其有关联部位的施工,要求施工单位采取必要的措施,防止事故扩大并保护好现场。同时,要求质量事故发生单位迅速按类别和等级向相应的主管部门上报。

22. C

【解析】《公路隧道施工技术规范》(JTG/T 3660—2020)第6.2.4条规定,明洞拱背回填应在外模拆除、防水层和排水盲管施工完成后进行。人工回填时,拱圈混凝土强度应不小于设计强度的75%。机械回填时,拱圈混凝土强度应不小于设计强度。

23. B

【解析】为确保工程质量事故的处理效果,凡涉及结构承载力等使用安全和其他重要性能的处理工作,通常需做必要的试验和检验鉴定工作。

24. D

【解析】工程建设其他费包括:①建设项目管理费;②研究试验费;③建设项目前期工作费;④专项评价(估)费;⑤联合试运转费;⑥生产准备费;⑦工程保通管理费;⑧工程保险

费;⑨其他相关费用。勘察设计费包含在建设项目前期工作费中。设备购置费属于建筑安装工程费的组成部分。建设期贷款利息属于工程总投资的组成部分。

25. A

【解析】 项目监理机构在施工阶段投资控制采取的技术措施主要包括:①对设计变更进行技术经济比较,严格控制设计变更;②继续寻找通过设计挖潜节约投资的可能性;③审核承包人编制的施工组织设计,对主要施工方案进行技术经济分析。

26. A

【解析】 建筑安装工程费中施工辅助费包含检验试验费。检验试验费是指施工企业按照有关标准规定,对建筑及材料、构件和建筑安装工程进行一般鉴定、检查所发生的费用,包括自设试验室进行试验所耗用的材料和化学药品等的费用,以及技术革新和研究试验费。不包括新结构、新材料的试验费,对构件做破坏性试验及其他特殊要求检验试验的费用和建设单位委托检测机构进行检测的费用,对此类检测发生的费用,由建设单位在工程建设其他费用中列支。

27. B

【解析】 社会保险费和住房公积金应以人工费为计算基数,根据工程所在地省、自治区、直辖市或行业建设主管部门规定费率计算。社会保险费包括养老保险费、失业保险费、医疗保险费、工伤保险费。

28. B

【解析】 建设单位管理费是指建设单位为进行建设项目的立项、筹建、建设、竣(交)工验收、总结等工作发生的费用。建设单位管理费包括:①建设单位开办费:是指新建项目为保证筹建和建设工作正常进行所需办公设备、生活家具、用具、交通工具等购置费用。②建设单位经费:包括工作人员的基本工资、工资性津贴、职工福利费、劳动保护费、劳动保险费、办公费、差旅交通费、工会经费、职工教育经费、固定资产使用费、工具用具使用费、技术图书资料费、生产人员招募费、工程招标费、合同契约公证费、工程质量监督检测费、工程咨询费、法律顾问费、审计费、业务招待费、排污费、竣工交付使用清理及竣工验收费、后评估等费用。

29. A

【解析】 对监理检查发现的施工质量问题或严重的质量隐患,项目监理机构通过下发监理通知单、工程暂停令等指令性文件向施工单位发出指令以控制工程质量,施工单位整改后,应以监理通知回复单回复。

30. D

【解析】 多阶段抽样是将各种单阶段抽样方法结合使用,通过多次随机抽样来实现的抽样方法。如检验钢材、水泥等质量时,可以对总体按不同批次分为 R 群,从中随机抽取群,而后在中选的 r 群中的 M 个个体中随机抽取 m 个个体,这就是整群抽样与分层抽样相结合的两阶段抽样,它的随机性表现在群间和群内有两次。

31. B

【解析】 本题涉及的考点是排列图法的应用。排列图法通常按累计频率划分为 $0 \sim 80\%$、$80\% \sim 90\%$、$90\% \sim 100\%$ 三部分,与其对应的影响因素分别为 A、B、C 三类。A 类为主要因素,B 类为次要因素,C 类为一般因素。

32. A

【解析】直方图法即频数分布直方图法,它是将收集到的质量数据进行分组整理,绘制成频数分布直方图,用以描述质量分布状态的一种分析方法,所以又称质量分布图法。

33. B

【解析】如果工作的进度偏差大于该工作的总时差,则此进度偏差必将影响其后续工作和总工期,必须采取相应的调整措施;如果工作的进度偏差未超过该工作的总时差,则此进度偏差不影响总工期。

34. A

【解析】单位工程施工进度计划的编制程序一般为:收集编制依据→划分工作项目→确定施工顺序→计算工程量→计算劳动量和机械台班数→确定工作项目的持续时间→绘制施工进度计划图→施工进度计划的检查与调整→编制正式施工进度计划。

35. A

【解析】施工进度计划审查应包括下列基本内容:①施工进度计划应符合施工合同中工期的约定;②施工进度计划中主要工程项目无遗漏,应满足分批投入试运、分批动用的需要,阶段性施工进度计划应满足总进度控制目标的要求;③施工顺序的安排应符合施工工艺要求;④施工人员、工程材料、施工机械等资源供应计划应满足施工进度计划的需要;⑤施工进度计划应符合建设单位提供的资金、施工图纸、施工场地、物资等施工条件。

36. C

【解析】施工进度计划的调整方法主要有两种:一是通过缩短某些工作的持续时间来缩短工期;二是通过改变某些工作间的逻辑关系来缩短工期。缩短某些工作的持续时间这种方法的特点是不改变工作之间的先后顺序关系,通过缩短网络计划中关键线路上工作的持续时间来缩短工期。

37. D

【解析】监理工程师在审批工程延期时应遵循下列原则:①监理工程师批准的工程延期必须符合合同条件;即导致工期拖延的原因确实属于承包单位自身以外的,否则不能批准为工程延期。②延期事件的工程部位,无论其是否处在施工进度计划的关键线路上,只有当所延长的时间超过其相应的总时差而影响到工期时,才能批准工程延期。③批准的工程延期必须符合实际情况。

38. D

【解析】建设工程网络计划编制施工进度计划时,其进度计划编制程序可分为4个阶段9个步骤:①计划准备阶段:a.调查研究;b.确定进度计划目标。②编制网络图阶段:a.进行项目分解;b.分析各项工作之间的逻辑关系;c.绘制网络图。③计算时间参数及确定关键线路阶段:a.计算工作持续时间;b.计算网络计划时间参数;c.确定网络计划关键线路和关键工作。④网络计划优化阶段:优化网络计划。

39. B

【解析】顺序(依次)施工方式没有充分地利用工作面进行施工,工期长;平行施工方式充分地利用工作面进行施工,工期短;流水施工方式尽可能地利用工作面进行施工,工期比较短。

40. B

【解析】流水强度是指流水施工的某施工过程(专业工作队)在单位时间内所完成的工程量,也称为流水能力或生产能力。

41. C

【解析】由题意可知该施工组织为全等节拍流水(固定节拍流水)施工,其流水施工工期的计算公式为:$T=(m+n-1)t+\sum G+\sum Z-\sum C$,式中,$n$ 表示施工过程数目;m 表示施工段数目;t 表示流水节拍;Z 表示组织间歇;G 表示工艺间歇;C 表示提前插入时间。分部工程的工期 $=[(6+4-1)\times 3+0+0-1]=26(d)$。

42. C

【解析】计算工期是根据网络计划时间参数计算而得到的工期,用 T_c 表示。要求工期是任务委托人所提出的指令性工期,用 T_r 表示。计划工期是指根据要求工期和计算工期所确定的作为实施目标的工期,用 T_p 表示。

43. C

【解析】工作的总时差是指在不影响总工期的前提下,本工作可以利用的机动时间。工作的自由时差(局部时差)是指在不影响其紧后工作最早开始时间的前提下,本工作可以利用的机动时间。

44. D

【解析】对于有紧后工作的工作,其自由时差等于本工作之紧后工作最早开始时间减本工作最早完成时间所得之差的最小值;对于无紧后工作的工作,也就是以网络计划终点节点为完成节点的工作,其自由时差等于计划工期与本工作最早完成时间之差。

45. C

【解析】①工作最早开始时间的计算应从网络计划的起始节点开始,顺着箭线方向依次进行。其中,以网络计划起始节点为开始节点的工作,当未规定其最早开始时间时,其最早开始时间为零。其他工作的最早开始时间应等于其紧前工作最早完成时间的最大值。②工作的最迟开始时间的计算应从网络计划的终点节点开始,逆着箭线方向依次进行。工作的最迟开始时间可用公式:$LS_{ij}=LF_{ij}-t_{ij}$ 进行计算。因此,工作 E 的最早开始时间 $=\max\{EF_A,EF_B,EF_C\}=\max\{3,2,4\}=4(d)$;本题的关键线路为 A—D—G 和 C—F—I,计算工期为 14(d),工作 E 的最迟完成时间为 8(d),工作 E 的最迟开始时间 $=8-3=5(d)$。

46. B

【解析】网络计划工期优化的基本方法是在不改变网络计划中各项工作之间逻辑关系的前提下,通过压缩关键工作的持续时间来达到优化目标。在工期优化过程中,按照经济合理的原则,不能将关键工作压缩成非关键工作。此外,当工期优化过程中出现多条关键线路时,必须将各条关键线路的总持续时间压缩相同数值,否则,不能有效地缩短工期。

47. A

【解析】工作的持续时间总和最大的线路为关键线路,关键线路上的工作为关键工作。本题的关键线路为:①→②→④→⑤→⑦→⑧→⑨;①→②→④→⑥→⑨。所以关键工作为工作 B、E、F、I。

48. B

【解析】《公路沥青路面施工技术规范》(JTG F40—2004)第5.7.2条规定,沥青混凝土的压实层最大厚度不宜大于10mm,沥青稳定碎石混合料的压实层最大厚度不宜大于120mm,但当采用大功率压路机且经试验证明能达到压实度时允许增大到150mm。

49. C

【解析】本题涉及的考点是实际利率的计算。实际利率的计算公式为:$i = \frac{I}{P} = \frac{P(1+r/m)^m - P}{P} = (1+r/m)^m - 1$,实际利率 $i = (1+8\%/4)^4 - 1 \approx 8.24\%$。

50. C

【解析】投资方案经济评价指标包括:①静态评价指标;②动态评价指标。其中,静态评价指标包括:投资收益率(总投资收益率、资本金净利润率),静态投资回收期,偿债能力指标(包括资产负债率、利息备付率、偿债备付率)。动态评价指标包括:内部收益率,动态投资回收期,净现值,净现值率,净年值等。

51. A

【解析】本题涉及的考点是现值的计算。现值的计算公式为:$P = A\frac{(1+i)^n - 1}{i(1+i)^n}$,该项目总费用的现值 $= 500 + 40 \times \frac{(1+10\%)^{10} - 1}{10\% \times (1+10\%)^{10}} \approx 746.14$(万元)。

52. B

【解析】见下表。

净现金流量表

计算期	1	2	3	4	5	6	7	8
净现金流量(万元)	-500	-500	-500	800	800	800	800	800
累计净现金流量(万元)	-500	-1000	-1500	-700	100	900	1700	2500

根据 $P_t = $ (累计净现金流量出现正值的年份数 -1) $+ \frac{\text{上一年累计净现金流量的绝对值}}{\text{出现正值年份的净现金流量}}$,可得该项目的静态投资回收期 $= (5-1) + 700/800 \approx 4.88$(年)。

53. D

【解析】根据价值工程的含义可知,产品的寿命周期成本由生产成本和使用及维护成本组成。

54. C

【解析】价值工程对象选择方法主要包括:①因素分析法又称经验分析法,是指根据价值工程对象选择应考虑的各种因素,凭借分析人员的经验集体研究确定选择对象的一种方法。②ABC分析法又称重点选择法或不均匀分布定律法,是指应用数理统计分析的方法来选择对象。③强制确定法是以功能重要程度作为选择价值工程对象的一种分析方法。④价值指数法是通过比较各个对象(或零部件)之间的功能水平位次和成本位次,寻找价值较低对象(或零部件),并将其作为价值工程研究对象的一种方法。⑤百分比分析法,是通过分析某种费用或资源对企业的某个技术经济指标的影响程度的大小(百分比),来选择价值工程对象的方法。

55. A

【解析】 本题涉及的考点是功能价值的分析及计算。功能评价值 $F = 2000 \times 0.32 = 640(元)$。$\Delta C = C - F = 800 - 640 = 160(元)$。

56. C

【解析】《公路水运工程安全生产监督管理办法》第21条规定,建设单位在编制工程招标文件及项目概预算时,应当确定保障安全作业环境及安全施工措施所需的安全生产费用,并不得低于国家规定的标准。施工单位在工程投标报价中应当包含安全生产费用并单独计提,不得作为竞争性报价。安全生产费用应当经监理工程师审核签认,并经建设单位同意后,在项目建设成本中据实列支,严禁挪用。因此,安全生产费用应按照国家或省级、行业建设主管部门的规定计算,不作为竞争性费用。

57. D

【解析】 可调总价合同与固定总价合同的不同之处在于,它对合同实施中出现的风险做了分摊,发包方承担了通货膨胀的风险,而承包方承担合同实施中实物工程量、成本和工期因素等的其他风险。

58. A

【解析】《公路工程标准施工招标文件》(2018年版)规定:①承包人按合同规定对已完的工程进行计量,向监理人提交已完成工程量报表和有关计量资料。②监理人应在收到承包人提交的工程量报表后7d内完成对承包人提交的工程量报表的审核并报送发包人,以确定当月实际完成的工程量。③监理人未在收到承包人提交的工程量报表后的7d内完成审核的,承包人报送的工程量报表中的工程量视为承包人实际完成的工程量,据此计算工程价款。

59. D

【解析】 招标工程以投标截止日前28d,非招标工程以合同签订前28d为基准日。其后因国家的法律、法规、规章和政策发生变化引起工程造价增减变化的,发承包双方应当按照省级或行业建设主管部门或其授权的工程造价管理机构据此发布的规定调整合同价款。但因承包人原因导致工期延误的,按上述规定的调整时间,在合同工程原定交工时间之后,合同价款调增的不予调整,合同价款调减的予以调整。

60. A

【解析】 因不可抗力事件导致的人员伤亡、财产损失及其费用增加,发承包双方应按以下原则分别承担并调整合同价款和工期:①合同工程本身的损害、因工程损害导致第三方人员伤亡和财产损失,以及运至施工场地用于施工的材料和待安装的设备的损害,由发包人承担;②发包人、承包人人员伤亡由其所在单位负责,并承担相应费用;③承包人的施工机械设备损坏及停工损失,应由承包人承担;④停工期间,承包人应发包人要求留在施工场地的必要的管理人员及保卫人员的费用应由发包人承担;⑤工程所需清理、修复费用,应由发包人承担。项目监理机构应批准的补偿金额 $= 16 + 4 = 20(万元)$。

61. D

【解析】 索赔费用的计算方法有实际费用法、总费用法、修正的总费用法。实际费用法是施工索赔时最常用的一种方法。

62. D

【解析】进度偏差(SV) = 已完工作预算投资(BCWP) – 计划工作预算投资(BCWS) = (100 – 110) = –10(万元),当SV为负值时,表示进度延误,实际进度落后于计划进度;当SV为正值时,表示进度提前,实际进度快于计划进度。故该工程的进度偏差延误10万元。

63. B

【解析】影响工程进度的组织管理因素包括:向有关部门提出各种申请审批手续的延误;合同签订时遗漏条款、表达失当;计划安排不周密,组织协调不力,导致停工待料、相关作业脱节;领导不力,指挥失当,使参加工程建设的各个单位、各个专业、各个施工过程之间交接、配合上发生矛盾等。本题选项A属于社会环境因素;选项D属于勘察设计因素;选项C属于材料、设备因素。

64. C

【解析】根据相关的计算公式,经计算该路段压实度算术平均值为95.97%,检测值的标准差 $S = 0.91\%$,则该评定段压实度代表值为 $K = 95.97\% – 0.91 \times 0.387 = 95.62\%$,由于压实度代表值 $K <$ 压实度标准值 K_0,所以该评定段的压实质量不合格。

65. B

【解析】设计单位的计划系统包括:设计总进度计划、阶段性设计进度计划和设计作业进度计划。

66. C

【解析】横道图形象、直观,且易于编制和理解,因此长期以来广泛应用于建设工程进度控制之中。利用横道图表示工程进度计划,存在下列缺点:①不能明确地反映出各项工作之间错综复杂的相互关系;②不能明确地反映出影响工期的关键工作和关键线路,也就无法反映出整个工程项目关键所在;③不能反映出工作所具有的机动时间,看不到计划的潜力所在,无法进行最合理的组织和指挥;④不能反映工程费用与工期之间的关系,因而不便于缩短工期和降低工程成本。

67. C

【解析】影响工程质量的因素很多,但归纳起来主要有五个方面,即人(Man)、材料(Material)、机械(Machine)、方法(Method)和环境(Environment),简称"4M1E"。人是生产经营活动的主体,也是工程项目建设的决策者、管理者、操作者,工程建设的规划、决策、勘察、设计、施工与竣工验收等全过程,都是通过人的工作来完成的,故选项C错误。工程材料是工程建设的物质条件,是工程质量的基础,故选项D正确。工程所用机具设备,其产品质量优劣直接影响工程使用功能质量,故选项B正确。加强环境管理,改进作业条件,把握好技术环境,辅以必要的措施,是控制环境对质量影响的重要保证,故选A正确。

68. A

【解析】本题涉及的考点是工程质量控制原则。项目监理机构在工程质量控制过程中,应遵循以下原则:①坚持质量第一的原则;②坚持以人为核心的原则;③坚持以预防为主的原则;④以合同为依据,坚持质量标准的原则;⑤坚持科学、公平、守法的职业道德规范。

69. C

【解析】根据我国投资建设项目管理体制,建设工程管理的行为主体可分为政府部门、建设单位、工程建设参与方。在建设工程管理中,建设单位自始至终是建设工程管理的主导者和责任人,其主要责任是对建设工程的全过程、全方位实施有效管理,保证建设工程总体目标的实现,并承担项目的风险以及经济、法律责任。

70. A

【解析】对于双车道隧道:(1)当围岩级别为Ⅰ~Ⅲ时,可选择全断面法。(2)当围岩级别为Ⅲ~Ⅳ时,可选择长台阶法。(2)当围岩级别为Ⅳ~Ⅴ时,可选择短台阶法。(3)当围岩级别为Ⅴ时,可选择超短台阶法。(4)当围岩级别为Ⅴ~Ⅵ时,可选择环形开挖留核心土法、中隔壁法、交叉中隔壁法。

71. C

【解析】预应力筋采用应力控制方法张拉时,应以伸长值进行校核。实际伸长值与理论伸长值的差值应符合设计规定;设计未规定时,其偏差应控制在±6%以内,否则应暂停张拉,待查明原因并采取措施予以调整后,方可继续张拉。

72. C

【解析】工程监理单位的质量责任:①工程监理单位应按其资质等级许可的范围承担工程监理业务,不许超越本单位资质等级许可的范围或以其他工程监理单位的名义承担工程监理业务,不得转让工程监理业务,不许其他单位或个人以本单位的名义承担工程监理业务。②工程监理单位应依照法律、法规以及有关技术标准、设计文件和建设工程承包合同,与建设单位签订监理合同,代表建设单位对工程质量实施监理,并对工程质量承担监理责任。监理责任主要有违法责任和违约责任两个方面。

73. B

【解析】在工程质量控制方面,项目监理机构发现施工存在质量问题的,或施工单位采用不适当的施工工艺,或施工不当,造成工程质量不合格的,应及时签发监理通知单,要求施工单位整改。

74. A

【解析】《公路工程质量检验评定标准 第一册 土建工程》(JTG F80/1—2017)规定,公路工程质量检验评定应按分项工程、分部工程、单位工程直到合同段逐级进行。

75. D

【解析】《公路工程质量检验评定标准 第一册 土建工程》(JTG F80/1—2017)规定,在单位工程中,按路段长度、结构部位及施工特点等划分的工程为分部工程。

76. D

【解析】公路建设工程质量事故分为特别重大质量事故、重大质量事故、较大质量事故和一般质量事故四个等级;直接经济损失在一般质量事故以下的为质量问题。①特别重大质量事故,是指造成直接经济损失1亿元以上的事故。②重大质量事故,是指造成直接经济损失5000万元以上1亿元以下,或者特大桥主体结构垮塌、特长隧道结构坍塌的事故。③较大质量事故,是指造成直接经济损失1000万元以上5000万元以下,或者高速公路项目中桥或大桥主体结构垮塌、中隧道或长隧道结构坍塌、路基(行车道宽度)整体滑移,或者中型水运工程主体结构垮塌、报废的事故。④一般质量事故,是指造成直接经济损失100万元以上1000万元以下,或者除高速公路以外的公路项目中桥或大桥主体结构垮塌、中隧道或长隧道结构坍塌的事故。该等级划分所称的"以上"包括本数,所称的"以下"不包括本数。

77. A

【解析】质量事故技术处理方案一般由施工单位提出,经原设计单位同意签认,并报建设单位批准。对于涉及结构安全和加固处理等的重大技术处理方案,一般由原设计单位提出。

78. B

【解析】修补处理是最常用的一类处理方案。通常当工程的分项或分部工程的质量虽未达到规定的规范、标准或设计要求,存在一定缺陷,但通过修补或更换零配件、设备后还可达到要求的标准,又不影响使用功能和外观要求,在此情况下,可以进行修补处理。

79. B

【解析】在生产性建设工程中,设备购置费投资主要表现为其他部门创造的价值向建设工程中的转移,但这部分投资是建设工程投资中的积极部分,它占工程投资比重的提高,意味着生产技术的进步和资本有机构成的提高。

80. D

【解析】在建设项目中凡是具有独立的设计文件、竣工后可以独立发挥生产能力或工程效益的工程为单项工程,也可将它理解为具有独立存在意义的完整的工程项目。

二、多项选择题

81. ACE

【解析】《公路工程竣(交)工验收办法》规定,公路工程(合同段)进行交工验收应具备以下条件:①合同约定的各项内容已完成;②施工单位按交通运输部制定的《公路工程质量检验评定标准 第一册 土建工程》(JTG F80/1—2017)及相关规定的要求对工程质量自检合格;③监理工程师对工程质量的评定合格;④质量监督机构按交通运输部规定的公路工程质量鉴定办法对工程质量进行检测(必要时可委托有相应资质的检测机构承担检测任务),并出具检测意见;⑤竣工文件已按交通运输部规定的内容编制完成;⑥施工单位、监理单位已完成本合同段的工作总结。

82. BD

【解析】常用的描述数据分布集中趋势的特征值有:算术平均数、中位数;描述数据分布离中趋势的特征值有极差、标准偏差、变异系数等。

83. AD

【解析】当控制图同时满足以下两个条件:一是点几乎全部落在控制界限之内;二是控制界限内的点排列没有缺陷,我们就可以认为生产过程基本上处于稳定状态。

84. ACD

【解析】在施工质量验收过程中,涉及结构安全的试块、试件以及有关材料,应按规定进行见证取样检测;对涉及结构安全和使用功能的重要分部工程,应进行抽样检测,承担见证取样检测及有关结构安全检测的单位应具有相应资质。

85. BE

【解析】《公路沥青路面施工技术规范》(JTG F40—2004)第4.3.1条规定,沥青层用粗集料包括碎石、破碎砾石、筛选砾石、钢渣、矿渣等,但高速公路和一级公路不得使用筛选砾石和矿渣。

86. ABDE

【解析】旁站监理人员的主要职责包括:①检查施工单位现场质检人员到岗、特殊工种人员持证上岗及施工机械、建筑材料准备情况;②在现场监督关键部位、关键工序的施工执行施工方案以及工程建设强制性标准情况;③核查进场建筑材料、构配件、设备和商品混凝土的质量检验报告等,并可在现场监督施工单位进行检验或者委托具有资格的第三方进行复验;④做好旁站记录,保存旁站原始资料。

87. ACD

【解析】《公路工程质量检验评定标准 第一册 土建工程》(JTG F80/1—2017)规定,分项工程质量检验评定合格应符合下列规定:①检验记录应完整;②实测项目应合格;③外观质量应满足要求。

88. ABCE

【解析】通常不用专门处理的情况有以下几种:①不影响结构安全和正常使用;②有些质量缺陷,经过后续工序可以弥补;③经法定检测单位鉴定合格;④出现的质量缺陷,经检测鉴定达不到设计要求,但经原设计单位核算,仍能满足结构安全和使用功能。

89. ACE

【解析】企业管理费是指建筑安装工程企业组织施工生产和经营管理所需的费用,内容包括:管理人员工资;办公费;差旅交通费;固定资产使用费;工具用具使用费;劳动保险和职工福利费;劳动保护费;工会经费;职工教育经费;财产保险费;财务费;税金(包括企业按规定缴纳的房产税、车船使用税、土地使用税、印花税等);其他管理费用(包括技术转让费、技术开发费、投标费、业务招待费、绿化费、广告费、公证费、法律顾问费、审计费、咨询费、保险费等)。

90. ACE

【解析】根据《公路工程建设项目概算预算编制办法》(JTG 3830—2018)的规定,建筑安装工程费中的材料费包括:材料原价、材料运杂费、场外运输损耗费、采购及保管费。

91. DE

【解析】包含在企业管理费中的税金是指国家税法规定的企业应缴纳的城市维护建设税、教育费附加、地方教育附加、房产税、车船使用税、土地使用税、印花税等。

92. ADE

【解析】为了有效地控制项目投资,应从组织、技术、经济、合同与信息管理等多方面采取措施。

93. AE

【解析】功能的价值系数计算结果有以下三种情况:①$V=1$。即功能评价值等于功能现实成本。这表明评价对象的功能现实成本与实现功能所必需的最低成本大致相当。此时,说明评价对象的价值为最佳,一般无须改进。②$V<1$。即功能现实成本大于功能评价值。表明评价对象的现实成本偏高,而功能要求不高。这时,一种可能是由于存在着过剩的功能,另一种可能是功能虽无过剩,但实现功能的条件或方法不佳,致使实现功能的成本大于功能的实

际需要。这两种情况都应列入功能改进的范围,并且以剔除过剩功能及降低现实成本为改进方向,使成本与功能比例趋于合理。③$V>1$。即功能现实成本大于功能评价值,表明该部件功能比较重要,但分配的成本较少。此时,应进行具体分析,功能与成本的分配问题可能已较理想,或者有不必要的功能,或者应该提高成本。

94. ABE

【解析】 施工图预算对承包人的作用:①施工图预算是确定投标报价的依据;②施工图预算是承包人进行施工准备的依据,是承包人在施工前组织材料、机具、设备及劳动力供应的重要参考,是承包人编制进度计划、统计完成工作量、进行经济核算的参考依据;③施工图预算是控制施工成本的依据。

95. ACDE

【解析】 投标价格的编制原则:①投标价应由投标人或受其委托具有相应资质的工程造价咨询人编制;②投标人应依据行业部门的相关规定自主确定投标报价;③执行工程量清单招标的,投标人必须按招标工程量清单填报价格,项目编码、项目名称、项目特征、计量单位、工程量必须与招标工程量清单一致;④投标人的投标报价不得低于工程成本;⑤投标人的投标报价高于招标控制价的应予废标。

96. AD

【解析】 成本加酬金合同计价方式主要适用于以下情况:①招投标阶段工程范围无法界定,缺少工程的详细说明,无法准确估价;②工程特别复杂,工程技术、结构方案不能预先确定,故这类合同经常被用于一些带研究、开发性质的工程项目中;③时间特别紧急,要求尽快开工的工程,如救灾、抢险工程;④发包方与承包方之间有着高度的信任,承包方在某些方面具有独特的技术、特长或经验。

97. ABCD

【解析】 影响合同计价方式选择的因素有:项目的复杂程度、工程设计工作的深度、工程施工的难易程度、工程进度要求的紧迫程度。

98. AC

【解析】 采用固定总价合同,承包方要承担合同履行过程中的主要风险,要承担实物工程量、工程单价等变化而可能造成损失的风险。可调总价合同对合同实施中出现的风险做了分摊,发包方承担了通货膨胀的风险,而承包方承担合同实施中实物工程量、成本和工期因素等的其他风险。故选项AC正确。

99. ABCD

【解析】 根据《公路工程质量检验评定标准 第二册 机电工程》(JTG 2182—2020)的规定,公路机电工程各分项工程抽样检查频率应符合下列要求:施工单位自检为100%;监理单位抽检不低于30%;检测单位交工质量检测不低于30%;竣工质量鉴定不低于10%;测点数应不少于3个,当测点数少于3个时,应全部检查。

100. AE

【解析】 产生投资偏差的设计原因包括:设计错误、设计漏项、设计标准变化、设计保守、图纸提供不及时等。选项B属于业主原因;选项C属于施工原因;选项D属于物价上涨原因。

101. ABCD

【解析】进度控制的合同措施主要包括：①推行 CM 承发包模式，对建设工程实行分段设计、分段发包和分段施工；②加强合同管理，协调合同工期与进度计划之间的关系，保证合同中进度目标的实现；③严格控制合同变更，对各方提出的工程变更和设计变更，监理工程师应严格审查后再补入合同文件之中；④加强风险管理，在合同中应充分考虑风险因素及其对进度的影响，以及相应的处理方法；⑤加强索赔管理，公正地处理索赔。

102. BDE

【解析】影响建设工程进度的施工技术因素包括：施工工艺错误，不合理的施工方案，施工安全措施不当，不可靠技术的应用等。

103. BCE

【解析】同一施工过程的流水节拍，主要由所采用的施工方法、施工机械以及在工作面允许的前提下投入施工的工人数、机械台数和采用的工作班次等因素确定。

104. ACE

【解析】垂直图表示法的优点是：施工过程及其先后顺序表达清楚，时间和空间状况形象直观，斜向进度线的斜率可以直观地表示出各施工过程的进展速度，但编制实际工程进度计划不如横道图方便。

105. ACE

【解析】本题中存在①、②两个起点节点；网络图中的节点都必须有编号，其编号严禁重复，图中存在两个节点⑨；在双代号网络计划中，如某一虚工作的紧前工作只有虚工作，那么该虚工作是多余的；如果某两个节点之间既有虚工作，又有实工作，那么该虚工作也是多余的，图中⑧→⑫虚工作是多余的。

106. DE

【解析】第 6 周末检查时，工作 A 拖后 2 周，由于工作 A 有 1 周的总时差，因此，影响总工期 1 周；工作 E 提前 2 周；工作 C 提前 1 周，其总时差为 2 周，因此不影响总工期。第 11 周末检查时，工作 G 拖后 1 周，由于工作 G 有 1 周的总时差，因此，不影响总工期；工作 H 提前 1 周，工作 H 为关键工作，总工期预计缩短 1 周。

107. ACDE

【解析】当施工进度计划初始方案编制好后，需要对其进行检查与调整，以便使进度计划更加合理，进度计划检查的主要内容包括：①各工作项目的施工顺序、平行搭接和技术间歇是否合理；②总工期是否满足合同约定；③主要工种的工人是否能满足连续、均衡施工的要求；④主要机具、材料等的利用是否均衡和充分。

108. ABCE

【解析】当实际进度偏差影响到后续工作、总工期而需要调整进度计划时，其调整方法主要有两种。一种是改变某些工作间的逻辑关系(将顺序进行的工作改为平行作业、搭接作业，以及分段组织流水作业等，都可以有效地缩短工期)。另一种是缩短某些工作的持续时间，这种方法是不改变工程项目中各项工作之间的逻辑关系。而通过采取增加资源投入、提高劳动效率等措施来缩短某些工作的持续时间，使工程进度加快，以保证按计划工期完成该工程项目。这些被压缩持续时间的工作是位于关键线路和超过计划工期的非关键线路上的工作。

同时,这些工作又是其持续时间可被压缩的工作。

109. ACD

【解析】施工进度控制目标体系的分解包括:①按项目组成分解,确定各单位工程开工及动用日期;②按承包单位分解,明确分工条件和承包责任;③按施工阶段分解,划定进度控制分界点;④按计划期分解,组织综合施工。

110. CD

【解析】缩短某些工作的持续时间,所采取的组织措施包括:①增加工作面,组织更多的施工队伍;②增加每天的施工时间(如采用三班制等);③增加劳动力和施工机械的数量。

111. BD

【解析】当工程延期事件发生后,承包人应在合同约定的有效期内以书面形式通知监理工程师(即工程延期意向通知),以便于监理工程师尽早了解所发生的事件,及时作出一些减少延期损失的决定。随后,承包单位应在合同约定的有效期内向监理工程师提交详细的申述报告(延期理由及依据)。监理工程师收到该报告后应及时进行调查核实,准确地确定出工程延期时间。当延期事件具有持续性,承包单位在合同约定的有效期内不能提交最终详细的申述报告时,应先向监理工程师提交阶段性的详情报告。监理工程师应在调查核实阶段性报告的基础上,尽快作出延长工期的临时决定。监理工程师在作出临时工程延期批准或最终工程延期批准之前,均应与发包人和承包人进行协商。

112. BCE

【解析】用于价值工程方案创造常用的方法有:①头脑风暴法;②哥顿法;③专家意见法;④专家检查法。

113. ABD

【解析】施工图预算的编制方法包括:单价法和实物量法。单价法包括定额单价法和工程量清单单价法。

114. CD

【解析】材料费的索赔包括:①由于索赔事项材料实际用量超过计划用量而增加的材料费;②由于客观原因材料价格大幅度上涨;③由于非承包人责任工程延误导致的材料价格上涨和超期储存费用。选项 A 并不是发包人要求承包人选用高强度等级的水泥,不能补偿。选项 B 属于承包人应该承担的风险,所以不能索赔。选项 E 已经包含在措施费中,所以不能索赔。

115. BD

【解析】监理人一般只对以下三方面的工程项目进行计量:①工程量清单中的全部项目;②合同文件中约定的项目;③工程变更项目。因承包人原因造成的超出合同工程范围施工或返工的工程量,发包人不予计量。

116. ACE

【解析】施工索赔按指向,可分为承包人向发包人的索赔和发包人向承包人的索赔。发包人向承包人的索赔包括:①工期延误索赔;②质量不满足合同要求索赔;③承包人不履行的保险费用索赔;④对超额利润的索赔;⑤发包人合理终止合同或承包人不正当地放弃工程的索赔。

117. CD

【解析】建设工程进度控制的技术措施包括:①审查承包人提交的进度计划,使承包人能在合理的状态下施工;②编制进度控制工作细则,指导监理人员实施进度控制;③采用网络计划技术及其他科学适用的计划方法,并结合电子计算机的应用,对建设工程进度实施动态控制。

118. CDE

【解析】流水施工参数包括三类:①工艺参数,主要是用以表达流水施工在施工工艺方面进展状态的参数,通常包括施工过程和流水强度两个参数;②空间参数,是表达流水施工在空间布置上开展状态的参数,通常包括工作面和施工段;③时间参数,是表达流水施工在时间安排上所处状态的参数,主要包括流水节拍、流水步距和流水施工工期等。

119. BCE

【解析】非节奏流水(无节拍流水)施工具有以下特点:①各施工过程在各施工段的流水节拍不全相等;②相邻施工过程的流水步距不尽相等;③专业工作队数等于施工过程数;④各专业工作队能够在施工段上连续作业,但有的施工段之间可能有空闲时间。

120. AC

【解析】安全生产费用包括:①完善、改造和维护安全设施设备费用;②配备、维护、保养应急救援器材、设备费用;③开展重大危险源和事故隐患评估和整改费用;④安全生产检查、评价、咨询费用;⑤配备和更新现场作业人员安全防护用品支出;⑥安全生产宣传、教育、培训费用;⑦安全设施及特种设备检测检验费用;⑧施工安全风险评估、应急演练等有关工作及其他与安全生产直接相关的费用。

模拟试卷(二)

一、**单项选择题**(共80题,每题1分。每题的备选项中,只有1个最符合题意)

1. 下列工程质量统计分析方法中,用样本数据来分析判断生产过程是否处于稳定状态的有效工具是( )。
   A.因果分析图   B.直方图   C.控制图   D.排列图

2. 下列关于沥青混合料压实过程中初压的说法,不正确的是( )。
   A.初压通常宜采用钢轮压路机静压1~2遍
   B.碾压时应从中心向外侧碾压
   C.在超高路段应由低向高碾压
   D.在坡道上应将驱动轮从低处向高处碾压

3. 开工前,项目监理机构应根据( ),确定旁站的关键部位、关键工序,并书面通知施工单位。
   A.施工方案和设计文件   B.监理实施细则和施工图
   C.工程特点和技术水平   D.工程特点和施工组织设计

4. 某项目在建设期初的建筑安装工程费为2000万元,设备购置费为1400万元,项目建设期为2年,每年投资额相等,建设期内年平均价格上涨率为5%,则该项目建设期的价差预备费为( )万元。
   A.150.00   B.176.50   C.259.25   D.294.25

5. 按照有关规定,投标的工程,完全不得作为竞争性费用的部分是( )。
   A.规费   B.分部分项工程费   C.措施项目费   D.其他项目费

6. 某建设项目的净现金流量见下表,则该项目的静态投资回收期为( )年。

某建设项目的净现金流量表

年份(年)	1	2	3	4	5	6
净现金流量(万元)	-300	-120	85	185	185	185
累计净现金流量(万元)	-300	-420	-335	-150	35	220

   A.4.81   B.4.19   C.5.19   D.5.81

7. 后张预应力混凝土梁、板在孔道压浆后进行移运的,其压浆浆体强度应不低于设计强度的( )。
   A.85%   B.80%   C.75%   D.70%

8. 一般而言,采用固定总价合同时,承包人投标报价较高的原因是( )。
   A. 承包人丧失今后一切索赔权利
   B. 发包人因今后工程款结算的工作量减少而给予承包人费用补偿
   C. 发包人今后可以增加工程范围和内容而不给予承包人另外费用补偿
   D. 承包人会将工程量及一切不可预见因素的风险补偿加到投标报价之中

9. 下列施工承包合同形式中,( )合同计价方式可以促使承包方关心和降低成本,缩短工期,而且预期成本可以随着设计的进展加以调整,发承包双方都不会承担太大的风险。
   A. 成本加固定百分比酬金 B. 成本加固定金额酬金
   C. 成本加奖罚 D. 最高限额成本加固定最大酬金

10. 下列有关专职安全生产管理人员配备的表述中,不正确的是( )。
    A. 施工单位应当设立安全生产管理机构,配备专职安全生产管理人员
    B. 施工现场应当按照每5000万元施工合同额配备一名的比例配备专职安全生产管理人员,不足5000万元的至少配备一名
    C. 专职安全生产管理人员应当经有关部门考核合格后方可任职
    D. 专职安全生产管理人员的主要职责是负责安全生产台账的建立和完善

11. 关于工程计量的说法,正确的是( )。
    A. 所有工程内容必须按月计量
    B. 总价合同的工程量必须以原始的施工图纸为依据计量
    C. 单价合同的工程量必须以承包人完成合同工程应予计量的工程量确定
    D. 发包人应在收到承包人已完成工程量报告后14天内核实

12. 根据设计要求,在施工过程中对某混凝土结构进行破坏性试验,以提供和验证设计数据,则该项费用应在( )中支出。
    A. 工程建设其他费中的研究试验费 B. 施工单位的检验试验费
    C. 建设单位的管理费 D. 勘察设计费

13. 复核工程付款申请单,签发付款证书属于施工阶段投资控制的( )。
    A. 组织措施 B. 经济措施 C. 技术措施 D. 合同措施

14. 工程计量的方法中,( )主要用于取土坑或填筑路堤土方的计量。
    A. 分解计量法 B. 凭据法 C. 断面法 D. 图纸法

15. 某工程由于承包人原因未在约定的工期内交工,若该工程在原约定交工日期后继续施工,则采用价格指数调整其价格差额时,现行价格指数应采用( )。
    A. 原约定交工日期的价格指数
    B. 实际交工日期的价格指数
    C. 实际交工日期前42d的价格指数
    D. 原约定交工日期和实际交工日期价格指数中较低的一个

16. 根据《公路工程标准施工招标文件》(2018年版),在施工过程中遭遇不可抗力,承包人可以要求合理补偿( )。
    A. 工期 B. 费用 C. 利润 D. 成本

17. 某施工现场有塔式起重机1台,由施工企业租得,台班单价5000元/台班,租赁费为

2000元/台班,人工工资为80元/工日,窝工补贴25元/工日。在施工过程中发生了如下事件:监理人对已经覆盖的隐蔽工程要求重新检查且检查结果合格,配合用工10工日,塔式起重机1台班。为此,施工企业可向业主索赔的费用为( )元。

A.2250　　　　B.2925　　　　C.5800　　　　D.7540

18.某安全生产事故造成3人以上10人以下死亡,或者10人以上50人以下重伤,或者1000万元以上5000万元以下直接经济损失,则该事故为( )。

A. 一般事故　　　　　　　　B. 较大事故
C. 重大事故　　　　　　　　D. 特别重大事故

19.发包人应在( )内,按照交工结算支付证书列明的金额向承包人支付结算款。

A. 核实交工结算款支付申请后的7d
B. 签发交工结算支付证书后的14d
C. 提交最终结清支付申请后的14d
D. 收到承包人提交的交工结算款支付申请后的7d

20.沥青路面的施工必须接缝紧密、连接平顺。对于热接缝,上、下层的纵缝应错开( )mm以上。

A.50　　　　B.100　　　　C.150　　　　D.200

21.在合理的劳动组织与合理使用材料的条件下,某种专业、某种技术等级的工人班组或个人在单位工日中所应完成的质量合格的产品数量,称为( )。

A.产量定额　　B.时间定额　　C.行业定额　　D.企业定额

22.合理安排( ),是保证在规定工期内完成符合质量要求的工程任务的重要前提。

A. 分部工程施工进度　　　　B. 施工总进度
C. 单位工程施工进度　　　　D. 分项工程施工进度

23.在工程网络计划中,某项工作的最迟完成时间与最早完成时间的差值为该工作的( )。

A. 总时差　　B. 时距　　C. 自由时差　　D. 时间间隔

24.某分部工程流水施工计划如下图所示。在该计划中,施工过程数目 $n=4$;施工段数目 $m=3$;流水节拍 $t=3$;流水步距 $K_{Ⅰ、Ⅱ}=K_{Ⅱ、Ⅲ}=K_{Ⅲ、Ⅳ}=t=3$;无组织间歇时间,即 $\sum Z=0$;无工艺间歇时间,即 $\sum G=0$;提前插入时间 $C_{Ⅰ、Ⅱ}=C_{Ⅱ、Ⅲ}=1,C_{Ⅲ、Ⅳ}=2$;该流水施工工期为( )。

371

A.11 　　　B.12 　　　C.14 　　　D.15

25.某工程由4个施工过程组成,分为4个施工段进行流水施工,其流水节拍(d)见下表,则施工过程A与B、B与C、C与D之间的流水步距分别为(　　)d。

某工程流水节拍表

施工过程	施工段				施工过程	施工段			
	①	②	③	④		①	②	③	④
A	2	3	2	1	C	4	2	4	2
B	3	2	4	3	D	3	3	2	2

A.2、3、4　　　B.3、2、4　　　C.3、4、1　　　D.1、3、5

26.某分项工程双代号时标网络计划如下图所示,其中工作C和工作I的最迟完成时间分别为第(　　)天。

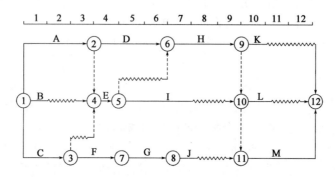

A.3和9　　　B.3和11　　　C.4和9　　　D.4和11

27.在实际进度与计划进度的比较方法中,(　　)仅适用于工作从开始到结束的整个过程中,其进展速度均为固定不变的情况。

A.非匀速进展横道图比较法　　　B.匀速进展横道图比较法
C.S曲线比较法　　　D.前锋线比较法

28.当工程进度计划用非时标网络图表示时,可以采用(　　)进行实际进度与计划进度的比较。

A.横道图比较法　B.香蕉曲线比较法　C.前锋线比较法　D.列表比较法

29.某工程项目双代号时标网络计划如图所示,在计划执行到第40天下班时刻检查时,其实际进度如图前锋线所示,则下列说法错误的是(　　)。

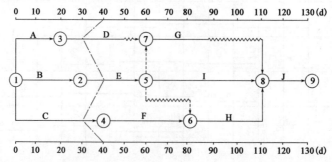

A. 工作 D 实际进度拖后 10d B. 工作 E 实际进度正常
C. 工作 C 实际进度拖后 10d D. 工作 F 和工作 H 开始时间推迟 20d

30. 如果监理工程师在审查施工进度计划的过程中发现问题,应及时向承包单位提出( ),并协助承包单位修改。
A. 书面修改意见 B. 监理通知 C. 不合格项通知 D. 工程暂停令

31. 公路施工过程中,对生态环境的主要影响因素是( )。
A. 水土流失 B. 施工产生的污水
C. 施工扬尘 D. 施工噪声

32. 某分项工程实物工程量为 36000m³,该分项工程人工产量定额为 75m³/工日,计划每天安排 3 班,每班 8 人完成该工程,则其持续时间为( )d。
A. 20 B. 24 C. 25 D. 60

33. 监理工程师实施进度控制的依据是( )。
A. 各项资金需要量计划 B. 施工部署
C. 施工进度计划 D. 技术经济指标

34. 监理工程师应以承包单位提交的、经监理机构审核后的( )为依据来决定是否批准工程延期。
A. 施工进度计划 B. 设计进度计划
C. 可行性进度计划 D. 竣工验收进度计划

35. 工程建设过程中,确定工程项目的质量目标应在( )阶段。
A. 项目可行性研究 B. 项目决策
C. 工程设计 D. 工程施工

36. 工程项目建成后,难以对工程内在质量进行检验。这是因为工程质量本身具有( )的特点。
A. 影响因素多 B. 质量波动大 C. 检验特殊性 D. 终检局限性

37. 可能造成轻度环境影响的建设项目,应当编制( )。
A. 环境影响报告书 B. 环境影响报告表
C. 环境影响登记表 D. 环境影响监测书

38. 根据《建筑工程质量管理条例》,设计文件中选用的材料、构配件和设备,应当注明( )。
A. 生产厂 B. 规格和型号 C. 供应商 D. 使用年限

39. 下列质量数据特征值中,用来描述数据离散趋势的是( )。
A. 极差 B. 中位数 C. 算术平均数 D. 极值

40. 采用排列图法划分质量影响因素时,累计频率达到 75% 对应的影响因素是( )。
A. 主要因素 B. 次要因素 C. 一般因素 D. 基本因素

41. 工程质量统计分析方法中,用来显示两种质量数据之间关系的是( )。
A. 因果分析图法 B. 相关图法 C. 直方图法 D. 控制图法

42. 根据《建设工程监理规范》(GB/T 50319—2013),工程施工采用新技术、新工艺时,应由( )组织必要的专题论证。

  A. 施工单位　　　B. 监理单位　　　C. 建设单位　　　D. 施工单位

43. 图纸会审的会议纪要应由( )负责整理,与会各方会签。

  A. 监理单位　　　B. 建设单位　　　C. 施工单位　　　D. 设计单位

44. 施工单位编制的施工组织设计应经施工单位( )审核签认后,方可报送项目监理机构审查。

  A. 法定代表人　　B. 技术负责人　　C. 项目负责人　　D. 项目技术负责人

45. 项目监理机构收到施工单位报送的施工控制测量成果报检表后,应由( )签署审查意见。

  A. 总监理工程师　　　　　　　　B. 监理单位技术负责人
  C. 专业监理工程师　　　　　　　D. 监理员

46. 公路机电工程施工质量监理的主要内容不包括( )。

  A. 软件开发质量控制　　　　　　B. 系统检验测试质量控制
  C. 试运行期质量控制　　　　　　D. 产品及设备监造质量控制

47. 建设单位负责采购的主要设备进场后,应由( )三方共同进行开箱检查。

  A. 建设单位、供货单位、施工单位
  B. 供货单位、施工单位、项目监理机构
  C. 建设单位、施工单位、项目监理机构
  D. 供货单位、设计单位、施工单位

48. 下列报审、报验表中,需要建设单位签署审批意见的是( )。

  A. 分包单位资格报审表　　　　　B. 施工进度计划报审表
  C. 分项工程报验表　　　　　　　D. 工程复工报审表

49. 经返修或加固处理的分部工程,在( )的条件下可按技术处理方案和协商文件予以验收。

  A. 不改变结构外形尺寸　　　　　B. 不造成永久性影响
  C. 不影响结构安全和主要使用功能　D. 不影响基本功能

50. 工程质量事故发生后,项目监理机构应及时签发工程暂停令,要求施工单位采取( )的措施。

  A. 抓紧整改、早日复工　　　　　B. 防止事故信息非正常扩散
  C. 对事故责任人进行监管　　　　D. 防止事故扩大并保护好现场

51. 工程施工中发生事故造成10人死亡,该事故属于( )事故。

  A. 特别重大　　　B. 重大　　　C. 较大　　　D. 一般

52. 工程质量事故发生后,涉及结构安全和加固处理的重大技术处理方案应由( )提出。

  A. 原设计单位　　　　　　　　　B. 事故调查组建议的单位
  C. 施工单位　　　　　　　　　　D. 法定检测单位

53. 根据《建设工程安全生产管理条例》的规定,注册执业人员未执行法律、法规和工程建设强制性标准,情节严重的,应( )。

A. 责令改正,3 年内不准执业

B. 吊销执业资格证书,5 年内不予注册

C. 责令改正,终身不予注册

D. 责令停止执业 3 个月以上 1 年以下

54. 建设工程项目技术设计和施工图设计应依据(　　)设置投资控制目标。
    A. 投资估算　　　B. 设计概算　　　C. 施工图预算　　　D. 工程量清单

55. 工程款支付证书由(　　)签发。
    A. 专业监理工程师　　　　　　　B. 建设单位
    C. 总监理工程师　　　　　　　　D. 项目审计部门

56. 建安工程施工辅助费中的检验试验费是用于(　　)试验的费用。
    A. 一般材料　　B. 构件破坏性　　C. 新材料　　D. 新构件

57. 施工单位以 60 万元价格购买一台挖掘机,预计可使用 1000 个台班,残值率为 5%。施工单位使用 15 个日历天,每日历天按 2 个台班计算,司机每台班工资与台班动力费等合计为 1000 元,该台挖掘机的使用费为(　　)万元。
    A. 1.41　　　　B. 1.71　　　　C. 1.86　　　　D. 2.01

58. 根据建筑安装工程费用相关规定,规费中住房公积金的计算基数是(　　)。
    A. 人工费　　B. 材料费　　C. 定额人工费　　D. 定额材料费

59. 下列费用中,属于建设单位管理费的是(　　)。
    A. 可行性研究费　　　　　　　B. 工程竣工验收费
    C. 环境影响评价费　　　　　　D. 劳动安全卫生评价费

60. 施工单位从银行贷款 2000 万元,月利率为 0.8%,按月复利计息,两月后应一次性归还银行本息共计(　　)万元。
    A. 2008.00　　B. 2016.00　　C. 2016.09　　D. 2032.13

61. 建设单位从银行贷款 1000 万元,贷款期为 2 年,年利率 6%,每季度计息一次,则贷款的年实际利率为(　　)。
    A. 6%　　　　B. 6.12%　　　C. 6.14%　　　D. 12%

62. 关于净现值指标的说法,正确的是(　　)。
    A. 该指标全面考虑了项目在整个计算期内的经济状况
    B. 该指标未考虑资金的时间价值
    C. 该指标反映了项目投资中单位投资的使用效率
    D. 该指标直接说明了在项目运营期各年的经营成果

63. 价值工程的目标是以(　　)实现项目必须具备的功能。
    A. 最少的项目投资　　　　　　B. 最高的项目盈利
    C. 最低的寿命周期成本　　　　D. 最低的项目运行成本

64. 建设工程项目招标时,工程量清单通常由(　　)提供。
    A. 造价单位　　B. 施工单位　　C. 咨询单位　　D. 建设单位

65. 根据现行工程量计量规则,清单项目的工程量应以(　　)为准进行计算。
    A. 完成后的实际值　　　　　　B. 形成工程实体的净值

C. 定额工程量数量　　　　　　D. 对应的施工方案数量

66. 关于编制招标控制价的说法,正确的是(　　)。
A. 综合单价应包括由招标人承担的费用及风险
B. 安全生产费按投标人的施工组织设计确定
C. 措施项目费应为包括规费、税金在内的全部费用
D. 暂估价中材料单价,应按招标工程量清单的单价计入综合单价

67. 合同总价只有在设计和工程范围发生变更时才能随之作相应调整,除此之外一般不得变更的合同称为(　　)。
A. 固定总价合同　　B. 可调总价合同　　C. 固定单价合同　　D. 可调单价合同

68. 下列投资控制工作中,属于监理工程师的工作是(　　)。
A. 确定投资目标　　　　　　　B. 确定资金使用计划
C. 结算已完工程费用　　　　　D. 提出投资目标调整建议

69. 零填、挖方路段路床范围为过湿土时应进行换填处理,设计未规定换填厚度时,高速公路、一级公路换填厚度宜为(　　)。
A. 0.2~0.5m　　B. 0.5~0.8m　　C. 0.8~1.2m　　D. 1.2~1.5m

70. 下列进度计划中,属于建设单位计划系统的是(　　)。
A. 设计准备工作进度计划　　　B. 设计总进度计划
C. 工程项目总进度计划　　　　D. 施工准备工作计划

71. 采用横道图表示建设工程进度计划的优点是(　　)。
A. 能够明确反映工作之间的逻辑关系　　B. 易于编制和理解进度计划
C. 便于优化调整进度计划　　　　　　　D. 能够直接反映影响工期的关键工作

72. 建设工程采用平行施工组织方式的特点是(　　)。
A. 能够均衡使用施工资源　　　B. 单位时间内投入的资源量较少
C. 专业工作队能够连续施工　　D. 能够充分利用工作而进行施工

73. 某分部工程有3个施工过程,分为4个施工段组织加快的成倍节拍流水施工,各施工过程的流水节拍分别为6天、4天和8天,则该分部工程地流水施工工期是(　　)天。
A. 18　　　　B. 24　　　　C. 34　　　　D. 42

74. 建设工程组织非节奏流水施工时,计算流水步距的基本步骤是(　　)。
A. 取最大值—错位相减—累加数列　　B. 错位相减—累加数列—取最大值
C. 累加数列—错位相减—取最大值　　D. 累加数列—取最大值—错位相减

75. 某分部工程有两个施工过程,分为3个施工段组织非节奏流水施工,各施工过程的流水节拍分别为3天、5天、5天和4天、4天、5天,则两个施工过程之间的流水步距是(　　)天。
A. 2　　　　B. 3　　　　C. 4　　　　D. 5

76. 双代号网络图中虚工作的特征是(　　)。
A. 不消耗时间,但消耗资源　　B. 不消耗时间,也不消耗资源
C. 只消耗时间,不消耗资源　　D. 既消耗时间,也消耗资源

77. 某工程网络计划中,工作M的持续时间为4天,工作M的三项紧后工作的最迟开始时

间分别为第 21 天、第 18 天和第 15 天,则工作 M 的最迟开始时间是第( )天。
   A.11   B.14   C.15   D.17

78.计划工期等于计算工期的双代号网络计划中,关于关键节点特点的说法,正确的是( )。
   A.相邻关键节点之间的工作一定是关键工作
   B.以关键节点为完成节点的工作总时差和自由时差相等
   C.关键节点连成的线路一定是关键线路
   D.两个关键节点之间的线路一定是关键线路

79.在工程网络计划中,关键工作的特点是( )。
   A.关键工作一定在关键线路上   B.关键工作的持续时间最长
   C.关键工作的总时差最小   D.关键工作的持续时间最短

80.工程网络计划工期优化过程中,首先应选择压缩持续时间的工作是( )的关键工作。
   A.缩短时间对质量和安全影响不大   B.工程变更程序相对简单
   C.资源消耗比较均衡   D.直接成本最小

二、**多项选择题**(共 40 题,每题 2 分。每题的备选项中,有 2 个或 2 个以上符合题意,至少有 1 个错项。错选,本题不得分;少选,所选的每个选项得 0.5 分)

81.某公路隧道设计为三车道,地质勘察确定围岩级别为Ⅲ~Ⅳ。根据该隧道围岩条件,可选择的开挖断面适宜的开挖方法为( )。
   A.全断面法   B.长台阶法
   C.中隔壁法   D.环形开挖留核心土法
   E.短台阶法

82.工程质量控制中,采用控制图法的目的有( )。
   A.找出薄弱环节   B.进行过程控制
   C.评价过程能力   D.进行过程分析
   E.掌握质量分布规律

83.钢筋焊接接头的基本力学性能试验方法有( )。
   A.抗压试验   B.拉伸试验
   C.抗剪试验   D.弯曲试验
   E.型式检验

84.项目监理机构审查施工组织设计的基本内容有( )。
   A.编审程序应符合相关规定
   B.技术、质量、安全和环保等保证体系应符合有关规定
   C.专业分包合同签订应符合有关要求
   D.施工人员、资金、主要材料和机械设备等资源供应计划应满足施工需要
   E.安全技术措施、专项施工方案应符合工程建设强制性标准

85.项目监理机构审核施工单位报送的分包单位资格报审表及有关资料的内容

包括( )。
A. 营业执照、企业资质等级证书　　B. 安全生产许可文件
C. 类似工程业绩　　D. 专职管理人员和特种作业人员的资格
E. 分包合同协议条款和分包工程内容

86. 项目监理机构审查施工单位报送的施工控制测量成果报验表及相关资料时,应重点审查( )是否符合标准及规范的要求。
A. 测量依据　　B. 测量管理制度
C. 测量人员资格　　D. 测量手段
E. 测量成果

87. 施工图设计文件经审查后,在施工中因设计原因发生质量事故,下列关于责任承担的说法,正确的有( )。
A. 建设行政主管部门应承担监督不力的责任
B. 建设单位应承担设计交底组织不力的责任
C. 设计单位应承担设计的质量责任
D. 审查机构应承担审查失职的责任
E. 监理单位应承担施工监督检查不力的责任

88. 下列质量事故中,属于建设单位责任的有( )。
A. 商品混凝土未经检验造成的质量事故
B. 地下管线资料不准确造成的质量事故
C. 总包和分包单位职责不明造成的质量事故
D. 施工中使用了禁止使用的材料造成的质量事故
E. 工程未经交工验收堆放生产用物品导致建筑结构开裂的质量事故

89. 项目监理机构安排监理人员对工程施工进行巡视的主要内容有( )。
A. 是否按工程设计文件、工程建设标准和审批的施工方案施工
B. 使用的工程材料、构配件和设备是否合格
C. 实际费用支出是否与资金使用计划一致
D. 施工现场质量管理人员是否到位
E. 特种作业人员是否持证上岗

90. 当单位工程较大或较复杂时,可按( )划分为若干个分部工程。
A. 路段长度　　B. 结构部位
C. 施工特点　　D. 施工工序
E. 施工工艺

91. 工程质量事故处理完后,项目监理机构应及时向建设单位提交质量事故书面报告,报告的主要内容包括( )。
A. 工程及各参建单位名称　　B. 事故处理的过程及结果
C. 事故发生后采取的措施及处理方法　　D. 质量事故发生的时间、地点、工程部位
E. 对质量事故责任人的处理意见

92. 下列费用中,属于动态投资的有( )。

A. 基本预备费 B. 建筑安装工程费
C. 设备购置费 D. 涨价预备费
E. 建设期贷款利息

93. 下列费用中,属于建筑安装工程人工费的有(　　)。
A. 职工教育经费 B. 工会经费
C. 高空作业津贴 D. 计时或计件工资
E. 探亲假期间工资

94. 下列费用中,属于建筑安装工程规费的有(　　)。
A. 劳动保护费 B. 住房公积金
C. 工伤保险费 D. 医疗保险费
E. 工程排污费

95. 路基沉降是指路基在垂直方向产生的较大沉落。产生路基沉降的主要原因包括(　　)。
A. 路基填料不当 B. 路基填筑方法不合理
C. 路基压实不足 D. 路基断面不合理
E. 原地面以下岩层比较软弱

96. 下列网络图,绘制错误的地方有(　　)。

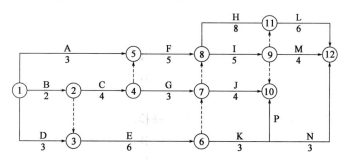

A. 多个起点 B. 多个终点
C. 有循环回路 D. 节点编号有误
E. 从箭线上引出工作

97. 某工程双代号时标网络计划如下图所标,该计划表明(　　)。

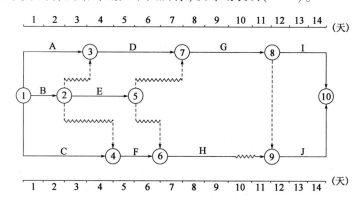

A. G 工作为关键工作　　　　　　B. E 工作的总时差为 3 天
C. B 工作的总时差为 1 天　　　　D. F 工作为关键工作
E. C 工作的总时差为 2 天

98. 影响工程质量的因素主要有"4M1E",其中"4M"是指(　　)。
    A. 人　　　　　　　　　　　　B. 机械
    C. 方法　　　　　　　　　　　D. 环境
    E. 材料

99. 在影响工程质量的诸多因素中,环境因素对工程质量特性起到重要作用。下列因素属于工程作业环境条件的有(　　)。
    A. 防护设施　　　　　　　　　B. 水文、气象
    C. 施工作业面　　　　　　　　D. 组织管理体系
    E. 通风照明

100. 公路机电工程质量保证资料的内容有(　　)。
     A. 设备和材料报验资料
     B. 所用主要原材料、设备的现场抽查质量检验结果
     C. 设备和软件安装调试记录
     D. 隐蔽工程验收记录及施工影像资料
     E. 施工组织设计和专项施工方案

101. 下列记录中,属于监理服务"产品"的有(　　)。
     A. 旁站记录　　　　　　　　　B. 材料设备验收记录
     C. 培训记录　　　　　　　　　D. 不合格品处理记录
     E. 管理评审记录

102. 根据抽样检验分类方法,属于计量型抽样检验的质量特性有(　　)。
     A. 几何尺寸　　　　　　　　　B. 焊点不合格数
     C. 高程　　　　　　　　　　　D. 条数
     E. 强度

103. 用于工程的钢筋进场后,应按规定抽取试件进行拉伸试验,试验内容包括(　　)。
     A. 抗拉强度　　　　　　　　　B. 屈服强度
     C. 冷弯　　　　　　　　　　　D. 伸长率
     E. 抗剪强度

104. 项目监理机构对施工单位报送的工程开工报审表及相关资料进行审查的内容有(　　)。
     A. 施工单位资质等级是否符合相应施工工作
     B. 施工组织设计是否已由监理工程师签认
     C. 施工单位的管理及施工人员是否已到位
     D. 施工机械是否已具备使用条件
     E. 施工单位现场质量安全生产管理体系是否已建立

105. 项目监理机构对施工单位建立的试验室进行检查的内容有(　　)。

A. 试验室的资质等级 B. 试验室的试验范围
C. 试验室的性质和规模 D. 试验室的管理制度
E. 试验人员的资格证书

106. 工程施工过程中,应由总监理工程师签发工程暂停令的情形有( )。
A. 施工单位施工质量保证措施欠缺 B. 施工单位拒绝项目监理机构管理
C. 施工单位未按工程设计文件施工 D. 施工单位采用不适当的施工工艺
E. 施工单位违反工程建设强制性标准

107. 根据《公路工程质量检验评定标准 第一册 土建工程》(JTG F80/1—2017),分项工程可按( )进行划分。
A. 施工工序 B. 施工工艺
C. 施工特点 D. 工程材料
E. 结构部位

108. 分部工程质量检验评定合格的条件有( )。
A. 所含分项工程及实测项目应合格 B. 施工自检资料符合规定
C. 监理抽检资料符合规定 D. 外观质量符合要求
E. 评定资料应完整

109. 下列可能导致工程质量缺陷的因素中,属于施工与管理不到位的有( )。
A. 采用不正确的结构方案 B. 未经设计单位同意擅自修改设计
C. 技术交底不清 D. 施工方案考虑不周全
E. 图纸未经会审

110. 工程质量事故处理的依据有( )。
A. 有关合同文件 B. 相关法律法规 C. 有关工程定额 D. 质量事故实况资料
E. 有关工程技术文件

111. 通过创建"品质工程",公路工程建设要全面提升的"四个质量"是指( )。
A. 工程实体质量 B. 功能质量
C. 外观质量 D. 环境质量
E. 服务质量

112. 由多个部件组成的产品,应优先选择( )的部件作为价值工程地分析对象。
A. 造价低 B. 数量多
C. 体积小 D. 工艺复杂
E. 废品率高

113. 某项目,建设期为2年,现金部分为银行贷款,贷款年利率为4%,按年计息且建设期不支付利息,第一年贷款额为1500万元,第二年贷款额1000万元,假设贷款在每年的年中支付,建设期贷款利息的计算,正确的有( )。
A. 第一年的利息为30万元 B. 第二年的利息为60万元
C. 第二年的利息为81.2万元 D. 第二年的利息为82.4万元
E. 两年的总利息为112.4万元

114. 下列费用中,属于施工机械使用费的有( )。

A. 折旧费 B. 检修费 C. 安装费 D. 操作人员保险费
E. 维护费

115. 监理工程师在施工阶段进行投资控制的经济措施有( )。
A. 分解投资控制目标 B. 进行工程计量
C. 严格控制设计变更 D. 审查施工组织设计
E. 审核竣工结算

116. 在工程招标投标阶段,工程量清单的主要作用有( )。
A. 为招标人编制投资估算文件提供依据
B. 为投标人投标竞争提供一个平等基础
C. 招标人可据此编制招标控制价
D. 投标人可据此调整清单工程量
E. 投标人可按其表述的内容填报相应价格

117. 关于投标报价编制的说法,正确的有( )。
A. 投标人可委托有相应资质的工程造价咨询人编制投标价
B. 投标人可依据市场需求对所有费用自主报价
C. 投标人的投标报价不得低于其工程成本
D. 投标人的某一子项目报价高于招标人相应基准价的应予废标
E. 执行工程量清单招标的,投标人必须按照招标工程量清单填报价格

118. 审核投标报价时,对分部分项工程综合单价的审核内容有( )。
A. 综合单价的确定依据是否正确
B. 清单中提供了暂估单价的材料是否按暂估的单价进入综合单价
C. 暂列金额是否按规定纳入综合单价
D. 单价中是否考虑了承包人应承担的风险费用
E. 总承包服务费的计算是否正确

119. 在施工阶段,监理工程师应进行计量的项目有( )。
A. 工程量清单中的全部项目 B. 各种原因造成返工的全部项目
C. 合同文件中规定的项目 D. 超出合同工程范围施工的项目
E. 工程变更项目

120. 在施工阶段,下列因不可抗力造成的损失中,属于发包人承担的有( )。
A. 在建工程的损失 B. 承包人施工人员受伤产生的医疗费
C. 施工机具的损坏损失 D. 施工机具的停工损失
E. 工程清理修复费用

模拟试卷(二)参考答案

一、单项选择题

1. C

【解析】 本题涉及的考点是控制图的应用。控制图是用样本数据来分析判断生产过程是否处于稳定状态的有效工具。它的用途主要有过程分析和过程控制。

2. B

【解析】 碾压时应将压路机的驱动轮面向摊铺机,从外侧向中心碾压,在超高路段应由低向高碾压,在坡道上应将驱动轮从低处向高处碾压。

3. D

【解析】 旁站工作包括下列程序:①开工前,项目监理机构应根据工程特点和施工单位报送的施工组织设计,确定旁站的关键部位、关键工序,并书面通知施工单位;②施工单位在需要实施旁站的关键部位、关键工序进行施工前书面通知项目监理机构;③接到施工单位书面通知后,项目监理机构应安排旁站人员实施旁站。

4. C

【解析】 价差预备费 $=P\times[(1+i)^{n-1}-1]$,式中:P 为建筑安装工程费总额(元),i 为年工程造价增长率(%),n 为设计文件编制年 + 建设项目建设期限(年)。建设期内,第 1 年末的价差预备费 $=[(2000+1400)/2]\times[(1+5\%)^1-1]=85$(万元);第 2 年末的价差预备费 $=[(2000+1400)/2]\times[(1+5\%)^2-1]=174.25$(万元),则项目建设期的价差预备费为 $85+174.25=259.25$(万元)。

5. A

【解析】 规费和税金必须按国家或省级、行业建设主管部门的规定计算,不得作为竞争性费用。

6. A

【解析】 静态投资回收期的计算公式为:$P_t=$(累计净现流量出现正值的年份数 -1)$+\dfrac{\text{上一年累计净现金流量的绝对值}}{\text{出现正值年份的净现金流量}}$,项目的静态投资回收期 $=5-1+|-150|\div185=4.81$(年)。

7. B

【解析】 从预制台座移出梁、板仅限一次,不得在孔道压浆前多次倒运;后张预应力混凝土梁、板在孔道压浆后进行移运的,其压浆浆体强度应不低于设计强度的 80%。

8. D

【解析】采用固定总价合同,在合同执行过程中,发承包双方均不能以工程量、设备和材料价格、工资等变动为理由,提出对合同总价调值的要求。因此,作为合同总价计算依据的设计图纸、说明及相关规定需对工程做出详尽的描述,承包方要在投标时对一切费用上升的因素做出估计并将其包含在投标报价之中。由于承包方可能要为许多不可预见的因素付出代价,所以往往会加大不可预见费用,致使这种合同的投标价格偏高。

9. C

【解析】成本加奖罚合同计价方式可以促使承包方关心和降低成本,缩短工期,而且预期成本可以随着设计的进展加以调整,所以发承包双方都不会承担太大的风险,故这种合同计价方式应用较多。

10. D

【解析】专职安全生产管理人员的职责是:负责对安全生产进行现场监督检查。发现安全事故隐患,应当及时向项目负责人和安全生产管理机构报告;对违章指挥、违章操作、违反劳动纪律的"三违"行为应当立即制止。

11. C

【解析】《建设工程工程量清单计价规范》(GB 50500—2013)对工程计量的规定如下:①工程计量可选择按月或按工程形象进度分段计量,具体计量周期在合同中约定。故选项A错误。②监理人应在收到承包人提交的工程量报告后7d内完成对承包人提交的工程量报表的审核并报送发包人,以确定当月实际完成的工程量。故选项D错误。③单价合同的工程量必须以承包人完成合同工程应予计量的工程量确定。总价合同约定的项目计量应以合同工程经审定批准的施工图纸为依据,发承包双方应在合同中约定工程计量的形象目标或事件节点进行计量。故选项B错误,选项C正确。

12. A

【解析】研究试验费是指为本建设工程提供或验证设计参数、数据资料等进行必要的研究试验以及设计规定在施工中进行的试验、验证所需费用。

13. B

【解析】施工阶段投资控制的经济措施主要有:①编制资金使用计划,确定、分解投资控制目标;对工程项目造价目标进行风险分析,并制定防范性对策。②进行工程计量。③复核工程付款申请单,签发付款证书。④在施工过程中进行投资跟踪控制,定期地进行投资实际支出值与计划目标值的比较;发现偏差,分析产生偏差的原因,采取纠偏措施。⑤协商确定工程变更的价款,审核竣工结算。⑥对工程施工过程中的投资支出进行分析与预测,经常或定期向建设单位提交项目投资控制及其存在问题的报告。

14. C

【解析】断面法主要用于取土坑或填筑路堤土方的计量。凭据法是按照承包人提供的凭据进行计量支付。图纸法常用于混凝土构筑物的体积,钻孔桩的桩长等的计量。分解计量法是将一个项目,根据工序或部位分解为若干子项,对完成的各子项进行计量支付。

15. D

【解析】由于承包人原因未在约定的工期内交工的,则对原约定交工日期后继续施工的工程,在使用价格调整公式时,应采用原约定交工日期与实际交工日期的两个价格指数中较低的一个作为现行价格指数。

16. A

【解析】根据《公路工程标准施工招标文件》(2018年版)的规定,在施工过程中遭遇不可抗力,承包人可以要求合理补偿工期,但不能补偿费用和利润。

17. C

【解析】本题计算步骤如下:人工费 = 10 × 80 = 800(元);机械费 = 1 × 5000 = 5000(元);可索赔费用 = (800 + 5000) = 5800(元)。

18. B

【解析】较大事故,是指造成3人以上10人以下死亡,或者10人以上50人以下重伤,或者1000万元以上5000万元以下直接经济损失的事故。

19. B

【解析】①监理人在收到承包人提交的交工付款申请单后的14天内完成核查,提出发包人到期应支付给承包人的价款送发包人审核并抄送承包人。②发包人应在收到后14天内审核完毕,由监理人向承包人出具经发包人签认的交工付款证书。③发包人应在监理人出具交工付款证书且承包人提交了合格的增值税专用发票后的14天内,将应支付款支付给承包人。发包人不按期支付的,按合同条款的约定,将逾期付款违约金支付给承包人。

20. C

【解析】《公路沥青路面施工技术规范》(JTG F40—2004)第5.8.1条规定,沥青路面的施工必须接缝紧密、连接平顺,不得产生明显的接缝离析。对于热接缝,上、下层的纵缝应错开150mm以上;对于冷接缝应为300～400mm以上。

21. A

【解析】产量定额是指在合理的劳动组织与合理使用材料的条件下,某种专业、某种技术等级的工人班组或个人在单位工日中所应完成的质量合格的产品数量。

22. C

【解析】合理安排单位工程施工进度,是保证在规定工期内完成符合质量要求的工程任务的重要前提。同时,为编制各种资源需要量计划和施工准备工作计划提供依据。

23. A

【解析】在工程网络计划中,工作的总时差等于该工作最迟完成时间与最早完成时间之差,或该工作最迟开始时间与最早开始时间之差。

24. C

【解析】由题意可知,该流水施工为全等节拍流水(固定节拍流水),其流水施工工期为 $T = (m+n-1)k + \sum Z + \sum G - \sum C = (3+4-1) \times 3 - (1+1+2) = 14(d)$。

25. A

【解析】由题意可知该流水施工为无节拍流水(非节奏流水)。相邻施工过程间流水步距采用累加数列错位相减取大差法计算。施工过程A与B之间的流水步距 = max(2,2,2, -1, -12) = 2(d);施工过程B与C之间的流水步距 = max(3,1,3,2, -12) = 3(d);施工过程C与D之间的流水步距 = max(4,3,4,4, -10) = 4(d)。

26. C

【解析】双代号时标网络计划中,工作的最迟完成时间等于本工作的最早完成时间与其总时差之和,工作 C 的最早完成时间为第 2 天,总时差 = 12 − (2 + 2 + 2 + 1 + 3) = 2(d),其最迟完成时间 = 2 + 2 = 4(d);工作 I 的最早完成时间为第 7 天,总时差 = 12 − (3 + 1 + 3 + 3) = 2(d),其最迟完成时间 = 7 + 2 = 9(d)。

27. B

【解析】匀速进展横道图比较法仅适用于工作从开始到结束的整个过程中,其进展速度均为固定不变的情况。

28. D

【解析】当工程进度计划用非时标网络图表示时,可以采用列表比较法进行实际进度与计划进度的比较。

29. D

【解析】从本题的图中可以看出,第 40 天检查时,工作 D 的实际进度拖后 10d;工作 C 的实际进度拖后 10d;工作 E 在关键线路上,实际进度正常;工作 F 和工作 H 的开始时间推迟 10d。

30. A

【解析】如果监理工程师在审查施工进度计划的过程中发现问题,应及时向承包单位提出书面修改意见(也称整改通知书),并协助承包单位修改。其中重大问题应及时向业主汇报。

31. A

【解析】公路施工过程中对生态环境的主要影响因素是水土流失、植被破坏等。

32. A

【解析】工作持续时间根据公式:$D = P/(R \times B)$,式中:D 为工作持续时间(d);P 为劳动量或施工机械台班数;R 为每班安排的工人数或施工机械台数;B 为每天工作班数。则 $D = P/(R \times B) = 36000/75/(8 \times 3) = 20(d)$。

33. C

【解析】施工进度计划是表示各项工程(单位工程、分部工程或分项工程)的施工顺序、开始和结束时间,以及相互衔接关系的计划。它既是承包单位进行现场施工管理的核心指导文件,也是监理工程师实施进度控制的依据。施工进度计划通常是按工程对象编制的。

34. A

【解析】建设工程施工进度计划中的关键线路并非固定不变,它会随着工程的进展和情况的变化而转移。监理工程师应以承包单位提交的、经自己审核后的施工进度计划(不断调整后)为依据来决定是否批准工程延期。

35. B

【解析】工程建设的不同阶段,对工程项目质量的形成起着不同的作用和影响。其形成经历以下过程:项目可行性研究—项目决策—工程勘察、设计—工程施工—工程竣(交)工验收。项目可行性研究直接影响项目的决策质量和设计质量;项目决策阶段对工程质量的影响主要是确定工程项目应达到的质量目标和水平;工程勘察设计阶段形成设计说明书和图纸等相关文件,使得质量目标和水平具体化,为施工提供直接依据,是决定工程质量的关键环节;

工程施工是形成实体质量的决定性环节;工程竣(交)工验收就是对项目施工质量进行检查评定,考核项目质量是否达到设计要求。

36. D

【解析】工程质量的特点表现为:①影响因素多;②质量波动大;③质量隐蔽性;④终检局限性;⑤评价方法特殊性。由于公路工程的位置固定和结构上的整体性的特点,工程项目建成以后不能像一般工业产品那样依靠终检判断产品质量,或将其拆卸、解体来检查其内在的质量。工程项目的竣(交)工验收难以发现某些工程内在的、隐蔽的质量缺陷。因此,工程质量的控制特别注重预防和工程控制。

37. B

【解析】可能造成轻度环境影响的建设项目,应当编制环境影响报告表,对产生的环境影响进行分析或者专项分析。

38. B

【解析】设计单位在设计文件中选用的建筑材料、建筑构配件和设备,应当注明规格、型号、性能等技术指标,其质量要求必须符合国家规定的标准。除有特殊要求的建筑材料、专用设备、工艺生产线等外,设计单位不得指定生产厂、供应商。

39. A

【解析】质量数据特征值中,常用来描述数据分布集中趋势的是算术平均数、中位数;用来描述数据分布离中趋势的是极差、标准偏差、变异系数。极值不是质量数据的特征值。

40. A

【解析】在排列图中,通常按累计频率划分为 0~80%、80%~90%、90%~100% 三部分,与其对应的影响因素分别为 A、B、C 三类。A 类为主要因素,B 类为次要因素,C 类为一般因素。

41. B

【解析】在质量控制中,相关图是用来显示两种质量数据之间关系的一种图形。质量数据之间的关系多属相关关系。一般有 3 种类型:一是质量特性和影响因素之间的关系;二是质量特性之间的关系;三是影响因素之间的关系。

42. A

【解析】施工过程中,施工单位采用的新技术、新材料、新工艺、新设备等都应由施工单位报送相应的保证质量的措施和证明材料,并组织专题论证,经监理机构审定后予以签认。

43. C

【解析】设计图纸会审的纪要应由施工单位负责整理,与会各方会签。设计交底会议纪要由设计单位整理,与会各方会签。

44. B

【解析】施工单位编制的施工组织设计应经施工单位技术负责人审核签认后,方可报送项目监理机构审查。

45. C

【解析】项目监理机构收到施工单位报送的施工控制测量成果报检表后,应由专业监理工程师签署审查意见。专业监理工程师应审核施工单位的测量依据、测量仪器、测量人员资格和测量成果是否符合规范及标准要求,符合要求的,予以签认。

46. D

【解析】《公路工程施工监理规范》(JTG G10—2016)第5.7.1条规定,公路机电工程监理的主要内容包括软件开发监理、系统功能测试监理以及试运行期的监理。

47. C

【解析】由建设单位采购提供的材料、工程设备到货后,施工单位应通知监理机构,由监理机构、施工单位、建设单位三方进行检查验收,并由三方在检查验收记录上签字。

48. D

【解析】合同条款约定,总监理工程师在签发工程复工令之前,应事先取得建设单位的批准。

49. C

【解析】《公路工程质量检验评定标准 第一册 土建工程》(JTG F80/1—2017)规定,评定为不合格的分项工程、分部工程,经返工、加固、补强,满足设计要求后可重新进行检验评定。换句话说,经返修或加固处理的分项、分部工程,在不影响结构安全和主要使用功能的条件下可按技术处理方案和协商文件的要求予以验收。

50. D

【解析】工程质量事故发生后,总监理工程师应立即签发《工程暂停令》,要求暂停质量事故部位和与其有关联部位的施工,同时要求施工单位采取必要措施,防止事故扩大、抢救人员和财产,并保护好事故现场。

51. B

【解析】重大事故是指,造成10人以上30人以下死亡,或者50人以上100人以下重伤,或者5000万元以上1亿元以下直接经济损失的事故。

52. A

【解析】质量事故技术处理方案一般由施工单位提出,经原设计单位同意签认,并报建设单位批准。对于涉及结构安全和加固处理等的重大技术处理方案,一般由原设计单位提出。必要时,应要求相关单位组织专家论证,以确保处理方案可靠、可行、保证结构安全和使用功能。

53. B

【解析】《建设工程安全生产管理条例》规定,注册执业人员未执行法律、法规和工程建设强制性标准,情节严重的,吊销执业资格证书,5年内不予注册。

54. B

【解析】建设工程项目技术设计和施工图设计应依据设计概算设置投资控制目标。

55. C

【解析】签发工程款支付证书是总监理工程师的重要职责。

56. A

【解析】《公路工程建设项目概算预算编制办法》(JTG 3830—2018)规定,包含在施工辅助费中的检验试验费是指施工企业对建筑材料、构件和建筑安装工程进行一般鉴定、检查所发生的费用,包括自设试验室进行试验所耗用的材料和化学药品的费用,以及技术革新和研究试验费,不包括新结构、新材料的试验费和建设单位要求对具有出厂合格证明的材料进行检验、对构件破坏性试验及其他特殊要求检验的费用。

57. D

【解析】机械折旧费 = 固定资产原值×(1 - 残值率)/预计总工作量 = 0.057(万元),机械台班单价 = 0.057 + 0.01 = 0.067(万元),机械使用费 = 机械台班消耗量×台班单价 = 15×2×0.067 = 2.01(万元)。

58. A

【解析】《公路工程建设项目概算预算编制办法》(JTG 3830—2018)规定,规范是指按法律、法规、规章规定施工企业必须缴纳的费用。规费包含:养老保险费、失业保险费、医疗保险费、工伤保险费、住房公积金。各项规费以各类工程的人工费之和为基数,按国家或工程所在地法律、法规、规章、规程规定的标准计算。

59. B

【解析】《公路工程建设项目概算预算编制办法》(JTG 3830—2018)规定,建设单位管理费包括工作人员的工资、工资性津贴、施工现场津贴、社会保险费用、办公费、会议费、差旅交通费、固定资产使用费、零星固定资产购置费、招募审查工人费、技术图书资料费、职工教育培训费、招标管理费、合同契约公证费、法律顾问费、咨询费、建设单位的临时设施费、完工清理费、竣(交)工验收费、各种税费、审计费、境内外融资费、业务招待费及工程质量、安全生产管理费和其他管理性开支。

60. D

【解析】按复利计息本利和的计算公式计算:$F_2 = 2000 \times (1 + 0.08\%)^2 = 2032.128$(万元)。

61. C

【解析】根据名义利率与实际利率关系式即可算出。$i = (1 + 6\%/4)^4 - 1 = 0.06136 = 6.14\%$。

62. A

【解析】净现值可以反映项目在经济寿命周期内的获利能力,全面考虑了项目在整个计算期内的经济状况。净现值是反映项目在计算期内获利能力的动态评价指标,该指标考虑资金的时间价值。但净现值不能反映项目投资中单位投资的使用效率,也不能直接说明在项目运营期各年的经营成果。

63. C

【解析】价值工程的目标是以最低的寿命周期成本实现项目必须具备的功能。

64. D

【解析】建设工程项目招标时,招标文件是由建设单位编制并发售给投标人的,因此工程量清单通常由建设单位提供。

65. B

【解析】根据现行工程量计量规则,工程计量应以净值为准。因此,清单项目的工程量应以形成工程实体的净值为准进行计算。

66. D

【解析】综合单价中的费用及风险应由投标人承担;安全生产费不是由投标人确定的,而是主管部门规定的,且不能作为竞争性报价;措施项目费中不包括规费、税金;暂估价中材料单价,应按招标工程量清单的单价计入综合单价。

67. A

【解析】固定总价合同,是指合同总价只有在设计和工程范围发生变更时才能随之作相应调整,除此之外一般不得变更的合同。

68. D

【解析】投资控制工作中,监理工程师的工作之一就是发现投资目标控制出现偏差,应提出投资目标调整建议,并报告建设单位。而确定投资目标、确定资金使用计划、结算已完工程费用等工作都是建设单位的。

69. C

【解析】零填、挖方路段路床范围为过湿土时应进行换填处理,设计有规定时按设计厚度换填,设计未规定时按以下要求换填:高速公路、一级公路换填厚度宜为 0.8~1.2m,若过湿土的总厚度小于 1.5m,则宜全部换填;二级公路的换填厚度宜为 0.5~0.8m。

70. C

【解析】为了确保工程进度控制目标的实现,参与工程项目建设的各方都要编制进度计划,并且控制这些进度计划的实施。建设单位编制的进度计划包括:工程项目前期工作计划、工程项目建设总进度计划、工程项目年度计划。

71. B

【解析】横道图表示建设工程进度计划的优点是:绘图简单,施工过程及其先后顺序表达比较清楚,时间和空间状况形象直观,使用方便。但它不能够反映工作之间的逻辑关系,无法确定关键线路与关键工作,因而也无法进行方案的调整优化。

72. D

【解析】平行施工组织方式的特点是:充分利用工作面进行施工,工期短;劳动力及施工机具等资源无法均衡使用;单位时间内投入资源量成倍增加,不利于资源供应的组织;专业施工队也不能连续施工。

73. B

【解析】由题意可知:施工段数 $m=4$,施工过程数 $n=3$;各施工过程的流水节拍分别为 6 天、4 天和 8 天,则公共流水步距 K 为 6、4、8 的最大公约数 2,即 $K=2$;所成立的专业施工队总数量 $n'=6/2+4/2+8/2=9$;则工期 $T=(m+n'-1)K+\sum G+\sum Z-\sum C=(4+9-1)\times 2=24(d)$。

74. C

【解析】非节奏流水施工(无节拍流水)时,通常采用累加数列错位相减取大差法计算流水步距。计算流水步距的基本步骤是:累加数列—错位相减—取最大值。

75. D

【解析】各施工过程的流水节拍分别为 3d、5d、5d 和 4d、4d、5d,则各施工过程流水节拍的累加数列为 3d、8d、13d 和 4d、8d、13d,两个累加数量错位相减其大差为 5d,即流水步距为 5d。

76. B

【解析】双代号网络图中虚工作只是为了反映前后工作之间的逻辑工作,而引入的一项本来就不存在的工作。因此,双代号网络图中虚工作的特征是既不消耗时间,也不消耗资源。

77. A

【解析】有紧后工作的工作最迟完成时间等于其紧后工作最迟开始时间的最小值,所有工作 M 的最迟完成时间等于 LF = min{21、18、15} = 15(d);工作的最迟开始时间等于该工作的最迟完成时间减去该工作的持续时间,因此 M 工作的最迟开始时间 LS = LF - t = 15 - 4 = 11(d)。

78. B

【解析】计划工期等于计算工期的双代号网络计划中,相邻关键节点之间的工作不一定是关键工作;以关键节点为完成节点的工作总时差和自由时差相等;关键节点连成的线路不一定是关键线路。

79. C

【解析】在工程网络计划中,关键工作在关键线路上和非关键线路上都存在;关键工作与其持续时间的长短无关;关键工作的总时差最小,特别地,当网络计划的计划工期等于计算工期时,关键工作的总时差为零。

80. A

【解析】工程网络计划工期优化过程中,首先应选择压缩持续时间的工作是缩短时间对质量和安全影响不大的关键工作,这是基本条件。其次可考虑工程费用增加较少的关键工作,或技术上容易加快的关键工作,或原持续时间较长的容易压缩的关键工作,或允许压缩时间较多的关键工作等。

二、多项选择题

81. DE

【解析】对于三车道隧道:(1)当围岩级别为Ⅰ~Ⅱ时,可选择全断面法;(2)当围岩级别为Ⅱ~Ⅲ时,可选择长台阶法;(3)当围岩级别为Ⅲ~Ⅳ时,可选择短台阶法、环形开挖留核心土法;(4)当围岩级别Ⅳ时,可选择超短台阶法;(5)当围岩级别为Ⅳ~Ⅴ时,可选择中隔壁法;(6)当围岩级别为Ⅴ~Ⅵ时,可选择双侧壁导坑法;(7)当围岩级别为Ⅳ~Ⅵ时,可选择交叉中隔壁法。

82. BD

【解析】控制图是用样本数据来分析判断生产过程是否处于稳定状态的有效工具。它的用途主要有两个:①过程分析,即分析生产过程是否稳定。为此,应随机连续收集数据,绘制控制图,观察数据点分布情况并判定生产过程状态。②过程控制,即控制生产过程质量状态。为此,要定时抽样取得数据,将其变为点描在图上,发现并及时消除生产过程中的失调现象,预防不合格品的产生。

83. BCD

【解析】钢筋焊接接头外观质量检查合格后,方可进行力学性能试验。钢筋焊接接头的基本力学性能试验方法包括拉伸试验、抗剪试验和弯曲试验三种。

84. ABDE

【解析】监理机构应对施工单位申报的施工组织设计进行审查,并在规定期限内批复。审查应包括下列基本内容:①施工组织设计的编审程序;②质量、安全、环保、进度和费用等目标;③技术、质量、安全和环保等保证体系;④安全技术措施、专项施工方案和施工现场临时用电方案;⑤桥梁和隧道施工安全风险评估的工程项目清单;⑥施工人员、资金、主要材料和机械设备等资源供应计划;⑦施工总平面布置、交通导改方案、事故应急救援预案。

85. ABCD

【解析】分包工程开工前,项目监理机构应审核施工单位报送的分包单位资格报审表及有关资料。分包单位资格审核应包括的基本内容:①法人营业执照、企业资质等级证书;②安全生产许可文件;③类似工程业绩;④专职管理人员与技术人员和特种作业人员的资格;⑤分包工程施工所需的施工机械设备。

86. ACE

【解析】项目监理机构收到施工单位报送的施工控制测量成果报验表后,专业监理工程师应审查施工单位的测量依据、测量人员资格和测量成果是否符合规范及标准要求,符合要求的,予以签认。

87. CD

【解析】施工图审查有关各方的职责包括:①勘察、设计单位必须按照工程建设强制性标准进行勘察、设计,并对勘察、设计质量负责。②审查机构按照有关规定对勘察成果、施工图设计文件进行审查,但并不承担勘察、设计单位的质量责任。③建设工程经施工图设计文件审查后因勘察设计原因发生工程质量问题,审查机构承担审查失职的责任。

88. BE

【解析】建设单位的质量责任包括:①建设单位要根据工程特点和技术要求,按有关规定选择相应资质等级的勘察、设计单位和施工单位,在合同中必须有质量条款,明确质量责任,并真实、准确、齐全地提供与建设工程有关的原始资料;②建设单位应根据工程特点,配备相应的质量管理人员;③工程项目完工后,应及时组织设计、施工、工程监理等有关单位进行施工验收,未经验收备案或验收备案不合格的,不得交付使用;④建设单位按合同的约定负责采购供应的建筑材料、建筑构配件和设备,应符合设计文件和合同要求,对发生的质量问题,应承担相应的责任。本题选项A、C、D属于施工单位的质量责任。

89. ABDE

【解析】《公路工程施工监理规范》(JTG G10—2016)规定:监理工程师应采取以巡视为主的方式进行施工现场监理,按计划定期或不定期巡视施工现场,对施工的主要工程每天不少于1次,并填写巡视记录。巡视应包括下列主要内容:①施工现场管理人员特别是质量、安全管理人员是否到位,特种作业人员是否持证上岗;②使用的原材料或混合料、构配件和主要施工机械设备是否与批准的一致;③是否按技术标准、工程设计文件、批准的施工组织设计和(专项)施工方案施工;④质量、安全、环保和施工标准化等措施是否落实,施工自检和工序交接是否符合规定。

90. ABC

【解析】《公路工程质量检验评定标准 第一册 土建工程》(JTG F80/1—2017)规定,当单位工程较大或较复杂时,可按路段长度、结构部位及施工特点等划分为若干个分部工程。

91. ABCD

【解析】质量事故书面报告应包括如下内容:①工程及各参建单位名称;②质量事故发生的时间、地点、工程部位;③事故发生的简要经过、造成工程损伤状况、伤亡人数和直接经济损失的初步估计;④事故发生原因的初步判断;⑤事故发生后采取的措施及处理方案;⑥事故处理的过程及结果。

92. DE

【解析】工程项目建设投资可分为静态投资部分和动态投资部分。动态投资部分,是指在建设期内,因建设期贷款利息和国家新批准的税费、汇率、利率变动,以及建设期价格变动引起的建设投资增加额,包括涨价预备费和建设期贷款利息。

93. CDE

【解析】人工费是指按工资总额构成规定,支付给从事建筑安装工程施工的生产工人和附属生产单位工人的各项费用。内容包括:计时工资或计件工资;津贴补贴[包括流动施工津贴、特殊地区施工津贴、高温(寒)作业临时津贴、高空津贴等];加班加点工资;特殊情况下支付的工资。

94. BCD

【解析】规费是指按国家法律、法规规定,由省级政府和省级有关部门规定施工企业必须缴纳或计取的费用。包括:养老保险费、失业保险费、医疗保险费(含生育保险费)、工伤保险费和住房公积金。劳动保护费和工程排污费属于企业管理费。

95. ABCE

【解析】路基沉降常见有两种情况:一是路基本身的压缩沉降;二是路基本体原地面以下地基承载力不足造成的沉降。产生路基沉降的原因很多,主要原因有:(1)路基填料选择不当;(2)路基填筑方法不合理;(3)路基压实不足;(4)因气候、环境明显变化导致路基土体发生膨胀、收缩变化;(5)原地面以下地层比较软弱,承载力低。

96. BE

【解析】本题存在节点⑩和节点⑫两个终点节点;在⑥→⑩箭线上引出箭线。

97. ACE

【解析】本题的关键线路为 A→D→G→I,A→D→G→J。所以工作 G 为关键工作,工作 F 为非关键工作。双代号网络计划中,以终点节点为完成节点的工作,其总时差应等于计划工期与本工作最早完成时间之差。其他工作的总时差等于其紧后工作的总时差加本工作与该紧后工作之间的时间间隔所得之和的最小值。故工作 E 的总时差 = min{(0+2),(2+1)} = 2(d),工作 B 的总时差 = min{(0+1),(2+0),(2+2)} = 1(d);工作 C 的总时差 = 2(d)。

98. ABCE

【解析】影响工程的因素很多,但归纳起来主要有五个方面,即人(Man)、材料(Material)、机械(Machine)、方法(Method)和环境(Environment),简称"4M1E"。

99. ACE

【解析】影响工程质量的环境条件包括工程技术环境和工程管理环境。本题选项中属于环境条件的包括防护设施、施工作业面、通风照明。

100. ABCD

【解析】《公路工程质量检验评定标准 第二册 机电工程》(JTG 2182—2020)第3.2.7规定,工程应有真实、准确、齐全、完整的施工原始记录、试验检测数据质量检验结果等质量保证资料。质量保证资料应包括下列内容:(1)设备和材料报验资料,包括产品出厂检验合格证明和有资质的检测机构出具的合格检测报告;(2)所用主要原材料、设备的现场抽查质量检验结果,包括施工单位的委托送样及监理单位的抽检委托送样的检验报告;(3)设备和软件安装调试记录;(4)隐蔽工程验收记录及施工影像资料;(5)施工过程中的检验测试记录,包括施工单位的自检记录和监理单位的抽检记录;(6)施工结束后的检验测试记录;(7)其他应具备的资料,包括施工过程中遇到的非正常情况记录、根据工程实际情况必须具备的相关行业检测验收文件等。

101. ABD

【解析】工程监理单位根据监理合同所实施的工程监理服务工作即为监理服务"产品"。监理机构自身为开展监理工作而作的工作则不属于监理服务"产品",如编制监理计划、组建监理机构等。

102. ACE

【解析】按检验特征值的属性可以将抽样检验分为计量型抽样检验和计数型抽样检验两大类。计量型抽样检验的质量数值通常是由测量得到的,如结构物的几何尺寸、路基高程、混凝土强度等。

103. ABCD

【解析】用于工程的钢筋进场后,应按规定抽取试件进行拉伸试验,试验内容包括:抗拉强度、屈服强度、冷弯、伸长率等。

104. BCDE

【解析】工程开工前,项目监理机构对施工单位报送的工程开工报审表及相关资料进行审查,审查的内容主要有:①施工组织设计(包括进度计划)是否已由监理工程师签认;②施工单位的管理及施工人员是否已到位;③施工机械是否已具备使用条件;④施工单位现场质量安全生产管理体系是否已建立;⑤进场道路、临时设施等是否已满足开工要求。

105. ABDE

【解析】项目监理机构对施工单位建立的试验室进行检查的内容主要包括:①试验室的资质等级及试验范围;②法定计量部门对试验设备出具的计量检定证明;③试验室的管理制度;④试验人员的资格证书。

106. BCE

【解析】工程施工过程中,应由总监理工程师签发工程暂停令的情形通常包括:①建设单位要求暂停施工且工程需要暂停施工的;②施工单位未经批准擅自施工或拒绝项目监理机构管理的;③施工单位未按已审查通过的工程设计文件施工的;④施工单位违反工程建设强制性标准的;⑤施工存在重大质量、安全事故隐患或发生质量、安全事故的。

107. ABD

【解析】根据《公路工程质量检验评定标准 第一册 土建工程》(JTG F80/1—2017),分项工程可按施工工序、施工工艺或材料等进行划分。

108. ADE

【解析】根据《公路工程质量检验评定标准 第一册 土建工程》(JTG F80/1—2017)规定,分部工程质量检验评定合格的条件有:①评定资料应完整;②所含分项工程及实测项目应合格;③外观质量应符合要求。

109. BCDE

【解析】施工单位的施工与管理不到位、操作人员素质差、使用不合格的材料等常常会导致产生质量缺陷。属于施工与管理不到位的情况包括:未经设计单位同意擅自修改设计;施工前技术交底不清;制定的施工方案考虑不周全;图纸未经会审即用于施工等。

110. ABDE

【解析】工程质量事故处理的依据主要包括四个方面:①相关法律法规;②有关合同文件;③质量事故实况资料;④有关工程技术文件、资料、档案。

111. ABCE

【解析】通过创建"品质工程",公路工程质量要达到新水平,是指坚持工程建设与运营维护相协调、工程与自然人文相和谐,有效保障工程耐久性,全面提升工程实体质量、功能质量、外观质量、服务质量等"四个质量"。

112. BDE

【解析】价值工程对象的选择,从生产方面看,应选择数量大、关键部件、工艺复杂、原材料和能源消耗高、废品率高的部件作为价值工程分析的对象。

113. AC

【解析】建设期贷款利息计算公式:各年应计利息 = (年初借款本息累计 + 本年借款额/2) × 年利率。第一年利息 $S_1 = (0 + 1500/2) × 4\% = 30$(万元);第二年利息 $S_2 = [(1500 + 30) + 1000/2] × 4\% = 81.2$(万元)。

114. ABCE

【解析】施工机械使用费 = 机械台班消耗量 × 台班单价。台班单价 = 不变费用 + 可变费用。不变费用包括折旧费、检修费、维护费、安拆辅助费等;可变费用包括机上人员人工费、动力燃料费、车船税。

115. ABE

【解析】无论是进行质量控制、进度控制还是投资控制都离不开经济措施。经济措施不仅仅是工程计量与审核、工程款支付申请审核、工程款支付证书的签发等,还需要编制和实施资金使用计划、对变更方案进行技术经济分析,分解投资控制目标,进行投资偏差的分析等。

116. BCE

【解析】在工程招标投标阶段,工程量清单的主要作用有:①为投标人投标竞争提供一个平等、共同的基础;②招标人可根据工程量清单编制标底或招标控制价;③投标人可按工程量清单表述的内容填报相应价格。

117. ACE

【解析】投标报价的编制原则主要包括:①投标报价可由投标人自行编制或投标人委

托有相应资质的工程造价咨询人编制;②投标人应依据国家和行业部门的有关规定自主确定投标报价;③执行工程量清单招标的,投标人必须按招标工程量清单填报价格;④投标人的投标报价不得低于工程成本;⑤投标人的投标报价高于招标控制价的应予废标。

118. ABD

【解析】审核投标报价时,对分部分项工程综合单价的审核内容主要包括:①综合单价的确定依据是否正确;②招标工程量清单中提供了暂估单价的材料、工程设备是否按暂估的单价进入综合单价;③单价中是否考虑了承包人应承担的风险费用。

119. ACE

【解析】在施工阶段,监理工程师一般只对以下三方面的工程项目进行计量:①工程量清单中的全部项目;②合同文件中规定的项目;③工程变更项目。

120. AE

【解析】在施工阶段,因不可抗力造成的损失中,属于发包人承担的有:在建工程的损失,已运至现场的材料、工程设备的损失,因工程损坏造成第三者的人身与财产损失、工程损坏所需修复费用、工程场地清理费用,发包人自身财产损失以及自身人员伤害等。

模拟试卷(三)

一、单项选择题(共80题,每题1分。每题的备选项中,只有1个最符合题意)

1. 下列质量数据特征值中,用来描述数据集中趋势的是( )。
   A. 极差　　　　　B. 标准偏差　　　　C. 均值　　　　D. 变异系数

2. 工程质量统计分析方法中,根据不同的目的和要求将调查收集的原始数据,按某一性质进行分组、整理,分析产品存在的质量问题和影响因素的方法是( )。
   A. 调查表法　　　B. 分层法　　　　　C. 排列图法　　　D. 控制图法

3. 采用直方图法分析工程质量时,出现孤岛型直方图的原因是( )。
   A. 组数或组距确定不当　　　　　B. 不同设备生产的数据混合
   C. 原材料发生变化　　　　　　　D. 人为去掉上限下限数据

4. 采用相关图法分析工程质量时,散布点形成由左向右向下的一条直线带,说明两变量之间的关系为( )。
   A. 负相关　　　　B. 不相关　　　　　C. 正相关　　　　D. 弱正相关

5. 工程开工前,设计交底会议应由( )主持召开。
   A. 项目监理机构　B. 施工单位　　　　C. 建设单位　　　D. 设计单位

6. 经项目监理机构审查合格的工程项目施工组织设计,应由( )签认。
   A. 监理单位技术负责人　　　　　B. 总监理工程师
   C. 建设单位项目负责人　　　　　D. 专业监理工程师

7. 总监理工程师应在工程开工日期( )天前向施工单位发出工程开工令。
   A. 5　　　　　　B. 7　　　　　　　C. 10　　　　　　D. 14

8. 工程建设过程中,形成工程实体质量的阶段是( )阶段。
   A. 决策　　　　　B. 勘察　　　　　　C. 施工　　　　　D. 设计

9. 公路工程交工验收合格后,项目法人应及时完成项目交工验收报告,并向交通运输主管部门备案。交通运输主管部门在15天内未对备案的项目交工验收报告提出异议,项目法人可开放交通进入试运营期。试运营期不得超过( )年。
   A. 1　　　　　　B. 2　　　　　　　C. 2.5　　　　　　D. 3

10. 根据《建设工程质量管理条例》,设计文件应符合国家规定的设计深度要求并注明工程( )。
    A. 材料生产厂家　B. 保修期限　　　　C. 材料供应单位　D. 合理使用年限

11. 监理单位质量管理体系持续改进的核心是提高企业质量管理体系的( )。
    A. 科学性和价值　B. 有效性和效率　　C. 创造性和价值　D. 管理水平和效率

12. 公路建设工程安全隐患治理和风险管控的责任主体是( )。
    A. 建设单位   B. 施工单位
    C. 监理单位   D. 交通运输主管部门
13. 分包单位资格报审表中的审核意见应由( )签署。
    A. 建设单位项目负责人   B. 施工单位项目负责人
    C. 专业监理工程师   D. 总监理工程师
14. 工程中采用新工艺、新材料的,应有( )及有关质量数据。
    A. 施工单位组织的专家论证意见 B. 权威性技术部门的技术鉴定书
    C. 设计单位组织的专家论证意见 D. 建设单位组织的专家论证意见
15. 工程监理实施过程中,总监理工程师应签发工程暂停令的情形是( )。
    A. 施工单位未经批准擅自施工   B. 施工存在质量事故隐患
    C. 施工单位采用不适当施工工艺 D. 施工单位未按施工方案施工
16. 施工过程中,监理机构对分项工程中的关键项目和结构主要尺寸的抽检频率应不低于施工检验频率的( )。
    A. 10%   B. 20%   C. 30%   D. 40%
17. 根据《公路工程施工监理规范》(JTG G10—2016),监理计划应由( )审批。
    A. 监理单位法定代表人   B. 监理单位技术负责人
    C. 总监理工程师代表   D. 总监理工程师
18. 公路工程质量检验评定的最小单位是( )。
    A. 分项工程   B. 施工工序   C. 单位工程   D. 分部工程
19. 项目监理机构发现工程施工存在质量缺陷后,应发出( ),要求施工单位进行处理。
    A. 工程暂停令 B. 监理指令单 C. 工作联系单 D. 监理报告
20. 工程施工过程中,造成直接经济损失900万元的工程质量事故属于( )事故。
    A. 特别重大   B. 重大   C. 较大   D. 一般
21. 工程质量事故调查组处理质量事故时,项目监理机构的正确做法是( )。
    A. 积极配合,客观提供相应证据
    B. 积极配合,参与质量事故调查
    C. 积极配合,会同施工单位提供有利证据
    D. 回避质量事故调查
22. 因施工原因发生工程质量事故后,质量事故技术处理方案一般应经( )签认,并报建设单位批准。
    A. 事故调查组建议的单位   B. 施工单位
    C. 法定检测单位   D. 原设计单位
23. 某项目,建安工程费3000万元,设备购置费4000万元,工程建设其他费用600万元,建设期利息200万元,铺底流动资金160万元,建设期的估算税金额45万元,则该项目的静态投资为( )万元。
    A. 7000   B. 7600   C. 7700   D. 7805

24. 下列费用中,不应列入建筑安装工程材料费的是( )。
   A. 施工中耗费的辅助材料费用
   B. 施工企业自设试验室进行试验所耗用的材料费用
   C. 在运输装卸过程中发生的材料损耗费用
   D. 在施工现场发生的材料保管费用

25. 下列费用中,属于规费的是( )。
   A. 环境保护费 B. 工伤保险费 C. 工程排污费 D. 安全施工费

26. 某企业年初从金融机构借款3000万元,月利率1%,按季复利计息,年末一次性还本付息,则该企业年末需要向金融机构支付的利息为( )万元。
   A. 360.00 B. 363.61 C. 376.53 D. 380.48

27. 在台背与墙背填土施工时,只有在台身或墙身强度达到设计强度的( )以上时方可开始填土。
   A. 70% B. 75% C. 80% D. 85%

28. 填土路堤填筑分几个作业段施工时,接头部位如能交替填筑时,应分层相互交替搭接,搭接长度应不小于( )。
   A. 1m B. 1.5m C. 2m D. 2.5m

29. 利用经济评价指标评判项目的可行性时,说法错误的是( )。
   A. 财务内部收益率大于等于行业基准收益率,方案可行
   B. 静态投资回收期大于行业基准投资回收期,方案可行
   C. 财务净现值大于0,方案可行
   D. 总投资收益率大于等于行业基准投资收益率,方案可行

30. 某一级公路沥青混凝土面层施工完成后,对甲路段进行压实度检测,当采用试验室标准密度检测时,其合格率为96%;而采用试验段密度标准时,其合格率为98%,则该路段压实度合格率为( )。
   A. 96% B. 98% C. 97% D. 无法判断

31. 根据现行公路工程工程量清单计量规则,清单项目工程量是以( )为准,并以完成的净值来计算的。
   A. 实际施工工程量 B. 形成工程实体
   C. 返工工程量及其损耗 D. 工程施工方案

32. 采用固定总价合同时,发包方承担的风险是( )。
   A. 实物工程量变化 B. 工程单价变化
   C. 工期延误 D. 工程范围变更

33. 根据现行计价规范,实行工程量清单计价的工程通常采用( )合同。
   A. 固定总价 B. 可调总价 C. 单价 D. 成本加酬金

34. 招标工程以投标截止日前( )天为基准日,其后相关法律法规发生变化并引起工程造价增减变化的,可以调整合同价款。
   A. 14 B. 15 C. 28 D. 30

35. 计算索赔费用最常用的方法是( )。

A. 总费用法 B. 实际费用法
C. 修正的总费用法 D. 单价法

36. 某工程施工至10月底,经统计分析,已完工作实际投资为260万元,已完工作预算投资为240万元,计划工作预算投资为200万元,则该工程此时的进度偏差为( )万元。
A. 40 B. 20 C. -20 D. -40

37. 在公路工程施工进度控制的措施中,对建设单位提出应急赶工给予赶工费用补偿的属于( )措施。
A. 合同 B. 组织 C. 经济 D. 技术

38. 应用网络计划技术编制建设工程进度计划时,绘制网络图的前提是( )。
A. 计算时间参数 B. 进行项目分解
C. 计算工作持续时间 D. 确定关键线路

39. 关于平行施工组织方式的说法,正确的是( )。
A. 专业工作队能够保持连续施工 B. 单位时间内投入的资源量较均衡
C. 能充分利用工作面且工期短 D. 专业工作队能够最大限度地搭接施工

40. 流水施工中某施工过程(专业工作队)在单位时间内所完成的工程量称( )。
A. 流水段 B. 流水强度 C. 流水节拍 D. 流水步距

41. 某工程有5个施工过程,划分为3个施工段组织固定节拍流水施工,流水节拍为2天,施工过程之间的组织间歇合计为4天。该工程的流水施工工期是( )天。
A. 12 B. 18 C. 20 D. 26

42. 某工程组织非节奏流水施工,两个施工过程在4个施工段上的流水节拍分别为5、8、4、4天和7、2、5、3天,则该工程的流水施工工期是( )天。
A. 16 B. 21 C. 25 D. 28

43. 某工程有3个施工过程,依次为:钢筋→模板→混凝土,划分为Ⅰ和Ⅱ施工段编制工程网络进度计划。下列工作逻辑关系中,属于正确工艺关系的是( )。
A. 模板Ⅰ→混凝土Ⅰ B. 模板Ⅰ→钢筋Ⅰ
C. 钢筋Ⅰ→钢筋Ⅱ D. 模板Ⅰ→模板Ⅱ

44. 工程网络计划中,某工作持续时间为5天,其3项紧后工作的最迟开始时间分别为第7、8和10天,则该工作的最迟开始时间是第( )天。
A. 1 B. 2 C. 4 D. 5

45. 下列关于工程网络计划中工作总时差的说法中,正确的是( )。
A. 工作总时差在任何情况下均不会小于其自由时差
B. 利用工作总时差必然会减小其后续工作的总时差
C. 工作总时差是其紧后工作自由时差的构成部分
D. 以终点节点为完成节点的工作总时差必然为零

46. 工程网络计划中,某工作持续时间为8天,总时差为5天,自由时差为1天。如果该工作延迟开始7天,则将导致总工期延长( )天。
A. 1 B. 2 C. 5 D. 6

47. 某公路工程双代号网络计划中,某工作持续时间为5天,其开始节点的最早时间和最迟时间分别为14天和17天,完成节点的最早时间和最迟时间分别为23天和29天,该工作的总时差是( )天。

A. 3　　　　　B. 4　　　　　C. 6　　　　　D. 10

48. 某工程双代号网络计划如下图所示,其中工作I的最早开始时间是( )。

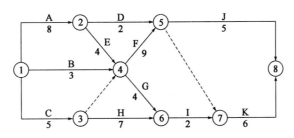

A. 7　　　　　B. 12　　　　　C. 14　　　　　D. 16

49. 关于双代号网络计划中关键工作的说法,正确的是( )。

A. 关键工作的最迟开始时间与最早开始时间的差值最小
B. 以关键节点为开始节点和完成节点的工作必为关键工作
C. 关键工作与其紧后工作之间的时间间隔必定为零
D. 自始至终由关键工作组成的线路总持续时间最短

50. 关于工程网络计划费用优化的说法,正确的是( )。

A. 缩短持续时间的工作不能变成非关键工作
B. 缩短持续时间的工作应为直接费最小的关键工作
C. 必要时可调整关键工作之间的逻辑关系
D. 工程总费用会随着工期的缩短而增加

51. 下列实际进度监测工作中,属于对实际进度数据进行加工处理工作的是( )。

A. 定期收集进度报表资料
B. 现场实测实量已完工程量
C. 进行实际进度与计划进度的对比分析
D. 确定本期已累计完成的工作量

52. 在建设工程进度调整的系统过程中,当工作实际进度偏差影响到后续工作及总工期而需要采取措施调整进度计划时,首先需要进行的工作是( )。

A. 确定可调整进度的范围　　　　B. 进行调整措施的技术经济分析
C. 进行调整方案的比选论证　　　D. 分析进度偏差产生的原因

53. 关于网络计划中工作实际进度偏差对后续工作及总工期影响的说法,正确的是( )。

A. 实际进度偏差大于总时差时,必然影响后续工作和总工期
B. 实际进度偏差小于总时差而大于自由时差时,必然影响后续工作和总工期
C. 实际进度偏差小于总时差和自由时差时,只影响总工期
D. 实际进度偏差大于总时差时,只影响后续工作

54. 项目监理机构发现施工进度计划的执行严重滞后并影响合同工期时,可签发( )

要求施工单位采取调整措施加快施工进度。
    A. 进度计划报审表　　　　　　B. 工作联系单
    C. 监理指令单　　　　　　　　D. 监理月报
55. 工程施工过程中为缩短工期而采取的措施中,属于组织措施的是(　　)。
    A. 改进施工工艺和施工技术　　B. 实行包干奖励,提高奖金数额
    C. 采用更先进的施工机械　　　D. 增加劳动力和施工机械的数量
56. 为减少或避免出现工程延期,项目监理机构应做好的工作之一是(　　)。
    A. 定期组织召开施工技术专题会议
    B. 提醒业主履行施工承包合同中所规定的职责
    C. 定期核查施工单位材料进场情况
    D. 针对施工质量安全隐患及时发出监理通知单
57. 工程网络计划费用优化过程中,压缩关键工作的持续时间应遵循的基本原则是(　　)。
    A. 必须将关键工作压缩成非关键工作
    B. 压缩后工作的持续时间不能小于其总时差
    C. 优先选择压缩综合费率最小的关键工作
    D. 多条关键线路的持续时间应压缩相同数值
58. 在单代号搭接网络计划中,关键线路是指(　　)的线路。
    A. 持续时间总和最长　　　　　B. 时间间隔均为零
    C. 时距总和最长　　　　　　　D. 由关键节点组成
59. 用来比较实际进度与计划进度的香蕉曲线法中,组成香蕉曲线的两条线分别是按各项工作的(　　)安排绘制的。
    A. 最早开始时间和最迟开始时间　　B. 最迟开始时间和最迟完成时间
    C. 最早开始时间和最早完成时间　　D. 最早开始时间和最迟完成时间
60. 当某项工作实际进度拖延的时间超过其总时差而需要调整进度计划时,应考虑该工作的(　　)。
    A. 资源需求量　　　　　　　　B. 后续工作的限制条件
    C. 自由时差的大小　　　　　　D. 紧后工作的数量
61. 公路工程安全生产双重预防体系是指(　　)。
    A. 政府监督和企业自控
    B. 政府监督和社会监理
    C. 安全风险分级管控和安全事故隐患排查治理
    D. 安全风险自留和安全风险转移
62. 确定施工进度控制目标时,可将(　　)作为主要依据。
    A. 工程量清单　　　　　　　　B. 工程难易程度
    C. 已完工程实际进度　　　　　D. 单位工程施工组织设计
63. 监理工程师在审查施工进度计划时,发现问题后应采取的措施是(　　)。
    A. 向承包单位发出整改通知书　B. 向建设单位发出工作联系单

C. 向承包单位发出整改联系单 D. 向承包单位发出停工令

64. 编制初步施工总进度计划时,应尽量安排以(　　)的单位工程为主导的全工地性流水作业。
   A. 工程技术复杂、工期长 B. 工程量大、工程技术相对简单
   C. 工程造价大、工期长 D. 工程量大、工期长

65. 调整施工进度计划时,通过增加劳动力和施工机械的数量缩短某些工作持续时间的措施属于(　　)。
   A. 经济措施 B. 技术措施 C. 组织措施 D. 合同措施

66. 公路工程施工过程中,分项工程中间产品多、交接多、隐蔽工程多,因此质量存在(　　)。
   A. 复杂性 B. 波动性 C. 隐蔽性 D. 局限性

67. 实行分包的工程,分包单位应按照分包合同的约定对其分包工程的质量向(　　)负责。
   A. 总承包单位 B. 设计单位 C. 建设单位 D. 监理单位

68. "持续改进"是质量管理体系八项质量管理原则之一,其核心是提高(　　)。
   A. 有效性和效率 B. 科学性 C. 管理水平 D. 创造价值能力

69. 某家庭装修时买了1000块地砖,每20块一组,现在要抽50块检查其质量。若随机抽取5组,在每组中抽取10块检查,则属于(　　)的方法。
   A. 系统随机抽样 B. 分层抽样 C. 简单随机抽样 D. 多阶段抽样

70. 在下列质量控制的统计分析方法中,需要听取各方意见,集思广益,相互启发的是(　　)。
   A. 直方图法 B. 因果分析图法 C. 排列图法 D. 控制图法

71. 下列质量管理应用的统计分析方法中,具有动态分析功能的是(　　)。
   A. 排列图法 B. 因果分析图法 C. 直方图法 D. 控制图法

72. 特种作业人员不包括(　　)。
   A. 建筑电工 B. 建筑架子工
   C. 建筑起重机械司机 D. 抹灰工

73. (　　)是质量控制统计分析方法中最基本的一种方法,其他统计方法一般都要与其配合使用。
   A. 排列图法 B. 分层法 C. 控制图法 D. 直方图法

74. 工程质量缺陷的处理方案需经过(　　)审查,由施工单位处理,处理结果应重新进行验收。
   A. 建设单位 B. 监理单位 C. 设计单位 D. 工程质量监督机构

75. 悬臂浇筑施工应对称、平衡地进行,两端悬臂上荷载的实际不平衡偏差不得超过设计规定值;设计未规定时,不宜超过梁段重的(　　)。
   A. 1/2 B. 1/3 C. 1/4 D. 1/5

76. 浇筑混凝土时应按一定的厚度、顺序和方向分层浇筑。当采用插入式振动器时,混凝土分层浇筑的厚度不宜超过(　　)。

A. 100mm　　　　B. 200mm　　　　C. 300mm　　　　D. 400mm

77. 建筑安装工程费构成中,地方教育附加属于( )。
    A. 企业管理费　　B. 规费　　C. 措施费　　D. 税金

78. 某建设工程项目,建设期为2年,每年贷款额相等,总共从银行贷款960万元。贷款年利率为6%,则该项目建设期利息为( )万元。
    A. 44.06　　　　B. 58.46　　　　C. 89.24　　　　D. 103.95

79. 建筑安装工程费用组成中,( )不属于规费。
    A. 养老保险费　　B. 失业保险费　　C. 工伤保险费　　D. 劳动保护费

80. 某工程采用固定总价合同,合同执行过程中,在发生( )时,发包方才对合同总价做相应调整。
    A. 承包商漏算工程量　　　　　　B. 材料价格变动
    C. 不可预见的因素　　　　　　　D. 设计变更

二、多项选择题(共40题,每题2分。每题的备选项中,有2个或2个以上符合题意,至少有1个错项。错选,本题不得分;少选,所选的每个选项得0.5分)

81. 项目监理机构对工程施工质量实施控制的主要依据有( )。
    A. 工程施工合同文件　　　　　　B. 工程变更设计文件
    C. 施工现场质量管理制度　　　　D. 工程材料试验规程
    E. 工程施工质量验收标准

82. 项目监理机构对施工组织设计进行审查的内容有( )。
    A. 编审程序是否符合相关规定
    B. 工程材料质量证明文件是否齐全有效
    C. 资源供应计划是否满足工程施工需要
    D. 工程质量保证措施是否符合施工合同要求
    E. 安全技术措施是否符合工程建设强制性标准

83. 下列文件中,属于工程材料质量证明文件的有( )。
    A. 材料供货合同　　B. 出厂合格证　　C. 质量检验报告　　D. 质量验收标准
    E. 性能检测报告

84. 施工单位实施工程质量控制活动的质量记录资料有( )。
    A. 施工现场质量管理检查记录　　B. 施工图设计文件审查记录
    C. 施工过程作业活动质量记录　　D. 工程材料质量记录
    E. 工程有关合同文件评审记录

85. 工程质量事故处理完成后,项目监理机构应向建设单位提交的质量事故报告。质量事故报告的内容有( )。
    A. 事故发生的时间、地点　　　　B. 事故发生的简要经过
    C. 事故发生后采取的措施　　　　D. 事故处理的过程及结果
    E. 事故调查有关会议记录

86. 建设工程质量特性主要表现的方面有( )。

A. 适用性　　　　B. 耐久性　　　　C. 节能性　　　　D. 隐蔽性
E. 局限性

87. 根据《建设工程质量管理条例》,属于建设单位的质量责任有(　　)。
A. 负责办理施工图设计文件审查　　　B. 负责组织设计文件交底
C. 负责办理工程施工许可证　　　　　D. 负责对工程材料进行检验
E. 负责办理工程质量监督手续

88. 下列质量数据波动原因中,属于系统性原因的有(　　)。
A. 原材料质量规格有显著差异　　　　B. 温度变化引起的允许偏差
C. 机械设备发生故障　　　　　　　　D. 工人未遵守操作规程
E. 几何尺寸的微小变化

89. 采用直方图法进行工程质量统计分析时,可以实现的目的有(　　)。
A. 掌握质量特性的分布规律　　　　　B. 寻找影响质量的主次因素
C. 调查收集质量特性原始数据　　　　D. 估算施工过程总体不合格品率
E. 评价实际生产施工能力

90. 项目监理机构在投资控制中的主要工作有(　　)。
A. 协助设计单位编制概算　　　　　　B. 进行工程计量与工程款支付
C. 对已完工程量进行偏差分析　　　　D. 审查交工结算款
E. 审查费用索赔报审表

91. 下列费用中,属于施工机械使用费的有(　　)。
A. 吊车司机的人工工资
B. 施工机械按规定应缴纳的车船使用税
C. 大型机械进出场及安拆费
D. 施工所需仪器的摊销费
E. 施工机械运转日常保养费

92. 关于价值工程的说法,正确的有(　　)。
A. 价值工程的核心是对产品进行功能分析
B. 价值工程涉及价值、功能和寿命周期成本三要素
C. 价值工程应以提高产品的功能为出发点
D. 价值工程是以提高产品的价值为目标
E. 价值工程强调选择最低寿命周期成本的产品

93. 根据现行计价规范,工程量清单适用的计价活动有(　　)。
A. 设计概算的编制　　　　　　　　　B. 招标控制价的编制
C. 投资限额的确定　　　　　　　　　D. 合同价款的约定
E. 交工结算的办理

94. 在招投标阶段,投标人不能自主确定其综合单价或费用的有(　　)。
A. 安全生产费　　　　　　　　　　　B. 暂列金额
C. 暂估价　　　　　　　　　　　　　D. 计日工
E. 总承包服务费

95. 下列工程索赔事项中,属于发包人向承包人索赔的有( )。
   A. 地质条件变化引起的索赔　　　B. 施工中人为障碍引起的索赔
   C. 加速施工费用的索赔　　　　　D. 工期延误的索赔
   E. 对超额利润的索赔

96. 公路机电工程系统检验测试通常包括( )。
   A. 施工单位自测　　　　　　　　B. 监理签证测试
   C. 功能测试　　　　　　　　　　D. 技术指标测试
   E. 实际运行测试

97. 加快的成倍节拍流水施工的特点有( )。
   A. 同一施工过程在各个施工段上的流水节拍均相等
   B. 相邻施工过程的流水步距等于流水节拍
   C. 各个专业工作队在施工段上能够连续作业
   D. 每个施工过程均成立一个专业工作队
   E. 所有施工段充分利用且没有空闲时间

98. 组织流水施工时,划分施工段的原则有( )。
   A. 同一专业工作队在各施工段上的工程量应大致相等
   B. 每个施工段的工作面大小应尽可能相等
   C. 施工段的界限应设在对建筑结构整体性影响小的部位
   D. 应确保相应工作队连续、均衡、有节奏的施工
   E. 每个施工段流水节拍必须相等

99. 某工程双代号网络图如下图所示,绘图错误有( )。

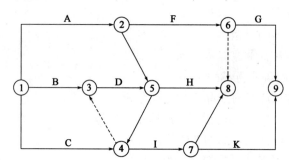

   A. 存在循环回路　　　　　　　　B. 节点编号错误
   C. 有无箭头的连线　　　　　　　D. 有多个起点节点
   E. 有多个终点节点

100. 某工程双代号时标网络计划如下图所示,正确的结论有( )。
   A. 工作 A 为关键工作
   B. 工作 B 的自由时差为 2 天
   C. 工作 C 的总时差为零
   D. 工作 D 的最迟完成时间为第 8 天
   E. 工作 E 的最早开始时间为第 2 天

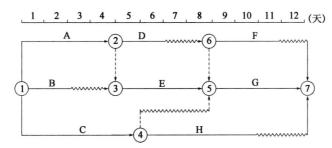

101. 下列关于工程网络计划工期优化的说法,正确的有(　　)。
    A. 应分析调整各项工作之间的逻辑关系
    B. 应有步骤地将关键工作压缩成非关键工作
    C. 应将各条关键线路的总持续时间压缩相同数值
    D. 应考虑质量、安全和资源等因素选择压缩对象
    E. 应压缩非关键线路上自由时差大的工作

102. 某工程双代号时标网络计划进行到第30天和第70天时,检查其实际进度绘制的前锋线如下图所示,由此可得正确的结论有(　　)。

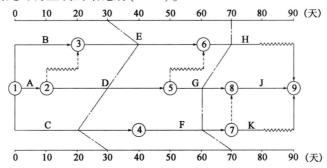

    A. 第30天检查时,工作C实际进度提前10天,不影响总工期
    B. 第30天检查时,工作D实际进度正常,不影响总工期
    C. 第70天检查时,工作G实际进度拖后10天,影响总工期
    D. 第70天检查时,工作F实际进度拖后10天,不影响总工期
    E. 第70天检查时,工作H实际进度正常,不影响总工期

103. 施工进度计划初始方案编制完成后,需要检查的内容有(　　)。
    A. 各工作项目的施工顺序、平行搭接和技术间歇是否合理
    B. 主要工种的工人是否满足连续、均衡施工的要求
    C. 主要分部工程的工程量是否准确
    D. 总工期是否满足合同约定
    E. 主要机具、材料的利用是否均衡和充分

104. 监理工程师编制的施工进度控制工作细则的内容包括(　　)。
    A. 施工进度控制目标分解图　　B. 进度控制组织措施
    C. 施工进度控制目标实现的风险分析　D. 施工总进度计划编制程序
    E. 单位工程施工进度计划编制要求

407

105. 施工总进度计划编制过程中,确定各项单位工程开竣工时间和相互搭接关系应考虑的因素有( )。

　　A. 同一时间施工的项目不宜过多,以免人力物力过于分散

　　B. 尽量(提前)建设可供工程施工使用的永久性工程,以节省临时工程费用

　　C. 应注意季节对施工顺序的影响,以保证工期和质量

　　D. 尽量提高单位工程施工的机械化程度,以降低工程成本

　　E. 尽量做到劳动力、施工机械和主要材料的供应在工期内均衡

106. 下列引起投资偏差的原因中,属于建设单位原因的有( )。

　　A. 设计标准变化　　B. 投资规划不当　　C. 建设手续不全　　D. 施工方案不当

　　E. 未及时提供施工场地

107. 下列影响建设工程进度的不利因素中,属于建设单位因素的有( )。

　　A. 不能及时向施工单位付款　　　　B. 组织协调不利,导致停工待料

　　C. 由于使用要求改变而进行设计变更　　D. 提供的场地不能满足工程正常需要

　　E. 邻近工程施工干扰

108. 下列建设工程进度控制措施中,属于技术措施的有( )。

　　A. 采用网络计划技术等计划方法　　　B. 审查承包人提交的进度计划

　　C. 加强合同风险管理　　　　　　　　D. 建立工程进度报告制度

　　E. 编制进度控制工作细则

109. 建设工程组织流水施工时,影响施工过程流水强度的因素有( )。

　　A. 投入的施工机械台数和人工数

　　B. 专业工种工人或施工机械活动空间人数

　　C. 相邻两个施工过程相继开工的间隔时间

　　D. 施工过程中投入资源的产量定额

　　E. 施工段数目

110. 工程质量事故处理的依据包括( )。

　　A. 相关法律法规、技术标准及规范

　　B. 具有法律效力的有关合同文件

　　C. 质量事故的实况资料

　　D. 有关的工程技术文件、资料、档案

　　E. 监理日志和监理日记

111. 当路基为细粒土填筑而成时,路基填筑现场的压实度检测通常可采用的方法为( )。

　　A. 环刀法　　　　　　　　　　B. 水袋法

　　C. 灌砂法　　　　　　　　　　D. 钻孔取样蜡封法

　　E. 核子密度仪法

112. 下列关于路基填土压实工艺的表述中,不正确的是( )。

　　A. 压实机具应先轻后重,以适应逐渐增长的土基强度

　　B. 碾压速度应先慢后快,以免引起疏松土推挤拥起

C.压实机具的运行路线,一般直线段应从路缘向中心,以便形成路拱

D.先振动碾压,后静压;先胶轮压,再钢筒压

E.弯道设有超高段,由低的一侧边缘向高的一侧边缘碾压,以便形成单向超高坡度

113.下列稳定土基层(底基层)检测项目中,属于关键项目的是( )。

A.压实度 B.平整度
C.厚度 D.强度
E.宽度

114.施工进度监理的工作流程包括( )等环节。

A.进度计划的编制 B.进度计划的审批
C.进度计划的执行 D.进度计划执行的检查
E.进度计划的调整

115.为了减少或避免工程延误事件的发生,监理人员应做好的工作包括( )。

A.妥善处理工程延期事件 B.及时支付工程进度款
C.及时提供施工场地 D.及时下达工程开工令
E.提醒发包人履行合同义务

116.下列有关施工单位安全责任的表述中,正确的是( )。

A.应当建立健全安全生产责任制度

B.应当设置安全生产管理机构、配备专职安全生产管理人员

C.应当在施工组织设计中编制安全技术措施及专项施工方案

D.施工前负责项目管理的技术人员应当向施工作业班组、作业人员进行技术交底

E.工程报价中应当包含安全生产费用,一般不得低于投标价的1.0%

117.施工安全风险评估报告的主要内容包括( )。

A.编制依据、工程概况 B.对策措施及建议
C.评估内容 D.评估过程和评估方法
E.审查论证的结论

118.监理工程师对专项施工方案的审查主要包括( )等方面。

A.程序性审查 B.符合性审查
C.针对性审查 D.完备性审查
E.安全性审查

119.公路施工期对生态环境的影响主要包括( )。

A.水土流失 B.植被破坏
C.施工机械噪声 D.施工扬尘
E.材料冲洗引起水质混浊

120.根据《建设工程质量管理条例》,下列关于工程监理单位质量责任和义务的说法,正确的有( )。

A.在施工过程中发现设计文件和图纸有差错的,应当及时修改

B.监理工程师应当按照建设工程监理规范的要求,采取旁站、巡视和平行检验等形式,对建设工程实施监理

C. 未经监理工程师签字,建筑材料、建筑构配件和设备不得在工程上使用或者安装,施工单位不得进行下一道工序的施工
D. 未经总监理工程师签字,建设单位不得拨付工程款,不得进行竣工验收
E. 工程监理单位与被监理工程的施工承包单位以及建筑材料、建筑构配件和设备供应单位有隶属关系或者其他利害关系的,不得承担该项建设工程的监理业务

模拟试卷(三)参考答案

一、单项选择题

1. C

【解析】 质量数据特征值中,用来描述数据集中趋势的有算术平均值(均值)、中位数;用来描述数据离中趋势的有极差、标准偏差、变异系数。

2. B

【解析】 分层法,是指将调查收集的原始数据,根据不同的目的和要求,按某一性质进行分组、整理,分析产品存在的质量问题和影响因素的方法。分层法是质量控制统计分析方法中最基本的一种方法。

3. C

【解析】 正常型直方图就是中间高,两侧低,左右接近对称的图形。出现非正常型直方图时,表明生产过程或收集数据作图有问题。这就要求进一步分析判断,找出原因,从而采取纠正措施。非正常型直方图归纳起来一般分为5种类型,其中出现孤岛型直方图的原因是原材料发生变化,或者临时他人顶班作业。

4. A

【解析】 相关图是用来显示两种质量数据之间关系的一种图形。相关图中点的集合反映了两种数据之间的散布状况,归纳起来有6种类型:①正相关。说明 x 与 y 有较强的制约关系,此时,可通过对 x 控制而有效控制 y 的变化。②弱正相关。x 与 y 的关系不像正相关那么明确,说明 y 除受 x 影响外,还受其他更重要的因素影响。③不相关。说明 x 变化不会引起 y 的变化或其变化无规律,分析影响质量原因时,可排除 x 因素。④负相关。说明 x 对 y 的影响与正相关恰恰反。⑤弱负相关。说明 x 与 y 的相关关系较弱,且变化趋势相反。⑥非线性相关。散布点呈一曲线带。综上,当采用相关图法分析工程质量时,散布点形成由左向右向下的一条直线带,说明两变量之间的关系为负相关。

5. C

【解析】《公路工程施工监理规范》(JTG G10—2016)规定,工程开工前,设计交底会议应由建设单位主持召开。监理工程师应参加设计交底,掌握本工程的设计意图、设计标准和要点;熟悉设计对材料和工艺的要求,施工中应特别注意的事项,以及对施工安全、环保工作的要求;澄清有关问题,收集资料并记录。

6. B

【解析】《公路工程施工监理规范》(JTG G10—2016)规定,总监理工程师应在规定的期限内及时审批施工单位提交的施工组织设计。施工组织设计先由总监办专业监理工程师审核并提出审核意见,然后由总监理工程师审批签认。

7. B

【解析】《公路工程施工监理规范》(JTG G10—2016)规定,总监理工程师应在开工日期前7天向承包人发出开工通知(开工令)。总监理工程师在发出开工令之前应取得发包人批准。

8. C

【解析】工程质量的形成要经历以下过程:项目可行性研究—项目决策—工程勘察—工程设计—工程施工—工程竣(交)工验收。其中,工程施工是形成工程实体质量的决定性阶段。

9. D

【解析】《公路工程竣(交)工验收办法》规定,公路工程交工验收合格后,项目法人应及时完成项目交工验收报告,并向交通运输主管部门备案。交通运输主管部门在15天内未对备案的项目交工验收报告提出异议,项目法人可开放交通进入试运营期。试运营期不得超过3年。

10. D

【解析】《建设工程质量管理条例》规定,工程设计单位应当根据勘察成果文件进行工程设计。设计文件应当符合国家规定的设计深度要求,并注明工程合理使用年限。

11. B

【解析】ISO 质量管理体系的质量管理原则包括:①以顾客为关注焦点;②领导作用;③全员参与;④过程方法;⑤管理的系统方法;⑥持续改进;⑦基于事实的决策方法;⑧与供方互利的关系。其中质量管理体系持续改进的核心是提高企业质量管理体系的有效性和效率。

12. B

【解析】《关于构建交通运输安全生产风险分级管控和隐患治理双重预防体系的实施方案》中指出,生产经营单位是隐患治理和风险管控的责任主体。交通运输管理部门负责制定隐患治理和风险管控有关政策、标准和工作措施,指导管辖范围内相关工作,负有直接监督管理职责的交通运输管理部门依法履行隐患治理工作的监督执法和重大风险源管控措施落实情况的督促抽查责任。

13. D

【解析】分包工程开工前,项目监理机构应审核施工单位报送的分包单位资格报审表,监理机构总监办专业监理工程师提出审查意见后,由总监理工程师审核签认。

14. B

【解析】对于用于工程的新材料、新工艺、新设备,监理机构应核查相关权威性技术部门鉴定书或工程应用的证明材料等。

15. A

【解析】工程监理实施过程中,总监理工程师应签发工程暂停令的情形包括:①建设单位要求暂停施工且工程需要暂停施工的;②施工单位未经批准擅自施工或拒绝项目监理机构管理的;③施工单位未按审查通过的工程设计文件施工的;④施工单位违反工程建设强制性标准的;⑤施工存在重大质量、安全事故隐患或发生质量、安全事故。

16. B

【解析】《公路工程施工监理规范》(JTG G10—2016)规定,对分项工程中的关键项目和结构主要尺寸的抽检频率应不低于施工检验频率的20%。

17. B

【解析】根据《公路工程施工监理规范》(JTG G10—2016),项目监理计划由总监理工程师主持编制。监理计划编制完成后总监理工程师审核、监理单位技术负责人审批后,在第一次工地会议召开前报送建设单位。

18. A

【解析】《公路工程质量检验评定标准 第一册 土建工程》(JTG F80/1—2017)规定,公路工程质量检验评定应按分项工程、分部工程、单位工程逐级进行。由此可知,公路工程质量检验评定的最小单位是分项工程。

19. B

【解析】项目监理机构发现工程施工存在质量缺陷后,应发出监理指令单,要求施工单位进行处理。监理指令单有时也称为监理通知单。在工程质量控制方面,项目监理机构发现施工存在质量问题的,或施工单位采用不适当的施工工艺,或施工不当造成工程质量不合格的,应及时签发监理指令单,要求施工单位整改。监理指令单由专业监理工程师或总监理工程师签发。

20. D

【解析】一般质量事故,是指造成3人以下死亡,或者10人以下重伤,或者100万元以上1000万元以下直接经济损失的事故。

21. A

【解析】对于由质量事故调查组处理的质量事故,项目监理机构应积极配合,客观地提供相应证据。

22. D

【解析】因施工原因发生工程质量事故后,质量事故技术处理方案一般由施工单位提出,经原设计单位同意签认,并报建设单位批准。

23. B

【解析】静态投资简单地说就是基本上不随时间的变化而变化的投资费用。项目静态投资包括建筑安装工程费、设备购置费、工程建设其他费用等。本题静态投资 $C = 3000 + 4000 + 600 = 7600$(万元)。

24. B

【解析】《公路工程建设项目概算预算编制办法》(JTG 3830—2018)规定,材料费是指施工过程中耗用的构成工程实体的原材料、辅助材料、构配件、零件、半成品或成品等,按工程所在地的材料价格计算的费用。材料费由材料费、运杂费、场外运输损耗费、采购及保管费等组成。施工企业自设试验室进行试验所耗用的材料费用应包含在施工辅助费中。

25. B

【解析】《公路工程建设项目概算预算编制办法》(JTG 3830—2018)规定,规费是指按法律、法规、规章、规程规定施工企业必须缴纳的费用。规费包括:养老保险费、失业保险费、医疗保险费、工伤保险费、住房公积金。

26. C

【解析】月利率为1%，季利率则为3%；利息 = 本利和 − 本金 = 3000(1 + 3%)⁴ − 3000 = 376.53(万元)。

27. B

【解析】桥台与挡土墙施工完成后，在台身或墙身强度达到设计强度的75%以上时方可开始进行台背或墙背填土作业。涵洞施工完成后，砌体砂浆或混凝土强度达到设计强度的85%以上时，方可进行涵洞洞身两侧的回填。

28. C

【解析】填土路堤填筑分几个作业段施工时，接头部位如能交替填筑时，应分层相互交替搭接，搭接长度应不小于2m。

29. B

【解析】投资回收期越小，经济效果越好。静态投资回收期大于行业基准投资回收期，方案不可行。反之，静态投资回收期小于行业基准投资回收期，方案可行。

30. A

【解析】高速公路、一级公路沥青混凝土面层压实度检测应在试验室标准密度、最大理论密度和试验段密度三个标准中选用两个标准评定，以合格率低的作为评定结果。

31. B

【解析】《公路工程标准施工招标文件》(2018年版)及工程量清单计量规则都明确规定，工程计量应以净值为准。因此，清单项目工程量是以施工过程中形成工程实体为基础，并以完成的净值来计算的。

32. D

【解析】固定总价合同的价格是以设计图纸、工程量及现行技术规范等为依据，发包人与承包人双方就承包工程协商一个固定的总价，即承包方按投标时发包方接受的合同价格实施工程，并一笔包死，无特定情况不作变化，只有当发包方提出工程变更时，才能对合同价格进行调整。因此，采用固定总价合同时，发包方承担的风险是工程范围变更。

33. C

【解析】单价合同，是指承包方按发包方提供的工程量清单填报单价，并据此签订承包合同，而实际总价则是按实际完成的工程量与合同单价计算确定，合同履行过程中无特殊情况，一般不得变更单价。一般来说，工程量清单是单价合同的产物。

34. C

【解析】招标工程以投标截止日前28天为基准日，其后相关法律法规发生变化并引起工程造价增减变化的，可以调整合同价款。

35. B

【解析】索赔费用的计算方法包括：①实际费用法；②总费用法；③修正的总费用法。其中，实际费用法是施工索赔时最常用的一种方法。

36. A

【解析】进度偏差 = 已完工作预算投资 − 计划工作预算投资 = 240 − 200 = 40(万元)。

37. C

【解析】实施进度控制的经济措施包括：①及时办理工程预付款及进度款支付手续；②对应急赶工给予优厚的赶工费用；③对工期提前给予奖励；④工程延误收取逾期交工违约金。

38. B

【解析】当应用网络计划技术编制工程进度计划时，其编制程序一般共包括4个阶段10个步骤。4个阶段有：计划准备阶段、绘制网络图阶段、计算时间参数及确定关键线路阶段、网络计划优化阶段。其中，绘制网络图阶段包含3个步骤：①进行项目分解；②分析逻辑关系；③绘制网络图。

39. C

【解析】平行施工组织方式的特点主要包括：①能充分利用工作面，工期短；②劳动力、施工机具等资源无法均衡使用；③专业施工队不能保持连续施工，不能实现专业化施工，不利于提高劳动生产率；④到期时间内投入的劳动力、材料、施工机具等资源量成倍地增加，不利于资源供应的组织；⑤施工现场的组织管理比较复杂。

40. B

【解析】流水施工参数包括工艺参数、空间参数、时间参数三类。其中，工艺参数包括施工过程(数)和流水强度两个参数。流水强度，也称流水能力或生产能力，是指流水施工中某施工过程(专业工作队)在单位时间内所完成的工程量。例如，浇筑混凝土施工过程的流水强度是指每工作班浇筑的混凝土立方数。

41. B

【解析】固定节拍流水也就是全等节拍流水。由题意可知：施工过程数 $n=5$，施工段数 $m=3$，流水节拍 $t=2$；流水步距 $k=t=2$，则流水工期 $T=(m+n-1)t+\sum G+\sum Z-\sum C=(3+5-1)\times 2+4=18(d)$。

42. C

【解析】非节奏流水就是无节拍流水，其相邻两个施工过程之间的流水步距采用累加数列错位相减取大差法计算。依题意，相邻两个施工过程的累加数量为5、13、17、21和7、9、14、17，错位相减大差为8，则流水施工工期 $T=\sum k+\sum t_n+\sum Z+\sum G-\sum C=8+17=25(d)$。

43. A

【解析】有3个施工过程，依次为：钢筋→模板→混凝土，划分为Ⅰ和Ⅱ施工段编制工程网络进度计划。属于正确工艺关系的是：钢筋Ⅰ→模板Ⅰ；模板Ⅰ→混凝土Ⅰ；钢筋Ⅱ→模板Ⅱ；模板Ⅱ→混凝土Ⅱ。

44. B

【解析】该工作最迟完成时间 $LF=\min\{7,8,10\}=7$；最迟开始时间 $LS=LF-t=7-5=2(d)$。

45. A

【解析】自由时差是总时差的组成部分，工作总时差在任何情况下均不会小于其自由时差；总时差是一条线路上各项工作公用的机动时间；以终点节点为完成节点的工作总时差不一定为零。

46. B

【解析】工期延误值＝工作延误值－工作总时差＝7－5＝2(d)，说明工期延期2天。

47. D

【解析】工作总时差 $TF_{ij} = LT_j - ET_i - t_{ij} = 29 - 14 - 5 = 10(d)$。

48. D

【解析】由网络图可知：$ES_G = \max\{EF_E, EF_B, EF_C\} = \max\{12,3,5\} = 12(d)$，$EF_G = 12 + 4 = 16(d)$，$EF_H = 5 + 7 = 12(d)$，所以 $ES_I = \max\{EF_G, EF_H\} = \max\{16,12\} = 16(d)$。

49. A

【解析】以关键节点为开始节点和完成节点的工作不一定为关键工作；关键工作与其紧后工作之间的时间间隔不一定为零；自始至终由关键工作组成的线路总持续时间最长。

50. A

【解析】直接费会随着时间缩短而增加，选项B错误；费用优化通常不能改变工作之间的逻辑关系，选项C错误；工程总费用会随着工期的缩短而逐渐减少，到达最优工期后总费用随着工期的缩短而逐渐增加，选项D错误。

51. D

【解析】实际进度监测工作包括：①进度计划执行中的跟踪检查；②实际进度数据的加工处理；③实际进度与计划进度的对比分析。其中，实际进度数据的加工处理工作包括对检查时段实际完成工作量的进度数据进行整理、统计和分析，确定本期累计完成的工作量、本期已完成的工作量占计划总工作量的百分比等。

52. A

【解析】进度调整的系统过程包括：①分析进度偏差产生的原因；②分析进度偏差对后续工作和总工期的影响；③确定后续工作和总工期的限制条件；④采取措施调整进度计划；⑤实施调整后的进度计划。当出现的进度偏差影响到后续工作或总工期而需要采取进度调整措施时，应当首先确定可调整进度的范围，主要指关键节点、后续工作的限制条件以及总工期允许变化的范围。

53. A

【解析】实际进度偏差大于总时差时，对后续工作和总工期都会产生影响；实际进度偏差小于总时差而大于自由时差时，必然影响后续工作，但不影响总工期。

54. C

【解析】项目监理机构发现施工进度计划的执行严重滞后并影响合同工期时，可签发监理指令单(通知单)要求施工单位采取调整措施加快施工进度。

55. D

【解析】工程施工过程中为缩短工期而采取的组织措施包括：①增加工作面，组织更多的施工队伍；②增加每天的施工时间(如采用3班制等)；③增加劳动力和施工机械的数量。

56. B

【解析】为减少或避免出现工程延期事件的发生，监理机构应做好以下工作：①选择合适的时机下达工程开工令；②提醒业主履行施工合同中所规定的职责；③妥善处理工程延期事件；④提醒业主在施工过程中尽量减少干预、多协调，以免由于业主的干扰和阻碍导致延期事件的发生。

57. D

【解析】网络计划费用优化过程中,压缩关键工作的持续时间应遵循的基本原则包括:①缩短持续时间的工作不能变成非关键工作;②缩短后工作的持续时间不能小于其最短持续时间;③优先选择压缩直接费用率最小的关键工作;④多条关键线路的持续时间应压缩相同数值。

58. B

【解析】在单代号搭接网络计划中,关键线路是指时间间隔均为零的线路。

59. A

【解析】进度管理曲线也称为香蕉曲线,它是由两条S曲线合围形成的。组成香蕉曲线的两条线分别是按各项工作的最早开始时间和最迟开始时间安排绘制的。

60. B

【解析】当某项工作实际进度拖延的时间超过其总时差而需要调整进度计划时,应考虑该工作的后续工作的限制条件,如后续工作允许调整的范围等。

61. C

【解析】为建立科学的交通运输安全生产预防控制体系,交通运输行业开展建立交通运输安全风险分级管控和隐患排查治理双重预防体系,形成企业安全生产隐患治理和风险管控长效工作机制,实现重大安全风险管控和重大事故隐患治理"清单化""信息化""闭环化"动态可追溯管理,推动安全生产工作向"系统化、规范化、精细化"转变,全面提升企业安全管理水平和管理部门安全监管能力,科学防范和有效遏制交通运输重特大事故。

62. B

【解析】确定施工进度控制目标的主要依据有:①工程总进度目标对施工工期的要求;②工期定额、类似工程项目的实际进度;③工程难易程度和工程条件的落实情况等。

63. A

【解析】监理工程师在审查施工进度计划时,发现问题后应采取的措施是向承包单位发出整改通知书。

64. D

【解析】施工总进度计划应安排全工地性的流水作业。全工地性的流水作业安排应以工程量大、工期长的单位工程为主导,组织若干条流水线,并以此带动其他工程。

65. C

【解析】调整施工进度计划时,采取的组织措施包括:①增加工作面,组织更多的施工队伍;②增加每天的施工时间(如采用3班制等);③增加劳动力和施工机械的数量。采取的技术措施包括:①改进施工工艺和施工技术,缩短工艺技术间歇时间;②采用更先进的施工方法,以减少施工过程的数量;③采用更先进的施工机械。

66. C

【解析】公路工程施工过程中,分项工程中间工序多、工序交接多、隐蔽工程多,因此质量存在隐蔽性。前一道工序的施工质量如果不及时检查验收,后一道工序将或覆盖前一道工序的成果;隐蔽工程如果不及时检查验收,一旦覆盖再检查其质量奖会非常困难。

67. A

【解析】实行分包的工程,分包单位应按照分包合同的约定对其分包工程的质量向总承包单位负责。总承包单位和分包单位就分包工程的质量向建设单位承担连带责任。

68. A

【解析】ISO质量管理体系的质量管理有八项原则,它们是:①以顾客为关注焦点;②领导作用;③全员参与;④过程方法;⑤管理的系统方法;⑥持续改进;⑦基于事实的决策方法;⑧与供方互利的关系。其中,持续改进原则的核心是提高有效性和效率。

69. D

【解析】随机抽样可分为简单随机抽样、系统随机抽样、分层随机抽样和分阶段抽样。由题意可知,本题属于分阶段抽样(多阶段抽样)。

70. B

【解析】因果分析图法是利用因果分析图来系统整理分析某个质量问题(结果)与其产生原因之间关系的有效工具。因果分析图由质量特性(即质量结果,指某个质量问题)、要因(产生质量问题的主要原因)、枝干(指一系列箭线表示不同层次的原因)、主干(指较粗的直接指向质量结果的水平箭线)等组成。在分析中,要根据图中所反映的主要原因,听取各方意见,集思广益,相互启发,制订改进的措施和对策。具体实施时,一般应编制一个对策计划表。

71. D

【解析】质量管理应用的统计分析方法中控制图法属于动态分析法,而排列图法、因果分析图法、直方图法则属于静态分析法。

72. D

【解析】根据《公路工程施工安全技术规范》(JTG F90—2015),特种(特殊)作业人员范围包括:①电工;②焊接与热切割作业人员;③架子工;④起重信号司索工;⑤起重机械司机;⑥起重机械安装拆卸工;⑦高处作业吊篮安装拆卸工;⑧锅炉司机;⑨压力容器操作人员;⑩电梯司机;⑪场(厂)内专用机动车司机;⑫制冷与空调作业人员;⑬从事爆破工作的爆破员、安全员、保管员;⑭瓦斯监测员;⑮工程船舶船员;⑯潜水员;⑰国家有关部门认定的其他作业人员。

73. B

【解析】工程质量统计分析方法包括:①调查表法;②分层法;③排列图法;④因果分析图法;⑤直方图法;⑥控制图法;⑦相关图法。其中,分层法是质量统计分析方法中最基本的一种方法,其他方法一般都要与分层法配合使用,如排列图法、直方图法、控制图法、相关图法等,常常是首先利用分层法将原始数据分门别类,然后再进行统计分析。

74. B

【解析】发生工程质量缺陷后,项目监理机构应签发监理指令单,要求施工单位进行处理;施工单位应进行质量缺陷调查,分析质量缺陷产生的原因,并提出经设计单位认可的处理方案;监理机构审查施工单位报送的处理方案,并签署意见。施工单位应按审查后的处理方案实施处理。

75. C

【解析】悬臂浇筑施工应对称、平衡地进行,两端悬臂上荷载的实际不平衡偏差不得超过设计规定值;设计未规定时,不宜超过梁段重的1/4。悬臂梁段应全断面一次浇筑完成,并应从悬臂端开始,向已完成梁段推进分层浇筑。

76. C

【解析】混凝土应按一定的厚度、顺序和方向分层浇筑,且应在下层混凝土初凝或能重塑前浇筑完成上层混凝土;上下层同时浇筑时,上层与下层的前后浇筑距离应保持1.5m以上;在倾斜面上浇筑混凝土时,应从低处开始逐层扩展升高,并保持水平分层。混凝土分层浇筑的厚度 h 应符合下列规定:采用插入式振动器 $h \leqslant 300mm$;采用附着式振动器 $h \leqslant 300mm$;采用表面振动器 $h \leqslant 250mm$(无筋或配筋稀疏时)或 $h \leqslant 150mm$(配筋较密时)。

77. A

【解析】根据《公路工程建设项目概算预算编制办法》(JTG 3830—2018),企业管理费之基本费用中包含税金,这里的税金是指企业按规定缴纳的城市维护建设税、教育费附加、地方教育附加、房产税、车船使用税、土地使用税、印花税等。

78. B

【解析】第一年利息 $S_1 = (0 + 480/2) \times 6\% = 14.4$(万元);第二年利息 $S_2 = [(480 + 14.4) + 480/2] \times 6\% = 44.064$(万元),项目建设期利息 $S = 14.4 + 44.064 = 58.46$(万元)。

79. D

【解析】规费包括养老保险费、失业保险费、医疗保险费、工伤保险费、住房公积金。劳动保护费属于企业管理费的组成部分。

80. D

【解析】固定总价合同发包人承担了工程设计变更的风险。因此,固定总价合同,合同执行过程中,在发生设计变更时,发包方才对合同总价做相应调整。

二、多项选择题

81. ABDE

【解析】工程施工阶段施工质量控制的主要依据大体上有4类:①工程合同文件;②工程设计文件;③有关质量管理方面的法律法规、规章与规范性文件;④质量验收标准与技术规范、规程等。

82. ACDE

【解析】《公路工程施工监理规范》(JTG G10—2016)规定,总监应对施工单位申报的施工组织设计进行审查,并在规定期限内批复。审查应包括下列基本内容:①施工组织设计的编审程序;②质量、安全、环保、进度和费用等目标;③技术、质量、安全和环保等保证体系;④安全技术措施、专项施工方案和施工现场临时用电方案;⑤桥梁和隧道施工安全风险评估的工程项目清单;⑥施工人员、资金、主要材料和机械设备等资源供应计划;⑦施工总平面布置、交通导改方案、事故应急救援预案。

83. BCE

【解析】进场工程材料的质量证明文件一般包括:①出厂合格证;②质量检验报告;③性能检测报告;④施工单位质量抽检报告。

84. ACD

【解析】质量记录资料是施工单位在施工过程中实施质量控制活动的记录,还包括对这些质量控制活动的意见及施工单位对这些意见的答复,它详细地记录了工程施工阶段质量控制活动的全过程。质量记录资料包括3个方面的内容:①施工现场质量管理检查记录资料;②工程材料质量记录;③施工过程作业活动记录资料。

85. ABCD

【解析】质量事故报告的内容主要包括:①工程及各参建单位名称;②质量事故发生的时间、地点、工程部位;③事故发生的简要经过、造成工程损伤状况、伤亡人数和直接经济损失的初步估计;④事故发生原因的初步判断;⑤事故发生后采取的措施及处理方案;⑥事故处理的过程及结果。

86. ABC

【解析】工程质量特性主要表现在适用性、耐久性和节能性等方面。隐蔽性、局限性则反映的是工程质量特点。

87. ABCE

【解析】本题选项中,A、B、C、E 都属于《建设工程质量管理条例》规定的建设单位的质量责任和义务。选项 D 则是施工单位的质量责任。

88. ACD

【解析】工程质量波动可分为两种:正常波动和异常波动。①正常波动是由偶然性原因造成的,其出现带有随机性质的特点,如原材料成分和性能发生微小变化、工人操作的微小变化、周围环境的微小变化等。这些因素在生产过程中大量存在,对产品质量影响程度很小,而且不容易识别和消除,甚至消除这些因素在经济上也不划算。由这类原因造成的质量波动是正常的波动,不需要加以控制,即认为生产过程处于稳定状态。②异常波动是由系统原因造成的,对产品质量影响很大,如原材料质量规格的显著变化、工人不遵守操作规程、机械设备的调整不当、检测设备的使用不合理、周围环境的显著变化等。这类原因一般比较容易识别,能够采取措施避免和消除,并且一经消除,其作用和影响就不复存在,所以这类因素是可以避免的。一般情况下,异常波动在生产过程中不允许存在,一旦出现,必须立即查明原因,消除异常波动。

89. ADE

【解析】直方图法的作用或用途包括:①估算可能出现的不合格率;②计算工序能力;③判断质量分布状态,掌握质量特性的分布规律;④判断实际生产施工能力。

90. CDE

【解析】项目监理机构在投资控制中的主要工作包括:①进行工程计量和签发付款证书;②对已完成工程量进行偏差分析;③审核交工结算款;④处理工程变更费用;⑤处理费用索赔。

91. ABDE

【解析】施工机械使用费 = 台班消耗量 × 台班单价。台班单价 = 不变费用 + 可变费用。其中不变费用包括折旧费、检修费、维护费、安拆辅助费等;可变费用包括机上人员人工费、动力燃料费、车船税。

92. ABD

【解析】价值工程的特点包括:①价值工程的目标是以最低的寿命周期成本,实现产品必须具备的功能,即以提高产品的价值为目标;②价值工程的核心是对产品进行功能分析;③价值工程将产品价值、功能和成本三要素作为一个整体同时考虑;④价值工程强调不断改革和创新,开拓新构思和新途径,获得新方案,创造新功能。

93. BDE

【解析】工程量清单的主要作用表现在以下几个方面:①是投标人投标报价的基础和依据;②是招标人编制标底和招标控制价的依据;③是招标人与投标人确定合同价的依据;④是进行工程计量和费用支付的依据。

94. ABC

【解析】安全生产费用的费率是行业行政主管部门规定的,招标人和投标人都不能改动;暂列金额、暂估价是招标人在工程量清单中确定的,投标人不能自主确定其单价或费用。

95. DE

【解析】根据施工合同条款,由于承包人不履行或不完全履行合同约定的义务,或者由于承包人的行为使发包人受到损失时,发包人可向承包人提出索赔。发包人向承包人的索赔主要包括:①工期延误索赔;②质量不满足合同要求索赔;③承包人不履行的保险费用索赔;④对超额利润的索赔;⑤发包人合理终止合同或承包人不正当地放弃工程的索赔。

96. ABCD

【解析】《公路工程施工监理规范》(JTG G10—2016)第5.7.3条文说明:公路机电工程系统检验测试包括施工单位自测及监理签证测试、功能测试与技术指标测试。

97. ACE

【解析】加快的成倍节拍流水施工的特点主要有:①同一施工过程在其各个施工段上的流水节拍均相等;不同施工过程的流水节拍不相等,但其值为倍数关系。②相邻专业施工队的流水步距相等,且等于流水节拍的最大公约数。③专业施工队数大于施工过程数,即有的施工过程只成立一个专业施工队,而对于流水节拍大的施工过程,可按其倍数增加相应专业施工队数目。④各个专业施工队在施工段上能够连续施工作业,施工段之间没有空闲时间。

98. CD

【解析】划分施工段的原则包括:①施工段的分界同施工对象的结构界限(温度缝、沉降缝和单元尺寸等)取得一致,即施工段的界限应设在对建筑结构整体性影响小的部位;②各施工段上所消耗的劳动量大致相等;③每段要有足够的工作面,使工人、机械操作方便;④划分施工段数的多少,应考虑机械使用效能、工人的劳动组合、材料供应情况、施工规模大小等因素;⑤应确保相应工作队连续、均衡、有节奏的施工。

99. ABE

【解析】从本题所给的网络计划中可以看出,该网络计划绘图错误的地方有:①存在循环回路或闭合回路③→⑤→④→③。②节点编号错误。按规定,表示工作箭线的箭尾节点编号应小于箭头节点编号,但工作⑤→④,④→③编号错误。③存在两个终点节点⑧,⑨。

100. AB

【解析】由所给时标网络计划可知,关键线路为:①→②→③→⑤→⑦,工作A在关键线路上,所以工作 A 为关键工作。时标网络计划中,不与终点节点相连的工作的自由时差为该工作箭线中波形线的水平投影长度,因此,工作 B 的自由时差为 2 天。

101. CD

【解析】网络计划工期优化就是压缩计划工期,其方法主要有两种:一是改变某些工作间的逻辑关系,二是缩短某些工作的持续时间。压缩工作的持续时间时,不能将关键工作压缩成非关键工作;当有多条关键线路时,应将各条关键线路的总持续时间压缩相同数值;选择压缩的对象时,应考虑质量、安全和资源等因素选择压缩对象。

102. BCE

【解析】由本题所给的时标网络计划可知:①第 30 天检查时,工作 D 实际进度正常,不影响总工期;②第 70 天检查时,工作 G 实际进度拖后 10 天,影响总工期;③第 70 天检查时,工作 H 实际进度正常,不影响总工期。

103. ABDE

【解析】施工进度计划初始方案编制完成后,需要对其进行检查与调整,以便使进度计划更加合理。进度计划检查的主要内容包括:①各工作项目的施工顺序、平行搭接和技术间歇是否合理;②总工期是否满足合同约定;③主要工种的工人是否满足连续、均衡施工的要求;④主要机具、材料的利用是否均衡和充分。

104. ABC

【解析】施工进度控制工作细则是在工程项目监理计划的指导下,由项目监理机构中负责进度控制部门(小组)的专业监理工程师负责编制的更具有实施性和操作性的监理业务文件。其主要内容包括:①施工进度控制目标分解图;②施工进度控制的主要工作内容和深度;③进度控制人员的职责分工;④与进度控制有关各项工作的时间安排及工作流程;⑤进度控制的方法(包括进度检查周期、数据采集方式、进度报表格式、统计分析方法等);⑥进度控制的具体措施(包括组织措施、技术措施、经济措施及合同措施等);⑦施工进度控制目标实现的风险分析;⑧尚待解决的有关问题。

105. ABCE

【解析】施工总进度计划编制过程中,确定各项单位工程开竣工时间和相互搭接关系应考虑的因素包括:①同一时期施工的项目不宜过多,以免人力、物力过于分散;②尽量做到均衡施工,以使劳动力、施工机械和主要材料的供应在整个工期范围内达到均衡;③尽量提前建设可供工程施工使用的永久性工程,以节省临时工程费用;④急需和关键的工程先施工,以保证工程项目按期交工;⑤施工顺序必须与主要生产系统投入生产的先后次序相吻合;⑥应注意季节对施工顺序的影响,以保证工期和质量;⑦安排一部分附属工程或零星项目作为后备项目,用以调整主要项目的施工进度;⑧注意主要工种和主要施工机械能连续施工。

106. BCE

【解析】建设单位引起投资偏差的原因主要包括:①增加工程内容;②投资规划不当;③组织不落实;④建设手续不全;⑤协调不佳;⑥未及时提供施工场地。

107. ACD

【解析】建设工程进度的不利因素中常见的有:①不能及时向施工单位付款;②由于使用要求改变而进行设计变更;③提供的场地不能满足工程正常需要。

108. ABE

【解析】工程进度控制的技术措施主要包括：①审查施工单位提交的施工进度计划，使施工单位能在合理的状态下施工；②编制进度控制工作细则，指导监理人员实施进度控制；③采用网络计划技术及其他科学适用的计划方法，并结合电子计算机的应用，对建设工程进度实施动态控制。

109. AD

【解析】组织流水施工时，影响施工过程流水强度的因素主要包括：①投入的施工机械台数和人工数；②施工过程中投入资源的产量定额。

110. ABCD

【解析】工程质量事故处理的主要依据有以下四个方面：一是相关法律法规、技术标准及规范；二是具有法律效力的工程施工承包合同、设计委托合同、材料或设备购销合同以及监理合同或分包合同；三是质量事故的实况资料；四是有关的工程技术文件、资料、档案。

111. AC

【解析】细粒土现场压实度检测可采用灌砂法或环刀法；粗粒土现场压实度检测可采用灌砂法、水袋法或钻孔取样蜡封法。应用核子密度仪时，应经对比试验检验，确认其可靠性。

112. ABCE

【解析】压实工艺包括：①填土层在压实前应先整平，可自路中线向路堤两侧作2%～4%的横坡。②压实机具应先轻后重，以适应逐渐增长的土基强度。③碾压速度应先慢后快，以免引起疏松土推挤拥起。④压实机具的运行路线，一般直线段应从路缘向中心，以便形成路拱。弯道设有超高段，由低的一侧边缘向高的一侧边缘碾压，以便形成单向超高坡度。碾压时，相邻轮迹应重叠1/3左右(15～20cm)，对振动压路机一般重叠40～50cm，以使各点都得到压实，避免土基产生不均匀沉降。⑤经常检查土的含水率，并视需要采取相应措施，使填土在接近最佳含水率状态下压实。

113. ACD

【解析】根据《公路工程质量检验评定标准 第一册 土建工程》(JTG F80/1—2017)，稳定土基层(底基层)检测项目有7项：压实度、平整度、纵断高程、宽度、厚度、横坡、强度。其中，压实度、厚度和强度为关键项目。

114. BD

【解析】进度监理的流程为：进度计划的审批→进度计划执行的检查→进度偏差的控制→进度计划调整的批准。选项A、C、E均为施工单位应做的工作。

115. ADE

【解析】本题选项B、C中及时提供施工场地、及时支付工程进度款均是发包人的主要责任与义务。

116. ABCD

【解析】施工单位在工程报价中应当包含安全生产费用，一般不得低于投标价的1.5%，且不得作为竞争性报价。

117. ABCD

【解析】安全风险评估报告的主要内容包括:(1)编制依据;(2)工程概况;(3)评估过程和评估方法;(4)评估内容;(5)对策措施及建议;(6)评估结论。

118. ABC

【解析】监理工程师对专项施工方案的审查包括以下几个方面:(1)程序性审查;(2)符合性审查;(3)针对性审查。

119. AB

【解析】根据可持续发展的理论,项目地区环境因素包括:自然环境、生态环境、社会环境和人民生活环境。公路施工期对环境的影响因素主要有以下几点:①对生态环境的主要影响因素:水土流失、植被破坏。②对声环境的主要影响因素:夜间施工机械噪声。③对水环境的主要影响因素:挖泥、取砂、材料冲洗引起水质混浊;施工机械的含油污水及油料泄漏造成油污染;施工人员的生活污水、垃圾直接排入水体;沥青、油料、化学品等因保管不善造成进入水体。④对大气环境的主要影响因素:灰土拌合、扬尘、沥青烟、废气。⑤对社会经济的主要影响因素:临时占地及施工作业对周边农田的损坏,对沿线河道、人工渠道的施工干扰,加重了地区道路的负荷。

120. BCDE

【解析】根据《建设工程质量管理条例》的规定,工程监理单位的质量责任和义务包括:(1)工程监理单位不得转让建设工程监理业务。工程监理单位与被监理工程的施工承包单位以及建筑材料、建筑构配件和设备供应单位有隶属关系或者其他利害关系的,不得承担该项建设工程的监理业务。(2)工程监理单位应当依照法律、法规以及有关技术标准、设计文件和建设工程承包合同,代表建设单位对施工质量实施监理,并对施工质量承担监理责任。(3)监理工程师应当按照建设工程监理规范的要求,采取旁站、巡视和平行检验等形式,对建设工程实施监理。(4)工程监理单位应当选派具有相应资格的总监理工程师进驻施工现场。(5)未经监理工程师签字,建筑材料、建筑构配件和设备不得在工程上使用或者安装,施工单位不得进行下一道工序的施工。未经总监理工程师签字,建设单位不得拨付工程款,不得进行竣工验收。选项A中发现设计文件和图纸有差错的,应及时通知建设单位。故选项A错误。